漢字3年

光村図書版
かば　下 あおぞら

教科書ぴったりトレーニング

月　日

ぴったり1 じゅんび

どきん

教科書 上16～17ページ

新しく学習するかん字

詩　葉　習　着

教科書上16ページ

詩

シ

わすれない　はねる

つかい方

有名な詩を読む。
詩人と会う。
友だちと詩集を作る。

部首

「言」がつくかん字は、言葉にかんけいする字が多い。

詩　ごんべん

13画

教科書上16ページ

葉

ヨウ
は

三画で書く　長く　とめる

つかい方

みんなで紅葉を見に行く。
大きな葉っぱ。
落ち葉を拾う。

部首

「葉」の部首は、「くさかんむり」だよ。

「木」じゃないよ！

葉　くさかんむり

12画

教科書上17ページ

習

シュウ
ならう

はねる　「日」にしない

つかい方

学習に取り組む。
何回も練習する。
習字を習う。

字の形に注意

「日」と書かないようにね！

習　はね

11画

教科書上17ページ

着

チャク
きる
きせる
つく
つける
◆ジャク

長く　「日」にしない　つける

つかい方

着地に成功する。
友だちが上着を着る。
予定よりも早く着く。

字の形に注意

「日」ではないよ！

着　ひつじ

12画

読み方が新しいかん字

かん字	読み方	つかい方	前に出た読み方
言	こと	言葉のちょうし	言う
目	モク	すきな科目	目玉

月　日

ぴったり1 じゅんび

春風をたどって

教科書 上21～34ページ

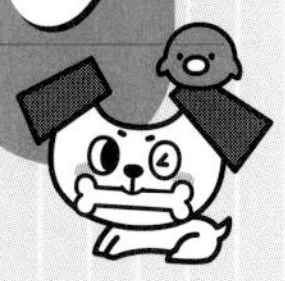

新しく学習するかん字

登 物 持 旅 始 進 動 深 様 面

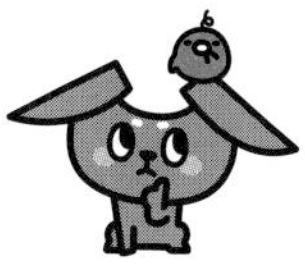

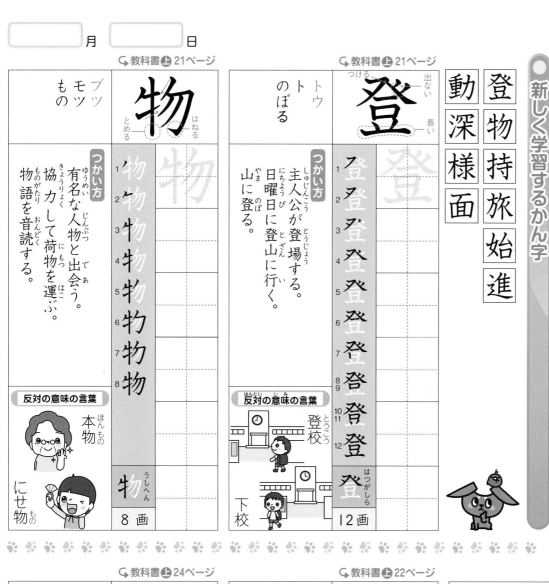

教科書上21ページ

登　トウ　ト　のぼる

つかい方：主人公が登場する。日曜日に登山に行く。山に登る。

12画　はつがしら

反対の意味の言葉：登校　下校

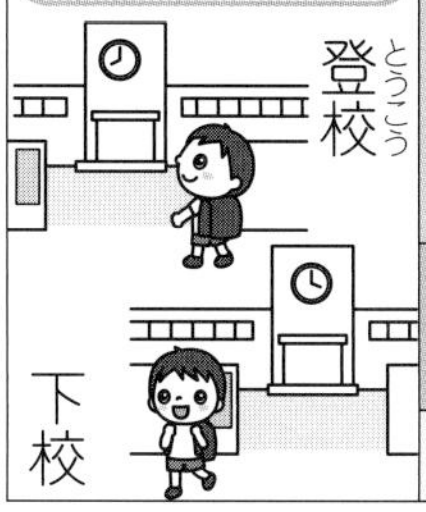

教科書上21ページ

物　ブツ　モツ　もの

つかい方：有名な人物と出会う。協力して荷物を運ぶ。物語を音読する。

8画　うしへん

反対の意味の言葉：本物　にせ物

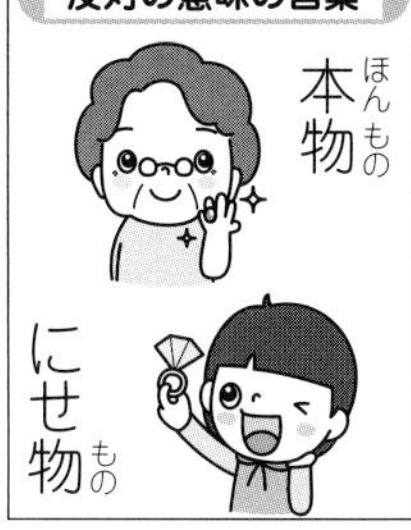

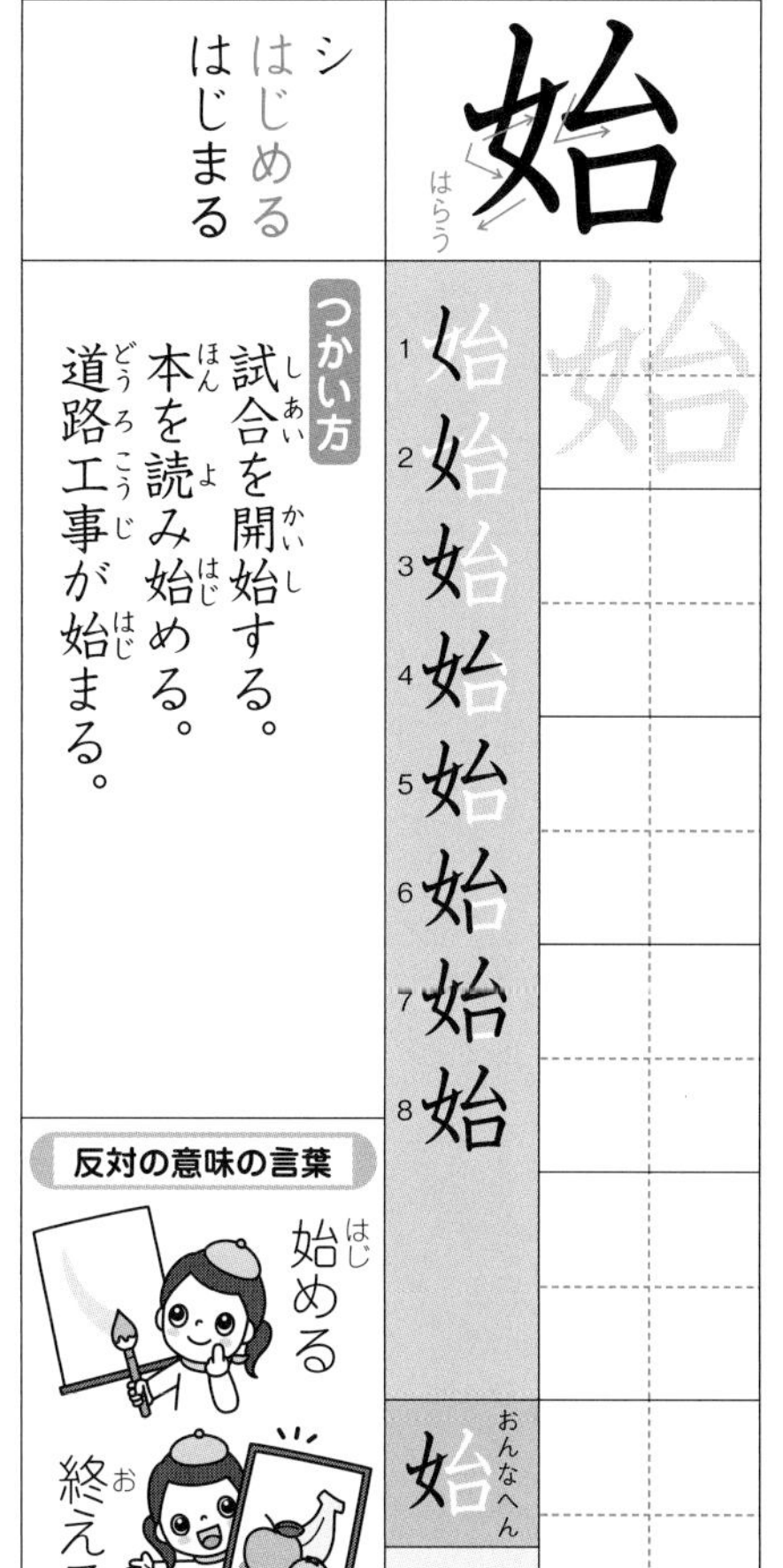

教科書上21ページ

持　ジ　もつ

つかい方：体力を持続させる。気持ちを伝える。重い荷物を持つ。

9画　てへん

言葉の意味：持ちつ持たれつ　助け合うこと。

教科書上22ページ

旅　リョ　たび

つかい方：家族で旅行に出かける。旅館にとう着する。一人で旅に出る。

10画　ほうへん・かたへん

字の形に注意：旅

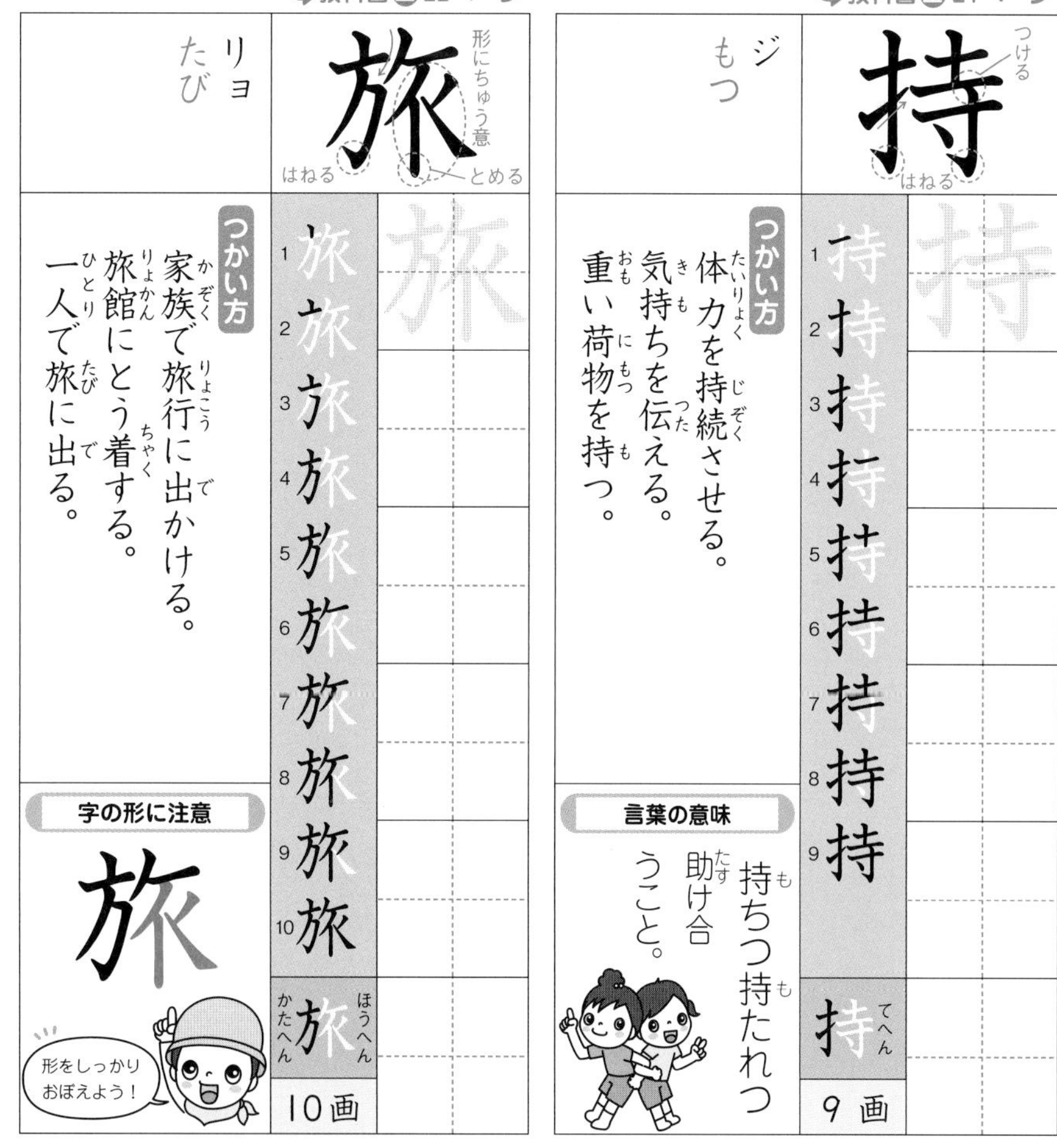

教科書上24ページ

始　シ　はじめる　はじまる

つかい方：試合を開始する。本を読み始める。道路工事が始まる。

8画　おんなへん

反対の意味の言葉：始める　終える

月　日

教科書上24ページ

進

シン　すすむ　すすめる

一画で書く　はらう

11画　しんにょう（しんにゅう）

つかい方
動物が進化する。
前に進む。
宿題を先に進める。

反対の意味の言葉

教科書上25ページ

動

ドウ　うごく　うごかす

はねる

11画　力（ちから）

つかい方
動物園に行く。
自動車が動き出す。
毎日体を動かす。

いろいろな読み方

動物の動きを見る。

教科書上26ページ

深

シン　ふかい　ふかまる　ふかめる

とめる　はらう

11画　さんずい

つかい方
深夜に目が覚める。
深いプールで泳ぐ。
秋が深まる。

反対の意味の言葉

深い
あさい

教科書上27ページ

様

ヨウ　さま

一画で書く　「水」にしない

14画　きへん

つかい方
友だちの様子を見に行く。
いろいろな様の折り紙。
王様に手紙を書く。

字の形に注意

様

十画目はひとふでで書くよ！

教科書上32ページ

面

メン　◆おも　◆おもて　◆つら

同じくらいあける　同じくらいあける

9画　面（めん）

つかい方
地面をけってジャンプする。
読む場面をえらぶ。
水面に顔がうつる。

反対の意味の言葉

「登」の部首名は「はつがしら」だよ。

月　日

読み方が新しいかん字

かん字	読み方	つかい方	前に出た読み方
色	ショク	白一色(しろいっしょく)の山(やま)	色(いろ)えんぴつ
黄	オウ	黄金(おうごん)にかがやく	黄色(きいろ)
金	コン（ゴン）	黄金(おうごん)のたから	金色(きんいろ) お金(かね)
子	ス	様子(ようす)がかわる	子(こ)ども
空	クウ	空気(くうき)をすいこむ	青空(あおぞら) 空(あ)く・空(あ)ける 空(から)ばこ
語	かたる かたらう	物語(ものがたり)を読(よ)む	国語(こくご)

とくべつな読み方をする言葉

言葉	つかい方
今日(きょう)	今日(きょう)の新聞(しんぶん)を読(よ)む
一人(ひとり)	一人(ひとり)で考(かんが)える
二人(ふたり)	二人(ふたり)で学校(がっこう)まで歩(ある)く

かん字クイズ 1

☆計算すると、どんなかん字ができるでしょうか。

例(れい)　言 ＋ 寺 ＝ 詩

① 习 ＋ 习 ＋ 白 ＝ □

② 扌 ＋ 土 ＋ 寸 ＝ □

③ 道 − 首 ＋ 隹 ＝ □

④ 艹 ＋ 世 ＋ 木 ＝ □

答え 14ページ

月　日

ぴったり2 練習

どきん
春風をたどって

教科書 上16～34ページ
答え 2ページ

1 ――線のかん字の読みがなを書きましょう。

① 詩を聞いてもらう。（　）
② やさしい言葉をかける。（　）
③ 習字の先生にほめられる。（　）
④ 絵に着目する。（　）
⑤ 白一色のけしき。（　）
⑥ 一人ずつ意見（いけん）を言う。（　）
⑦ 二人で話し合う。（　）
⑧ 今日は天気がよい。（　）

2 □にかん字を書きましょう。

① さっそうと［とうじょう］する。
② ［きも］ちをこめて話す。
③ 友人と［たび］に出る。
④ 前に［すす］む。
⑤ にわで体を［うご］かす。
⑥ ［ふか］い池にすむ魚。
⑦ おさない弟の［ようす］を見る。

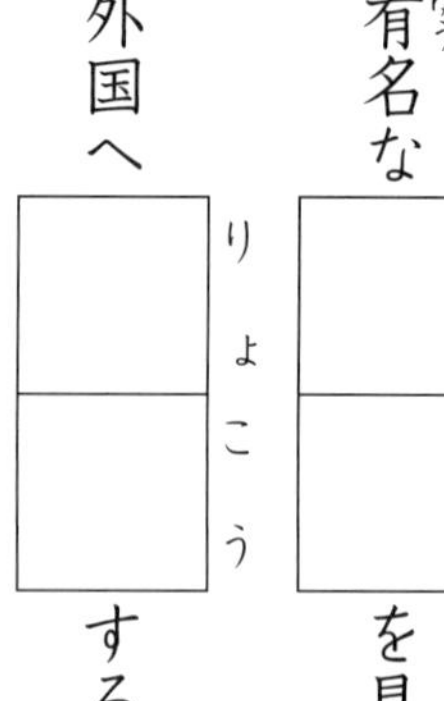

⑧ 自分のことを［かた］る。
⑨ 出会いの［ばめん］をえがく。
⑩ ［おうごん］にかがやくたから。
⑪ 本を読み［はじ］める。
⑫ 有名（ゆう）な［じんぶつ］を見かける。
⑬ 外国へ［りょこう］する。
⑭ ［おうさま］に手紙を書く。

月　日

ぴったり2 練習

どきん　春風をたどって

教科書 上16〜34ページ
答え 2ページ

1 ――線のかん字の読みがなを書きましょう。

①（　）空気をすいこむ。
②（　）バイオリンを習う。
③（　）山に登る。
④（　）かさを持って出かける。
⑤（　）大きな葉っぱ。
⑥（　）予定（よてい）より早く着く。
⑦（　）旅先から手紙を出す。
⑧（　）パーティーが始まる。

2 □にかん字を書きましょう。

① 夜中に［ものおと］がする。
② ［じどうしゃ］にのる。
③ シャツを［き］る。
④ 年［し］のあいさつをする。
⑤ 会議（ぎ）が［しんこう］する。
⑥ 秋が［ふか］まる。
⑦ ぼうけんの［ものがたり］。

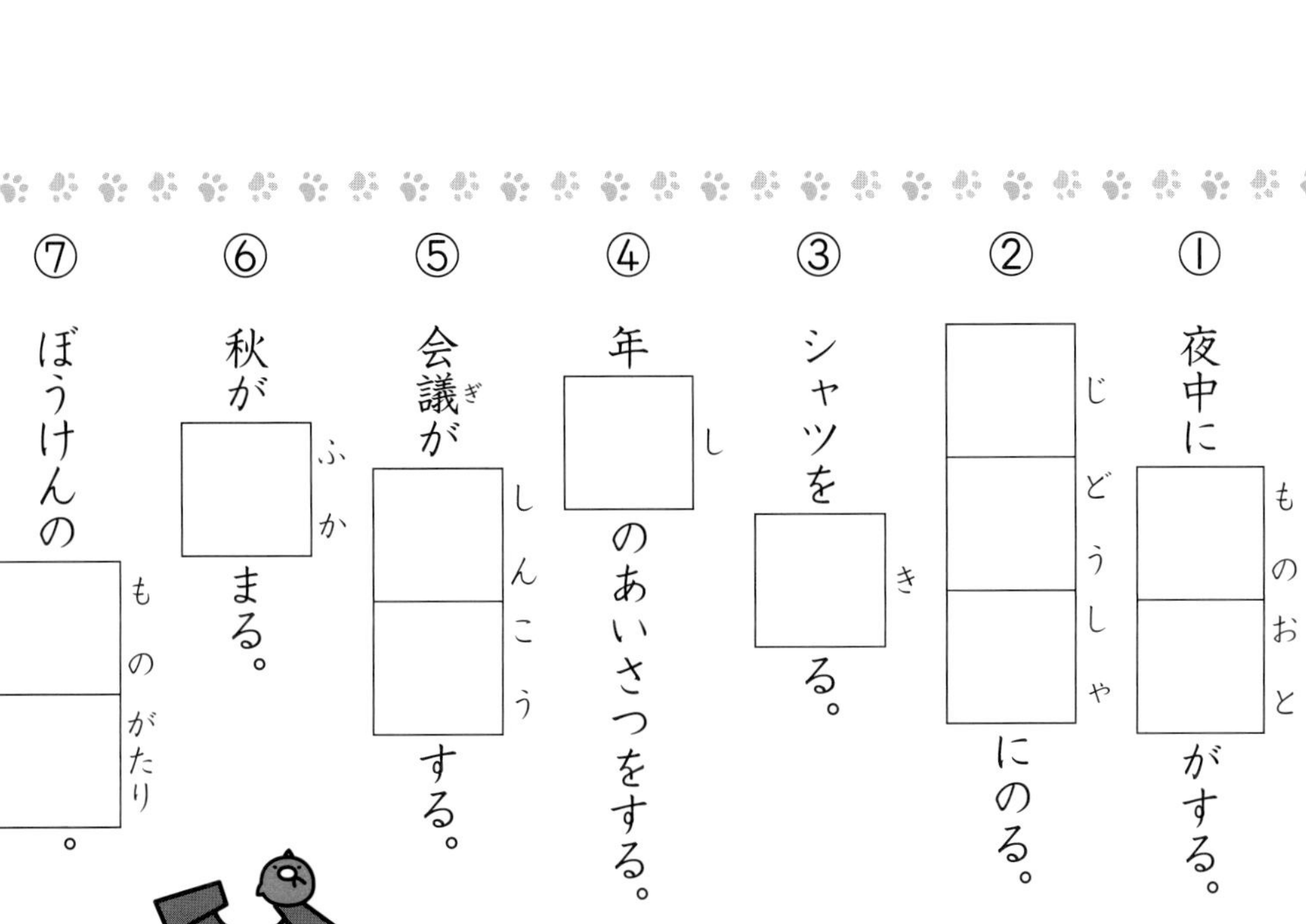

⑧ ［すいしん］五十メートル
⑨ ［しじん］に会う。
⑩ 話を［すす］める。
⑪ 生活［くうかん］
⑫ かみ［さま］におねがいする。
⑬ テレビの［がめん］を見る。
⑭ ［とざん］に出かける。

月　日

ぴったり1 じゅんび

図書館たんていだん 国語辞典を使おう

教科書 上35～40ページ

新しく学習する漢字

館 号 調 使 問 意 味 湖 漢 由 温 酒 題 発 章 平

教科書上35ページ

館 カン　やかた　（16画・しょくへん）

とめる／「呂」にしない／「食」にしない

使い方：図書館で絵本を借りる。旅館で休む。西洋風の館。

字の形に注意：「食」と書かないようにしよう！

教科書上36ページ

号 ゴウ　（5画・くち）

「万」にしない

使い方：信号をわたる。番号じゅんにならぶ。先生が号令をかける。

筆じゅん：5画目はひとふでで書くよ！

教科書上36ページ

調 チョウ　しらべる　◆ととのう　◆ととのえる　（15画・ごんべん）

はねる／はらう

使い方：体調が悪くなる。母と魚の調理をする。言葉の意味を調べる。

いろいろな読み方：体の調子を調べる。

教科書上38ページ

使 シ　つかう　（8画・にんべん）

つき出す／はらう

使い方：天使のような赤ちゃん。ロープを使用する。道具の使い方を考える。

いろいろな読み方：図工で使用するはさみを使って紙を、切る。

教科書上38ページ

問 モン　とう　とい　とん　（11画・くち）

「日」にしない／とめる／はねる

使い方：問題をすらすらとく。友だちにわけを問う。問いに答える。

部首：「問」の部首は、「くち」だよ。「門」ではないんだね！

月　日

意

教科書上38ページ

イ

使い方
意見を発表する。
言葉の意味を考える。
意外と早く着く。

部首
「意」の部首は、「こころ」だよ。
「立・日」とまちがえないでね！

意（こころ）　13画

味

教科書上38ページ

ミ
あじ
あじわう

使い方
味方にパスを出す。
味つけをくふうする。
料理を味わう。

反対の意味の言葉
味方　てき

味（くちへん）　8画

湖

教科書上38ページ

コ
みずうみ

使い方
父と琵琶湖でつりをする。
湖にボートをうかべる。
湖のほとりを歩く。

字の形に注意
「舌」や「卓」と書きまちがえないでね！

湖（さんずい）　12画

漢

教科書上38ページ

カン

使い方
漢字を正しく書く。
漢数字を使う。
漢方薬を飲む。

字の形に注意
よこ画は二本だよ！

漢（さんずい）　13画

由

教科書上40ページ

ユ
ユウ
◆ユイ
◆よし

使い方
名前の由来をきく。
自由に動き回る。
理由を考える。

形のにた漢字
自由に植える。
田植え

由（た）　5画

温

教科書上40ページ

オン
あたたか
あたたかい
あたたまる
あたためる

使い方
温水プールで泳ぐ。
温かいスープを飲む。
体を温める。

反対の意味の言葉
温かい
冷たい

温（さんずい）　12画

月　日

教科書上40ページ

章

ショウ

立てる　長く

使い方

文章を書く。
名札に校章がえがかれている。
物語の第一章を読む。

形のにた漢字

校章
草むら

たつ　11画

教科書上40ページ

平

ヘイ
ビョウ
たいら
ひら

つき出さない　長く

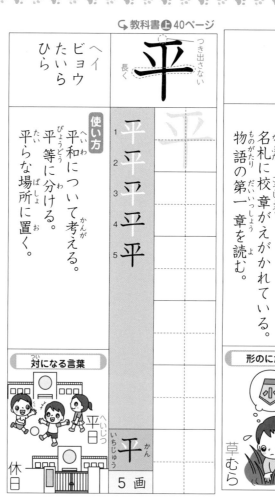

使い方

平和について考える。
平等に分ける。
平らな場所に置く。

対になる言葉

平日
休日

かん　5画

読み方が新しい漢字

漢字	読み方	使い方	前に出た読み方
売	バイ	新しく発売する	売る 売れる
形	ギョウ	人形の形	形 四角形

月　日

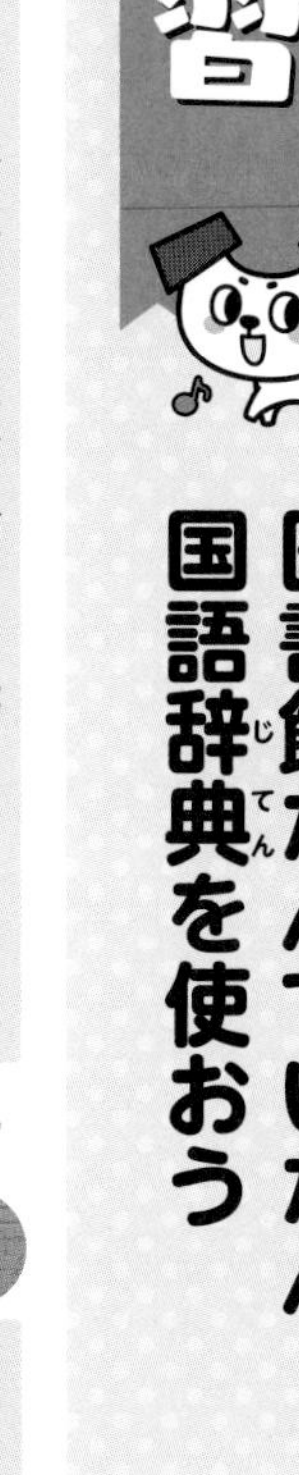

図書館たんていだん 国語辞典(じてん)を使おう

1 ――線の漢字の読みがなを書きましょう。

① はしをうまく使う。（　）
② 先生の問いに答える。（　）
③ 大きな湖でおよぐ。（　）
④ 名前の由来を知る。（　）
⑤ 心が温かい人。（　）
⑥ あま酒をのむ。（　）
⑦ 校章をつける。（　）
⑧ 水平線が見える。（　）

2 □に漢字を書きましょう。

① □□□(としょかん)で本をかりる。
② 答えを□□(きごう)で書く。
③ 魚について□(しら)べる。
④ □□(いがい)なことを聞く。
⑤ □□(かんじ)を正しくおぼえる。
⑥ □□(たいちょう)をととのえる。
⑦ □□(じゆう)に動き回る。

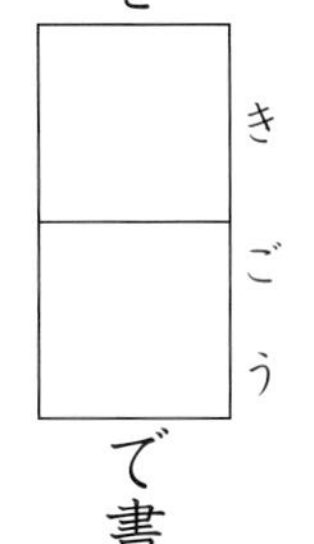

⑧ 父はぶどう□(しゅ)がすきだ。
⑨ 本の□□(だいめい)をわすれる。
⑩ □□(ばいてん)でおかしを買う。
⑪ はっきりと□□(はつおん)する。
⑫ □(たい)らな地面に立つ。
⑬ □□(にんぎょう)を買ってもらう。
⑭ 母のりょう理を□(あじ)わう。

教科書 上35〜40ページ
答え 2ページ

月　日

ぴったり2 練習

図書館たんていだん　国語辞典を使おう

1 ——線の漢字の読みがなを書きましょう。

① 魚を 調理 する。（　）
② ロープを 使用 する。（　）
③ 電話で 問 い合わせる。（　）
④ 湖水 でつりをする。（　）
⑤ 酒 屋(や)ではたらく。（　）
⑥ 平気 な顔をする。（　）
⑦ 西洋風(せいようふう)の 館 でくらす。（　）
⑧ 番号 じゅんにならぶ。（　）

2 □に漢字を書きましょう。

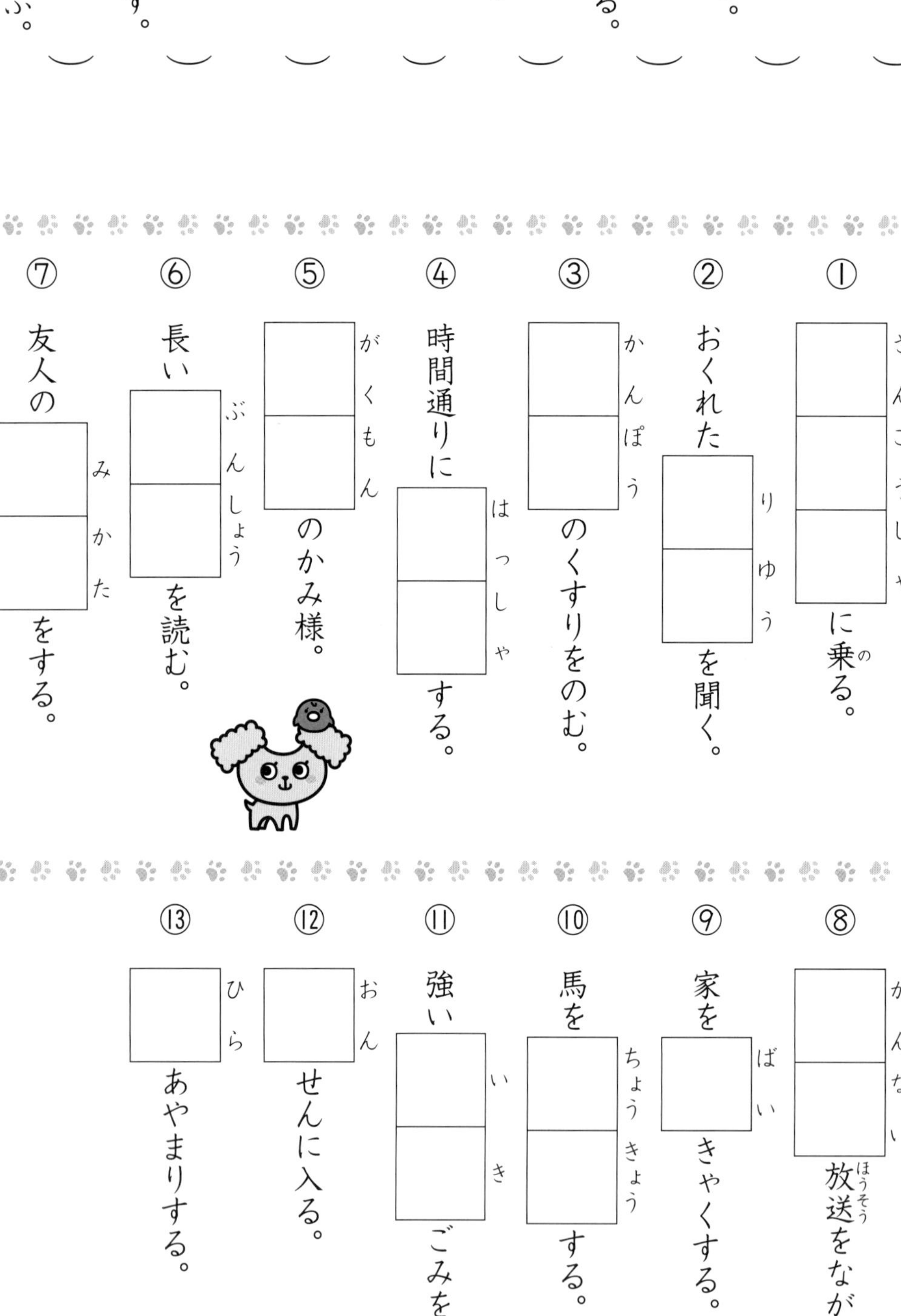

① □□□(さんごうしゃ)に乗(の)る。
② おくれた□□(りゆう)を聞く。
③ □□(かんぽう)のくすりをのむ。
④ 時間通りに□□(はっしゃ)する。
⑤ □□(がくもん)のかみ様。
⑥ 長い□□(ぶんしょう)を読む。
⑦ 友人の□□(みかた)をする。
⑧ □□(かんない)放送(ほうそう)をながす。
⑨ 家を□(ばい)きゃくする。
⑩ 馬を□□(ちょうきょう)する。
⑪ 強い□□(いき)ごみをかんじる。
⑫ □(おん)せんに入る。
⑬ □(ひら)あやまりする。

教科書 上35〜40ページ
答え 2ページ

月　日

ぴったり2 練習

漢字の広場① 2年生で習った漢字

教科書 上41ページ　答え 3ページ

1 ——線の漢字の読みがなを書きましょう。

① 高い山に登る。（　）
② 古い店をしめる。（　）
③ やくそくの時間になる。（　）
④ 牛のちちしぼりをする。（　）
⑤ くじゃくの羽。（　）
⑥ せいが兄と同じになる。（　）
⑦ 門をくぐって中に入る。（　）
⑧ おやつを買う。（　）

2 □に漢字を書きましょう。

① 数が□（すく）ない。
② 一□（まん）人が入場（にゅう）する。
③ □□（ばいてん）を見て回る。
④ 気の□（よわ）い人をはげます。
⑤ 草原を□（うま）に乗（の）って走る。
⑥ ライオンが二□（とう）、ねている。
⑦ 市場で魚を□（う）る。
⑧ 道を□（ひろ）げる工事（じ）をしている。
⑨ □□（きいろ）のぼうしをかぶる。
⑩ マフラーを□（くび）にまく。
⑪ この町は人が□（おお）い。
⑫ 計算に□（つよ）い人。
⑬ 鳥の□（な）く声が聞こえる。
⑭ □（なが）いきょりを走る。

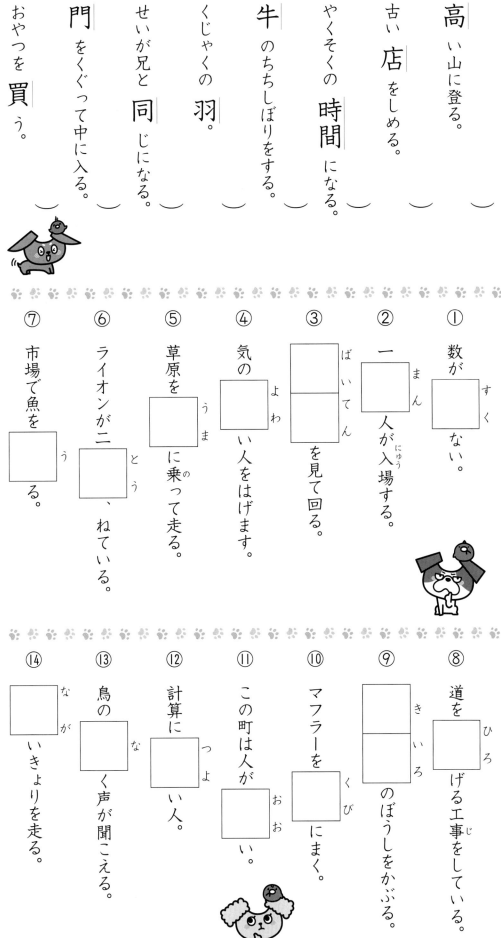

月　日

ぴったり1 じゅんび

もっと知りたい、友だちのこと きちんとつたえるために

教科書 上44〜49ページ

新しく学習する漢字

決　事　落　相　洋　服

決
教科書上44ページ

ケツ
きめる
きまる

（長く・つける・はらう）

使い方
かたく決心する。
待ち合わせ場所を決める。
遠足の日が決まる。

送りがな
決める

決（さんずい）　7画

事
教科書上45ページ

ジ
こと
◆ズ

（つき出す・長く・はねる）

使い方
事実が明らかになる。
昨日の出来事について考える。
事がらを整理する。

いろいろな読み方
大事な物事を記事にする。

事（はねぼう）　8画

落
教科書上47ページ

ラク
おちる
おとす

（「又」にしない）

使い方
荷物が落下する。
落ち葉を集める。
スピードを落とす。

いろいろな読み方
落下した落とし物が見つかる。

落（くさかんむり）　12画

相
教科書上48ページ

ソウ
あい
◆ショウ

（同じくらいあける・とめる）

使い方
なやみを相談する。
母が手相を見る。
相手を思いやる。

部首
「相」の部首は、「め」だよ。

目（め）　9画

洋
教科書上48ページ

ヨウ

（つき出さない・長く）

使い方
洋服に着がえる。
洋画を見る。
洋食の店をさがす。

字の形に注意
洋
上につき出さないよ！

洋（さんずい）　9画

月　日

教科書上48ページ

読み方が新しい漢字

漢字	読み方	使い方	前に出た読み方
心	シン	円の中心（えんのちゅうしん）	心（こころ）

とくべつな読み方をする言葉

言葉	使い方
お母さん（かあ）	お母さんと出かける（かあ・で）

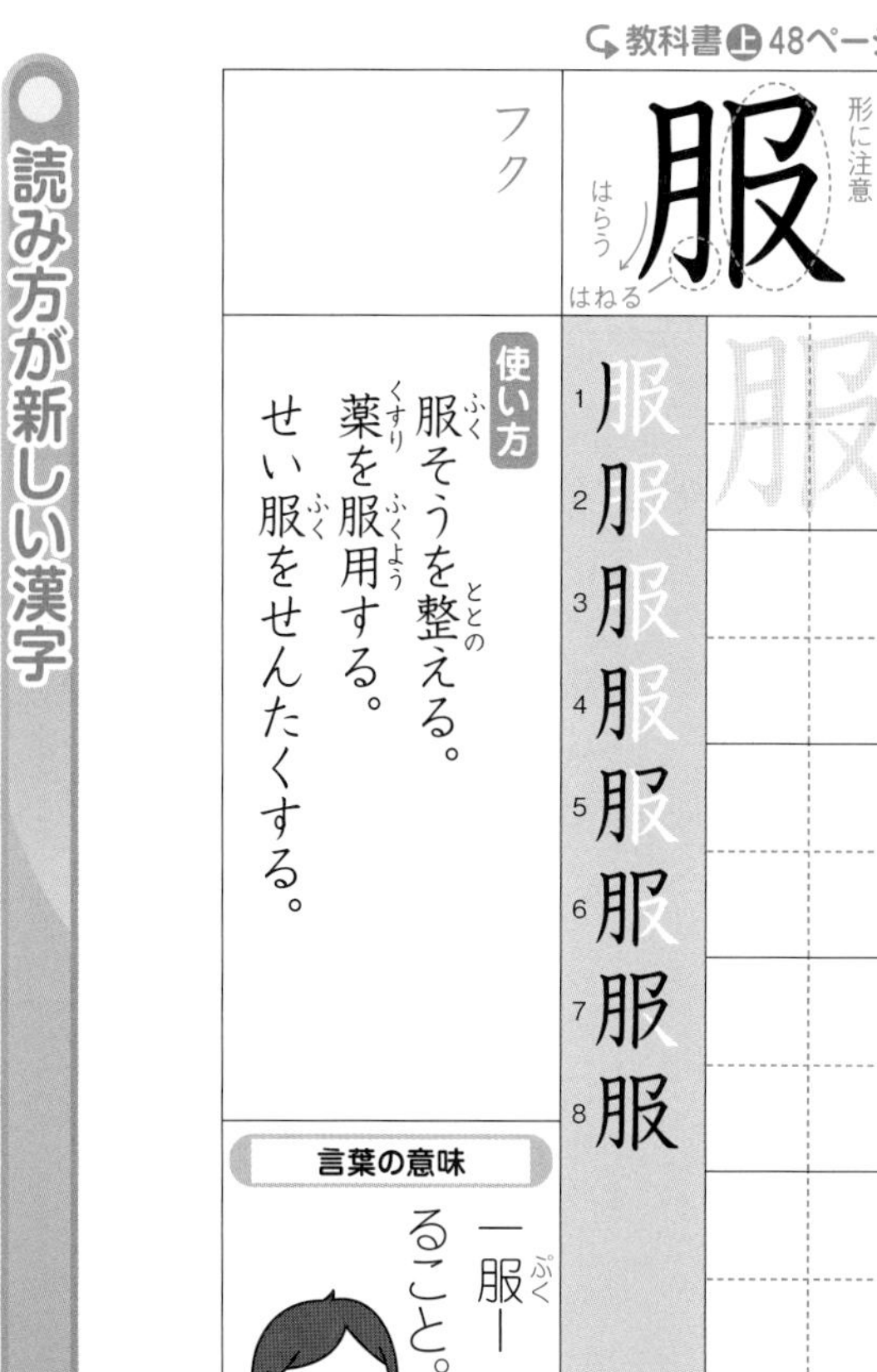

服
形に注意
はらう
はねる
フク
使い方
服そうを整える。（ふく・ととの）
薬を服用する。（くすり・ふくよう）
せい服をせんたくする。（ふく）
1 2 3 4 5 6 7 8
言葉の意味
一服（ぷく）―一休みすること。
月（つきへん）
8画

漢字クイズ2

答え14ページ

☆漢字のあみだくじです。上からスタートして、とちゅうにあるカードを組み合わせて、できた漢字を答えましょう。

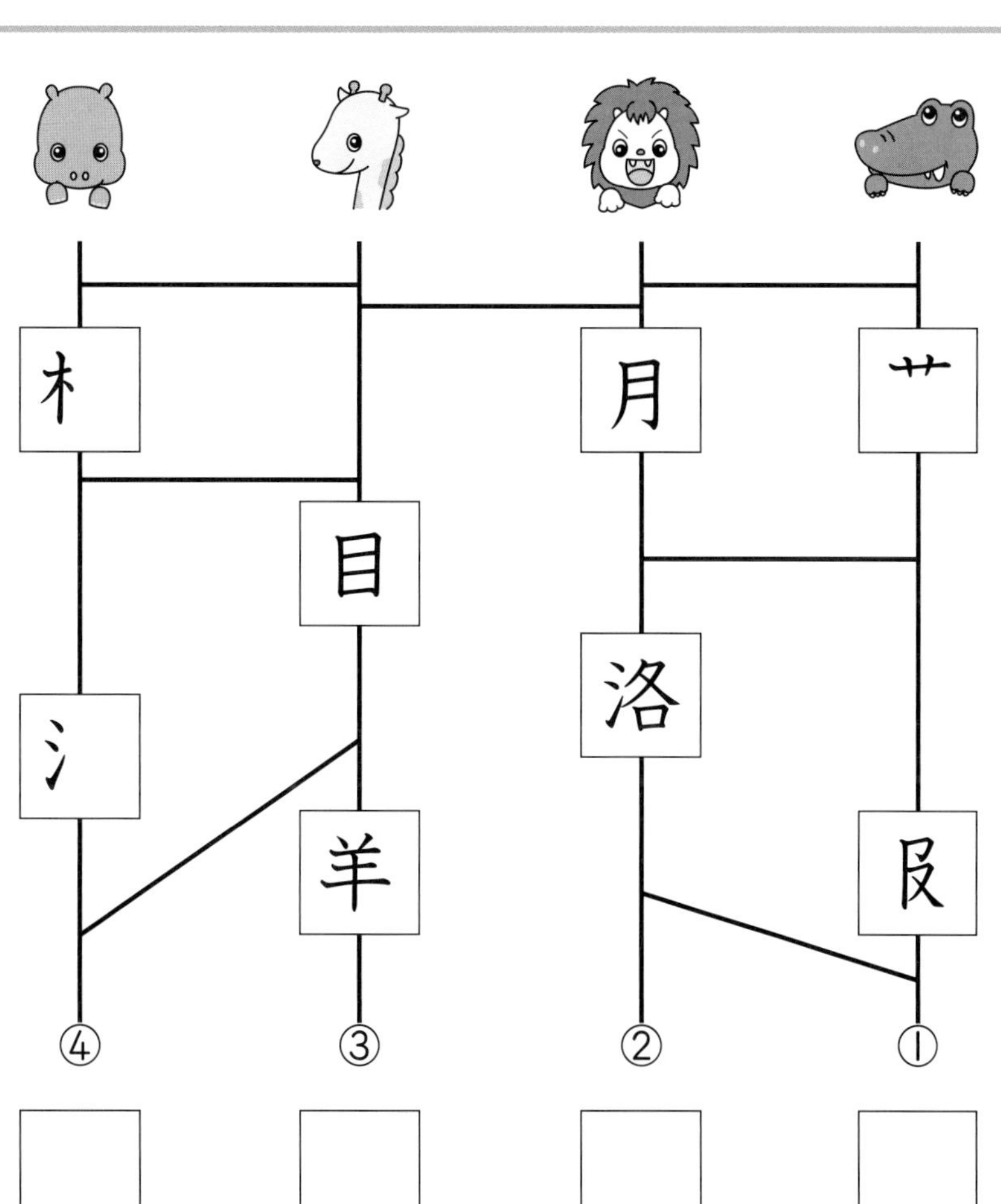

月　日

ぴったり2 練習

もっと知りたい、友だちのこと　きちんとつたえるために

教科書 上44〜49ページ
答え 3ページ

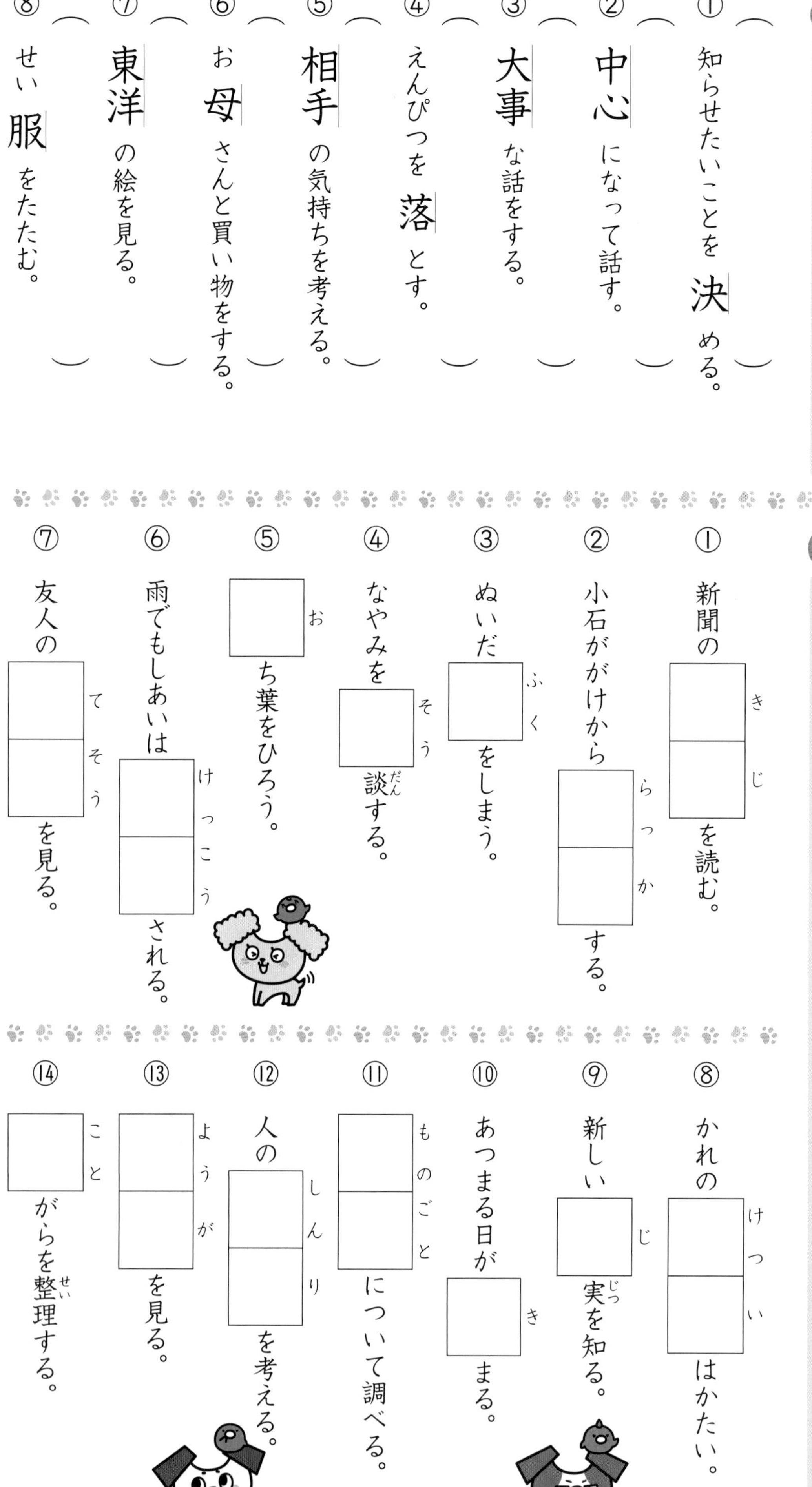

1 ——線の漢字の読みがなを書きましょう。

① 知らせたいことを決める。（　）
② 中心になって話す。（　）
③ 大事な話をする。（　）
④ えんぴつを落とす。（　）
⑤ 相手の気持ちを考える。（　）
⑥ お母さんと買い物をする。（　）
⑦ 東洋の絵を見る。（　）
⑧ せい服をたたむ。（　）

2 □に漢字を書きましょう。

① 新聞の□□（きじ）を読む。
② 小石ががけから□□（らっか）する。
③ ぬいだ□（ふく）をしまう。
④ なやみを□（そう）談（だん）する。
⑤ □（お）ち葉をひろう。
⑥ 雨でもしあいは□□（けっこう）される。
⑦ 友人の□□（てそう）を見る。
⑧ かれの□□（けつい）はかたい。
⑨ 新しい□（じ）実（じつ）を知る。
⑩ あつまる日が□（き）まる。
⑪ □□（ものごと）について調べる。
⑫ 人の□□（しんり）を考える。
⑬ □□（ようが）を見る。
⑭ □（こと）がらを整（せい）理する。

月　日

ぴったり1 じゅんび

漢字の音と訓

新しく学習する漢字

次　所　県　有　氷　秒　農　仕　球　局

教科書 上50〜51ページ

教科書上50ページ

次（ジ・つぐ・つぎ・◆シ）6画

使い方：次回を楽しみに待つ。問題が相次ぐ。次の日曜日に会う。

いろいろな読み方：目次の次のページを見る。

教科書上51ページ

所（ショ・ところ）8画

使い方：けしきのきれいな場所。新しい住所を覚える。人が多い所へ行く。

いろいろな読み方：近所のしずかな所に行く。

教科書上51ページ

県（ケン）9画

使い方：県内の学校に通う。青森県の名産品。都道府県を書き出す。

字の形に注意：6画目に注意して書こうね！

教科書上51ページ

有（ユウ・ある・◆ウ）6画

使い方：有料の道路を通る。有名な歌手に会う。お金が有る。

反対の意味の言葉：有名⇔無名

教科書上51ページ

氷（ヒョウ・こおり・◆ひ）5画

使い方：氷山の一角がくずれる。流氷を初めて見る。バケツに氷がはる。

形のにた漢字：氷・水

月　日

教科書上51ページ

秒

ビョウ

はねる　とめる　はらう

使い方
一秒の差で勝つ。
一分は六十秒です。
秒数を数える。

なかまの漢字
時・分・秒は、時を表す。

のぎへん　9画

教科書上51ページ

農

ノウ

つき出す　わすれない　はらう　はねる

使い方
農業がさかんな地いき。
農作物をしゅうかくする。
農地をたがやす。

字の形に注意

わすれないようにしよう！

しんのたつ　13画

教科書上51ページ

仕

シ
つかえる
◆ジ

「士」にしない

使い方
今日の仕事が終わる。
時計の仕組みを知る。
王様に仕える。

字の形に注意

「土」ではないよ！

にんべん　5画

教科書上51ページ

球

キュウ
たま

わすれない　はねる

使い方
地球を一周する。
野球部に入部する。
球を遠くまで投げる。

字の形に注意

「求」としないようにね！

たまへん　おうへん　11画

教科書上51ページ

局

キョク

出ない　はらう　はねる

使い方
ゆうびん局に行く。
薬局で薬を買う。
結局、最後まで走れなかった。

筆じゅん

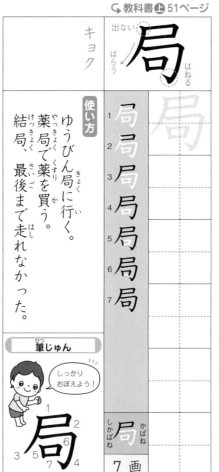

しっかりおぼえよう！

しかばね　かばね　7画

「球」の右がわの形に気をつけよう。

月　日

読み方が新しい漢字

漢字	読み方	使い方	前に出た読み方
朝	チョウ	朝食(ちょうしょく)を作(つく)る	朝(あさ)
食	ショク	夕食(ゆうしょく)を食(た)べる	食(た)べる　食(く)う
早	ソウ	あすの早朝(そうちょう)	早(はや)い　早(はや)まる　早(はや)める
道	ドウ	県道(けんどう)に出(で)る	さか道(みち)
光	コウ	日光(にっこう)に当(あ)てる	光(ひか)る　光(ひかり)
分	フン（プン）	一分(いっぷん)おくれる	なかま分(わ)け　半分(はんぶん)
野	ヤ	野球(やきゅう)を見(み)る	野原(のはら)

漢字クイズ 3

☆文に合う漢字をえらんで、□に書きましょう。

① 深・洋　服を買う。

② 有名な　持・詩　人に会う。

③ 意味を　調・語　べる。

同じ部(ぶ)分をもつ漢字に注意しましょう。

答え14ページ

ぴったり2 練習

漢字の音と訓

教科書 上50～51ページ
答え 3ページ

1 ——線の漢字の読みがなを書きましょう。

① 次の日に会う。（　）
② 早朝から家のてつだいをする。（　）
③ 集まる所を決める。（　）
④ 一日で有名になる。（　）
⑤ 月光をあびる。（　）
⑥ かき氷を作る。（　）
⑦ 野球を始める。（　）
⑧ わたしは王に仕えている。（　）

2 □に漢字を書きましょう。

① □（けん）ざかいに住む。
② 父は□□（ようしょく）がすきだ。
③ □□（さんぷん）おくれて着く。
④ □□（すうびょう）の間、息を止める。
⑤ □□（のうか）に生まれる。
⑥ □□（しごと）がいそがしい。
⑦ ゆうびん□（きょく）に出かける。

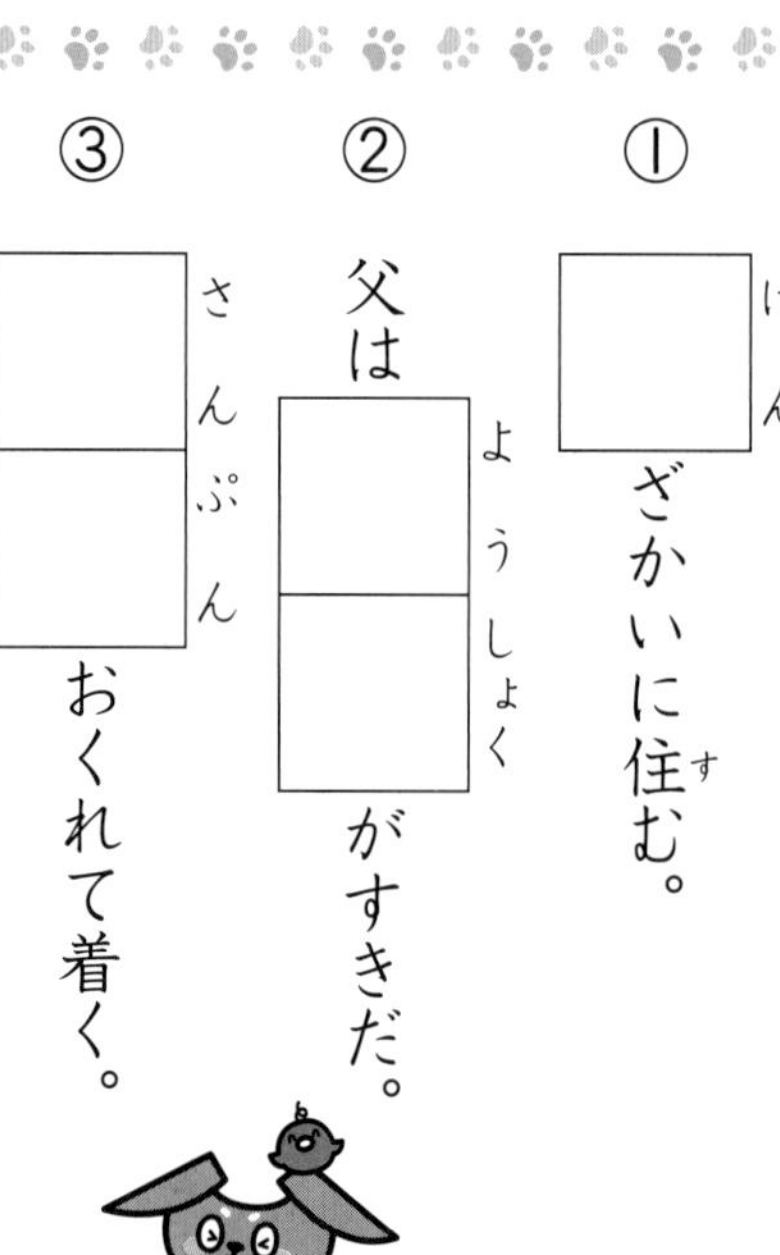

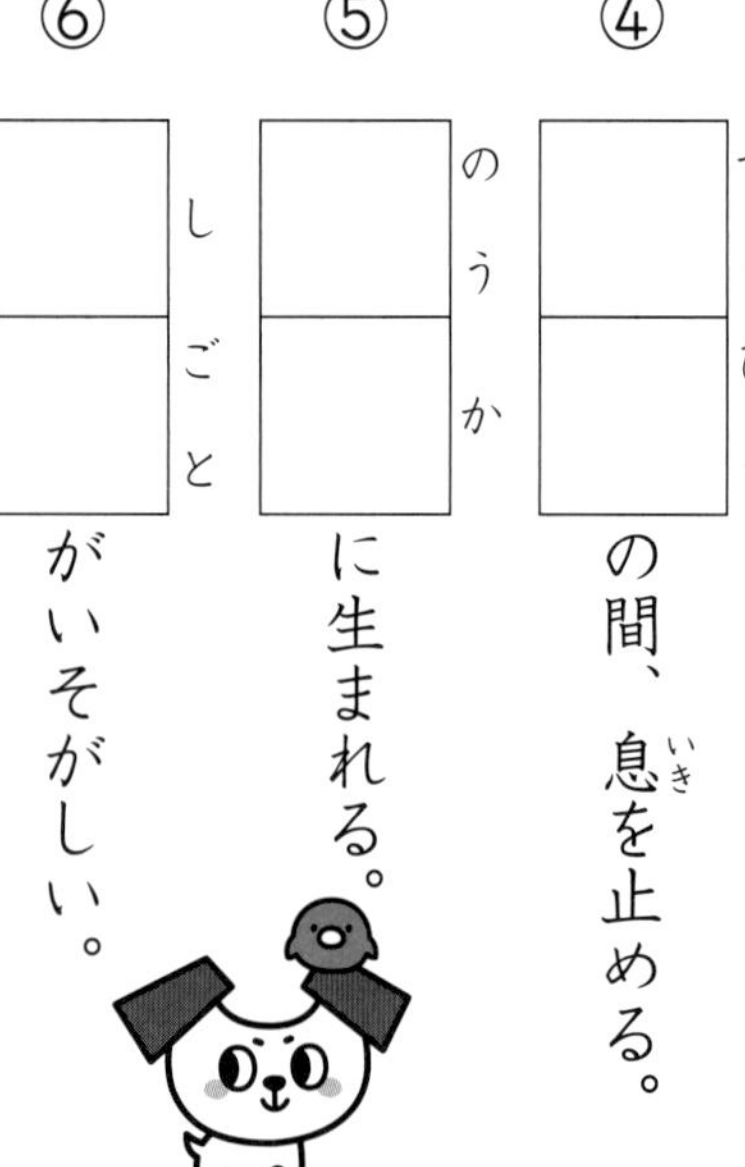

⑧ □□（じかい）の発売日を待つ。
⑨ まち合わせの□□（ばしょ）に行く。
⑩ □□（こおりみず）をのむ。
⑪ □（たま）ひろいをする。
⑫ □□（どうり）をわきまえる。
⑬ □□（やせい）のシカを見る。
⑭ みんなで□□（しょくじ）をする。

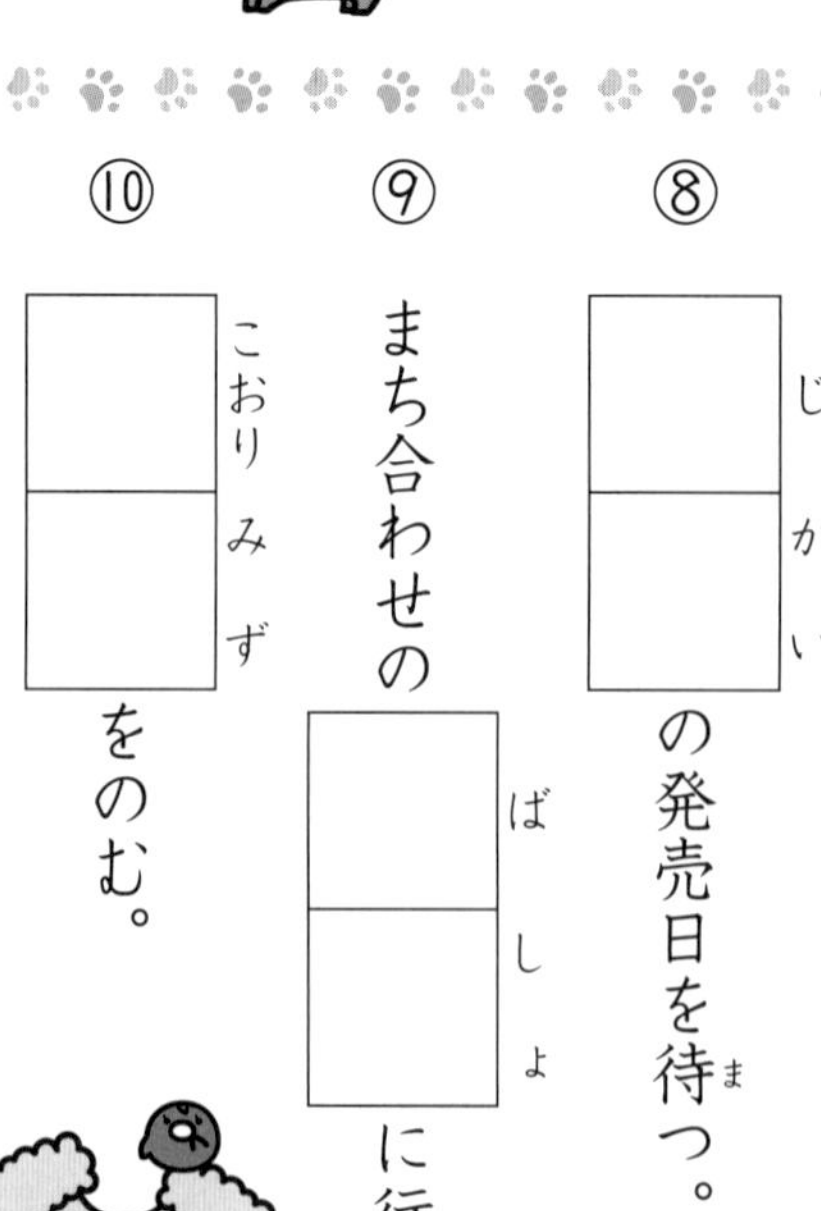

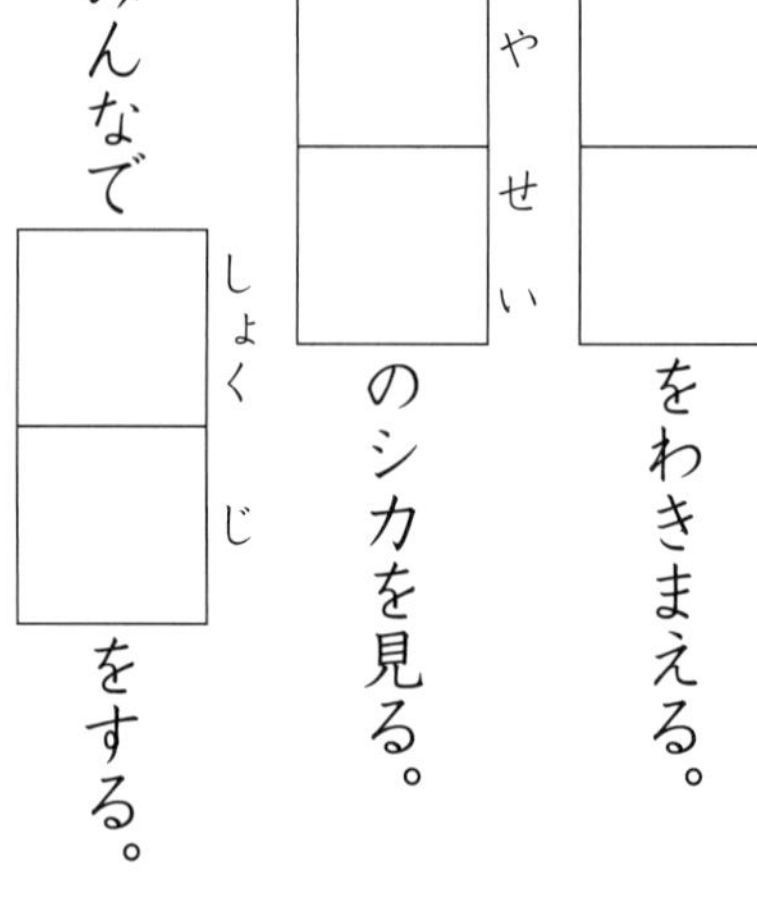

ぴったり2 練習

漢字の広場② 2年生で習った漢字

教科書 上52ページ　答え 3ページ

月　日

1 ——線の漢字の読みがなを書きましょう。

① 丸い玉を転（ころ）がす。（　）

② 車のライトが光る。（　）

③ 駅（えき）の方角に向（む）かう。（　）

④ 車が通る。（　）

⑤ 家の場所を教える。（　）

⑥ 弓矢を取（と）ってたたかう。（　）

⑦ 力を合わせてつなを引く。（　）

⑧ 学校から家へ帰る。（　）

2 □に漢字を書きましょう。

① 広い□（みち）ができる。

② 大きな□（いわ）を持ち上げる。

③ 一人で外に□（い）く。

④ □□（げんき）を出してがんばる。

⑤ □□（こころぼそ）い気分。

⑥ ここから□（たに）が見える。

⑦ くじが□（あ）たる。

⑧ 赤しん号で□（と）まる。

⑨ はじめて□（あ）った人。

⑩ □（ふと）いうで。

⑪ □□（てんさい）と言われた子。

⑫ かれは、長年の□□（しんゆう）だ。

⑬ たからの□□（ちず）を見つける。

⑭ 家の□（と）をしめる。

文様（もんよう） こまを楽しむ

教科書 上53～64ページ

新しく学習する漢字

全 遊 表 昔 世 界 速 横 指 鉄 安 定

月
日
教科書上53ページ
全
つける
いちばん長く
ゼン
まったく
すべて
使い方
全員（ぜんいん）でそうじをする。
足（あし）のいたみが全（まった）くなくなる。
全（すべ）てあなたのおかげです。
全 6画
形のにた漢字
全部（ぜんぶ）
金で作られた物。
教科書上53ページ
遊
はねる
一画で書く
はらう
ユウ
あそぶ
◆ユ
使い方
遊園地（ゆうえんち）の横（よこ）を通（とお）る。
新（あたら）しい遊具（ゆうぐ）で遊（あそ）ぶ。
友（とも）だちといっしょに遊（あそ）ぶ。
遊 しんにゅう 12画
いろいろな読み方
公園の遊具（ゆうぐ）で遊（あそ）ぶ。
教科書上55ページ
表
つける
ヒョウ
おもて
あらわす
あらわれる
使い方
自分（じぶん）の意見（いけん）を発表（はっぴょう）する。
表（おもて）とうらをひっくり返（かえ）す。
不安（ふあん）な気持（きも）ちが顔（かお）に表（あらわ）れる。
表 ころも 8画
送りがな
表わす
教科書上56ページ
昔
つき出す
長く
むかし
◆セキ
◆シャク
使い方
昔話（むかしばなし）を聞（き）く。
昔（むかし）から続（つづ）く祭（まつ）り。
昔風（むかしふう）の建物（たてもの）を見学（けんがく）する。
昔 ひ 8画
反対（はんたい）の意味の言葉
昔（むかし）
今
教科書上56ページ
世
三画で書く
セイ
セ
よ
使い方
二十世紀（にじっせいき）に生（う）まれた。
犬（いぬ）の世話（せわ）をする。
今（いま）の世（よ）の中（なか）について考（かんが）える。
世 いち 5画
筆（ひつ）じゅん
1~4画目に気をつけて！

月　日

界

教科書上56ページ

カイ

使い方
世界の平和を願う。
銀世界のゲレンデ。
運動場に境界線を引く。

字の形に注意
「介」の形をしっかりおぼえよう！

部首：界（た）　9画

速

教科書上57ページ

ソク
はやい
はやめる
はやまる
◆すみやか

使い方
速度を上げる。
流れが速い川。
足を速める。

言葉の使い分け
速い―速度のときに使う。
早い―時間のときに使う。

部首：速（しんにょう・しんにゅう）　10画

横

教科書上57ページ

オウ
よこ

使い方
横断歩道をわたる。
首を横にふる。
子どもの横顔を見る。

対になる言葉
横笛
たて笛

部首：横（きへん）　15画

指

教科書上58ページ

シ
ゆび
さす

使い方
場所を指定する。
指を折って数える。
進む方向を指す。

言葉の意味
指をくわえる
手を出さずに見ている様子。

部首：指（てへん）　9画

鉄

教科書上59ページ

テツ

使い方
鉄ぼうの練習をする。
鉄道もけいを買う。
鉄分を多くふくんだ食品。

字の形に注意
「矢」ではないよ！

部首：鉄（かねへん）　13画

安

教科書上59ページ

アン
やすい

使い方
左右の安全をたしかめる。
妹の熱が下がり、安心する。
野菜が安くなる。

反対の意味の言葉
安い
高い

部首：安（うかんむり）　6画

月　　日

教科書上59ページ

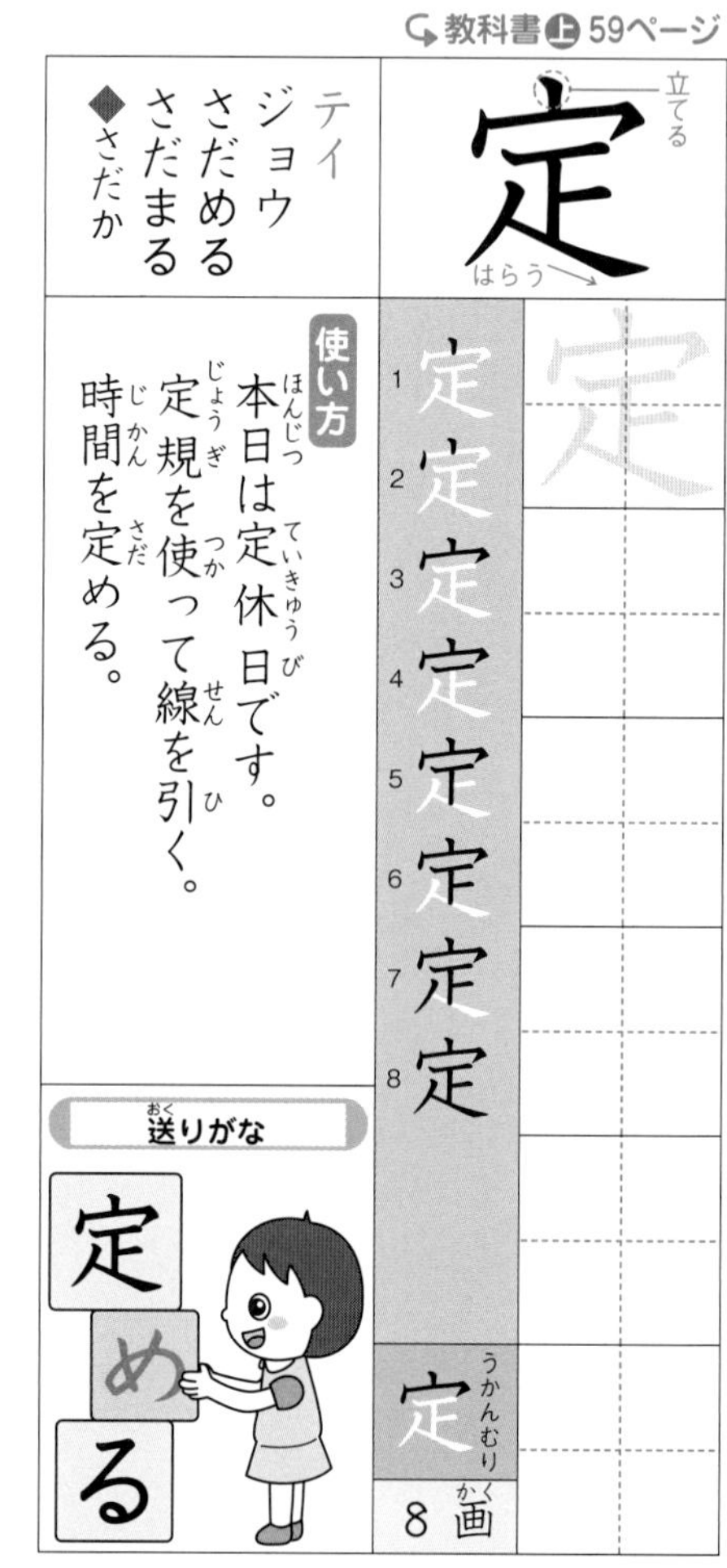

定
立てる
はらう
テイ
ジョウ
さだめる
さだまる
◆さだか
使い方
本日は定休日です。
定規を使って線を引く。
時間を定める。
定
うかんむり
8画

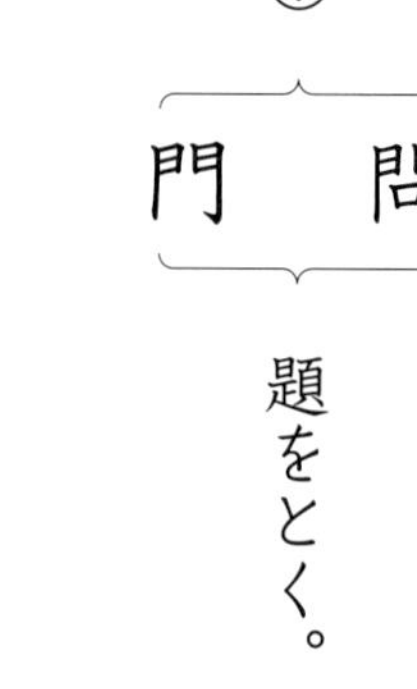

読み方が新しい漢字

漢字	読み方	使い方	前に出た読み方
見	ケン	新しい発見	見る・見える・見せる
行	おこなう	そうじを行う	旅行・行く・行
元	もと	元にもどる	元気

とくべつな読み方をする言葉

言葉	使い方
上手（じょうず）	上手に教える

漢字クイズ 4

☆ 文に合う漢字をえらんで、□に書きましょう。

① ｛問・門｝題をとく。

② リーダーを｛次・決｝める。

③ 走る｛進・速｝度を上げる。

読み方や形のにた漢字に注意してえらんでね。

答え14ページ

月　日

ぴったり1 じゅんび

気持ちをこめて、「来てください」

教科書 上66〜69ページ

新しく学習する漢字

運　予　送　住

教科書上66ページ

運　ウン　はこぶ

（つき出さない／一画で書く／はらう）

使い方
運動会を見に行く。
毎日運動をする。
荷物をへやに運ぶ。

いろいろな読み方
運動場に土を運ぶ。

しんにょう（しんにゅう）　12画

教科書上67ページ

予　ヨ

（とめる／はねる）

使い方
レストランを予約する。
日曜日の予定を立てる。
算数の予習をする。

反対の意味の言葉
予習　ふく習

はねぼう　4画

教科書上69ページ

送　ソウ　おくる

（むきに注意／一画で書く／はらう）

使い方
朝の放送が始まる。
送球が横へそれる。
写真を送る。

いろいろな読み方
荷物を発送してから、駅で見送る。

しんにょう（しんにゅう）　9画

教科書上69ページ

住　ジュウ　すむ　すまう

（いちばん長く）

使い方
住所を伝える。
新しい家に住む。
昔ながらの住まい。

形のにた漢字
住む　柱

にんべん　7画

読み方が新しい漢字

漢字	読み方	使い方	前に出た読み方
走	ソウ	走行	走る
通	かよう	通う	通学　通る

とくべつな読み方をする漢字

言葉	使い方
一日（ついたち）	三月一日に行く（さんがつついたちにいく）

月　日

ぴったり2 練習

文様（もんよう）／こまを楽しむ
気もちをこめて、「来てください」

教科書 上53～69ページ
答え 4ページ

1 ──線の漢字の読みがなを書きましょう。

① 弟と公園で **遊** ぶ。（　　）
② 新しい **発見** がある。（　　）
③ まとめたことを書き **表** す。（　　）
④ 計算をするのが **速** い。（　　）
⑤ **元** の場所にもどす。（　　）
⑥ 工事を **行** う。（　　）
⑦ **横顔** を見る。（　　）
⑧ ピアノを **上手** に教える。（　　）

2 □に漢字を書きましょう。

① クラス□□（ぜんたい）を見わたす。
② 父から□（むかし）の話を聞く。
③ □□（ていじ）に会社を出る。
④ □（よこ）をむく。
⑤ □（ゆび）をおって数える。
⑥ つめたい□（てつ）にさわる。
⑦ さぎょうを□□（あんぜん）に進める。

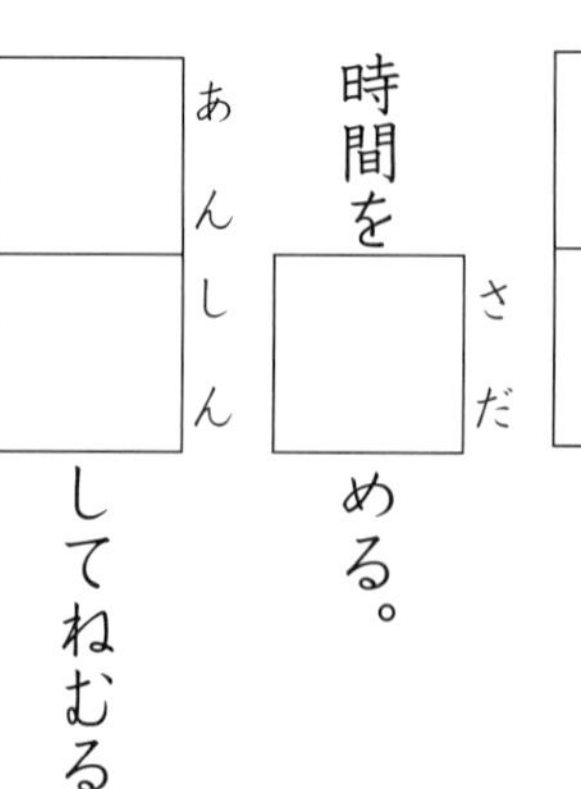

⑧ □（やす）いおかしを買う。
⑨ □□（せけん）の人にみとめられる。
⑩ 南の方角を□（さ）す。
⑪ 工場を□□（けんがく）する。
⑫ □□（せかい）を旅する。
⑬ 時間を□（さだ）める。
⑭ □□（あんしん）してねむる。

ぴったり2 練習

文様（もんよう）／こまを楽しむ 気もちをこめて、「来てください」

教科書 上53〜69ページ
答え 4ページ

月　　日

1 ——線の漢字の読みがなを書きましょう。

① 生活が安定する。（　　）
② 五十メートル走をする。（　　）
③ 妹と小学校に通う。（　　）
④ ゆうびん局で手紙を送る。（　　）
⑤ 新しい住まい。（　　）
⑥ 会長を指名する。（　　）
⑦ 宿題（しゅく）を全ておわらせる。（　　）
⑧ 七月一日が本番だ。（　　）

2 □に漢字を書きましょう。

① □□（うんどう）してけんこうになる。
② ノートに□□（じゅうしょ）を書く。
③ 算数の□□（よしゅう）をする。
④ □（まった）くべつの人だった。
⑤ 正しい□（おこな）いをする。
⑥ □□（ようこう）えんしゅうをする。
⑦ □（おう）だん歩（ほ）道をわたる。
⑧ ピアノの□□□（はっぴょうかい）に出る。
⑨ 犬の□□（せわ）をする。
⑩ □□（てつどう）の旅を楽しむ。
⑪ □□（じそく）五十キロで走る車。
⑫ □（よ）の中に知れわたる。
⑬ おもい荷物を□（はこ）ぶ。
⑭ 車で□（おく）ってもらう。

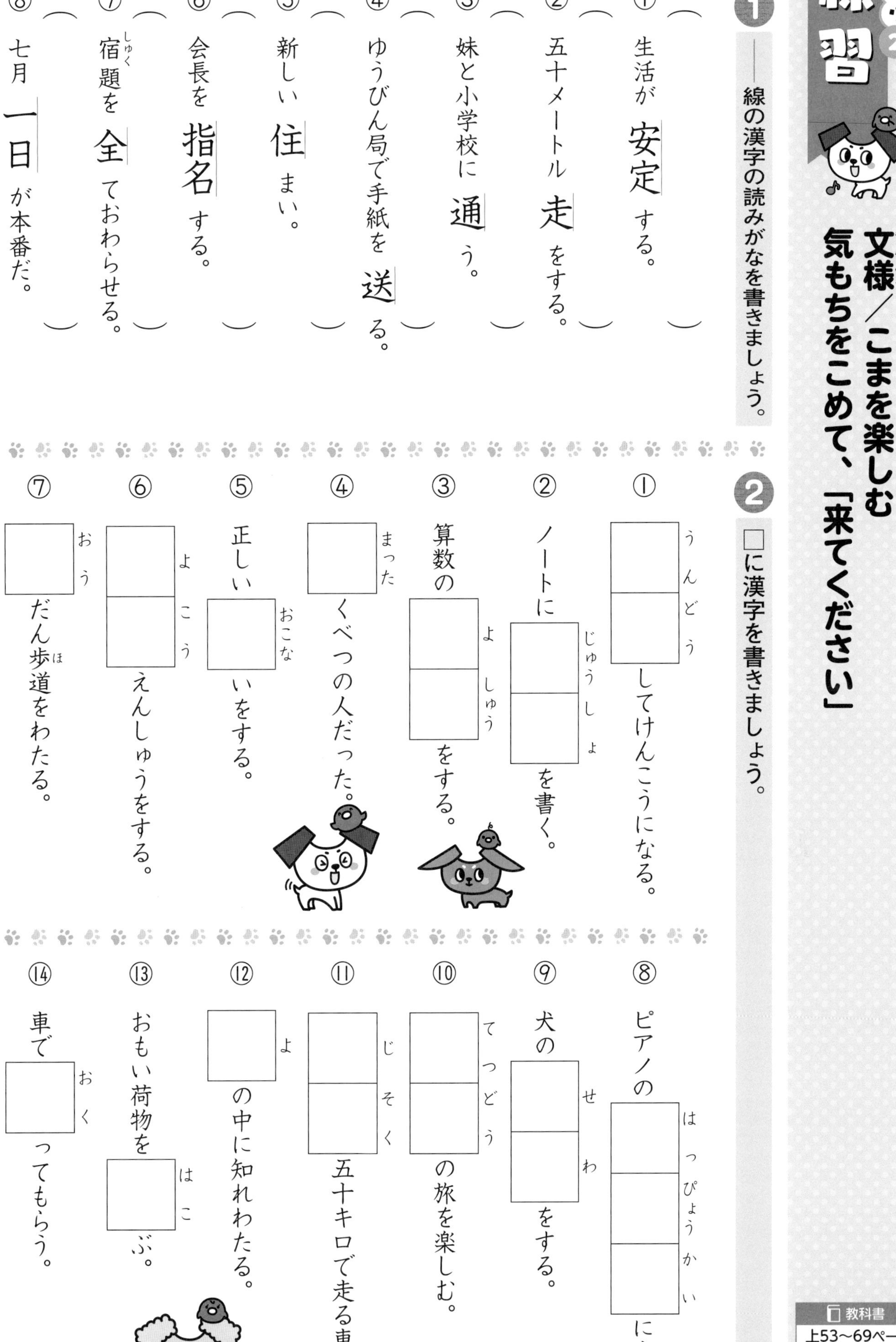

月　日

ぴったり2 練習

漢字の広場③　2年生で習った漢字

教科書 上70ページ　答え 4ページ

1 ——線の漢字の読みがなを書きましょう。

① さわやかな朝。（　　）
② 午後は室内で遊ぶ。（　　）
③ 何回とべるか数える。（　　）
④ ねる前に日記を書く。（　　）
⑤ 土曜日にいとこが来る。（　　）
⑥ 楽しい思い出を作る。（　　）
⑦ 肉を切ってカレーを作る。（　　）
⑧ 午前のじゅ業(ぎょう)が始まる。（　　）

2 □に漢字を書きましょう。

① 木を□□(こがたな)でけずる。
② そうじ□□(とうばん)を交代(たい)する。
③ 父と□(あね)は買い物に行く。
④ □(よる)の空を見上げる。
⑤ 母は□(おとうと)とゲームをする。
⑥ □□(まいにち)、花に水やりをする。
⑦ 作品(ひん)が□□(はんぶん)できた。
⑧ つめたい水で□(かお)をあらう。
⑨ すきなテレビ□□(ばんぐみ)を見る。
⑩ □(いもうと)と人形で遊ぶ。
⑪ □(そと)の空気をすう。
⑫ 母と東京に□(い)く。
⑬ □(あに)と出かける。
⑭ □□(こんしゅう)中に仕上げる。

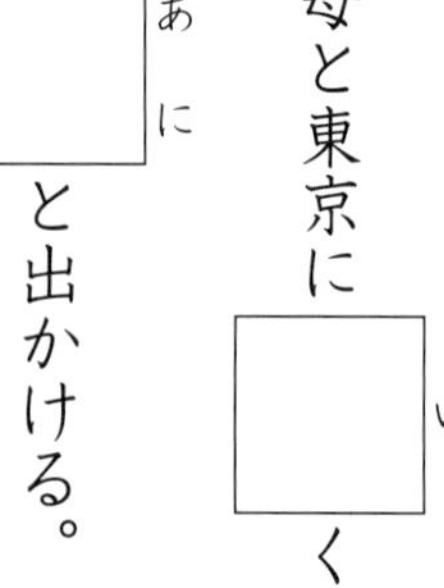

月　日

ぴったり1 じゅんび

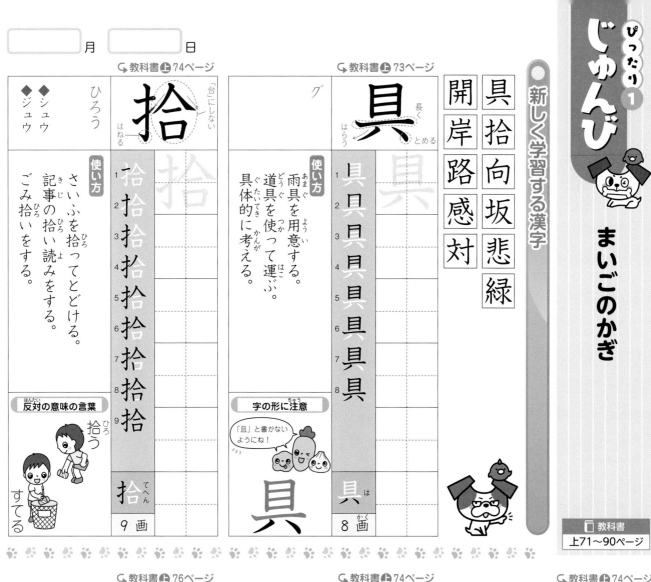

まいごのかぎ

教科書 上71〜90ページ

新しく学習する漢字

具 拾 向 坂 悲 緑 開 岸 路 感 対

教科書上73ページ

具

グ

はらう　長く　とめる

使い方
雨具を用意する。
道具を使って運ぶ。
具体的に考える。

字の形に注意
「且」と書かないようにね！

具（は）　8画

教科書上74ページ

拾

ひろう
◆シュウ
◆ジュウ

はねる　「台」にしない

使い方
さいふを拾ってとどける。
記事の拾い読みをする。
ごみ拾いをする。

反対の意味の言葉
拾う
すてる

扌（てへん）　9画

教科書上74ページ

向

コウ
むく
むける
むかう
むこう

つける　はねる

使い方
駅の方向へ歩く。
話している人のほうを向く。
つくえに向かう。

形のにた漢字
向こう岸
何気なく見る。

口（くち）　6画

教科書上74ページ

坂

さか
◆ハン

はらう

使い方
坂道をゆっくり上る。
上り坂で息が切れる。
下り坂でつまずく。

形のにた漢字
板　坂

土（つちへん）　7画

教科書上76ページ

悲

ヒ
かなしい
かなしむ

はらう　はねる

使い方
悲鳴が聞こえる。
悲しい出来事が起こる。
生き物の死を悲しむ。

送りがな
悲しむ

心（こころ）　12画

月　日

教科書上77ページ

緑

リョク
みどり
◆ロク

使い方
新緑の季節になる。
緑茶を飲む。
緑色の絵の具を使う。

字の形に注意
「水」と書かないようにしよう！

いとへん
14画

教科書上80ページ

開

カイ
ひらく
ひらける
あく
あける

使い方
開店セールで安くなる。
とびらが開く。
戸が大きく開く。

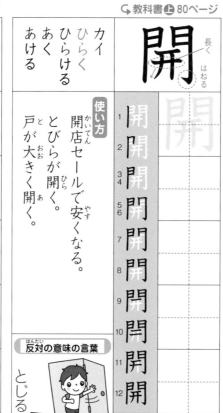

反対の意味の言葉
開く
とじる

もんがまえ
12画

教科書上82ページ

岸

ガン
きし

使い方
海岸にそった道。
川の対岸をながめる。
岸辺を歩く。

字の形に注意
「千」にしないように気をつけよう！

やま
8画

教科書上86ページ

路

ロ
じ

使い方
通学路を通る。
道路で工事をしている。
家路を急ぐ。

字の形に注意
「足」ではないよ！

あしへん
13画

教科書上88ページ

感

カン

使い方
映画を見て感動する。
感謝の気持ちをもつ。
自然の風を感じる。

字の形に注意
わすれないでね！

こころ
13画

教科書上89ページ

対

タイ
◆ツイ

使い方
反対の意見を言う。
兄とうでずもうで対決する。
対戦相手が決まる。

反対の意味の言葉
反対
さんせい

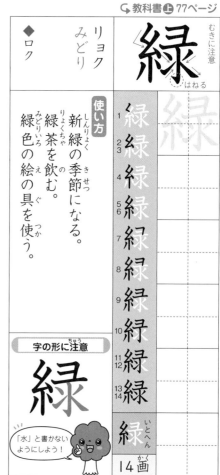

すん
7画

月 日

読み方が新しい漢字

漢字	読み方	使い方	前に出た読み方
金	かな	金具(かなぐ)をとめる	お金(かね)　金曜日(きんようび)
円	まるい	円(まる)い形(かたち)	五百円(ごひゃくえん)
鳴	メイ	悲鳴(ひめい)をあげる	鳴(な)き声(ごえ)
歩	ホ	横(おう)だん歩道(ほどう)	歩(ある)く
羽	は	羽音(はおと)を立(た)てる	羽(はね)
海	カイ	海岸(かいがん)を歩(ある)く	海(うみ)

漢字クイズ 5

☆ かがみに漢字をうつしてみました。うら返(がえ)すと正しい漢字になるのはどれですか。正しい漢字の番号を3つ書きましょう。

答え 14ページ

①　②　③

④　⑤　⑥ 安

⑦　⑧　⑨

月　日

ぴったり2 練習

まいごのかぎ

教科書 上71〜90ページ
答え 4ページ

1 ——線の漢字の読みがなを書きましょう。

① 絵の<u>具</u>をまぜる。（　　）
② 落とし物を<u>拾</u>う。（　　）
③ ゴールへ<u>向</u>かって走る。（　　）
④ <u>坂道</u>を歩く。（　　）
⑤ 山が一面<u>緑</u>になる。（　　）
⑥ 紙を<u>円</u>い形に切る。（　　）
⑦ 電車の<u>路線</u>を調べる。（　　）
⑧ 春のおとずれを<u>感</u>じる。（　　）

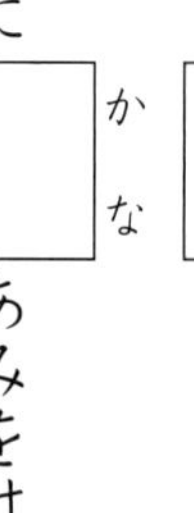

2 □に漢字を書きましょう。

① □（かな）しい物語を読む。
② 荷（に）物を□（きし）に上げる。
③ 質（しつ）問に□（たい）する答えを考える。
④ にわに□（かな）あみをはる。
⑤ 新しい店を□（ひら）く。
⑥ びっくりして□□（ひめい）をあげる。
⑦ 横だん□□（ほどう）をわたる。

⑧ 草原で鳥が□（は）ばたく。
⑨ □□（かいがん）にそって進む。
⑩ 夕方、□□（いえじ）につく。
⑪ 妹は□□（おんかん）がいい。
⑫ 上り□（ざか）に差（さ）しかかる。
⑬ □□（かいかい）のあいさつをする。
⑭ 学校の□□（ほうこう）へ走る。

月　日

ぴったり1 じゅんび

俳句を楽しもう
こそあど言葉を使いこなそう
引用するとき

教科書 上91～97ページ

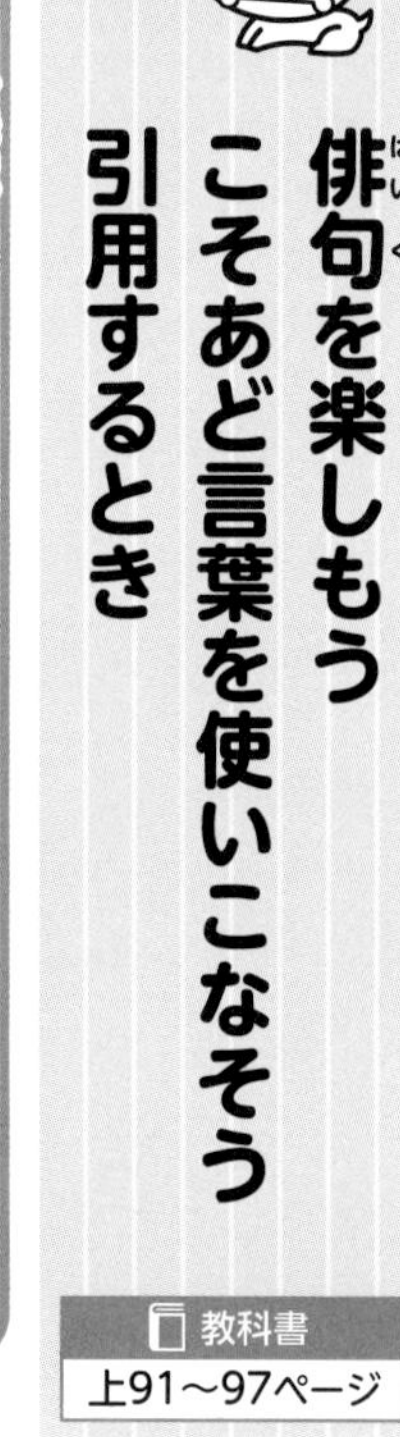

新しく学習する漢字

区 陽 整 部 泳 練 助 童 申

教科書上91ページ

区 ク

おれる　はらう　とめる

4画　かくしがまえ

使い方
地区の集会に出る。
校区の中で遊ぶ。
話を区切る。

筆じゅん
2画目に気をつけよう！ 

教科書上92ページ

陽 ヨウ

三画で書く　長く　はねる

12画　こざとへん

使い方
太陽がかがやく。
陽光がふり注ぐ。
陽気な気分ですごす。

筆じゅん
3画で書くよ！ 

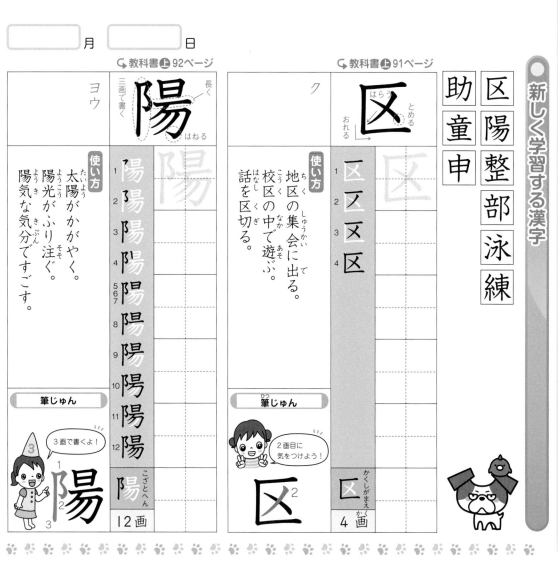

教科書上93ページ

整 セイ　ととのえる　ととのう

とめる　「又」にしない　長く

16画　ぼくづくり

使い方
校庭に整列する。
形を整える。
室内が整う。

送りがな 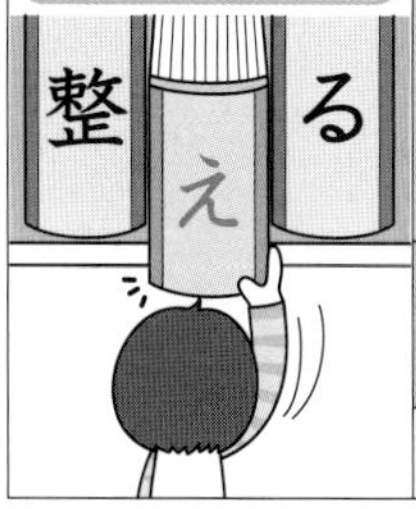
整 え る

教科書上93ページ

部 ブ

「p」にしない

11画　おおざと

使い方
ごみを全部拾う。
おもちゃの部品を買う。
辞典で部首を調べる。

反対の意味の言葉 
全部 — 一部

教科書上95ページ

泳 エイ　およぐ

わすれない　はねる

8画　さんずい

使い方
水泳が得意だ。
島まで遠泳する。
魚がむれで泳ぐ。

字の形に注意
「水・氷」とまちがえないようにしよう！

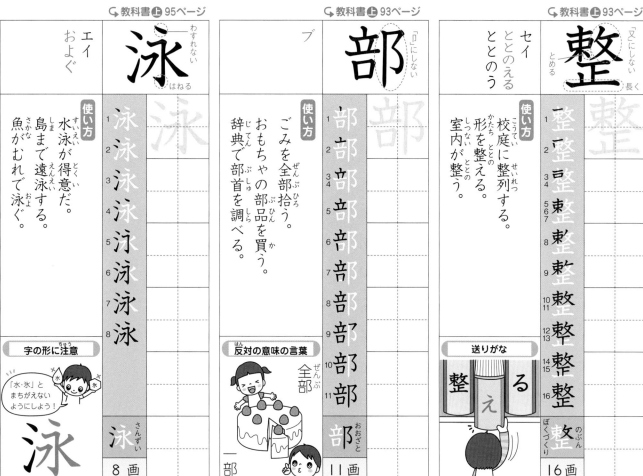

月　日

教科書上95ページ

練

レン
ねる

はらう

使い方

くり返し練習をする。
ひなん訓練をする。
小麦粉を練る。

14画　いとへん

いろいろな読み方

パンを作る練習で生地を練る。

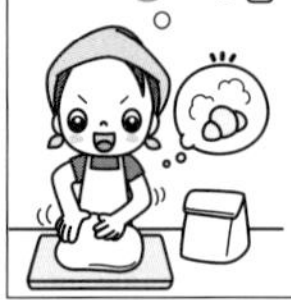

教科書上95ページ

助

ジョ
たすける
たすかる
◆すけ

はらう　はねる

使い方

友だちに助言する。
こまっている人を助ける。
命が助かる。

7画　ちから

字の形に注意

5画目ははらうんだよ。

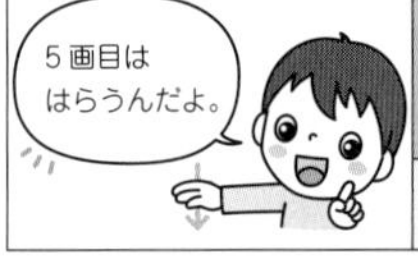

教科書上95ページ

童

ドウ
◆わらべ

立てる　長く

使い方

童話を読む。
童ようを妹に歌う。
児童会活動に参加する。

12画　たつ

部首

「童」の部首は、「たつ」だよ。

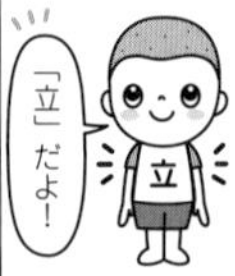

「立」だよ！

教科書上95ページ

申

もうす
◆シン

つき出す

使い方

マラソン大会に申しこむ。
申しわけなく思う。
先生に申し上げる。

5画　た

筆じゅん

5画目の長さにも気をつけよう！

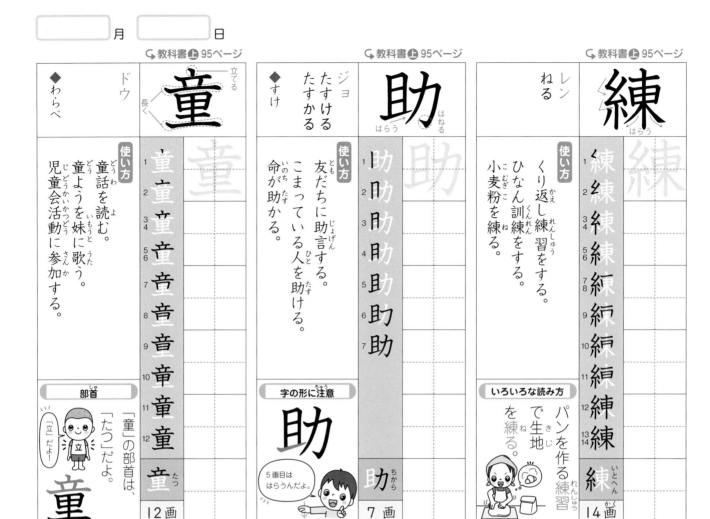

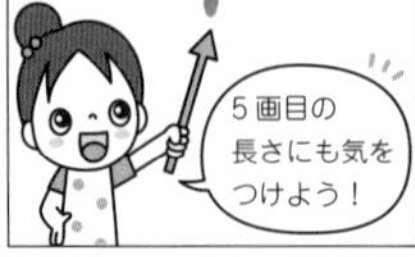

「申」のまん中のたて画は、上をかならず出してね。

月　日

読み方が新しい漢字

漢字	読み方	使い方	前に出た読み方
子	シ	調子を整える	子ども　様子
東	ひがし	東にある町	東京
太	タイ	太陽がしずむ	太い　太る
歌	カ	校歌を歌う	歌　歌う
近	キン	近所の店	近い
言	ゲン	助言を聞く	言う　言葉
引	イン	文を引用する	引く　引ける
出	シュツ	家を出発する	出る　出す

漢字クイズ6

☆正しい筆じゅんに○をつけましょう。

①
ア　ノ　亻　亻　仁　仟　住
イ　ノ　亻　亻　仁　仨　住

②
ア　糸　糸　紀　紀　紀　緑　緑
イ　糸　糸　糸　糸　紀　緑　緑

③
ア　丶　丷　丷　䒑　关　送
イ　丶　辶　辶　辶　送

答え14ページ

ぴったり2 練習

俳句(はいく)を楽しもう こそあど言葉を使いこなそう 引用するとき

教科書 上91～97ページ
答え 5ページ

月　日

1 ――線の漢字の読みがなを書きましょう。

① 体の調子がいい。（　　）
② 地区大会に出る。（　　）
③ 学校はここから東にある。（　　）
④ 列(れつ)を整える。（　　）
⑤ 近所の公園で遊ぶ。（　　）
⑥ ピアノの練習をがんばる。（　　）
⑦ 先生の助言を聞く。（　　）
⑧ 図書館で童話の本をかりる。（　　）

2 □に漢字を書きましょう。

① □□（たいよう）がのぼる。
② 短(たん)□（か）を味わう。
③ 足りない□□（ぶぶん）がある。
④ 広いプールで□（およ）ぐ。
⑤ ラジオで□（どう）ようを聞く。
⑥ □（もう）しこみ用紙に名前を書く。
⑦ 本からせりふを□□（いんよう）する。
⑧ □□（しゅっぱつ）の時間になる。
⑨ はばとびの□□（じょそう）をする。
⑩ こなを□（ね）る。
⑪ 海で□□（えんえい）をする。
⑫ 小鳥を□（たす）ける。
⑬ 話に□□（くぎ）りをつける。
⑭ □□（ようき）な音楽を聞く。

月　日

ぴったり1 じゅんび

仕事のくふう、見つけたよ
符号など
夏のくらし

教科書 上98～105ページ

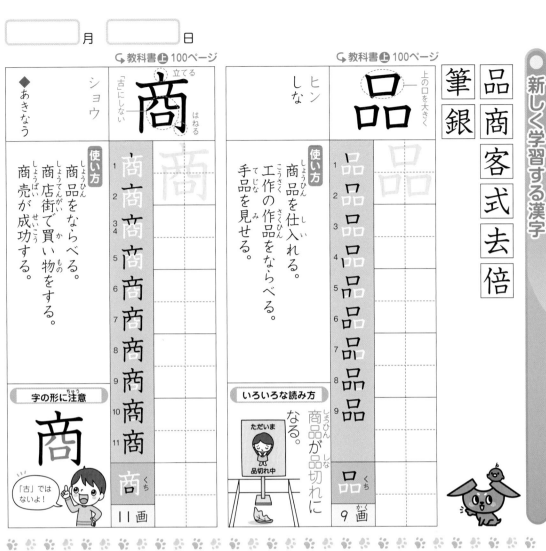

新しく学習する漢字

品 商 客 式 去 倍 筆 銀

教科書上100ページ

品　ヒン　しな

上の口を大きく

使い方
商品を仕入れる。
工作の作品をならべる。
手品を見せる。

筆順：品品品品品品品品品

口（くち）　9画

いろいろな読み方
商品が品切れになる。

教科書上100ページ

商　ショウ　◆あきなう

立てる　「古」にしない　はねる

使い方
商品をならべる。
商店街で買い物をする。
商売が成功する。

筆順：商商商商商商商商商商商

口（くち）　11画

字の形に注意
商 
「古」ではないよ！

教科書上101ページ

客　キャク　◆カク

立てる　はらう

使い方
お客さんと話をする。
観客席にすわる。
観光客でにぎわう。

筆順：客客客客客客客客客

宀（うかんむり）　9画

字の形に注意
客 
「又」と書かないでね！

教科書上103ページ

式　シキ

わすれない　はねる

使い方
入学式に出席する。
式と答えを書く。
式典をとり行う。

筆順：式式式式式式

弋（しきがまえ）　6画

字の形に注意
式
わすれないでね！

教科書上103ページ

去　キョ　コ　さる

長く　とめる

使い方
去年のクラスで集まる。
過去にあった出来事。
楽しかった夏が去る。

筆順：去去去去去

厶（む）　5画

反対の意味の言葉 
来年　今　去年

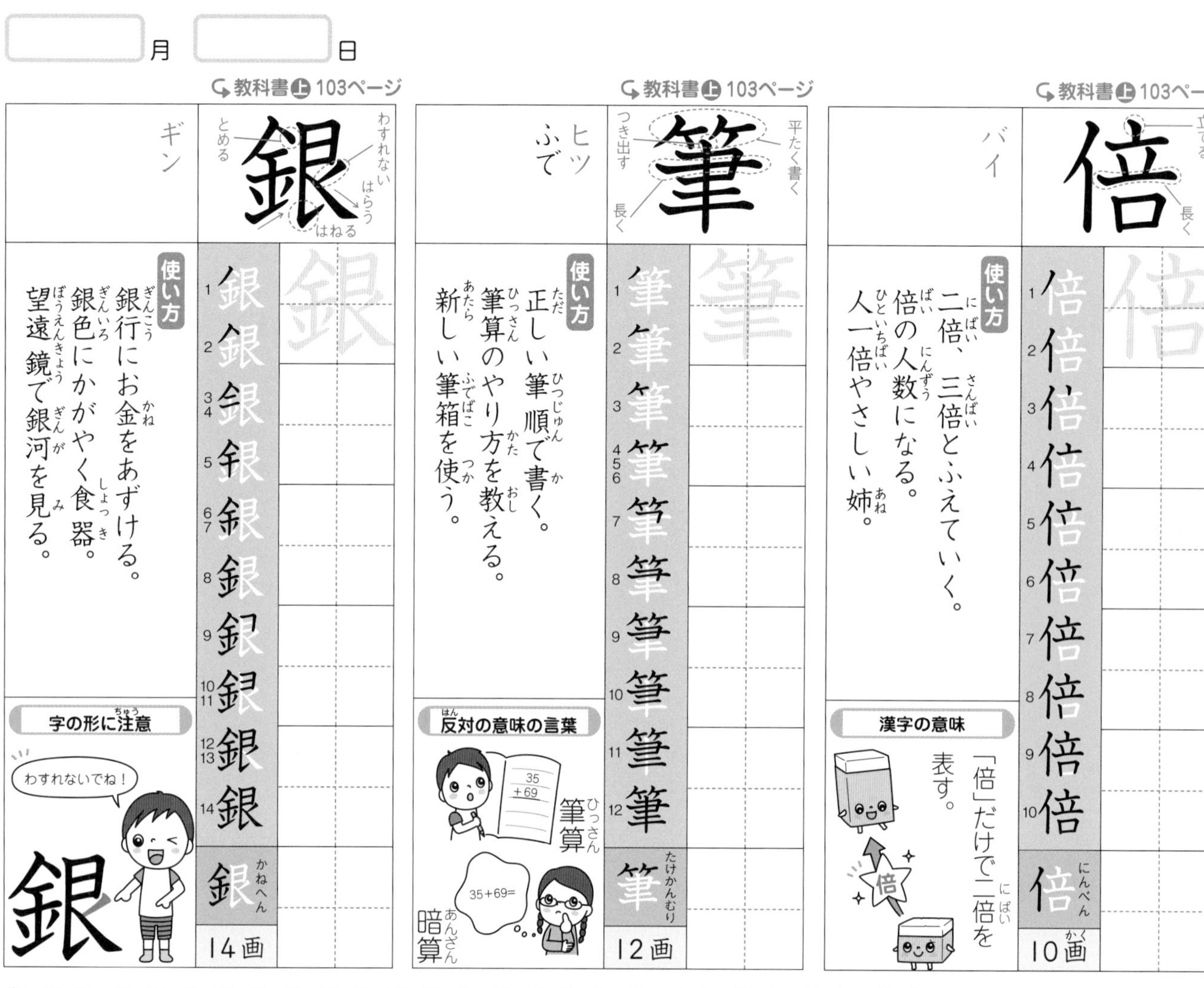

月 日
教科書上103ページ
倍
バイ
立てる
長く
使い方
二倍、三倍とふえていく。
倍の人数になる。
人一倍やさしい姉。
漢字の意味
「倍」だけで二倍を表す。
倍
にんべん
10画
教科書上103ページ
筆
ヒツ
ふで
つき出す
平たく書く
長く
使い方
正しい筆順で書く。
筆算のやり方を教える。
新しい筆箱を使う。
反対の意味の言葉
35 +69
筆算
35+69=
暗算
たけかんむり
12画
教科書上103ページ
銀
ギン
とめる
わすれない
はらう
はねる
使い方
銀行にお金をあずける。
銀色にかがやく食器。
望遠鏡で銀河を見る。
字の形に注意
わすれないでね！
銀
かねへん
14画

読み方が新しい漢字

漢字	読み方	使い方	前に出た読み方
合	ゴウ	数(かず)を合計(ごうけい)する	出(だ)し合(あ)う　合体(がったい)
読	トウ	読点(とうてん)をうつ	読(よ)む　音読(おんどく)
入	ニュウ	入学式(にゅうがくしき)に出(で)る	入(はい)る　玉入(たまい)れ
晴	セイ	晴天(せいてん)になる	晴(は)れる　晴(は)らす
毛	モウ	毛筆(もうひつ)で書(か)く	わた毛(げ)
同	ドウ	同時(どうじ)に出発(しゅっぱつ)だ	同(おな)じ
直	チョク	直線(ちょくせん)を引(ひ)く	直(なお)す　直(なお)る
白	しら	白玉(しらたま)ぜんざい	白(しろ)　白(しろ)い

月　　日

とくべつな読み方をする言葉

言葉	使い方
大人（おとな）	早（はや）く大人（おとな）になりたい
今年（ことし）	今年（ことし）のお正月（しょうがつ）
二日（ふつか）	九月二日（くがつふつか）の夜（よる）

ひにちの読み方に注意してね。

漢字クイズ７

答え14ページ

☆次の言葉と反対（はん）の意味の言葉を漢字で書きましょう。

①　本をとじる　⇕　本を□く

②　つめたいのみ物　⇕　□かいのみ物

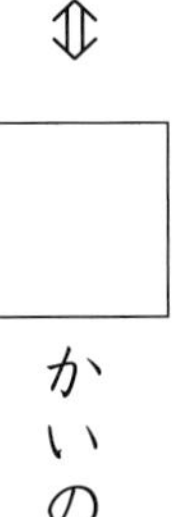

③　あさいプール　⇕　□いプール

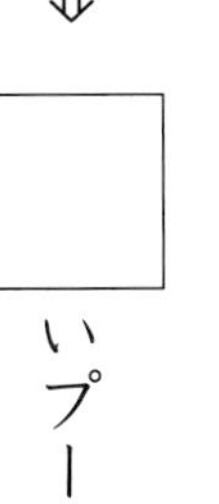
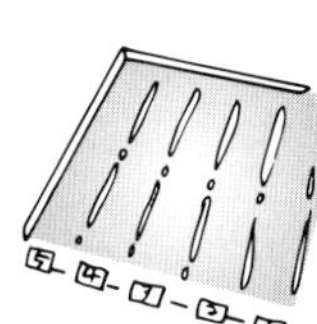
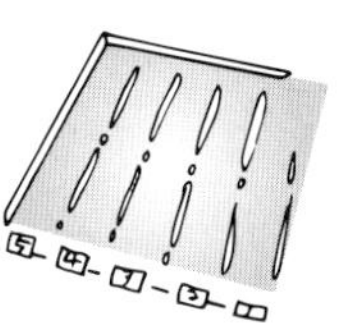

④　ねだんが高い　⇕　ねだんが□い

⑤　車が止まる　⇕　車が□く

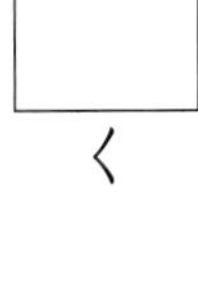

ぴったり2 練習

仕事のくふう、見つけたよ 符号（ふ）など 夏のくらし

教科書 上98〜105ページ
答え 5ページ

月　日

1 ――線の漢字の読みがなを書きましょう。

① 大人（　　）になったゆめを見る。

② おみやげの品（　　）をえらぶ。

③ えき前の商店（　　）に行く。

④ 二クラス合同（　　）で行う。

⑤ 銀行（　　）でお金をおろす。

⑥ 文に読点（　　）をうつ。

⑦ 今年（　　）の夏は暑（あつ）い。

⑧ 来月の二日（　　）に友人と会う。

2 □に漢字を書きましょう。

① □□（さくひん）を仕上げる。

② お□（きゃく）さんが来る。

③ □□（きょねん）の三月のでき事。

④ □□□（にゅうがくしき）に出る。

⑤ 遠足の日は□□（せいてん）だった。

⑥ 羊（よう）□（もう）でセーターをあむ。

⑦ 寒（さむ）さには□□□（ひといちばい）強い。

⑧ ノートに□□（ちょくせん）をかく。

⑨ 母と□□（しらたま）を作る。

⑩ 二人が□□（どうじ）に話し出す。

⑪ かばんから□□（ひっき）用具を出す。

⑫ 一面□□（ぎんいろ）の雪げしき。

⑬ 新しい□（ふで）で書く。

⑭ 早めにその場を□（さ）る。

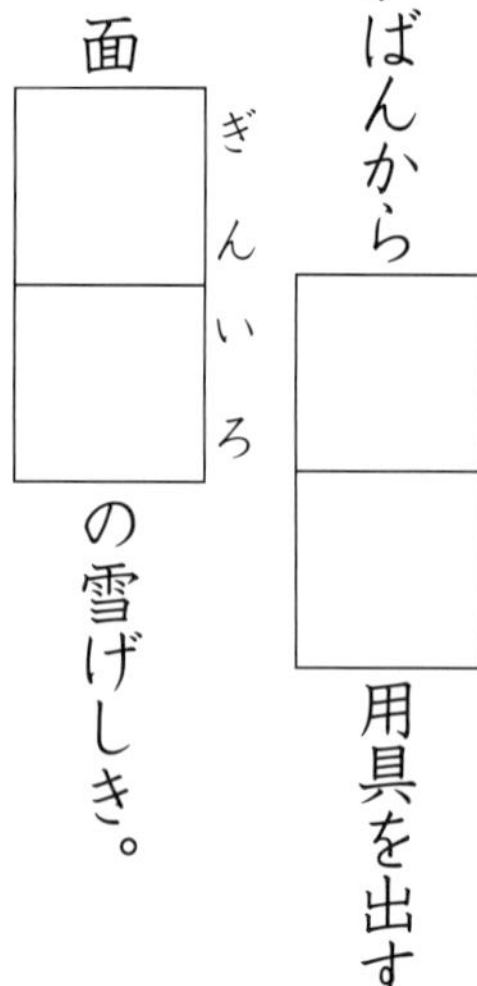

月　日

ぴったり1 じゅんび

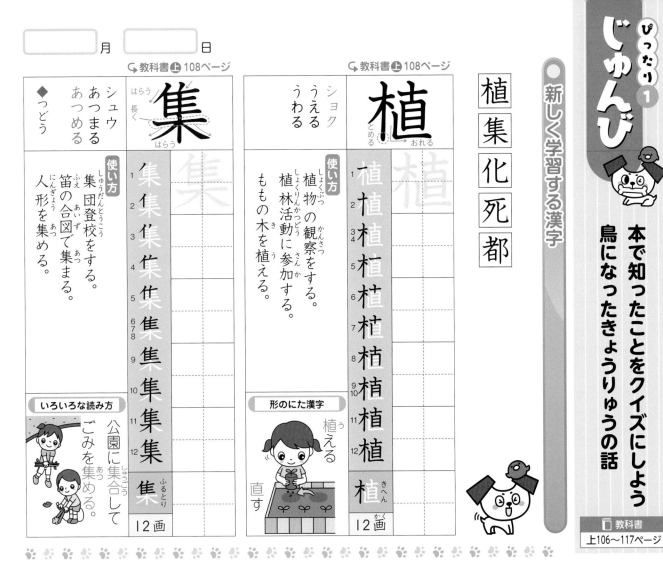

本で知ったことをクイズにしよう 鳥になったきょうりゅうの話

教科書 上106〜117ページ

新しく学習する漢字

植 集 化 死 都

教科書上108ページ

植 （とめる・おれる）

ショク
うえる
うわる

使い方
植物の観察をする。
植林活動に参加する。
もものの木を植える。

形のにた漢字 
植える
直す

植（きへん） 12画

教科書上108ページ

集 （はらう・長く・はらう）

シュウ
あつまる
あつめる
◆つどう

使い方
集団登校をする。
笛の合図で集まる。
人形を集める。

いろいろな読み方 
公園に集合して
ごみを集める。

集（ふるとり） 12画

教科書上111ページ

化 （はらう・はねる）

カ
ばける
ばかす
◆ケ

使い方
貝の化石を見つける。
外国の文化について学ぶ。
きつねが人に化ける。

部首
「亻」ではないんだね！
化

化（ひ） 4画

教科書上115ページ

死 （はらう・上にはねる）

シ
しぬ

使い方
生死をさまよう。
必死で走る。
病気で犬が死ぬ。

反対の意味の言葉 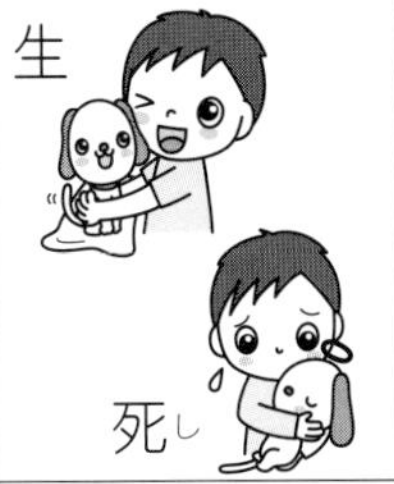
生
死

死（いちたへん・かばねへん） 6画

教科書上116ページ

都 （つける・三画で書く）

ト
ツ
みやこ

使い方
都会でくらす。
何とか都合を合わせる。
京の都を旅する。

漢字の意味
「都」で東京都を表す。
東京都

都（おおざと） 11画

月　日

読み方が新しい漢字

漢字	読み方	使い方	前に出た読み方
新	あらた	新(あら)たな人物(じんぶつ)	新(あたら)しい 新聞(しんぶん)
石	セキ	化石(かせき)の発見(はっけん)	石(いし)
地	ジ	地面(じめん)にふせる	土(と) 地(ち)

漢字クイズ8

☆漢字のあみだくじです。上からスタートして、とちゅうにあるカードを組み合わせて、①〜③にできた漢字を答えましょう。

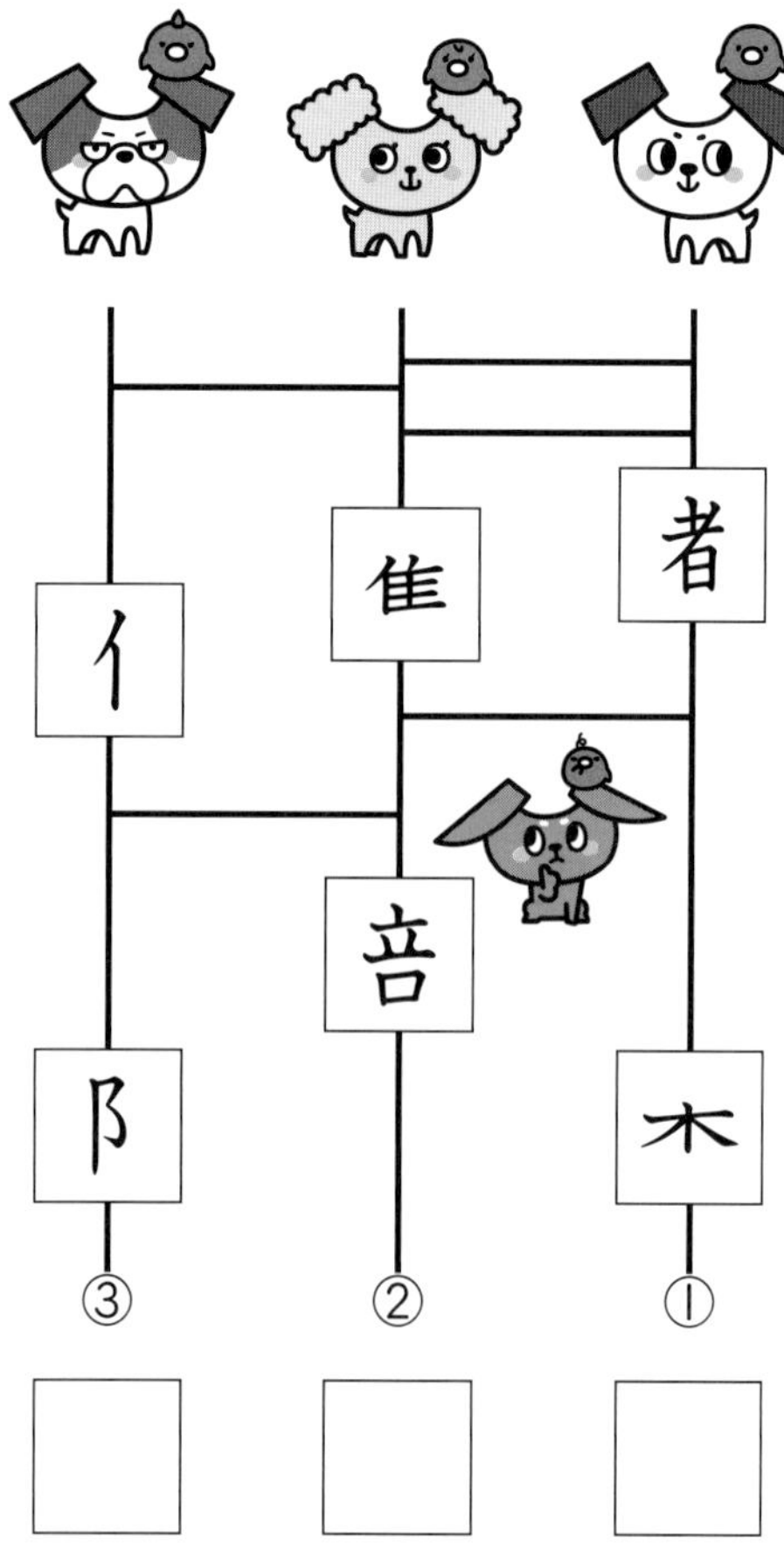

答え14ページ

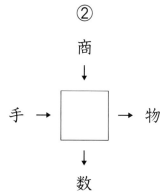

者　隹　音　亻　木　阝

① □　② □　③ □

漢字クイズ9

☆例(れい)のように、□に当てはまる漢字を入れて、四つのじゅく語を作りましょう。

答え14ページ

例　大↓　土→地→下　↓面

①　文↓　緑→□→石　↓学

②　商↓　手→□→物　↓数

矢印(じるし)の方向に読みましょう。

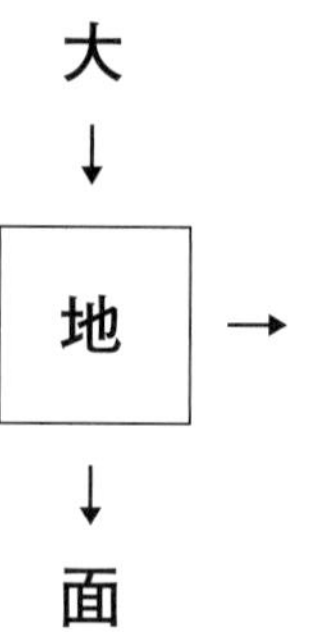
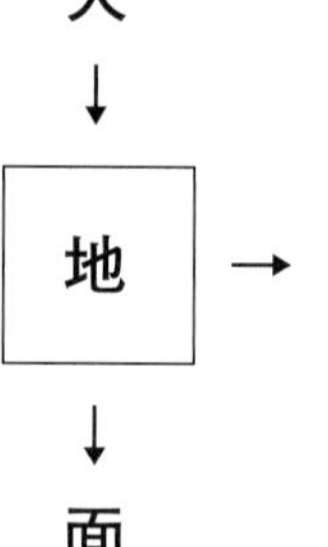

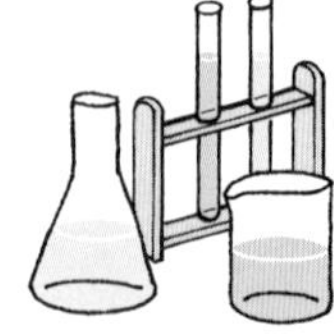

月　日

練習 ぴったり2

本で知ったことをクイズにしよう
鳥になったきょうりゅうの話

教科書 上106〜117ページ
答え 5ページ

1 ——線の漢字の読みがなを書きましょう。

① 新たなメンバーが入る。（　）
② シールを集める。（　）
③ 化学のじっけんをする。（　）
④ 地面にあなをほる。（　）
⑤ 急（きゅう）に都合が悪（わる）くなる。（　）
⑥ ゴールまで必（ひっ）死で走る。（　）
⑦ 花だんに花を植える。（　）
⑧ 石炭（たん）をもやす。（　）

2 □に漢字を書きましょう。

① □□（しょくぶつ）に水をやる。
② クラスで□□（ぶんしゅう）を作る。
③ たぬきが人に□（ば）ける。
④ カブトムシが□（し）んだ。
⑤ 東京は□□（とかい）だ。
⑥ □□（ぶんか）のちがいを学ぶ。
⑦ 学年□□（しゅうかい）を開く。
⑧ 気持ちを□（あら）たにしていどむ。
⑨ □□（せいし）をさまよう。
⑩ □□（じもと）の友人と会う。
⑪ 三時に□□（しゅうごう）する。
⑫ 京の□（みやこ）に住む。
⑬ 大きな木が□（う）わっている。
⑭ □（しゅう）団（だん）で登校する。

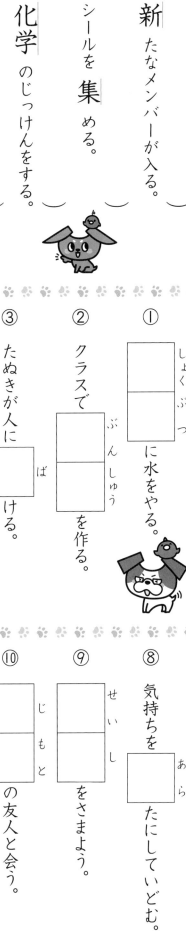

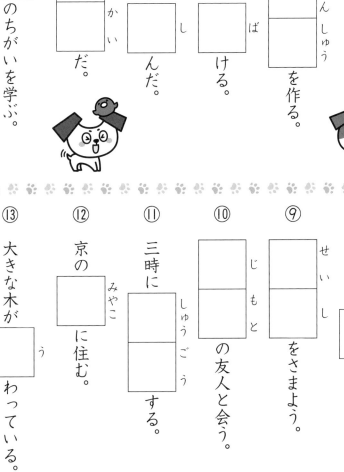

夏のチャレンジテスト①

時間30分 /100 ごうかく80点
教科書 上16～117ページ
答え 6ページ

月　日

1 ――線の漢字の読みがなを書きましょう。　一つ2点（30点）

① 次の試合の相手はだれだ。
② テレビ局には、テレビ画面がたくさんある。
③ 調理でほう丁を使用する。
④ 今日のむずかしい仕事はおわった。
⑤ 水泳がとても上手になった。
⑥ れいとう食品がいつもより安売りされる。
⑦ かゆい所へ手がとどく。
⑧ 入学式のさんか人数を数えたら、去年より多かった。

2 次の□には、それぞれ同じ漢字が入ります。当てはまる漢字を書きましょう。　一つ2点（12点）

① □気　水□　□等　□和　□ら
② □店　□通　□放　□ける　□く
③ 作□　動□　□語　□体　生き□
④ 安□　□員　一□　□規　□まる
⑤ □紙　年□　公□　□す　□れる
⑥ □行　□言　□見　出□　□売

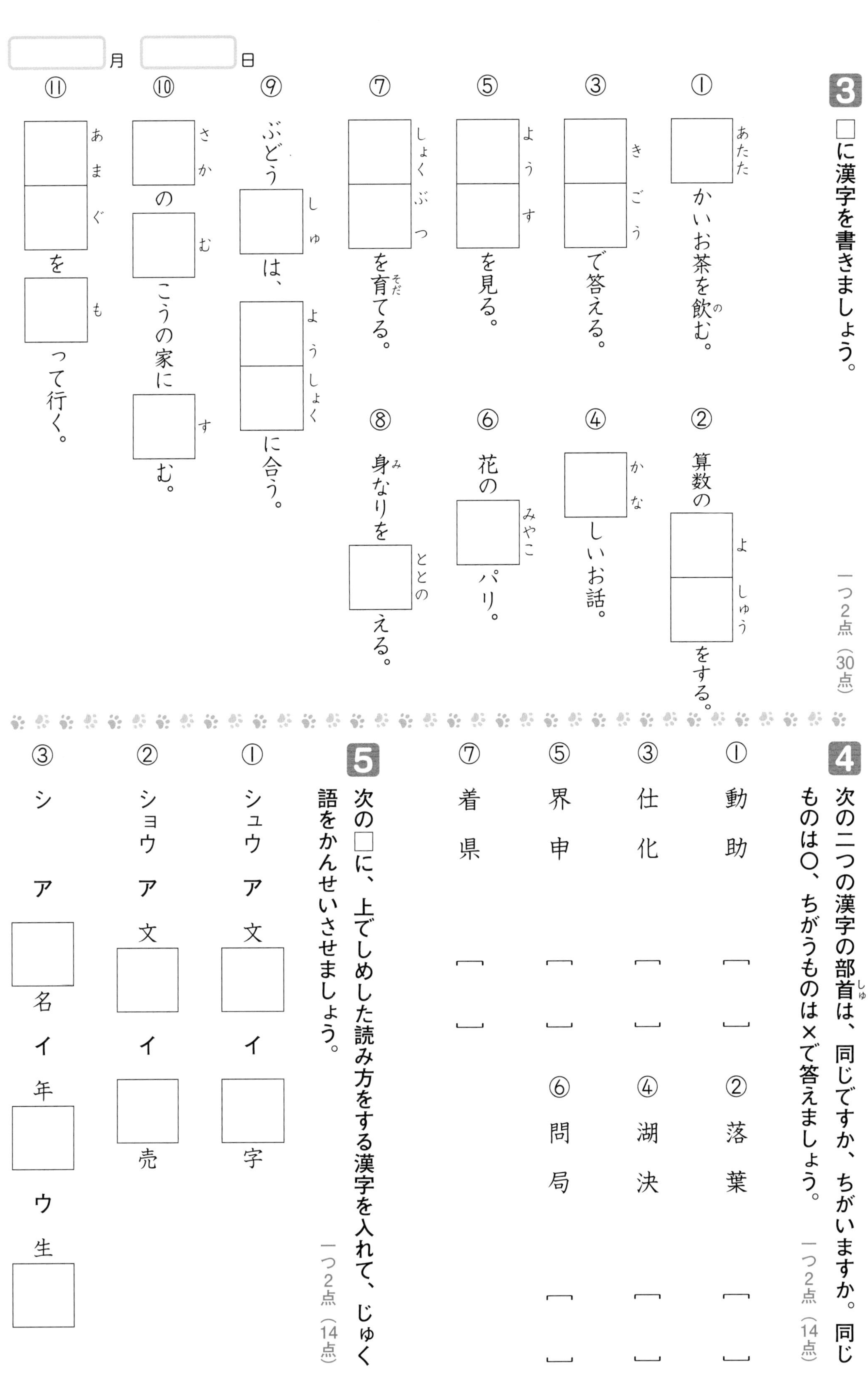

月　日

3 □に漢字を書きましょう。　一つ2点（30点）

① □（あたた）かいお茶を飲（の）む。

② 算数の□□（よしゅう）をする。

③ □□（きごう）で答える。

④ □（かな）しいお話。

⑤ □□（ようす）を見る。

⑥ 花の□（みやこ）パリ。

⑦ □□（しょくぶつ）を育（そだ）てる。

⑧ 身（み）なりを□（ととの）える。

⑨ ぶどう□（しゅ）は、□□（ようしょく）に合う。

⑩ □（さか）の□（む）こうの家に□（す）む。

⑪ □□（あまぐ）を□（も）って行く。

4 次の二つの漢字の部首（しゅ）は、同じですか、ちがいますか。同じものは○、ちがうものは×で答えましょう。　一つ2点（14点）

① 動　助［　］

② 落　葉［　］

③ 仕　化［　］

④ 湖　決［　］

⑤ 界　申［　］

⑥ 問　局［　］

⑦ 着　県［　］

5 次の□に、上でしめした読み方をする漢字を入れて、じゅく語をかんせいさせましょう。　一つ2点（14点）

① シュウ　ア　文□　イ　□字

② ショウ　ア　文□　イ　□売

③ シ　ア　□名　イ　年□　ウ　生□

夏のチャレンジテスト②

時間30分　／100　ごうかく80点

教科書 上16〜117ページ　答え 6ページ

月　日

1 ――線の漢字の読みがなを書きましょう。　一つ2点（32点）

① 兄の手品（　）が、なかなか様（　）になっている。

② 指定した住所（　）に荷物が全（　）くとどかない。

③ 館内（　）で、テストのけっかを発表（　）する。

④ 昔（　）のやり方にしたがって農業（　）をする。

⑤ ことわざの意味（　）を姉に問（　）う。

⑥ 世界（　）で、一番はやく走る動物（　）。

⑦ 毛筆（　）は苦手なので、筆（　）ペンで書くことにした。

⑧ むずかしい漢字（　）を辞書で調（　）べる。

2 矢印の上と下の言葉が反対の意味になるように、□から漢字をえらんで□に書きましょう。　一つ2点（16点）

① 下校 ⇕ □校

② つめたい ⇕ □かい

③ あさい ⇕ □い

④ たて書き ⇕ □書き

⑤ 高い ⇕ □い

⑥ 終わる ⇕ □まる

⑦ おそい ⇕ □い

⑧ うれしい ⇕ □しい

安　開　横　始　動　登
温　所　速　深　悲

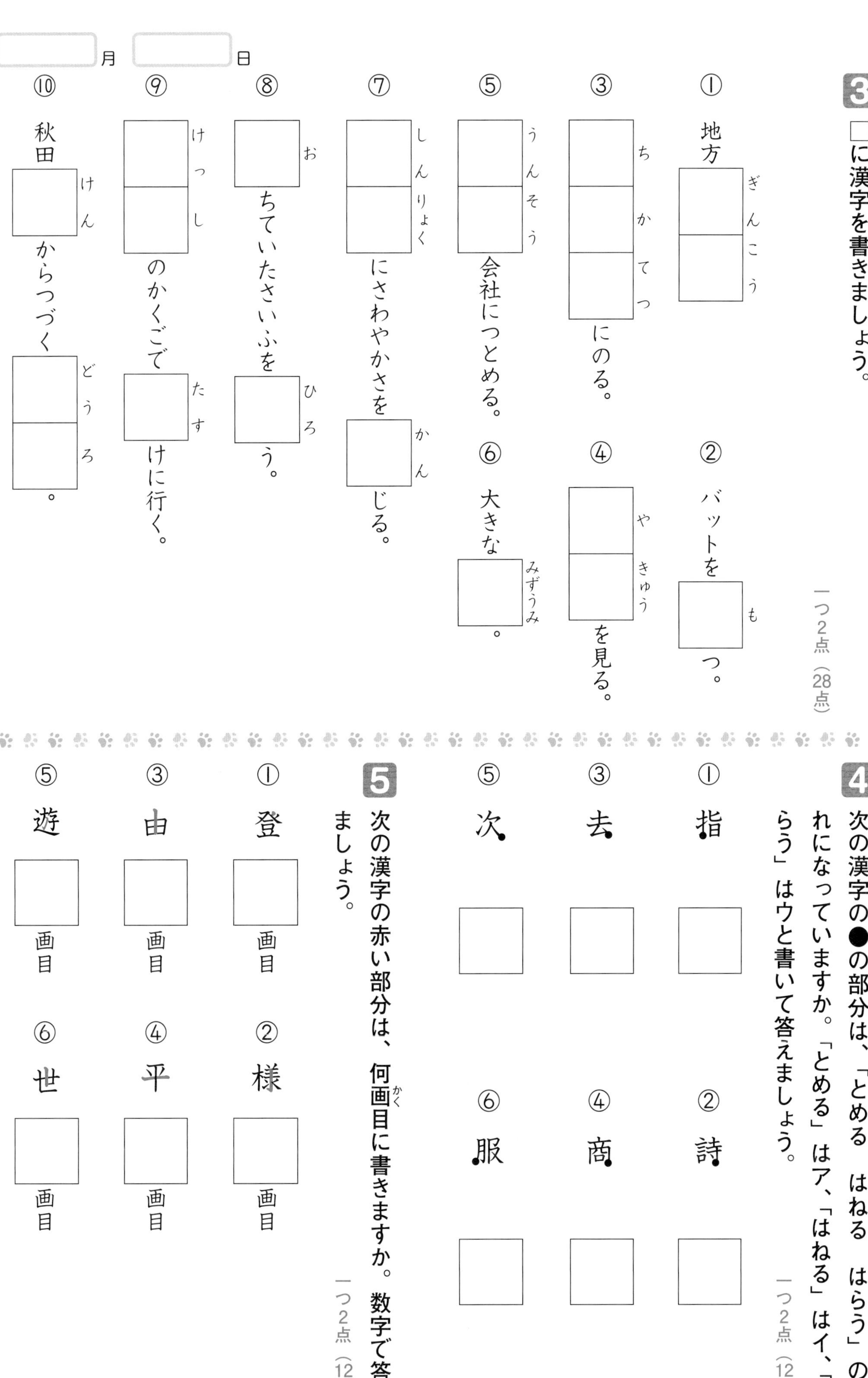

月　日

3 □に漢字を書きましょう。　一つ2点（28点）

① 地方［ぎんこう］
② バットを［も］つ。
③ ［ちかてつ］にのる。
④ ［やきゅう］を見る。
⑤ ［うんそう］会社につとめる。
⑥ 大きな［みずうみ］。
⑦ ［しんりょく］にさわやかさを［かん］じる。
⑧ ［お］ちていたさいふを［ひろ］う。
⑨ ［けっし］のかくごで［たす］けに行く。
⑩ 秋田［けん］からつづく［どうろ］。

4 次の漢字の●の部分は、「とめる　はねる　はらう」のどれになっていますか。「とめる」はア、「はねる」はイ、「はらう」はウと書いて答えましょう。　一つ2点（12点）

① 指
② 詩
③ 去
④ 商
⑤ 次
⑥ 服

5 次の漢字の赤い部分は、何画目に書きますか。数字で答えましょう。　一つ2点（12点）

① 登　画目
② 様　画目
③ 由　画目
④ 平　画目
⑤ 遊　画目
⑥ 世　画目

わたしと小鳥とすずと 夕日がせなかをおしてくる こんな係がクラスにほしい

教科書 上118～123ページ

新しく学習する漢字

両 負 係 員

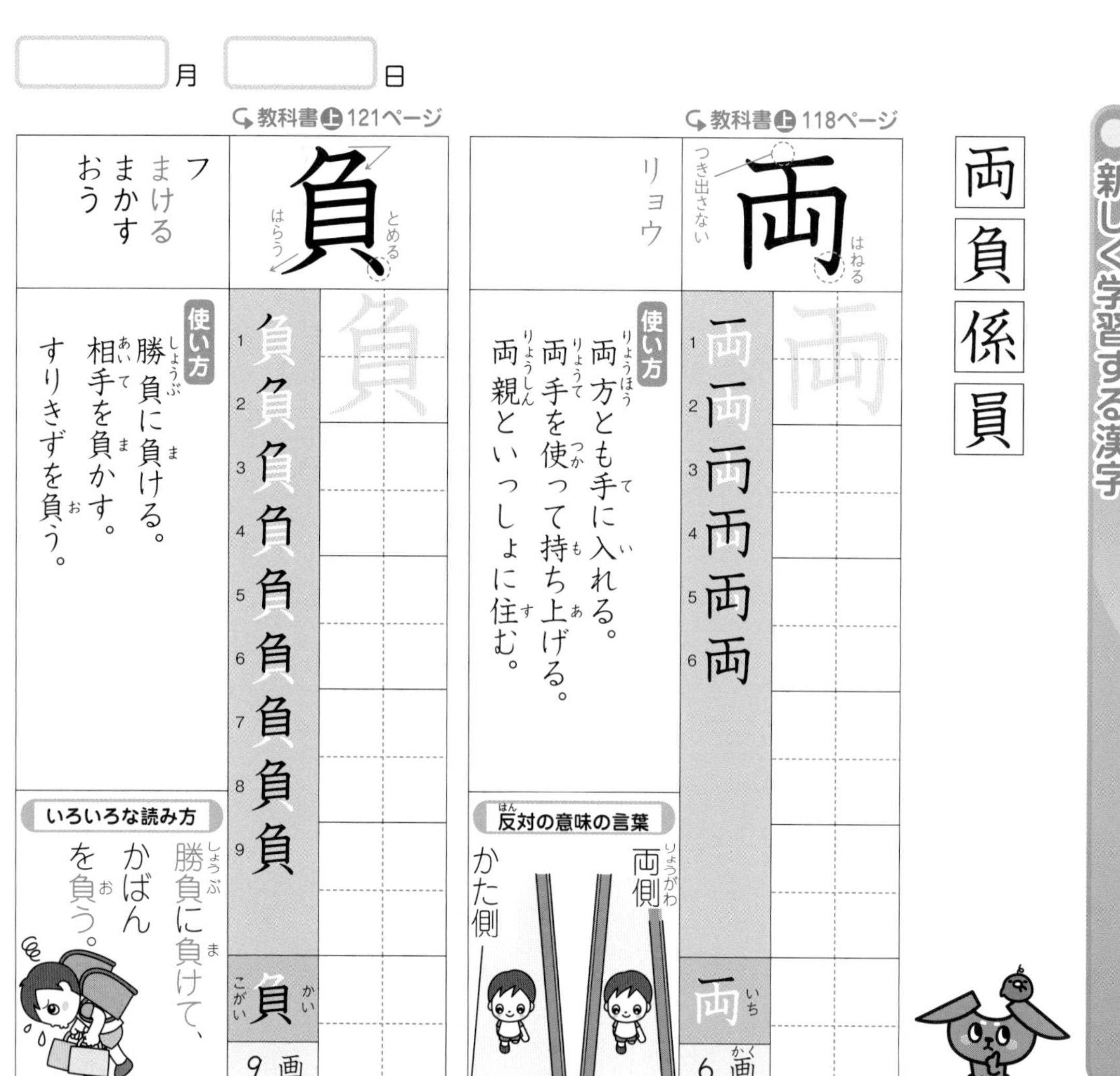

教科書上118ページ

両 リョウ　6画

つき出さない　はねる

使い方
両方とも手に入れる。
両手を使って持ち上げる。
両親といっしょに住む。

反対の意味の言葉
両側　かた側

教科書上121ページ

負 フ　まける　まかす　おう　9画

はらう　とめる

使い方
勝負に負ける。
相手を負かす。
すりきずを負う。

いろいろな読み方
勝負に負けて、かばんを負う。

教科書上122ページ

係 ケイ　かかる　かかり　9画

はらう　わすれない　とめる

使い方
友だちの関係をきずく。
ほかの言葉に係る。
保健係になる。

字の形に注意
3画目をわすれず書こう！

教科書上123ページ

員 イン　10画

はらう　とめる

使い方
委員会に出席する。
クラス全員が参加する。
駅員に道をたずねる。

形のにた漢字
満員　買う

「係」の部首は「にんべん」だよ。

月　日

ぴったり1 じゅんび

ポスターを読もう　書くことを考えるときは

教科書 上124〜129ページ

新しく学習する漢字

祭　業

教科書上125ページ

祭 サイ　まつる　まつり

「夕」にしない　とめる　はらう　はねる

使い方
文化祭（ぶんかさい）に出店（しゅってん）する。
神様（かみさま）を祭（まつ）る。
地（ち）いきの祭（まつ）りを楽（たの）しむ。

字の形に注意
祭
「⺼」と書かないようにね！

11画　しめす

教科書上128ページ

業 ギョウ　◆ゴウ　◆わざ

出ない　形にちゅう意　はらう

使い方
作業（さぎょう）を進（すす）める。
終業式（しゅうぎょうしき）をかぜで休（やす）む。
農業（のうぎょう）を手伝（てつだ）う。

筆じゅん
1〜4画、8〜10画に気をつけよう！

13画　き

読み方が新しい漢字

漢字	読み方	使い方	前に出た読み方
作	サ	動作（どうさ）がはやい	作（つく）る　図画工作（ずがこうさく）

漢字クイズ10

答え14ページ

☆ 次の漢字の1画目はどちらですか。正しいほうに○をつけましょう。

① 両　ア（　）両　イ（　）両

② 負　ア（　）負　イ（　）負

③ 業　ア（　）業　イ（　）業

④ 係　ア（　）係　イ（　）係

⑤ 員　ア（　）員　イ（　）員

⑥ 祭　ア（　）祭　イ（　）祭

ぴったり2 練習

わたしと小鳥とすずと／夕日がせなかをおしてくる
こんな係がクラスにほしい
ポスターを読もう／書くことを考えるときは

教科書 上118〜129ページ
答え 7ページ

月　日

1 ——線の漢字の読みがなを書きましょう。

① 両手で水をすくう。（　）
② 主語(しゅ)に係る言葉をさがす。（　）
③ クラス全員がさんかする。（　）
④ 祖先(そ)を祭る。（　）
⑤ 足にきずを負う。（　）
⑥ 係の名前を決める。（　）
⑦ 薬(くすり)の副(ふく)作用が出る。（　）
⑧ 両親と出かける。（　）

2 □に漢字を書きましょう。

① おしくも試合(し)で［ま］けた。
② ［どうさ］がすばやい。
③ ［のうぎょう］を手伝(てつだ)う。
④ ［としょがかり］になる。
⑤ 弟に［お］い目を感じる。
⑥ ［しぎょうしき］に出る。
⑦ 兄を［ま］かす。
⑧ ［ぶんかさい］を行う。
⑨ 母は［きょういん］だ。
⑩ ［さぎょう］がはかどる。
⑪ 夏の［まつ］りを楽しむ。
⑫ ［りょう］チームの代表(だい)があいさつする。
⑬ ［てんいん］にたずねる。
⑭ ［りょうほう］とも食べる。

月　日

ぴったり1 じゅんび

漢字の組み立て

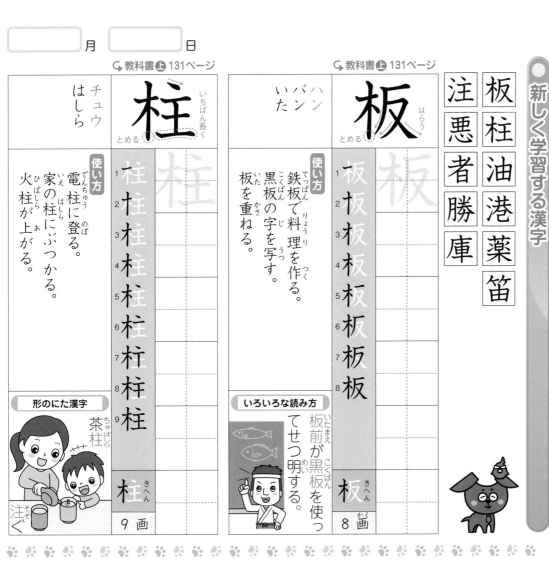

新しく学習する漢字

板 柱 油 港 薬 笛 注 悪 者 勝 庫

教科書 上130〜133ページ

教科書上 131ページ

板

ハン　バン　いた

はらう　とめる

使い方
鉄板で料理を作る。
黒板の字を写す。
板を重ねる。

板　きへん　8画

いろいろな読み方
板前が黒板を使ってせつ明する。

教科書上 131ページ

柱

チュウ　はしら

いちばん長く　とめる

使い方
電柱に登る。
家の柱にぶつかる。
火柱が上がる。

柱　きへん　9画

形のにた漢字
茶柱
注ぐ

教科書上 131ページ

油

ユ　あぶら

つき出す

使い方
ストーブに灯油を入れる。
油絵を習いに行く。
フライパンに油をひく。

油　さんずい　8画

言葉の意味
油を売る
むだ話をしてなまけること。

教科書上 131ページ

港

コウ　みなと

つける　上にはねる

使い方
空港までむかえに行く。
船が出港する。
港町を歩く。

港　さんずい　12画

筆じゅん
港

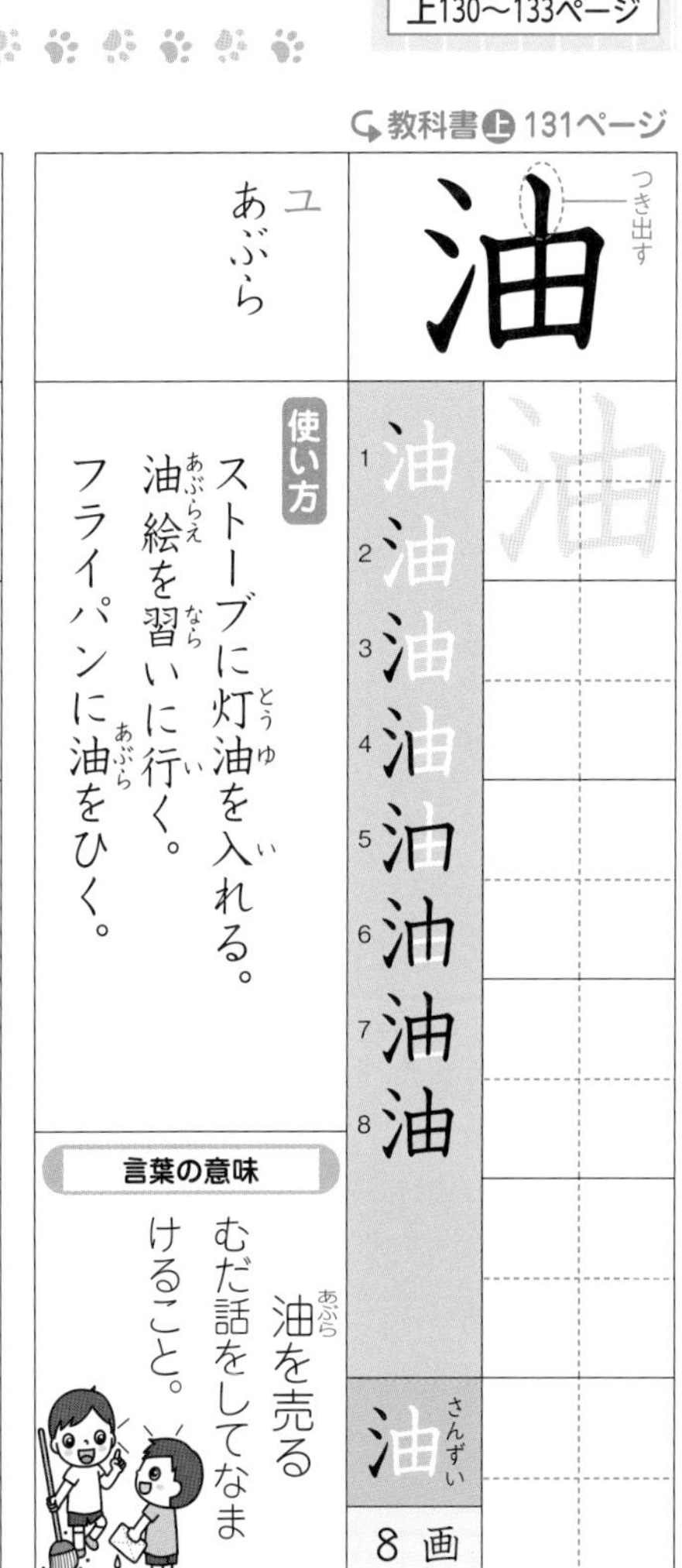

教科書上 132ページ

薬

ヤク　くすり

向きにちゅう意　はらう

使い方
火薬で花火を作る。
薬指をけがする。
目薬をさす。

薬　くさかんむり　16画

いろいろな読み方
薬局でかぜ薬を買う。

くすり

月　日

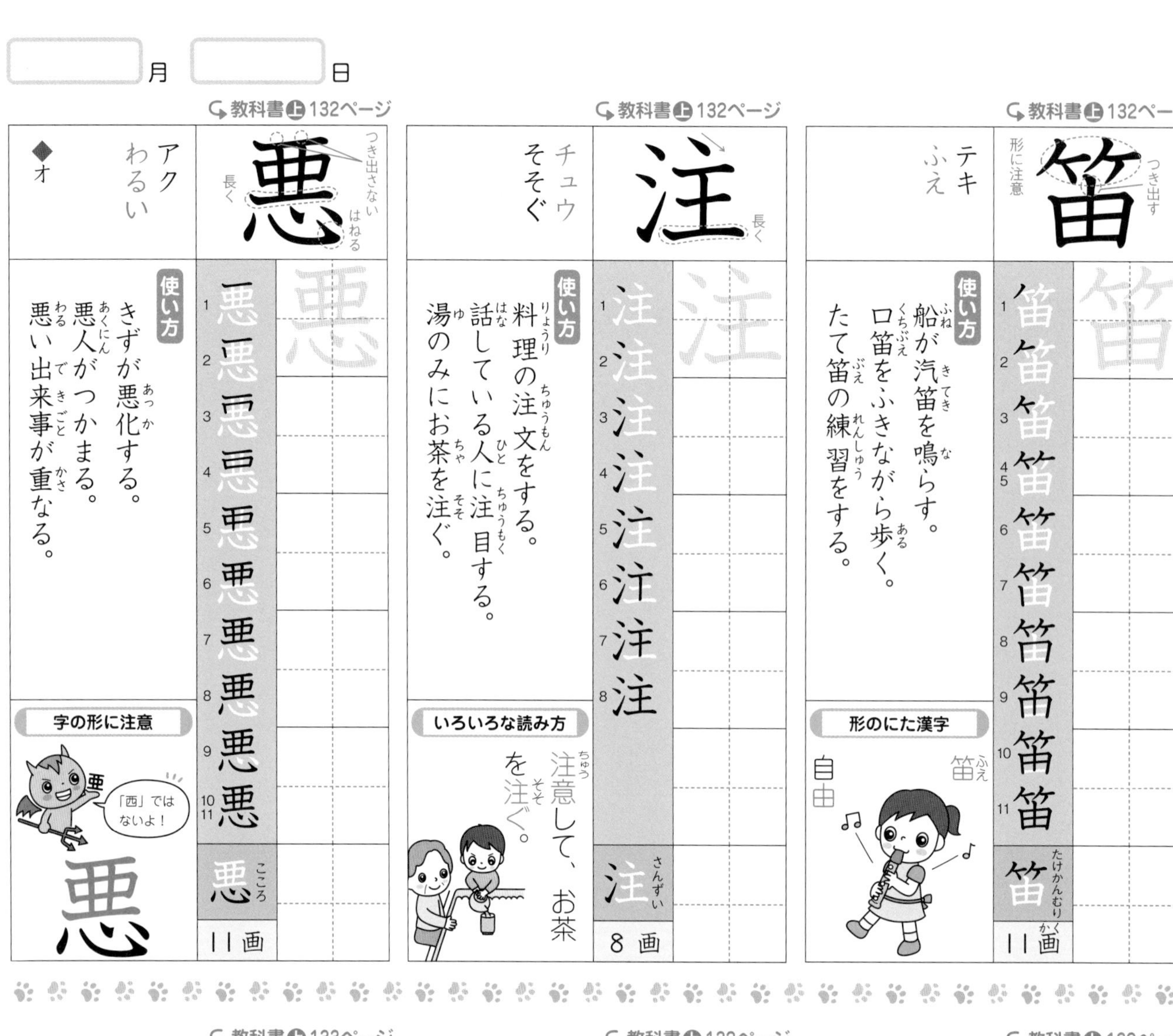

教科書上132ページ

者

シャ
もの

長く　「日」にしない　はらう

使い方

有名な学者に会う。
物語の作者にサインをもらう。
クラスの人気者になる。

部首：者 おいかんむり おいがしら　8画

いろいろな読み方

わか者が医者を目指す。

教科書上132ページ

勝

ショウ
かつ
◆まさる

いちに注意　「刀」にしない　はねる

使い方

勝負がつく。
試合に勝利する。
勝つまでやり続ける。

部首：勝 ちから　12画

反対の意味の言葉

勝つ
負ける

教科書上133ページ

庫

コ
◆ク

立てる　長く　はらう

使い方

倉庫の整理をする。
金庫の中身を見る。
車を車庫に入れる。

部首：庫 まだれ　10画

部首

「庫」の部首は「まだれ」だよ。

「車」とまちがえないでね。

庫

　　月　　日

読み方が新しい漢字

漢字	読み方	使い方	前に出た読み方
休	キュウ	あすは休日（きゅうじつ）だ	夏休（なつやす）み
日	ジツ	前日（ぜんじつ）に会（あ）う	日（ひ）・毎日（まいにち）・三日（みっか）
田	デン	油田（ゆでん）のある国（くに）	田（た）
雲	ウン	雲海（うんかい）を見（み）る	雲（くも）
雪	セツ	新雪（しんせつ）をふむ	雪（ゆき）
知	チ	感知（かんち）する	知（し）る
買	バイ	本（ほん）を売買（ばいばい）する	買（か）う
広	コウ	広大（こうだい）な土地（とち）	広（ひろ）い・広（ひろ）まる・広（ひろ）める・広（ひろ）がる・広（ひろ）げる
間	ま	間（ま）をとる	間（あいだ）・人間（にんげん）・時間（じかん）

とくべつな読み方をする言葉

言葉	使い方
時計（とけい）	かべに時計（とけい）をかける

「うで時計」のときは「どけい」と読むよ。

漢字クイズ11

答え14ページ

☆次の漢字の1画目はどちらですか。正しいほうに○をつけましょう。

① 悪

ア 悪　イ 悪

② 者

ア 者　イ 者

月　日

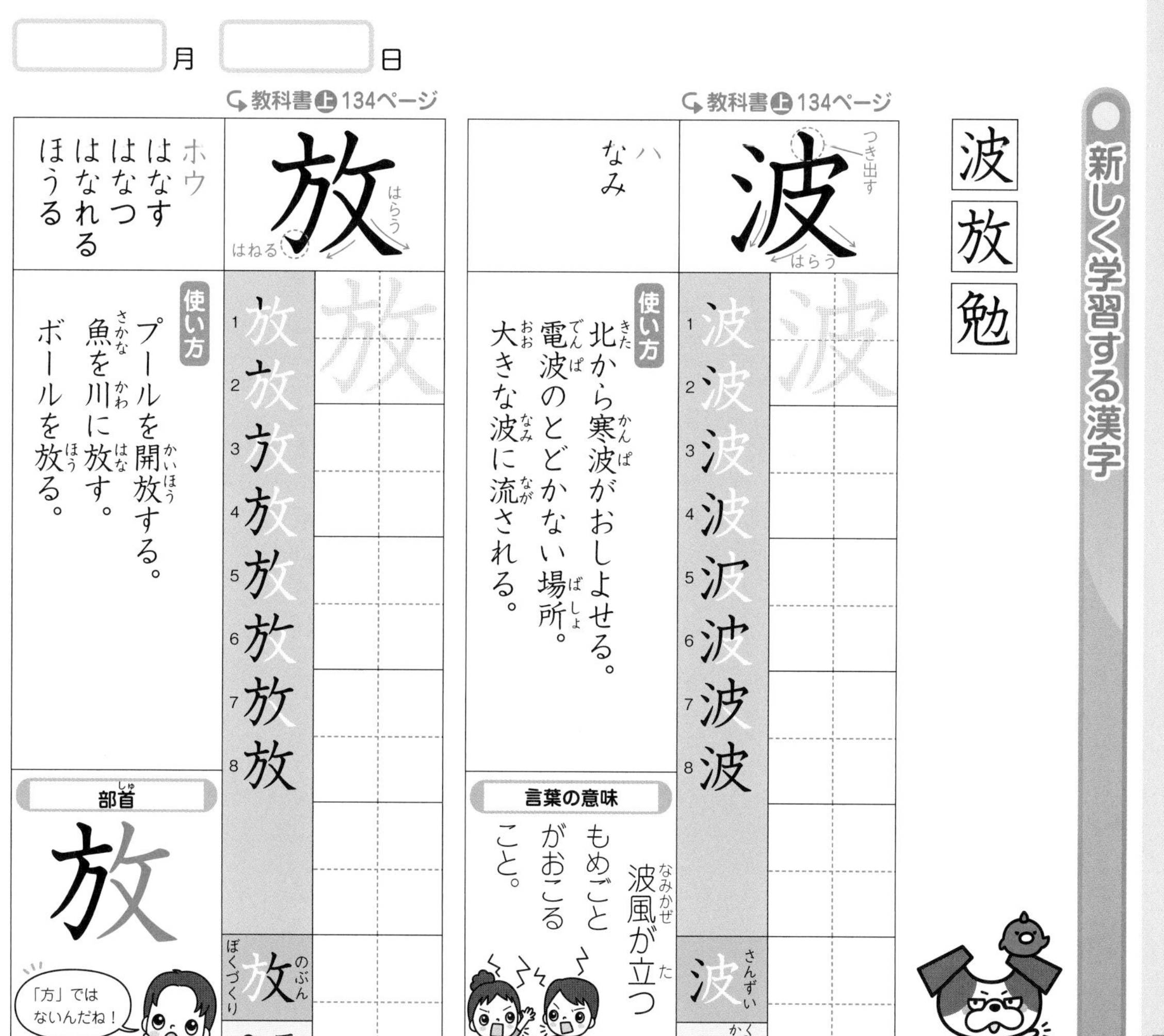

ぴったり1 じゅんび

ローマ字

教科書 上134～138ページ

新しく学習する漢字

波　放　勉

教科書上134ページ

波（つき出す・はらう）

ハ
なみ

使い方
北から寒波（かんぱ）がおしよせる。
電波（でんぱ）のとどかない場所（ばしょ）。
大（おお）きな波（なみ）に流（なが）される。

言葉の意味
波風（なみかぜ）が立（た）つ
もめごとがおこること。

部首：さんずい　8画（かく）

教科書上134ページ

放（はねる・はらう）

ホウ
はなす
はなつ
はなれる
ほうる

使い方
プールを開放（かいほう）する。
魚（さかな）を川（かわ）に放（はな）す。
ボールを放（ほう）る。

部首（ぶしゅ）：ぼくづくり（のぶん）　8画

教科書上134ページ

勉（はらう・上にはねる）

ベン

使い方
進（すす）んで勉学（べんがく）にはげむ。
友（とも）だちの家（いえ）で勉強会（べんきょうかい）をする。
国語（こくご）を勉強（べんきょう）する。

字の形に注意

部首：ちから　10画

読み方が新しい漢字

漢字	読み方	使い方	前に出た読み方
力	リョク	全力（ぜんりょく）で走（はし）る	力（ちから）
帰	キ	一時帰国（いちじきこく）する	帰（かえ）る　帰（かえ）す
強	キョウ	強調（きょうちょう）する	強（つよ）い　強（つよ）まる　強（つよ）める

「強」の反対（はんたい）の意味の漢字「弱」もいっしょにおぼえておきましょう。

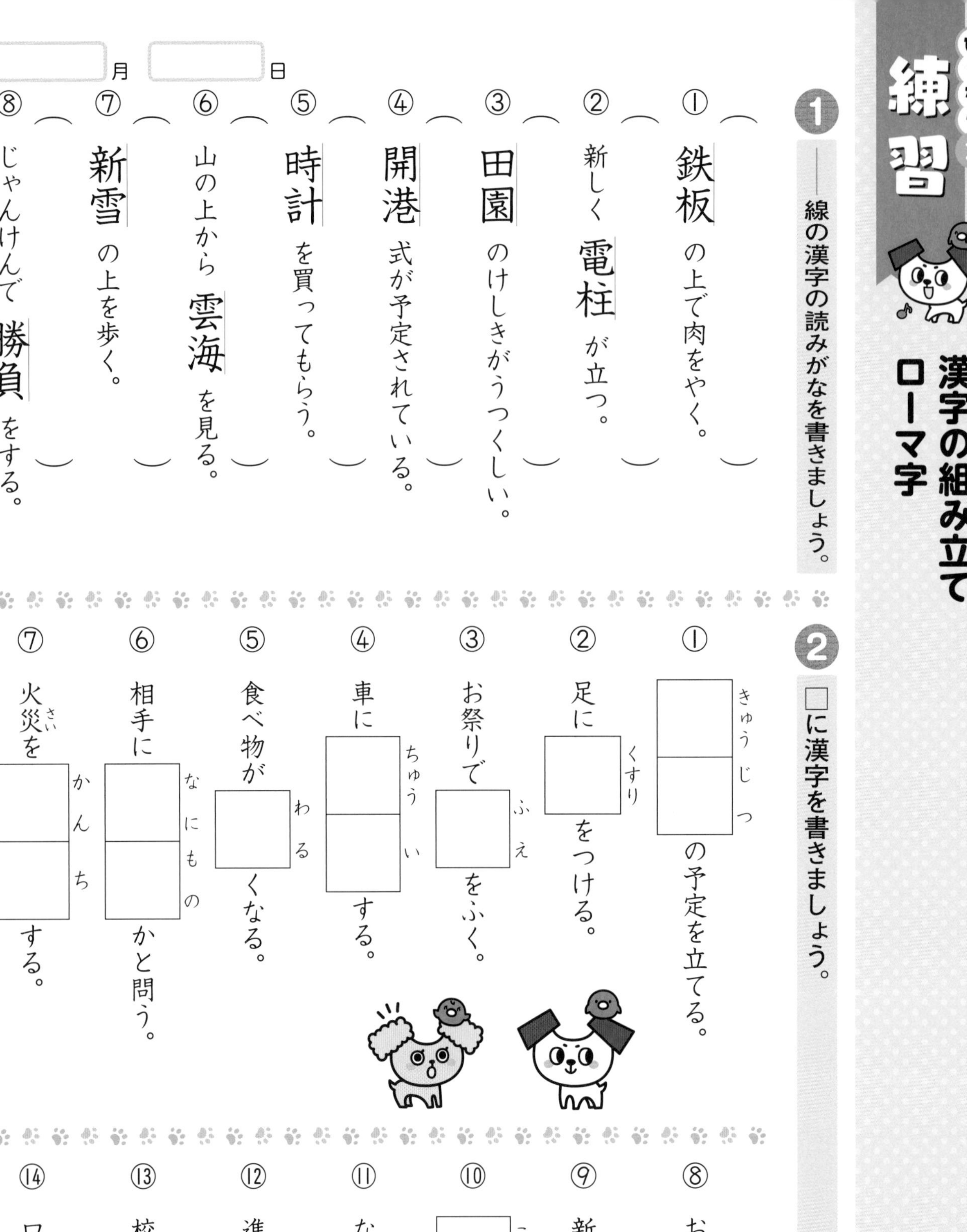

月　日

ぴったり2 練習

漢字の組み立て ローマ字

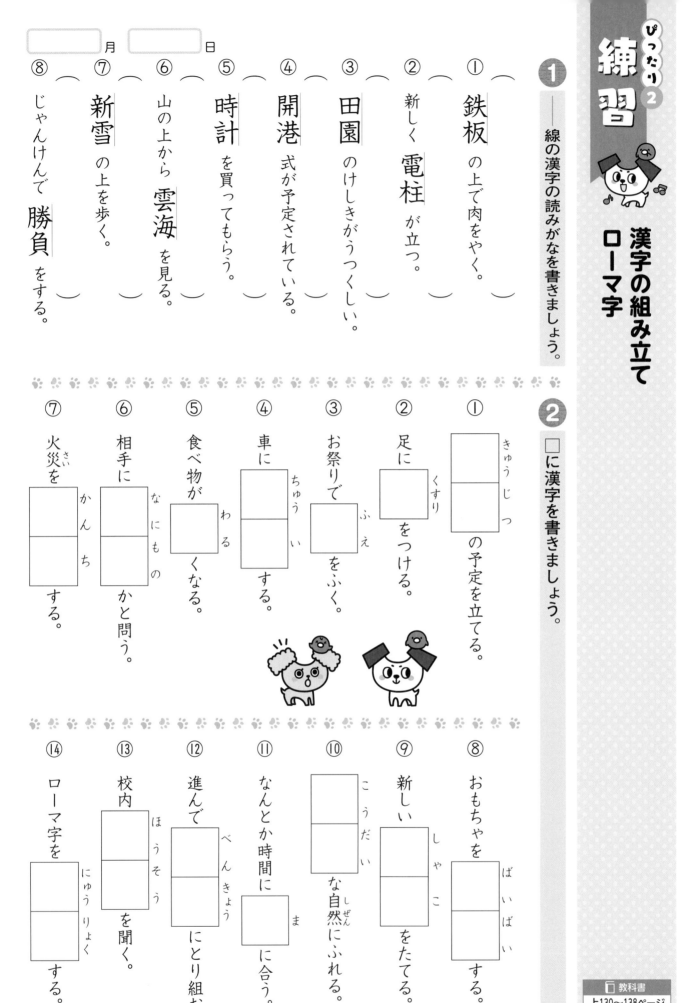

1 ――線の漢字の読みがなを書きましょう。

① 鉄板の上で肉をやく。（　）
② 新しく電柱が立つ。（　）
③ 田園のけしきがうつくしい。（　）
④ 開港式が予定されている。（　）
⑤ 時計を買ってもらう。（　）
⑥ 山の上から雲海を見る。（　）
⑦ 新雪の上を歩く。（　）
⑧ じゃんけんで勝負をする。（　）

2 □に漢字を書きましょう。

① □□（きゅうじつ）の予定を立てる。
② 足に□（くすり）をつける。
③ お祭りで□（ふえ）をふく。
④ 車に□□（ちゅうい）する。
⑤ 食べ物が□（わる）くなる。
⑥ 相手に□□（なにもの）かと問う。
⑦ 火災（さい）を□□（かんち）する。
⑧ おもちゃを□□（ばいばい）する。
⑨ 新しい□□（しゃこ）をたてる。
⑩ □□（こうだい）な自然（しぜん）にふれる。
⑪ なんとか時間に□（ま）に合う。
⑫ 進んで□□（べんきょう）にとり組む。
⑬ 校内□□（ほうそう）を聞く。
⑭ ローマ字を□□（にゅうりょく）する。

教科書 上130〜138ページ
答え 7ページ

漢字の組み立て ローマ字

教科書 上130～138ページ
答え 7ページ

月　日

1 ――線の漢字の読みがなを書きましょう。

① 電波がとどく。（　）
② 日本に帰国する。（　）
③ 板を使って工作する。（　）
④ 兄はクラスの人気者だ。（　）
⑤ 言葉を強調する。（　）
⑥ 練習の合間に水をのむ。（　）
⑦ ボールを放り投げる。（　）
⑧ 薬品をたなにしまう。（　）

2 □に漢字を書きましょう。

① 長年［みなとまち］に住んでいる。
② ［あぶら］がはねる。
③ ［くちぶえ］をふく。
④ カップにミルクを［そそ］ぐ。
⑤ ゲームに［か］つ。
⑥ あやうく［はしら］にぶつかる。
⑦ 町でぐうぜん［ちじん］に会う。  
⑧ ［べんがく］にはげむ。
⑨ 魚を川に［はな］す。
⑩ お正月［まぢか］となる。
⑪ ［せきゆ］をタンカーで運ぶ。
⑫ 船が［きこう］した。
⑬ 高い［なみ］がうちよせる。
⑭ 地球の［いんりょく］。

月　日

ぴったり1 じゅんび

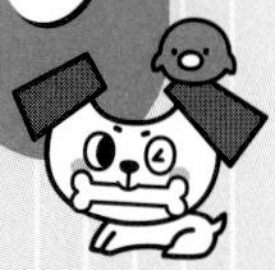

ちいちゃんのかげおくり

教科書 下13～30ページ

新しく学習する漢字

想 写 真 列 血 暗 橋 暑 寒 軽 命 第

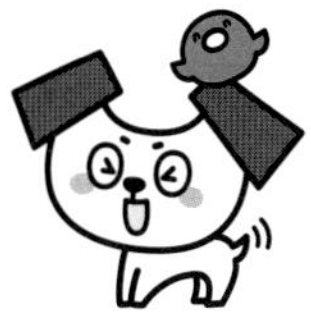

教科書下13ページ

想

ソウ
◆ソ

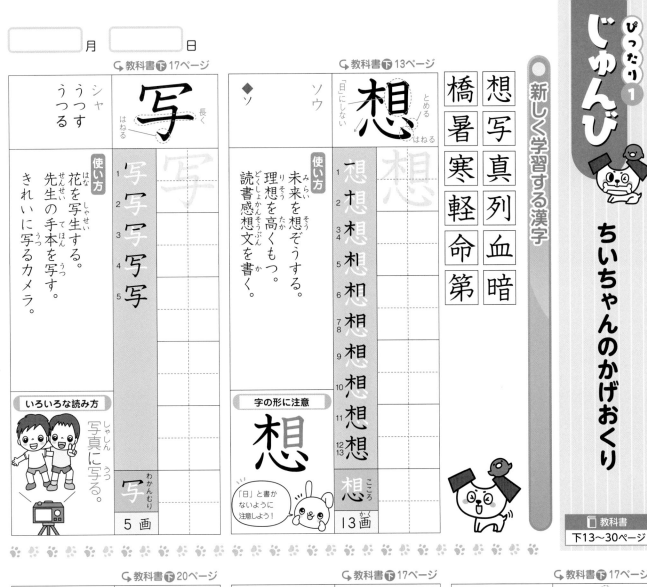

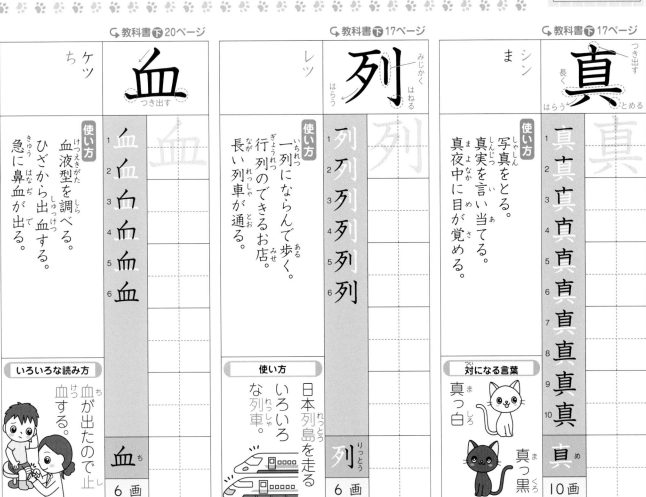

使い方
未来を想ぞうする。
理想を高くもつ。
読書感想文を書く。

字の形に注意
「日」と書かないように注意しよう！

部首：心（こころ）　13画

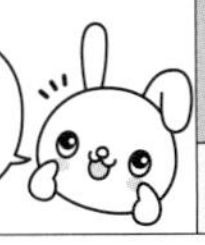

教科書下17ページ

写

シャ
うつす
うつる

使い方
花を写生する。
先生の手本を写す。
きれいに写るカメラ。

いろいろな読み方 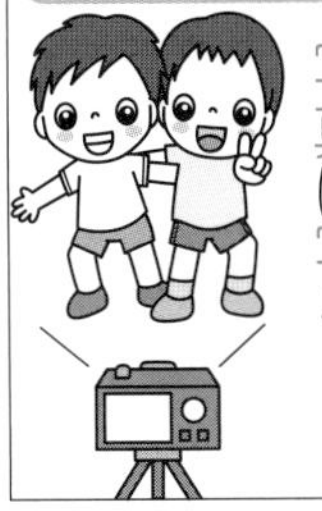
写真に写る。

部首：冖（わかんむり）　5画

教科書下17ページ

真

シン
ま

使い方
写真をとる。
真実を言い当てる。
真夜中に目が覚める。

対になる言葉 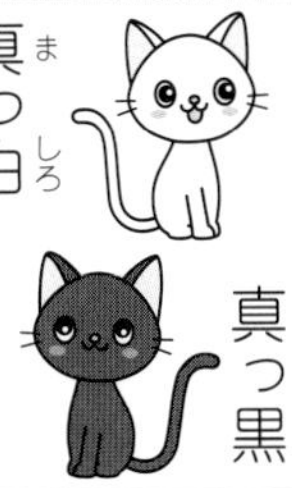
真っ白
真っ黒

部首：目（め）　10画

教科書下17ページ

列

レツ

使い方
一列にならんで歩く。
行列のできるお店。
長い列車が通る。

使い方
日本列島を走るいろいろな列車。

部首：刂（りっとう）　6画

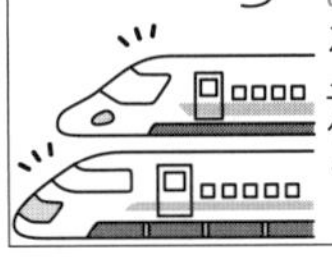

教科書下20ページ

血

ケツ
ち

使い方
血液型を調べる。
ひざから出血する。
急に鼻血が出る。

いろいろな読み方 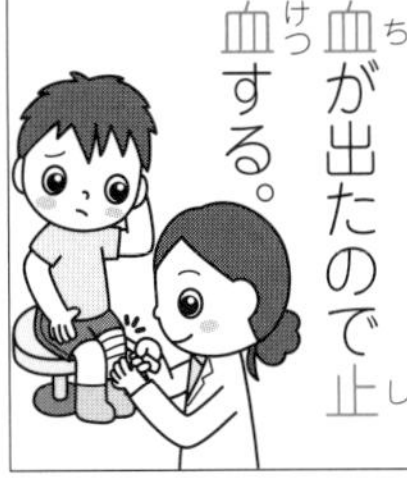
血が出たので止血する。

部首：血（ち）　6画

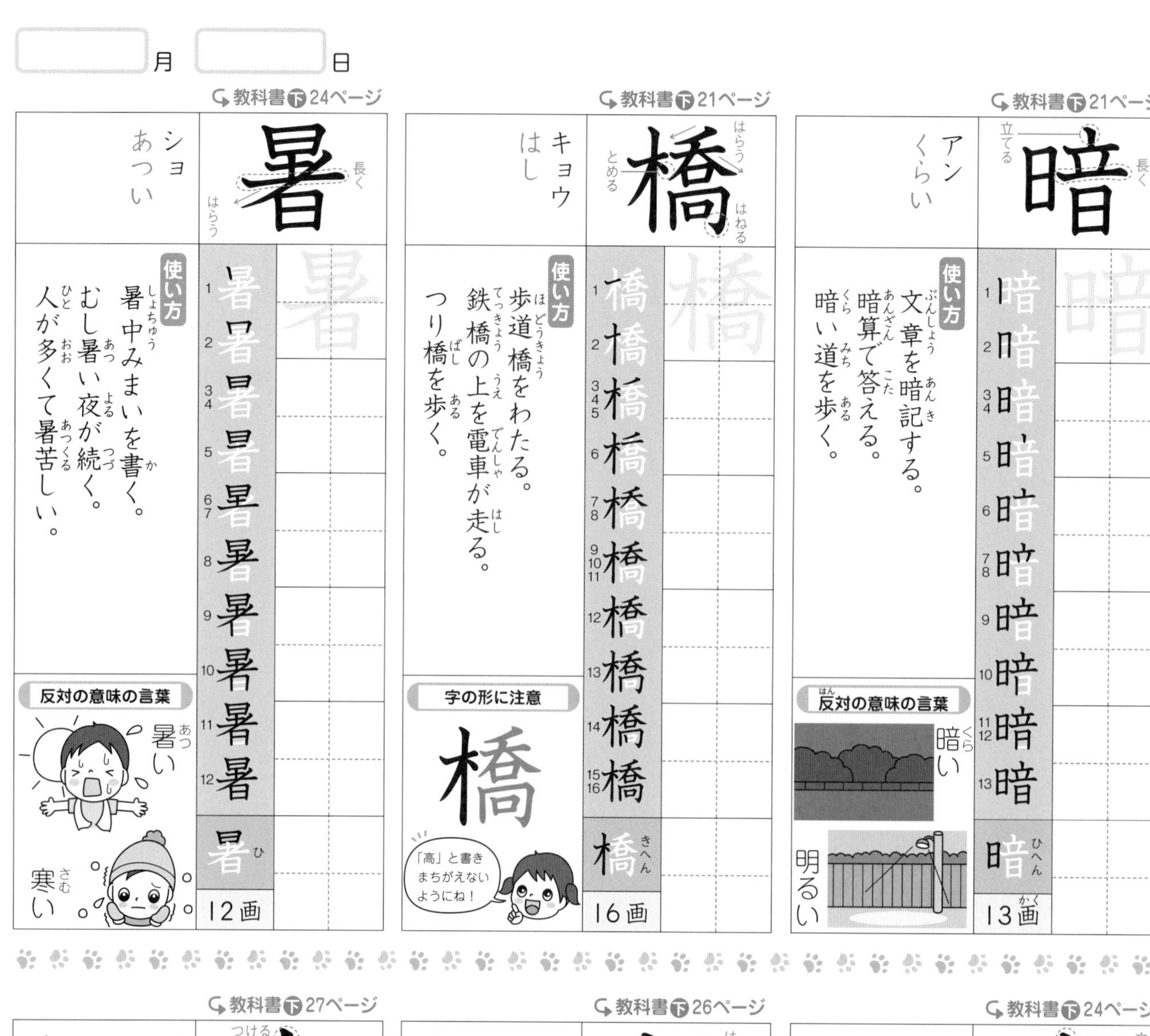

教科書下21ページ

暗

アン
くらい

13画（日 ひへん）

使い方
文章を暗記する。
暗算で答える。
暗い道を歩く。

反対の意味の言葉
暗い
明るい

教科書下21ページ

橋

キョウ
はし

16画（木 きへん）

使い方
歩道橋をわたる。
鉄橋の上を電車が走る。
つり橋を歩く。

字の形に注意
「高」と書きまちがえないようにね！

教科書下24ページ

暑

ショ
あつい

12画（日 ひ）

使い方
暑中みまいを書く。
むし暑い夜が続く。
人が多くて暑苦しい。

反対の意味の言葉
暑い
寒い

教科書下24ページ

寒

カン
さむい

12画（宀 うかんむり）

使い方
寒風がふきあれる。
かぜで寒気がする。
寒い冬をすごす。

字の形に注意
向きに注意しよう！

教科書下26ページ

軽

ケイ
かるい
◆かろやか

12画（車 くるまへん）

使い方
軽自動車に乗る。
気軽に声をかける。
軽い荷物を持つ。

反対の意味の言葉
軽い 
重い

教科書下27ページ

命

メイ
いのち
◆ミョウ

8画（口 くち）

使い方
今日はおじいちゃんの命日だ。
的に命中する。
命を大切にする。

字の形に注意
3画目をわすれないでね！

月　日

教科書下28ページ

第

ダイ

つき出さない　はらう　はねる

1 ノ 2 𠂉 3 𥫗 4 竺 5 笃 6 笃 7 笫 8 第 9 第 10 第 11 第

たけかんむり　11画

使い方

リレーで第一走者(だいいちそうしゃ)になる。
元気(げんき)が第一(だいいち)だ。
第三者(だいさんしゃ)の意見(いけん)を聞(き)く。

形のにた漢字

第一位(だいいちい)

弟

読み方が新しい漢字

漢字	読み方	使い方	前に出た読み方
明	あきらか	明(あき)らかにする	明(あか)るい　明(あ)ける　明(あ)く

とくべつな読み方をする言葉

言葉	使い方
お父(とう)さん	お父(とう)さんと出(で)かける
お兄(にい)ちゃん	わたしのお兄(にい)ちゃん

漢字クイズ 12

☆漢字の書かれたボールを、送りがなが合うかごに入れましょう。それぞれ、何こ入りましたか。

答え14ページ

る　く

□こ　□こ

写　登　開　動　練　放　去　向　全

月　　日

ぴったり2 練習

ちいちゃんのかげおくり

1 ――線の漢字の読みがなを書きましょう。

① お**父**さんが会社に行く。（　）
② お**兄**ちゃんと遊ぶ。（　）
③ けしきを**写生**する。（　）
④ きず口から**血**が出る。（　）
⑤ うまく的（まと）に**命中**させる。（　）
⑥ 物語の**第一章**を読む。（　）
⑦ 黒板の文字を**写**す。（　）
⑧ **真夏**の海で泳ぐ。（　）

2 □に漢字を書きましょう。

① 話のけつまつを□（そう）ぞうする。
② □□（しゃしん）家にあこがれる。
③ 長い□（れつ）にならぶ。
④ 画面が□（くら）くなる。
⑤ 川に□（はし）がかかる。
⑥ 夏は□（あつ）くてしかたがない。
⑦ 今年の冬は□（さむ）い。

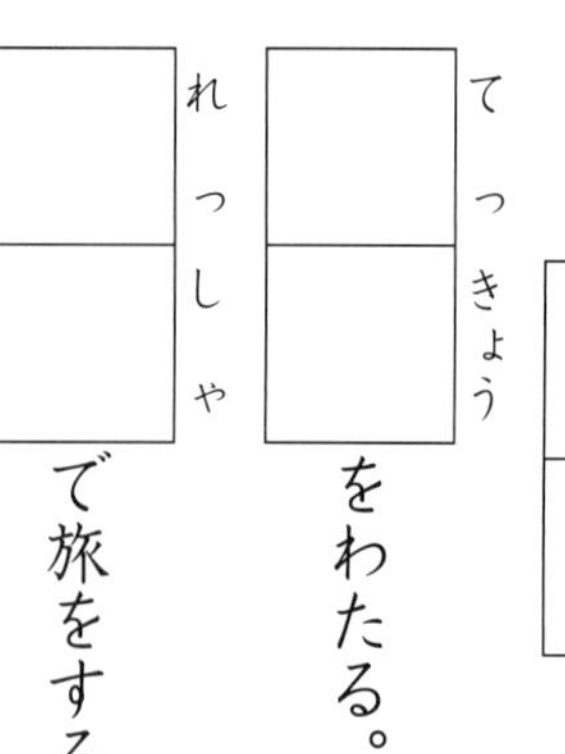

⑧ □（かる）いかばんを買う。
⑨ 虫の□（いのち）は短い。
⑩ 考えを□（あき）らかにする。
⑪ 電話番号を□□（あんき）する。
⑫ 転（ころ）んで□□（しゅっけつ）する。
⑬ □□（てっきょう）をわたる。
⑭ □□（れっしゃ）で旅をする。

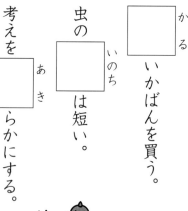

教科書 下13～30ページ
答え 7ページ

月　日

じゅんび ぴったり1

修飾語を使って書こう
秋のくらし
すがたをかえる大豆

教科書 下31～55ページ

新しく学習する漢字

返 主 州 屋 根 荷 守 役
豆 育 消 取 期 畑 終

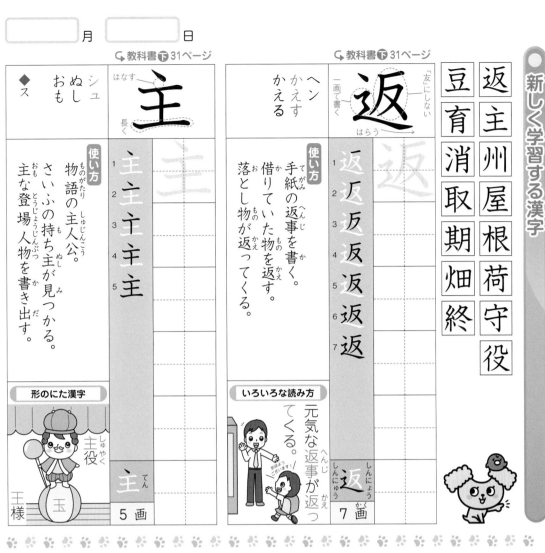

教科書 下 31ページ

返

ヘン
かえす
かえる

一画で書く　「反」にしない　はらう

使い方
手紙の返事を書く。
借りていた物を返す。
落とし物が返ってくる。

しんにょう　7画

いろいろな読み方
元気な返事が返ってくる。

教科書 下 31ページ

主

シュ
ぬし
おも
◆ス

はなす　長く

使い方
物語の主人公。
さいふの持ち主が見つかる。
主な登場人物を書き出す。

てん　5画

形のにた漢字
主役
王様
玉

教科書 下 33ページ

州

シュウ
◆す

いちばん長く　はらう　とめる

使い方
九州一周の旅に出る。
本州の形をなぞる。
信州をめぐる。

かわ　6画

筆じゅん

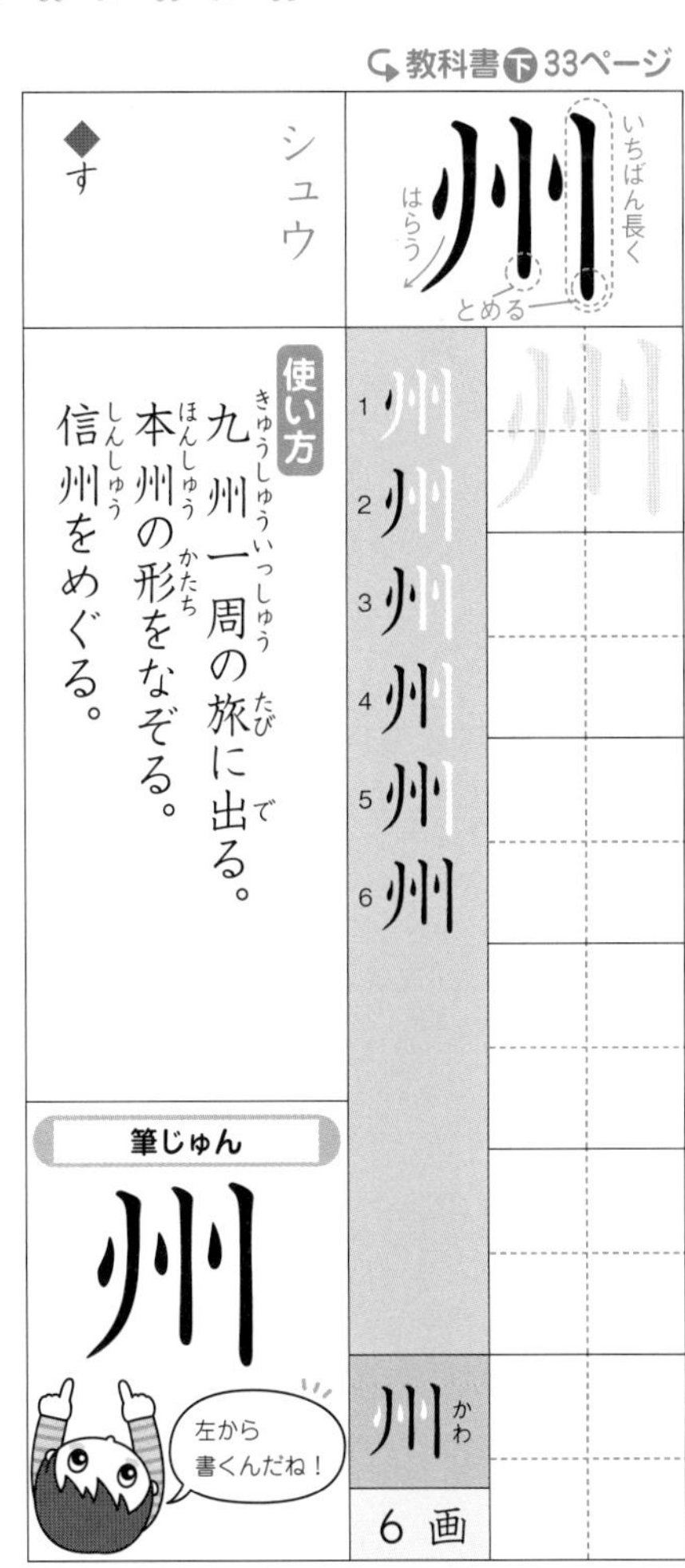

州
左から書くんだね！

教科書 下 33ページ

屋

オク
や

わすれない　長く　はらう

使い方
屋上からのけしき。
屋台で食べ物を買う。
屋根の修理をする。

しかばね　9画

反対の意味の言葉
屋内
屋外

教科書 下 33ページ

根

コン
ね

わすれない　とめる

使い方
根気よく続ける。
チューリップの球根。
根っこがのびる。

きへん　10画

字の形に注意

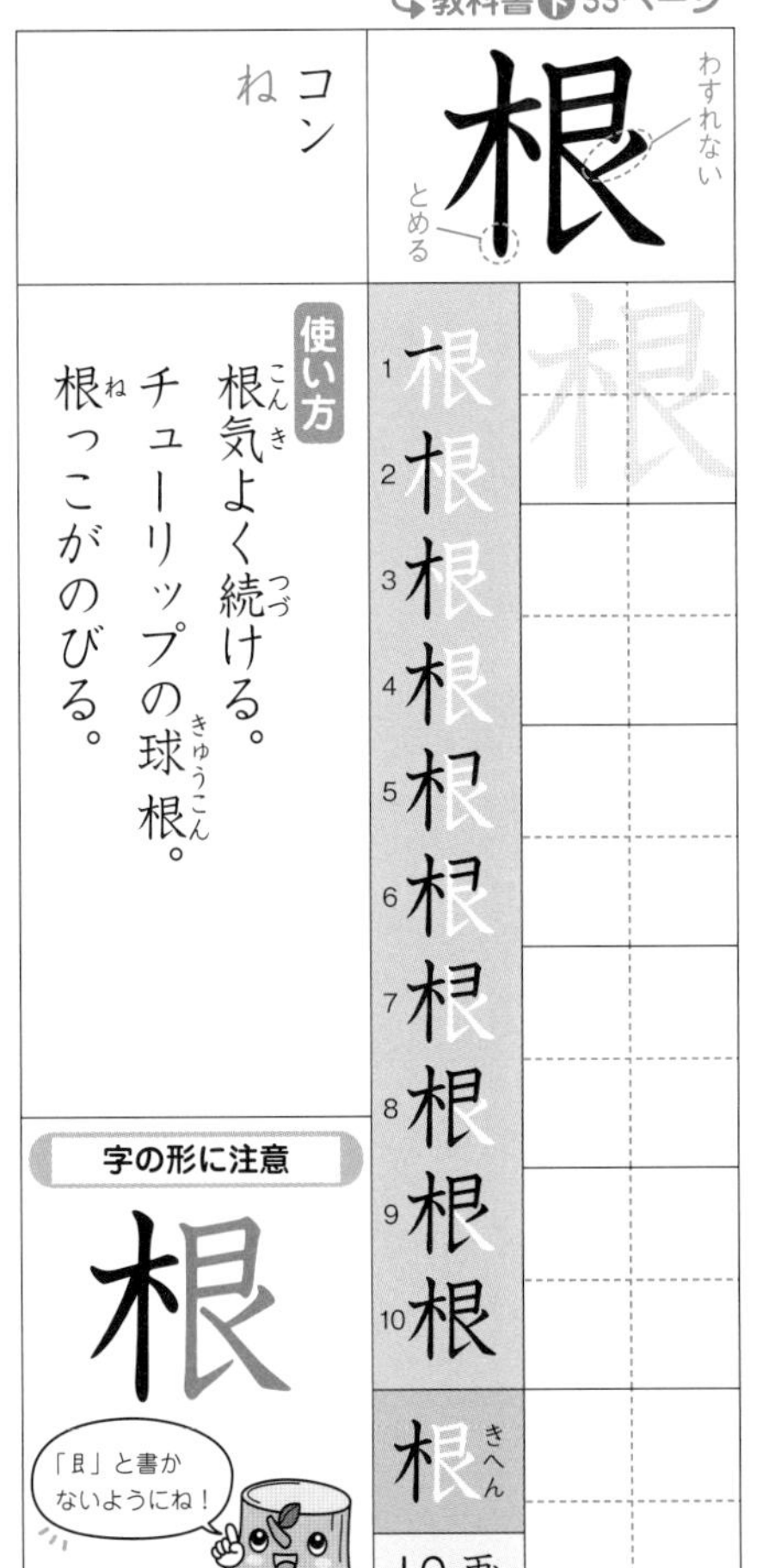

根
「艮」と書かないようにね！

月　日

教科書下33ページ

荷

に

◆カ

「向」にしない

使い方

荷物を一つにまとめる。

船の積み荷を降ろす。

荷台にのせる。

荷（くさかんむり）10画

字の形に注意

荷

「向」と書きまちがえないでね！

教科書下33ページ

守

シュ　ス　まもる

◆もり

立てる　はねる

使い方

守備のうまい選手。

留守番をまかされる。

決まりを守って生活する。

守（うかんむり）6画

反対の意味の言葉

せめる　守る

教科書下33ページ

役

ヤク

◆エキ

上にはねる　はなす　はらう

使い方

生活に役立つことを知る。

市役所を見学する。

げきの役が決まる。

役（ぎょうにんべん）7画

形のにた漢字

役者　投げる

教科書下43ページ

豆

トウ　ズ　まめ

長く

使い方

豆ふにしょう油をかける。

大豆を使った料理。

節分に豆まきをする。

豆（まめ）7画

いろいろな読み方

えだ豆となっ豆を食べる。

教科書下45ページ

育

イク　そだつ　そだてる　はぐくむ

立てる　とめる　はねる　とめる

使い方

体育の時間が楽しみだ。

子犬が元気に育つ。

親鳥がひなを育む。

育（にく）8画

部首

育

「育」の部首は「にく」だよ。

「月」と、くべつしよう。

教科書下45ページ

消

ショウ　きえる　けす

「⺌」にしない　はねる

使い方

消火活動を手伝う。

家の明かりが消える。

テレビを消す。

消（さんずい）10画

反対の意味の言葉

出火　消火

月　日

教科書下46ページ

取

シュ
とる

つき出さない　はらう

使い方
新聞社が取材に来る。
大きい方を取る。
商品を取りよせる。

いろいろな読み方
取材をしている人がメモを取る。

取（また）　8画

教科書下48ページ

期

キ
◆ゴ

つき出す　はらう　とめる　はねる

使い方
新学期が始まる。
しゅうかくの時期になる。
テストの結果に期待する。

筆じゅん
期
1画目に気をつけてね！

期（つき）　12画

教科書下49ページ

畑

はた
はたけ

向きに注意　とめる

使い方
田畑をたがやす。
畑作をいとなむ。
花畑で写真をとる。

字の形に注意
1・2画目の向きに気をつけよう！
畑

畑（た）　9画

教科書下50ページ

終

シュウ
おわる
おえる

向きに注意

使い方
バスが終点に着く。
夏休みが終わる。
今日の宿題を終える。

送りがな
終　わ　る

終（いとへん）　11画

読み方が新しい漢字

漢字	読み方	使い方	前に出た読み方
風	フウ	風船（ふうせん）がとんだ	風（かぜ）　風車（かざぐるま）
船	セン	船長（せんちょう）になる	船（ふね）
米	マイ	新米（しんまい）を食（た）べる	お米（こめ）

とくべつな読み方をする言葉

言葉	使い方
明日（あす）	明日（あす）、友（とも）だちに会（あ）う

月　日

ぴったり2 練習

修飾語を使って書こう　秋のくらし　すがたをかえる大豆

教科書 下31～55ページ　答え 8ページ

1 ――線の漢字の読みがなを書きましょう。

① 風船をとばす。（　）
② 留守番電話を聞く。（　）
③ 明日は休日だ。（　）
④ 新米を買う。（　）
⑤ 大豆を使った食品。（　）
⑥ ろうそくの火が消える。（　）
⑦ 根気よくピアノを練習する。（　）
⑧ 畑作がさかんな地いき。（　）

2 □に漢字を書きましょう。

① 図書館に本を［かえ］す。
② ［しゅご］とじゅつごを書く。
③ アメリカの［しゅう］を調べる。
④ 近所に［さかなや］がある。
⑤ 木の［ね］っこをぬく。
⑥ ［にもつ］を手で持つ。
⑦ お城を［まも］る。
⑧ 人の［やく］に立つ。
⑨ ［おも］な登場人物。
⑩ わすれ物を［と］りに帰る。
⑪ テスト［きかん］が決まる。
⑫ ［はたけ］にたねをまく。
⑬ 会は午後八時に［お］わる。
⑭ よばれて［へんじ］をする。

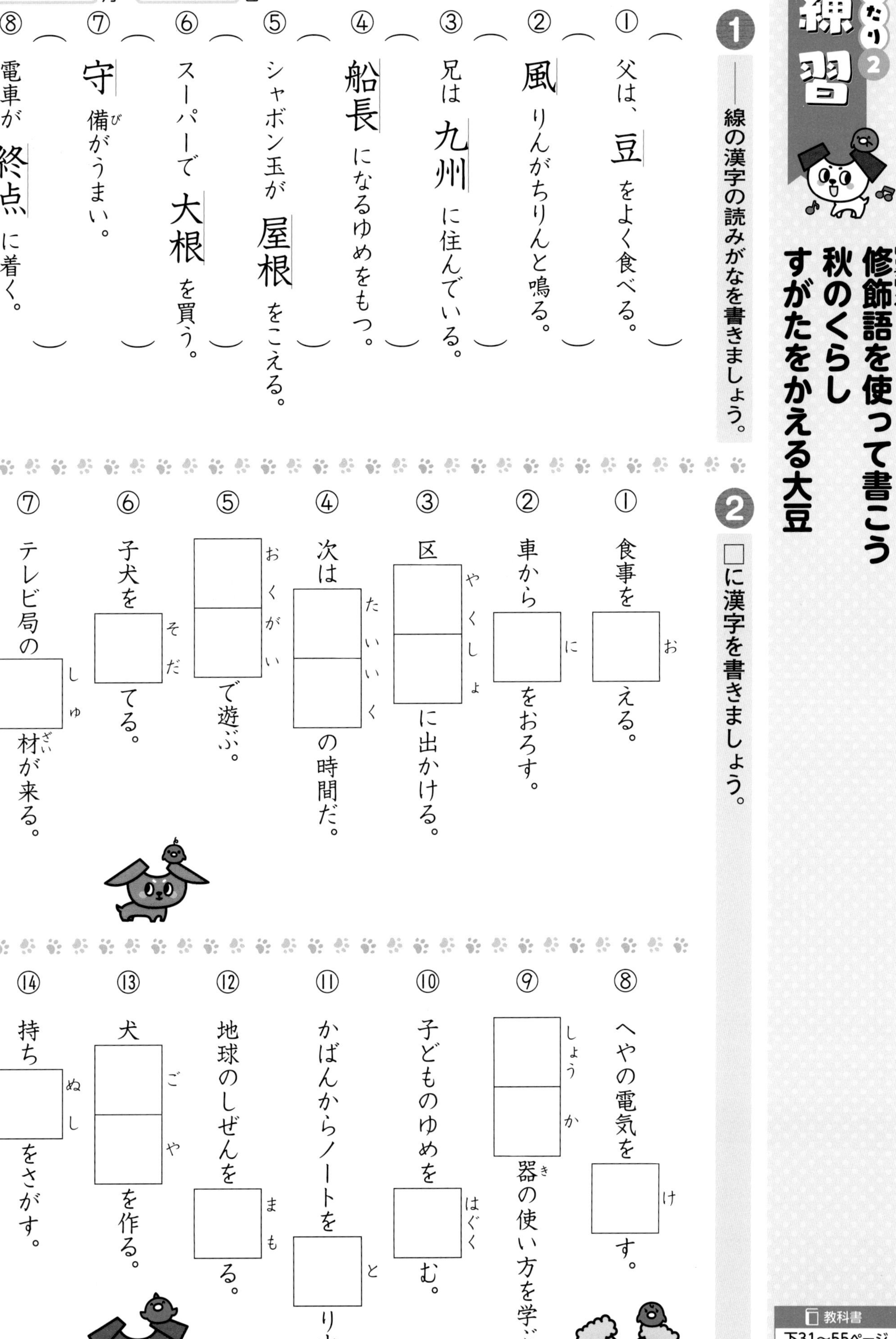

ぴったり2 練習

修飾語(しゅうしょく)を使って書こう
秋のくらし
すがたをかえる大豆

教科書 下31〜55ページ
答え 8ページ

月　日

1 ――線の漢字の読みがなを書きましょう。

① 父は、豆をよく食べる。（　）
② 風りんがちりんと鳴る。（　）
③ 兄は九州に住んでいる。（　）
④ 船長になるゆめをもつ。（　）
⑤ シャボン玉が屋根をこえる。（　）
⑥ スーパーで大根を買う。（　）
⑦ 守備(び)がうまい。（　）
⑧ 電車が終点に着く。（　）

2 □に漢字を書きましょう。

① 食事を□(お)える。
② 車から□(に)をおろす。
③ 区□□(やくしょ)に出かける。
④ 次は□□(たいいく)の時間だ。
⑤ □□(おくがい)で遊ぶ。
⑥ 子犬を□(そだ)てる。
⑦ テレビ局の□(しゅ)材(ざい)が来る。
⑧ へやの電気を□(け)す。
⑨ □□(しょうか)器(き)の使い方を学ぶ。
⑩ 子どものゆめを□(はぐく)む。
⑪ かばんからノートを□(と)り出す。
⑫ 地球のしぜんを□(まも)る。
⑬ 犬□□(ごや)を作る。
⑭ 持ち□(ぬし)をさがす。

ことわざ・故事成語

月　日

新しく学習する漢字

福　急　起　苦　待　談

教科書 下56～59ページ

教科書下56ページ

福

フク

わすれない　とめる

使い方
福引きが当たる。
幸福な時間がすぎる。
福の神においのりする。

13画　しめすへん

字の形に注意
わすれないでね！
福

教科書下57ページ

急

キュウ
いそぐ

はらう　つき出さない　はねる

使い方
急用ができる。
急に動き出す。
帰り道を急ぐ。

9画　こころ

いろいろな読み方
急いで急行に乗る。

教科書下57ページ

起

キ
おきる
おこる
おこす

上にはねる　長くはらう

使い方
選手を起用する。
朝早くに起きる。
火事が起こる。

10画　そうにょう

反対の意味の言葉
起きる　⇔　ねる

教科書下57ページ

苦

ク
くるしい
くるしむ
くるしめる
にがい
にがる

長く

使い方
苦労を重ねる。
暑苦しい夜をすごす。
苦い薬を飲む。

8画　くさかんむり

反対の意味の言葉
苦手　⇔　得意

教科書下59ページ

待

タイ
まつ

わすれない　はねる

使い方
期待にむねをふくらます。
駅前で人を待つ。
友だちと待ち合わせをする。

9画　ぎょうにんべん

形のにた漢字
友人を待つ。
荷物を持つ。

月　日

教科書下59ページ

談 ダン
形にちゅう意

1〜15 書き順
15画

部首 談 ごんべん
「火」ではないよ！

使い方
なやみ事を相談する。
友だちと談話する。
先生と面談する。

読み方が新しい漢字

漢字	読み方	使い方	前に出た読み方
多	タ	多少のちがい	多い

「談」の部首名は「ごんべん」だよ。

漢字クイズ13

☆次の絵を組み合わせてできる漢字を書きましょう。

答え14ページ

①

＋
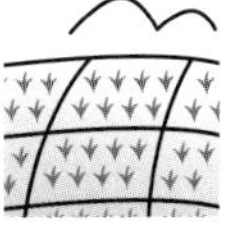

②

＋

＋

③

＋

④
＋

男の子が何かいっているね。

ことわざ・故事成語（こじせいご）

教科書 下56～59ページ
答え 8ページ

　　月　　日

1 ——線の漢字の読みがなを書きましょう。

① 急用ができる。（　　）
② 毎朝七時に起きる。（　　）
③ 人生は楽（らく）あれば苦ありだ。（　　）
④ 多少、色がちがう。（　　）
⑤ 苦いコーヒーを飲（の）む。（　　）
⑥ よい知らせを期待する。（　　）
⑦ テレビで対談番組を見る。（　　）
⑧ 多才な有名人。（　　）

2 □に漢字を書きましょう。

① □□（ふくび）きで一等（とう）が当たる。
② 家で父を□（ま）つ。
③ 校長先生と母が□□（めんだん）する。
④ お正月に□（ふく）わらいで遊ぶ。
⑤ □（いそ）いで学校に行く。
⑥ 合宿（しゅく）の□（き）しょう時間は早い。
⑦ 近くで火事が□（お）きる。
⑧ 姉に□□（そうだん）する。
⑨ □□（あつくる）しい夜をすごす。
⑩ 兄と□（ま）ち合わせをする。
⑪ けがで□（くる）しむ。
⑫ ゆっくり体を□（お）こす。
⑬ □□（きゅうこう）電車に乗（の）る。
⑭ 反対（はん）の人が□□（たすう）いた。

月　日

ぴったり1 じゅんび
漢字の意味
短歌を楽しもう

教科書 下60～63ページ

新しく学習する漢字

鼻 歯 央 階 委 級 昭 和 駅 皮 皿 短

教科書下60ページ

歯　シ　は

わすれない　つき出す　つき出す

使い方
- 父(ちち)は歯科医(しかい)です。
- 毎日(まいにち)歯(は)みがきをする。
- 歯車(はぐるま)がくるい出(だ)す。

いろいろな読み方
- 歯(し)科に通い、歯(ば)をなおす。
- 虫

部首：歯(は)　12画

教科書下60ページ

鼻　◆ビ　はな

「白」にしない　出す　長く　はらう

使い方
- 鼻歌(はなうた)を歌(うた)う。
- ぞうの鼻(はな)の長(なが)さをはかる。
- かぜをひいて鼻声(はなごえ)になる。

漢字の使い分け
- 鼻(はな)
- 花

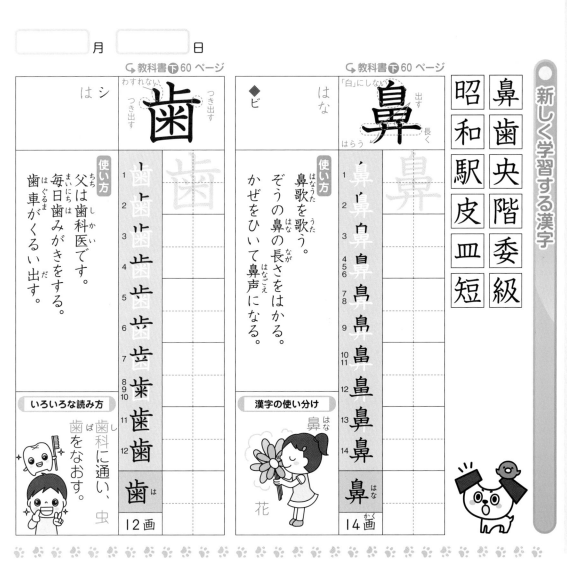

部首：鼻(はな)　14画(かく)

教科書下61ページ

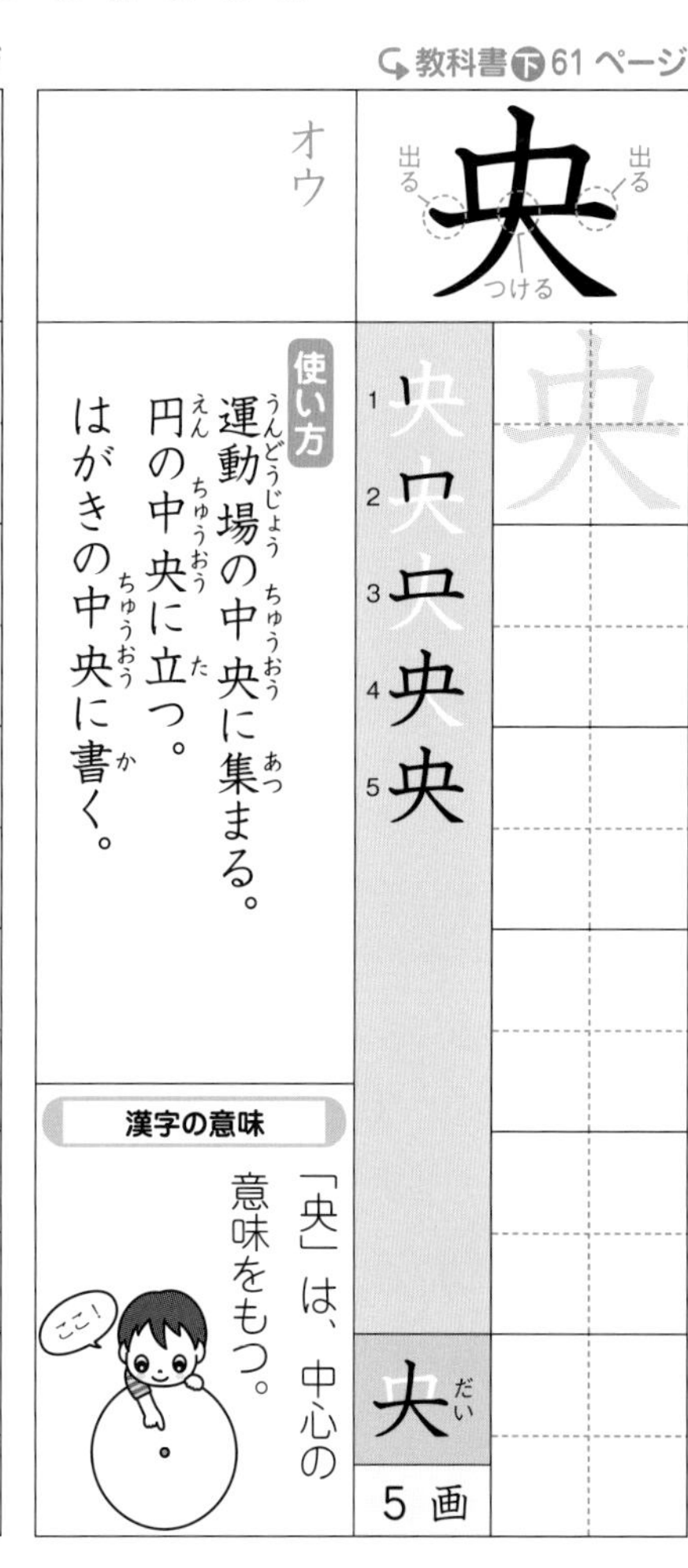

央　オウ

出る　出る　つける

使い方
- 運動場(うんどうじょう)の中央(ちゅうおう)に集(あつ)まる。
- 円(えん)の中央(ちゅうおう)に立(た)つ。
- はがきの中央(ちゅうおう)に書(か)く。

漢字の意味
- 「央」は、中心の意味をもつ。

部首：大(だい)　5画

教科書下61ページ

階　カイ

三画で書く　はねる　「日」にしない

使い方
- 家(いえ)の二階(にかい)に上(あ)がる。
- 階(かい)だんを下(お)りる。
- 階上(かいじょう)がうるさい。

字の形に注意

階

「日」と書かないでね！

部首：阝(こざとへん)　12画

教科書下61ページ

委　イ　ゆだねる

はらう　はらう

使い方
- 委員会(いいんかい)の活動(かつどう)をする。
- 委員長(いいんちょう)があいさつする。
- あなたに全(すべ)てを委(ゆだ)ねます。

部首(しゅ)

委

「禾」ではないよ！

部首：女(おんな)　8画

月　日

教科書下61ページ

和

ワ

オ
やわらぐ
やわらげる
なごむ
なごやか

はらう　とめる

使い方
平和な世の中をのぞむ。
和室でくつろぐ。
母が和服を着る。

反対の意味の言葉
和食
洋食

和（くち）　8画

教科書下61ページ

昭

ショウ

つき出さない

使い方
父は昭和五十年生まれです。
昭和のおもかげがのこる町。
昭和の時代が終わる。

言葉の意味
「昭和」は年号です。

昭（ひへん）　9画

教科書下61ページ

級

キュウ

一画で書く

使い方
学級会を開く。
同級生と仲良くなる。
高級な食べ物がならぶ。

筆じゅん

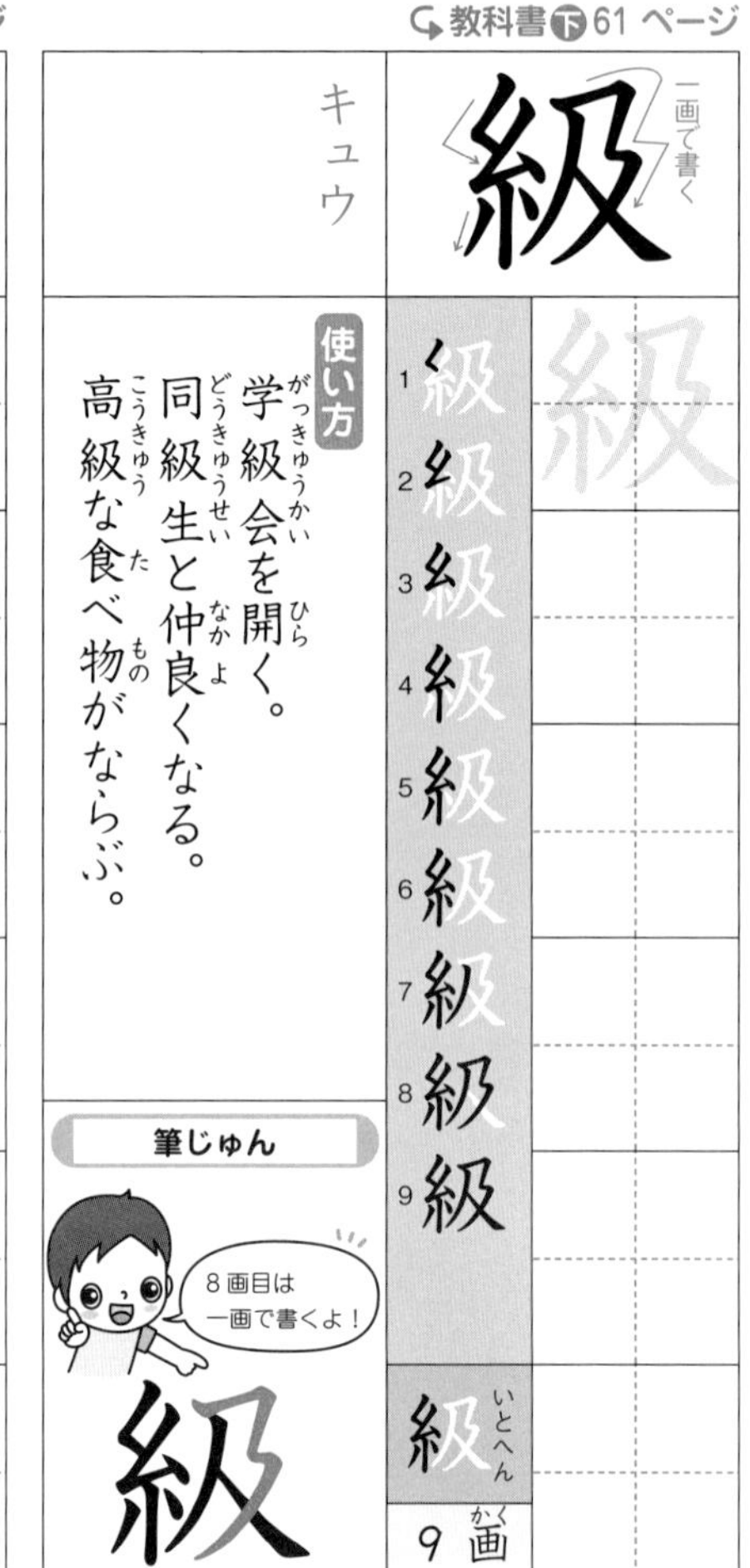

級（いとへん）　9画

教科書下61ページ

皿

さら

出す

使い方
皿に料理をもる。
皿あらいをすます。
皿をならべる。

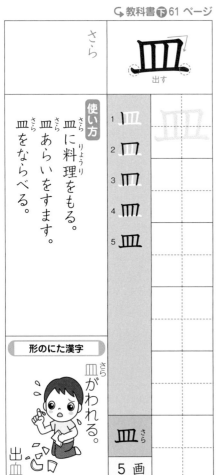

形のにた漢字
皿がわれる。
出
皿

皿（さら）　5画

教科書下61ページ

皮

ヒ
かわ

つき出す　「コ」にしない　はらう　はなす

使い方
皮ふがあれる。
毛皮のコートを着る。
りんごの皮をむく。

字の形に注意
はねるよ！
皮

皮（けがわ）　5画

教科書下61ページ

駅

エキ

いちに注意　向きに注意　はらう

使い方
駅まで歩いて行く。
駅前の広場に集まる。
お正月に駅伝を見る。

筆じゅん
駅
1画目に
注意してね！

駅（うまへん）　14画

月　日

教科書㊦62ページ

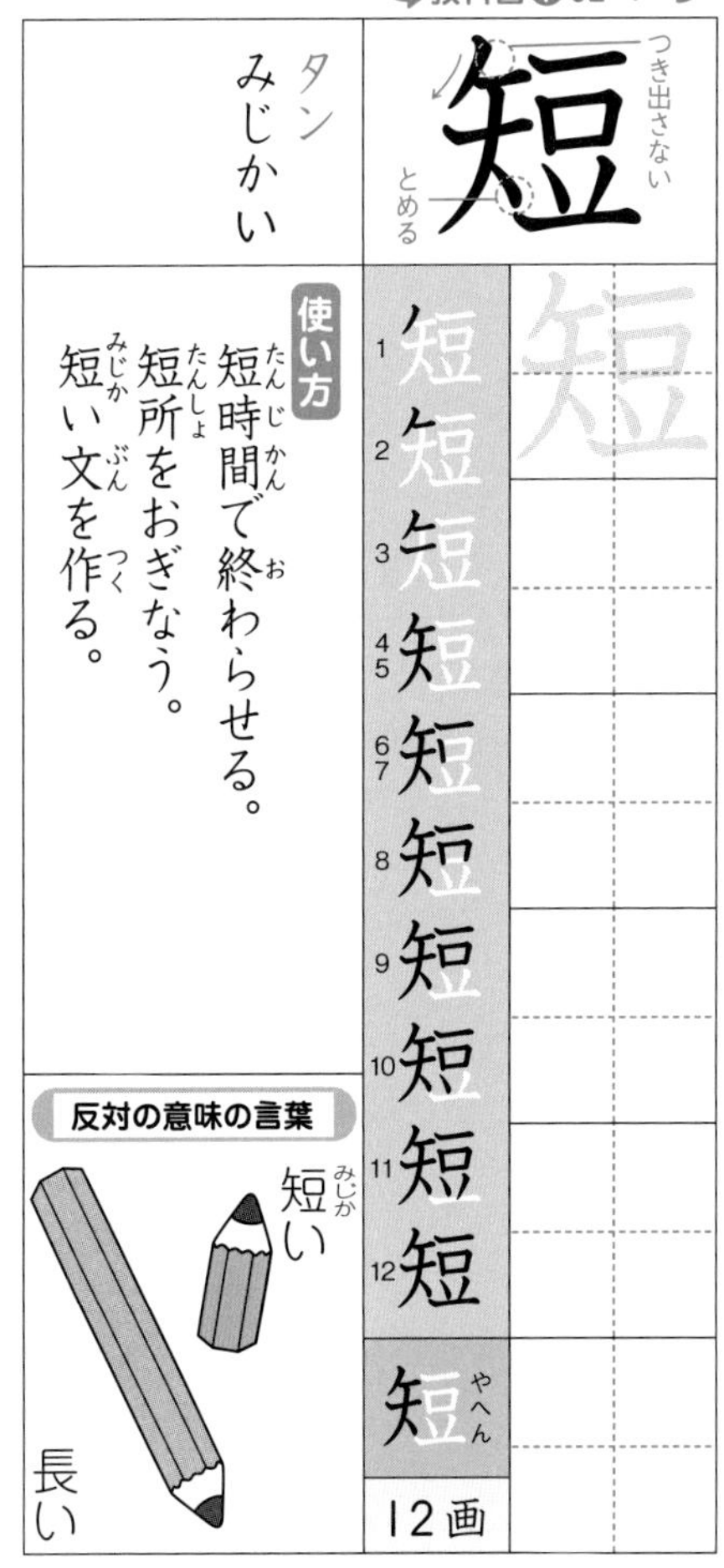

短
つき出さない
とめる
タン
みじかい
使い方
短時間で終わらせる。
短所をおぎなう。
短い文を作る。
反対の意味の言葉
短い
長い
12画
やへん

読み方が新しい漢字

漢字	読み方	使い方	前に出た読み方
交	まぜる	かなを交ぜる	交通
教	おそわる	先生に教わる	教える　教室

とくべつな読み方をする言葉

言葉	使い方
部屋（へや）	部屋をそうじする
今朝（けさ）	今朝の天気は雨だ

「短い」の反対の意味の言葉は「長い」だね。

漢字の意味 短歌を楽しもう

月　日

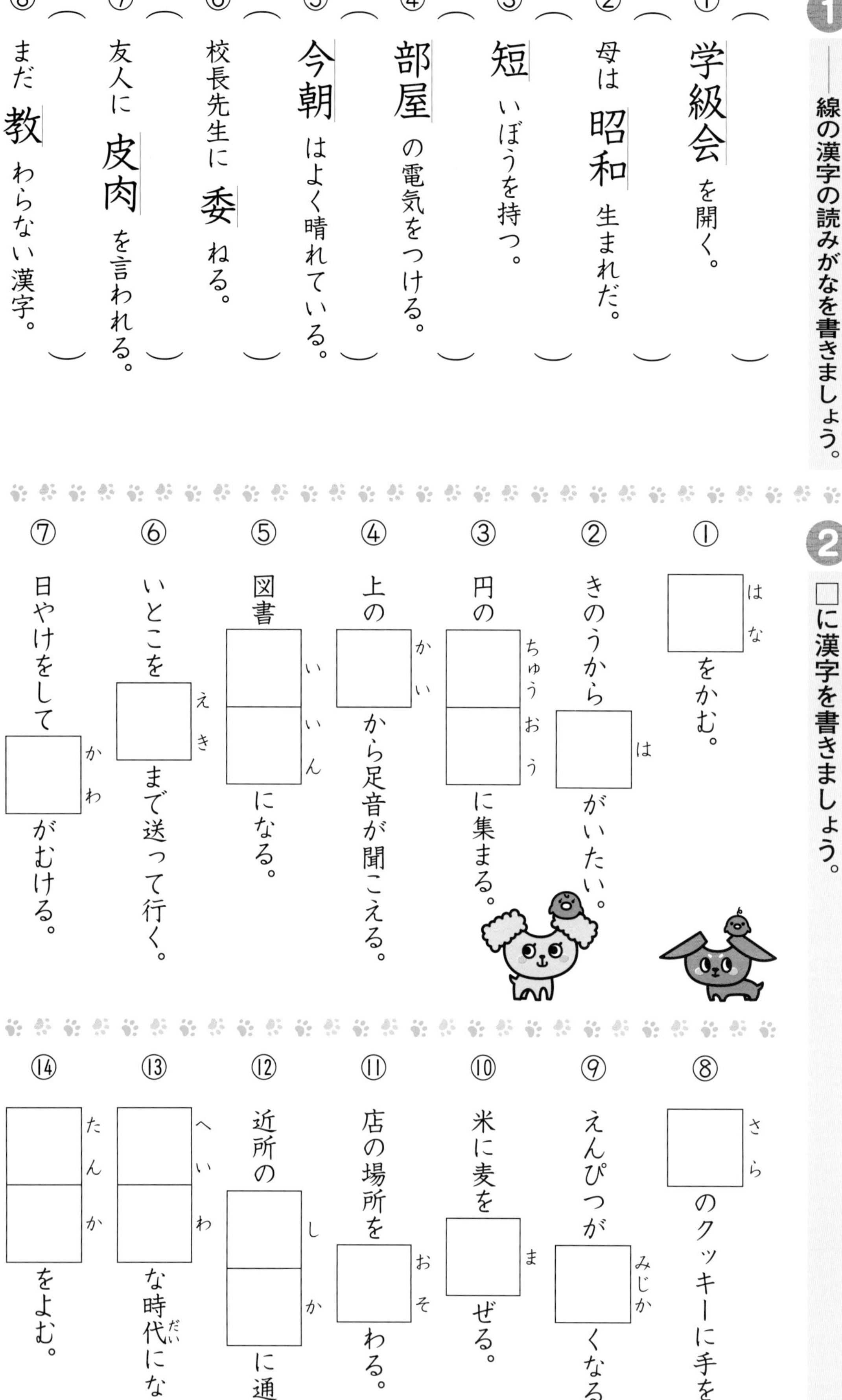

1 ――線の漢字の読みがなを書きましょう。

① 学級会を開く。（　　）
② 母は昭和生まれだ。（　　）
③ 短いぼうを持つ。（　　）
④ 部屋の電気をつける。（　　）
⑤ 今朝はよく晴れている。（　　）
⑥ 校長先生に委ねる。（　　）
⑦ 友人に皮肉を言われる。（　　）
⑧ まだ教わらない漢字。（　　）

2 □に漢字を書きましょう。

① □（はな）をかむ。
② きのうから□（は）がいたい。
③ 円の□□（ちゅうおう）に集まる。
④ 上の□（かい）から足音が聞こえる。
⑤ 図書□□（いいん）になる。
⑥ いとこを□（えき）まで送って行く。
⑦ 日やけをして□（かわ）がむける。
⑧ □（さら）のクッキーに手をのばす。
⑨ えんぴつが□（みじか）くなる。
⑩ 米に麦を□（ま）ぜる。
⑪ 店の場所を□（おそ）わる。
⑫ 近所の□□（しか）に通う。
⑬ □□（へいわ）な時代（だい）になる。
⑭ □□（たんか）をよむ。

教科書 下60～63ページ
答え 8ページ

月　日

ぴったり2 練習

漢字の広場④ 2年生で習った漢字

教科書 下64ページ
答え 9ページ

1 ――線の漢字の読みがなを書きましょう。

① 公園でかくれんぼをする。（　）
② 活気のある店。（　）
③ 寺のそばに住む。（　）
④ みんなで野原を走る。（　）
⑤ あのビルはかなり古い。（　）
⑥ 近所の人にあいさつをする。（　）
⑦ どこまでもつづく線路。（　）
⑧ ひつじを数える。（　）

2 □に漢字を書きましょう。

① □□□（てんもんだい）で星を見る。
② □（あたら）しい服を着る。
③ テストの□□（てんすう）を聞く。
④ 日が□（にし）の山にかくれる。
⑤ 学校は□（きた）の方にある。
⑥ □□（こうばん）で道をたずねる。
⑦ □□（あさいち）で肉を買う。
⑧ □□（ひろば）に集まる。
⑨ 友人の□（いえ）に遊びに行く。
⑩ □（ひがし）の門で待っている。
⑪ □（みなみ）の空に見える星。
⑫ □□□（じどうしゃ）が止まる。
⑬ いなかでの□□（せいかつ）。
⑭ □（ちか）いうちに会う。

ぴったり1 じゅんび

三年とうげ
わたしの町のよいところ

教科書 下65～85ページ

新しく学習する漢字

息 美 転 病 医 飲 重 配 度 幸 流 族

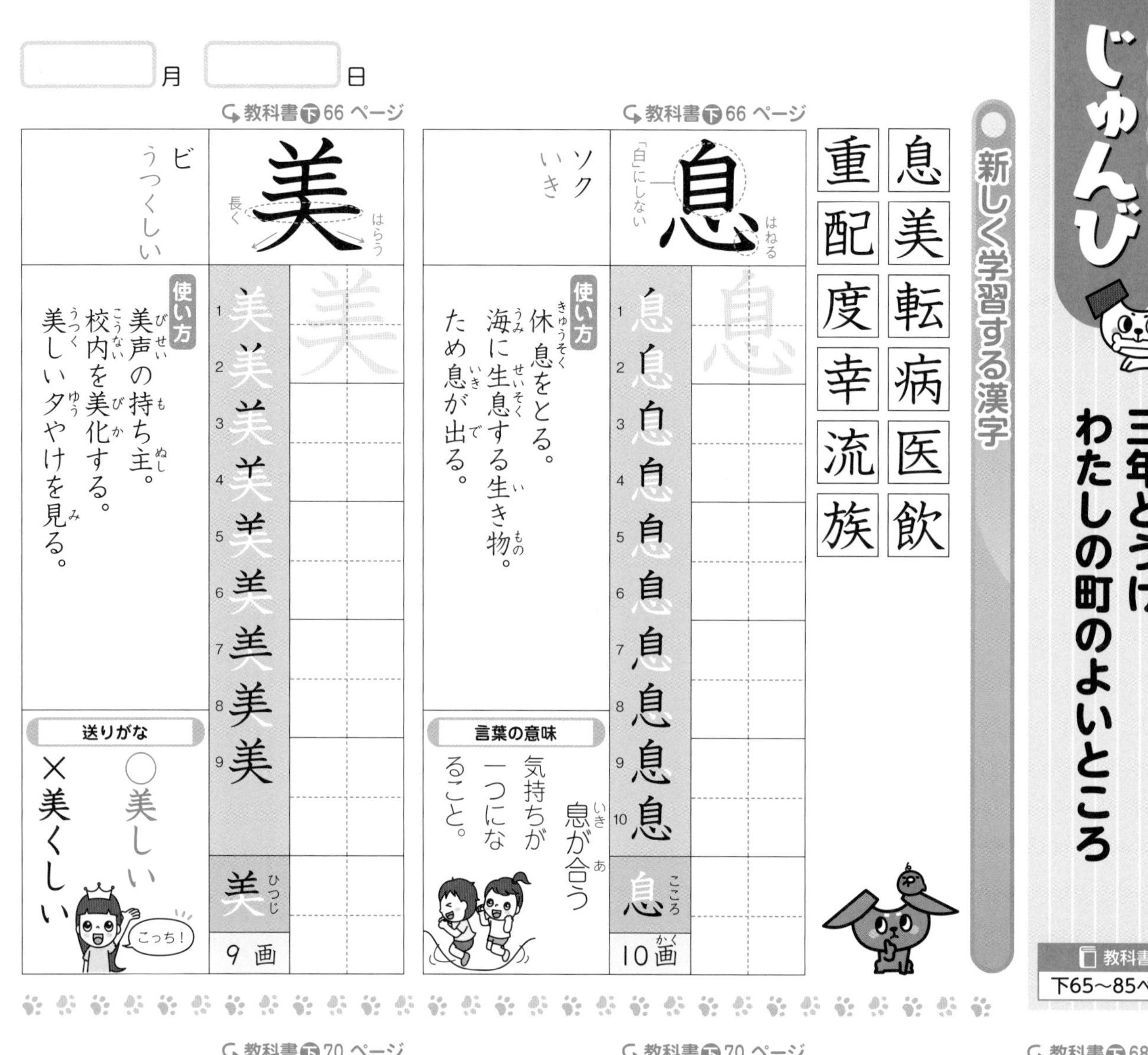

教科書下66ページ

息　ソク　いき

「白」にしない　はねる

使い方
休息（きゅうそく）をとる。
海（うみ）に生息（せいそく）する生（い）き物（もの）。
ため息（いき）が出（で）る。

言葉の意味
息（いき）が合（あ）う
気持ちが一つになること。

部首：息（こころ）　10画（かく）

教科書下66ページ

美　ビ　うつくしい

長く　はらう

使い方
美声（びせい）の持（も）ち主（ぬし）。
校内（こうない）を美化（びか）する。
美（うつく）しい夕（ゆう）やけを見（み）る。

送りがな
○美しい
×美くしい

部首：美（ひつじ）　9画

教科書下68ページ

転　テン　ころがる　ころげる　ころがす　ころぶ

つける　とめる

使い方
車輪（しゃりん）が回転（かいてん）する。
球（たま）が転（ころ）がる。
坂道（さかみち）で転（ころ）ぶ。

いろいろな読み方
自転車（じてんしゃ）に乗（の）って転（ころ）ぶ。

部首：転（くるまへん）　11画

教科書下70ページ

病　ビョウ　やまい　◆ヘイ　◆やむ

わすれない　立てる　とめる　はねる

使い方
病院（びょういん）へ見（み）まいに行（い）く。
弟（おとうと）の看病（かんびょう）をする。
病（やまい）にかかる。

字の形に注意

病

部首：病（やまいだれ）　10画

教科書下70ページ

医　イ

つき出さない　おれる

使い方
医者（いしゃ）を目ざす。
今（いま）の医学（いがく）では分（わ）からない。
医薬品（いやくひん）を買（か）う。

字の形に注意
医

部首：医（かくしがまえ）　7画

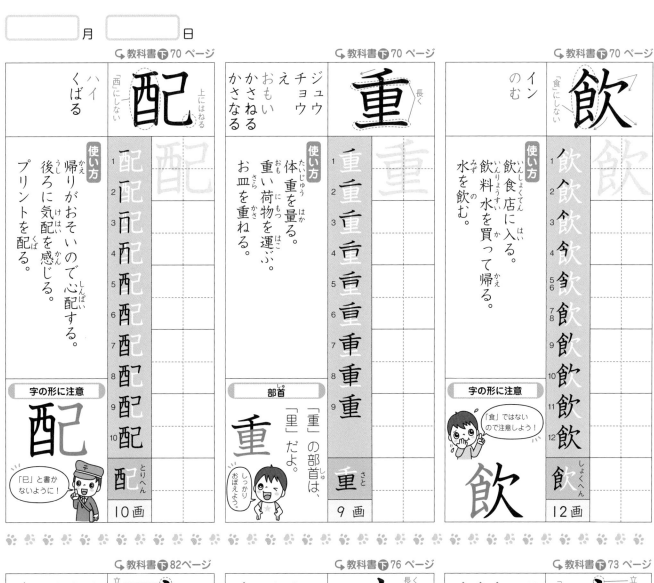

月　日

教科書下70ページ

飲

イン
のむ

「食」にしない

使い方
飲食店に入る。
飲料水を買って帰る。
水を飲む。

食（しょくへん）　12画

字の形に注意
「食」ではないので注意しよう！

教科書下70ページ

重

ジュウ
チョウ
え
おもい
かさねる
かさなる

長く

使い方
体重を量る。
重い荷物を運ぶ。
お皿を重ねる。

里（さと）　9画

部首
「重」の部首は、「里」だよ。
しっかりおぼえよう。

教科書下70ページ

配

ハイ
くばる

「西」にしない
上にはねる

使い方
帰りがおそいので心配する。
後ろに気配を感じる。
プリントを配る。

酉（とりへん）　10画

字の形に注意
「巳」と書かないように！

教科書下73ページ

度

ド
◆ト
◆タク
◆たび

「廿」にしない
立てる

使い方
温度を測る。
一度だけお願いする。
何度もちょうせんする。

广（まだれ）　9画

筆じゅん
4～7画目に注意しよう！

教科書下76ページ

幸

コウ
さいわい
しあわせ
◆さち

長く

使い方
幸運な出来事が起こる。
幸い軽いけがですんだ。
幸せにくらす。

干（いちじゅう・かん）　8画

送りがな

教科書下82ページ

流

リュウ
ながれる
ながす
◆ル

立てる
はらう
はねる

使い方
流星を見つける。
じゃ口から水が流れる。
走ってあせを流す。

氵（さんずい）　10画

送りがな

月　日

教科書㊦82ページ

読み方が新しい漢字

族 ゾク

出さない　はねる　はらう

使い方
家族（かぞく）で出（で）かける。
水族館（すいぞくかん）へ電車（でんしゃ）で行（い）く。
いろいろな民族（みんぞく）。

字の形に注意
族
「失」とまちがえないでね！

かたへん　ほうへん
11画（かく）

漢字	読み方	使い方
高	コウ	高校生（こうこうせい）になる

前に出た読み方：高（たか）い　高（たか）まる

とくべつな読み方をする言葉

言葉	使い方
真（ま）っ青（さお）	顔色（かおいろ）が真（ま）っ青（さお）になる

「族」の部首名（しゅ）は「ほうへん」。「かたへん」とも言うよ。

漢字クイズ14

☆形のにた字に気をつけて、正しいほうに○をつけましょう。

答え14ページ

① 一人で（　）荷（　）何 物を運ぶ。

② 自転車で九（　）川（　）州 を回る。

③ この岩は（　）重（　）動 い。

月　日

ぴったり2 練習

三年とうげ わたしの町のよいところ

教科書 下65〜85ページ
答え 9ページ

1 ――線の漢字の読みがなを書きましょう。

① 病気（　）がなおる。
② あまりのでき事に真っ青（　）になる。
③ 鼻息（　）をあらくする。
④ 送る荷物を手配（　）する。
⑤ 公園の美化（　）を手助けする。
⑥ 重大（　）な発表がある。
⑦ 苦労（ろう）をのりこえ幸福（　）になる。
⑧ 一度（　）だけ会ったことがある。

2 □に漢字を書きましょう。

① 走って□（いき）があがる。
② □（うつく）しい星空を見る。
③ すなはまで□（ころ）ぶ。
④ □□（いしゃ）から話を聞く。
⑤ ミルクを□（の）む。
⑥ □（おも）いかばんを持つ。
⑦ 先生がプリントを□（くば）る。
⑧ □□（こんど）こそ負けない。
⑨ □（しあわ）せなことがつづく。
⑩ インフルエンザが□□（りゅうこう）する。
⑪ □□（かぞく）で海に行く。
⑫ 兄が□□（こうこう）に入る。
⑬ お皿を□（かさ）ねる。
⑭ ここは□□（いんしょく）きんしです。

月　日

冬のチャレンジテスト

時間30分　／100　ごうかく80点

教科書　上118〜下85ページ　答え　9ページ

1 ――線の漢字の読みがなを書きましょう。　一つ2点（28点）

① 荷物（　）を下ろして、軽（　）くなった。

② お父（　）さんが部屋で作業（　）をしている。

③ 三年生の委員（　）が集まって話し合う。

④ 畑仕事（　）の合間にお茶を飲んで息（　）ぬきをする。

⑤ 二階（　）にはとても古い柱時計（　）があります。

⑥ 列車（　）でいろいろなところに旅行（　）をする。

⑦ 暗記（　）が今でもとても苦手（　）だ。

⑧ 外国の首相（しゅしょう）と会談（　）する。

2 □に漢字を入れて、矢印（じるし）の上と下の言葉がはんたいの意味になるようにしましょう。　一つ3点（24点）

① 軽い ⇕ □い

② 長い ⇕ □い

③ 片方（かた） ⇕ □方

④ 勝つ ⇕ □ける

⑤ 転ぶ ⇕ □きる

⑥ 始まる ⇕ □わる

⑦ 寒い ⇕ □い

⑧ 洋風 ⇕ □風

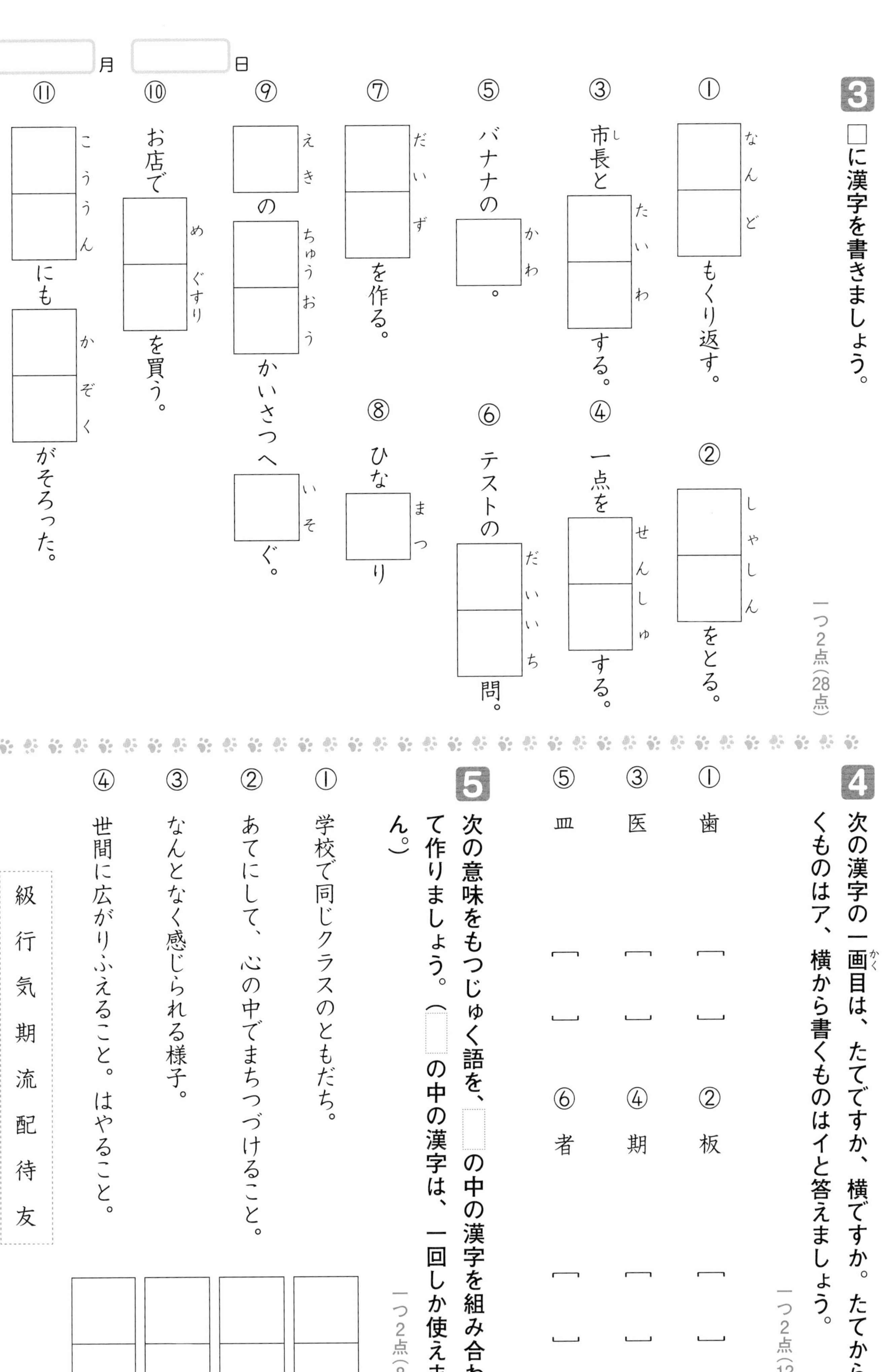

月　日

3 □に漢字を書きましょう。　一つ2点（28点）

① □□（なんど）もくり返す。
② □□（しゃしん）をとる。
③ 市（し）長と□□（たいわ）する。
④ 一点を□□（せんしゅ）する。
⑤ バナナの□（かわ）。
⑥ テストの□□（だいいち）問。
⑦ □□（だいず）を作る。
⑧ ひな□（まつ）り
⑨ □（えき）の□□（ちゅうおう）かいさつへ□（いそ）ぐ。
⑩ お店で□□（めぐすり）を買う。
⑪ □□（こううん）にも□□（かぞく）がそろった。

4 次の漢字の一画（かく）目は、たてですか、横ですか。たてから書くものはア、横から書くものはイと答えましょう。　一つ2点（12点）

① 歯［　］　② 板［　］
③ 医［　］　④ 期［　］
⑤ 皿［　］　⑥ 者［　］

5 次の意味をもつじゅく語を、□の中の漢字を組み合わせて作りましょう。（□の中の漢字は、一回しか使えません。）　一つ2点（8点）

① 学校で同じクラスのともだち。
② あてにして、心の中でまちつづけること。
③ なんとなく感じられる様子。
④ 世間に広がりふえること。はやること。

級　行　気　期　流　配　待　友

月　日

ぴったり1 じゅんび

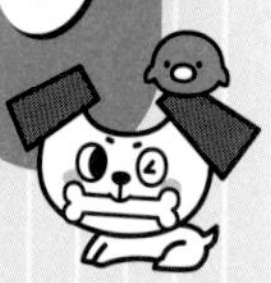

カンジーはかせの音訓かるた
漢字の広場⑤　2年生で習った漢字

教科書 下94～96ページ

新しく学習する漢字

帳 代 曲 投 炭 羊 宿 丁 宮 院 礼 等 反 君 乗

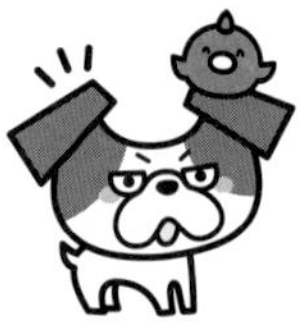

教科書下94ページ

帳　チョウ

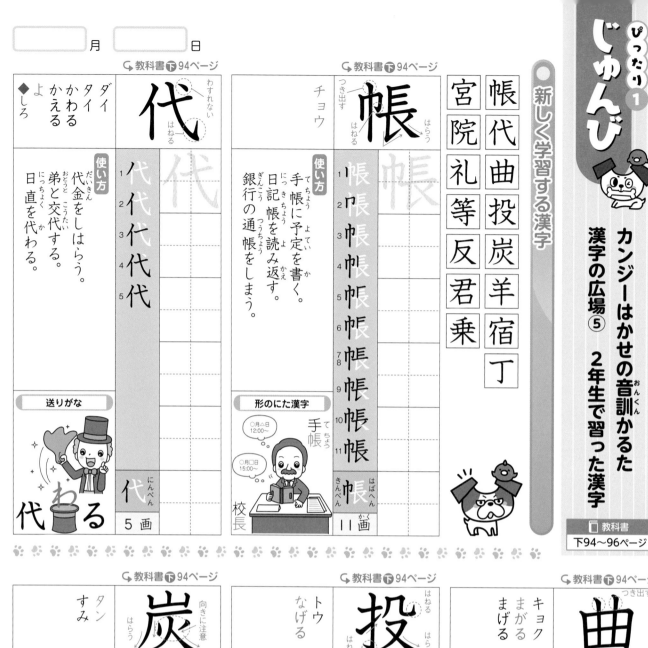

使い方：手帳に予定を書く。日記帳を読み返す。銀行の通帳をしまう。

形のにた漢字：手帳　校長

はばへん　11画

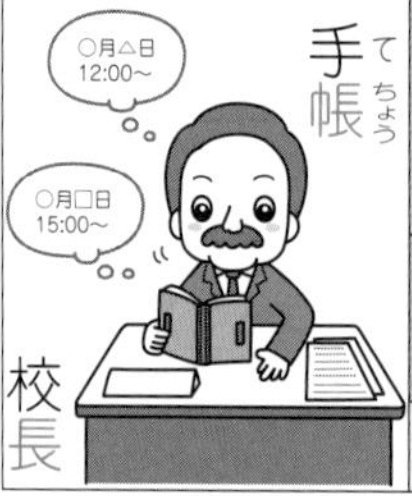

教科書下94ページ

代　ダイ　タイ　かわる　かえる　◆よ　しろ

使い方：代金をしはらう。弟と交代する。日直を代わる。

送りがな：代わる

にんべん　5画

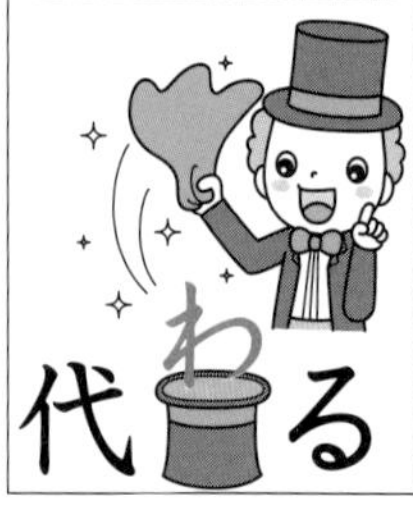

教科書下94ページ

曲　キョク　まがる　まげる

使い方：きれいな曲線をえがく。次の角を曲がる。紙を折り曲げる。

反対の意味の言葉：直線　曲線

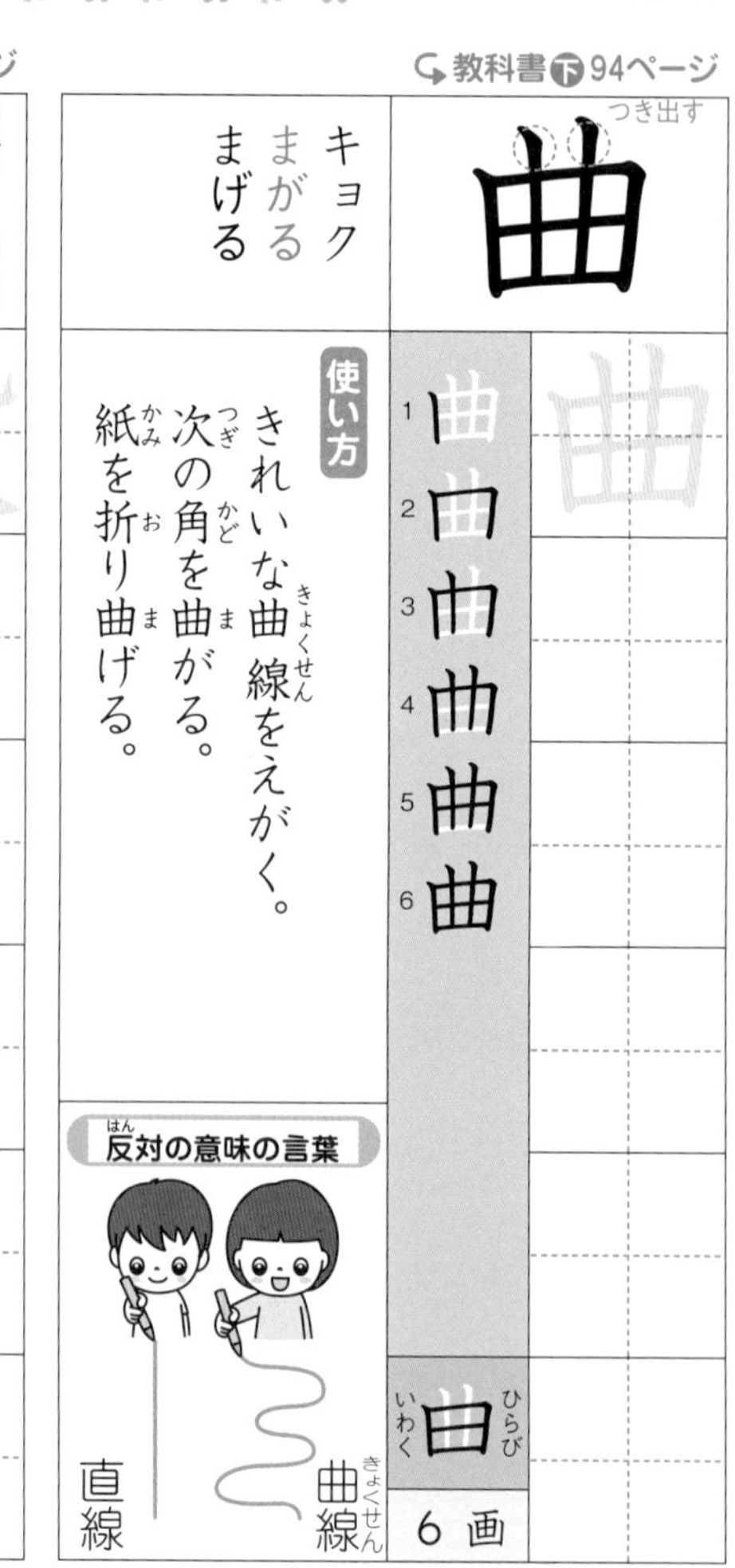

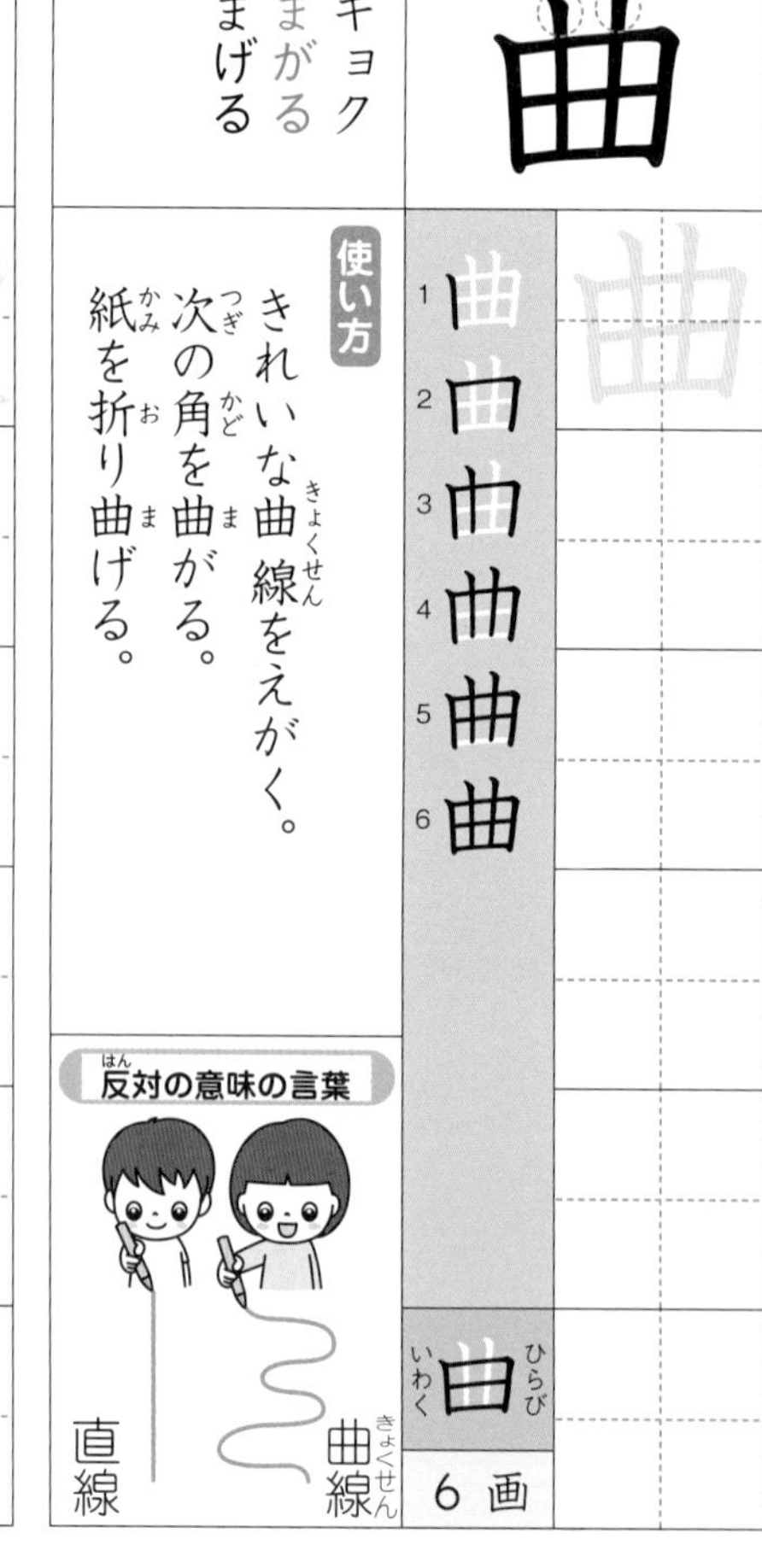

ひらび（いわく）　6画

教科書下94ページ

投　トウ　なげる

使い方：投手にあこがれる。選挙で投票する。上に向かって投げる。

送りがな：投げる

てへん　7画

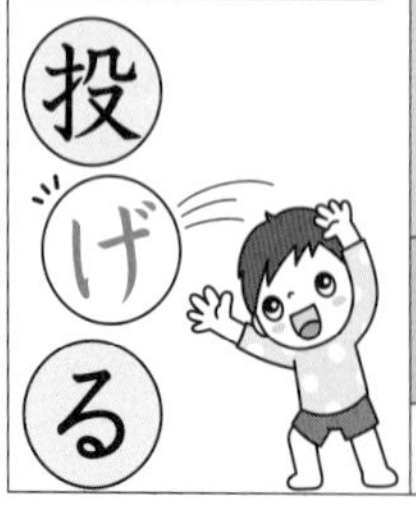

教科書下94ページ

炭　タン　すみ

使い方：石炭をもやす。炭さん飲料を飲む。炭火で肉を焼く。

部首：炭

部首は「火」だよ！

ひ　9画

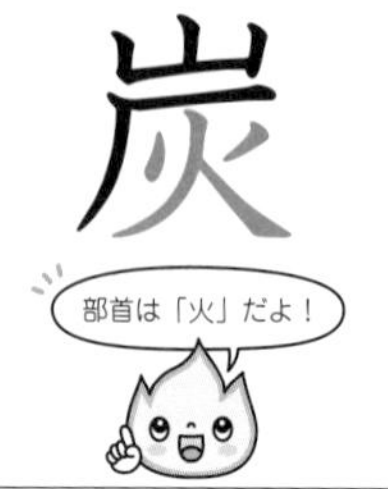

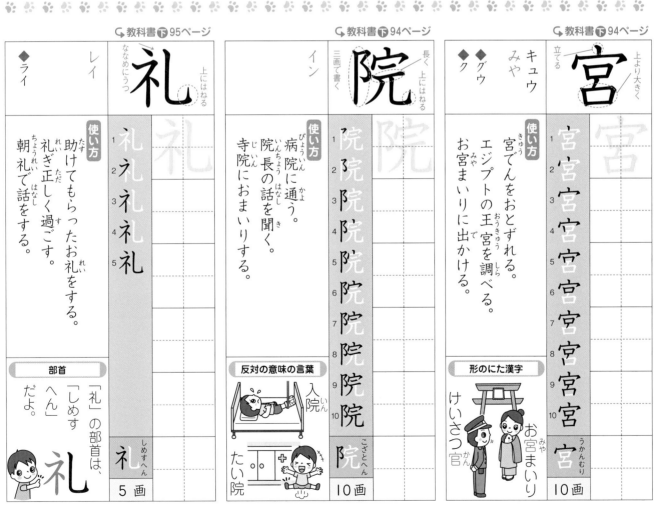

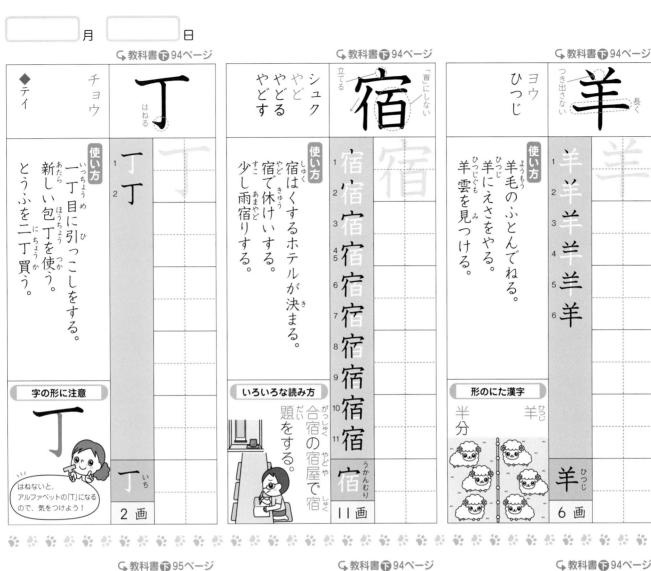

月　日

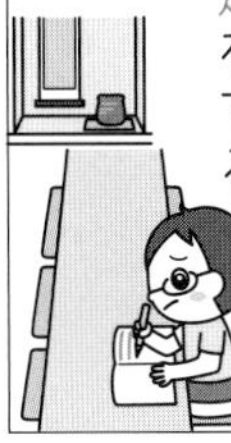

教科書下94ページ

丁

チョウ
◆テイ

はねる

使い方
一丁目に引っこしをする。
新しい包丁を使う。
とうふを二丁買う。

字の形に注意
はねないと、アルファベットの「T」になるので、気をつけよう！

丁　いち　2画

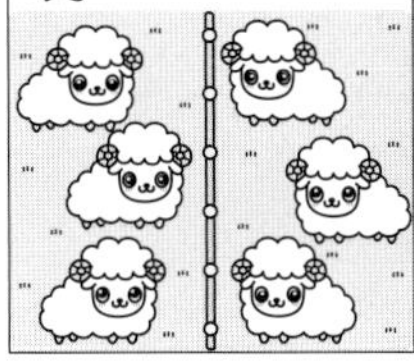

教科書下94ページ

宿

シュク
やど
やどる
やどす

立てる　「百」にしない

使い方
宿はくするホテルが決まる。
宿で休けいする。
少し雨宿りする。

いろいろな読み方
合宿の宿屋で宿題をする。

宀　うかんむり　11画

教科書下94ページ

羊

ヨウ
ひつじ

つき出さない　長く

使い方
羊毛のふとんでねる。
羊にえさをやる。
羊雲を見つける。

形のにた漢字
羊
半分

羊　ひつじ　6画

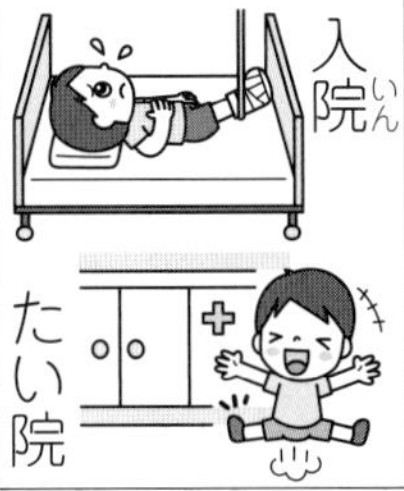

教科書下95ページ

礼

レイ
◆ライ

ななめにうつ　上にはねる

使い方
助けてもらったお礼をする。
礼ぎ正しく過ごす。
朝礼で話をする。

部首
「礼」の部首は、「しめすへん」だよ。

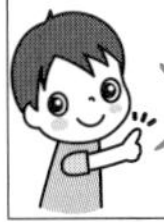

礻　しめすへん　5画

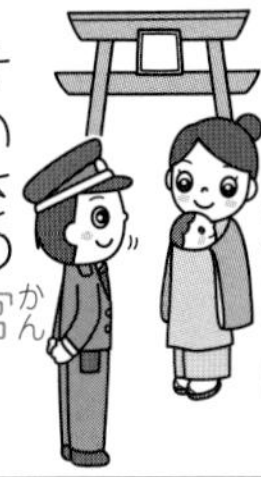

教科書下94ページ

院

イン

三画で書く　長く　上にはねる

使い方
病院に通う。
院長の話を聞く。
寺院におまいりする。

反対の意味の言葉
入院
たい院

阝　こざとへん　10画

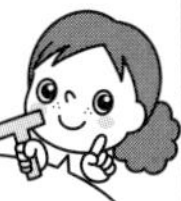

教科書下94ページ

宮

キュウ
◆グウ
みや
◆◆ク

立てる　上より大きく

使い方
宮でんをおとずれる。
エジプトの王宮を調べる。
お宮まいりに出かける。

形のにた漢字
お宮まいり
けいさつ官

宀　うかんむり　10画

月　日

教科書㊦95ページ

等

トウ
ひとしい

（いちばん長く／はねる）

使い方
上等(じょうとう)なお肉(にく)を食(た)べる。
おかしを等分(とうぶん)する。
長(なが)さが等(ひと)しい。

送りがな
○等しい
×等い

等（たけかんむり）　12画(かく)

教科書㊦95ページ

反

ハン
そる
そらす
◆ホン
◆タン

（はらう）

使い方
意見(いけん)に反対(はんたい)する。
板(いた)が反(そ)る。
むねを反(そ)らす。

形のにた漢字
反(そ)る
友(とも)だち

又（また）　4画

教科書㊦95ページ

君

クン
きみ

（つき出す／つき出さない／はらう）

使い方
田中君(たなかくん)といっしょに遊(あそ)ぶ。
国(くに)をおさめる君主(くんしゅ)になる。
君(きみ)とぼくは仲良(なかよ)しだ。

字の形に注意
2画目はつき出し、4画目は、上につき出ないよ！

口（くち）　7画

教科書㊦95ページ

乗

ジョウ
のる
のせる

（いちばん長く／とめる）

使い方
朝(あさ)の電車(でんしゃ)は乗客(じょうきゃく)が多(おお)い。
自動車(じどうしゃ)に乗(の)る。
タクシーが客(きゃく)を乗(の)せる。

反対の意味の言葉
おりる
乗(の)る

丿（はらいぼう）　9画

読み方が新しい漢字

漢字	読み方	使い方	前に出た読み方
千	ち	千代紙(ちよがみ)をおる	千円(せんえん)
手	シュ	投手(とうしゅ)になる	手(て)
昼	チュウ	昼食(ちゅうしょく)をとる	お昼(ひる)
工	ク	大工(だいく)の仕事(しごと)	図画工作(ずがこうさく)
寺	ジ	大(おお)きな寺院(じいん)	寺(てら)
池	チ	電池(でんち)を買(か)う	池(いけ)

ぴったり2 練習

カンジーはかせの音訓かるた

1 ――線の漢字の読みがなを書きましょう。

① 帳面をつける。（　）
② 千代紙でつるをおる。（　）
③ 魚を炭火でやく。（　）
④ 羊毛でできた洋服。（　）
⑤ とうふを一丁買う。（　）
⑥ 父が大工道具を買う。（　）
⑦ 京都の寺院をめぐる。（　）
⑧ 反対の意見が多い。（　）

2 □に漢字を書きましょう。

① □（ま）がり角で人にぶつかる。
② 直球を□（な）げる。
③ リレーのせん□（しゅ）になる。
④ □□（せきたん）を買う。
⑤ 海の近くの□（やど）にとまる。
⑥ □□（ちゅうしょく）の時間になる。
⑦ 近所のお□（みや）にまいる。

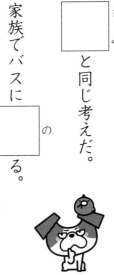

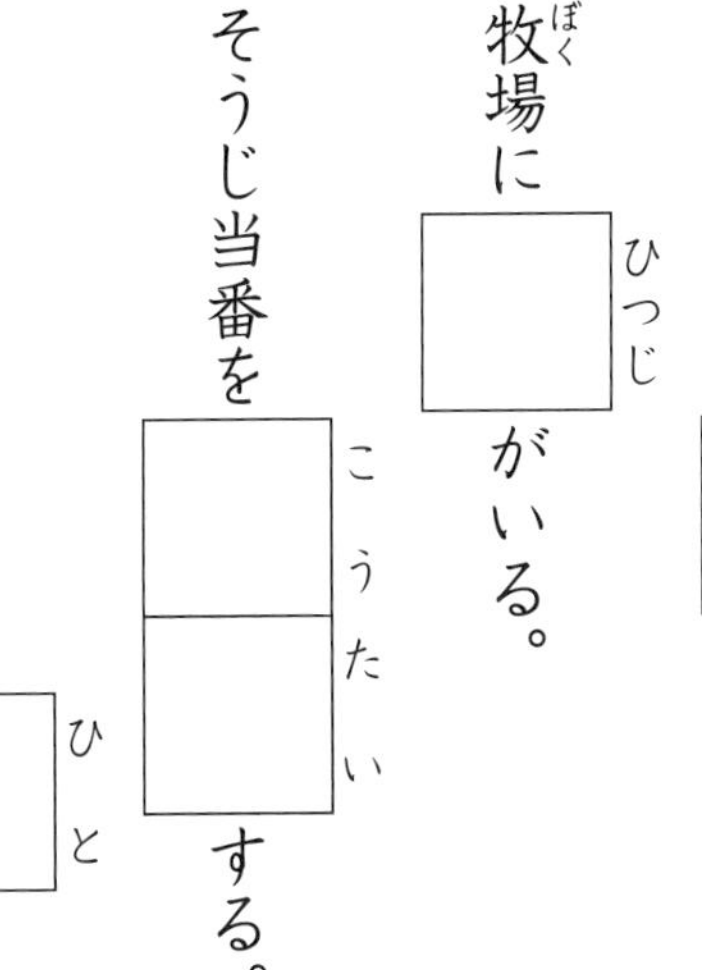

⑧ 心からお□（れい）を言う。
⑨ ケーキを□□（とうぶん）にわける。
⑩ □（きみ）と同じ考えだ。
⑪ 家族でバスに□（の）る。
⑫ 牧場に□（ひつじ）がいる。
⑬ そうじ当番を□□（こうたい）する。
⑭ 二本のリボンは長さが□（ひと）しい。

教科書 下94～95ページ
答え 10ページ

月　日

ぴったり2 練習

カンジーはかせの音訓かるた

1 ——線の漢字の読みがなを書きましょう。

① 新しい手帳を買う。（　）
② 本の代金をしはらう。（　）
③ あこがれの投手に会う。（　）
④ 夏休みに合宿に行く。（　）
⑤ 二丁目に住んでいる。（　）
⑥ 運動会で一等になる。（　）
⑦ 昼夜を問わずはたらく。（　）
⑧ おやつを平等に分ける。（　）

2 □に漢字を書きましょう。

① 母の□（か）わりに買い物に行く。
② ピアノ□（きょく）を練習する。
③ □（たん）さん水を飲む。
④ 早めに□□（しゅくだい）を終えた。
⑤ □□（いんちょう）先生に話を聞く。
⑥ 兄はいつも□（れい）ぎ正しい。
⑦ 後ろに体を□（そ）らす。
⑧ 山田□（くん）と同じクラスだ。
⑨ 新かん線の□□（じょうしゃ）けんを買う。
⑩ 船が進路を□□（はんてん）する。
⑪ 京都の金閣□（じ）に行く。
⑫ 外国の□（きゅう）でんをめぐる。
⑬ □（ひつじ）の毛をかる。
⑭ テレビで□□（じだい）げきを見る。

教科書 下94～95ページ
答え 10ページ

月　日

ぴったり2 練習

漢字の広場⑤　2年生で習った漢字

教科書 下96ページ
答え 10ページ

1 ――線の漢字の読みがなを書きましょう。

① 国語の時間に漢字をおぼえる。（　）
② 計算用紙を配る。（　）
③ きのうのでき事を知る。（　）
④ 音楽室でピアノをひく。（　）
⑤ みんなで新聞を作る。（　）
⑥ じっくりと考える。（　）
⑦ 日直を交代する。（　）
⑧ 進んで発言する。（　）

2 □に漢字を書きましょう。

① 電気□□（かいろ）について調べる。
② 先生が□□（こくばん）に書く。
③ 大きな□□（うたごえ）が聞こえる。
④ 工場へ□□（しゃかい）科見学に行く。
⑤ かん□□（でんち）を入れる。
⑥ □□（りか）で花を育てる。
⑦ 美しい□（え）を見る。
⑧ 問いに□（こた）える。
⑨ 学級で□（はな）し合う。
⑩ はこの中身（み）を□（おし）える。
⑪ はさみで紙を□（き）る。
⑫ □□（さんすう）が一番すきです。
⑬ □□□□（ずがこうさく）の時間。
⑭ 毎日□□（どくしょ）する。

月　日

ぴったり1 じゅんび

ありの行列
つたわる言葉で表そう
たから島のぼうけん

教科書 下97～115ページ

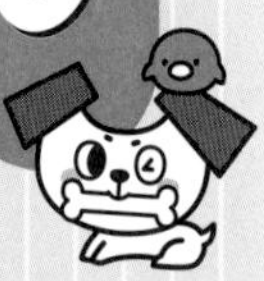

新しく学習する漢字

庭 研 究 打 受 島

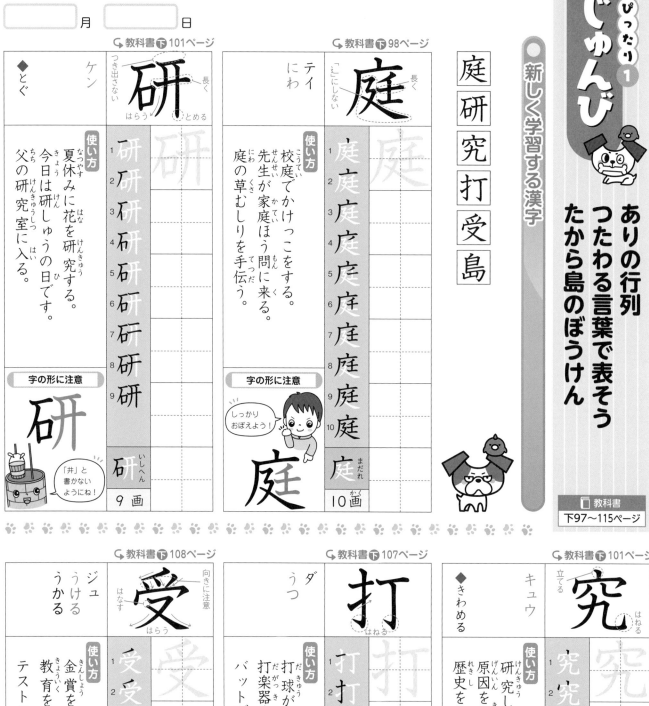

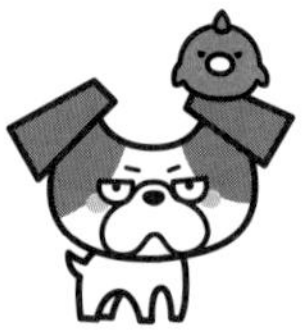

教科書下98ページ

庭 テイ にわ

10画 まだれ

使い方
校庭でかけっこをする。
先生が家庭ほう問に来る。
庭の草むしりを手伝う。

字の形に注意 「廴」にしない　長く

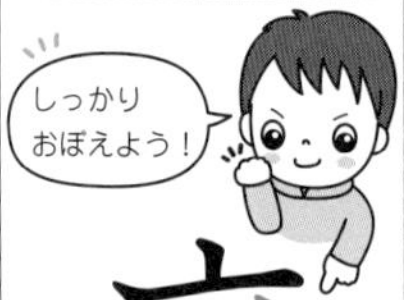

しっかりおぼえよう！

教科書下101ページ

研 ケン ◆とぐ

9画 いしへん

使い方
夏休みに花を研究する。
今日は研しゅうの日です。
父の研究室に入る。

字の形に注意 つき出さない　長く　はらう　とめる

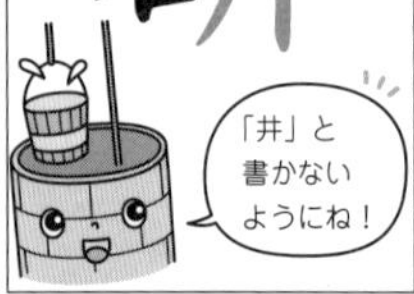

「井」と書かないようにね！

教科書下101ページ

究 キュウ ◆きわめる

7画 あなかんむり

使い方
研究したことを発表する。
原因を究明する。
歴史をたん究する。

部首 「究」の部首は、「あなかんむり」だよ。

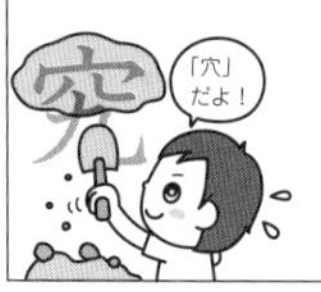

「穴」だよ！

教科書下107ページ

打 ダ うつ

5画 てへん

使い方
打球が足に当たる。
打楽器をたたく。
バットでボールを打つ。

筆じゅん 「扌」は2画目に気をつけよう！

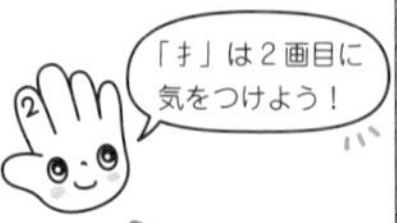

教科書下108ページ

受 ジュ うける うかる

8画 また

使い方
金賞を受賞する。
教育を受ける。
テストに受かる。

いろいろな読み方 受話器を取って電話を受ける。

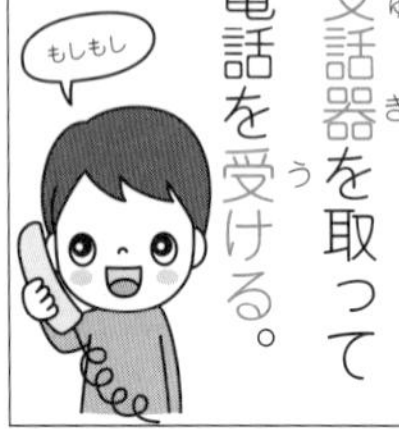

もしもし

月　日

教科書㊦111ページ

島

トウ
しま

わすれない
はねる

使い方
日本列島(にほんれっとう)について学(まな)ぶ。
たからの島(しま)を発見(はっけん)する。
淡路島(あわじしま)に旅行(りょこう)する。

字の形に注意

わすれないでね！

島　山(やま)

10画

読み方が新しい漢字

漢字	読み方	使い方	前に出た読み方
外	はずれる	列(れつ)から外(はず)れる	外(そと)・外国(がいこく)
行	ゆく	行(ゆ)く手(て)をはばむ	行(い)く・行(ぎょう)・行(おこな)う・行動(こうどう)
細	こまか	細(こま)かに調(しら)べる	細長(ほそなが)い
交	まじわる	直角(ちょっかく)に交(まじ)わる	交代(こうたい)・交(ま)ぜる

「細」は「細(こま)かい」や「細(ほそ)い」とも読みますね。送りがなに気をつけましょう。

ぴったり1 じゅんび

お気に入りの場所、教えます
モチモチの木

教科書 下116～136ページ

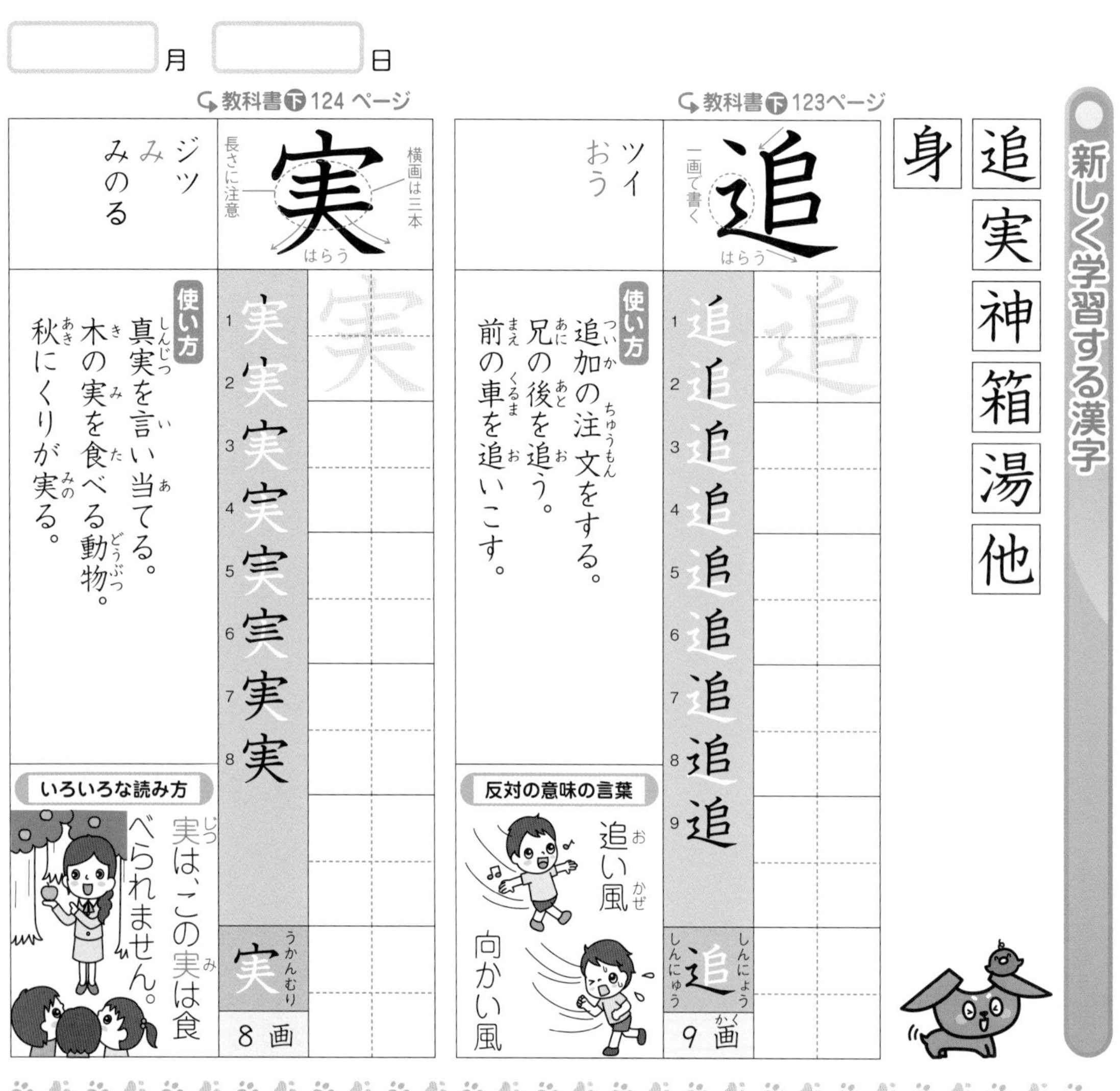

月　日
新しく学習する漢字
身
追
実
神
箱
湯
他
教科書下123ページ
追
ツイ
おう
一画で書く
はらう
使い方
追加の注文をする。
兄の後を追う。
前の車を追いこす。
反対の意味の言葉
追い風
向かい風
追 しんにょう（しんにゅう）
9画
教科書下124ページ
実
ジツ
み
みのる
長さに注意
横画は三本
はらう
使い方
真実を言い当てる。
木の実を食べる動物。
秋にくりが実る。
いろいろな読み方
実は、この実は食べられません。
実 うかんむり
8画

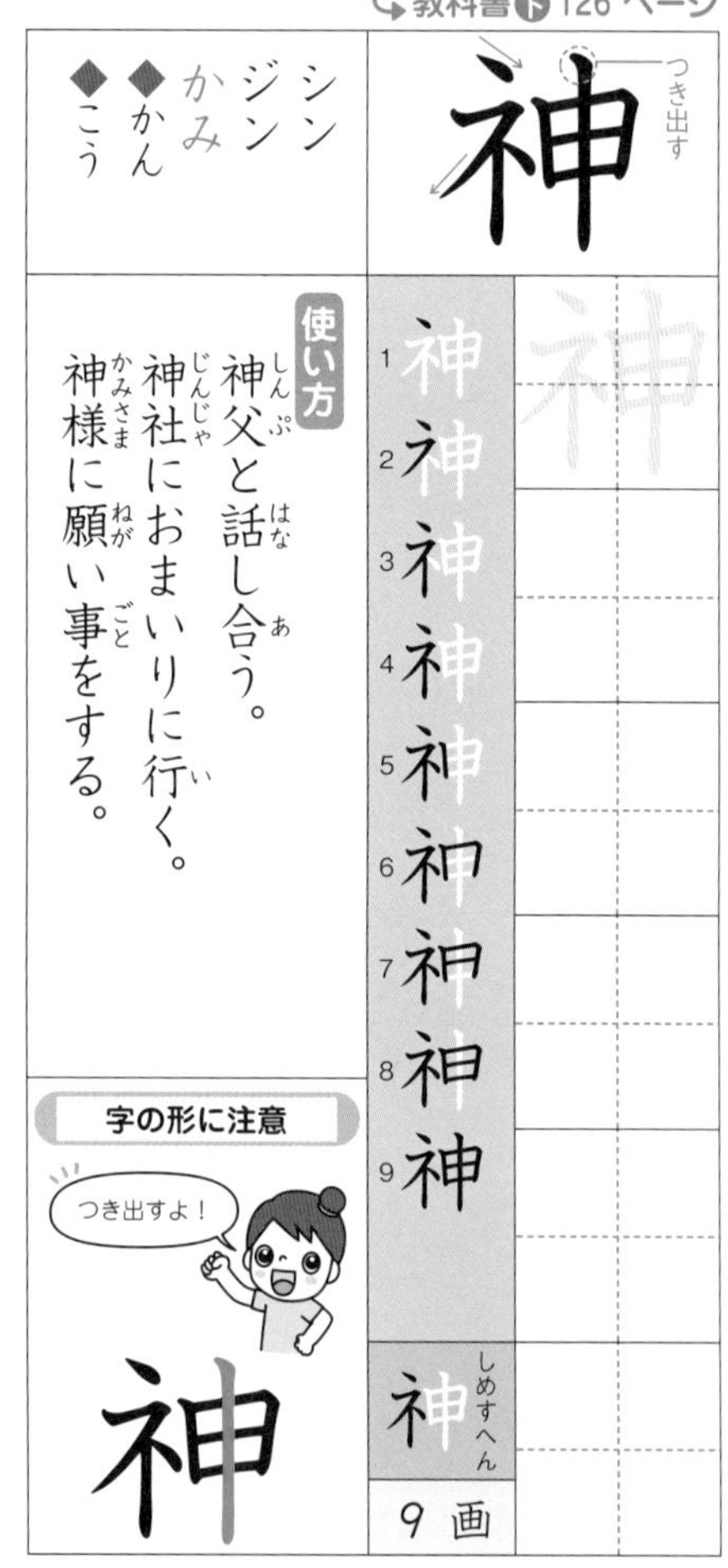

教科書下126ページ
神
シン
ジン
かみ
◆かん
◆こう
つき出す
使い方
神父と話し合う。
神社におまいりに行く。
神様に願い事をする。
字の形に注意
つき出すよ！
神
神 しめすへん
9画

教科書 下 129ページ

箱

はこ

形に注意　おれる　とめる

使い方

空き箱で工作をする。
薬箱を整理する。
とび箱を練習する。

部首

箱

「木」や「目」ではないよ！

箱 たけかんむり　15画

教科書 下 132ページ

湯

トウ
ゆ

長く　はねる

使い方

熱湯をかける。
銭湯へ家族で行く。
湯をわかす。

字の形に注意

湯

わすれないでね！

湯 さんずい　12画

月　日

読み方が新しい漢字

漢字	読み方	使い方	前に出た読み方
弱	ジャク	強弱（きょうじゃく）をつける	弱（よわ）い　弱（よわ）る　弱（よわ）まる　弱（よわ）める

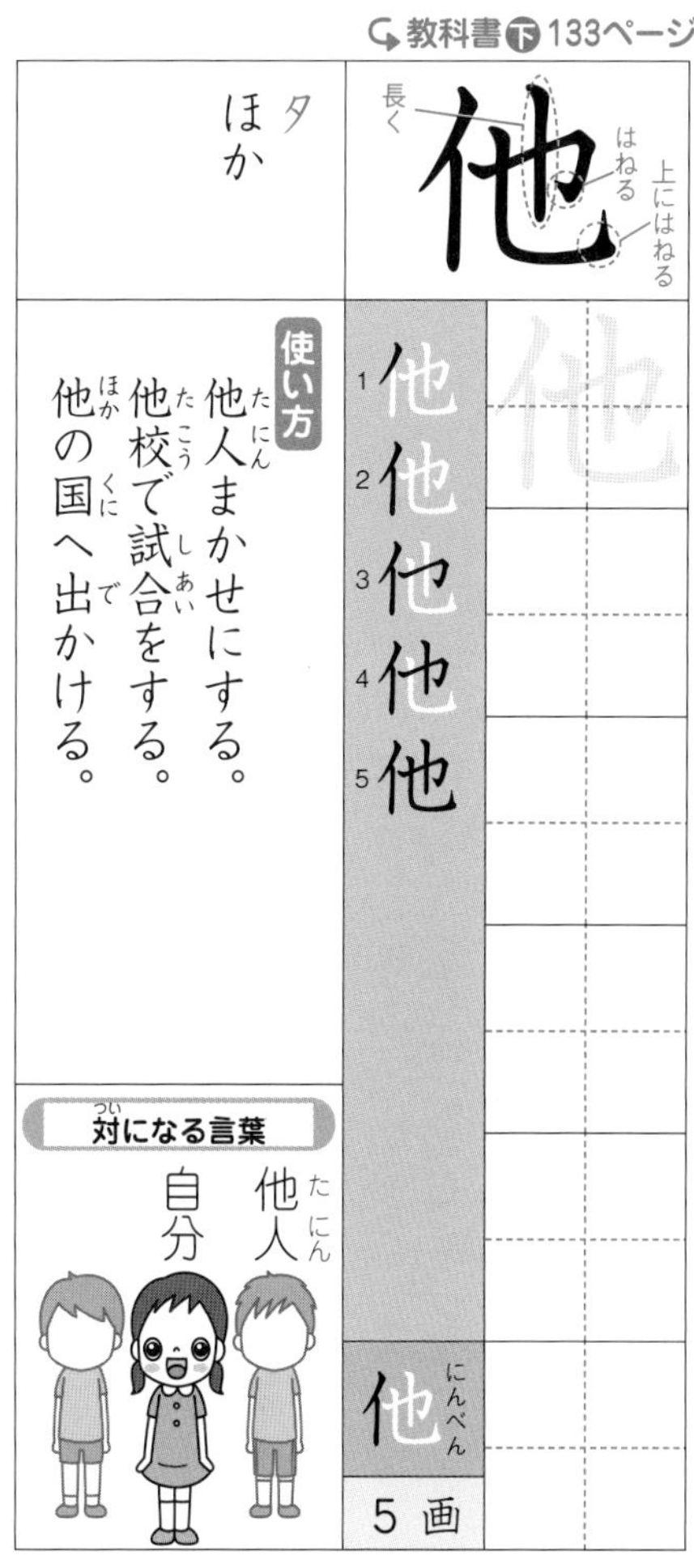

教科書下133ページ
他
タ　ほか
長く　はねる　上にはねる
使い方
他人（たにん）まかせにする。
他校（たこう）で試合（しあい）をする。
他（ほか）の国（くに）へ出（で）かける。
他（にんべん）　5画
対（つい）になる言葉
他人（たにん）
自分

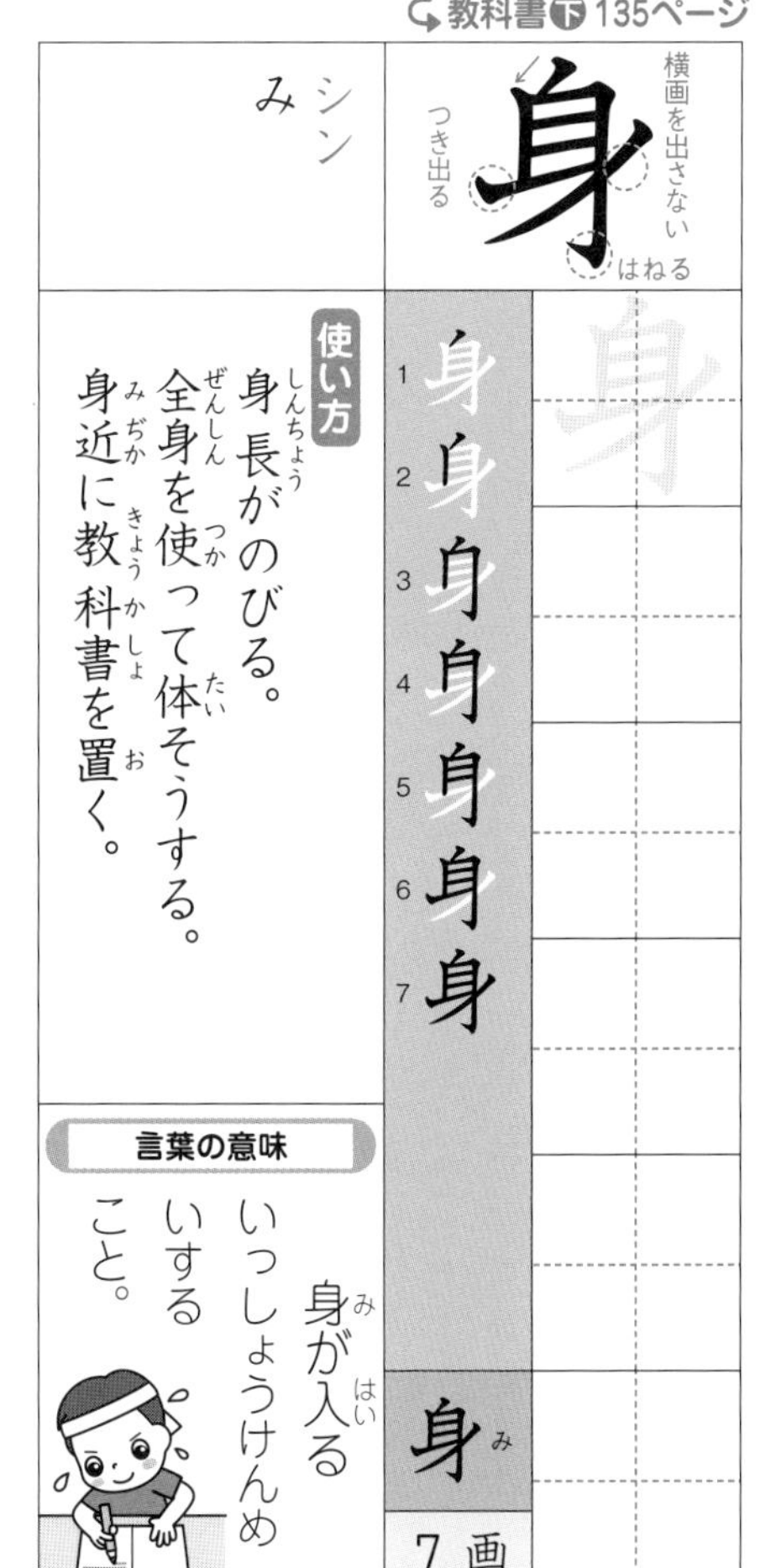

教科書下135ページ
身
シン　み
横画を出さない　つき出る　はねる
使い方
身長（しんちょう）がのびる。
全身（ぜんしん）を使（つか）って体（たい）そうする。
身近（みぢか）に教科書（きょうかしょ）を置（お）く。
身（み）　7画
言葉の意味
身（み）が入（はい）る
いっしょうけんめいすること。

とくべつな読み方をする言葉

言葉	使い方
二十日（はつか）	二十日（はつか）はたん生日（じょうび）だ

「神」の９画目は上につき出すよ。注意しよう。

漢字	読み方	使い方	前に出た読み方
夜	ヤ	今夜（こんや）は暑（あつ）い	夜（よる）　夜（よ）が明（あ）ける
明	あかり	明（あ）かりがつく	明（あか）るい　明（あか）るむ　明（あか）らむ　明（あ）ける　明（あき）らか　明（あ）く　明（あ）くる　明（あ）かす

月　日

ぴったり2 練習

ありの行列／つたわる言葉で表そう／たから島のぼうけん／お気に入りの場所、教えます／モチモチの木

教科書 下97〜136ページ
答え 10ページ

1 ――線の漢字の読みがなを書きましょう。

① なぞを究明する。（　）
② 道すじから外れる。（　）
③ 紙を細かくちぎる。（　）
④ 強弱をつけて音読する。（　）
⑤ 今夜の番組を見る。（　）
⑥ 今月の二十日は休日だ。（　）
⑦ 他国で作られた作品。（　）
⑧ 全身をきれいにあらう。（　）

2 □に漢字を書きましょう。

① □(にわ)のそうじをする。
② □□(けんきゅう)が終わりに近づく。
③ ボールを□(う)つ。
④ □(ゆ)く手をさえぎられる。
⑤ 二本の線が□(まじ)わる。
⑥ テストを□(う)ける。
⑦ □(しま)まで船で行く。
⑧ 車を□(お)いかける。
⑨ かきの□(み)がなる。
⑩ □(かみ)だなにおそなえする。
⑪ 母に空き□(ばこ)をもらう。
⑫ ネオンの□(あ)かりが美しい。
⑬ お□(ゆ)をわかす。
⑭ □(み)の回りの世話をする。

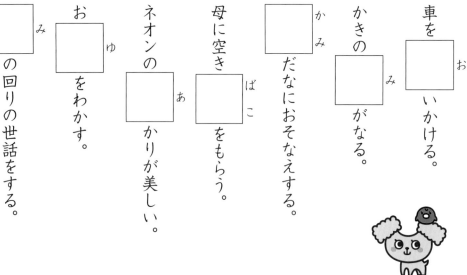

月　日

ぴったり2 練習

漢字の広場⑥　2年生で習った漢字

教科書 下137ページ　答え 11ページ

1 ――線の漢字の読みがなを書きましょう。

① 晴れた空に鳥がとぶ。（　）

② 泳ぐ前に体そうをする。（　）

③ 昼ごはんを用意する。（　）

④ 夜空を見上げる。（　）

⑤ 今年はじめて雪がふる。（　）

⑥ 空を流れていく雲を見た。（　）

⑦ 遠い場所まで歩く。（　）

⑧ 大きな船に乗る。（　）

2 □に漢字を書きましょう。

① □□（けいと）であまれた手ぶくろ。

② 気持ちのよい□（かぜ）がふく。

③ 日本では□（こめ）作りがさかんです。

④ 鉄橋をわたる□□（きしゃ）を見た。

⑤ □（あき）の山里。

⑥ □（はる）の野原にさく花。

⑦ きれいな□（ほし）を見る。

⑧ □（あか）るい教室。

⑨ □□（むぎちゃ）を飲む。

⑩ □（ふゆ）にスキーをする。

⑪ みんなで□（た）べるとおいしい。

⑫ 大きな□（いわ）が立ちふさがる。

⑬ 海で□（さかな）をつる。

⑭ □（なつ）休みに山へ行く。

春のチャレンジテスト

時間 30分　／100　ごうかく 80点

教科書 下94〜137ページ　答え 11ページ

月　日

1 ――線の漢字の読みがなを書きましょう。　一つ2点（26点）

① 科学の 研究（　　）にはげむ。

② 四丁目（　　）の親せきの家に行く。

③ 作曲（　　）にちょうせんする。

④ 大工（　　）にわすれずにお 礼（　　）をわたす。

⑤ 月の 明（　　）かりをたよりに 炭（　　）に火をつけた。

⑥ 庭園（　　）でゆっくり 君（　　）と話したい。

⑦ 寺院（　　）の近くの 宿（　　）にとまる。

⑧ 昼食（　　）に食べた肉はとても 上等（　　）だった。

2 次の字は、同じ漢字でもそれぞれちがう読み方をします。読みがなを書きましょう。　一つ1点（8点）

① 代（　　）金　千代（　　）紙　代（　　）える

② 熱（ねっ）湯（　　）　ぬるま湯（　　）

③ 神（　　）話　神（　　）社　神（　　）様

3 □に漢字を書きましょう。　一つ2点（8点）

① 水を□（う）ったよう（多数の人が、しずまりかえる様子。）

② 真（ま）に□（う）ける（相手の言ったことを本当だと思うこと。）

③ □（み）から出たさび（自分の行いがもとで苦しむこと。）

④ さじを□（な）げる（見こみがなくあきらめること。）

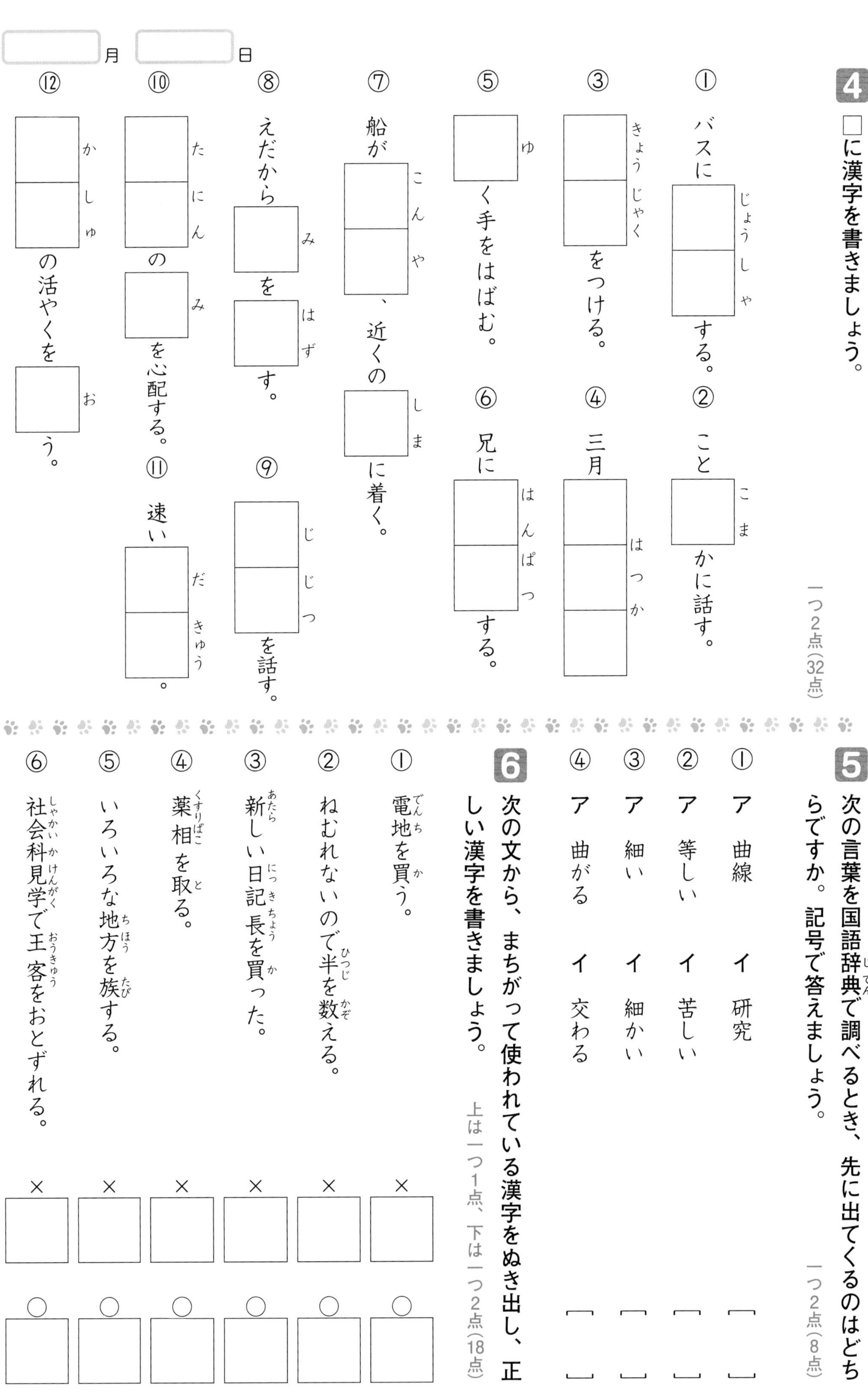

月　日

4 □に漢字を書きましょう。　一つ2点（32点）

① バスに□□(じょうしゃ)する。
② こと□(こま)かに話す。
③ □□(きょうじゃく)をつける。
④ 三月□□□(はつか)
⑤ □(ゆ)く手をはばむ。
⑥ 兄に□□(はんぱつ)する。
⑦ 船が□□(こんや)、近くの□(しま)に着く。
⑧ えだから□(み)を□(はず)す。
⑨ □□(じじつ)を話す。
⑩ □□(たにん)の□(み)を心配する。
⑪ 速い□□(だきゅう)。
⑫ □□(かしゅ)の活やくを□(お)う。

5 次の言葉を国語辞典(じてん)で調べるとき、先に出てくるのはどちらですか。記号で答えましょう。　一つ2点（8点）

① ア 曲線　イ 研究　［　］
② ア 等しい　イ 苦しい　［　］
③ ア 細い　イ 細かい　［　］
④ ア 曲がる　イ 交わる　［　］

6 次の文から、まちがって使われている漢字をぬき出し、正しい漢字を書きましょう。　上は一つ1点、下は一つ2点（18点）

① 電地(でんち)を買(か)う。　×□　○□
② ねむれないので半(ひつじ)を数(かぞ)える。　×□　○□
③ 新(あたら)しい日記(にっき)長(ちょう)を買(か)った。　×□　○□
④ 薬相(くすりばこ)を取(と)る。　×□　○□
⑤ いろいろな地方(ちほう)を族(たび)する。　×□　○□
⑥ 社会科見学(しゃかいかけんがく)で王客(おうきゅう)をおとずれる。　×□　○□

読み方さくいん

❖三年生で習う漢字の読みを全部のせています。
❖かたかなは音読み、ひらがなは訓読みです。
❖＊印の読み方は、小学校では習わない読み方です。
❖数字は、この本で出てくるページです。

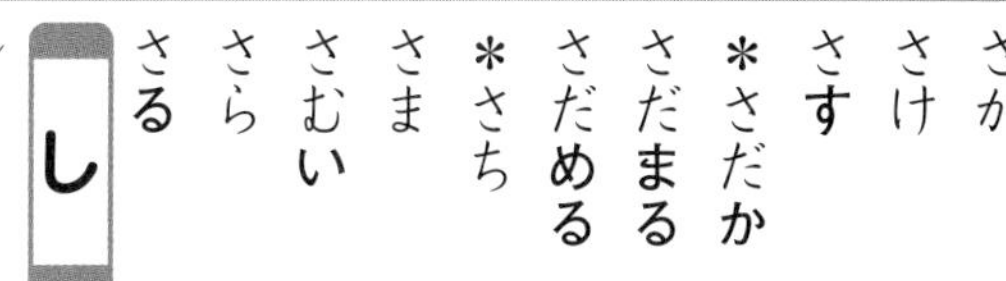

さか 坂 29
さけ 酒 10
さす 指 23
＊さだか 定 24
さだまる 定 24
さだめる 定 24
＊さち 幸 75
さま 様 4
さむい 寒 58
さら 皿 70
さる 去 37

し

シ 詩 2
シ 始 3
シ 使 8
＊シ 次 17
シ 仕 18
シ 指 23
シ 死 41
シ 歯 69
ジ 持 3
ジ 事 14
ジ 次 17
＊ジ 仕 18
じ 路 30
しあわせ 幸 75
シキ 式 37
ジツ 実 88
しな 品 37
しぬ 死 41
しま 島 87
シャ 者 52
シャ 写 57
＊シャク 昔 22
＊ジャク 着 2
シュ 酒 10
シュ 主 61
シュ 守 62
シュ 取 63
ジュ 受 86
シュウ 習 2
＊シュウ 拾 29
シュウ 集 41
シュウ 州 61
シュウ 終 63
ジュウ 住 25
＊ジュウ 拾 29
ジュウ 重 75
シュク 宿 81
ショ 所 17
ショ 暑 58
ジョ 助 34
ショウ 章 10
＊ショウ 相 14
ショウ 商 37
ショウ 勝 52
ショウ 消 62
ショウ 昭 70
ジョウ 定 24
ジョウ 乗 82
ショク 植 41
しらべる 調 8
＊しろ 代 80
シン 進 4
シン 深 4
＊シン 申 34
シン 真 57
シン 神 88
シン 身 89
ジン 神 88

す

＊ス 主 61
ス 守 62
＊す 州 61
＊ズ 事 14
ズ 豆 62
＊すけ 助 34
すすむ 進 4
すすめる 進 4
すべて 全 22
すまう 住 25
すみ 炭 80
＊すみやか 速 23
すむ 住 25

せ

セ 世 22
セイ 世 22
セイ 整 33
＊セキ 昔 22
ゼン 全 22

そ

＊ソ 想 57
ソウ 相 14
ソウ 送 25
ソウ 想 57
ソク 速 23
ソク 息 74
ゾク 族 76
そそぐ 注 52
そだつ 育 62
そだてる 育 62
そらす 反 82
そる 反 82

た

タ 他 89
ダ 打 86
タイ 対 30
タイ 待 66
タイ 代 80
ダイ 題 10
ダイ 第 59
ダイ 代 80
たいら 平 10
＊タク 度 75
たすかる 助 34
たすける 助 34
たび 旅 3
＊たび 度 75
たま 球 18
タン 短 71
タン 炭 80
＊タン 反 82
ダン 談 67

ち

ち 血 57
チャク 着 2
チュウ 柱 51
チュウ 注 52
チョウ 調 8
チョウ 重 75
チョウ 帳 80
チョウ 丁 81

つ

ツ 都 41
＊ツイ 対 30
ツイ 追 88
つかう 使 8
つかえる 仕 18
つぎ 次 17
つく 着 2
つぐ 次 17
つける 着 2
＊つどう 集 41
＊つら 面 4

て

テイ 定 24
＊テイ 丁 81
テイ 庭 86
テキ 笛 52
テツ 鉄 23
テン 転 74

と

ト 登 3
ト 都 41
＊ト 度 75
ド 度 75
とい 問 8
トウ 登 3
トウ 豆 62
トウ 投 80
トウ 等 82
トウ 島 87
トウ 湯 88
とう 問 8
ドウ 動 4
ドウ 童 34
＊とぐ 研 86
ところ 所 17
＊ととのう 調 8
ととのう 整 33
＊ととのえる 調 8
ととのえる 整 33
とる 取 63
とん 問 8

な

ながす 流 75
ながれる 流 75
なげる 投 80
＊なごむ 和 70
＊なごやか 和 70
なみ 波 54
ならう 習 2

に

に 荷 62
にがい 苦 66

にがる 苦 66
にわ 庭 86

ぬ

ぬし 主 61

ね

ね 根 61
ねる 練 34

の

ノウ 農 18
のせる 乗 82
のぼる 登 3
のむ 飲 75
のる 乗 82

は

ハ 波 54
は 葉 2
は 歯 69
ハイ 配 75
バイ 倍 38
ばかす 化 41
はぐくむ 育 62
ばける 化 41
はこ 箱 88
はこぶ 運 25
はし 橋 58
はじまる 始 3
はじめる 始 3
はしら 柱 51
はた 畑 63
はたけ 畑 63
ハツ 発 10
はな 鼻 69
はなす 放 54
はなつ 放 54
はなれる 放 54
はやい 速 23
はやまる 速 23
はやめる 速 23
*ハン 坂 29
ハン 板 51
ハン 反 82
バン 板 51

ひ

*ひ 氷 17
ヒ 悲 29
ヒ 皮 70
*ビ 鼻 69
ビ 美 74
ヒツ 筆 38
ひつじ 羊 81
ひとしい 等 82
ヒョウ 氷 17
ヒョウ 表 22
ビョウ 平 10
ビョウ 秒 18
ビョウ 病 74
ひら 平 10
ひらく 開 30
ひらける 開 30
ひろう 拾 29
ヒン 品 37

ふ

フ 負 48
ブ 部 33
ふえ 笛 52
ふかい 深 4
ふかまる 深 4
ふかめる 深 4
フク 服 15
フク 福 66
ブツ 物 3
ふで 筆 38

へ

ヘイ 平 10
*ヘイ 病 74
ヘン 返 61
ベン 勉 54

ほ

ホウ 放 54
ほうる 放 54
ほか 他 89
*ホツ 発 10
*ホン 反 82

ま

ま 真 57
まかす 負 48
まがる 曲 80
まける 負 48
まげる 曲 80
*まさる 勝 52
まつ 待 66
まったく 全 22
まつり 祭 49
まつる 祭 49
まめ 豆 62
まもる 守 62

み

ミ 味 9
み 実 88
み 身 89
みじかい 短 71
みずうみ 湖 9
みどり 緑 30
みなと 港 51
みのる 実 88
みや 宮 81
みやこ 都 41
*ミョウ 命 58

む

むかう 向 29
むかし 昔 22
むく 向 29
むける 向 29
むこう 向 29

め

メイ 命 58
メン 面 4

も

もうす 申 34
モツ 物 3
もつ 持 3
もの 物 3
もの 者 52
*もり 守 62
モン 問 8

や

や 屋 61
やかた 館 8
ヤク 薬 51
ヤク 役 62
やすい 安 23
やど 宿 81
やどす 宿 81
やどる 宿 81
やまい 病 74
*やむ 病 74
*やわらぐ 和 70
*やわらげる 和 70

ゆ

ユ 由 9
*ユ 遊 22
ユ 油 51
ゆ 湯 88
*ユイ 由 9
ユウ 由 9
ユウ 有 17
ユウ 遊 22
ゆだねる 委 69
ゆび 指 23

よ

ヨ 予 25
よ 世 22
よ 代 80
ヨウ 葉 2
ヨウ 様 4
ヨウ 洋 14
ヨウ 陽 33
ヨウ 羊 81
よこ 横 23
*よし 由 9

ら

*ライ 礼 81
ラク 落 14

り

リュウ 流 75
リョ 旅 3
リョウ 両 48
リョク 緑 30

る

*ル 流 75

れ

レイ 礼 81
レツ 列 57
レン 練 34

ろ

ロ 路 30
*ロク 緑 30

わ

ワ 和 70
*わざ 業 49
*わらべ 童 34
わるい 悪 52

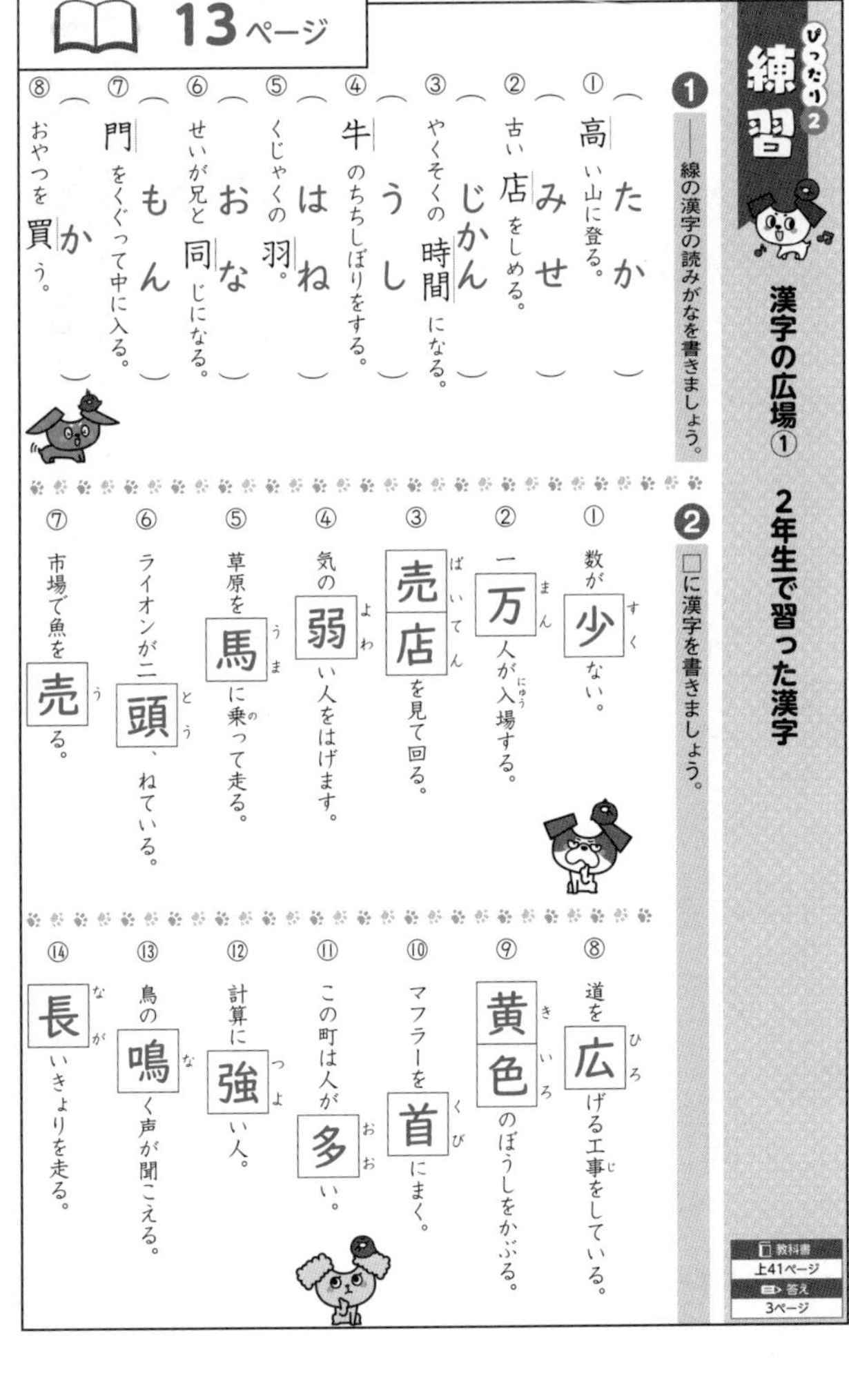

13ページ

練習 ぴったり2

漢字の広場① 2年生で習った漢字

1 ――線の漢字の読みがなを書きましょう。

① 高い山に登る。（たか）
② 古い店をしめる。（みせ）
③ やくそくの時間になる。（じかん）
④ 牛のちちしぼりをする。（うし）
⑤ くじゃくの羽。（はね）
⑥ せいが兄と同じになる。（おな）
⑦ 門をくぐって中に入る。（もん）
⑧ おやつを買う。（か）

2 □に漢字を書きましょう。

① 数が少ない。
② 二万人が入場する。
③ 売店を見て回る。
④ 気の弱い人をはげます。
⑤ 草原を馬に乗って走る。
⑥ ライオンが二頭、ねている。
⑦ 市場で魚を売る。
⑧ 道を広げる工事をしている。
⑨ 黄色のぼうしをかぶる。
⑩ マフラーを首にまく。
⑪ この町は人が多い。
⑫ 計算に強い人。
⑬ 鳥の鳴く声が聞こえる。
⑭ 長いきょりを走る。

教科書 上41ページ　答え 3ページ

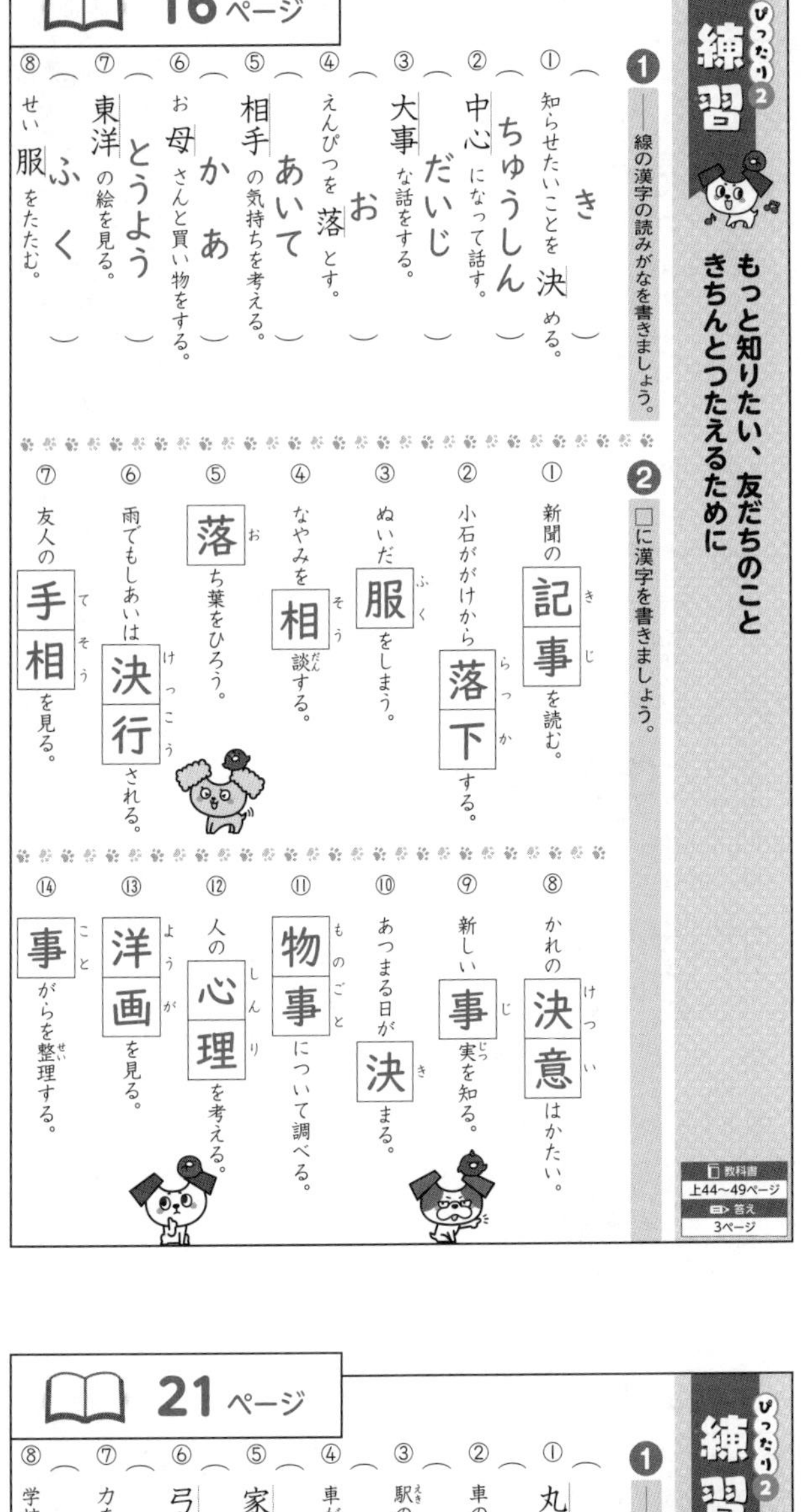

16ページ

練習 ぴったり2

もっと知りたい、友だちのこと きちんとつたえるために

1 ――線の漢字の読みがなを書きましょう。

① 知らせたいことを決める。（き）
② 中心になって話す。（ちゅうしん）
③ 大事な話をする。（だいじ）
④ えんぴつを落とす。（お）
⑤ 相手の気持ちを考える。（あいて）
⑥ お母さんと買い物をする。（かあ）
⑦ 東洋の絵を見る。（とうよう）
⑧ せい服をたたむ。（ふく）

2 □に漢字を書きましょう。

① 新聞の記事を読む。
② 小石ががけから落下する。
③ ぬいだ服をしまう。
④ なやみを相談する。
⑤ 落ち葉をひろう。
⑥ 雨でもしあいは決行される。
⑦ 友人の手相を見る。
⑧ かれの決意はかたい。
⑨ 新しい事実を知る。
⑩ あつまる日が決まる。
⑪ 物事について調べる。
⑫ 人の心理を考える。
⑬ 洋画を見る。
⑭ 事がらを整理する。

教科書 上44～49ページ　答え 3ページ

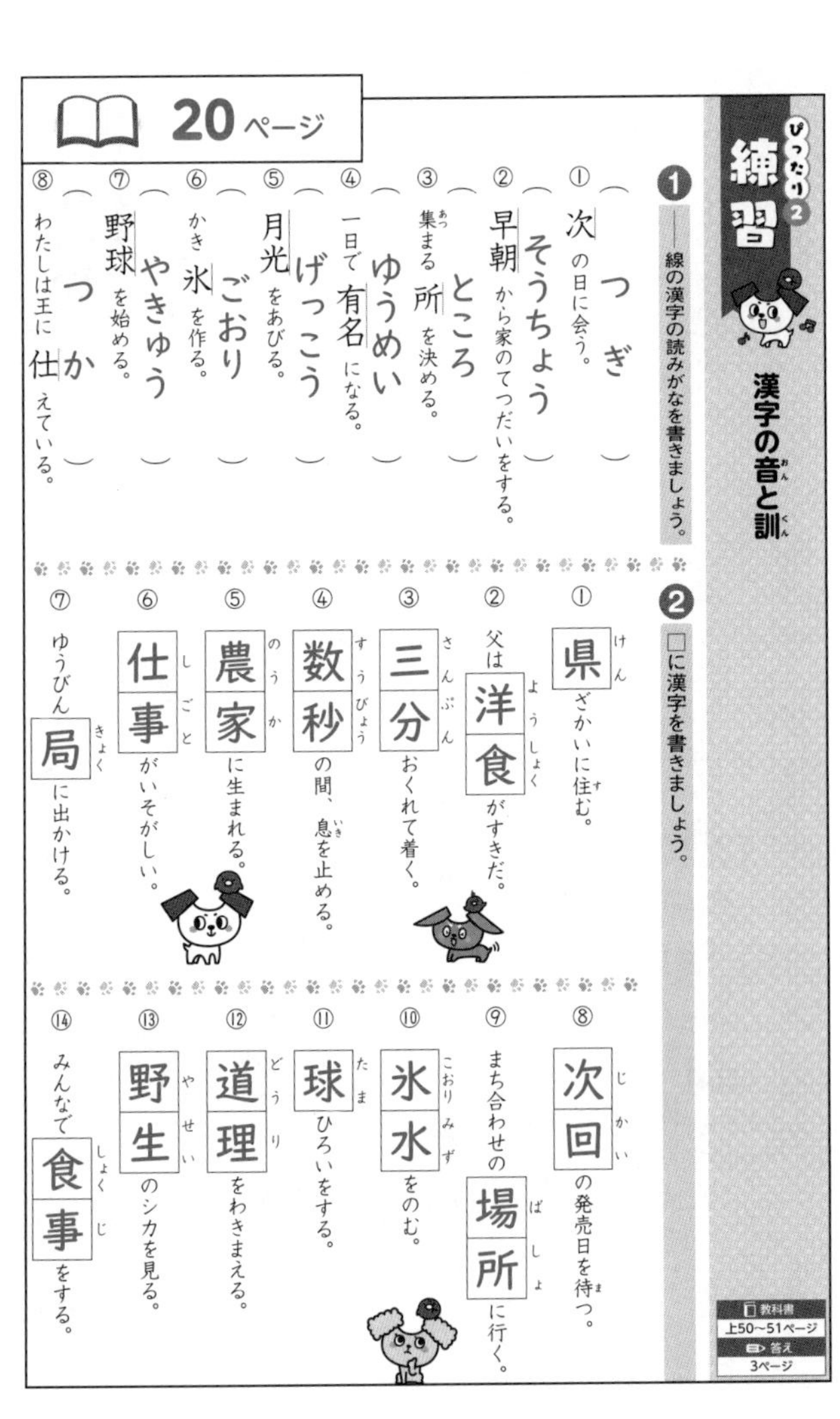

20ページ

練習 ぴったり2

漢字の音と訓

1 ――線の漢字の読みがなを書きましょう。

① 次の日に会う。（つぎ）
② 早朝から家のてつだいをする。（そうちょう）
③ 集まる所を決める。（ところ）
④ 一日で有名になる。（ゆうめい）
⑤ 月光をあびる。（げっこう）
⑥ かき氷を作る。（ごおり）
⑦ 野球を始める。（やきゅう）
⑧ わたしは王に仕えている。（つか）

2 □に漢字を書きましょう。

① 県ざかいに住む。
② 父は洋食がすきだ。
③ 三分おくれて着く。
④ 数秒の間、息を止める。
⑤ 農家に生まれる。
⑥ 仕事がいそがしい。
⑦ ゆうびん局に出かける。
⑧ 次回の発売日を待つ。
⑨ まち合わせの場所に行く。
⑩ 氷水をのむ。
⑪ 球ひろいをする。
⑫ 道理をわきまえる。
⑬ 野生のシカを見る。
⑭ みんなで食事をする。

教科書 上50～51ページ　答え 3ページ

21ページ

練習 ぴったり2

漢字の広場② 2年生で習った漢字

1 ――線の漢字の読みがなを書きましょう。

① 丸い玉を転がす。（まる）
② 車のライトが光る。（ひか）
③ 駅の方角に向かう。（ほうがく）
④ 車が通る。（とお）
⑤ 家の場所を教える。（いえ）
⑥ 弓矢を取ってたたかう。（ゆみや）
⑦ 力を合わせてつなを引く。（ひ）
⑧ 学校から家へ帰る。（かえ）

2 □に漢字を書きましょう。

① 広い道ができる。
② 大きな岩を持ち上げる。
③ 一人で外に行く。
④ 元気を出してがんばる。
⑤ 心細い気分。
⑥ ここから谷が見える。
⑦ くじが当たる。
⑧ 赤しん号で止まる。
⑨ はじめて会った人。
⑩ 太いうで。
⑪ 天才と言われた子。
⑫ かれは、長年の親友だ。
⑬ たからの地図を見つける。
⑭ 家の戸をしめる。

教科書 上52ページ　答え 3ページ

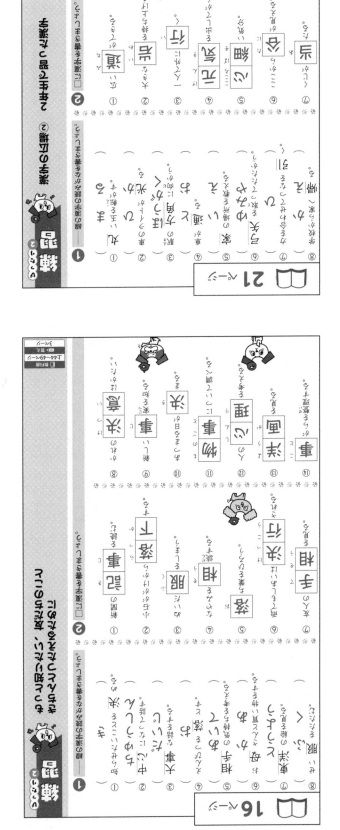

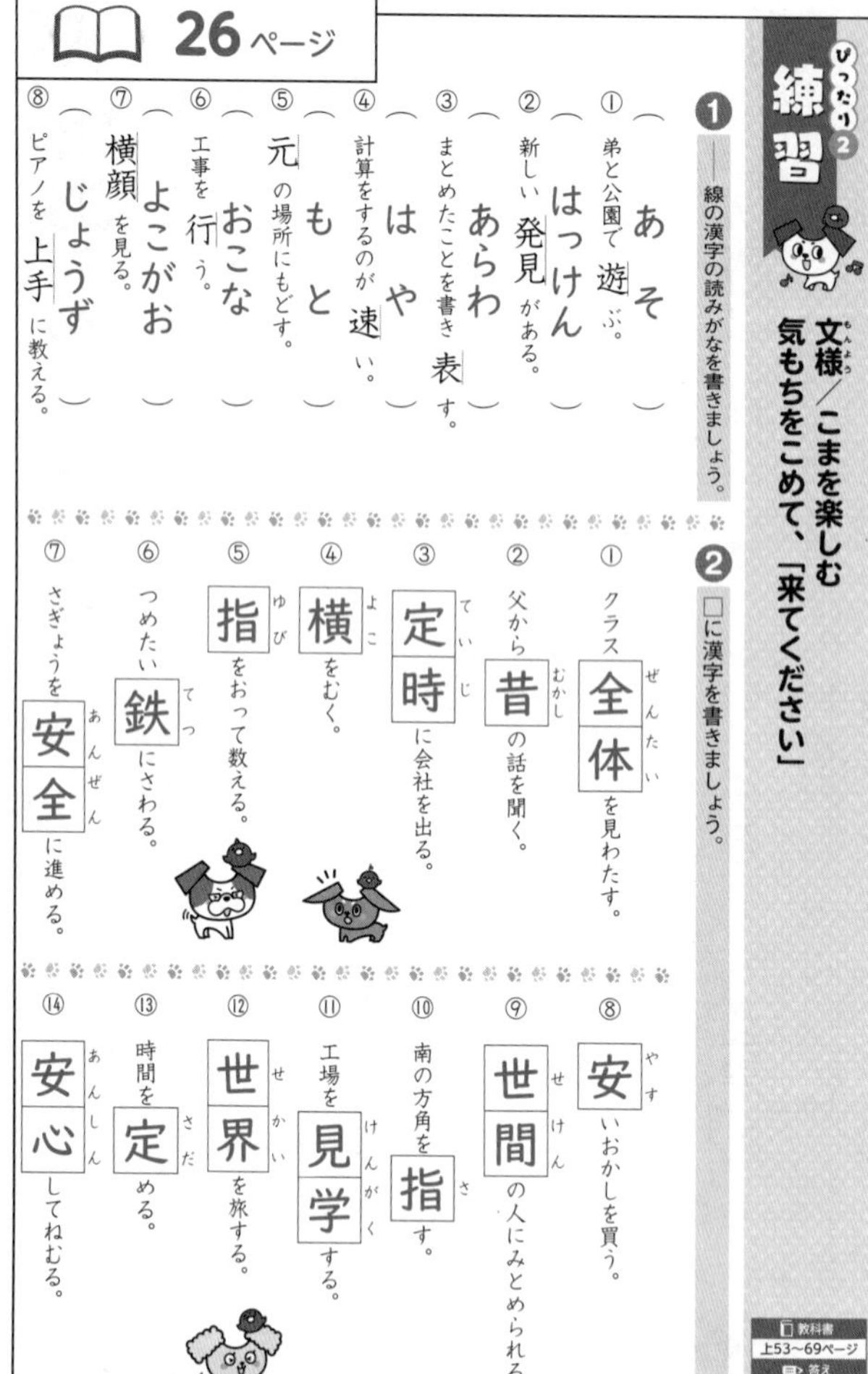

26ページ

練習 ぴったり2　文様／こまを楽しむ　気もちをこめて、「来てください」

1 ――線の漢字の読みがなを書きましょう。

① 弟と公園で遊ぶ。（あそ）
② 新しい発見がある。（はっけん）
③ まとめたことを書き表す。（あらわ）
④ 計算をするのが速い。（はや）
⑤ 元の場所にもどす。（もと）
⑥ 工事を行う。（おこな）
⑦ 横顔を見る。（よこがお）
⑧ ピアノを上手に教える。（じょうず）

2 □に漢字を書きましょう。

① クラス［全体］を見わたす。
② 父から［昔］の話を聞く。
③ ［定時］に会社を出る。
④ ［横］をむく。
⑤ ［指］をおって数える。
⑥ つめたい［鉄］にさわる。
⑦ さぎょうを［安全］に進める。
⑧ ［安］いおかしを買う。
⑨ ［世間］の人にみとめられる。
⑩ 南の方角を［指］す。
⑪ 工場を［見学］する。
⑫ ［世界］を旅する。
⑬ 時間を［定］める。
⑭ ［安心］してねむる。

教科書 上53～69ページ　答え 4ページ

27ページ

練習 ぴったり2　文様／こまを楽しむ　気もちをこめて、「来てください」

1 ――線の漢字の読みがなを書きましょう。

① 生活が安定する。（あんてい）
② 五十メートル走をする。（そう）
③ 妹と小学校に通う。（かよ）
④ ゆうびん局で手紙を送る。（おく）
⑤ 新しい住まい。（す）
⑥ 会長を指名する。（しめい）
⑦ 宿題を全ておわらせる。（すべ）
⑧ 七月一日が本番だ。（ついたち）

2 □に漢字を書きましょう。

① ［運動］してけんこうになる。
② ノートに［住所］を書く。
③ 算数の［予習］をする。
④ ［全］くべつの人だった。
⑤ 正しい［行］いをする。
⑥ ［予行］えんしゅうをする。
⑦ ［横］だん歩道をわたる。
⑧ ピアノの［発表会］に出る。
⑨ 犬の［世話］をする。
⑩ ［鉄道］の旅を楽しむ。
⑪ ［時速］五十キロで走る車。
⑫ ［世］の中に知れわたる。
⑬ おもい荷物を［運］ぶ。
⑭ 車で［送］ってもらう。

教科書 上53～69ページ　答え 4ページ

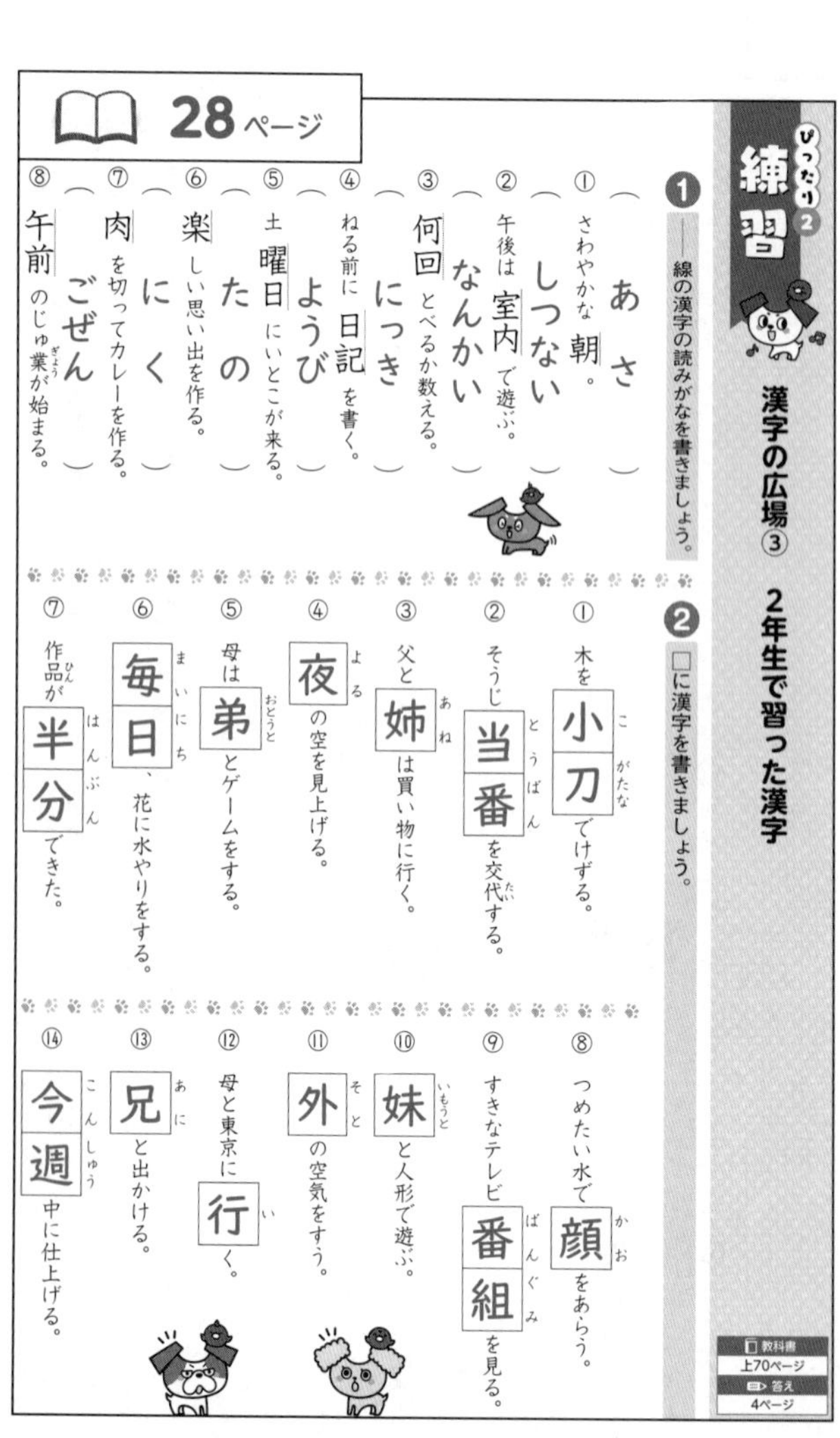

28ページ

練習 ぴったり2　漢字の広場③　2年生で習った漢字

1 ――線の漢字の読みがなを書きましょう。

① さわやかな朝。（あさ）
② 午後は室内で遊ぶ。（しつない）
③ 何回とべるか数える。（なんかい）
④ ねる前に日記を書く。（にっき）
⑤ 土曜日にいとこが来る。（ようび）
⑥ 楽しい思い出を作る。（たの）
⑦ 肉を切ってカレーを作る。（にく）
⑧ 午前のじゅ業が始まる。（ごぜん）

2 □に漢字を書きましょう。

① 木を［小刀］でけずる。
② そうじ［当番］を交代する。
③ 父と［姉］は買い物に行く。
④ ［夜］の空を見上げる。
⑤ 母は［弟］とゲームをする。
⑥ ［毎日］、花に水やりをする。
⑦ 作品が［半分］できた。
⑧ つめたい水で［顔］をあらう。
⑨ すきなテレビ［番組］を見る。
⑩ ［妹］と人形で遊ぶ。
⑪ ［外］の空気をすう。
⑫ 母と東京に［行］く。
⑬ ［兄］と出かける。
⑭ ［今週］中に仕上げる。

教科書 上70ページ　答え 4ページ

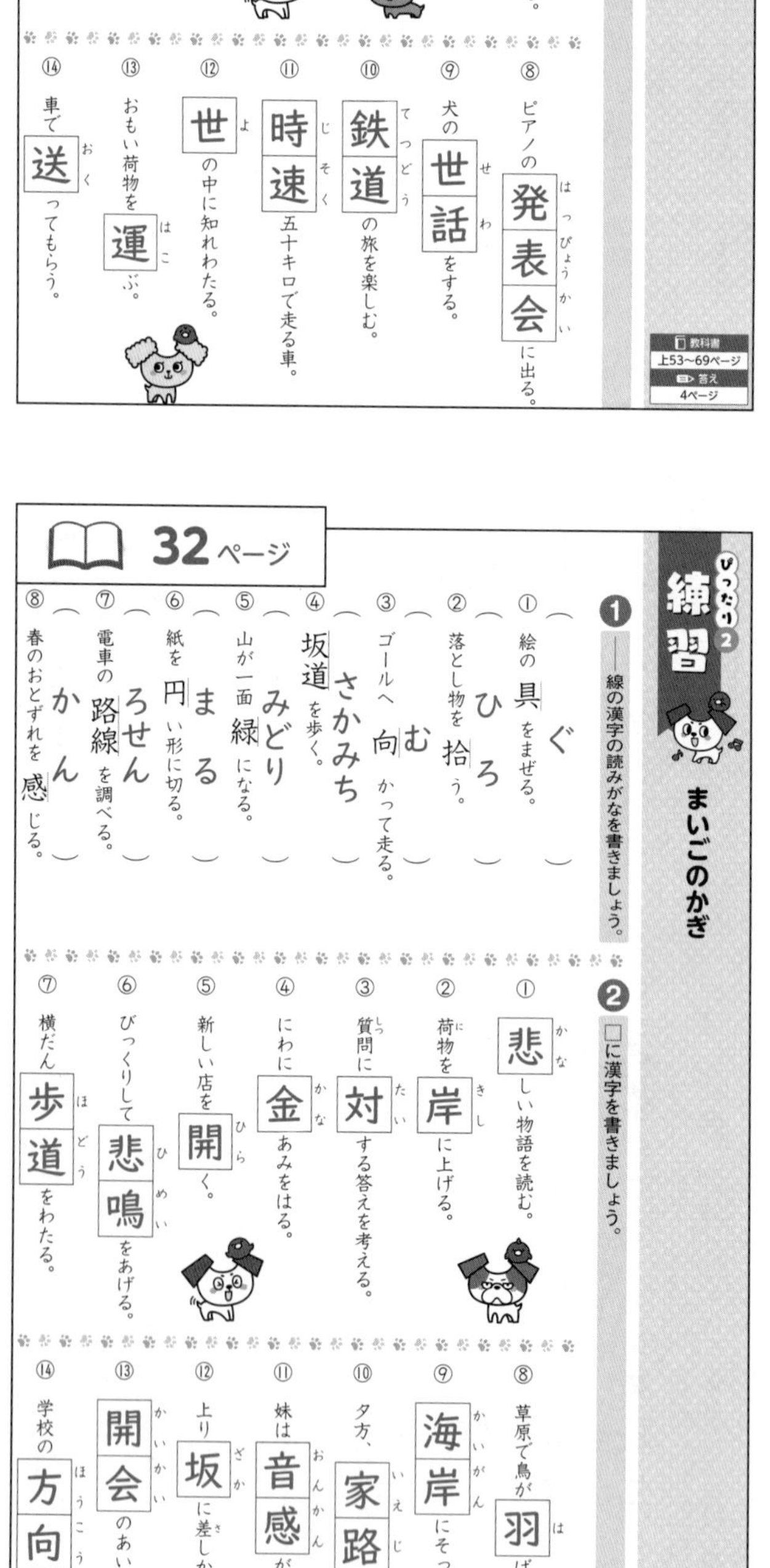

32ページ

練習 ぴったり2　まいごのかぎ

1 ――線の漢字の読みがなを書きましょう。

① 絵の具をまぜる。（ぐ）
② 落とし物を拾う。（ひろ）
③ ゴールへ向かって走る。（む）
④ 坂道を歩く。（さかみち）
⑤ 山が一面緑になる。（みどり）
⑥ 紙を円い形に切る。（まる）
⑦ 電車の路線を調べる。（ろせん）
⑧ 春のおとずれを感じる。（かん）

2 □に漢字を書きましょう。

① ［悲］しい物語を読む。
② 荷物を［岸］に上げる。
③ 質問に［対］する答えを考える。
④ にわに［金］あみをはる。
⑤ 新しい店を［開］く。
⑥ びっくりして［悲鳴］をあげる。
⑦ 横だん［歩道］をわたる。
⑧ 草原で鳥が［羽］ばたく。
⑨ ［海岸］にそって進む。
⑩ 夕方、［家路］につく。
⑪ 妹は［音感］がいい。
⑫ 上り［坂］に差しかかる。
⑬ ［開会］のあいさつをする。
⑭ 学校の［方向］へ走る。

教科書 上71～90ページ　答え 4ページ

36ページ

練習 ぴったり2

俳句を楽しもう
こそあど言葉を使いこなそう
引用するとき

1 ——線の漢字の読みがなを書きましょう。

① 体の調子がいい。（ちょうし）
② 地区大会に出る。（ちく）
③ 学校はここから東にある。（ひがし）
④ 列を整える。（ととの）
⑤ 近所の公園で遊ぶ。（きんじょ）
⑥ ピアノの練習をがんばる。（れんしゅう）
⑦ 先生の助言を聞く。（じょげん）
⑧ 図書館で童話の本をかりる。（どうわ）

2 □に漢字を書きましょう。

① 太陽がのぼる。
② 短歌を味わう。
③ 足りない部分がある。
④ 広いプールで泳ぐ。
⑤ ラジオで童ようを聞く。
⑥ 申しこみ用紙に名前を書く。
⑦ 本からせりふを引用する。
⑧ 出発の時間になる。
⑨ はばとびの助走をする。
⑩ こなを練る。
⑪ 海で遠泳をする。
⑫ 小鳥を助ける。
⑬ 話に区切りをつける。
⑭ 陽気な音楽を聞く。

教科書 上91～97ページ　答え 5ページ

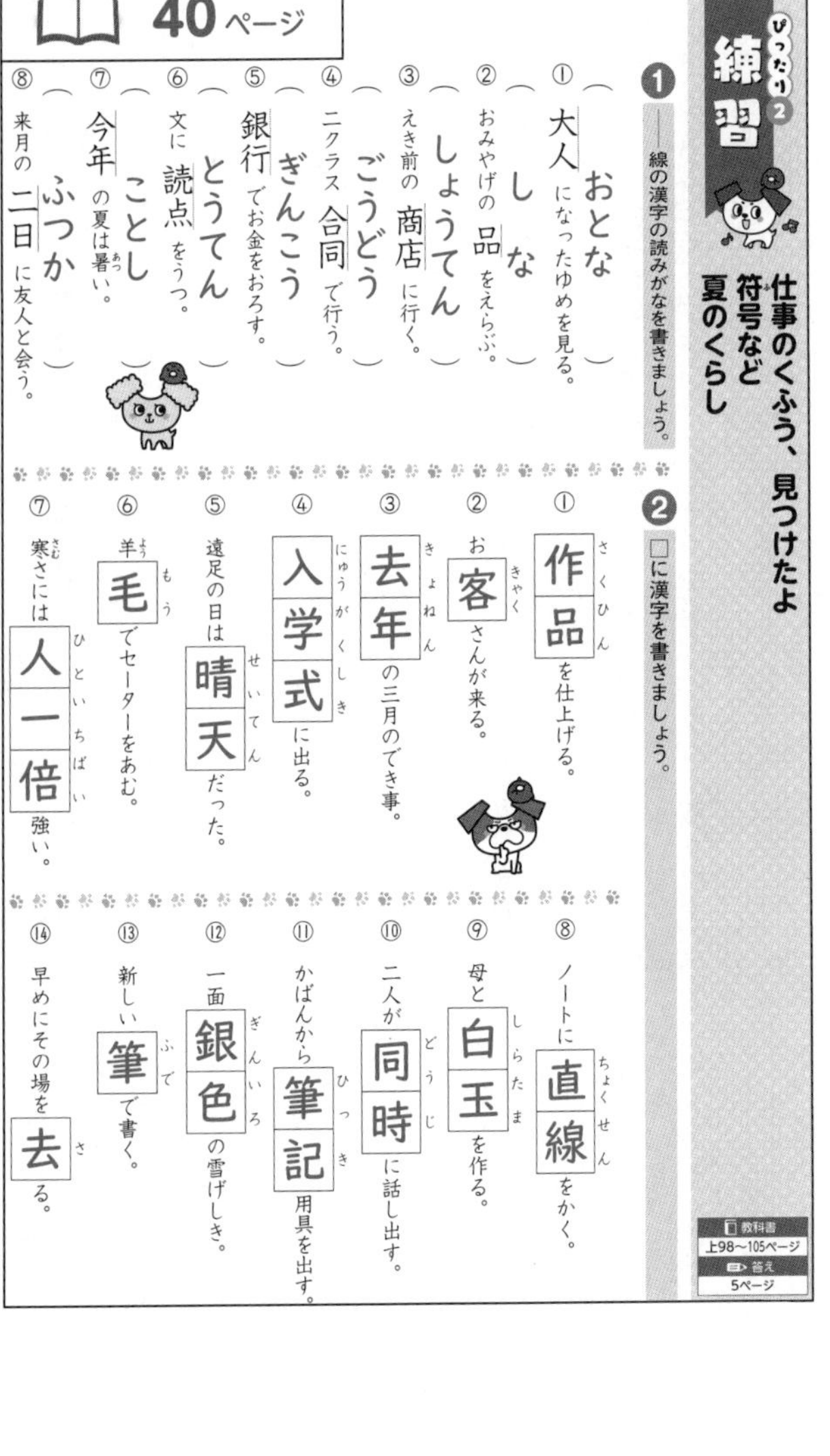

40ページ

練習 ぴったり2

仕事のくふう、見つけたよ
符号など
夏のくらし

1 ——線の漢字の読みがなを書きましょう。

① 大人になったゆめを見る。（おとな）
② おみやげの品をえらぶ。（しな）
③ えき前の商店に行く。（しょうてん）
④ 二クラス合同で行う。（ごうどう）
⑤ 銀行でお金をおろす。（ぎんこう）
⑥ 文に読点をうつ。（とうてん）
⑦ 今年の夏は暑い。（ことし）
⑧ 来月の二日に友人と会う。（ふつか）

2 □に漢字を書きましょう。

① 作品を仕上げる。
② お客さんが来る。
③ 去年の三月のでき事。
④ 入学式に出る。
⑤ 遠足の日は晴天だった。
⑥ 羊毛でセーターをあむ。
⑦ 寒さには人一倍強い。
⑧ ノートに直線をかく。
⑨ 母と白玉を作る。
⑩ 二人が同時に話し出す。
⑪ かばんから筆記用具を出す。
⑫ 一面銀色の雪げしき。
⑬ 新しい筆で書く。
⑭ 早めにその場を去る。

教科書 上98～105ページ　答え 5ページ

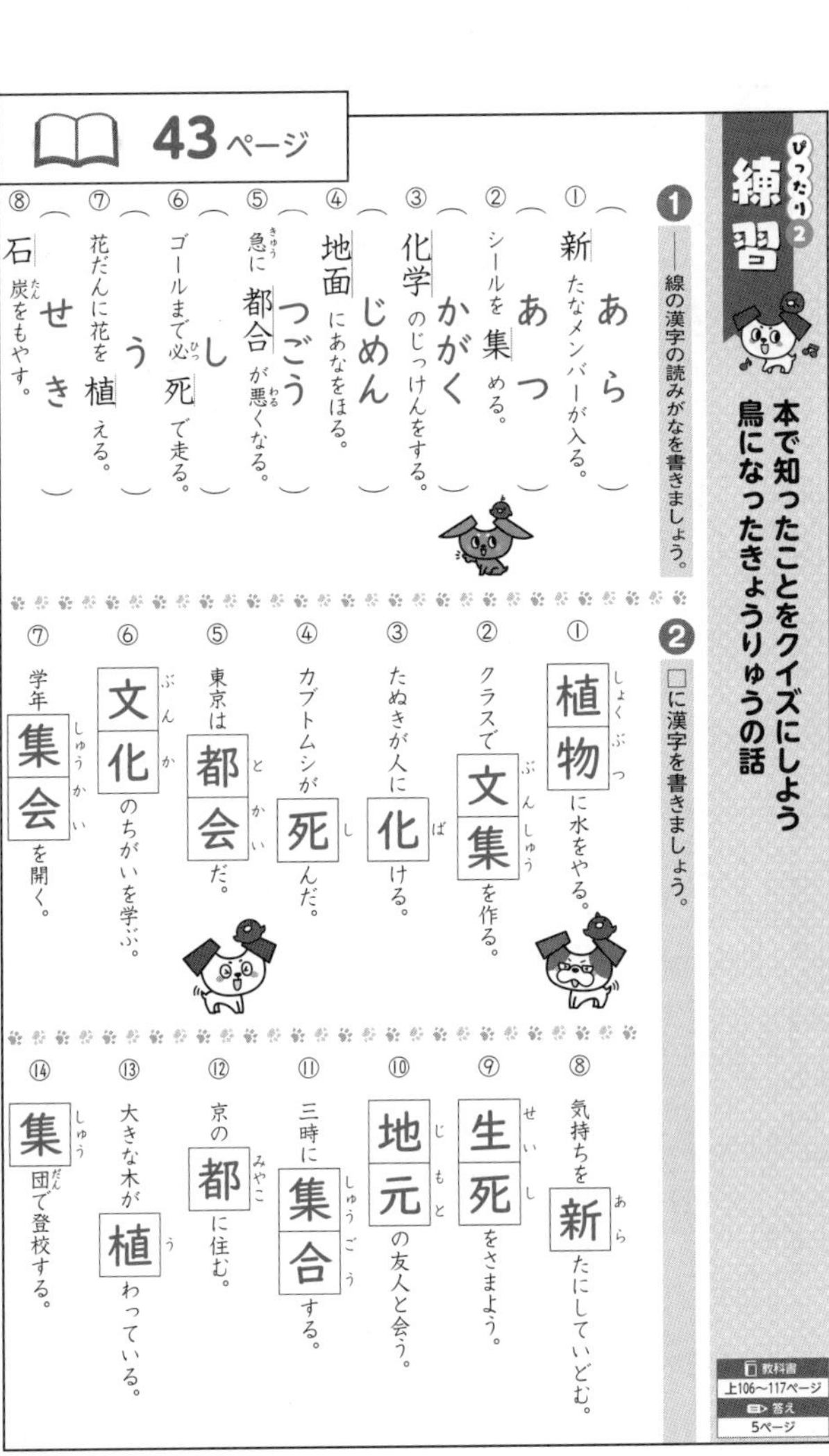

43ページ

練習 ぴったり2

本で知ったことをクイズにしよう
鳥になったきょうりゅうの話

1 ——線の漢字の読みがなを書きましょう。

① 新たなメンバーが入る。（あら）
② シールを集める。（あつ）
③ 化学のじっけんをする。（かがく）
④ 地面にあなをほる。（じめん）
⑤ 急に都合が悪くなる。（つごう）
⑥ ゴールまで必死で走る。（し）
⑦ 花だんに花を植える。（う）
⑧ 石炭をもやす。（せき）

2 □に漢字を書きましょう。

① 植物に水をやる。
② クラスで文集を作る。
③ たぬきが人に化ける。
④ カブトムシが死んだ。
⑤ 東京は都会だ。
⑥ 文化のちがいを学ぶ。
⑦ 学年集会を開く。
⑧ 気持ちを新たにしていどむ。
⑨ 生死をさまよう。
⑩ 地元の友人と会う。
⑪ 三時に集合する。
⑫ 京の都に住む。
⑬ 大きな木が植わっている。
⑭ 集団で登校する。

教科書 上106～117ページ　答え 5ページ

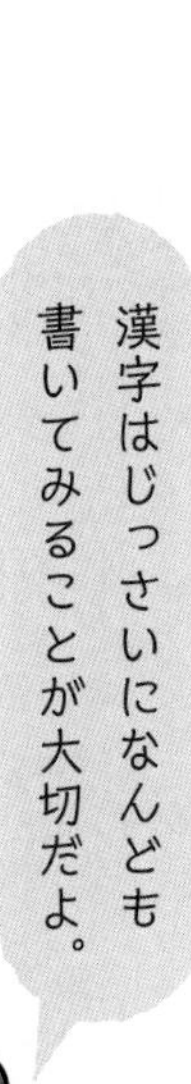

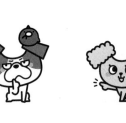

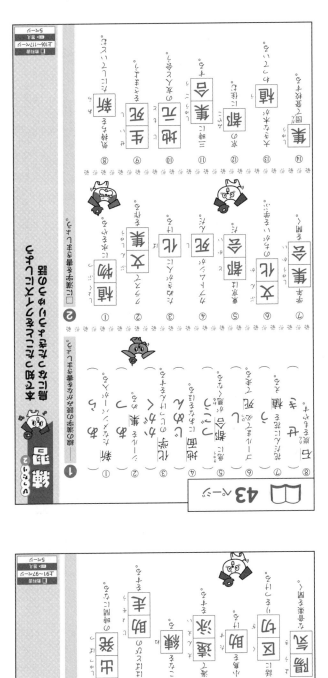

44ページ

夏のチャレンジテスト①

時間30分 ／100　ごうかく80点
教科書 上16～117ページ　答え 6ページ

1 ——線の漢字の読みがなを書きましょう。 一つ2点（30点）
① （つぎ）（あいて）次の試合の相手はだれだ。
② （きょく）（がめん）テレビ局には、テレビ画面がたくさんある。
③ （ちょうり）（しよう）調理でほう丁を使用する。 ※③「使用する」と「使う」は、同じ意味です。
④ （きょう）（しごと）今日のむずかしい仕事はおわった。
⑤ （すいえい）（じょうず）水泳がとても上手になった。
⑥ （しょくひん）（やすう）れいとう食品がいつもより安売りされる。
⑦ （ところ）かゆい所へ手がとどく。
⑧ （にゅうがくしき）（きょねん）入学式のさんか人数を数えたら、去年より多かった。

2 □には、それぞれ同じ漢字が入ります。当てはまる漢字を書きましょう。 一つ2点（12点）
① 気□　水□　□等　□和　□ら
② □店　□通　□放　□ける
③ □動　□語　□体　生き□ ※「もの」は訓読み、「ブツ」は音読みです。
④ 安□　□員　□規　□まる ※「定」の音読みは「テイ」「ジョウ」です。
⑤ □紙　□年　□公　□す　□れる ※「表す」は、送りがなにも注意。
⑥ □行　□言　□見　□出　□売

発　表　定　物　開　平

45ページ

3 □に漢字を書きましょう。 一つ2点（30点）
① 温かいお茶を飲む。
② 算数の予習をする。
③ 記号で答える。
④ 悲しいお話。
⑤ 様子を見る。
⑥ 花の都パリ。
⑦ 植物を育てる。
⑧ 身なりを整える。
⑨ 酒は、洋食に合う。
⑩ 坂の向こうの家に住む。
⑪ 雨具を持って行く。
※⑧「整える」は「きちんとする」という意味です。
※⑨「酒」の「酉」を「西」と書かないように注意しましょう。

4 次の二つの漢字の部首は、同じですか、ちがいますか。同じものは○、ちがうものは×で答えましょう。 一つ2点（14点）
① 動　助 ［○］
② 落　葉 ［○］
③ 仕　化 ［×］
④ 湖　決 ［○］
⑤ 界　申 ［×］
⑥ 問　局 ［×］
⑦ 着　県 ［×］
※「仕」の部首は「イ」「化」の部首は「ヒ」です。

5 次の□に、上でしめした読み方をする漢字を入れて、じゅく語をかんせいさせましょう。
① シュウ　ア 集　イ 習　字
② ショウ　ア 章　イ 商　売
③ シ　ア 指　名　イ 年　始　ウ 生　死

46ページ

夏のチャレンジテスト②

時間30分 ／100　ごうかく80点
教科書 上16～117ページ　答え 6ページ

1 ——線の漢字の読みがなを書きましょう。 一つ2点（32点）
① （てじな）（さま）兄の手品が、なかなか様になっている。 ※①「様になる」は、それらしい意味で使う。
② （じゅうしょ）（まった）指定した住所に荷物が全くとどかない。
③ （かんない）（はっぴょう）館内で、テストのけっかを発表する。
④ （むかし）（のう）昔のやり方にしたがって農業をする。
⑤ （せかい）（どうぶつ）世界で、一番はやく走る動物。
⑥ （もうひつ）（ふで）毛筆は苦手なので、筆ペンで書くことにした。
⑦ （いみ）（と）ことわざの意味を姉に問う。
⑧ （かんじ）（しら）むずかしい漢字を辞書で調べる。

2 矢印の上と下の言葉が反対の意味になるように、□から漢字をえらんで□に書きましょう。 一つ2点（16点）

安　開　横　始　動
温　所　速　深　悲　登

① 下校 ⇔ 登校
② つめたい ⇔ 温（かい）
③ あさい ⇔ 深（い）たて書き
④ 横書き ⇔ たて書き
⑤ 高い ⇔ 安い
⑥ 始まる ⇔ 終わる
⑦ おそい ⇔ 速い
⑧ うれしい ⇔ 悲しい

47ページ

3 □に漢字を書きましょう。 一つ2点（28点）
① 銀行
② バットを持つ。
③ 地方の地下鉄にのる。
④ 野球を見る。
⑤ 大きな湖。
⑥ 運送会社につとめる。
⑦ 新緑にさわやかさを感じる。
⑧ 落ちていたさいふを拾う。
⑨ 決死のかくごで助けに行く。
⑩ 秋田県からつづく道路。
※⑤「送」の「⻌」は三画で書きます。
※⑧「拾」の「扌」の二画目は、はねることに注意しましょう。

4 次の漢字の赤い部分は、「とめる」「はねる」「はらう」のどれになっていますか。「とめる」はア、「はねる」はイ、「はらう」はウと書いて答えましょう。 一つ2点（12点）
① 指 イ
② 詩 イ
③ 去 ア
④ 商 イ
⑤ 次 ウ
⑥ 服 ウ

5 次の漢字の●の部分は、何画目に書きますか。数字で答えましょう。 一つ2点（12点）
① 登 三画目
② 様 十画目
③ 由 三画目
④ 平 四画目
⑤ 遊 三画目
⑥ 世 二画目
※⑤「世」は、五画で書きます。

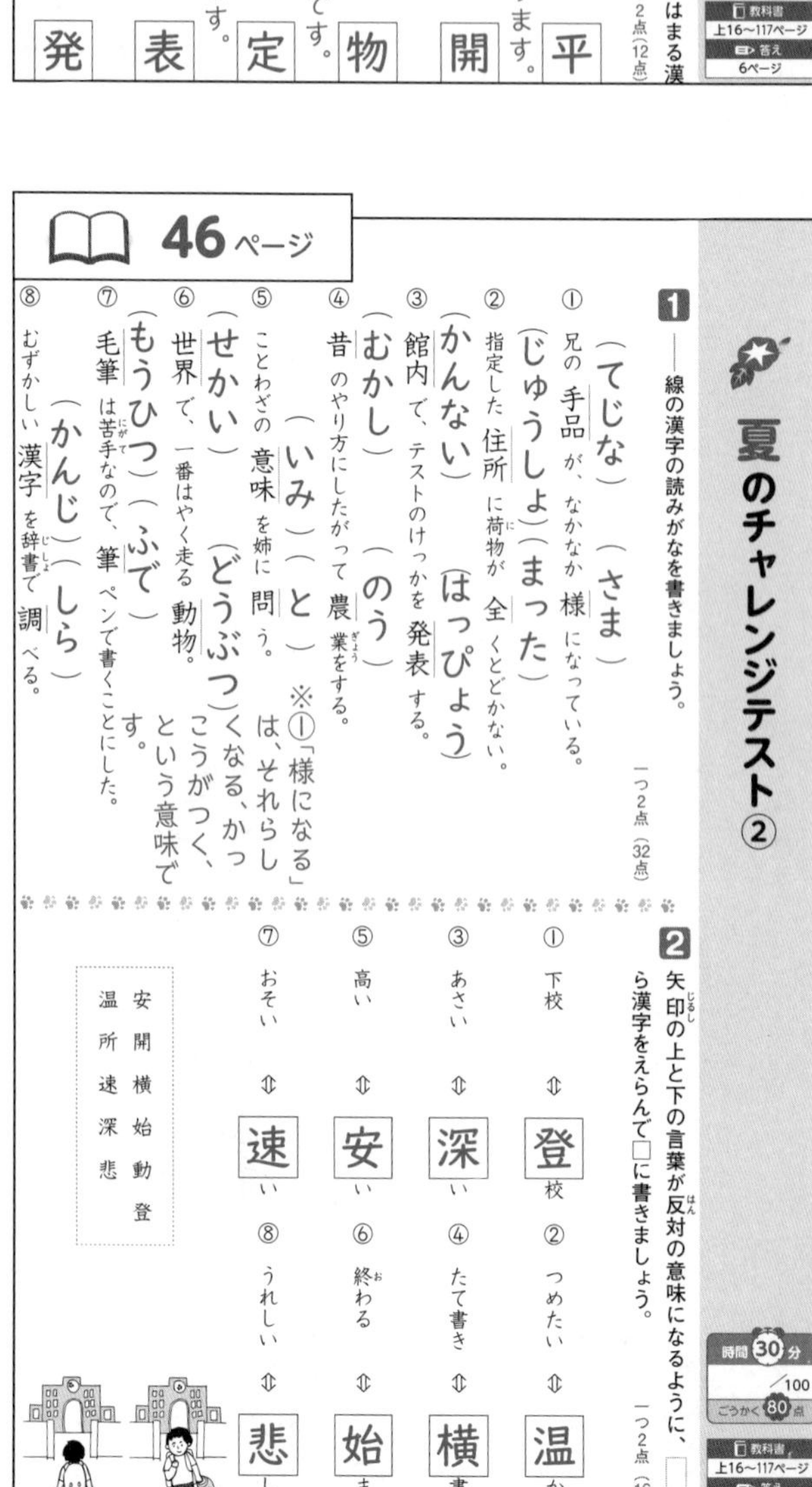

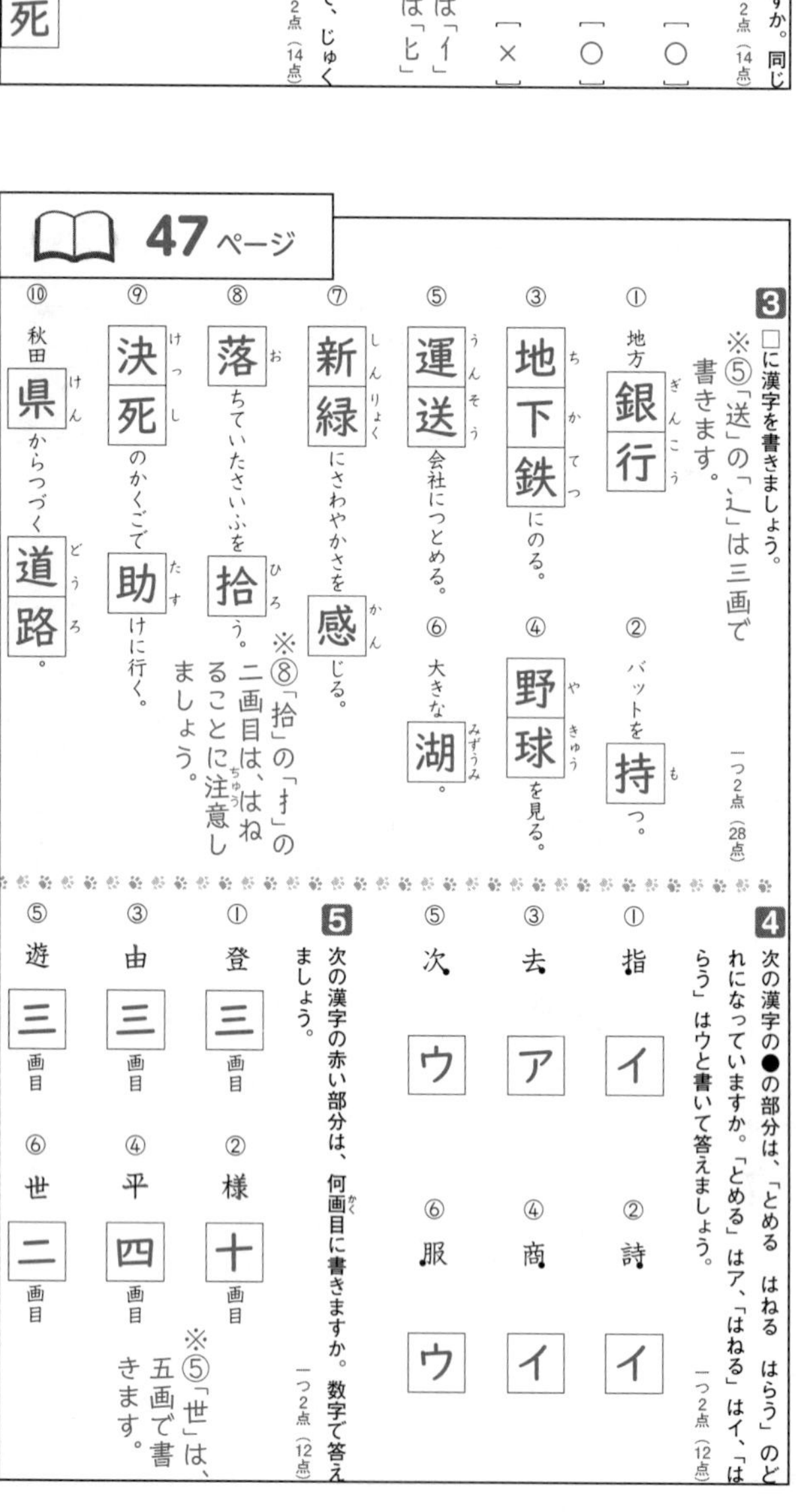

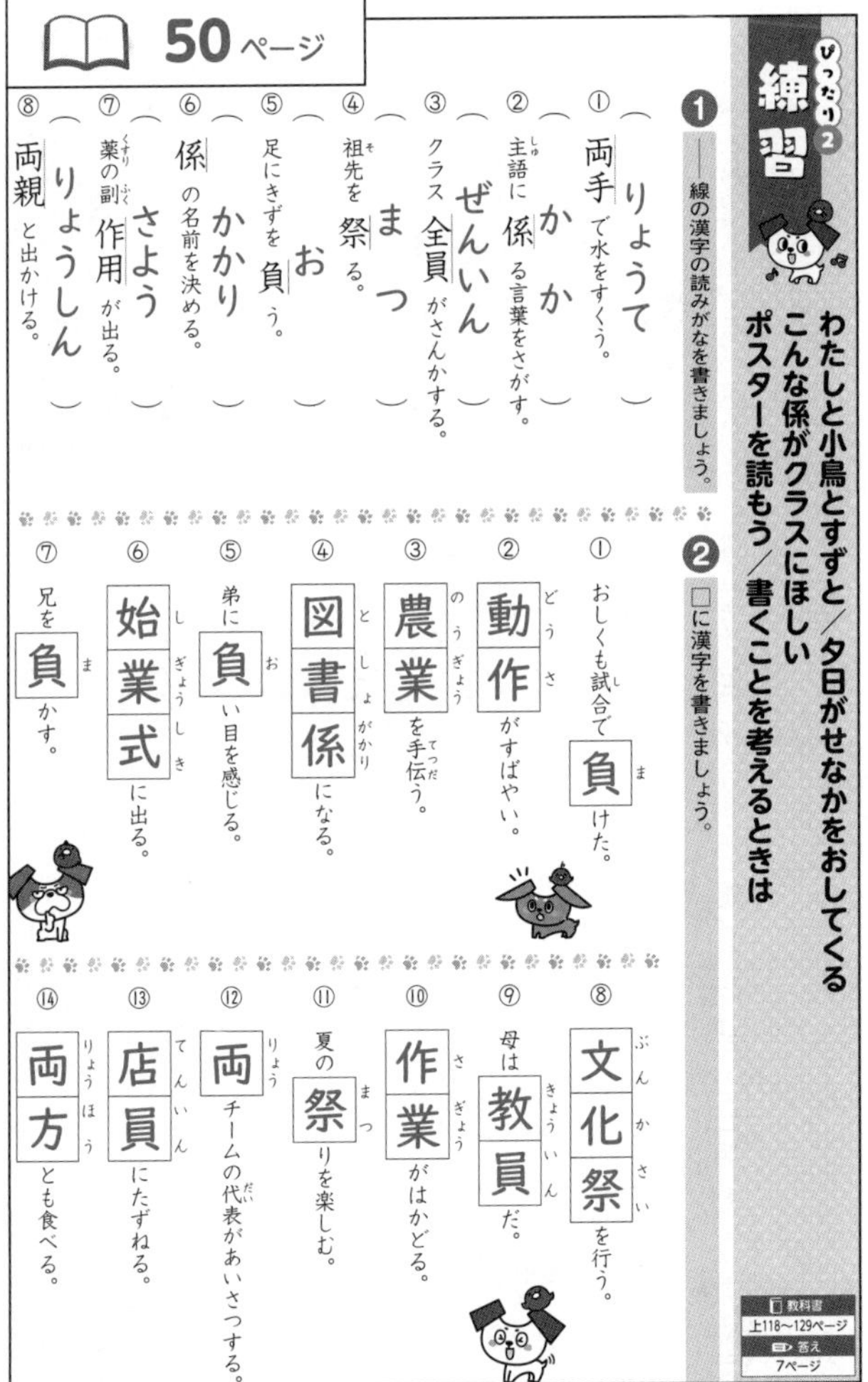
50ページ

練習 ぴったり2

わたしと小鳥とすずと／夕日がせなかをおしてくる
こんな係がクラスにほしい
ポスターを読もう／書くことを考えるときは

1 ――線の漢字の読みがなを書きましょう。

① 両手で水をすくう。（りょうて）
② 主語に係る言葉をさがす。（かか）
③ クラス全員がさんかする。（ぜんいん）
④ 祖先を祭る。（まつ）
⑤ 足にきずを負う。（お）
⑥ 係の名前を決める。（かかり）
⑦ 薬の副作用が出る。（さよう）
⑧ 両親と出かける。（りょうしん）

2 □に漢字を書きましょう。

① おしくも試合で負けた。
② 動作がすばやい。
③ 農業を手伝う。
④ 図書係になる。
⑤ 弟に負い目を感じる。
⑥ 始業式に出る。
⑦ 兄を負かす。
⑧ 文化祭を行う。
⑨ 母は教員だ。
⑩ 作業がはかどる。
⑪ 夏の祭りを楽しむ。
⑫ 両チームの代表があいさつする。
⑬ 店員にたずねる。
⑭ 両方とも食べる。

教科書 上118～129ページ
答え 7ページ

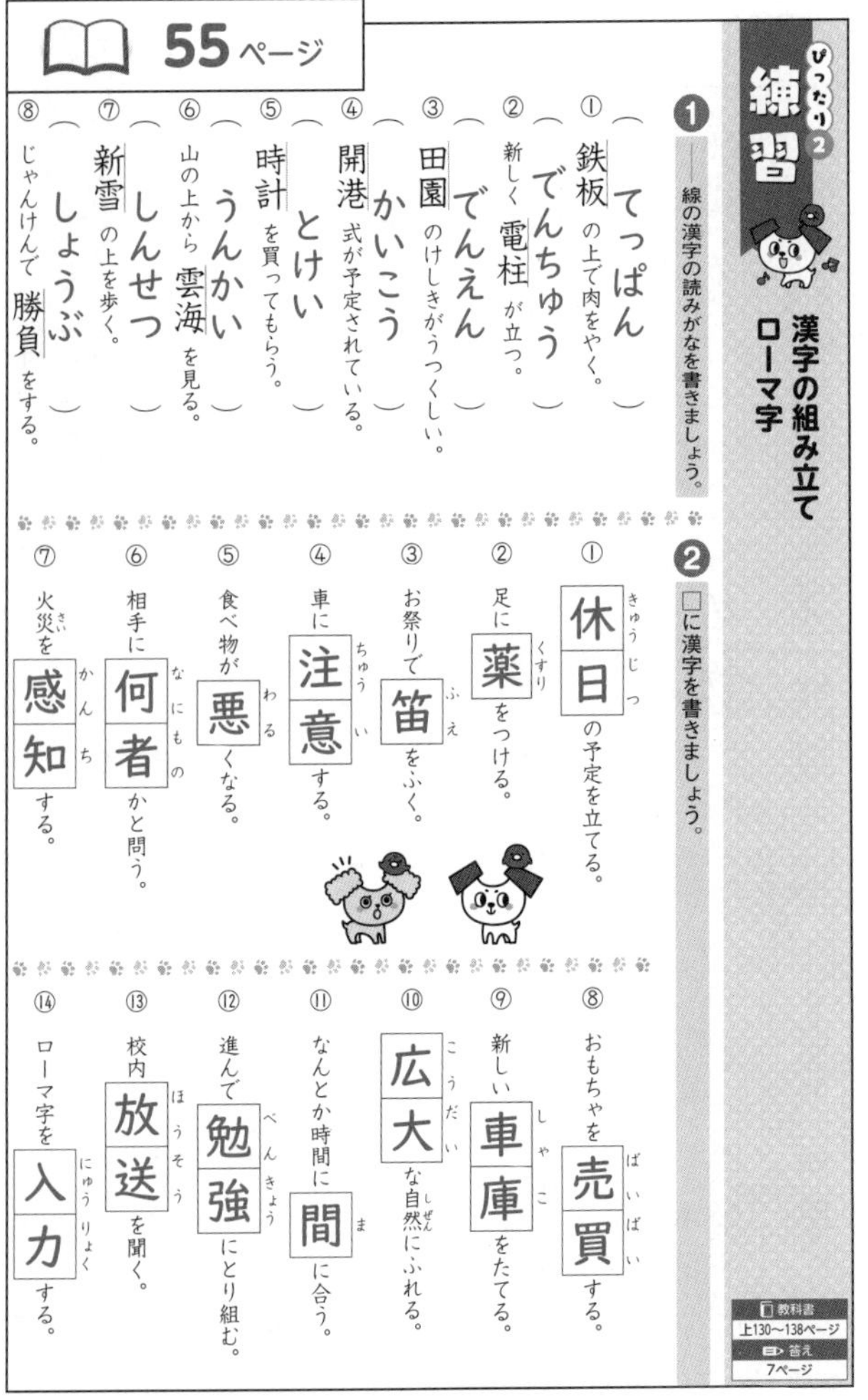
55ページ

練習 ぴったり2

漢字の組み立て
ローマ字

1 ――線の漢字の読みがなを書きましょう。

① 鉄板の上で肉をやく。（てっぱん）
② 新しく電柱が立つ。（でんちゅう）
③ 田園のけしきがうつくしい。（でんえん）
④ 開港式が予定されている。（かいこう）
⑤ 時計を買ってもらう。（とけい）
⑥ 山の上から雲海を見る。（うんかい）
⑦ 新雪の上を歩く。（しんせつ）
⑧ じゃんけんで勝負をする。（しょうぶ）

2 □に漢字を書きましょう。

① 休日の予定を立てる。
② 足に薬をつける。
③ お祭りで笛をふく。
④ 車に注意する。
⑤ 食べ物が悪くなる。
⑥ 相手に何者かと問う。
⑦ 火災を感知する。
⑧ おもちゃを売買する。
⑨ 新しい車庫をたてる。
⑩ 広大な自然にふれる。
⑪ なんとか時間に間に合う。
⑫ 進んで勉強にとり組む。
⑬ 校内放送を聞く。
⑭ ローマ字を入力する。

教科書 上130～138ページ
答え 7ページ

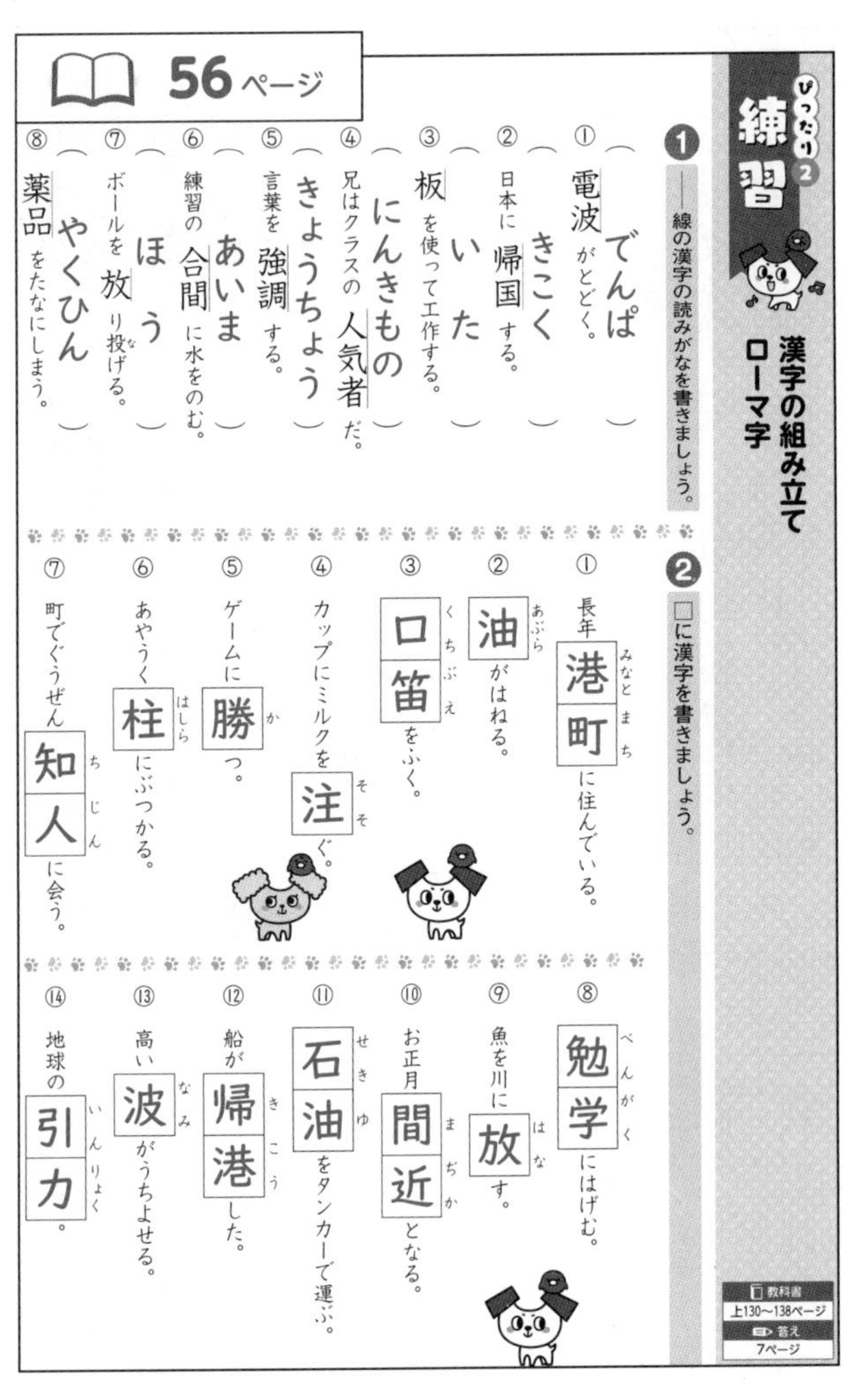
56ページ

練習 ぴったり2

漢字の組み立て
ローマ字

1 ――線の漢字の読みがなを書きましょう。

① 電波がとどく。（でんぱ）
② 日本に帰国する。（きこく）
③ 板を使って工作する。（いた）
④ 兄はクラスの人気者だ。（にんきもの）
⑤ 言葉を強調する。（きょうちょう）
⑥ 練習の合間に水をのむ。（あいま）
⑦ ボールを放り投げる。（ほう）
⑧ 薬品をたなにしまう。（やくひん）

2 □に漢字を書きましょう。

① 長年港町に住んでいる。
② 油がはねる。
③ 口笛をふく。
④ カップにミルクを注ぐ。
⑤ ゲームに勝つ。
⑥ あやうく柱にぶつかる。
⑦ 町でぐうぜん知人に会う。
⑧ 勉学にはげむ。
⑨ 魚を川に放す。
⑩ お正月間近となる。
⑪ 石油をタンカーで運ぶ。
⑫ 船が帰港した。
⑬ 高い波がうちよせる。
⑭ 地球の引力。

教科書 上130～138ページ
答え 7ページ

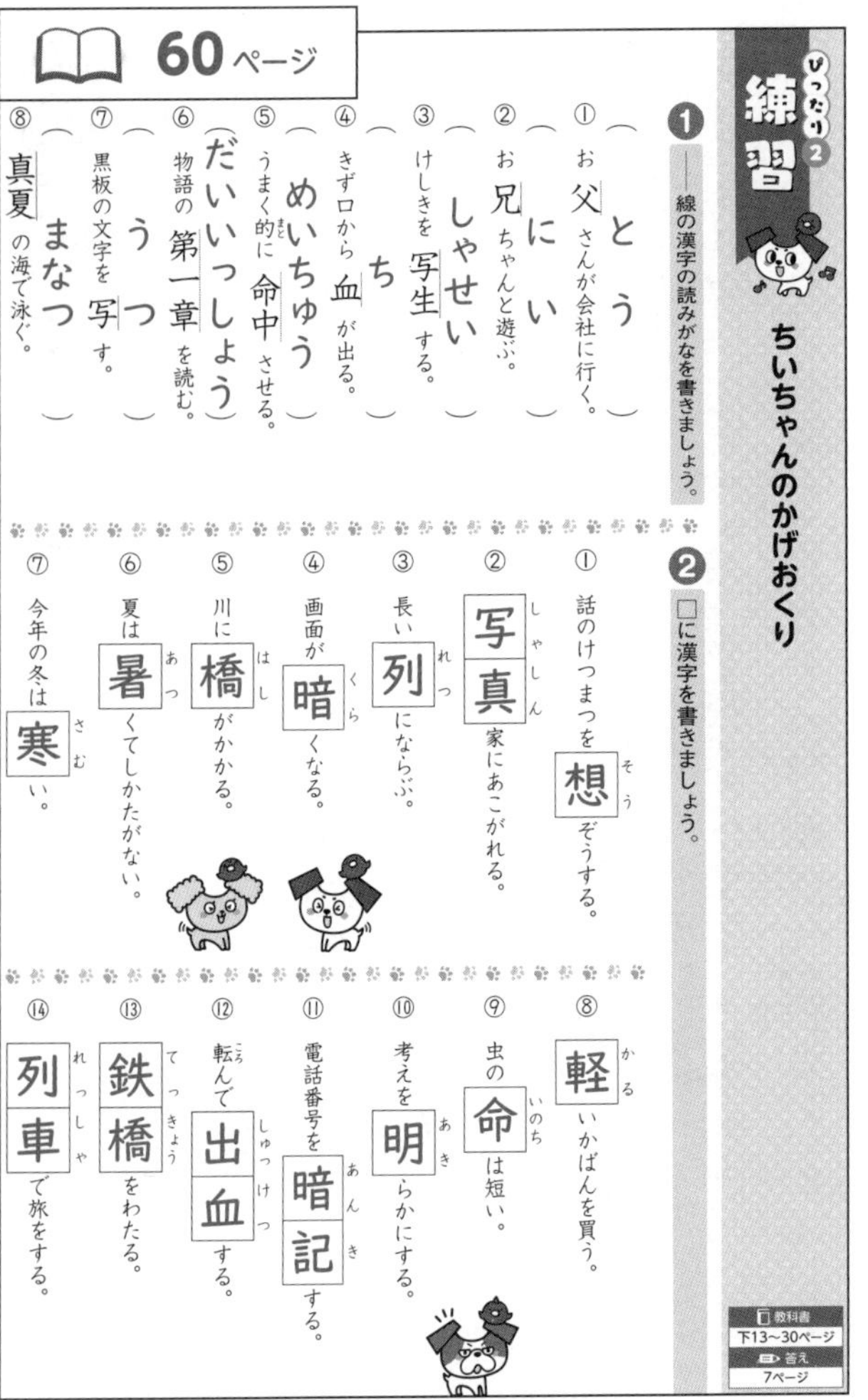
60ページ

練習 ぴったり2

ちいちゃんのかげおくり

1 ――線の漢字の読みがなを書きましょう。

① お父さんが会社に行く。（とう）
② お兄ちゃんと遊ぶ。（にい）
③ けしきを写生する。（しゃせい）
④ きず口から血が出る。（ち）
⑤ うまく的に命中させる。（めいちゅう）
⑥ 物語の第一章を読む。（だいいっしょう）
⑦ 黒板の文字を写す。（うつ）
⑧ 真夏の海で泳ぐ。（まなつ）

2 □に漢字を書きましょう。

① 話のけつまつを想ぞうする。
② 写真家にあこがれる。
③ 長い列にならぶ。
④ 画面が暗くなる。
⑤ 川に橋がかかる。
⑥ 夏は暑くてしかたがない。
⑦ 今年の冬は寒い。
⑧ 軽いかばんを買う。
⑨ 虫の命は短い。
⑩ 考えを明らかにする。
⑪ 電話番号を暗記する。
⑫ 転んで出血する。
⑬ 鉄橋をわたる。
⑭ 列車で旅をする。

教科書 下13～30ページ
答え 7ページ

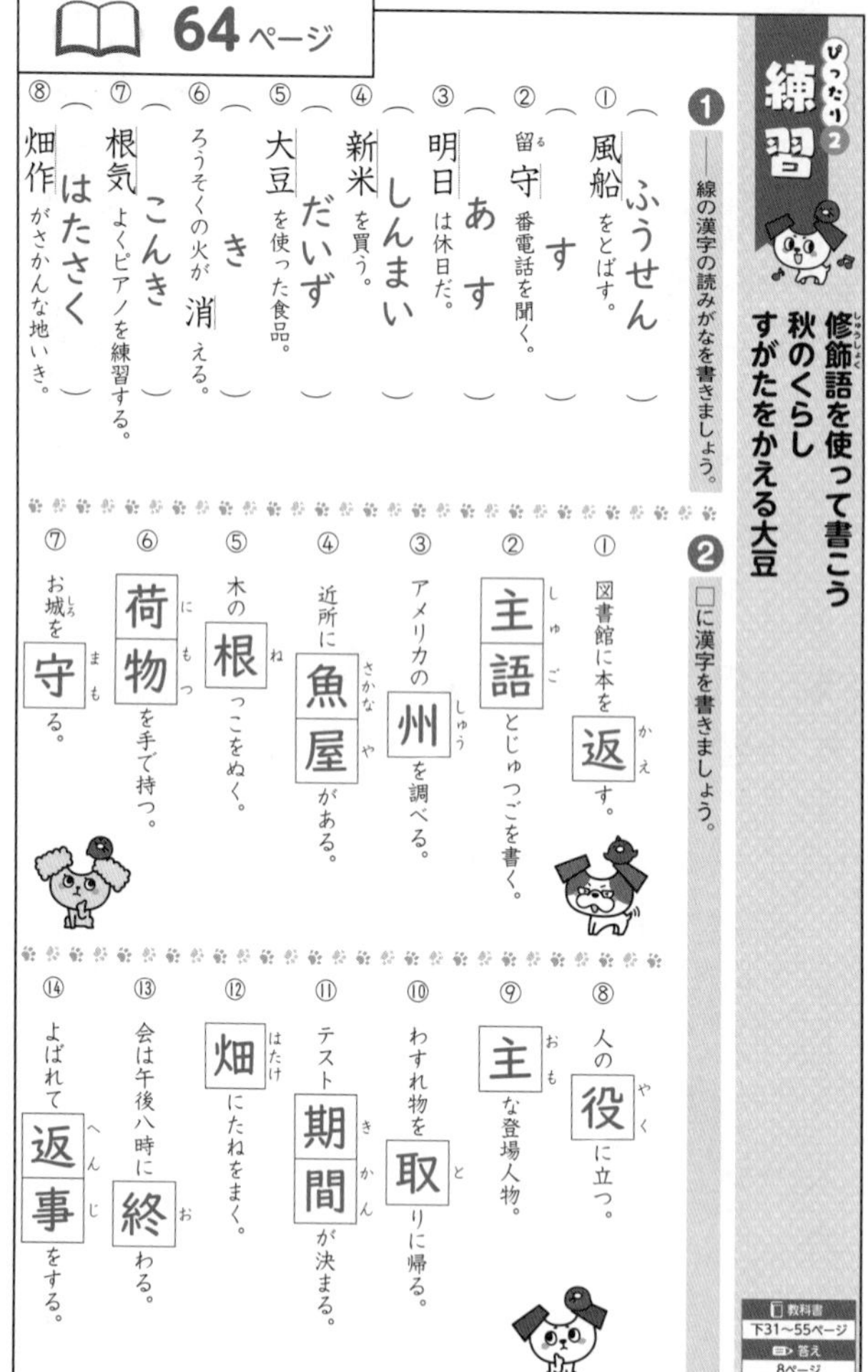

64ページ

練習 ぴったり2

修飾語を使って書こう 秋のくらし すがたをかえる大豆

1 ——線の漢字の読みがなを書きましょう。

① 風船をとばす。（ふうせん）
② 留守番電話を聞く。（す）
③ 明日は休日だ。（あす）
④ 新米を買う。（しんまい）
⑤ 大豆を使った食品。（だいず）
⑥ ろうそくの火が消える。（き）
⑦ 根気よくピアノを練習する。（こんき）
⑧ 畑作がさかんな地いき。（はたさく）

2 □に漢字を書きましょう。

① 図書館に本を［返］す。
② ［主語］とじゅつごを書く。
③ アメリカの［州］を調べる。
④ 近所に［魚屋］がある。
⑤ 木の［根］っこをぬく。
⑥ ［荷物］を手で持つ。
⑦ お城を［守］る。
⑧ 人の［役］に立つ。
⑨ ［主］な登場人物。
⑩ わすれ物を［取］りに帰る。
⑪ テスト［期間］が決まる。
⑫ ［畑］にたねをまく。
⑬ 会は午後八時に［終］わる。
⑭ よばれて［返事］をする。

教科書 下31～55ページ　答え 8ページ

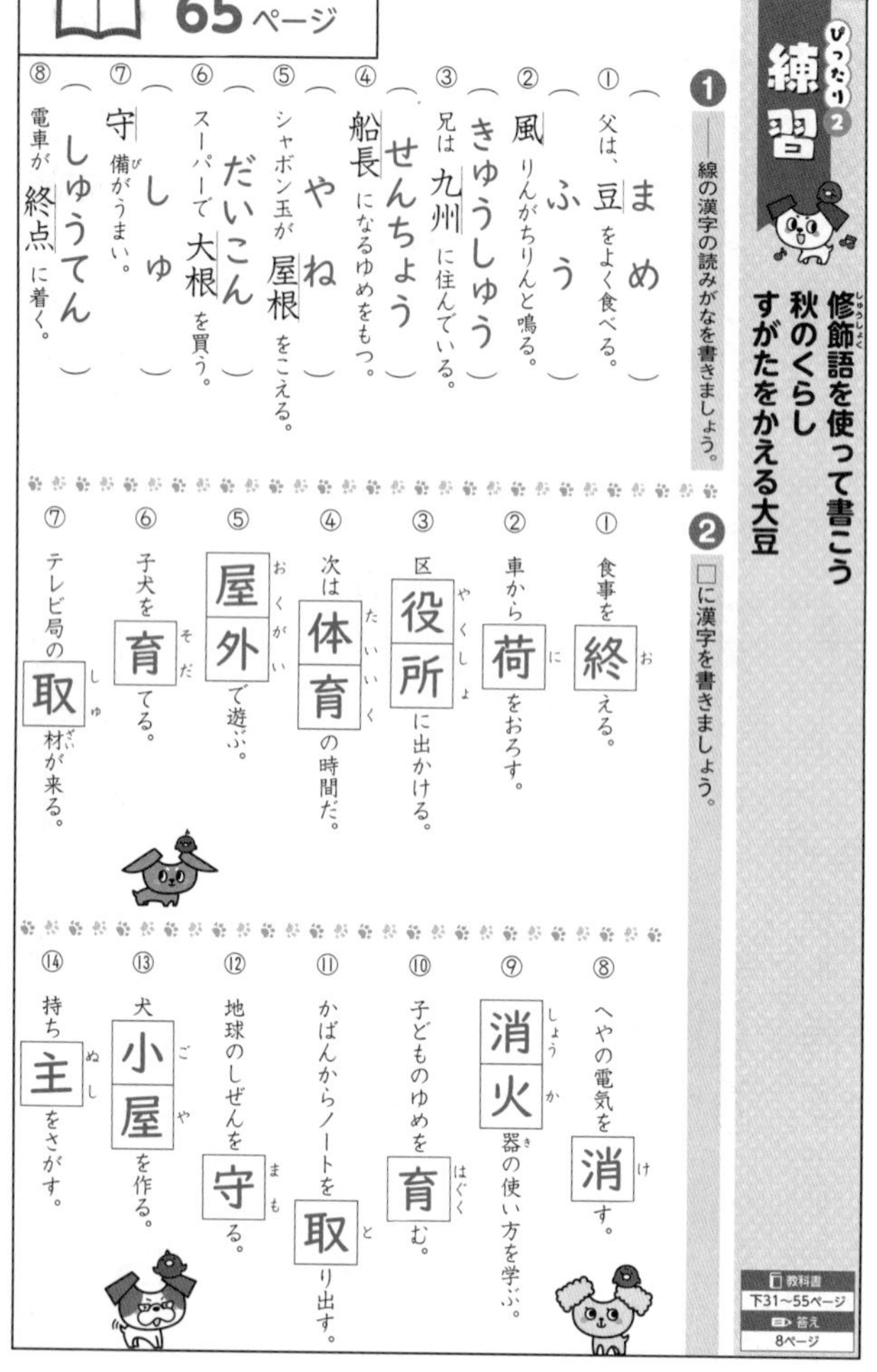

65ページ

練習 ぴったり2

修飾語を使って書こう 秋のくらし すがたをかえる大豆

1 ——線の漢字の読みがなを書きましょう。

① 父は、豆をよく食べる。（まめ）
② 風りんがちりんと鳴る。（ふう）
③ 兄は九州に住んでいる。（きゅうしゅう）
④ 船長になるゆめをもつ。（せんちょう）
⑤ シャボン玉が屋根をこえる。（やね）
⑥ スーパーで大根を買う。（だいこん）
⑦ 守備がうまい。（しゅ）
⑧ 電車が終点に着く。（しゅうてん）

2 □に漢字を書きましょう。

① 食事を［終］える。
② 車から［荷］をおろす。
③ 区［役所］に出かける。
④ 次は［体育］の時間だ。
⑤ ［屋外］で遊ぶ。
⑥ 子犬を［育］てる。
⑦ テレビ局の［取］材が来る。
⑧ へやの電気を［消］す。
⑨ ［消火］器の使い方を学ぶ。
⑩ 子どものゆめを［育］む。
⑪ かばんからノートを［取］り出す。
⑫ 地球のしぜんを［守］る。
⑬ 犬［小屋］を作る。
⑭ 持ち［主］をさがす。

教科書 下31～55ページ　答え 8ページ

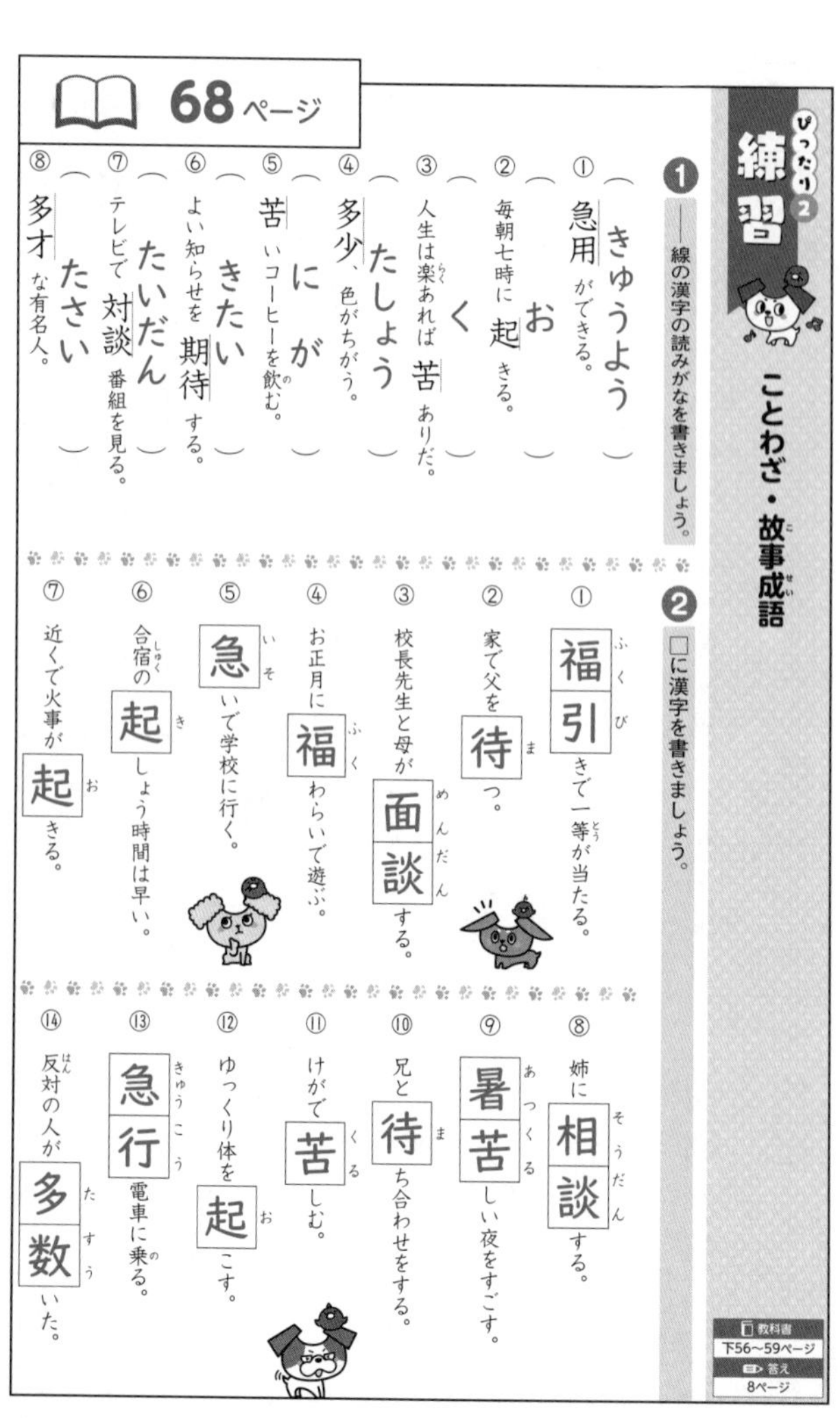

68ページ

練習 ぴったり2

ことわざ・故事成語

1 ——線の漢字の読みがなを書きましょう。

① 急用ができる。（きゅうよう）
② 毎朝七時に起きる。（お）
③ 人生は楽あれば苦ありだ。（く）
④ 多少、色がちがう。（たしょう）
⑤ 苦いコーヒーを飲む。（にが）
⑥ よい知らせを期待する。（きたい）
⑦ テレビで対談番組を見る。（たいだん）
⑧ 多才な有名人。（たさい）

2 □に漢字を書きましょう。

① ［福引］きで一等が当たる。
② 家で父を［待］つ。
③ 校長先生と母が［面談］する。
④ お正月に［福］わらいで遊ぶ。
⑤ ［急］いで学校に行く。
⑥ 合宿の［起］しょう時間は早い。
⑦ 近くで火事が［起］きる。
⑧ 姉に［相談］する。
⑨ ［暑苦］しい夜をすごす。
⑩ 兄と［待］ち合わせをする。
⑪ けがで［苦］しむ。
⑫ ゆっくり体を［起］こす。
⑬ ［急行］電車に乗る。
⑭ 反対の人が［多数］いた。

教科書 下56～59ページ　答え 8ページ

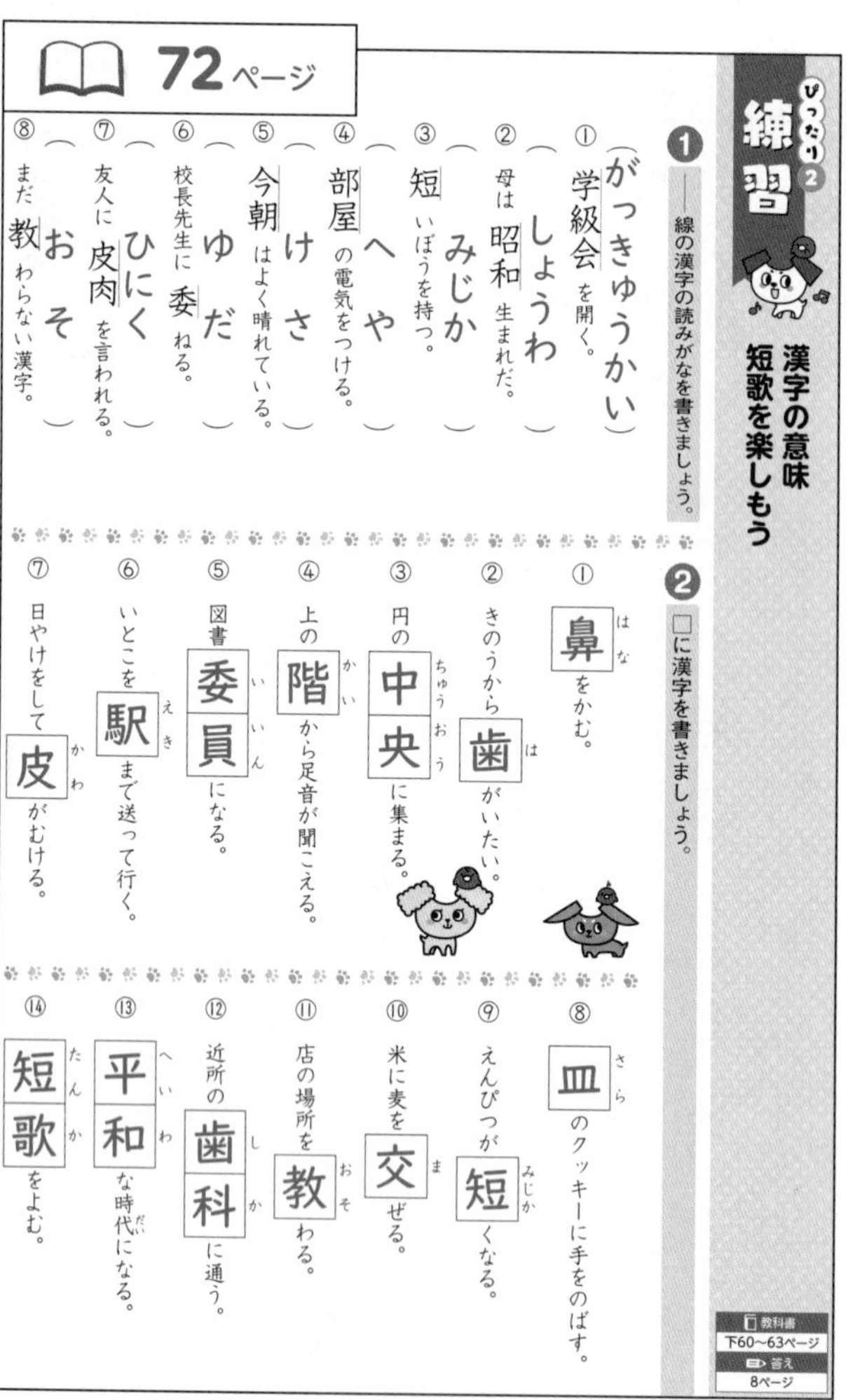

72ページ

練習 ぴったり2

漢字の意味 短歌を楽しもう

1 ——線の漢字の読みがなを書きましょう。

① 学級会を開く。（がっきゅうかい）
② 母は昭和生まれだ。（しょうわ）
③ 短いぼうを持つ。（みじか）
④ 部屋の電気をつける。（へや）
⑤ 今朝はよく晴れている。（けさ）
⑥ 校長先生に委ねる。（ゆだ）
⑦ 友人に皮肉を言われる。（ひにく）
⑧ まだ教わらない漢字。（おそ）

2 □に漢字を書きましょう。

① ［鼻］をかむ。
② きのうから［歯］がいたい。
③ 円の［中央］に集まる。
④ 上の［階］から足音が聞こえる。
⑤ 図書［委員］になる。
⑥ いとこを［駅］まで送って行く。
⑦ 日やけをして［皮］がむける。
⑧ ［皿］のクッキーに手をのばす。
⑨ えんぴつが［短］くなる。
⑩ 米に麦を［交］ぜる。
⑪ 店の場所を［教］わる。
⑫ 近所の［歯科］に通う。
⑬ ［平和］な時代になる。
⑭ ［短歌］をよむ。

教科書 下60～63ページ　答え 8ページ

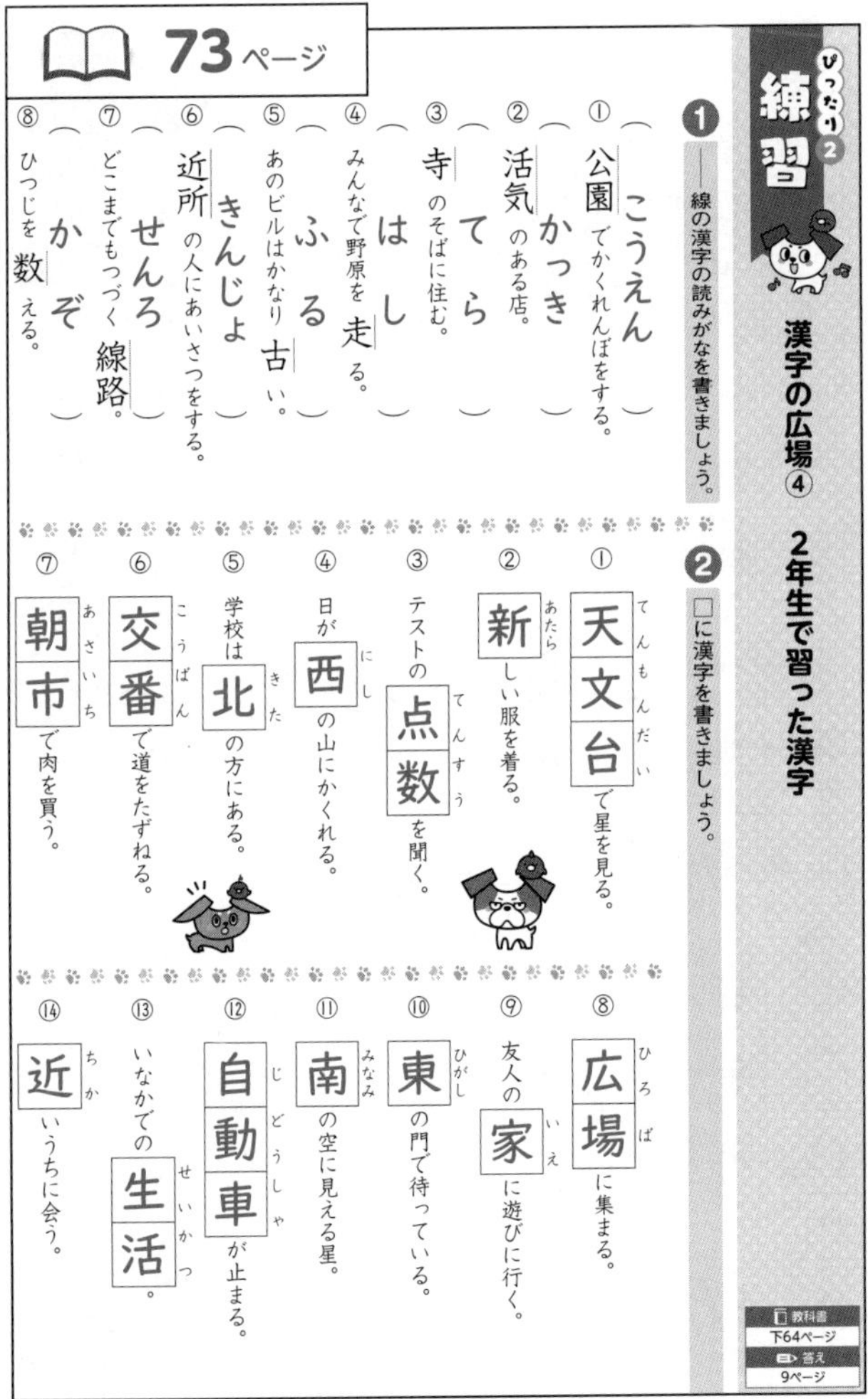
73ページ

練習 ぴったり2

漢字の広場④ 2年生で習った漢字

1 ——線の漢字の読みがなを書きましょう。

① 公園でかくれんぼをする。（こうえん）
② 活気のある店。（かっき）
③ 寺のそばに住む。（てら）
④ みんなで野原を走る。（はし）
⑤ あのビルはかなり古い。（ふる）
⑥ 近所の人にあいさつをする。（きんじょ）
⑦ どこまでもつづく線路。（せんろ）
⑧ ひつじを数える。（かぞ）

2 □に漢字を書きましょう。

① 天文台で星を見る。
② 新しい服を着る。
③ テストの点数を聞く。
④ 日が西の山にかくれる。
⑤ 学校は北の方にある。
⑥ 交番で道をたずねる。
⑦ 朝市で肉を買う。
⑧ 広場に集まる。
⑨ 友人の家に遊びに行く。
⑩ 東の門で待っている。
⑪ 南の空に見える星。
⑫ 自動車が止まる。
⑬ いなかでの生活。
⑭ 近いうちに会う。

教科書 下64ページ 答え 9ページ

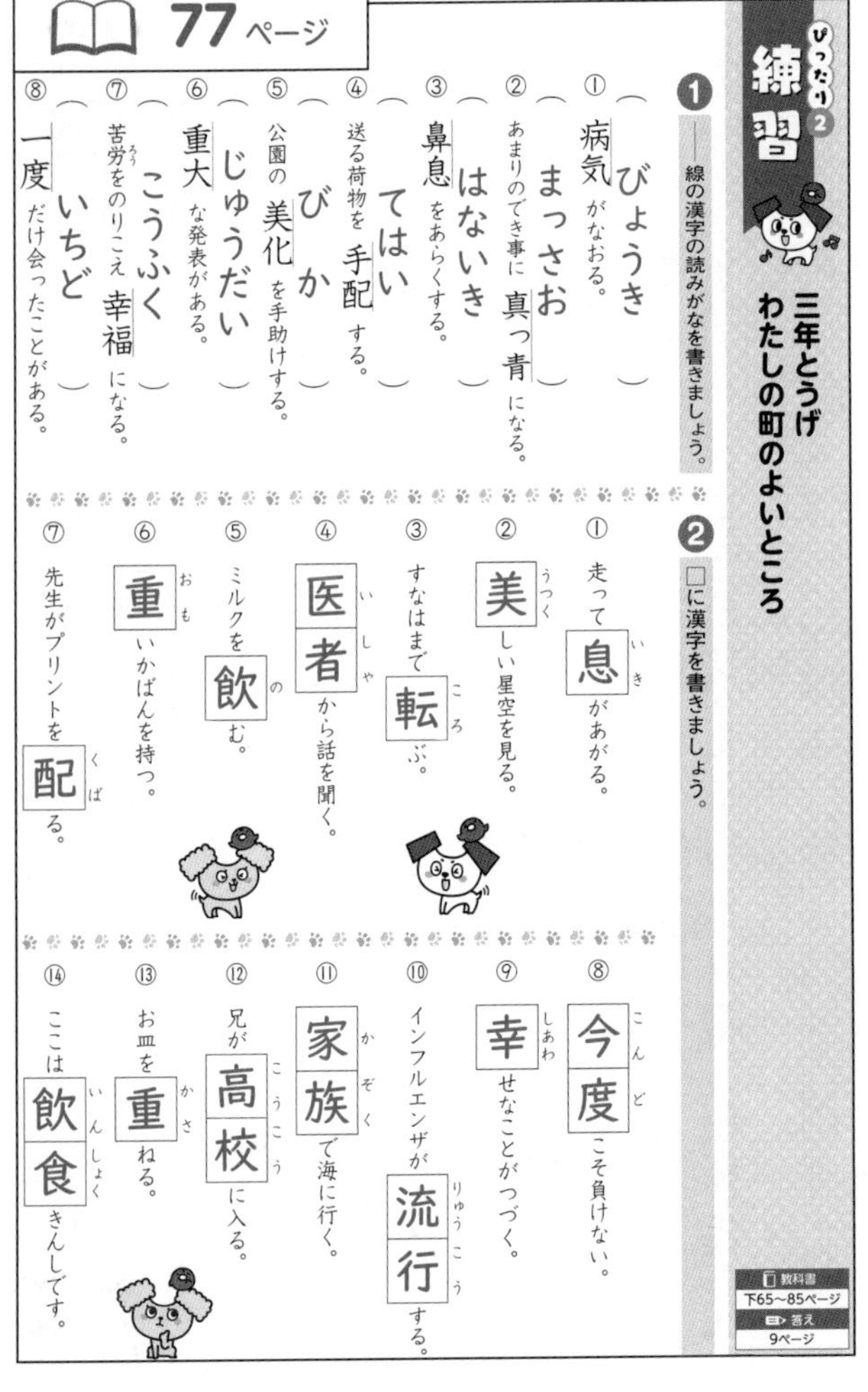
77ページ

練習 ぴったり2

三年とうげ わたしの町のよいところ

1 ——線の漢字の読みがなを書きましょう。

① 病気がなおる。（びょうき）
② あまりのでき事に真っ青になる。（まっさお）
③ 鼻息をあらくする。（はないき）
④ 送る荷物を手配する。（てはい）
⑤ 公園の美化を手助けする。（びか）
⑥ 重大な発表がある。（じゅうだい）
⑦ 苦労をのりこえ幸福になる。（こうふく）
⑧ 一度だけ会ったことがある。（いちど）

2 □に漢字を書きましょう。

① 走って息があがる。
② 美しい星空を見る。
③ すなはまで転ぶ。
④ 医者から話を聞く。
⑤ ミルクを飲む。
⑥ 重いかばんを持つ。
⑦ 先生がプリントを配る。
⑧ 今度こそ負けない。
⑨ 幸せなことがつづく。
⑩ インフルエンザが流行する。
⑪ 家族で海に行く。
⑫ 兄が高校に入る。
⑬ お皿を重ねる。
⑭ ここは飲食きんしです。

教科書 下65～85ページ 答え 9ページ

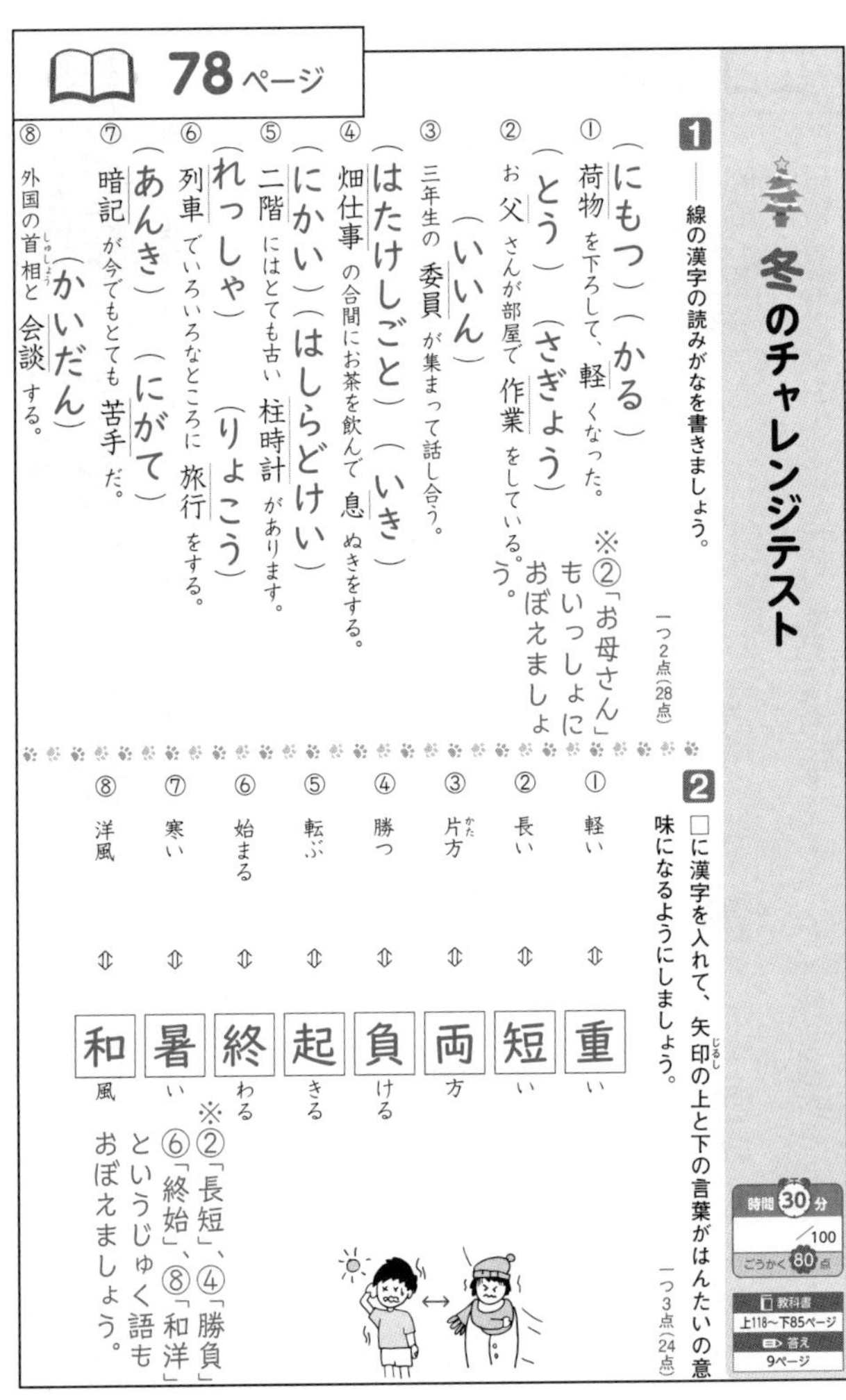
78ページ

冬のチャレンジテスト

1 ——線の漢字の読みがなを書きましょう。 一つ2点（28点）

① 荷物を下ろして、軽くなった。（にもつ）（かる）
② お父さんが部屋で作業をしている。（とう）（さぎょう）
③ 三年生の委員が集まって話し合う。（いいん）
④ 畑仕事の合間にお茶を飲んで息ぬきをする。（はたけしごと）（いき）
⑤ 二階にはとても古い柱時計があります。（にかい）（はしらどけい）
⑥ 列車でいろいろなところに旅行をする。（れっしゃ）（りょこう）
⑦ 暗記が今でもとても苦手だ。（あんき）（にがて）
⑧ 外国の首相と会談する。（かいだん）

※②「お母さん」もいっしょにおぼえましょう。

2 □に漢字を入れて、矢印の上と下の言葉がはんたいの意味になるようにしましょう。 一つ3点（24点）

① 軽い ⇔ 重い
② 長い ⇔ 短い
③ 片方 ⇔ 両方
④ 勝つ ⇔ 負ける
⑤ 転ぶ ⇔ 起きる
⑥ 始まる ⇔ 終わる
⑦ 寒い ⇔ 暑い
⑧ 洋風 ⇔ 和風

※②「長短」、④「勝負」、⑥「終始」、⑧「和洋」というじゅく語もおぼえましょう。

時間30分 /100 ごうかく80点
教科書 上118～下85ページ 答え 9ページ

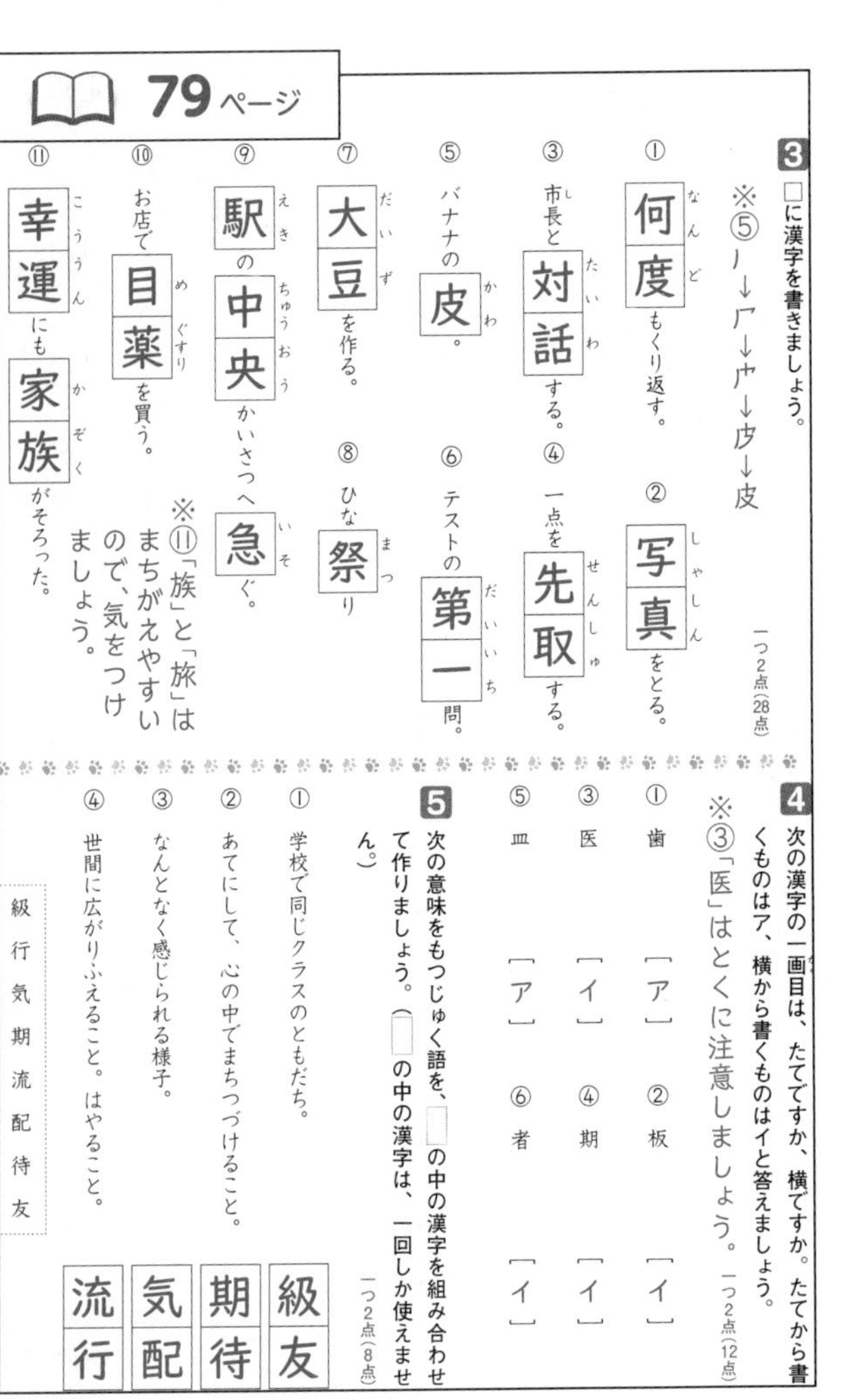
79ページ

3 □に漢字を書きましょう。 一つ2点（28点）

① 何度もくり返す。
② 写真をとる。
③ 市長と対話する。
④ 一点を先取する。
⑤ バナナの皮。
⑥ テストの第一問。
⑦ 大豆を作る。
⑧ ひな祭り
⑨ 駅の中央かいさつへ急ぐ。
⑩ お店で目薬を買う。
⑪ 幸運にも家族がそろった。

※⑤ 丿→厂→广→皮→皮

※⑪「族」と「旅」はまちがえやすいので、気をつけましょう。

4 次の漢字の一画目は、たてですか、横ですか。たてから書くものはア、横から書くものはイと答えましょう。 一つ2点（12点）

① 歯［ア］ ② 板［イ］
③ 医［イ］ ④ 期［イ］
⑤ 皿［ア］ ⑥ 者［イ］

※③「医」はとくに注意しましょう。

5 次の意味をもつじゅく語を、□の中の漢字を組み合わせて作りましょう。（□の中の漢字は、一回しか使えません。） 一つ2点（8点）

級 行 気 期 流 配 待 友

① 学校で同じクラスのともだち。 級友
② あてにして、心の中でまちつづけること。 期待
③ なんとなく感じられる様子。 気配
④ 世間に広がりふえること。はやること。 流行

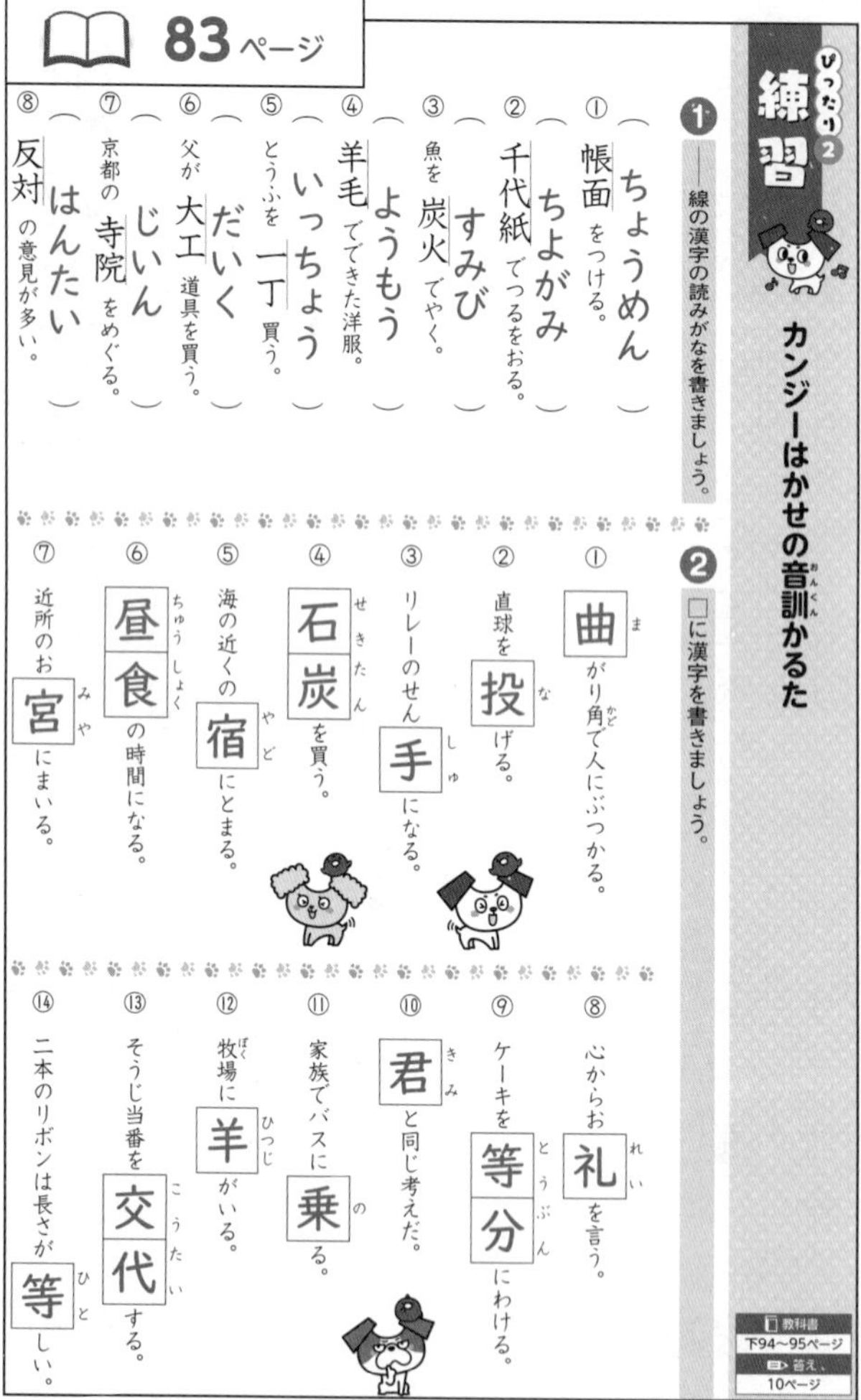

83ページ

練習 ぴったり2

カンジーはかせの音訓かるた

1 ――線の漢字の読みがなを書きましょう。

① 帳面をつける。（ちょうめん）
② 千代紙でつるをおる。（ちよがみ）
③ 魚を炭火でやく。（すみび）
④ 羊毛でできた洋服。（ようもう）
⑤ とうふを一丁買う。（いっちょう）
⑥ 父が大工道具を買う。（だいく）
⑦ 京都の寺院をめぐる。（じいん）
⑧ 反対の意見が多い。（はんたい）

2 □に漢字を書きましょう。

① 曲がり角で人にぶつかる。
② 直球を投げる。
③ リレーのせん手になる。
④ 石炭を買う。
⑤ 海の近くの宿にとまる。
⑥ 昼食の時間になる。
⑦ 近所のお宮にまいる。
⑧ 心からお礼を言う。
⑨ ケーキを等分にわける。
⑩ 君と同じ考えだ。
⑪ 家族でバスに乗る。
⑫ 牧場に羊がいる。
⑬ そうじ当番を交代する。
⑭ 二本のリボンは長さが等しい。

教科書 下94～95ページ 答え 10ページ

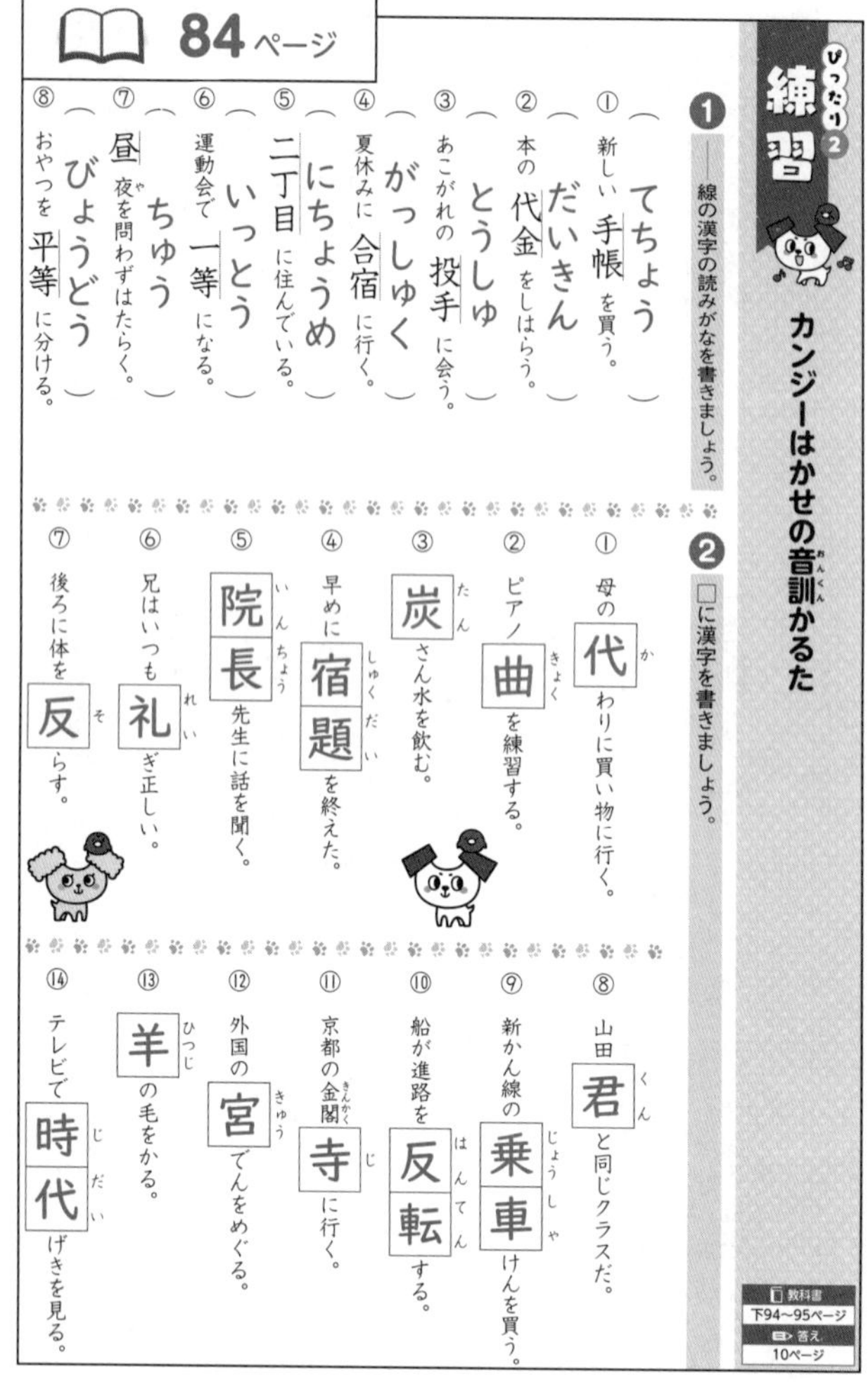

84ページ

練習 ぴったり2

カンジーはかせの音訓かるた

1 ――線の漢字の読みがなを書きましょう。

① 新しい手帳を買う。（てちょう）
② 本の代金をしはらう。（だいきん）
③ あこがれの投手に会う。（とうしゅ）
④ 夏休みに合宿に行く。（がっしゅく）
⑤ 二丁目に住んでいる。（にちょうめ）
⑥ 運動会で一等になる。（いっとう）
⑦ 昼夜を問わずはたらく。（ちゅうや）
⑧ おやつを平等に分ける。（びょうどう）

2 □に漢字を書きましょう。

① 母の代わりに買い物に行く。
② ピアノ曲を練習する。
③ 炭さん水を飲む。
④ 早めに宿題を終えた。
⑤ 院長先生に話を聞く。
⑥ 兄はいつも礼ぎ正しい。
⑦ 後ろに体を反らす。
⑧ 山田君と同じクラスだ。
⑨ 新かん線の乗車けんを買う。
⑩ 船が進路を反転する。
⑪ 京都の金閣寺に行く。
⑫ 外国の宮でんをめぐる。
⑬ 羊の毛をかる。
⑭ テレビで時代げきを見る。

教科書 下94～95ページ 答え 10ページ

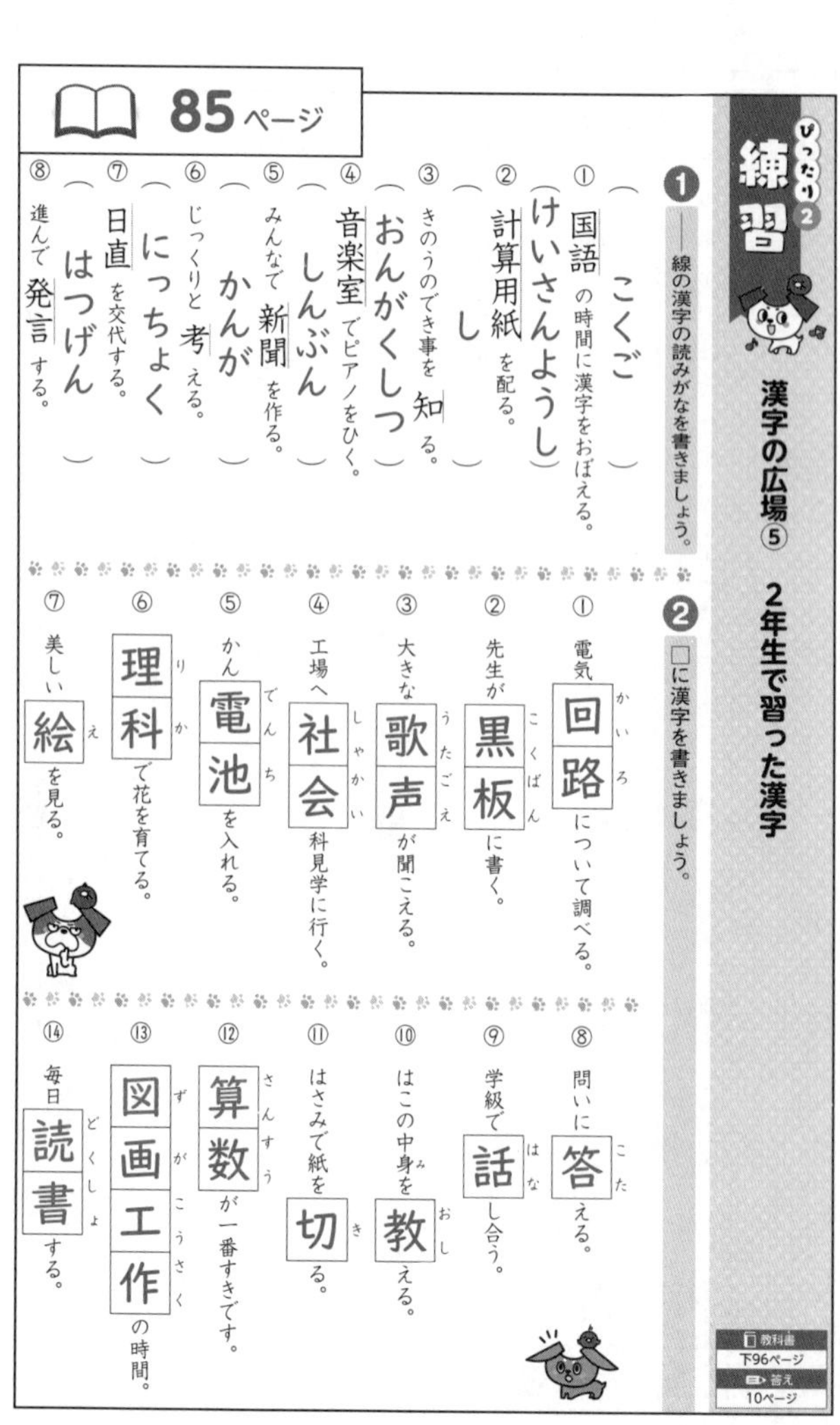

85ページ

練習 ぴったり2

漢字の広場⑤ 2年生で習った漢字

1 ――線の漢字の読みがなを書きましょう。

① 国語の時間に漢字をおぼえる。（こくご）
② 計算用紙を配る。（けいさんようし）
③ きのうのでき事を知る。（し）
④ 音楽室でピアノをひく。（おんがくしつ）
⑤ みんなで新聞を作る。（しんぶん）
⑥ じっくりと考える。（かんが）
⑦ 日直を交代する。（にっちょく）
⑧ 進んで発言する。（はつげん）

2 □に漢字を書きましょう。

① 電気回路について調べる。
② 先生が黒板に書く。
③ 大きな歌声が聞こえる。
④ 工場へ社会科見学に行く。
⑤ かん電池を入れる。
⑥ 理科で花を育てる。
⑦ 美しい絵を見る。
⑧ 問いに答える。
⑨ 学級で話し合う。
⑩ はこの中身を教える。
⑪ はさみで紙を切る。
⑫ 算数が一番すきです。
⑬ 図画工作の時間。
⑭ 毎日読書する。

教科書 下96ページ 答え 10ページ

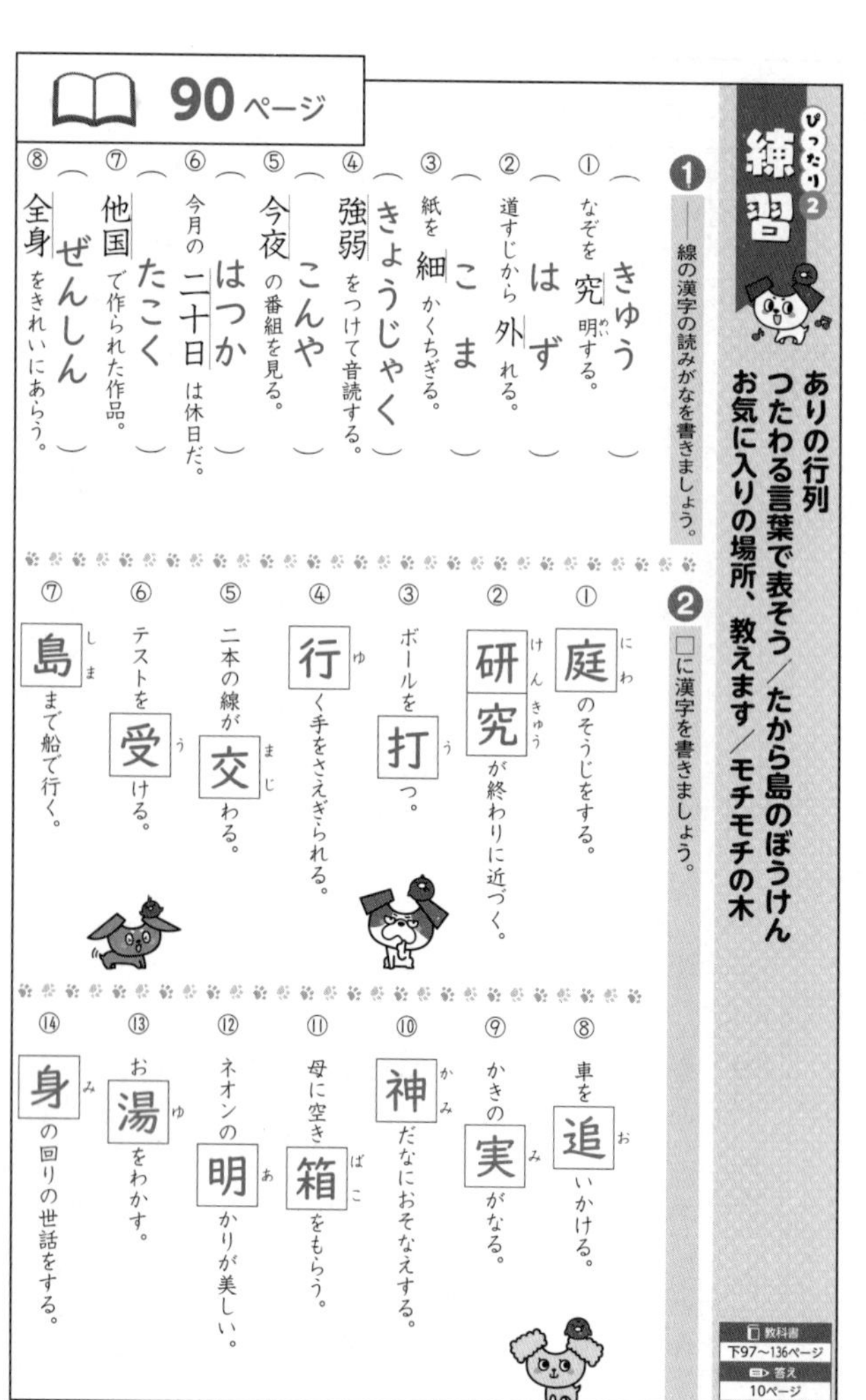

90ページ

練習 ぴったり2

ありの行列／つたわる言葉で表そう／たから島のぼうけん／お気に入りの場所、教えます／モチモチの木

1 ――線の漢字の読みがなを書きましょう。

① なぞを究明する。（きゅう）
② 道すじから外れる。（はず）
③ 紙を細かくちぎる。（こま）
④ 強弱をつけて音読する。（きょうじゃく）
⑤ 今夜の番組を見る。（こんや）
⑥ 今月の二十日は休日だ。（はつか）
⑦ 他国で作られた作品。（たこく）
⑧ 全身をきれいにあらう。（ぜんしん）

2 □に漢字を書きましょう。

① 庭のそうじをする。
② 研究が終わりに近づく。
③ ボールを打つ。
④ 行く手をさえぎられる。
⑤ 二本の線が交わる。
⑥ テストを受ける。
⑦ 島まで船で行く。
⑧ 車を追いかける。
⑨ かきの実がなる。
⑩ 神だなにおそなえする。
⑪ 母に空き箱をもらう。
⑫ ネオンの明かりが美しい。
⑬ お湯をわかす。
⑭ 身の回りの世話をする。

教科書 下97～136ページ 答え 10ページ

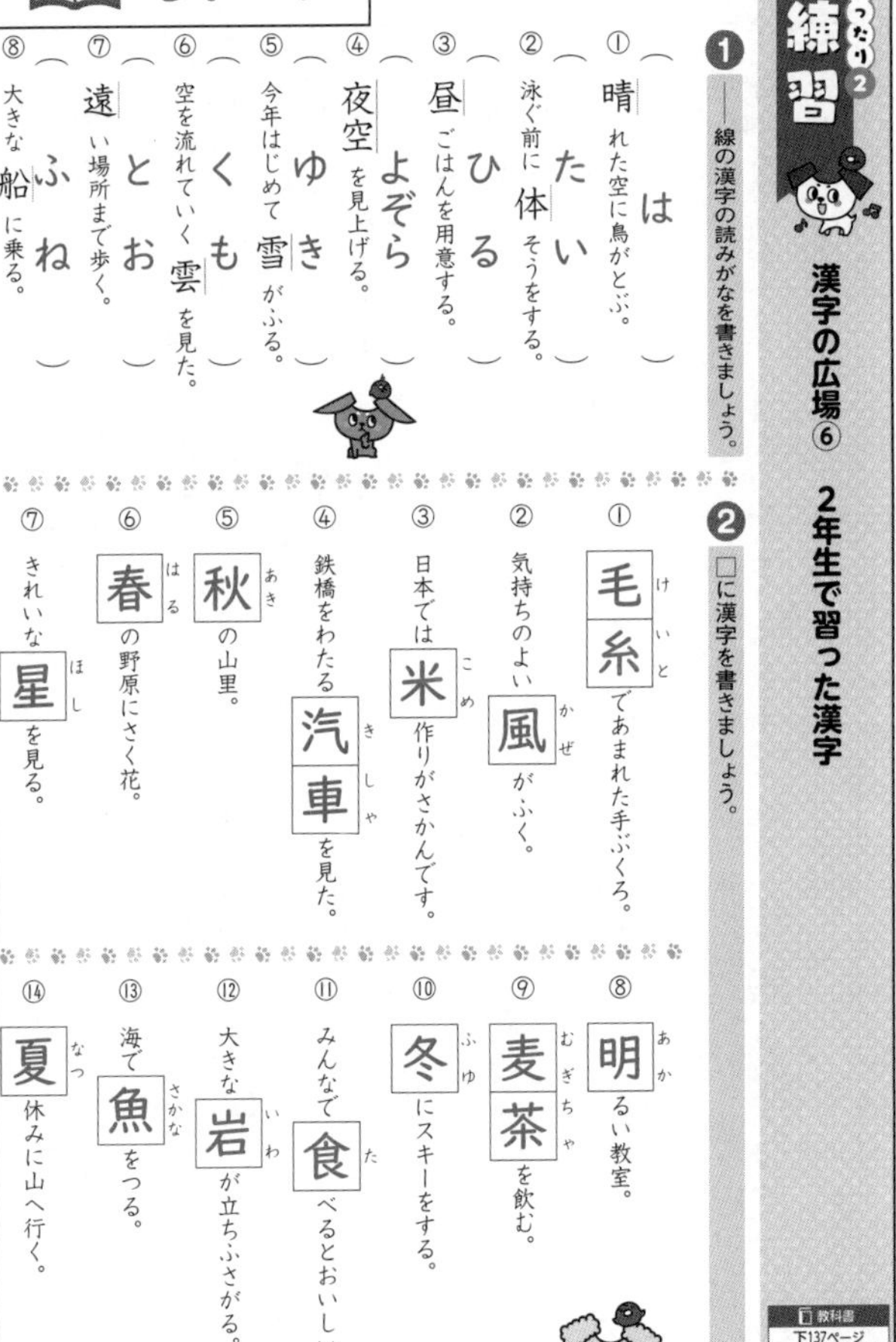

91 ページ

練習 ぴったり2 漢字の広場⑥ 2年生で習った漢字

1 ——線の漢字の読みがなを書きましょう。

① 晴れた空に鳥がとぶ。（は）
② 泳ぐ前に体そうをする。（たい）
③ 昼ごはんを用意する。（ひる）
④ 夜空を見上げる。（よぞら）
⑤ 今年はじめて雪がふる。（ゆき）
⑥ 空を流れていく雲を見た。（くも）
⑦ 遠い場所まで歩く。（とお）
⑧ 大きな船に乗る。（ふね）

2 □に漢字を書きましょう。

① 毛糸であまれた手ぶくろ。
② 気持ちのよい風がふく。
③ 日本では米作りがさかんです。
④ 鉄橋をわたる汽車を見た。
⑤ 秋の山里。
⑥ 春の野原にさく花。
⑦ きれいな星を見る。
⑧ 明るい教室。
⑨ 麦茶を飲む。
⑩ 冬にスキーをする。
⑪ みんなで食べるとおいしい。
⑫ 大きな岩が立ちふさがる。
⑬ 海で魚をつる。
⑭ 夏休みに山へ行く。

教科書 下137ページ　答え 11ページ

まず、漢字の読みをしっかりおさえましょう。

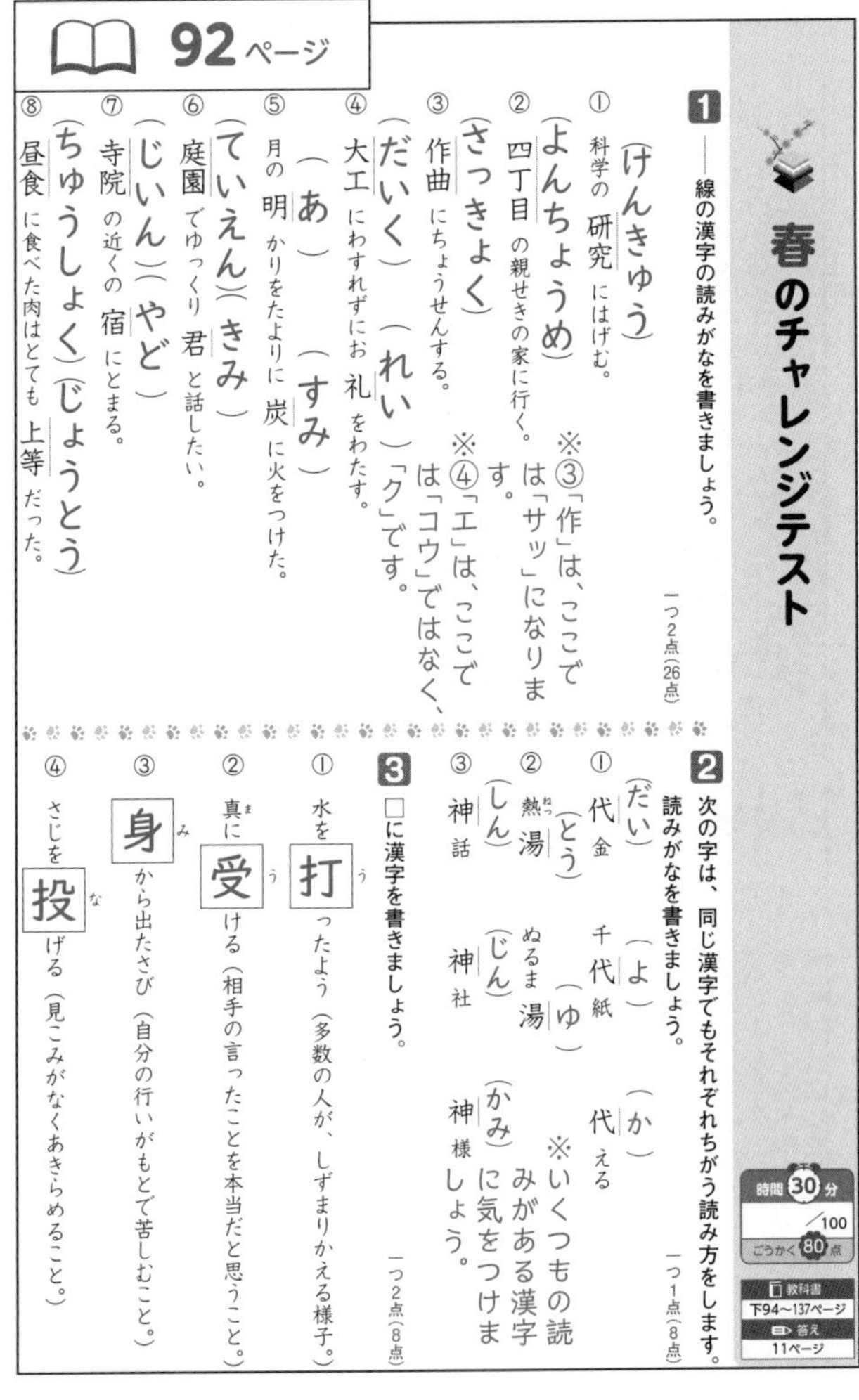

92 ページ

春のチャレンジテスト

1 ——線の漢字の読みがなを書きましょう。　一つ2点（26点）

① 科学の研究にはげむ。（けんきゅう）
② 四丁目の親せきの家に行く。（よんちょうめ）
③ 作曲にちょうせんする。（さっきょく）
④ 大工にわすれずにお礼をわたす。（だいく）（れい）
⑤ 月の明かりをたよりに炭に火をつけた。（あ）（すみ）
⑥ 庭園でゆっくり君と話したい。（ていえん）（きみ）
⑦ 寺院の近くの宿にとまる。（じいん）（やど）
⑧ 昼食に食べた肉はとても上等だった。（ちゅうしょく）（じょうとう）

※③「作」は、ここでは「サッ」になります。
※④「工」は、ここでは「コウ」ではなく、「ク」です。

2 次の字は、同じ漢字でもそれぞれちがう読み方をします。読みがなを書きましょう。　一つ1点（8点）

① 代金（だい）　千代紙（よ）　代える（か）
② 熱湯（とう）　ぬるま湯（ゆ）
③ 神話（しん）　神社（じん）　神様（かみ）

※いくつもの読みがある漢字に気をつけましょう。

3 □に漢字を書きましょう。　一つ2点（8点）

① 水を打ったよう（多数の人が、しずまりかえる様子。）
② 真に受ける（相手の言ったことを本当だと思うこと。）
③ 身から出たさび（自分の行いがもとで苦しむこと。）
④ さじを投げる（見こみがなくあきらめること。）

時間30分　/100　ごうかく80点
教科書 下94～137ページ　答え 11ページ

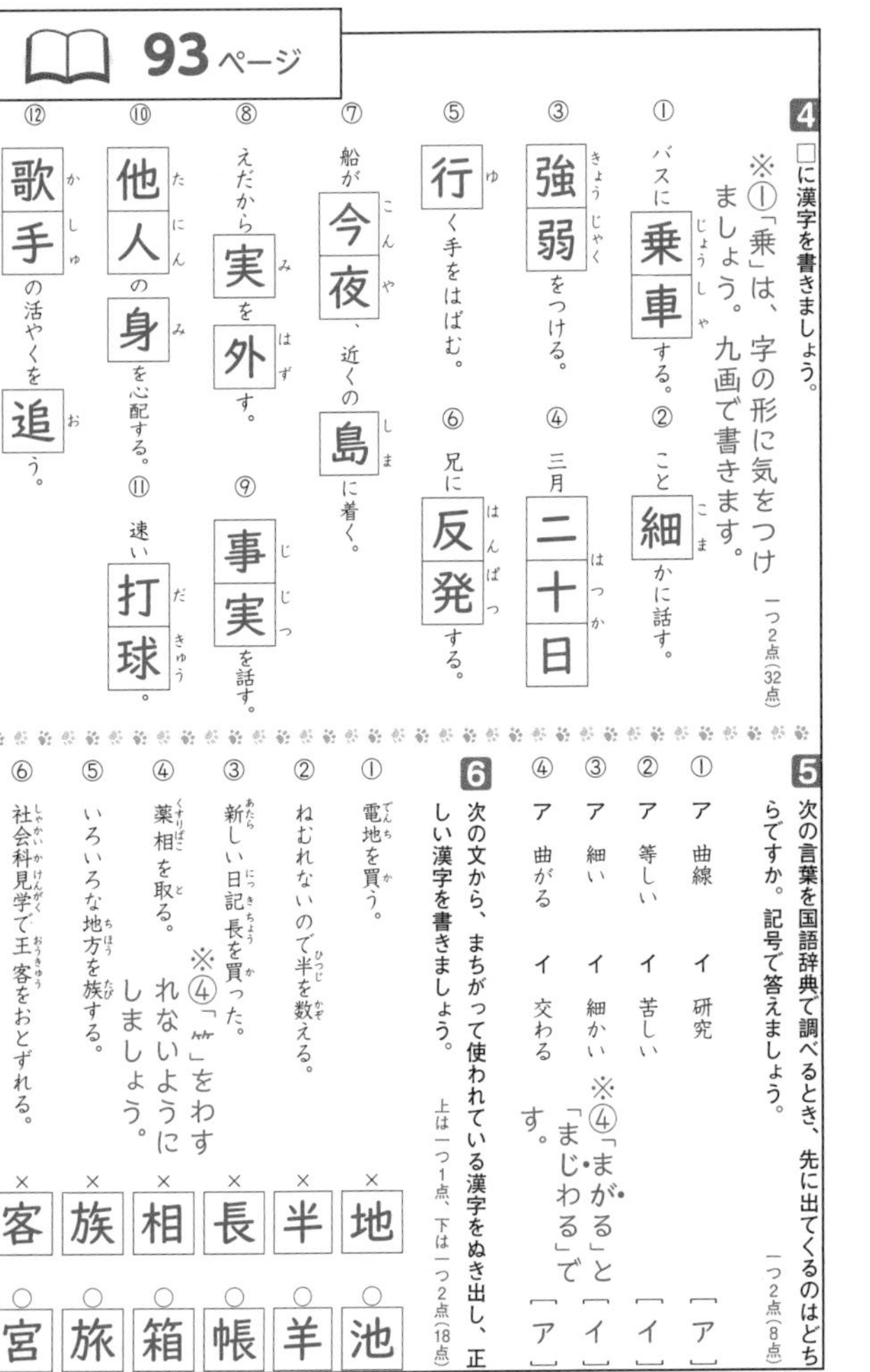

93 ページ

4 □に漢字を書きましょう。　一つ2点（32点）

① バスに乗車する。
② こと細かに話す。
③ 強弱をつける。
④ 三月二十日
⑤ 行く手をはばむ。
⑥ 兄に反発する。
⑦ 船が今夜、近くの島に着く。
⑧ えだから実を外す。
⑨ 事実を話す。
⑩ 他人の身を心配する。
⑪ 速い打球。
⑫ 歌手の活やくを追う。

※①「乗」は、字の形に気をつけましょう。九画で書きます。

5 次の言葉を国語辞典で調べるとき、先に出てくるのはどちらですか。記号で答えましょう。　一つ2点（8点）

① ア 曲線　イ 研究　［ア］
② ア 等しい　イ 苦しい　［イ］
③ ア 細い　イ 細かい　［イ］
④ ア 曲がる　イ 交わる　［ア］

※④「まがる」と「まじわる」です。

6 次の文から、まちがって使われている漢字をぬき出し、正しい漢字を書きましょう。　上は一つ1点、下は一つ2点（18点）

① 電地を買う。　×地　○池
② ねむれないので半を数える。　×半　○羊
③ 新しい日記長を買った。　×長　○帳
④ 薬相を取る。　×相　○箱
⑤ いろいろな地方を族する。　×族　○旅
⑥ 社会科見学で王客をおとずれる。　×客　○宮

※④「箱」をわすれないようにしましょう。

学力しんだんテスト①

3年 漢字のまとめ

学力しんだんテスト①

名前　　　月　日

時間 30分　ごうかく80点　／100

答え 12ページ

1 ――線の漢字の読みがなを書きましょう。（一つ1点(25点)）

① 安全第一（あんぜんだいいち）で、ていねいに作業（さぎょう）をする。
② 大きな庭園（ていえん）のある家に住（す）みたい。
③ あまりの寒（さむ）さに、いつもより早く起（お）きた。
④ このあたり一面（いちめん）は、冬になると銀世界（ぎんせかい）となる。
⑤ 大豆（だいず）をたくさん使（つか）った食事をつくる。
⑥ 勝者（しょうしゃ）には、ハワイ旅行（りょこう）をプレゼントします。
⑦ この県（けん）の人口は、わたしの県の二倍（にばい）だ。
⑧ 新緑（しんりょく）があざやかでとても美（うつく）しい。
⑨ 向（む）こうの岸（きし）まで、がんばって泳（およ）いでわたる。
⑩ この土地は、東京都（とうきょうと）がずっと所有（しょゆう）している。
⑪ 羊毛（ようもう）のふとんは、少し重（おも）いがあたたかい。
⑫ 研究（けんきゅう）の記ろくをうっかり消去（しょうきょ）してしまった。

2 □に漢字を書きましょう。（一つ1点(25点)）

① 板にくぎを打ちつける。
② 運転をするので飲酒はしない。
③ 集合時間をきちんと守りましょう。
④ この橋は、ずいぶん昔からこわれている。
⑤ 今度のゲームの相手は、つよそうだ。
⑥ 定員をこえて乗ってはいけない。
⑦ 主語のわかりにくい文章。
⑧ 弟が落とした人形を拾う。
⑨ あの坂道を上ると、目と鼻の先だ。
⑩ 駅の中央口で友人を待つ。
⑪ 列島を、台風が横切る。
⑫ 理科で化石の勉強をしている。

うらにも問題があります。

3 次の□に漢字を入れて、矢印のとおりに読むと、正しいじゅく語になります。当てはまる漢字を書きましょう。（一つ2点(8点)）

① 級（階→級、学→級、級←進、級→友）
② 平（水→平、等←平、平→和、平→気）
③ 洋（和→洋、画←洋、洋→風、洋→食）
④ 物（植→物、荷→物、物→体、物→音）

※②ここでの「平」は、「ヘイ・ビョウ」の二つの読み方があります。

※③ここでの「洋」は、西洋、という意味です。

4 次の漢字の部首名を、後からえらんで記号で答えましょう。（同じ記号は一回しか使えません。）（一つ2点(10点)）

① 旅（ク）　② 次（キ）　③ 深（エ）
④ 都（オ）　⑤ 題（カ）

ア てへん　イ こざとへん　ウ にすい
エ さんずい　オ おおざと　カ おおがい
キ あくび　ク ほうへん

※左の部分を「へん」、右の部分を「つくり」といいます。

5 次の「つくり」は、後に出てくる三つの「へん」の、どれを組み合わせれば漢字を作ることができますか。記号で答えましょう。（一つ1点(9点)）

① 系（イ）　② 昷（ア）　③ 巷（ア）
④ 艮（ウ）　⑤ 弋（イ）　⑥ 黄（ウ）
⑦ 兼（ウ）　⑧ 胡（ア）　⑨ 央（ア）

ア さんずい　イ にんべん　ウ きへん

6 次の□には、同じ読み方の漢字が入ります。意味を考えて、当てはまる漢字を書きましょう。（一つ1点(13点)）

① ア 新しい服を買う。　イ 福は内、おには外。
② ア ゆうびん局　イ おだやかな曲調の音楽。
③ ア 体育館に行く。　イ 感じのいい人。
④ ア 球速をはかる。　イ 休息をとる。
⑤ ア 気味が悪い。　イ たまごの黄身。
⑥ ア おもしろい発想。　イ 商品の発送。　ウ リレーの走者。

※⑥アは、思いつき、という意味です。

7 次の漢字には、訓読みが二つあります。――線の漢字の読みがなを書きましょう。（一つ1点(10点)）

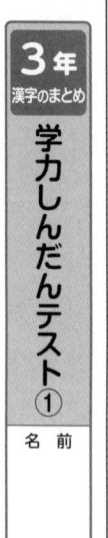

① 消　ア 明かりが消える。［き］　イ ろうそくの火を消す。［け］
② 苦　ア 苦しいときこそがんばろう。［くる］　イ 苦い顔をしている。［にが］
③ 開　ア ドアを開ける。［あ］　イ 花が開く。［ひら］
④ 着　ア 新しいスーツを着る。［き］　イ 明日の朝には着くでしょう。［つ］
⑤ 負　ア じゃんけんに負ける。［ま］　イ 大きなきずを負う。［お］

学力しんだんテスト②

3年 漢字のまとめ

学力しんだんテスト②

名前　　月　日

時間 30分　ごうかく80点　／100

答え 13ページ

1 ——線の漢字の読みがなを書きましょう。（一つ1点(25点)）

① 目を皿（さら）にして荷物（にもつ）をさがす。
② 図書館（としょかん）で、日本の植物（しょくぶつ）の本を読む。
③ 神社（じんじゃ）で買ったおまもりを金庫（きんこ）に入れる。
④ 両手（りょうて）いっぱいの花たばを受（う）け取る。
⑤ 長旅（ながたび）をようやく終（お）えて、ぶじに帰港（きこう）する。
⑥ 急（きゅう）ブレーキにご注意（ちゅうい）ください。
⑦ 軽（かる）い足取りで屋上（おくじょう）にのぼった。
⑧ 湯（ゆ）上（あ）がりに、スポーツドリンクを飲（の）む。
⑨ 学期（がっき）のはじめには体重（たいじゅう）をはかる。
⑩ 区役所（くやくしょ）は、となり町の三丁目（さんちょうめ）にあります。
⑪ 君（きみ）のおかげで、命拾（いのちびろ）いしたよ。
⑫ 一秒（いちびょう）に三十八メートルとんだ打球（だきゅう）。

2 □に漢字を書きましょう。（一つ1点(25点)）

① 病気（びょうき）のことを、家族（かぞく）に知らせる。
② 道具箱（どうぐばこ）をきれいに整理（せいり）する。
③ 質が悪（わる）かったため、返品（へんぴん）となる。
④ 暗号（あんごう）をメモ帳（ちょう）に記す。
⑤ 湖（みずうみ）で一日中遊（あそ）ぶ。
⑥ 自由（じゆう）でゆたかな発想（はっそう）の絵だ。
⑦ 対等（たいとう）な立場で他人（たにん）と話す。
⑧ 有名な曲（きょく）を口笛（くちぶえ）で練習（れんしゅう）する。
⑨ 実（じつ）は、あの犬を助（たす）けたのはわたしです。
⑩ 九州（きゅうしゅう）に局地（きょくち）的な大雨がふる。
⑪ 宿題（しゅくだい）ができたら、お祭（まつ）りに行こう。
⑫ 走っている鉄道（てつどう）の写真（しゃしん）をとる。

うらにも問題があります。

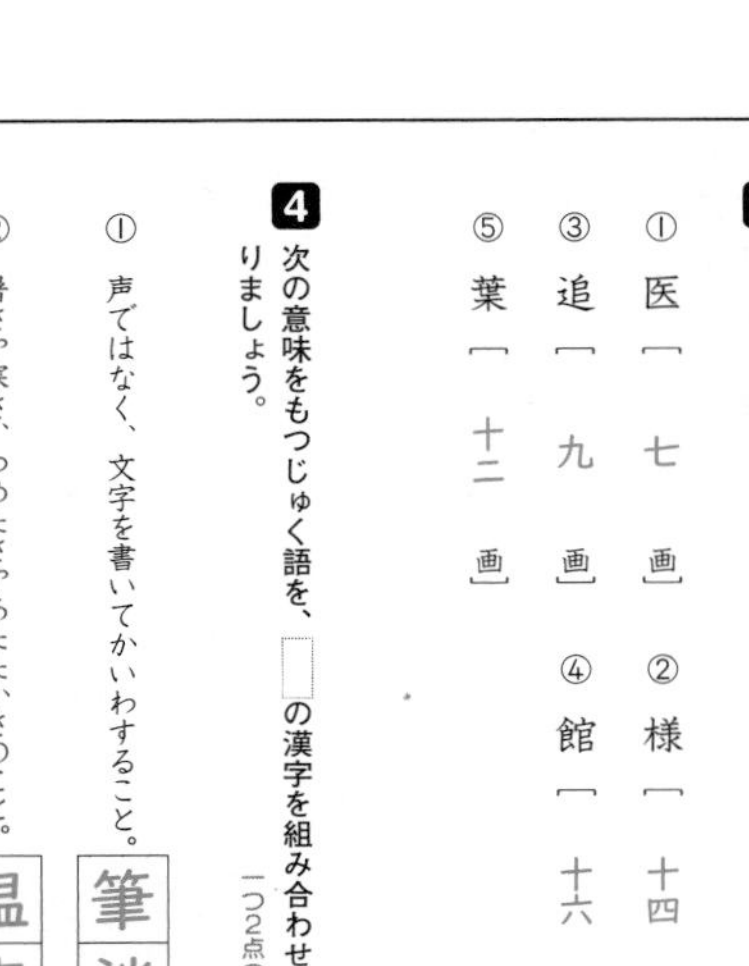

3 次の漢字の画数を漢字で書きましょう。（一つ1点(5点)）

① 医［七画］　② 様［十四画］
③ 追［九画］　④ 館［十六画］
⑤ 葉［十二画］

4 次の意味をもつじゅく語を、□の漢字を組み合わせて作りましょう。（一つ2点(8点)）

① 声ではなく、文字を書いてかいわすること。　筆談
② 暑さや寒さ、つめたさやあたたかさのこと。　温度
③ 寒い海のこおりがわれ、ながれたもの。　流氷
④ 夕日のこと。日がおちること。　落陽

落　筆　氷　度　流　陽　談　温

5 次の□には、同じ読み方の漢字が入ります。当てはまる漢字を□からえらんで書きましょう。（一つ1点(9点)）

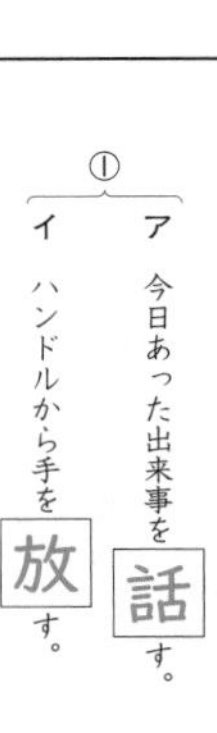

① ア 今日あった出来事を話す。　イ ハンドルから手を放す。
② ア ドアを開ける。　イ 夜が明ける。　ウ スケジュールを空ける。
③ ア 木に登る。　イ 川を上る。
④ ア 朝、起きるのが早い。　イ 頭の回転が速い。

明　登　放　早　上　話　開　速　空

6 次の——線の平がなを、漢字と送りがなに分けて書きましょう。（一つ1点(6点)）

① さいわい、けが人はいない。［幸—い］
② 体を後ろにそらす。［反—らす］
③ 顔色にあらわれる。［表—れる］
④ 冬は日がみじかい。［短—い］
⑤ 親鳥がひなをはぐくむ。［育—む］
⑥ あんない図で道をしらべる。［調—べる］

7 次の言葉は、とくべつな読み方をします。読みがなを書きましょう。（一つ1点(7点)）

① 時計（とけい）　② 二人（ふたり）　③ 真っ青（まっさお）
④ 上手（じょうず）　⑤ 今朝（けさ）
⑥ 父さん（とうさん）　⑦ 二十日（はつか）

※⑥「母（かあ）さん」もいっしょにおぼえておきましょう。

8 次の文から、まちがって使われている漢字をぬき出し、正しい漢字を書きましょう。（上は一つ1点、下は一つ2点(15点)）

例 今は牛後三時だ。　×牛　○午
① 黒板に字を書く。　×坂　○板
② 柱みごこちのよい室内。　×柱　○住
③ 水泳は全新運動です。　×新　○身
④ 先生にしつ門する。　×門　○問
⑤ 駅前の歯化に通う。　×化　○科

かん字クイズ

1 ①習 ②持 ③進 ④葉

2 ①落 ②服 ③洋 ④相

3 ①洋 ②詩 ③調

4 ①問 ②決 ③速

5 ②・④・⑧

6 ①ア ②イ ③ア

7 ①開 ②温 ③深 ④安 ⑤動

8 ①集 ②倍 ③都

9 ①化 ②品

10 ①イ ②ア ③イ ④ア ⑤イ ⑥ア

11 ①イ ②ア

12 く…4 る…5

13 ①細 ②談 ③相 ④聞

14 ①荷 ②州 ③重

この「丸つけラクラクかいとう」はとりはずしてお使いください。

教科書ぴったりトレーニング

丸つけラクラクかいとう

光村図書版 漢字３年

「丸つけラクラクかいとう」では問題と同じ紙面に、赤字で答えを書いています。
①問題がとけたら、まずは答え合わせをしましょう。
②まちがえた問題やわからなかった問題は、ぴったり１にもどったり、教科書を見返したりして、もう一度見直しましょう。

見やすい答え

てびき

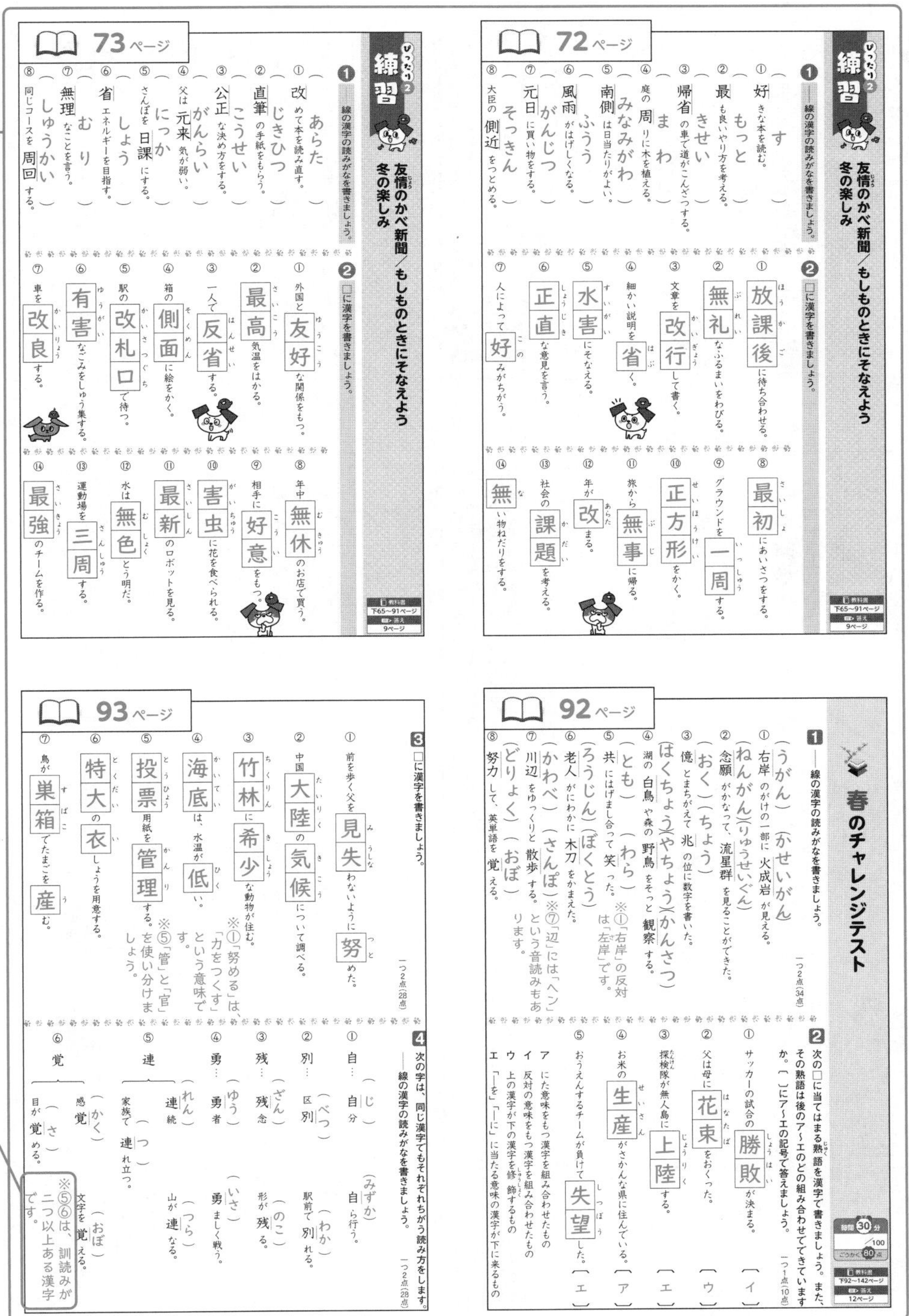

72ページ

ぴったり2 練習 友情のかべ新聞／もしものときにそなえよう 冬の楽しみ

1 ——線の漢字の読みがなを書きましょう。

① 好きな本を読む。（す）
② 最もよいやり方を考える。（もっと）
③ 帰省の車で道がこんざつする。（きせい）
④ 庭の周りに木を植える。（まわ）
⑤ 南側は日当たりがよい。（みなみがわ）
⑥ 風雨がはげしくなる。（ふうう）
⑦ 元日に買い物をする。（がんじつ）
⑧ 大臣の側近をつとめる。（そっきん）

2 □に漢字を書きましょう。

① 放課後に待ち合わせる。
② 無礼なふるまいをわびる。
③ 文章を改行して書く。
④ 細かい説明を省く。
⑤ 水害にそなえる。
⑥ 正直な意見を言う。
⑦ 人によって好みがちがう。
⑧ 最初にあいさつをする。
⑨ グラウンドを一周する。
⑩ 正方形をかく。
⑪ 旅から無事に帰る。
⑫ 年が改まる。
⑬ 社会の課題を考える。
⑭ 無いものねだりをする。

教科書 下65～91ページ　答え 9ページ

73ページ

1
① 改めて本を読み直す。（あらた）
② 直筆の手紙をもらう。（じきひつ）
③ 公正な決め方をする。（こうせい）
④ 父は元来気が弱い。（がんらい）
⑤ さんぽを日課にする。（にっか）
⑥ 省エネルギーを目指す。（しょう）
⑦ 無理なことを言う。（むり）
⑧ 同じコースを周回する。（しゅうかい）

2
① 外国と友好な関係をもつ。
② 最高気温をはかる。
③ 一人で反省する。
④ 箱の側面に絵をかく。
⑤ 駅の改札口で待つ。
⑥ 有害なごみをしゅう集する。
⑦ 車を改良する。
⑧ 年中無休のお店で買う。
⑨ 相手に好意をもつ。
⑩ 害虫に花を食べられる。
⑪ 最新のロボットを見る。
⑫ 水は無色とう明だ。
⑬ 運動場を三周する。
⑭ 最強のチームを作る。

92ページ

春のチャレンジテスト

1 ——線の漢字の読みがなを書きましょう。　一つ2点(34点)

① 右岸のがけの一部に火成岩が見える。（うがん）（かせいがん）
② 念願がかなって、流星群を見ることができた。（ねんがん）（りゅうせいぐん）
③ 億とまちがえて兆の位に数字を書いた。（おく）（ちょう）
④ 湖の白鳥や森の野鳥をそっと観察する。（はくちょう）（やちょう）（かんさつ）
⑤ 共にはげまし合って笑った。（とも）（わら）
⑥ 老人がにわかに木刀をかまえた。（ろうじん）（ぼくとう）
⑦ 川辺をゆっくりと散歩する。（かわべ）（さんぽ）
⑧ 努力して、英単語を覚える。（どりょく）（おぼ）

※①「右岸」の反対は「左岸」です。
※⑦「辺」には、「ヘン」という音読みもあります。

2 次の□に当てはまる熟語を漢字で書きましょう。また、その熟語は後のア～エのどの組み合わせでできていますか。（　）にア～エの記号で答えましょう。　一つ2点(10点)

① サッカーの試合の勝敗が決まる。（イ）
② 父は母に花束をおくった。（ウ）
③ 探検隊が無人島に上陸する。（エ）
④ お米の生産がさかんな県に住んでいる。（ア）
⑤ おうえんするチームが負けて失望した。（エ）

ア にた意味をもつ漢字を組み合わせたもの
イ 反対の意味をもつ漢字を組み合わせたもの
ウ 上の漢字が下の漢字を修飾するもの
エ 「～を」「～に」に当たる意味の漢字が下に来るもの

時間30分　/100　ごうかく80点
教科書 下92～142ページ　答え 12ページ

93ページ

3 □に漢字を書きましょう。　一つ2点(28点)

① 前を歩く父を見失わないように努めた。
② 中国の大陸の気候について調べる。
③ 竹林に希少な動物が住む。
④ 海底は、水温が低い。
⑤ 投票用紙を管理する。
⑥ 特大の衣しょうを用意する。
⑦ 鳥が巣箱でたまごを産む。

※①「努める」は、「力をつくす」という意味です。
※⑤「管」と「官」を使い分けましょう。

4 次の字は、同じ漢字でもそれぞれちがう読み方をします。——線の漢字の読みがなを書きましょう。　一つ2点(28点)

① 自…自分（じ）　自ら行う。（みずか）
② 別…区別（べつ）　駅前で別れる。（わか）
③ 残…残念（ざん）　形が残る。（のこ）
④ 勇…勇者（ゆう）　勇ましく戦う。（いさ）
⑤ 連…連続（れん）　家族で連れ立つ。（つ）　山が連なる。（つら）
⑥ 覚…感覚（かく）　目が覚める。（さ）　文字を覚える。（おぼ）

※⑤⑥は、訓読みが二つ以上ある漢字です。

※紙面はイメージです。

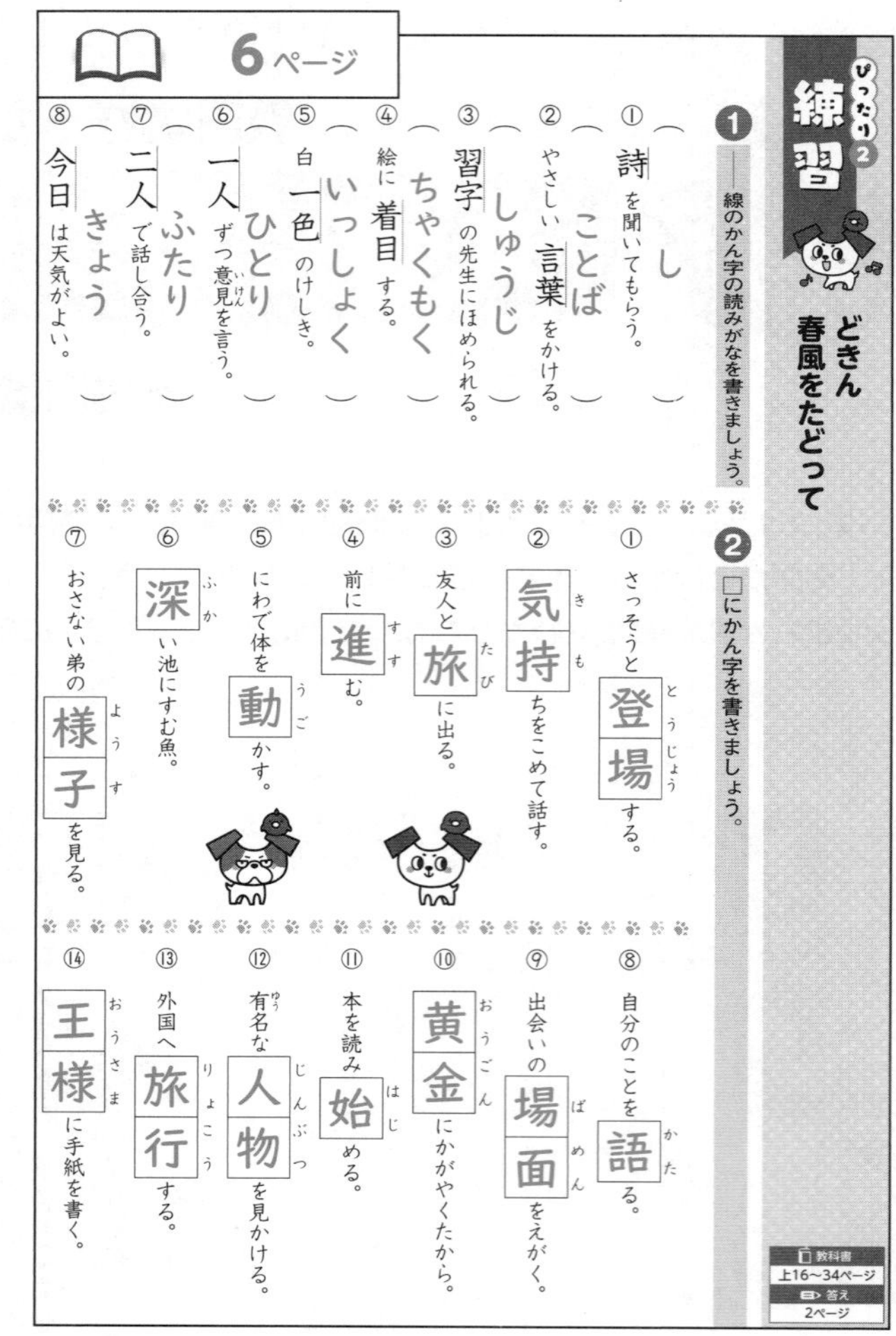
6ページ

ぴったり2 練習

どきん 春風をたどって

1 ――線のかん字の読みがなを書きましょう。

① （し）詩を聞いてもらう。
② （ことば）やさしい言葉をかける。
③ （しゅうじ）習字の先生にほめられる。
④ （ちゃくもく）絵に着目する。
⑤ （いっしょく）白一色のけしき。
⑥ （ひとり）一人ずつ意見を言う。
⑦ （ふたり）二人で話し合う。
⑧ （きょう）今日は天気がよい。

2 □にかん字を書きましょう。

① さっそうと登場（とうじょう）する。
② 気持（きも）ちをこめて話す。
③ 友人と旅（たび）に出る。
④ 前に進（すす）む。
⑤ にわで体を動（うご）かす。
⑥ 深（ふか）い池にすむ魚。
⑦ おさない弟の様子（ようす）を見る。
⑧ 自分のことを語（かた）る。
⑨ 出会いの場面（ばめん）をえがく。
⑩ 黄金（おうごん）にかがやくたから。
⑪ 本を読み始（はじ）める。
⑫ 有名な人物（じんぶつ）を見かける。
⑬ 外国へ旅行（りょこう）する。
⑭ 王様（おうさま）に手紙を書く。

教科書 上16～34ページ 答え 2ページ

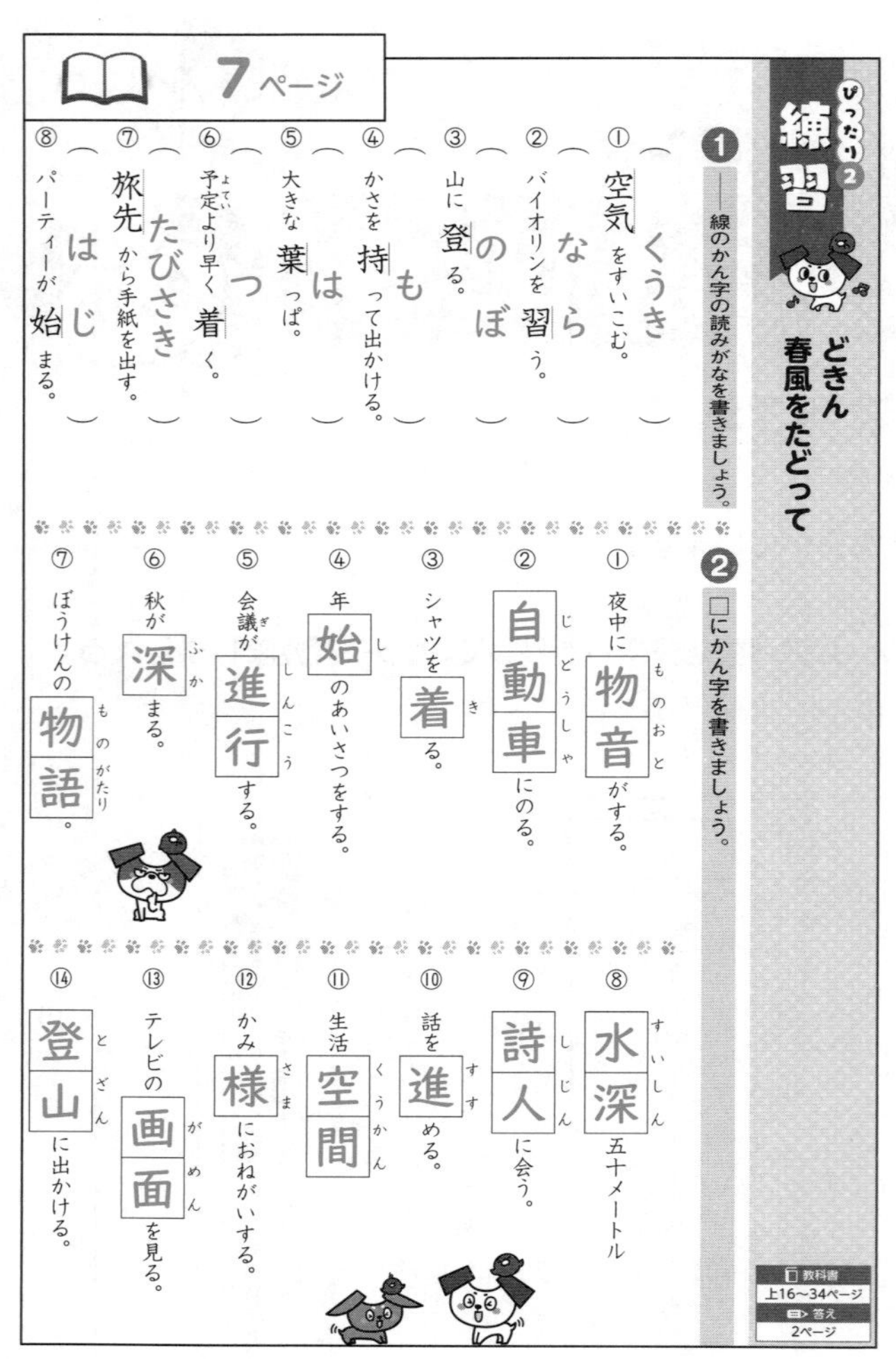
7ページ

ぴったり2 練習

どきん 春風をたどって

1 ――線のかん字の読みがなを書きましょう。

① （くうき）空気をすいこむ。
② （なら）バイオリンを習う。
③ （のぼ）山に登る。
④ （も）かさを持って出かける。
⑤ （は）大きな葉っぱ。
⑥ （つ）予定より早く着く。
⑦ （たびさき）旅先から手紙を出す。
⑧ （はじ）パーティーが始まる。

2 □にかん字を書きましょう。

① 夜中に物音（ものおと）がする。
② 自動車（じどうしゃ）にのる。
③ シャツを着（き）る。
④ 年始（し）のあいさつをする。
⑤ 会議が進行（しんこう）する。
⑥ 秋が深（ふか）まる。
⑦ ぼうけんの物語（ものがたり）。
⑧ 水深（すいしん）五十メートル
⑨ 詩人（しじん）に会う。
⑩ 話を進（すす）める。
⑪ 生活空間（くうかん）
⑫ かみ様（さま）におねがいする。
⑬ テレビの画面（がめん）を見る。
⑭ 登山（とざん）に出かける。

教科書 上16～34ページ 答え 2ページ

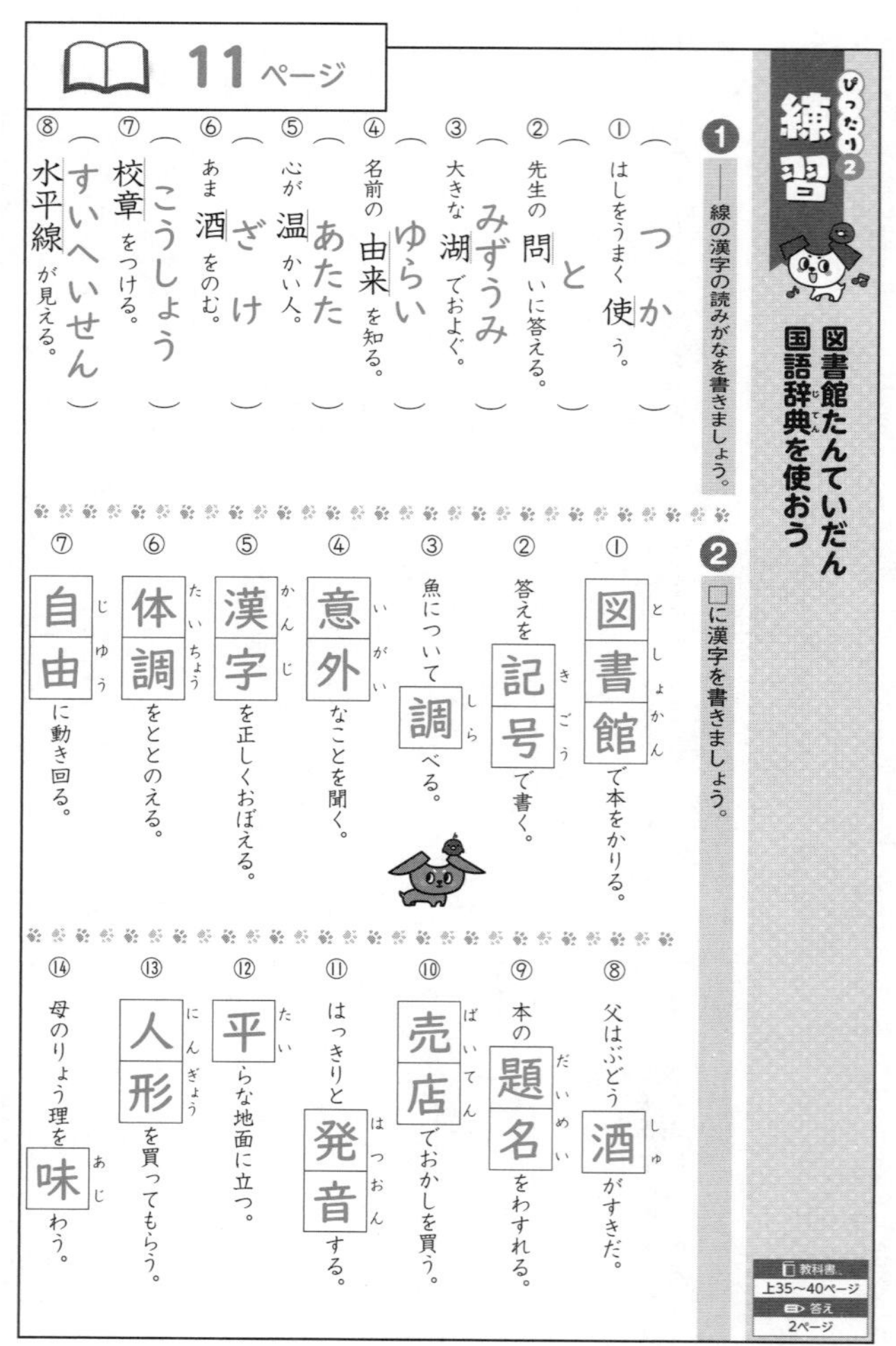
11ページ

ぴったり2 練習

図書館たんていだん 国語辞典を使おう

1 ――線の漢字の読みがなを書きましょう。

① （つか）はしをうまく使う。
② （と）先生の問いに答える。
③ （みずうみ）大きな湖でおよぐ。
④ （ゆらい）名前の由来を知る。
⑤ （あたた）心が温かい人。
⑥ （ざけ）あま酒をのむ。
⑦ （こうしょう）校章をつける。
⑧ （すいへいせん）水平線が見える。

2 □に漢字を書きましょう。

① 図書館（としょかん）で本をかりる。
② 答えを記号（きごう）で書く。
③ 魚について調（しら）べる。
④ 意外（いがい）なことを聞く。
⑤ 漢字（かんじ）を正しくおぼえる。
⑥ 体調（たいちょう）をととのえる。
⑦ 自由（じゆう）に動き回る。
⑧ 父はぶどう酒（しゅ）がすきだ。
⑨ 本の題名（だいめい）をわすれる。
⑩ 売店（ばいてん）でおかしを買う。
⑪ はっきりと発音（はつおん）する。
⑫ 平（たい）らな地面に立つ。
⑬ 人形（にんぎょう）を買ってもらう。
⑭ 母のりょう理を味（あじ）わう。

教科書 上35～40ページ 答え 2ページ

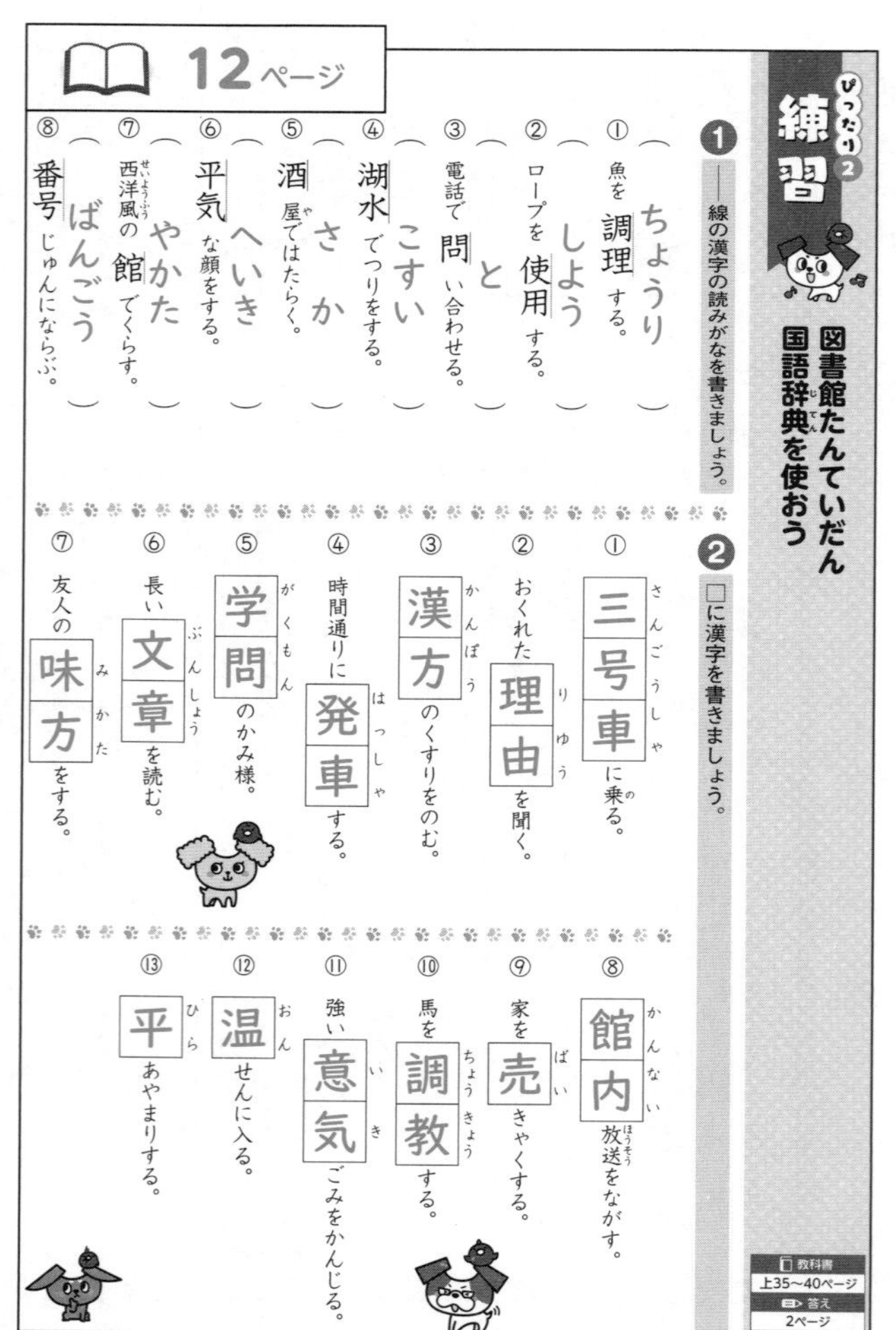
12ページ

ぴったり2 練習

図書館たんていだん 国語辞典を使おう

1 ――線の漢字の読みがなを書きましょう。

① （ちょうり）魚を調理する。
② （しよう）ロープを使用する。
③ （と）電話で問い合わせる。
④ （こすい）湖水でつりをする。
⑤ （さか）酒屋ではたらく。
⑥ （へいき）平気な顔をする。
⑦ （やかた）西洋風の館でくらす。
⑧ （ばんごう）番号じゅんにならぶ。

2 □に漢字を書きましょう。

① 三号車（さんごうしゃ）に乗る。
② おくれた理由（りゆう）を聞く。
③ 漢方（かんぽう）のくすりをのむ。
④ 時間通りに発車（はっしゃ）する。
⑤ 学問（がくもん）のかみ様。
⑥ 長い文章（ぶんしょう）を読む。
⑦ 友人の味方（みかた）をする。
⑧ 館内（かんない）放送をながす。
⑨ 家を売（ばい）きゃくする。
⑩ 馬を調教（ちょうきょう）する。
⑪ 強い意気（いき）ごみをかんじる。
⑫ 温（おん）せんに入る。
⑬ 平（ひら）あやまりする。

教科書 上35～40ページ 答え 2ページ

ふろく　とりはずしておつかいください。

漢字 おさらいドリル

前学年でならったかん字

2年生でならった漢字をふく習しましょう！

3年　　組

1 あ行のかん字 引・羽・雲・園・遠 か行のかん字① 何・科・夏・家・歌・画・回・会・海・絵・外・角・楽・活・間・丸・岩・顔

／100

1 ――線のかん字の読みがなを書こう。 一つ3点（24点）

① 知っている曲(きょく)を歌う。（　）
② 遠足に出かける。（　）
③ とくいな科目(もく)。（　）
④ あさから外出(しゅつ)する。（　）
⑤ 目を三角にする。（　）
⑥ 人間のくらし。（　）
⑦ 画家になる。（　）
⑧ 家とへいの間。（　）

2 □に合うかん字を書こう。 一つ4点（56点）

① はいいろの□（あまぐも）。
② □（いえ）ですごす。

3 つぎの――線を、かん字とおくりがなで書こう。 一つ2点（20点）

① ひき算をする。（　）
② みんなでうたう。（　）
③ たのしい一日。（　）
④ まるいボール。（　）

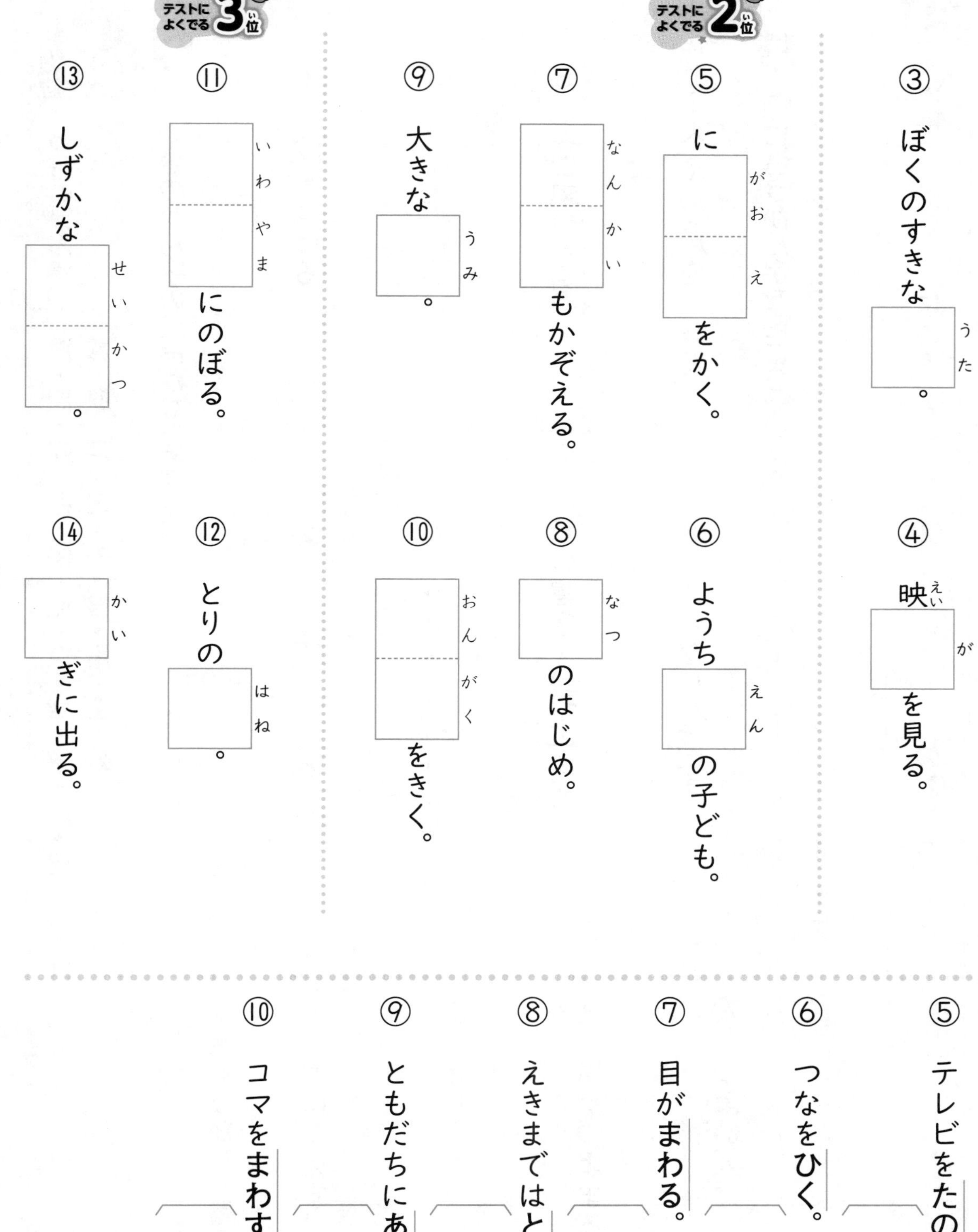

テストによくでる2位

③ ぼくのすきな［　］（うた）。

④ 映（えい）［　］（が）を見る。

⑤ に［　｜　］（がおえ）をかく。

⑥ ようち［　］（えん）の子ども。

⑦ ［　｜　］（なんかい）もかぞえる。

⑧ ［　］（なつ）のはじめ。

⑨ 大きな［　］（うみ）。

⑩ ［　｜　］（おんがく）をきく。

テストによくでる3位

⑪ ［　｜　］（いわやま）にのぼる。

⑫ とりの［　］（はね）。

⑬ しずかな［　｜　］（せいかつ）。

⑭ ［　］（かい）ぎに出る。

⑤ テレビをたのしむ。（　　　）

⑥ つなをひく。（　　　）

⑦ 目がまわる。（　　　）

⑧ えきまではとおい。（　　　）

⑨ ともだちにあう。（　　　）

⑩ コマをまわす。（　　　）

2 か行のかん字②

汽・記・帰・弓・牛・魚・京・強・教・近・兄・形・計・元
言・原・戸・古・午・後・語・工・公

／100

1 ――線のかん字の読みがなを書こう。 一つ3点(24点)

① 後をつける。（　　）
② 子牛が生まれる。（　　）
③ 父が上京する。（　　）
④ 好(す)きな教科は音楽だ。（　　）
⑤ 元気になる。（　　）
⑥ 黒字を計上する。（　　）
⑦ へやの戸をあける。（　　）
⑧ みんなに公開(かい)する。（　　）

2 □に合うかん字を書こう。 一つ4点(56点)

① □□(きしゃ)にのる。
② □□(ごご)のおやつ。

3 つぎの――線を、かん字とおくりがなで書こう。 一つ2点(20点)

① 家にかえす。（　　）
② 家にかえる。（　　）
③ 風がつよまる。（　　）
④ つよい人。（　　）

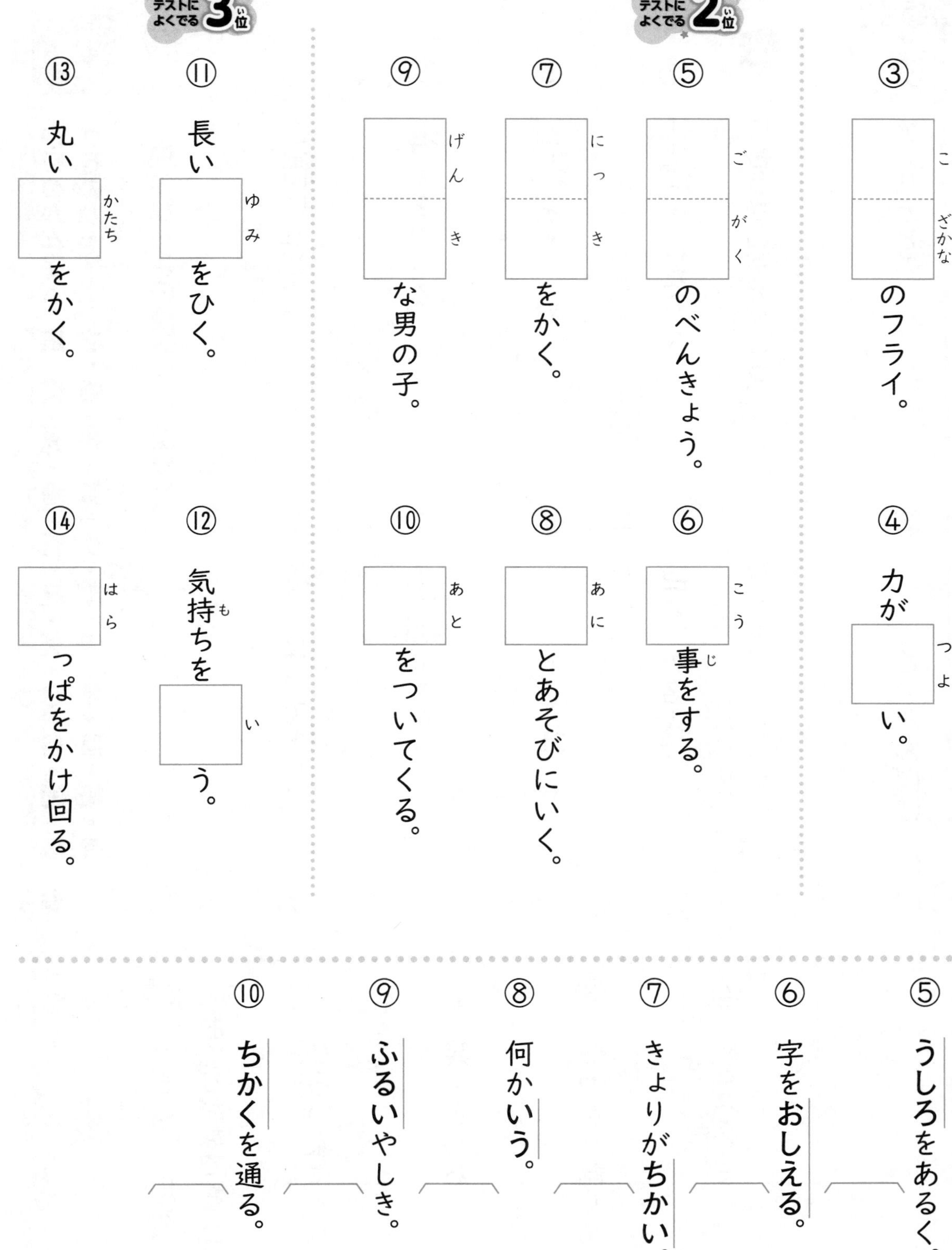

テストによくでる2位

テストによくでる3位

③ □(こざかな)のフライ。

④ 力が□(つよ)い。

⑤ □(ごがく)のべんきょう。

⑥ □(こう)事(じ)をする。

⑦ □(にっき)をかく。

⑧ □(あに)とあそびにいく。

⑨ □(げんき)な男の子。

⑩ □(あと)をついてくる。

⑪ 長い□(ゆみ)をひく。

⑫ 気持(も)ちを□(い)う。

⑬ 丸い□(かたち)をかく。

⑭ □(はら)っぱをかけ回る。

⑤ うしろをあるく。

⑥ 字をおしえる。

⑦ きょりがちかい。

⑧ 何かいう。

⑨ ふるいやしき。

⑩ ちかくを通る。

3 か行のかん字③ さ行のかん字①

広・交・光・考・行・高・黄・合・谷・国・黒・今
才・細・作・算・止・市・矢・姉・思・紙・寺

／100

1 ――線のかん字の読みがなを書こう。 一つ3点(24点)

①（　　）白紙（はく）にもどす。
②（　　）今、帰ってきた。
③（　　）考えをのべる。
④（　　）山国でそだつ。
⑤（　　）今後のよてい。
⑥（　　）うつくしい光。
⑦（　　）市場ではたらく。
⑧（　　）弓矢の名人。

2 □に合うかん字を書こう。 一つ4点(56点)

① アメリカとの□□（がいこう）。
② □（き）色いたんぽぽ。

3 つぎの――線を、かん字とおくりがなで書こう。 一つ2点(20点)

① ひろい家にすむ。（　　）
② 足をとめる。（　　）
③ しっかり話しあう。（　　）
④ 歌をつくる。（　　）

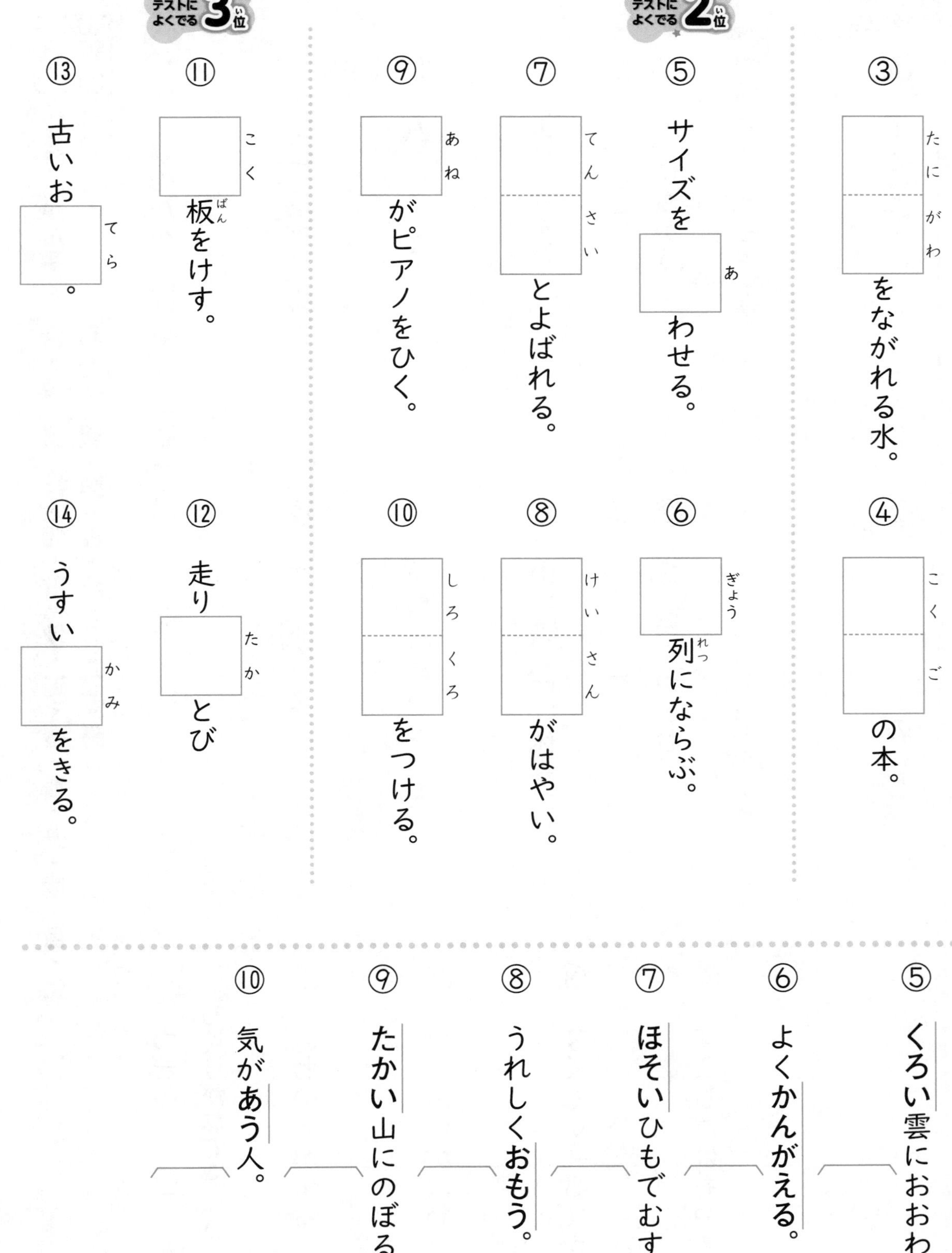

テストによくでる2位

③ [たにがわ]をながれる水。

④ [こくご]の本。

⑤ サイズを[あ]わせる。

⑥ [ぎょう]列（れつ）にならぶ。

⑦ [てんさい]とよばれる。

⑧ [けいさん]がはやい。

⑨ [あね]がピアノをひく。

⑩ [しろくろ]をつける。

テストによくでる3位

⑪ [こく]板（ばん）をけす。

⑫ 走り[たか]とび

⑬ 古いお[てら]。

⑭ うすい[かみ]をきる。

⑤ くろい雲におおわれる。

⑥ よくかんがえる。

⑦ ほそいひもでむすぶ。

⑧ うれしくおもう。

⑨ たかい山にのぼる。

⑩ 気があう人。

4 さ行のかん字②

自・時・室・社・弱・首・秋・週・春・書・少・場・色・食
心・新・親・図・数・西・声・星・晴

／100

1 ――線のかん字の読みがなを書こう。（一つ3点〈24点〉）

① 自国語（　　）を話す。

② 力を弱（　　）める。

③ 春（　　）にさく花。

④ 多（た）数（　　）の声が上がる。

⑤ 食（　　）べ物（もの）を買う。

⑥ 雨の場合（　　）は休みだ。

⑦ 心（　　）にちかう。

⑧ 手首（　　）をつかむ。

2 □に合うかん字を書こう。（一つ4点〈56点〉）

① 小さな町□□（こう・ば）。

② □□（なな・いろ）のにじ。

3 つぎの――線を、かん字とおくりがなで書こう。（一つ2点〈20点〉）

① よわい（　　）音が出る。

② いきおいがよわまる（　　）。

③ すくない（　　）人数でかつ。

④ すこし（　　）だけもっている。

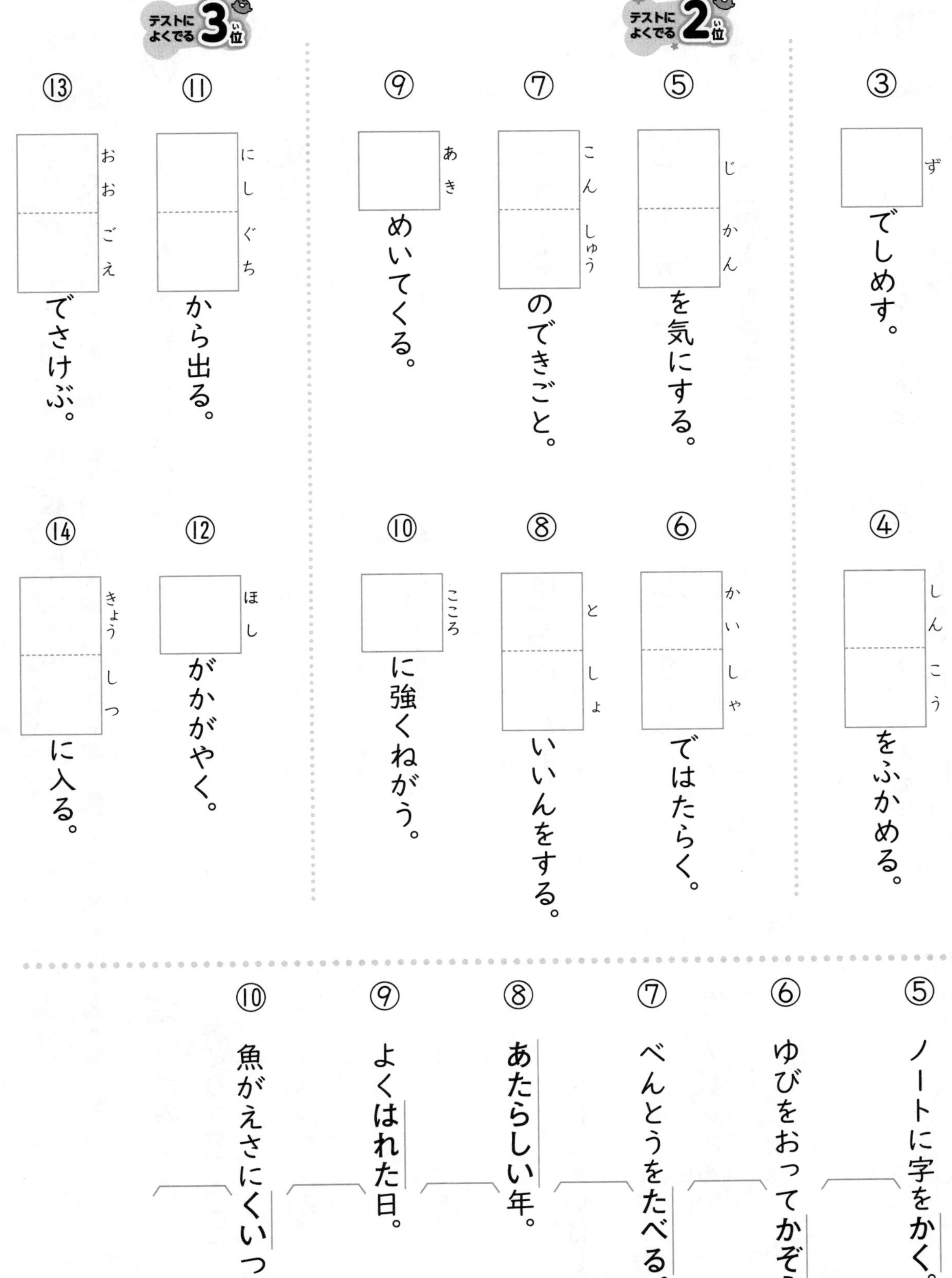

③ □（ず）でしめす。

④ □□（しんこう）をふかめる。

⑤ □□（じかん）を気にする。

⑥ □□（かいしゃ）ではたらく。

⑦ □□（こんしゅう）のできごと。

⑧ □□（としょ）いいんをする。

⑨ □（あき）めいてくる。

⑩ □（こころ）に強くねがう。

⑪ □□（にしぐち）から出る。

⑫ □（ほし）がかがやく。

⑬ □□（おおごえ）でさけぶ。

⑭ □□（きょうしつ）に入る。

⑤ ノートに字をかく。

⑥ ゆびをおってかぞえる。

⑦ べんとうをたべる。

⑧ あたらしい年。

⑨ よくはれた日。

⑩ 魚がえさにくいつく。

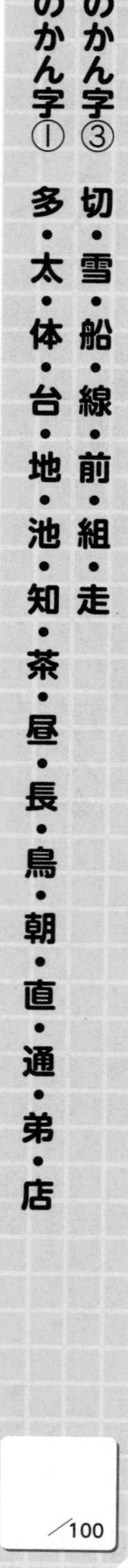

5
さ行のかん字③ 切・雪・船・線・前・組・走
た行のかん字① 多・太・体・台・地・池・知・茶・昼・長・鳥・朝・直・通・弟・店
／100

1 ——線のかん字の読みがなを書こう。 一つ3点(24点)

① 組合に入る。
② 地上に出る。
③ 朝のできごと。
④ 船から手をふる。
⑤ 体そうをする。
⑥ 兄弟はなかよしだ。
⑦ 店で本を買う。
⑧ 昼ねをする。

2 □に合うかん字を書こう。 一つ4点(56点)

① □□(たいせつ)なともだち。
② □(ゆき)がっせんをする。

3 つぎの——線を、かん字とおくりがなで書こう。 一つ2点(20点)

① リボンをきる。
② すわって足をくむ。
③ 一生けんめいはしる。
④ 人数がおおい。

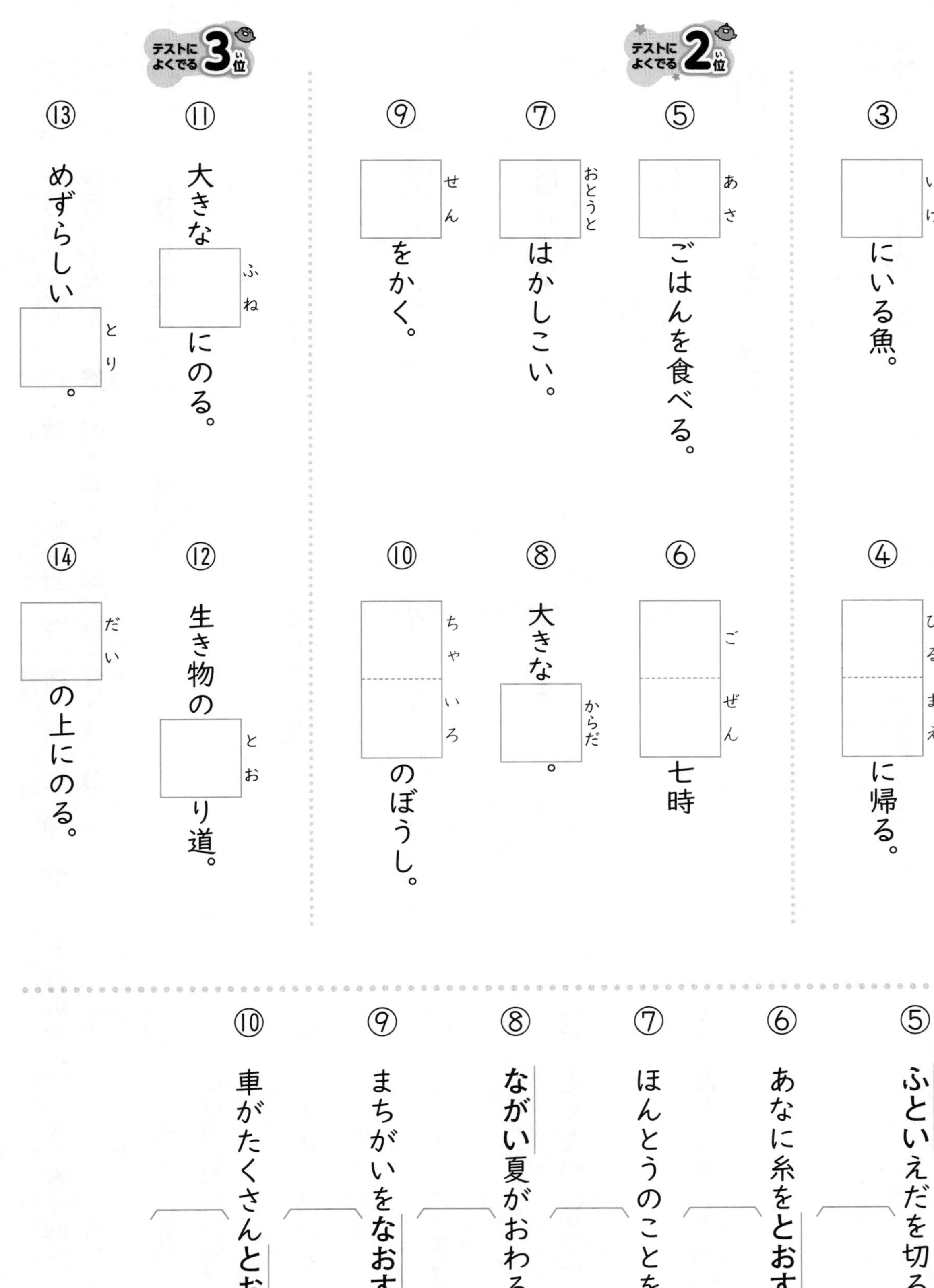

テストによくでる2位

③ □(いけ)にいる魚。

④ □□(ひるまえ)に帰る。

⑤ □(あさ)ごはんを食べる。

⑥ □□(ごぜん)七時

⑦ □(おとうと)はかしこい。

⑧ 大きな□(からだ)。

⑨ □(せん)をかく。

⑩ □□(ちゃいろ)のぼうし。

テストによくでる3位

⑪ 大きな□(ふね)にのる。

⑫ 生き物の□(とお)り道。

⑬ めずらしい□(とり)。

⑭ □(だい)の上にのる。

⑤ ふといえだを切る。（　　）

⑥ あなに糸をとおす。（　　）

⑦ ほんとうのことをしる。（　　）

⑧ ながい夏がおわる。（　　）

⑨ まちがいをなおす。（　　）

⑩ 車がたくさんとおる。（　　）

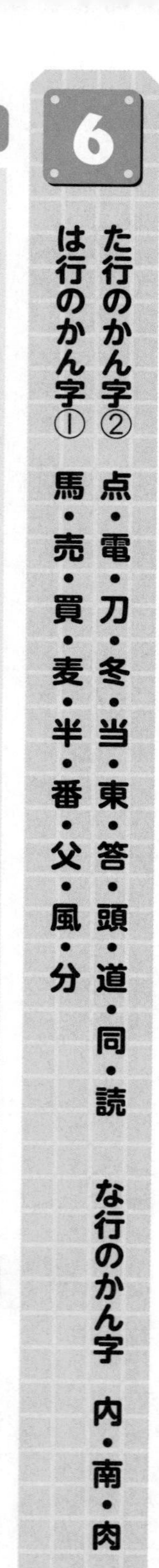

6
た行のかん字② 点・電・刀・冬・当・東・答・頭・道・同・読
は行のかん字① 馬・売・買・麦・半・番・父・風・分
な行のかん字 内・南・肉

/100

1 ――線のかん字の読みがなを書こう。 一つ3点(24点)

① 刀をふり回す。（　　）
② もうすぐ冬だ。（　　）
③ 東京でくらす。（　　）
④ 答えを見つける。（　　）
⑤ 風にあおられる。（　　）
⑥ 道をまちがえる。（　　）
⑦ 馬にまたがる。（　　）
⑧ 南からやってくる。（　　）

2 □に合うかん字を書こう。 一つ4点(56点)

① テストの□□（てんすう）。
② □（あたま）をかかえる。

3 つぎの――線を、かん字とおくりがなで書こう。 一つ2点(20点)

① ボールがあたる。（　　）
② といかけにこたえる。（　　）
③ もんだいのこたえ。（　　）
④ おなじ大きさの絵。（　　）

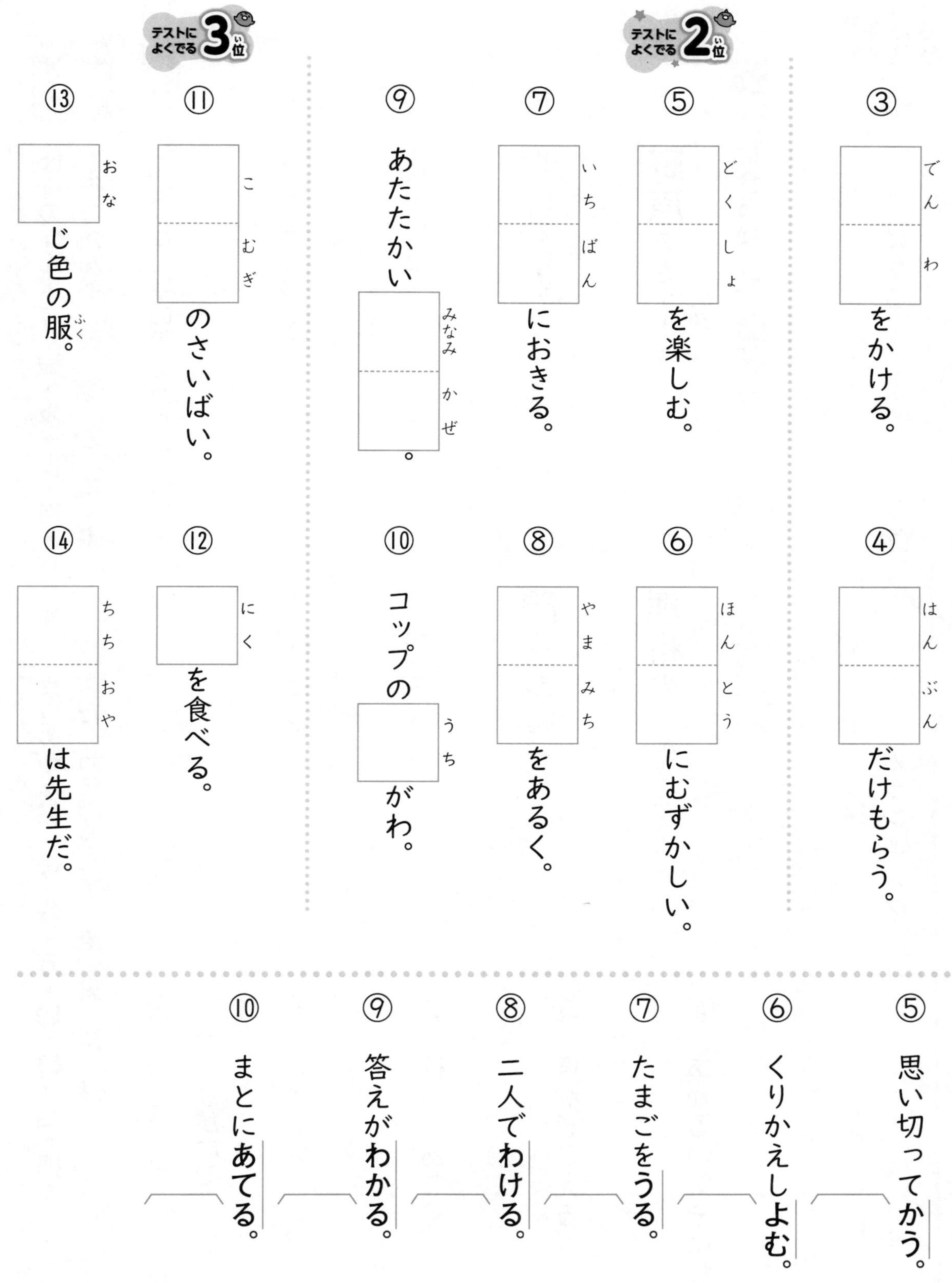

テストによくでる2位
テストによくでる3位
③ （でんわ）をかける。
④ （はんぶん）だけもらう。
⑤ （どくしょ）を楽しむ。
⑥ （ほんとう）にむずかしい。
⑦ （いちばん）におきる。
⑧ （やまみち）をあるく。
⑨ あたたかい（みなみかぜ）。
⑩ コップの（うち）がわ。
⑪ （こむぎ）のさいばい。
⑫ （にく）を食べる。
⑬ （おな）じ色の服。
⑭ （ちちおや）は先生だ。

⑤ 思い切ってかう。

⑥ くりかえしよむ。

⑦ たまごをうる。

⑧ 二人でわける。

⑨ 答えがわかる。

⑩ まとにあてる。

7 は行のかん字② 聞・米・歩・母・方・北 ま行のかん字 毎・妹・万・明・鳴・毛・門
や行のかん字 夜・野・友・用・曜 ら行・わ行のかん字 来・里・理・話

／100

1 ――線のかん字の読みがなを書こう。 一つ3点(24点)

① 友だちをつくる。（　　）
② お米をたく。（　　）
③ 北を目指す。（　　）
④ 一万円さつ（　　）
⑤ 明け方に出かける。（　　）
⑥ 門の前で待つ。（　　）
⑦ 野原をさまよう。（　　）
⑧ 理科のべんきょう。（　　）

2 □に合うかん字を書こう。 一つ4点(56点)

① □(よる)になる。
② □□(まいあさ)のランニング。

3 つぎの――線を、かん字とおくりがなで書こう。 一つ2点(20点)

① いけんをきく。（　　）
② 校内をあるく。（　　）
③ 声がきこえる。（　　）
④ あかるい気分になる。（　　）

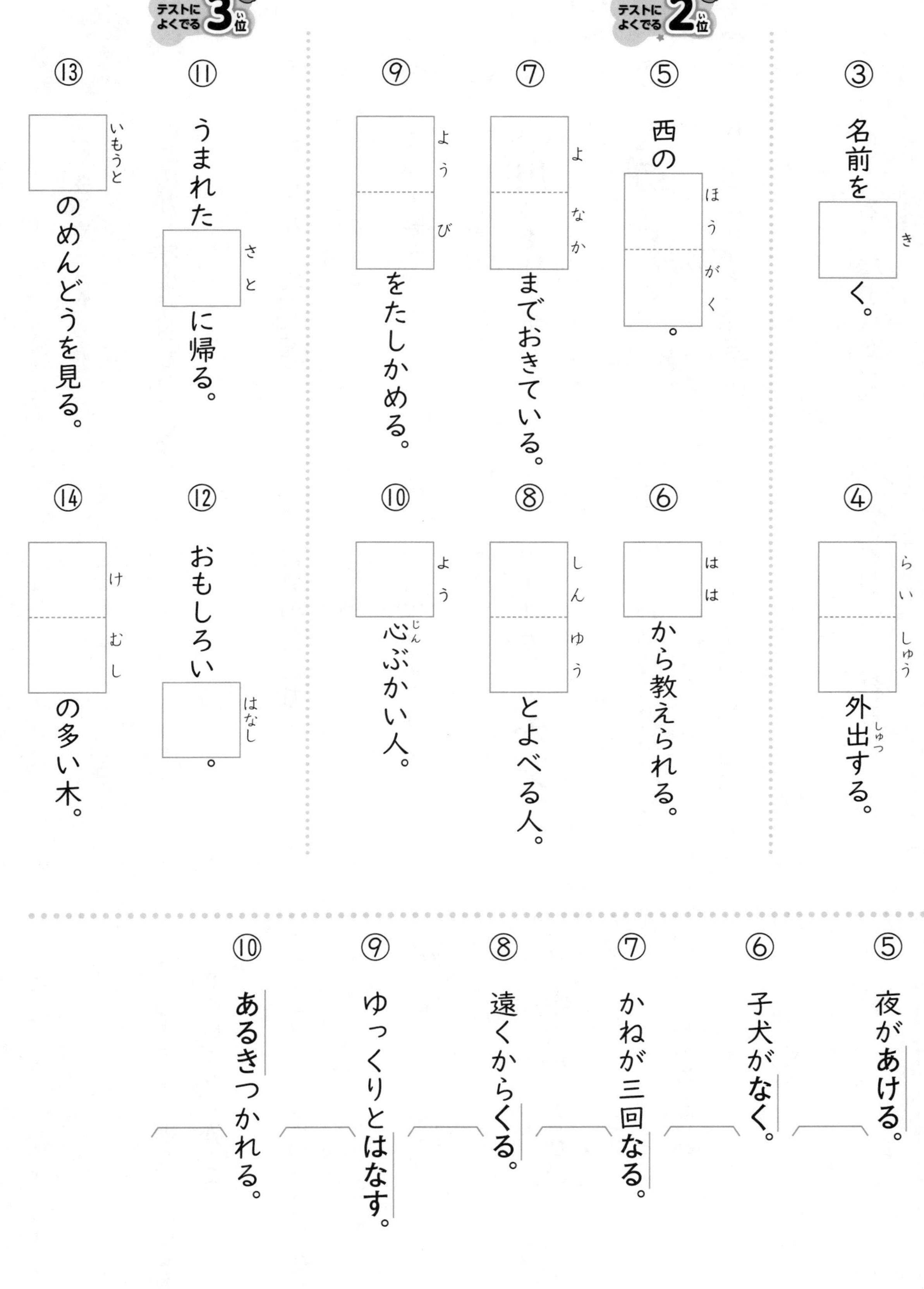

テストによくでる2位

③ 名前を□(き)く。

④ □□(らいしゅう)外出(しゅっ)する。

⑤ 西の□□(ほうがく)。

⑥ □(はは)から教えられる。

⑦ □□(よなか)までおきている。

⑧ □□(しんゆう)とよべる人。

⑨ □□(ようび)をたしかめる。

⑩ □(よう)心(じん)ぶかい人。

テストによくでる3位

⑪ うまれた□(さと)に帰る。

⑫ おもしろい□(はなし)。

⑬ □(いもうと)のめんどうを見る。

⑭ □□(けむし)の多い木。

⑤ 夜があける。

⑥ 子犬がなく。

⑦ かねが三回なる。

⑧ 遠くからくる。

⑨ ゆっくりとはなす。

⑩ あるきつかれる。

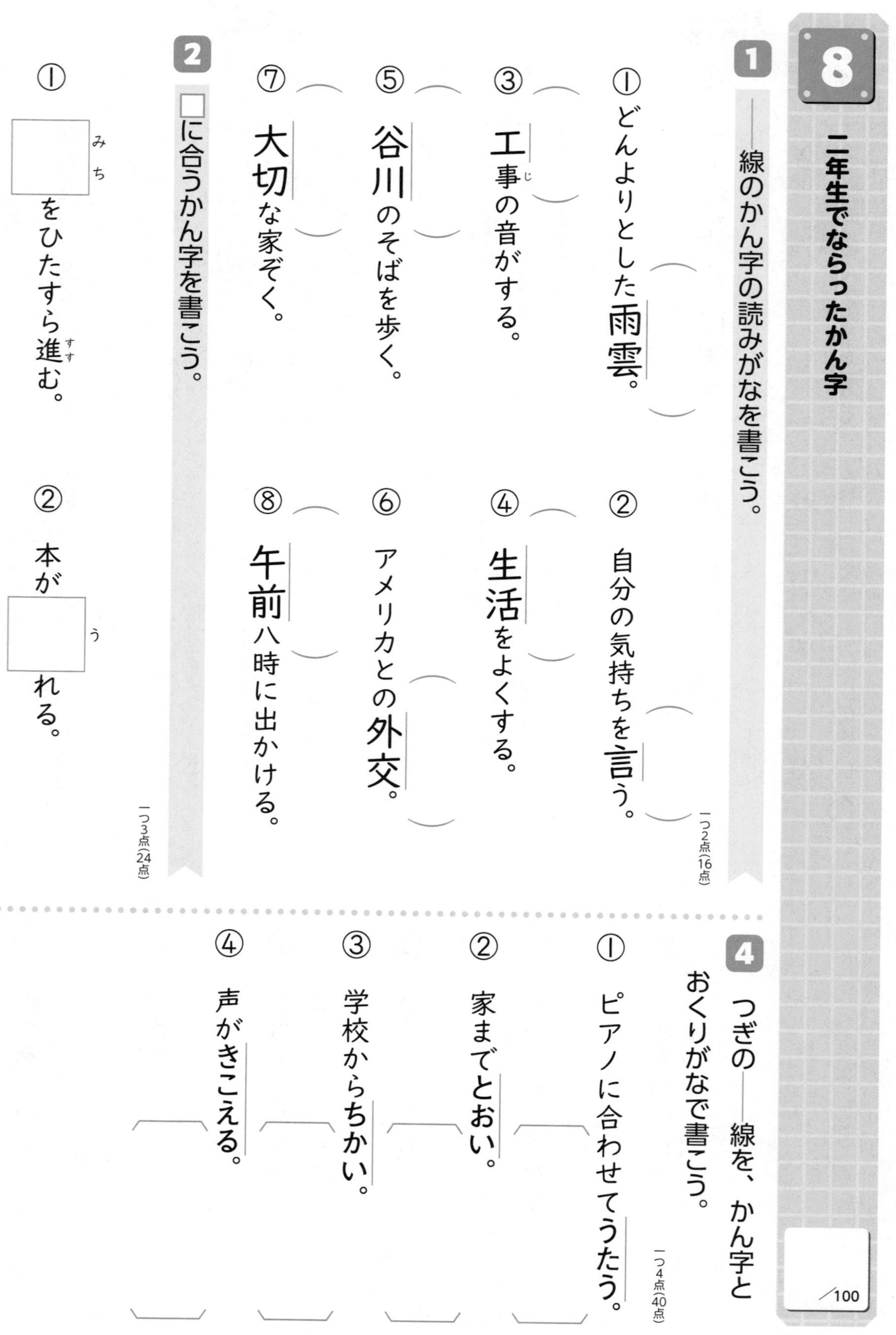

8 二年生でならったかん字

/100

1 ——線のかん字の読みがなを書こう。 一つ2点(16点)

① どんよりとした雨雲。（　　）
② 自分の気持ちを言う。（　　）
③ 工事の音がする。（　　）
④ 生活をよくする。（　　）
⑤ 谷川のそばを歩く。（　　）
⑥ アメリカとの外交。（　　）
⑦ 大切な家ぞく。（　　）
⑧ 午前八時に出かける。（　　）

2 □に合うかん字を書こう。 一つ3点(24点)

① □（みち）をひたすら進む。
② 本が□（う）れる。

4 つぎの——線を、かん字とおくりがなで書こう。 一つ4点(40点)

① ピアノに合わせてうたう。（　　）
② 家までとおい。（　　）
③ 学校からちかい。（　　）
④ 声がきこえる。（　　）

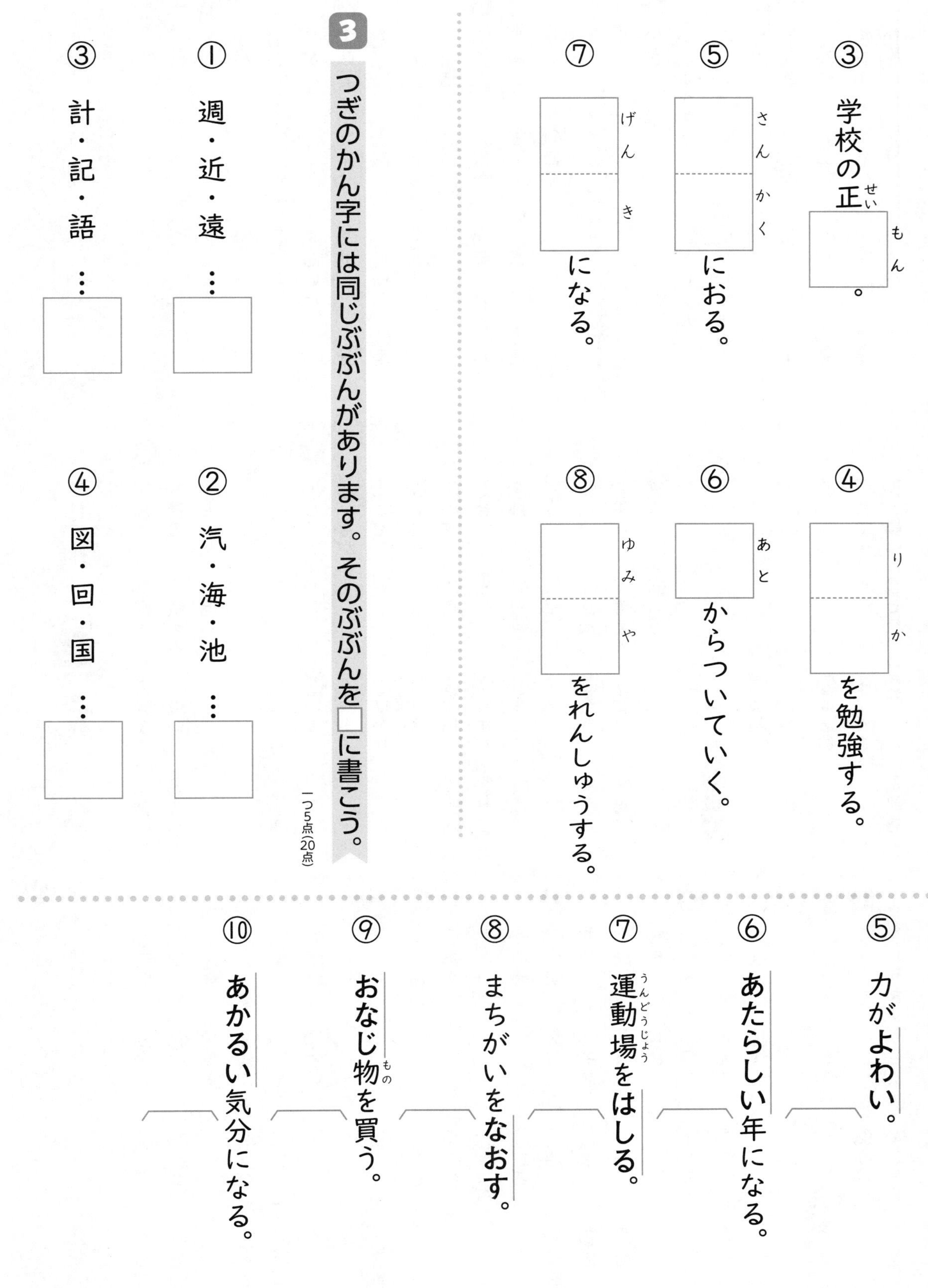

③ 学校の正(せい)□(もん)。

④ □□(りか)を勉強する。

⑤ □□(さんかく)におる。

⑥ □(あと)からついていく。

⑦ □□(げんき)になる。

⑧ □□(ゆみや)をれんしゅうする。

3 つぎのかん字には同じぶぶんがあります。そのぶぶんを□に書こう。 一つ5点(20点)

① 週・近・遠 … □

② 汽・海・池 … □

③ 計・記・語 … □

④ 図・回・国 … □

⑤ 力がよわい。（　　）

⑥ あたらしい年になる。（　　）

⑦ 運動場(うんどうじょう)をはしる。（　　）

⑧ まちがいをなおす。（　　）

⑨ おなじ物(もの)を買う。（　　）

⑩ あかるい気分になる。（　　）

答え

1 2・3ページ

1
①うた ②えんそく
③か ④がい
⑤さんかく ⑥にんげん
⑦がか ⑧あいだ

2
①雨雲 ②家 ③歌 ④画
⑤顔絵 ⑥園 ⑦何回 ⑧夏
⑨海 ⑩音楽 ⑪岩山 ⑫羽
⑬生活 ⑭会

3
①引き ②歌う ③楽しい ④丸い
⑤楽しむ ⑥引く ⑦回る ⑧遠い
⑨会う ⑩回す

2 4・5ページ

1
①あと ②こうし
③じょうきょう ④きょうか
⑤げんき ⑥けいじょう
⑦と ⑧こう

2
①汽車 ②午後 ③小魚 ④強
⑤語学 ⑥工 ⑦日記 ⑧兄
⑨元気 ⑩後 ⑪弓 ⑫言
⑬形 ⑭原

3
①帰す ②帰る ③強まる ④強い
⑤後ろ ⑥教える ⑦近い ⑧言う
⑨古い ⑩近く

3 6・7ページ

1
①し ②いま
③かんが ④やまぐに
⑤こんご ⑥ひかり
⑦いちば ⑧ゆみや

2
①外交 ②黄 ③谷川 ④国語
⑤合 ⑥行 ⑦天才 ⑧計算
⑨姉 ⑩白黒 ⑪黒 ⑫高
⑬寺 ⑭紙

3
①広い ②止める ③合う ④作る
⑤黒い ⑥考える ⑦細い ⑧思う
⑨高い ⑩合う

4 8・9ページ

1
①じこくご ②よわ
③はる ④すう
⑤た ⑥ばあい
⑦こころ ⑧てくび

2
①工場 ②七色 ③図 ④親交
⑤時間 ⑥会社 ⑦今週 ⑧図書
⑨秋 ⑩心 ⑪西口 ⑫星
⑬大声 ⑭教室

3
①弱い ②弱まる ③少ない ④少し
⑤書く ⑥数える ⑦食べる ⑧新しい
⑨晴れた ⑩食い

5 10・11ページ

1
①くみあい ②ちじょう
③あさ ④ふね
⑤たい ⑥きょうだい
⑦みせ ⑧ひる

2
①大切 ②雪 ③池 ④昼前
⑤朝 ⑥午前 ⑦弟 ⑧体
⑨線 ⑩茶色 ⑪船 ⑫通
⑬鳥 ⑭台

3
①切る ②組む ③走る ④多い
⑤太い ⑥通す ⑦知る ⑧長い
⑨直す ⑩通る

6 12・13ページ

1
①かたな ②ふゆ
③とうきょう ④こた

付録 とりはずしてお使いください。

漢字おさらいドリル

前学年でならったかん字

３年生で習った漢字をふく習しましょう！

もくじ

４年　　組

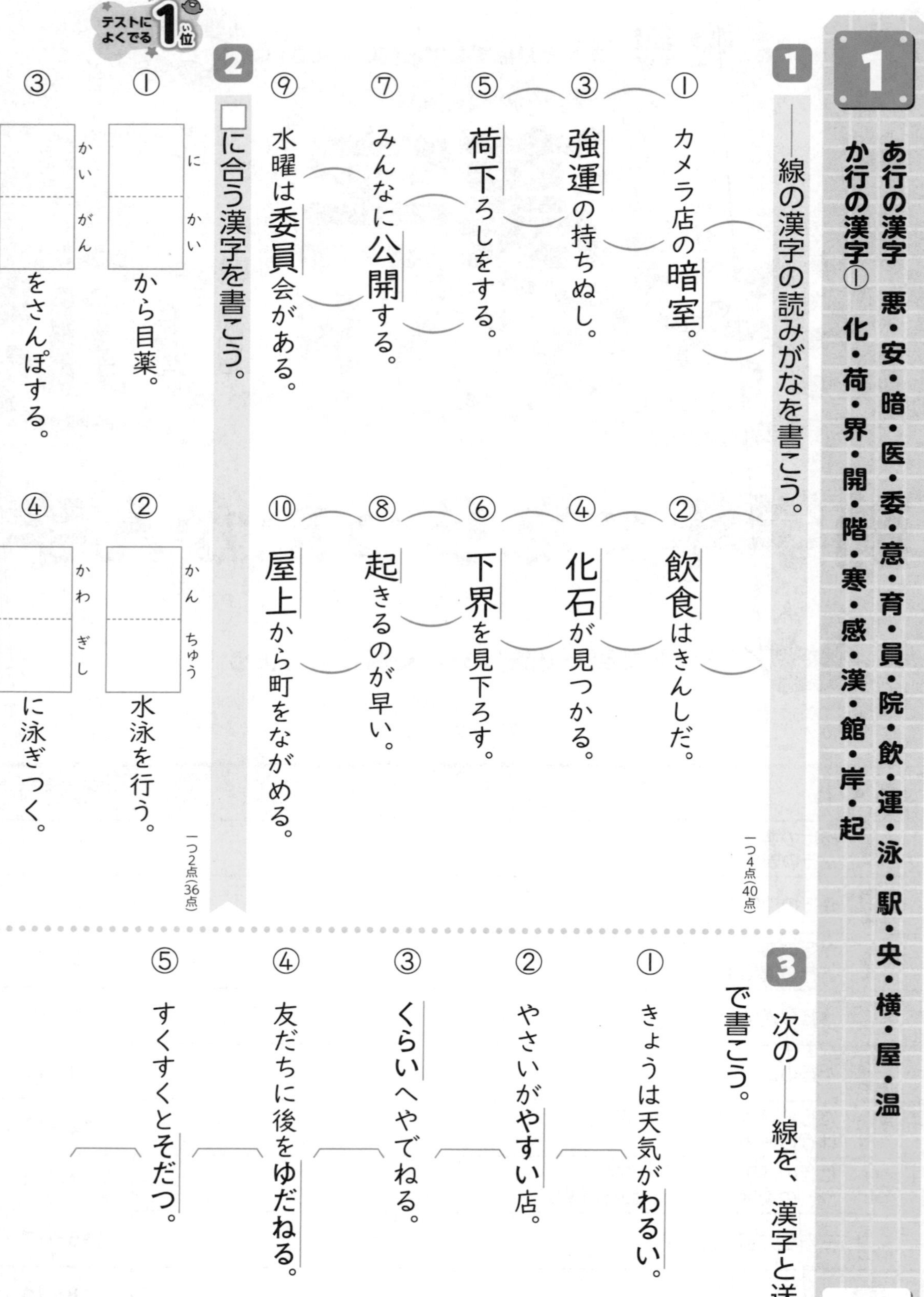

1 あ行の漢字 悪・安・暗・医・委・意・育・員・院・飲・運・泳・駅・央・横・屋・温
か行の漢字① 化・荷・界・開・階・寒・感・漢・館・岸・起

/100

テストによくでる1位

1 ――線の漢字の読みがなを書こう。 一つ4点(40点)

① カメラ店の暗室。（　　）
② 飲食はきんしだ。（　　）
③ 強運の持ちぬし。（　　）
④ 化石が見つかる。（　　）
⑤ 荷下ろしをする。（　　）
⑥ 下界を見下ろす。（　　）
⑦ みんなに公開する。（　　）
⑧ 起きるのが早い。（　　）
⑨ 水曜は委員会がある。（　　）
⑩ 屋上から町をながめる。（　　）

2 □に合う漢字を書こう。 一つ2点(36点)

① □□（にかい）から目薬。
② □□（かんちゅう）水泳を行う。
③ □□（かいがん）をさんぽする。
④ □□（かわぎし）に泳ぎつく。

3 次の――線を、漢字と送りがなで書こう。 一つ2点(24点)

① きょうは天気がわるい。（　　）
② やさいがやすい店。（　　）
③ くらいへやでねる。（　　）
④ 友だちに後をゆだねる。（　　）
⑤ すくすくとそだつ。（　　）

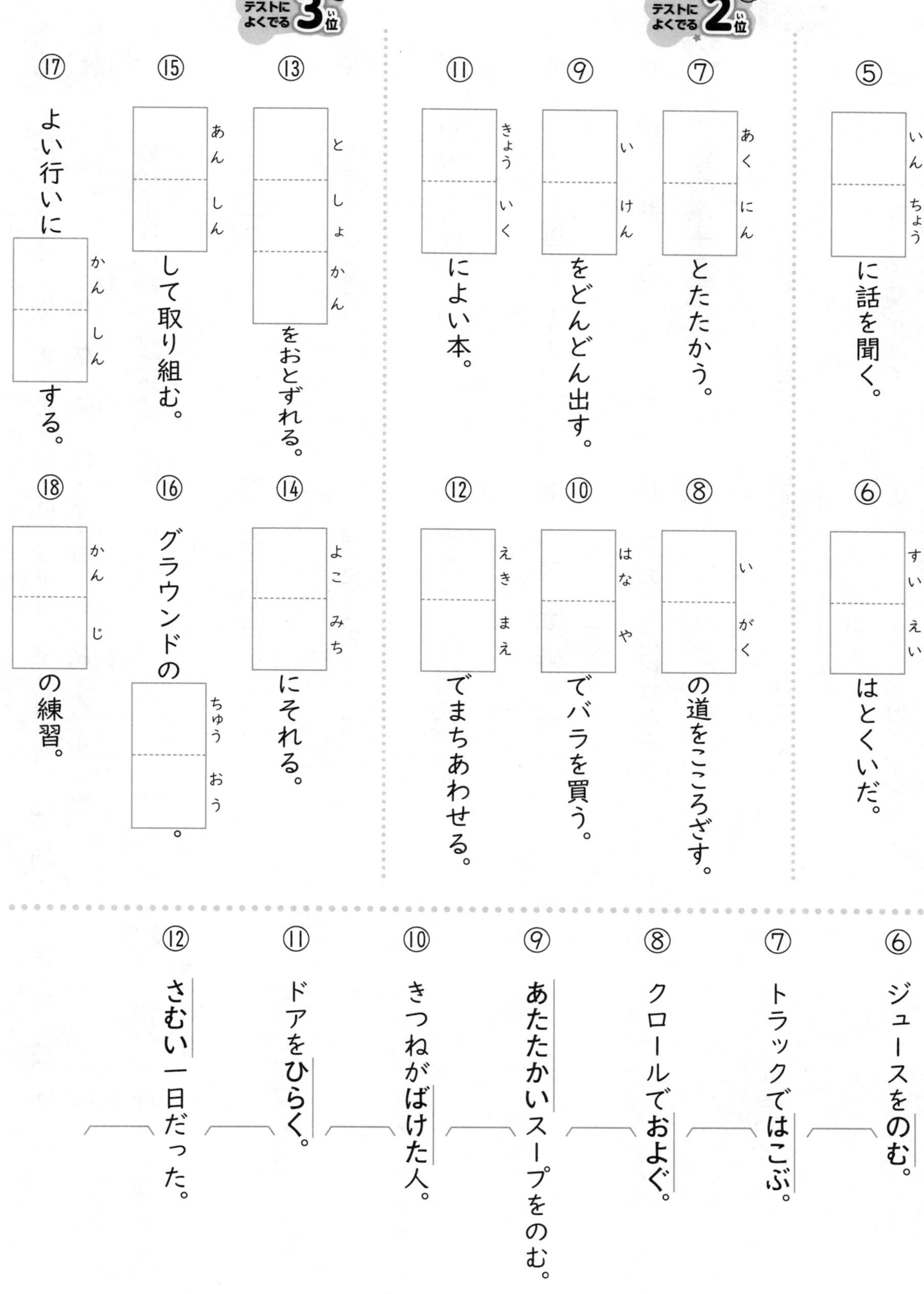

⑤ ［いんちょう］に話を聞く。

⑥ ［すいえい］はとくいだ。

テストによくでる2位

⑦ ［あくにん］とたたかう。

⑧ ［いがく］の道をこころざす。

⑨ ［いけん］をどんどん出す。

⑩ ［はなや］でバラを買う。

⑪ ［きょういく］によい本。

⑫ ［えきまえ］でまちあわせる。

テストによくでる3位

⑬ ［としょかん］をおとずれる。

⑭ ［よこみち］にそれる。

⑮ ［あんしん］して取り組む。

⑯ グラウンドの［ちゅうおう］。

⑰ よい行いに［かんしん］する。

⑱ ［かんじ］の練習。

⑥ ジュースをのむ。（　　）

⑦ トラックではこぶ。（　　）

⑧ クロールでおよぐ。（　　）

⑨ あたたかいスープをのむ。（　　）

⑩ きつねがばけた人。（　　）

⑪ ドアをひらく。（　　）

⑫ さむい一日だった。（　　）

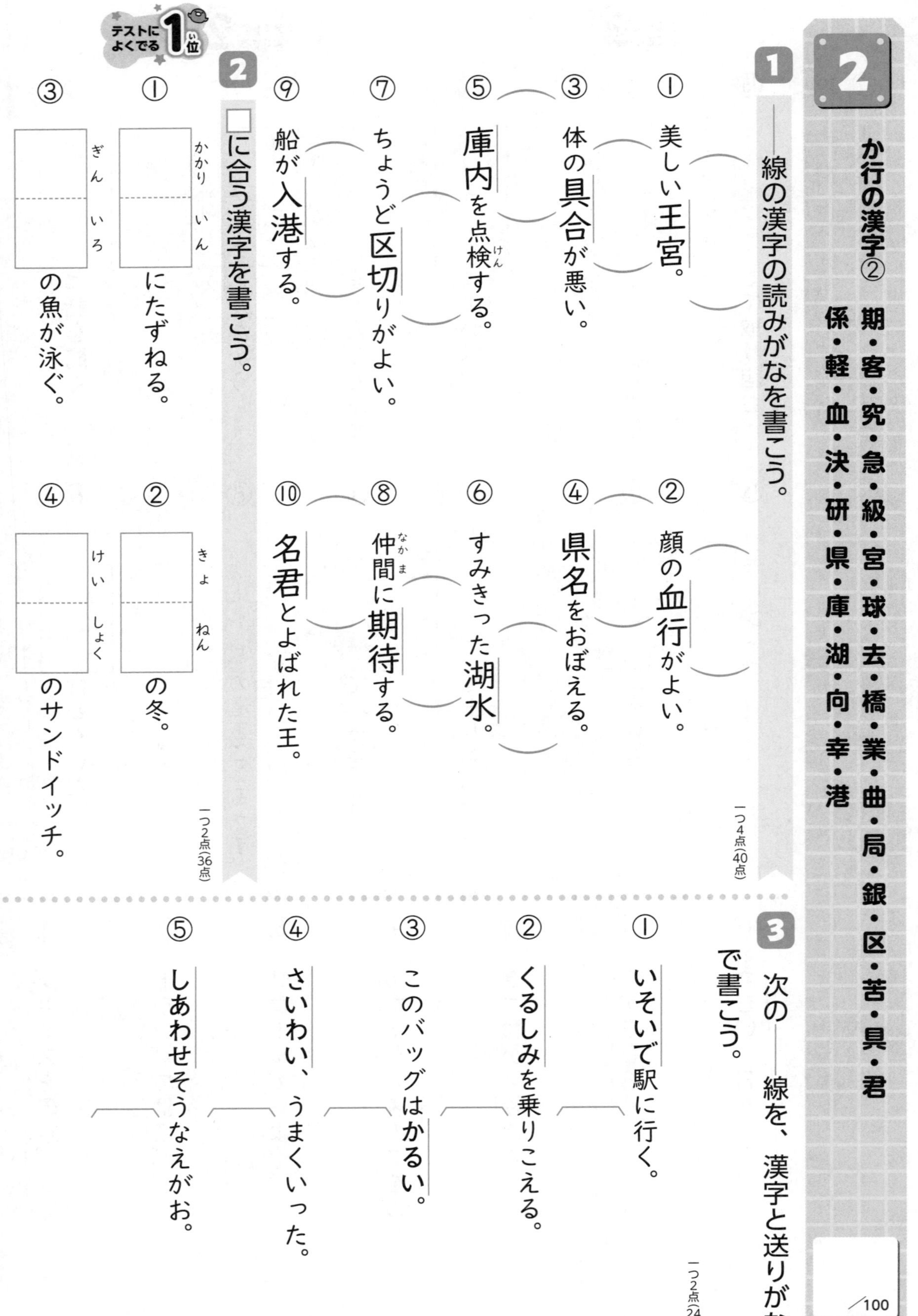

2 か行の漢字②

期・客・究・急・級・宮・球・去・橋・業・曲・局・銀・区・苦・具・君・係・軽・血・決・研・県・庫・湖・向・幸・港

/100

1 ——線の漢字の読みがなを書こう。 一つ4点(40点)

① 美しい王宮。（　　）
② 顔の血行がよい。（　　）
③ 体の具合が悪い。（　　）
④ 県名をおぼえる。（　　）
⑤ 庫内を点検(けん)する。（　　）
⑥ すみきった湖水。（　　）
⑦ ちょうど区切りがよい。（　　）
⑧ 仲間(なかま)に期待する。（　　）
⑨ 船が入港する。（　　）
⑩ 名君とよばれた王。（　　）

2 □に合う漢字を書こう。 一つ2点(36点)

テストによくでる1位

① □□（かかり いん）にたずねる。
② □□（きょ ねん）の冬。
③ □□（ぎん いろ）の魚が泳ぐ。
④ □□（けい しょく）のサンドイッチ。

3 次の——線を、漢字と送りがなで書こう。 一つ2点(24点)

① いそいで駅に行く。（　　）
② くるしみを乗りこえる。（　　）
③ このバッグはかるい。（　　）
④ さいわい、うまくいった。（　　）
⑤ しあわせそうなえがお。（　　）

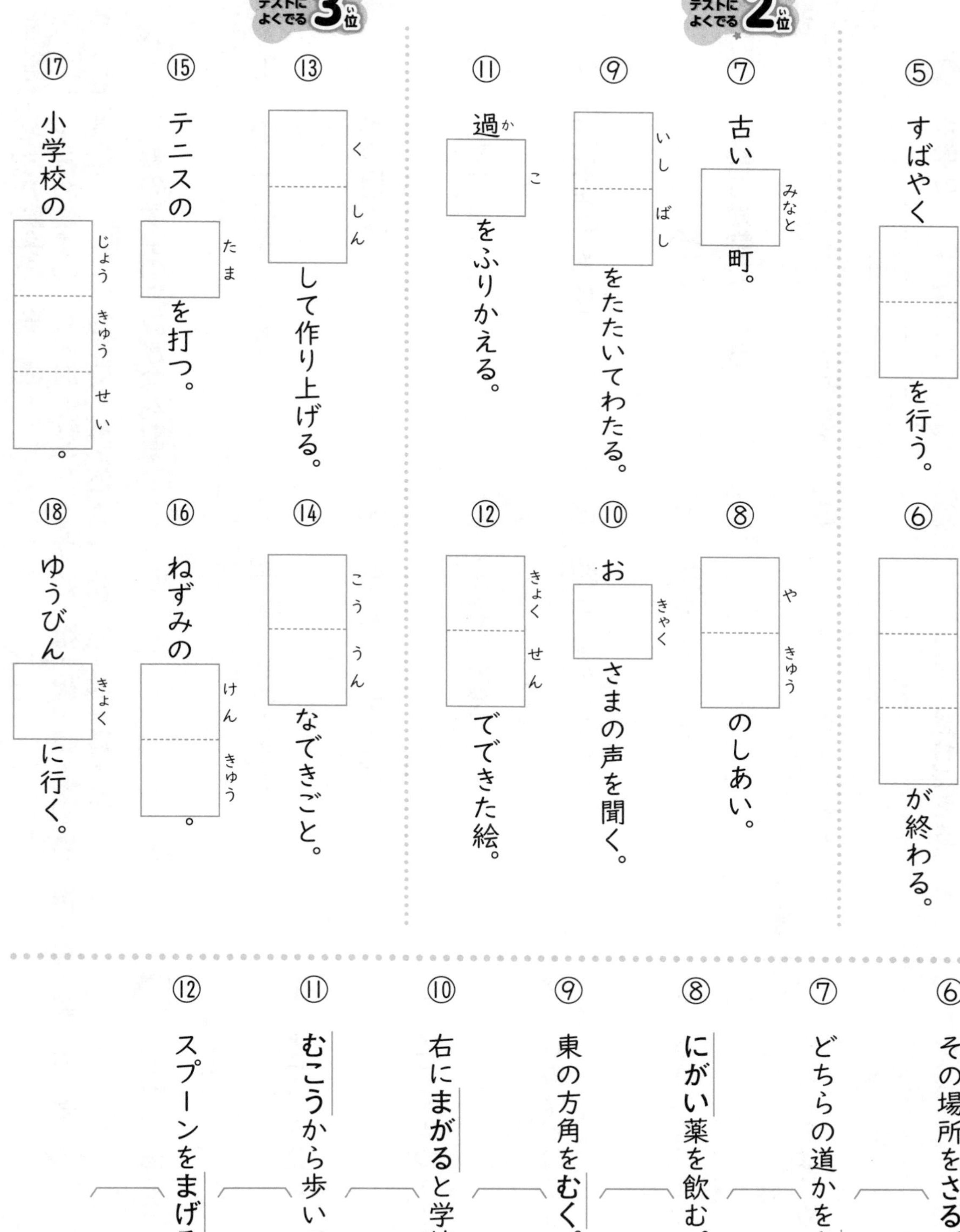

⑤ すばやく［さぎょう］を行う。
⑥ ［いちがっき］が終わる。
テストによくでる2位
⑦ 古い［みなと］町。
⑧ ［やきゅう］のしあい。
⑨ ［いしばし］をたたいてわたる。
⑩ お［きゃく］さまの声を聞く。
⑪ 過［こ］をふりかえる。
⑫ ［きょくせん］でできた絵。
テストによくでる3位
⑬ ［くしん］して作り上げる。
⑭ ［こううん］なできごと。
⑮ テニスの［たま］を打つ。
⑯ ねずみの［けんきゅう］。
⑰ 小学校の［じょうきゅうせい］。
⑱ ゆうびん［きょく］に行く。

⑥ その場所をさる。（　　）

⑦ どちらの道かをきめる。（　　）

⑧ にがい薬を飲む。（　　）

⑨ 東の方角をむく。（　　）

⑩ 右にまがると学校だ。（　　）

⑪ むこうから歩いてくる。（　　）

⑫ スプーンをまげる。（　　）

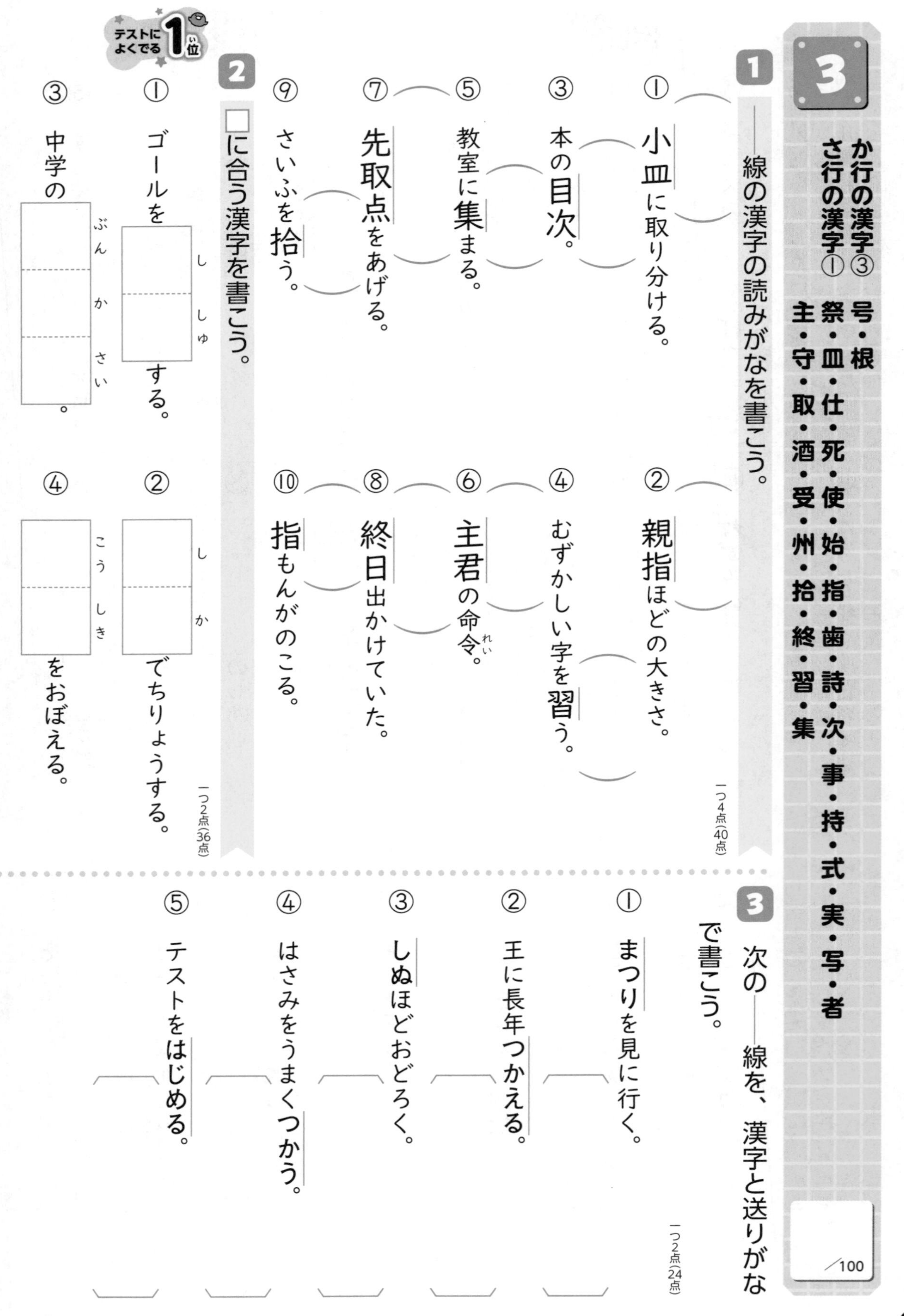

3 か行の漢字③ さ行の漢字①

号・根・祭・皿・仕・死・使・始・指・歯・詩・次・事・持・式・実・写・者・主・守・取・酒・受・州・拾・終・習・集

／100

1 ――線の漢字の読みがなを書こう。

一つ4点（40点）

① 小皿に取り分ける。（　）

② 親指ほどの大きさ。（　）

③ 本の目次。（　）

④ むずかしい字を習う。（　）

⑤ 教室に集まる。（　）

⑥ 主君の命令（れい）。（　）

⑦ 先取点をあげる。（　）

⑧ 終日出かけていた。（　）

⑨ さいふを拾う。（　）

⑩ 指もんがのこる。（　）

テストによくでる1位

2 □に合う漢字を書こう。

一つ2点（36点）

① ゴールを［しゅ］［し］する。

② ［し］［か］でちりょうする。

③ 中学の［ぶん］［か］［さい］。

④ ［こう］［しき］をおぼえる。

3 次の――線を、漢字と送りがなで書こう。

一つ2点（24点）

① まつりを見に行く。（　）

② 王に長年つかえる。（　）

③ しぬほどおどろく。（　）

④ はさみをうまくつかう。（　）

⑤ テストをはじめる。（　）

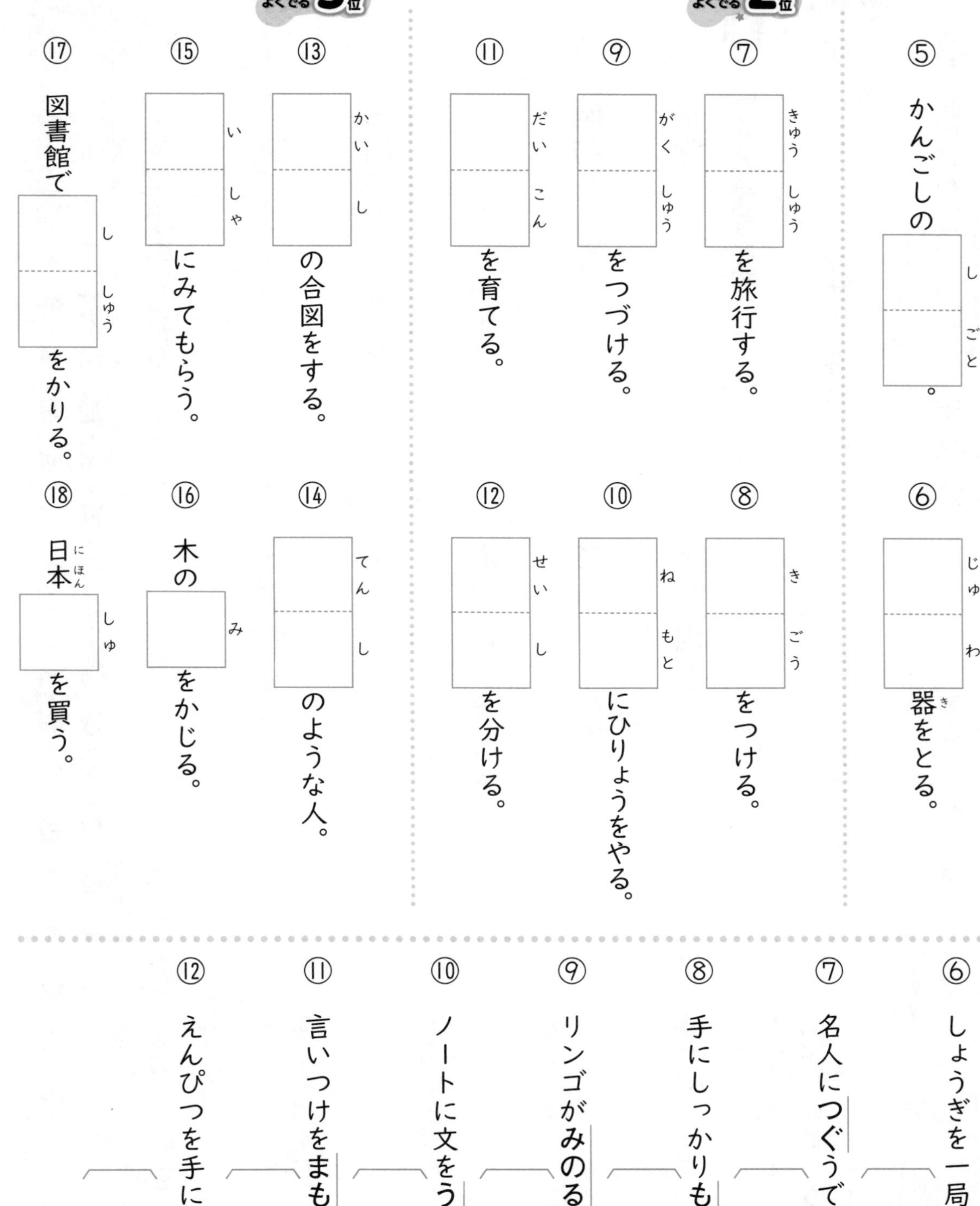

⑤ かんごしの［しごと］。

⑥ ［じゅわ］器(き)をとる。

テストによくでる2位(い)

⑦ ［きゅうしゅう］を旅行する。

⑧ ［きごう］をつける。

⑨ ［がくしゅう］をつづける。

⑩ ［ねもと］にひりょうをやる。

⑪ ［だいこん］を育てる。

⑫ ［せいし］を分ける。

テストによくでる3位(い)

⑬ ［かいし］の合図をする。

⑭ ［てんし］のような人。

⑮ ［いしゃ］にみてもらう。

⑯ 木の［み］をかじる。

⑰ 図書館で［ししゅう］をかりる。

⑱ 日本(にほん)［しゅ］を買う。

---

⑥ しょうぎを一局<u>さす</u>。（　　）

⑦ 名人に<u>つぐ</u>うで前。（　　）

⑧ 手にしっかり<u>もつ</u>。（　　）

⑨ リンゴが<u>みのる</u>。（　　）

⑩ ノートに文を<u>うつす</u>。（　　）

⑪ 言いつけを<u>まもる</u>。（　　）

⑫ えんぴつを手に<u>とる</u>。（　　）

4 さ行の漢字②

住・重・宿・所・暑・助・昭・消・商・章・勝・乗・植・申・身・神
真・深・進・世・整・昔・全・相・送・想・息・速・族

／100

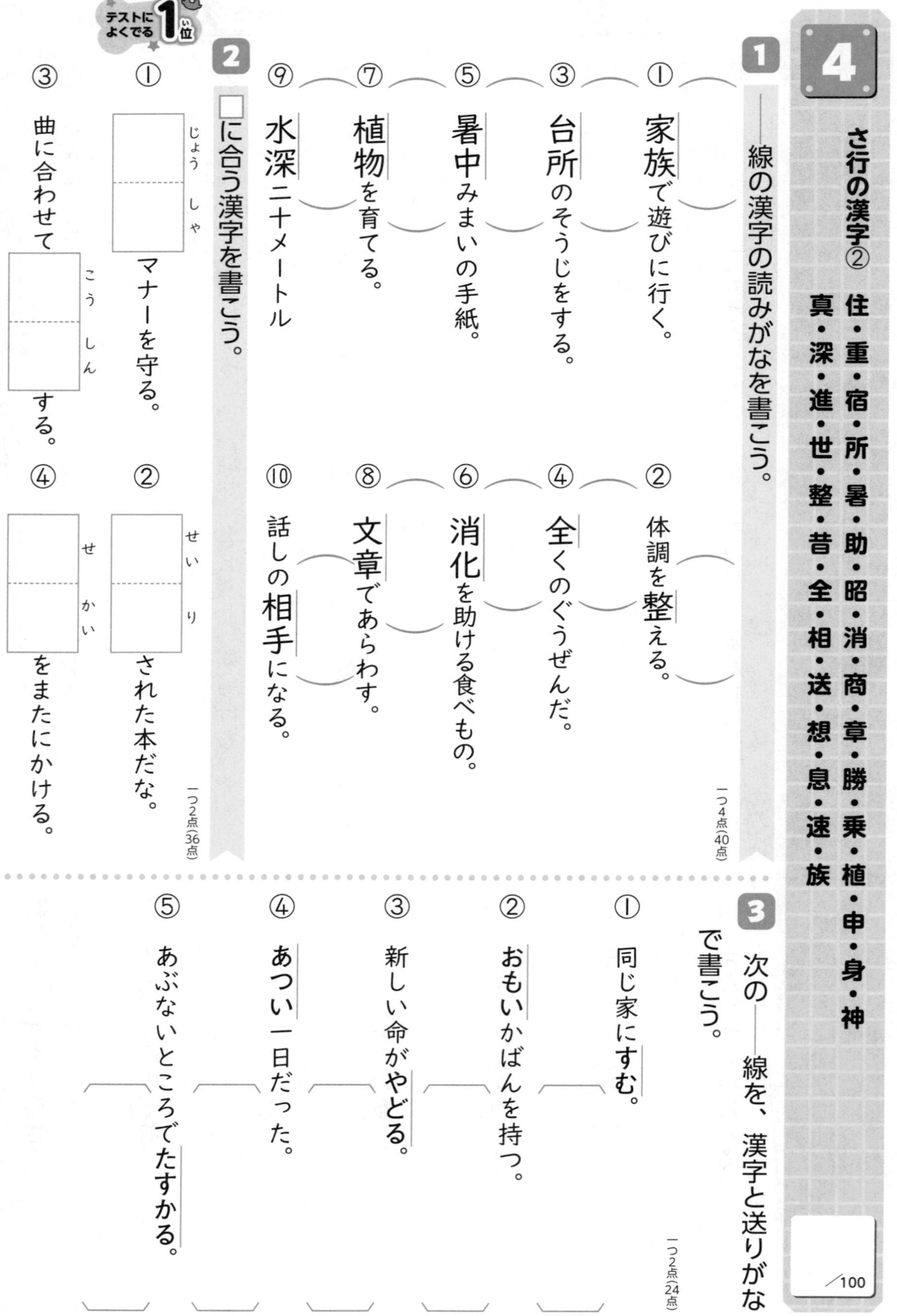

1 ――線の漢字の読みがなを書こう。 一つ4点(40点)

① 家族で遊びに行く。
② 体調を整える。
③ 台所のそうじをする。
④ 全くのぐうぜんだ。
⑤ 暑中みまいの手紙。
⑥ 消化を助ける食べもの。
⑦ 植物を育てる。
⑧ 文章であらわす。
⑨ 水深二十メートル
⑩ 話しの相手になる。

テストによくでる1位

2 □に合う漢字を書こう。 一つ2点(36点)

① （じょう しゃ）マナーを守る。
② （せい り）された本だな。
③ 曲に合わせて（こう しん）する。
④ （せ かい）をまたにかける。

3 次の――線を、漢字と送りがなで書こう。 一つ2点(24点)

① 同じ家にすむ。
② おもいかばんを持つ。
③ 新しい命がやどる。
④ あつい一日だった。
⑤ あぶないところでたすかる。

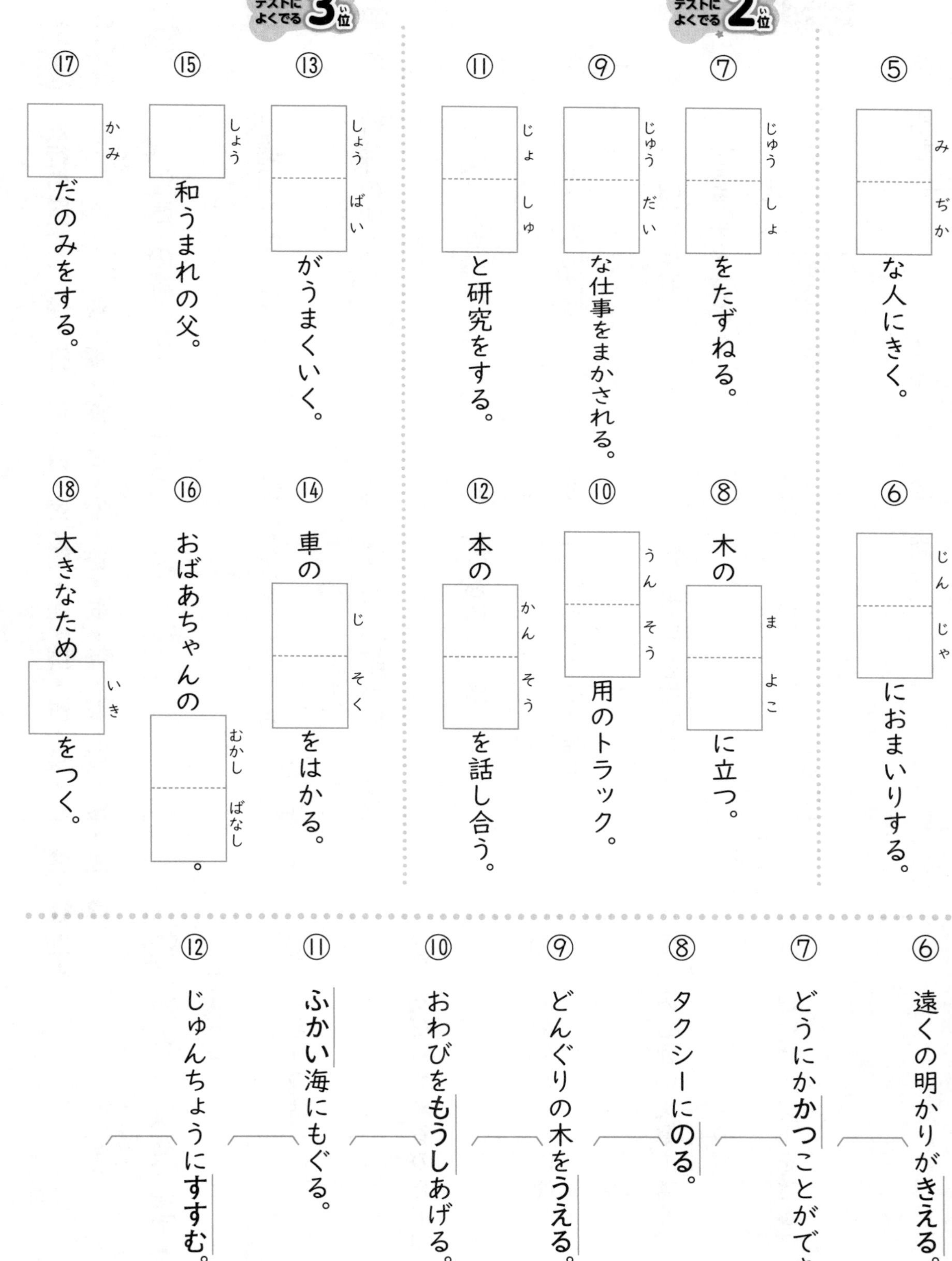

テストによくでる2位

⑤ ［みぢか］な人にきく。

⑥ ［じんじゃ］におまいりする。

⑦ ［じゅうしょ］をたずねる。

⑧ 木の［まよこ］に立つ。

⑨ ［じゅうだい］な仕事をまかされる。

⑩ ［うんそう］用のトラック。

⑪ ［じょしゅ］と研究をする。

⑫ 本の［かんそう］を話し合う。

テストによくでる3位

⑬ ［しょうばい］がうまくいく。

⑭ 車の［じそく］をはかる。

⑮ ［しょう］和うまれの父。

⑯ おばあちゃんの［むかしばなし］。

⑰ ［かみ］だのみをする。

⑱ 大きなため［いき］をつく。

⑥ 遠くの明かりがきえる。（　　）

⑦ どうにかかつことができた。（　　）

⑧ タクシーにのる。（　　）

⑨ どんぐりの木をうえる。（　　）

⑩ おわびをもうしあげる。（　　）

⑪ ふかい海にもぐる。（　　）

⑫ じゅんちょうにすすむ。（　　）

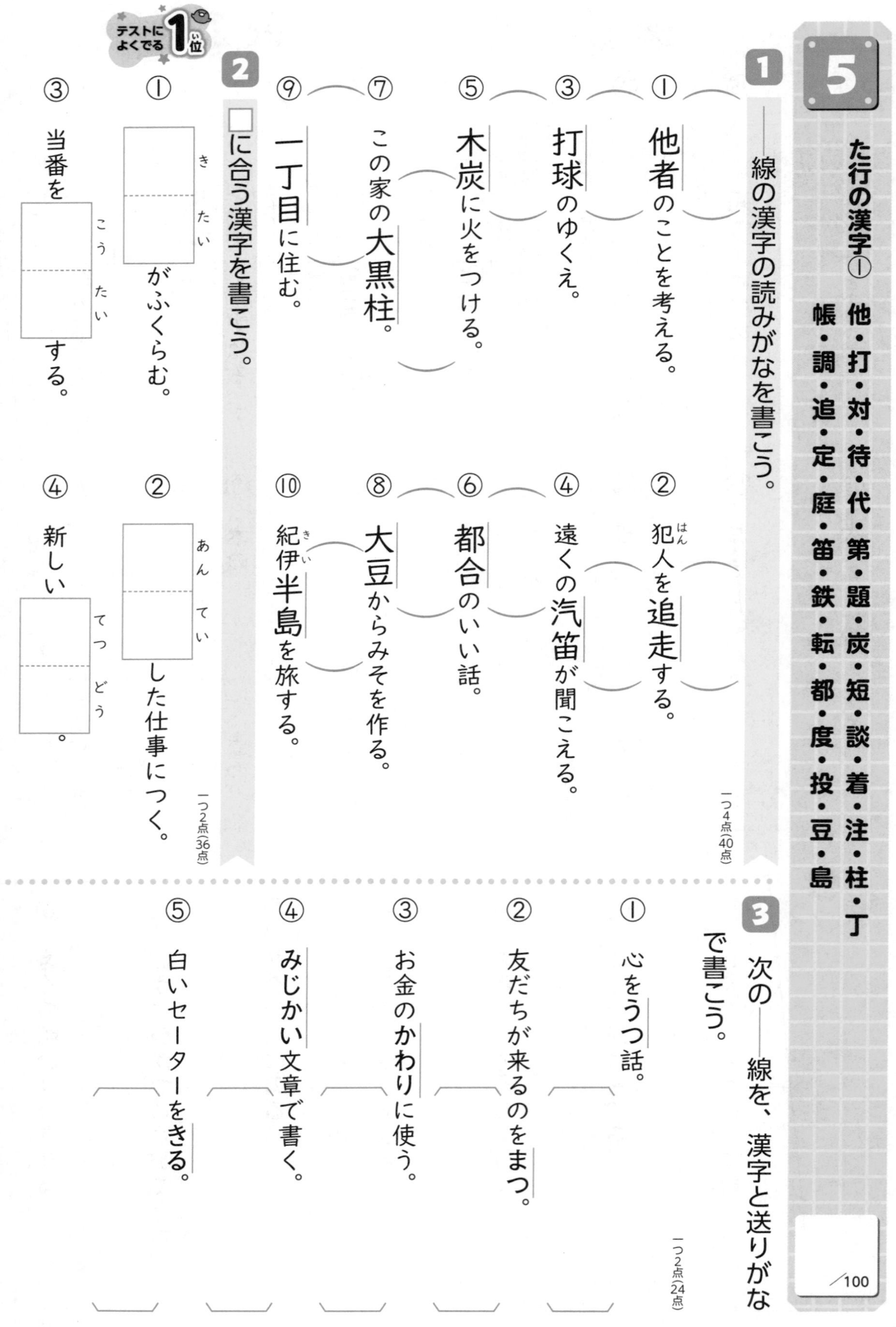

5 た行の漢字①

他・打・対・待・代・第・題・炭・短・談・着・注・柱・丁
帳・調・追・定・庭・笛・鉄・転・都・度・投・豆・島

／100

1 ——線の漢字の読みがなを書こう。 一つ4点(40点)

① 他者のことを考える。（　　）
② 犯人(はん)を追走する。（　　）
③ 打球のゆくえ。（　　）
④ 遠くの汽笛が聞こえる。（　　）
⑤ 木炭に火をつける。（　　）
⑥ 都合のいい話。（　　）
⑦ この家の大黒柱。（　　）
⑧ 大豆からみそを作る。（　　）
⑨ 一丁目に住む。（　　）
⑩ 紀伊(きい)半島を旅する。（　　）

テストによくでる1位

2 □に合う漢字を書こう。 一つ2点(36点)

① □□(きたい)がふくらむ。
② □□(あんてい)した仕事につく。
③ 当番を□□(こうたい)する。
④ 新しい□□(てつどう)。

3 次の——線を、漢字と送りがなで書こう。 一つ2点(24点)

① 心をうつ話。（　　）
② 友だちが来るのをまつ。（　　）
③ お金のかわりに使う。（　　）
④ みじかい文章で書く。（　　）
⑤ 白いセーターをきる。（　　）

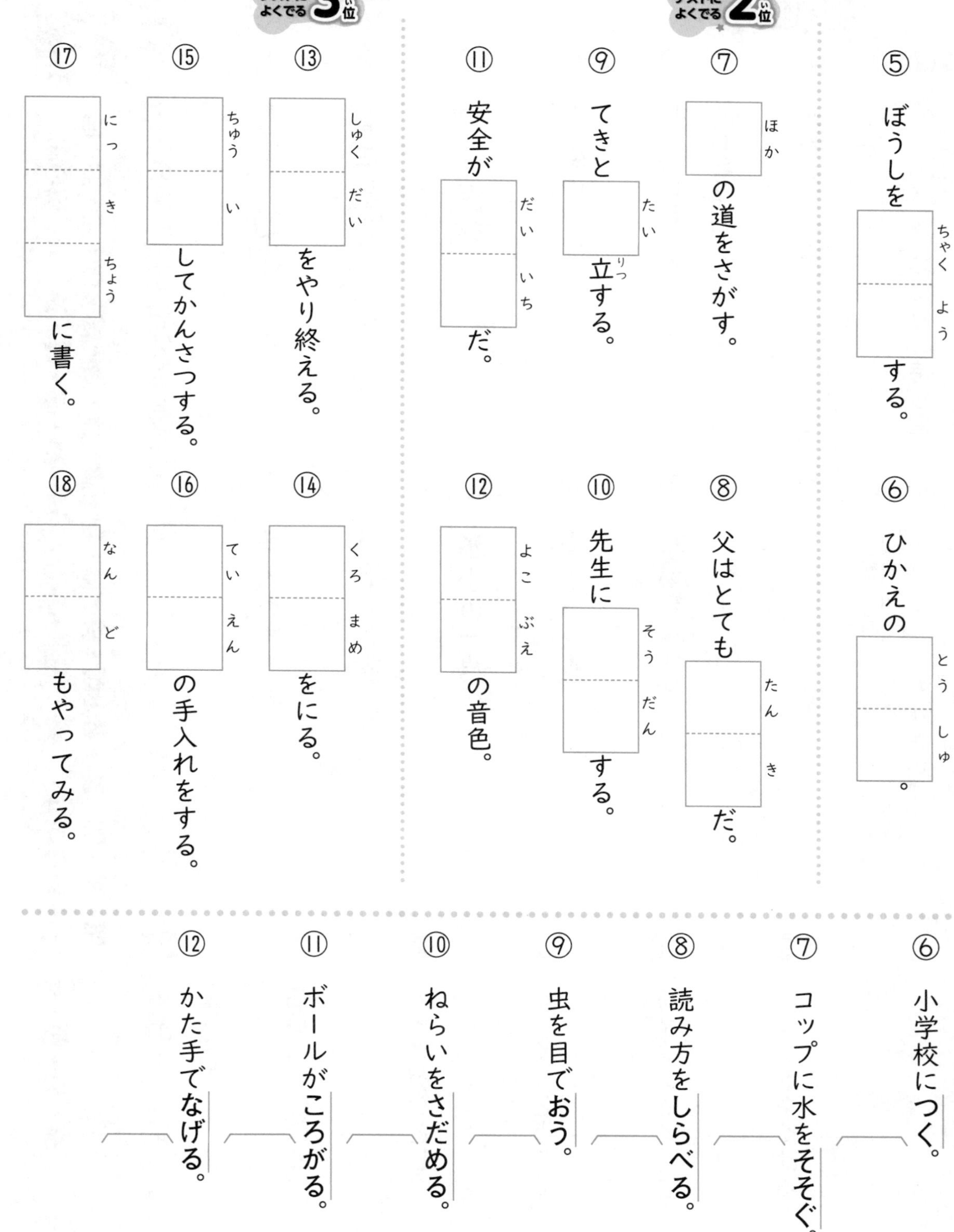

⑤ ぼうしを［ちゃくよう］する。

⑥ ひかえの［とうしゅ］。

テストによくでる2位

⑦［ほか］の道をさがす。

⑧ 父はとても［たんき］だ。

⑨ てきと［たい］立(りっ)する。

⑩ 先生に［そうだん］する。

⑪ 安全が［だいいち］だ。

⑫［よこぶえ］の音色。

テストによくでる3位

⑬［しゅくだい］をやり終える。

⑭［くろまめ］をにる。

⑮［ちゅうい］してかんさつする。

⑯［ていえん］の手入れをする。

⑰［にっきちょう］に書く。

⑱［なんど］もやってみる。

⑥ 小学校に<u>つく</u>。（　　）

⑦ コップに水を<u>そそぐ</u>。（　　）

⑧ 読み方を<u>しらべる</u>。（　　）

⑨ 虫を目で<u>おう</u>。（　　）

⑩ ねらいを<u>さだめる</u>。（　　）

⑪ ボールが<u>ころがる</u>。（　　）

⑫ かた手で<u>なげる</u>。（　　）

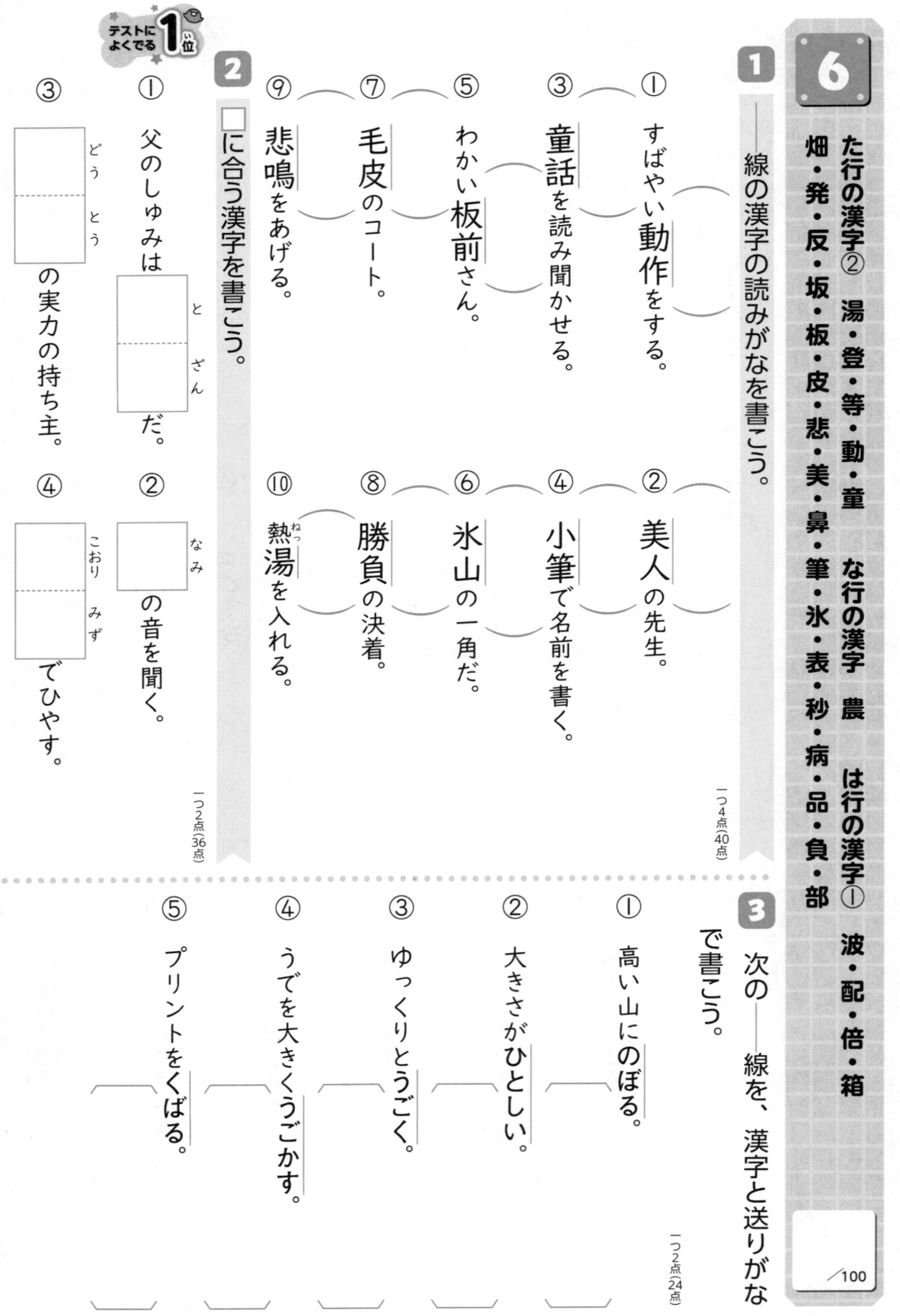

6 た行の漢字② 湯・登・等・動・童 な行の漢字 農 は行の漢字① 波・配・倍・箱・畑・発・反・坂・板・皮・悲・美・鼻・筆・氷・表・秒・病・品・負・部

／100

1 ――線の漢字の読みがなを書こう。 一つ4点（40点）

① すばやい動作をする。（　　）
② 美人の先生。（　　）
③ 童話を読み聞かせる。（　　）
④ 小筆で名前を書く。（　　）
⑤ わかい板前さん。（　　）
⑥ 氷山の一角だ。（　　）
⑦ 毛皮のコート。（　　）
⑧ 勝負の決着。（　　）
⑨ 悲鳴をあげる。（　　）
⑩ 熱（ねっ）湯を入れる。（　　）

テストによくでる1位

2 □に合う漢字を書こう。 一つ2点（36点）

① 父のしゅみは□□（と ざん）だ。
② □（なみ）の音を聞く。
③ □□（どう とう）の実力の持ち主。
④ □□（こおり みず）でひやす。

3 次の――線を、漢字と送りがなで書こう。 一つ2点（24点）

① 高い山にのぼる。（　　）
② 大きさがひとしい。（　　）
③ ゆっくりとうごく。（　　）
④ うでを大きくうごかす。（　　）
⑤ プリントをくばる。（　　）

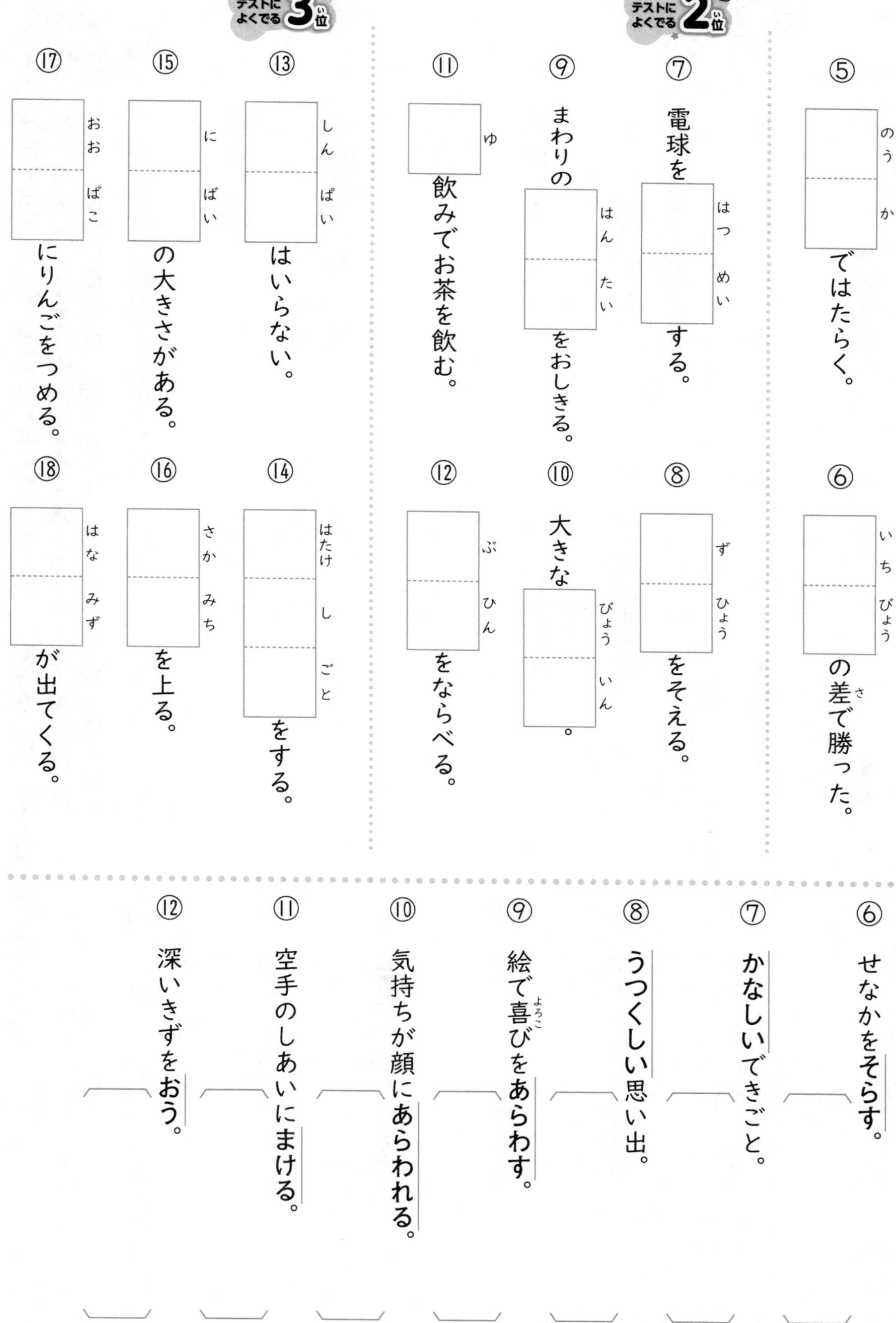

⑤ （のうか）ではたらく。

⑥ （いちびょう）の差で勝った。

テストによくでる2位

⑦ 電球を（はつめい）する。

⑧ （ずひょう）をそえる。

⑨ まわりの（はんたい）をおしきる。

⑩ 大きな（びょういん）。

⑪ （ゆ）飲みでお茶を飲む。

⑫ （ぶひん）をならべる。

テストによくでる3位

⑬ （しんぱい）はいらない。

⑭ （はたけしごと）をする。

⑮ （にばい）の大きさがある。

⑯ （さかみち）を上る。

⑰ （おおばこ）にりんごをつめる。

⑱ （はなみず）が出てくる。

⑥ せなかをそらす。

⑦ かなしいできごと。

⑧ うつくしい思い出。

⑨ 絵で喜(よろこ)びをあらわす。

⑩ 気持ちが顔にあらわれる。

⑪ 空手のしあいにまける。

⑫ 深いきずをおう。

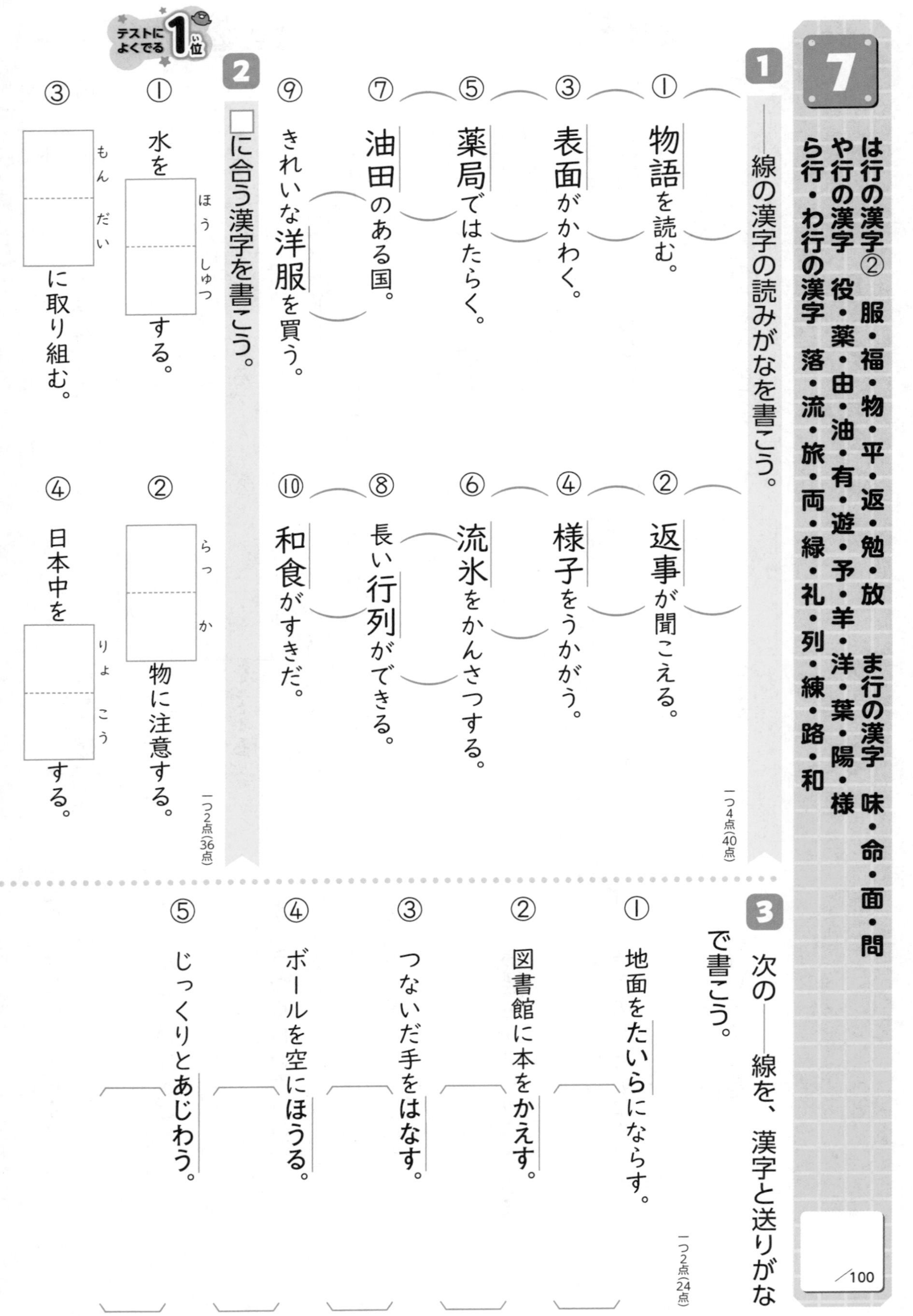

7 は行の漢字② 服・福・物・平・返・勉・放　ま行の漢字　味・命・面・問
や行の漢字　役・薬・由・油・有・遊・予・羊・洋・葉・陽・様
ら行・わ行の漢字　落・流・旅・両・緑・礼・列・練・路・和

／100

テストによくでる1位

1 ――線の漢字の読みがなを書こう。　一つ4点(40点)

① 物語を読む。（　　）
② 返事が聞こえる。（　　）
③ 表面がかわく。（　　）
④ 様子をうかがう。（　　）
⑤ 薬局ではたらく。（　　）
⑥ 流氷をかんさつする。（　　）
⑦ 油田のある国。（　　）
⑧ 長い行列ができる。（　　）
⑨ きれいな洋服を買う。（　　）
⑩ 和食がすきだ。（　　）

2 □に合う漢字を書こう。　一つ2点(36点)

① 水を□□（ほうしゅつ）する。
② □□（らっか）物に注意する。
③ □□（もんだい）に取り組む。
④ 日本中を□□（りょこう）する。

3 次の――線を、漢字と送りがなで書こう。　一つ2点(24点)

① 地面をたいらにならす。（　　）
② 図書館に本をかえす。（　　）
③ つないだ手をはなす。（　　）
④ ボールを空にほうる。（　　）
⑤ じっくりとあじわう。（　　）

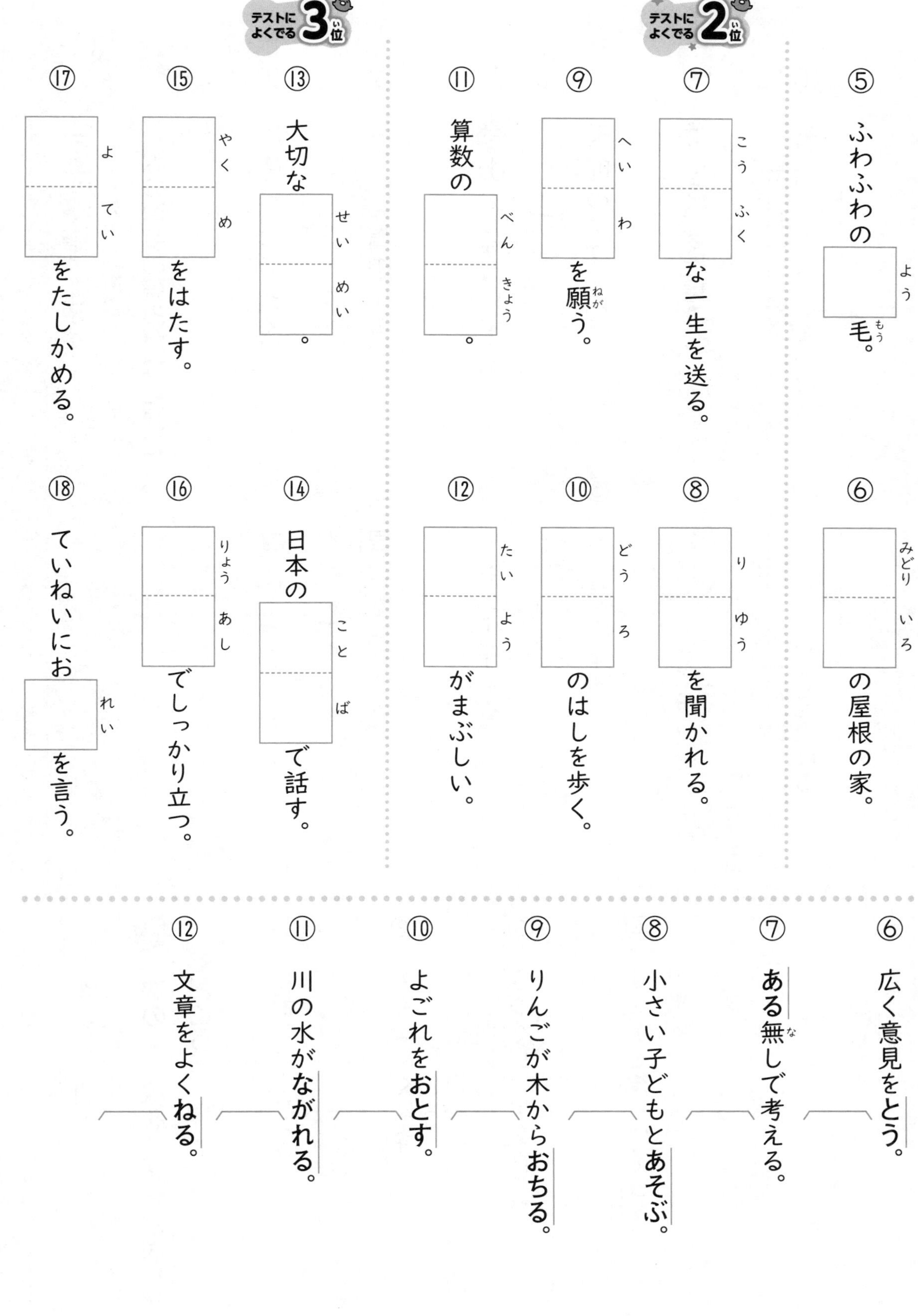

テストによくでる2位

⑤ ふわふわの□（よう）毛（もう）。

⑥ □□（みどり いろ）の屋根の家。

⑦ □□（こう ふく）な一生を送る。

⑧ □□（り ゆう）を聞かれる。

⑨ □□（へい わ）を願（ねが）う。

⑩ □□（どう ろ）のはしを歩く。

⑪ 算数の□□（べん きょう）。

⑫ □□（たい よう）がまぶしい。

テストによくでる3位

⑬ 大切な□□（せい めい）。

⑭ 日本の□□（こと ば）で話す。

⑮ □□（やく め）をはたす。

⑯ □□（りょう あし）でしっかり立つ。

⑰ □□（よ てい）をたしかめる。

⑱ ていねいにお□（れい）を言う。

⑥ 広く意見をとう。（　　）

⑦ ある無（な）しで考える。（　　）

⑧ 小さい子どもとあそぶ。（　　）

⑨ りんごが木からおちる。（　　）

⑩ よごれをおとす。（　　）

⑪ 川の水がながれる。（　　）

⑫ 文章をよくねる。（　　）

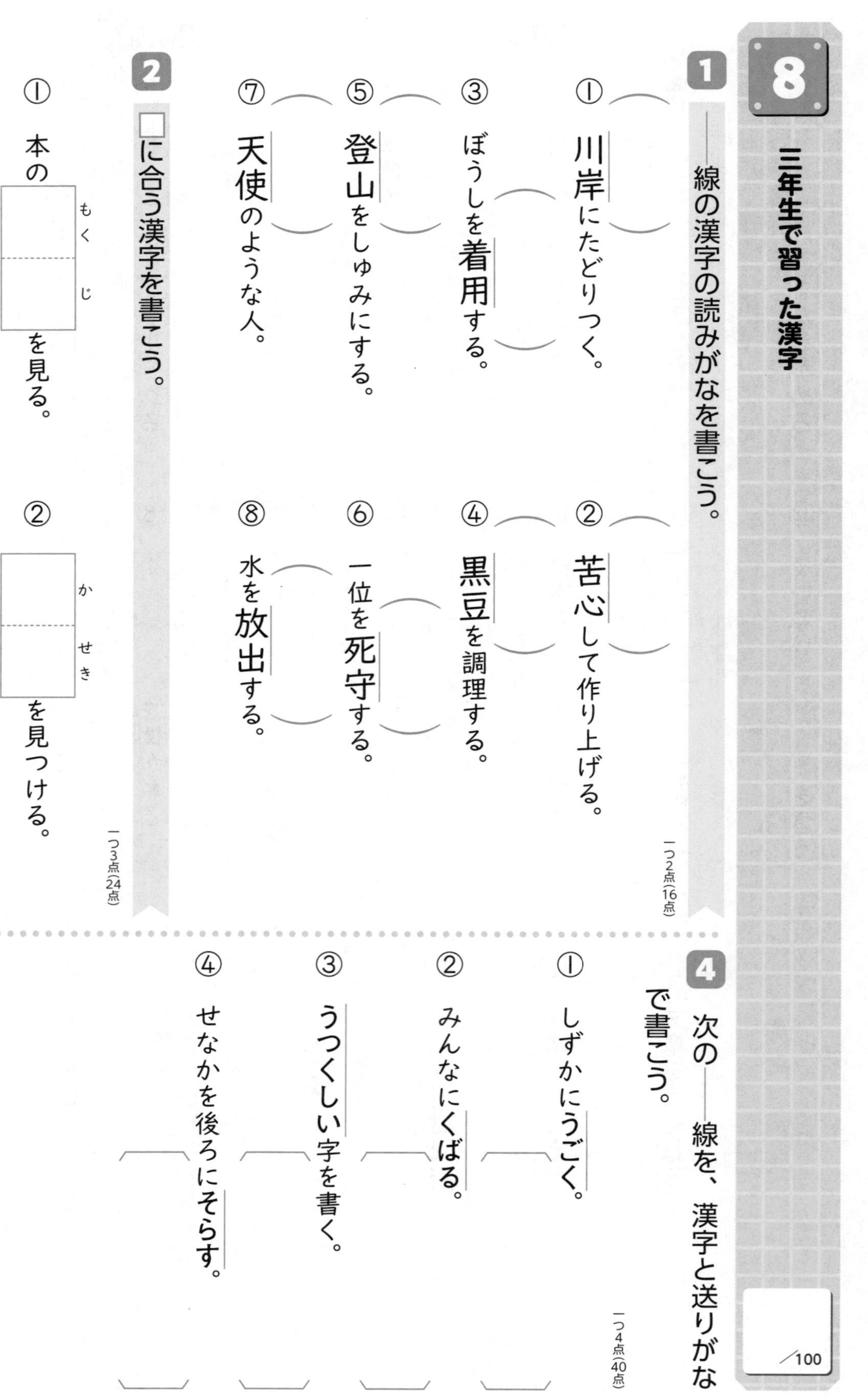

8 三年生で習った漢字

/100

1 ――線の漢字の読みがなを書こう。 一つ2点(16点)

① 川岸にたどりつく。（　　）

② 苦心して作り上げる。（　　）

③ ぼうしを着用する。（　　）

④ 黒豆を調理する。（　　）

⑤ 登山をしゅみにする。（　　）

⑥ 一位を死守する。（　　）

⑦ 天使のような人。（　　）

⑧ 水を放出する。（　　）

2 □に合う漢字を書こう。 一つ3点(24点)

① 本の□□（もくじ）を見る。

② □□（かせき）を見つける。

4 次の――線を、漢字と送りがなで書こう。 一つ4点(40点)

① しずかにうごく。（　　）

② みんなにくばる。（　　）

③ うつくしい字を書く。（　　）

④ せなかを後ろにそらす。（　　）

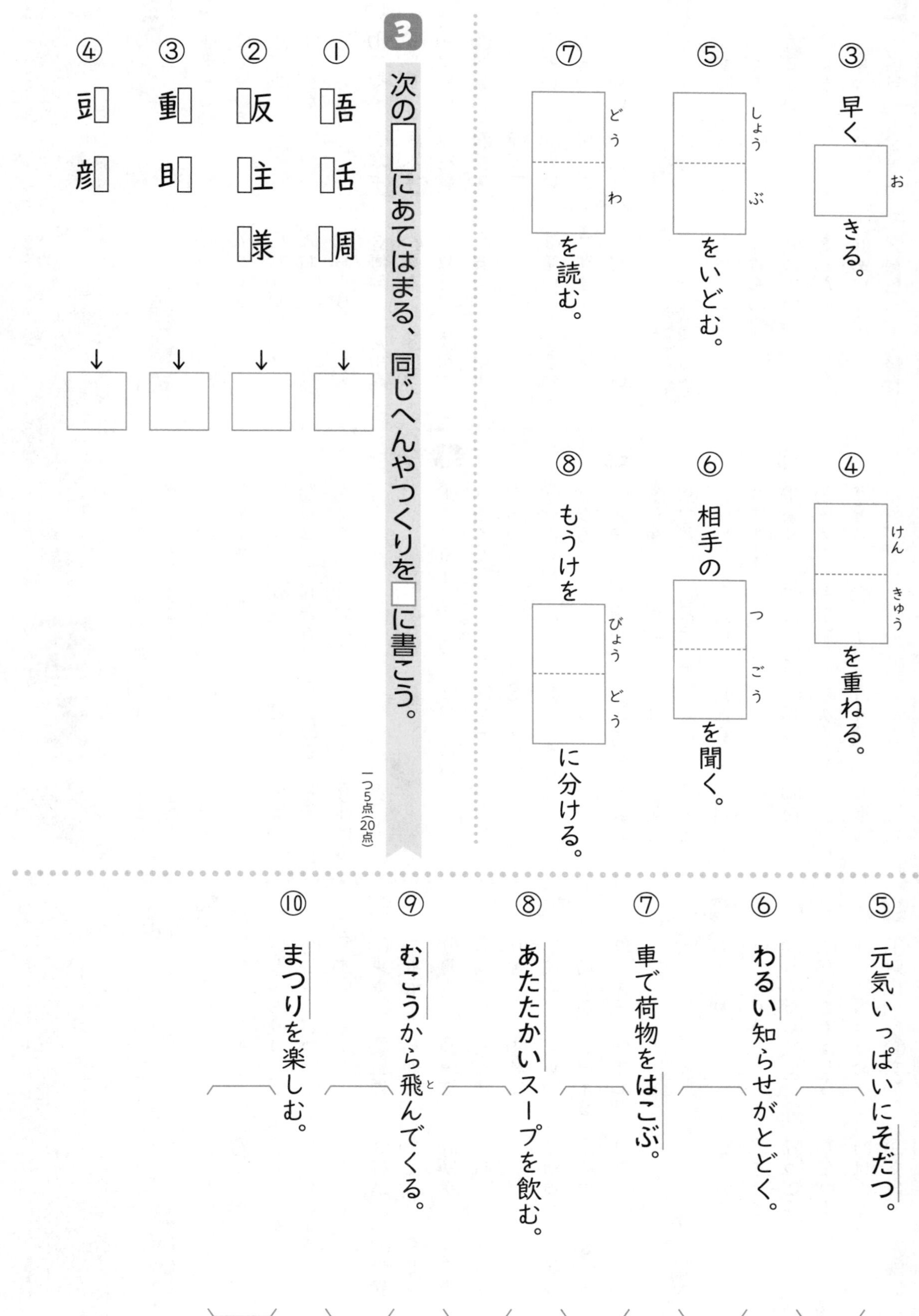

③ 早く[お]きる。

④ [けん][きゅう]を重ねる。

⑤ [しょう][ぶ]をいどむ。

⑥ 相手の[つ][ごう]を聞く。

⑦ [どう][わ]を読む。

⑧ もうけを[びょう][どう]に分ける。

3 次の□にあてはまる、同じへんやつくりを□に書こう。 一つ5点(20点)

① □吾　□舌　□周 → □

② □反　□主　□兼 → □

③ 重□　且□ → □

④ 豆□　彦□ → □

⑤ 元気いっぱいにそだつ。（　　）

⑥ わるい知らせがとどく。（　　）

⑦ 車で荷物をはこぶ。（　　）

⑧ あたたかいスープを飲む。（　　）

⑨ むこうから飛(と)んでくる。（　　）

⑩ まつりを楽しむ。（　　）

答え

1 （2・3ページ）

1
①あんしつ ②いんしょく ③きょううん ④かせき ⑤にお ⑥げかい ⑦こうかい ⑧お ⑨いいん ⑩おくじょう

2
①二階 ②寒中 ③海岸 ④川岸 ⑤院長 ⑥水泳 ⑦悪人 ⑧医学 ⑨意見 ⑩花屋 ⑪教育 ⑫駅前 ⑬図書館 ⑭横道 ⑮安心 ⑯中央 ⑰感心 ⑱漢字

3
①悪い ②安い ③暗い ④委ねる ⑤育つ ⑥飲む ⑦運ぶ ⑧泳ぐ ⑨温かい ⑩化けた ⑪開く ⑫寒い

2 （4・5ページ）

1
①おうきゅう ②けっこう ③ぐあい ④けんめい ⑤こない ⑥こすい ⑦くぎ ⑧きたい ⑨にゅうこう ⑩めいくん

2
①係員 ②去年 ③銀色 ④軽食 ⑤作業 ⑥一学期 ⑦港 ⑧野球 ⑨石橋 ⑩客 ⑪去 ⑫曲線 ⑬苦心 ⑭幸運 ⑮球 ⑯研究 ⑰上級生 ⑱局

3
①急いで ②苦しみ ③軽い ④幸い ⑤幸せ ⑥去る ⑦決める ⑧苦い ⑨向く ⑩曲がる ⑪向こう ⑫曲げる

3 （6・7ページ）

1
①こざら ②おやゆび ③もくじ ④なら ⑤あつ ⑥しゅくん ⑦せんしゅてん ⑧しゅうじつ ⑨ひろ ⑩し

2
①死守 ②歯科 ③文化祭 ④公式 ⑤仕事 ⑥受話 ⑦九州 ⑧記号 ⑨学習 ⑩根元(本) ⑪大根 ⑫生死 ⑬開始 ⑭天使 ⑮医者 ⑯実 ⑰詩集 ⑱酒

3
①祭り ②仕える ③死ぬ ④使う ⑤始める ⑥指す ⑦次ぐ ⑧持つ ⑨実る ⑩写す ⑪守る ⑫取る

4 （8・9ページ）

1
①かぞく ②ととの ③だいどころ ④まった ⑤しょちゅう ⑥しょうか ⑦しょくぶつ ⑧ぶんしょう ⑨すいしん ⑩あいて

2
①乗車 ②整理 ③行進 ④世界 ⑤身近 ⑥神社 ⑦住所 ⑧真横 ⑨重大 ⑩運送 ⑪助手 ⑫感想 ⑬商売 ⑭時速 ⑮昭 ⑯昔話 ⑰神 ⑱息

3
①住む ②重い ③宿る ④暑い ⑤助かる ⑥消える ⑦勝つ ⑧乗る ⑨植える ⑩申し ⑪深い ⑫進む

5 （10・11ページ）

1
①たしや ②ついそう ③だきゅう ④きてき ⑤もくたん ⑥つごう ⑦だいこくばしら ⑧だいず ⑨いっちょうめ ⑩はんとう

2
①期待 ②安定 ③交代 ④鉄道

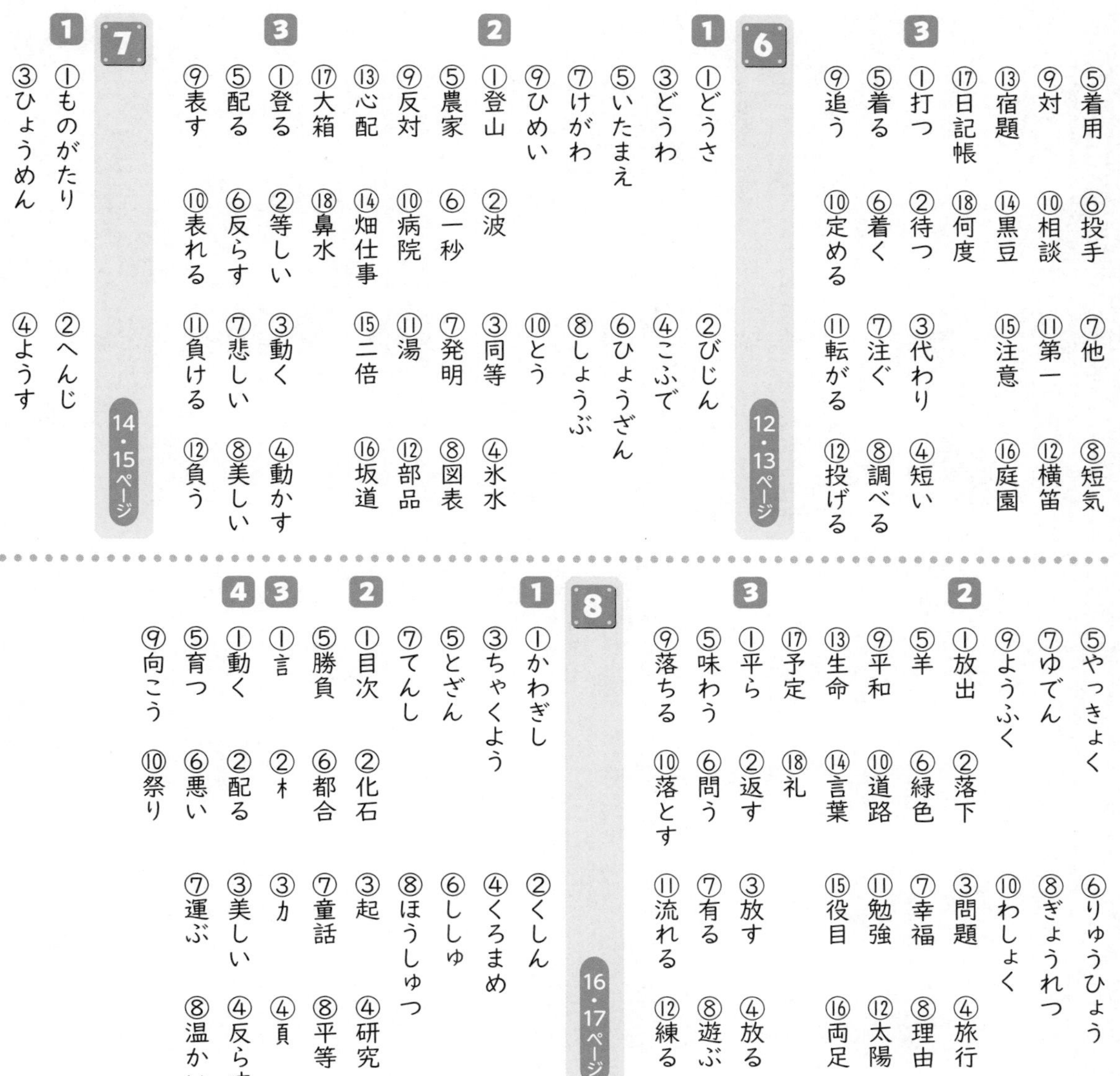

⑤着用　⑥投手　⑦他　⑧短気
⑨対　⑩相談　⑪第一　⑫横笛
⑬宿題　⑭黒豆　⑮注意　⑯庭園
⑰日記帳　⑱何度

3
①打つ　②待つ　③代わり　④短い
⑤着る　⑥着く　⑦注ぐ　⑧調べる
⑨追う　⑩定める　⑪転がる　⑫投げる

6　12・13ページ

1
①どうさ　②びじん
③どうわ　④こふで
⑤いたまえ　⑥ひょうざん
⑦けがわ　⑧しょうぶ
⑨ひめい　⑩とう

2
①登山　②波　③同等　④氷水
⑤農家　⑥一秒　⑦発明　⑧図表
⑨反対　⑩病院　⑪湯　⑫部品
⑬心配　⑭畑仕事　⑮二倍　⑯坂道
⑰大箱　⑱鼻水

3
①登る　②等しい　③動く　④動かす
⑤配る　⑥反らす　⑦悲しい　⑧美しい
⑨表す　⑩表れる　⑪負ける　⑫負う

7　14・15ページ

1
①ものがたり　②へんじ
③ひょうめん　④ようす

⑤やっきょく　⑥りゅうひょう
⑦ゆでん　⑧ぎょうれつ
⑨ようふく　⑩わしょく

2
①放出　②落下　③問題　④旅行
⑤羊　⑥緑色　⑦幸福　⑧理由
⑨平和　⑩道路　⑪勉強　⑫太陽
⑬生命　⑭言葉　⑮役目　⑯両足
⑰予定　⑱礼

3
①平ら　②返す　③放す　④放る
⑤味わう　⑥問う　⑦有る　⑧遊ぶ
⑨落ちる　⑩落とす　⑪流れる　⑫練る

8　16・17ページ

1
①かわぎし　②くしん
③ちゃくよう　④くろまめ
⑤とざん　⑥ししゅ
⑦てんし　⑧ほうしゅつ

2
①目次　②化石　③起　④研究
⑤勝負　⑥都合　⑦童話　⑧平等

3
①言　②木　③力　④頁

4
①動く　②配る　③美しい　④反らす
⑤育つ　⑥悪い　⑦運ぶ　⑧温かい
⑨向こう　⑩祭り

⑤かぜ ⑥みち
⑦うま ⑧みなみ

2
①点数 ②頭 ③電話 ④半分
⑤読書 ⑥本当 ⑦一番 ⑧山道
⑨南風 ⑩内 ⑪小麦 ⑫肉
⑬同 ⑭父親

3
①当たる ②答える ③答え ④同じ
⑤買う ⑥読む ⑦売る ⑧分ける
⑨分かる ⑩当てる

7 14・15ページ

1
①とも ②こめ
③きた ④いちまんえん
⑤あ ⑥もん
⑦のはら ⑧りか

2
①夜 ②毎朝 ③聞 ④来週
⑤方角 ⑥母 ⑦夜中 ⑧親友
⑨曜日 ⑩用 ⑪里 ⑫話
⑬妹 ⑭毛虫

3
①聞く ②歩く ③聞こえる ④明るい
⑤明ける ⑥鳴く ⑦鳴る ⑧来る
⑨話す ⑩歩き

8 16・17ページ

1
①あまぐも ②い
③こう ④せいかつ

---

⑤たにがわ ⑥がいこう
⑦たいせつ ⑧ごぜん

2
①道 ②売 ③門 ④理科
⑤三角 ⑥後 ⑦元気 ⑧弓矢

3
①⻌ ②氵 ③言 ④口

4
①歌う ②遠い
③近い ④聞こえる
⑤弱い ⑥新しい
⑦走る ⑧直す
⑨同じ ⑩明るい

あおぞら

教科書ぴったりトレーニング

▶ 3分でまとめ動画

ぴったり1 じゅんび

どきん
わたしのさいこうの一日

めあて
★ようすをそうぞうしながら詩を読もう。
★さいこうの一日の日記を書こう。

学習日　月　日
教科書 上16〜19ページ
答え 2ページ

かきトリ 新しい漢字

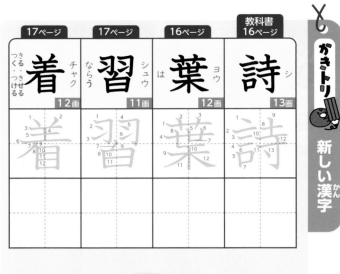

教科書16ページ	16ページ	17ページ	17ページ
詩 シ 13画	葉 ヨウ は 12画	習 シュウ ならう 11画	着 チャク きる・きせる つく・つける 12画

「葉」のように、「艹」は、草花にかんけいするものが多いよ。

1 （　）に読みがなを書きましょう。

① 言葉（　）を話す。
② 本文に着目（　）する。

●読み方が新しい字

2 □に漢字を書きましょう。

① □（し）を読む。
② 漢字を□□（がくしゅう）する。

わたしのさいこうの一日

3 メモを見て、さいこうの一日の日記の（　）に当てはまる言葉を書きましょう。

・たんじょう日。
・ハンバーグとケーキを食べる。
・プレゼントは、サッカーボールとシューズ。

きょうは、ぼくの（　）でした。

おかあさんが、大すきなハンバーグと（　）を作ってくれました。プレゼントは、サッカーボールと（　）でした。あしたからつかいます。

どきん

4 詩を読んで、答えましょう。

どきん

谷川(たにかわ)俊太郎(しゅんたろう)

さわってみようかなあ　つるつる
おしてみようかなあ　ゆらゆら
もすこしおそうかなあ　ぐらぐら
もいちどおそうかあ　がらがら
たおれちゃったよなあ　えへへ
いんりょくかんじるねえ　みしみし
ちきゅうはまわってるう　ぐいぐい
かぜもふいてるよお　そよそよ
あるきはじめるかあ　ひたひた
だれかがふりむいた！　どきん

(1) つぎのいみに合う言葉を、[　]からえらんで書きましょう。

① ゆっくりとゆれているようす。（　　）

② 力強く引っぱっているようす。（　　）

つるつる　ゆらゆら　がらがら　ぐいぐい

(2) 「さわってみようかなあ」「おしてみようかなあ」「もすこしおそうかなあ」は、どのように読むとよいですか。一つに○をつけましょう。

ア（　）こまったように読む。
イ（　）おこったように読む。
ウ（　）ためすように読む。

(3) 「えへへ」は、どのように読むとよいですか。一つに○をつけましょう。

ア（　）大きな声で、元気よく読む。
イ（　）てれて、わらっているように読む。
ウ（　）小さな声で、ささやくように読む。

(4) びっくりした気もちがあらわれている言葉を、詩から三字で書きぬきましょう。

[　][　][　]

ぴったりじゅんび 1

3分でまとめ

登場人物の気持ちをたしかめ、そうぞうしたことをつたえ合おう

春風をたどって

如月(きさらぎ)かずさ

図書館たんていだん

めあて
★登場人物の様子をあらわす言葉を見つけよう。
★登場人物の気持ちがどのようにへんかしたかを考えよう。

学習日　月　日
教科書　上21〜37ページ
答え　2ページ

かきトリ　新しい漢字(かんじ)

教科書21ページ　登　トウ・ト　のぼる　12画
21ページ　物　ブツ・モツ　もの　8画
21ページ　持　ジ　もつ　9画
22ページ　旅　リョ　たび　10画
24ページ　始　シ　はじめる・はじまる　8画
24ページ　進　シン　すすむ・すすめる　11画
25ページ　動　ドウ　うごく・うごかす　11画
26ページ　深　シン　ふかい・ふかまる・ふかめる　11画
27ページ　様　ヨウ　さま　14画
32ページ　面　メン　9画
35ページ　館　カン　やかた　16画
36ページ　号　ゴウ　5画
36ページ　調　チョウ　しらべる　15画

1 （　）に読みがなを書きましょう。

① ●白一色（　）の雪山。
② ●空気（　）を入れる。
③ ●物語（　）を読む。
④ ●黄●金（　）にかがやく。
⑤ ◆二人（　）で歩く。
⑥ 番号（　）をつける。

●読み方が新しい字　◆とくべつな読み方の言葉

2 □に漢字を、（　）に漢字とおくりがなを書きましょう。

① □(たび)に出る。
② □□(よう●す)を見る。
③ （　）(ふかい)海。
④ 前に（　）(すすむ)。

●読み方が新しい字

春風をたどって

3 正しいいみに○をつけましょう。

① さかんに手をふる。

ア（　）いきおいよくなんども。

イ（　）ときどき小さく。

② 話を聞いて首をかしげる。

ア（　）がっかりする。

イ（　）ふしぎに思う。

図書館たんていだん

4 図書館で本をさがすとき、どのたなを見るとよいですか。番号を書きましょう。

① やきゅう（　　）　② のうぎょう（　　）

③ うちゅう（　　）　④ かぐやひめ（　　）

番号	ないよう
0	調べるための本
1	ものの考え方や心について
2	むかしのことや　ちいきのこと
3	社会のしくみ
4	しぜんにかかわること
5	ぎじゅつやきかい
6	いろいろなさんぎょう
7	げいじゅつやスポーツ
8	言葉
9	文学

春風をたどって

3分でワンポイント

ルウの気持ちのへんかを読みとろう。

★①～③の（　）に合うルウの気持ちを［　］の中からえらんで、記号を書きましょう。

場面	気持ち	ルウの行動・できごと
森	①（　）	見なれた森のけしきをながめて、ためいきをつく。
しげみ	びっくり	ノノンに会い、すてきなにおいのもとをさがしに、しげみを進む。
花ばたけ	すごいな → ②（　）	見わたすかぎりの青い花ばたけが、目にとびこんでくる。 さわやかな花のかおりにつつまれて、花ばたけをながめる。花ばたけの空気をむねいっぱいにすいこむ。
すあな	③（　）	海色の花ばたけを思い出す。ノノンと、まだ知らないすてきなばしょをさがしてみようと考える。

［ア　わくわく　イ　きれいだな　ウ　つまらない］

ぴったり2 練習

春風をたどって

登場人物の気持ちをたしかめ、そうぞうしたことをつたえ合おう

文章を読んで、答えましょう。

「旅に出たいなあ。」
りすのルウは、さいきん、そんなことばかり言っています。

心をうきうきさせるような春風が、高い木のえだにすわったルウのしっぽをくすぐっていきます。それなのにルウは、ふさふさしたしっぽをたいくつそうにゆらしながら、たから物のことを思い出していました。

ルウのたから物は、風の強い日にどこからかとばされてきた、たくさんのしゃしんです。しゃしんにうつっていたのは、青くすき通った海に、雪をかぶった白一色の山々、黄金にかがやくさばく。どれもルウが見たことのない、すばらしいけしきばかりでした。

1 「そんなこと」とは、どんなことですか。

［　　　　　　］ということ。

2 りすのルウは、どんなふうにしていますか。

［　　　　　　］にすわって［　　　　　　］をゆらしている。

3 「それなのに」というのは、どういうことですか。一つに○をつけましょう。

ア（　）春風がたから物をたくさんはこんできてくれたのに、ということ。

イ（　）たいくつしていたら春風にしっぽをくすぐられたのに、ということ。

ウ（　）心をうきうきさせるような春風がふいてきているのに、ということ。

ヒント 前に、どんなことが書いてあるかな。

学習日 月 日
教科書 上21〜34ページ
答え 3ページ

「それにくらべて、この森のけしきってさ、ぜんぜんわくわくしないよね。」

見なれたけしきをながめて、ルウはためいきをつきます。

海や雪山やさばくのことをルウに教えてくれた、森で一番のもの知りりすも、それらがどこにあるのかまでは知りませんでした。ちっぽけなりすにはたどり着くことができない、遠い遠いばしょにあるのだろう、とも言っていました。

「それでもぼくは、いつかぜったい、しゃしんのけしきを見に行くんだ。」

そのとき、クルル、とルウのおなかが鳴りました。そろそろお昼ごはんの時間です。

ルウは、みがるに地上に下りて、お昼ごはんに食べる木のみをさがし始めました。

如月（きさらぎ）かずさ「春風をたどって」より

4 「ルウのたから物」について、答えましょう。

① どんな物ですか。

どこからかとばされてきた、[　　　　　　　　　]。

② ①には何がうつっていましたか。三つ書きましょう。

（　　　　　）（　　　　　）（　　　　　）

5 「ルウはためいきをつきます」とありますが、なぜためいきをついたのですか。

・この森は（　　　　　）けしきなので、（　　　　　）から。

・ちっぽけなりすには、しゃしんのばしょに（　　　　　）から。

ヒント　——線の後に書かれていることも理由（ゆう）の一つだね。

ぴったり1 じゅんび

3分でまとめ

国語辞典を使おう
漢字の広場①
きせつの言葉1　春のくらし

かきトリ 新しい漢字

使	問	意	味	湖	漢	由
教科書38ページ	38ページ	38ページ	38ページ	38ページ	38ページ	40ページ
シ／つかう	モン／とう・とい・とん	イ	ミ／あじ・あじわう	コ／みずうみ	カン	ユ・ユウ
8画	11画	13画	8画	12画	13画	5画

温	酒	題	発	章	平
40ページ	40ページ	40ページ	40ページ	40ページ	40ページ
オン／あたたか・あたたかい・あたたまる・あたためる	シュ／さけ・さか	ダイ	ハツ	ショウ	ヘイ・ビョウ／たいら・ひら
12画	10画	18画	9画	11画	5画

1 （　）に読みがなを書きましょう。

① 言葉の 意味。（　）

② 本の ●発売。（　）

③ 平気 な顔をする。（　）

④ 文章 を書く。（　）

⑤ ●人形 であそぶ。（　）

⑥ 町を 自由 に歩く。（　）

⑦ 問 いに答える。（　）

● 読み方が新しい字

めあて
★国語辞典の見出し語を見つけよう。
★春らしい言葉を考えよう。

学習日　月　日

教科書 上38〜43ページ

答え 3ページ

2 □に漢字を、（　）に漢字とおくりがなを書きましょう。

① □（みずうみ）のほとり。

② あま□（ざけ）をのむ。

③ （　　）（あたたかい）お茶。

④ 手足を（　　）（つかう）。

⑤ □□（さんすう）のれんしゅう　□□（もんだい）をとく。

漢字の広場①

3 ——線のひらがなを漢字に直し、作文に書くときのように、ます目に書きましょう。

にとうのうまが走り回って、うしは大声でないています。

国語辞典を使おう

4 つぎの言葉の見出し語を□でかこみましょう。

〈れい〉
すてきだろう
すてきだった
すてきに
[すてき]だ
すてきな絵
すてきならば

①
開かない
開きます
開く
開くもの
開けば
開こう

②
白かろう
白かった
白くなる
白い
白い花
白ければ

①②は、言いおわるときの形を考えよう。

きせつの言葉１　春のくらし

5 春らしさをかんじるやさいを三つ、考えて書きましょう。

（　　）（　　）（　　）

春には「新」や「春」がつくやさいがお店に出てくるね。

ぴったり1 じゅんび

3分でまとめ

知りたいことを考えながら聞き、しつもんしよう
もっと知りたい、友だちのこと
コラム　きちんとつたえるために

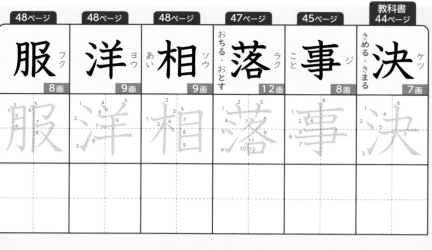

めあて
★友だちの話の聞き方、しつもんのしかたを考えよう。
★相手にきちんとつたえるための言葉を考えよう。

学習日
月　日
教科書
上44～49ページ
答え
4ページ

かきトリ 新しい漢字

教科書44ページ	45ページ	47ページ	48ページ	48ページ	48ページ
決 ケツ きめる・きまる 7画	事 ジ こと 8画	落 ラク おちる・おとす 12画	相 ソウ あい 9画	洋 ヨウ 9画	服 フク 8画

「落」は、「氵」と「各」のいちに気をつけよう。

「服」は、右がわの「𠬝」を正しく書こう。

1 （　）に読みがなを書きましょう。

① 円の 中心。（　）
② 一人 ずつ話す。（　）
③ とつぜんの 出来事。（　）
④ お 母さん がわらう。（　）

●読み方が新しい字　◆とくべつな読み方の言葉

2 □に漢字を、〔　〕に漢字とおくりがなを書きましょう。

① しあいの □（あいて）。
② □（ようふく）をたたむ。
③ 帰り道にさいふを〔　　〕（おとす）。
④ どちらにするか、心を〔　　〕（きめる）。

3 話を聞くとき、しつもんするときに大切なことは何ですか。三つに○をつけましょう。

ア（　）話の中心（話す人がいちばん話したいこと）は何かを考えながら聞く。
イ（　）となりの人と話のないようをかくにんしながら聞く。
ウ（　）話す人の方を見て聞く。
エ（　）しつもんするときは、知りたいことをぜんぶたずねる。
オ（　）とくにしつもんしたいことをえらんでたずねる。

4 つぎのしつもんは、どんなときに使いますか。――でつなぎましょう。

〈しつもん〉
①「いつ」「どこで」「何を」をたずねる。・
②「どのように」をたずねる。・
③「なぜ」「どうして」をたずねる。・

〈どんなとき〉
・ア 物事の様子や方法をくわしくたずねるとき。
・イ したこと、考えたことの理由をたずねるとき。
・ウ 時間や場所などの、知らないことや分からないことをたずねるとき。

5 友だちにしつもんをすると、どんないいことがありますか。三つに○をつけましょう。

ア（　）友だちからたくさんの話を引き出すことができる。
イ（　）友だちに自分の考えをつたえることができる。
ウ（　）はじめの話題から話が広がるようになる。
エ（　）知りたかったことが、よりくわしく分かるようになる。
オ（　）答えを聞いて、やりとりを終わらせることができる。

コラム　きちんとつたえるために

6 ――線の言葉を、相手にきちんとつたわるように書き直しましょう。

ただいまー。今日のおやつは何？
今日はなしよ。
えー。ないの？じゃあ、あそびに行ってこよう。
あら、おやついらなかったのかしら？

（　　　　　）

ぴったり1 じゅんび

漢字の音と訓 漢字の広場②

3分でまとめ

めあて
★漢字の音と訓をおぼえて、使い分けよう。

学習日 月 日
教科書 上50〜52ページ
答え 4ページ

がきトリ 新しい漢字

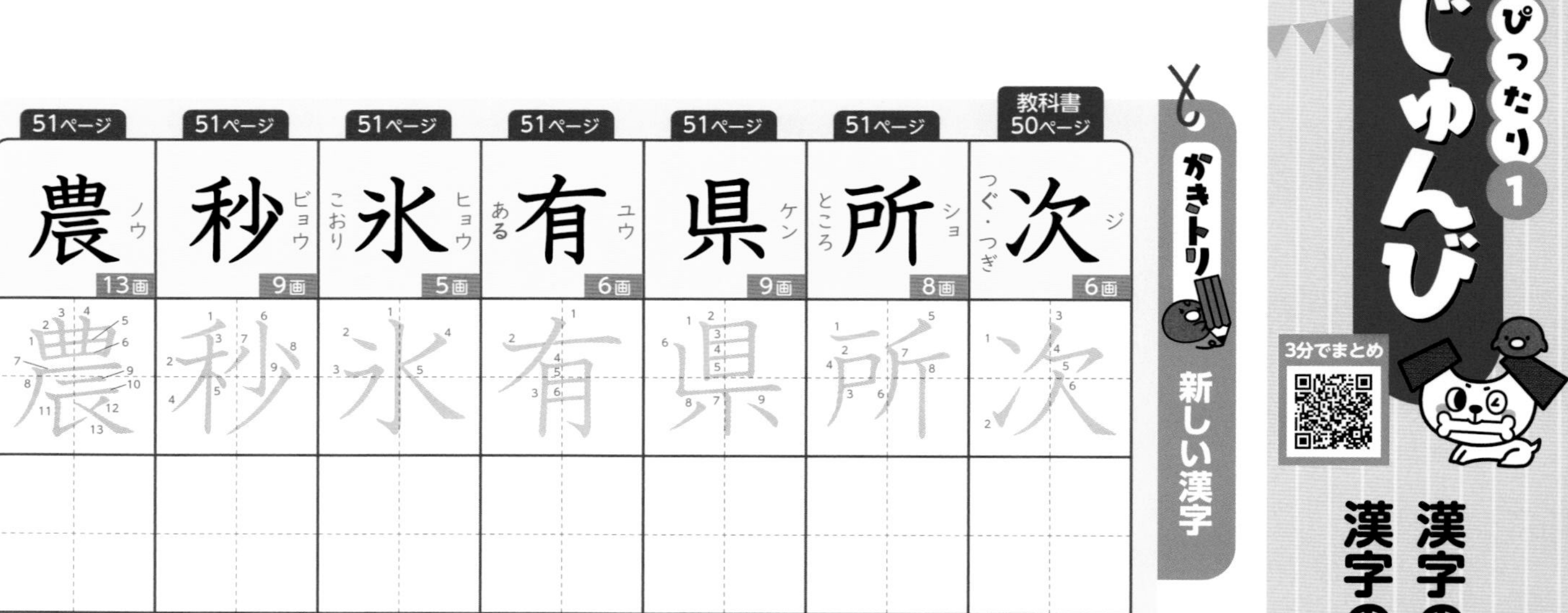

教科書50ページ 次 ジ つぐ・つぎ 6画
51ページ 所 ショ ところ 8画
51ページ 県 ケン 9画
51ページ 有 ユウ ある 6画
51ページ 氷 ヒョウ こおり 5画
51ページ 秒 ビョウ 9画
51ページ 農 ノウ 13画

時間をあらわす漢字の使い方をおぼえよう。
れい 一時十五分三十秒

1 （　）に読みがなを書きましょう。

① 早朝（　）れんしゅう
② 県道（　）を歩く。
③ 一分（　）で問題をとく。
④ 野球（　）のしあい。
⑤ ながめがよい 所（　）。
⑥ 朝食（　）のしたく。
⑦ 日光（　）をあびる。
⑧ 仕事（　）がおわる。

● 読み方が新しい字

2

□に漢字を書きましょう。

① □（つぎ）の日の朝。

② □□（のうか）をてつだう。

③ □（こおり）がとける。

④ ゆうびん□（きょく）

⑤ □□□（ろくじゅうびょう）

⑥ □□（ゆうめい）な店。

漢字の音と訓

3

次の――線の言葉は、音と訓のどちらが使われていますか。音には○、訓には△を（　）に書きましょう。

①（　）きれいな花の絵をかく。

②（　）夜はかぞくと家ですごす。

③（　・　）売店をさがす。

④（　・　）台所に立つ。

⑤（　・　）星空を見上げる。

4

次の漢字の音をかたかなで、訓をひらがなで書きましょう。

① 葉　音（　　）訓（　　）

② 紙　音（　　）訓（　　）

③ 事　音（　　）訓（　　）

④ 館　音（　　）訓（　　）

漢字の広場②

5

――線のひらがなを漢字に直し、（　）に当てはまる言葉を□からえらんで、ます目に書きましょう。

ちずを手に、いっぽんみちをいった。（　　）、ぐうぜんしんゆうにあった。

けれども　または　すると　つまり

時間 20分
／100
ごうかく 80点

学習日 月 日
教科書 上21〜52ページ
答え 5ページ

文章を読んで、答えましょう。 思考・判断・表現

それからどれだけ進みつづけたのでしょう。しげみがやっととぎれたかと思うと、あざやかな青い色が、ルウの目にとびこんできました。

しげみのむこうにあったのは、見わたすかぎりの花ばたけでした。そこにさく花の色は、ルウが行きたいとねがっていた、しゃしんの海にそっくりな青。そのけしきのうつくしさに、ルウの口から、ほう、とためいきがこぼれました。

「すごいや。この森に、こんな花ばたけがあったんだね。」

ルウはノノンに言いました。ところがノノンは、ルウの声が聞こえなかったかのように、うっとりと花ばたけに見とれています。

そんなノノンの様子をなが

1 「しげみのむこう」には、見わたすかぎりの、何がありましたか。 10点

（　　　　　　　　）の、花ばたけ。

2 ルウは、花ばたけにさく花の色は、どんなだと思いましたか。 15点

（　　　　　　　　）

3 花ばたけのうつくしさに、ルウはどうなりましたか。 10点

（　　　　　　　　）

よく出る

4 「そうくりかえしてにっこりする」とありますが、どんな気持ちからですか。一つに○をつけましょう。 10点

ア（　）一人だったら花ばたけを見つけられなかったので、ノノンにかんしゃする気持ち。

イ（　）花ばたけに見とれて返事をしないノノンを、ほほえましく思う気持ち。

めながら、ルウは思いました。ぼく一人だったら、この花ばたけを見つけることはできなかっただろうな、と。

「すごいや。」

ルウは、そうくりかえしてにっこりすると、だまって花ばたけの方をむきました。さわやかな花のかおりにつつまれて、ゆったりと時がながれていきました。

しばらくたったころに、ノノンがのんびり言いました。

「そろそろお昼ごはんをさがしに行こうかなあ。ルウはどうする。」

そういえば、ぼくもごはんがまだだった、とルウは思い出しました。けれど、気づいたら、ルウはこう答えていました。

「ぼくは、もう少しここにいることにするよ。」

「分かった。じゃあ、またね。」

「うん、また話そう。」

ノノンを見おくった後で、ルウは、また花ばたけをながめました。

やわらかな春風が、花たちとルウの毛を、さわさわとなでていきます。海色の花びらの上で、昼下がりの光が、きらきらかがやいています。ルウのしっぽは、いつのまにか、ゆらゆらとおどるようにゆれています。

如月（きさらぎ）かずさ「春風をたどって」より

ウ（　）ノノンがうっとりと見とれる花ばたけを見つけて、ほこらしい気持ち。

できたらスゴイ!

5 ルウとノノンが花ばたけを見つめている場面は、どんな様子でしたか。様子が分かる一文の、はじめと終わりの六字を書きましょう。（句点も数える。） りょうほうできて15点

□□□□□□ ～ □□□□□□

6 ルウがながめている「花ばたけ」の春風と光の様子を、ひびきで表している言葉を書きぬきましょう。 一つ10点(20点)

① 春風（　　　）

② 光（　　　）

考えを書こう

7 「ルウのしっぽは、……ゆれています。」とありますが、このときのルウはどんな気持ちだったと思いますか。ルウの言葉を考えて書きましょう。 20点

ふりかえり 7が分からないときは、5ページの 3分でワンポイント にもどってかくにんしてみよう。

春風をたどって ～ 漢字の広場②

時間 20分

／100

ごうかく 80点

学習日 月 日

教科書 上21～52ページ

答え 6ページ

1 読みがなをかきましょう。

一つ2点(20点)

① 今日（　）は休みだ。

② 有名（　）な詩。

③ 雲が動（　）く。

④ うれしい気持（　）ち。

⑤ 葉が落（　）ちる。

⑥ 画面（　）がかわる。

⑦ 問題（　）がある。

⑧ 体が温（　）まる。

⑨ 漢字（　）を学ぶ。

⑩ 旅（　）から帰る。

2 □に漢字をかきましょう。

一つ2点(12点)

① □□（じゆう）に話す。

② □□（とうじょう）する

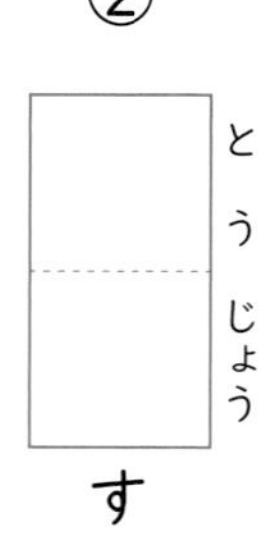

③ □□（やきゅう）を見る。

④ □□□（としょかん）へ行く。

⑤ □□（ようふく）を着る。

⑥ □□□□（ごふんじゅうびょう）

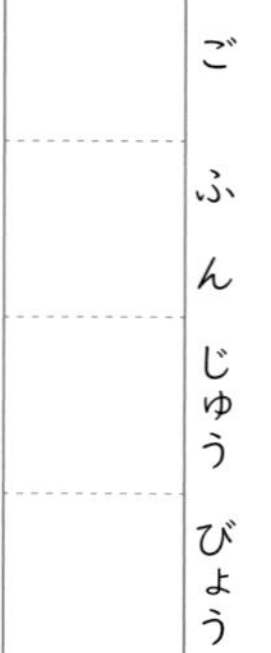

3 〔　〕に漢字と送りがなをかきましょう。

一つ4点(8点)

① 言葉を〔　　〕（しらべる）。

② そうじを〔　　〕（はじめる）。

4 ――線の漢字の読み方を、音はかたかなで、訓はひらがなでかきましょう。

一つ2点(10点)

① 物

ア 動物（　）

イ 作物（　）

ウ 物音（　）

② 使

ア 水の使用。（　）

イ 火を使う。（　）

5 次の――線の言葉を、国語辞典の見出し語の形に直してかきましょう。

一つ5点(15点)

① 石にきざんだ文字。（　）

② なだらかなさか道。（　）

③ うつくしくさいた花。（　）

6 国語辞典で言葉をさがします。次の言葉が辞典にならんでいる順に、番号をかきましょう。

ぜんぶできて一つ10点(20点)

①

（　）いちがん

（　）いちぐん

（　）いちいち

（　）いちがつ

（　）いちにち

②

（　）じしょ

（　）じしゅう

（　）じしゃく

（　）じしん

（　）じしょう

7 思考・判断・表現

次の文を読んで、「いつ」「どのように」「どうして」をたずねるしつもんを考えてかきましょう。

一つ5点(15点)

わたしは、いとこの家へ行きます。

① いつ（　）

② どのように（　）

③ どうして（　）

ふりかえり **5**が分からないときは、9ページの**4**にもどってかくにんしてみよう。

まとまりをとらえて読み、かんそうを話そう

［れんしゅう］文様（もんよう）
こまを楽しむ
安藤（あんどう）正樹（まさき）

全体と中心

めあて
★文章の「はじめ」「中」「おわり」の大きなまとまりをとらえよう。
★「問い」や「答え」に気をつけて、文章の中心をとらえよう。

学習日
月　日
教科書
上53〜65ページ
答え
6ページ

がくトリ 新しい漢字

			教科書
全	ゼン まったく・すべて	6画	53ページ
遊	ユウ あそぶ	12画	53ページ
表	ヒョウ おもて・あらわす・あらわれる	8画	55ページ
昔	むかし	8画	56ページ
世	セイ・セ よ	5画	56ページ
界	カイ	9画	56ページ
速	ソク はやい・はやめる・はやまる	10画	57ページ
横	オウ よこ	15画	57ページ
指	シ ゆび・さす	9画	58ページ
鉄	テツ	13画	59ページ
安	アン やすい	6画	59ページ
定	テイ・ジョウ さだめる・さだまる	8画	59ページ

「鉄」の右がわは「矢」ではなく「失」だよ。

1 （　）に読みがなを書きましょう。

① ●元（　）にもどす。
② 入学式（しき）を ●行（　）う。
③ ◆上手（　）に話す。
④ 化石（かせき）を ●発見（　）する。

●読み方が新しい字　◆とくべつな読み方の言葉

2 □に漢字を、（　）に漢字とおくりがなを書きましょう。

① □（ゆび）をまげる。
② □□（せかい）を旅する。
③ □（むかし）のこと。
④ こまで（あそぶ）。
⑤ □（てつ）のおの。
⑥ 気持ちを（あらわす）。

3 こまを楽しむ

正しい意味に○をつけましょう。

① 音りょうのスイッチをひねる。
ア（　）ねじって回す。
イ（　）おしたり引いたりする。

② 中がくうどうになったぼう。
ア（　）空気がよく通ること。
イ（　）中がからっぽなこと。

③ 心ぼうがかたむく。
ア（　）回転する物の、じくになっているぼう。
イ（　）回転する物が、たおれないようにささえるぼう。

4 全体と中心

次のような組み立ての文章では、文章全体の中心はどこに書かれていますか。ア〜ウからえらんで、記号を書きましょう。

ア	はじめ	「問い」
イ	中	「問い」にたいする「答え」
ウ	おわり	全体の「まとめ」

（　　）

こまを楽しむ

3分でワンポイント

こまのしゅるいと楽しみ方をとらえよう。

★①〜③の（　）に合うこまを［　］の中からえらんで、記号を書きましょう。

こま	楽しみ方
①（　）	回っているときの色を楽しむ。
②（　）	回っているときの音を楽しむ。
さか立ちごま	かわる回り方の動きを楽しむ。
③（　）	たたいて回しつづけることを楽しむ。
曲ごま	曲芸で使われ、見る人を楽しませる。
ずぐり	雪の上で回して楽しむ。

ア たたきごま　イ 鳴りごま　ウ 色がわりごま

まとまりをとらえて読み、かんそうを話そう

[れんしゅう] 文様(もんよう)

文章を読んで、答えましょう。

① 服やおさらなどには、「文様」とよばれる、いろいろな形の絵や図がらがついています。文様の多くには、「いいことがありますように。」というねがいがこめられています。どんなことをねがう文様があるのでしょうか。

あ

② あの文様は、「つるかめ」といわれるものの一つです。かめのこうらのような形の中に、つるとかめがいます。つるは千年、かめは万年生きるという言いつたえがあります。元気で長生きをすることをねがう文様です。

③ いの文様は、「かりがね」といいます。わたり鳥のかりがとぶ様子を

令和５年検定済 光村図書 小国３上より

1 このせつめい文で、話題を出して問いかけをしているのは、どの段落(だん)ですか。①～⑤の段落番号で答えましょう。

（　　）段落

2 このせつめい文は、どんなことを問いかけていますか。問いかけの一文の、はじめとおわりの五字を書きぬきましょう。

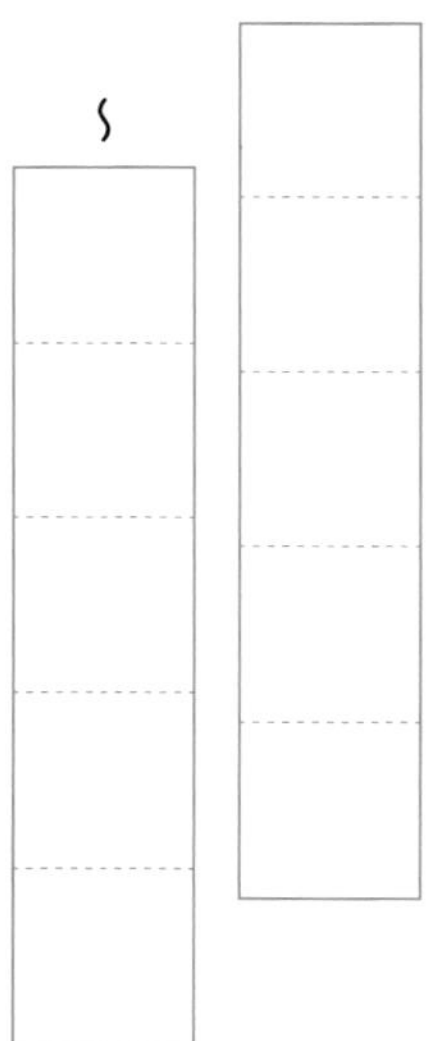

□□□□□ ～ □□□□□

ヒント 一文のおわりは、「。」だよ。

3 このせつめい文には、ぜんぶでいくつの文様がとり上げられていますか。漢数字で答えましょう。

（　　）つ

学習日 月 日

教科書 上53～55ページ

答え 7ページ

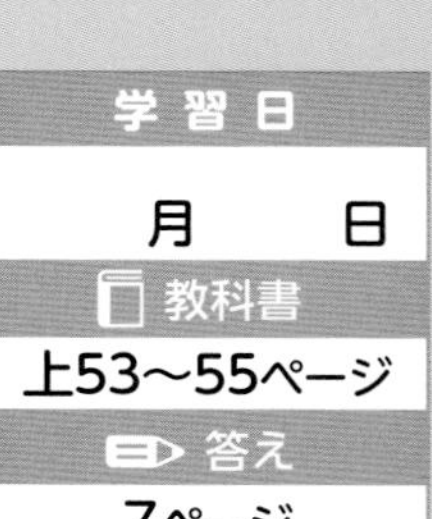

㋑

表しています。かりは、遠くからよい知らせをはこんでくれる鳥だといわれてきました。しあわせがやって来ることをねがう文様です。

④　㋒の文様は、「あさの葉」といいます。しょくぶつのあさの葉ににているので、この名前がつけられました。あさは、とても生長が早く、すぐに大きくなります。子どもたちが元気でじょうぶにそだつことをねがう文様で、子どもの着物によく使われました。

㋒

⑤　このように、文様には、人々のくらしから生まれたさまざまなねがいがこめられています。そのことを知ると、文様をえらんだり、みにつけたりすることが、より楽しくなりますね。

熊谷（くまがい）博人（ひろと）「文様」より

4　次の文様には、どのようなねがいがこめられていますか。合うものを――でつなぎましょう。

①　つるかめ　・　　・しあわせがやって来ること。

②　かりがね　・　　・子どもたちが元気でじょうぶにそだつこと。

③　あさの葉　・　　・元気で長生きすること。

5　このせつめい文の組み立てを表しているものは、次のどれですか。一つに○をつけましょう。

ア（　）①②―③④―⑤

イ（　）①―②③④―⑤

ウ（　）①―②③―④⑤

エ（　）①―②―③④⑤

ヒント　「はじめ」「中」「おわり」のまとまりを考えよう。

6　このせつめい文の中でまとめとしていることが書かれているのは、どの段落ですか。段落番号で答えましょう。

（　　）段落

ぴったり1 じゅんび

相手に分かりやすいように、あんないの手紙を書こう

気持ちをこめて、「来てください」

漢字の広場③

めあて

★ひつようなことがつたわるように、行事をあんないする手紙を書こう。

★相手に合わせた、ていねいな言葉を使おう。

学習日　月　日

教科書　上66～70ページ

答え　7ページ

かきトリ 新しい漢字

教科書66ページ	67ページ	69ページ	69ページ
運 ウン はこぶ 12画	予 ヨ 4画	送 ソウ おくる 9画	住 ジュウ すむ・すまう 7画

「運」「送」の「辶」のぶぶんは、「、ﾌ辶」と三画で書くんだよ。

「予」と「子」は、形がにているけれど、画数も書き順もちがうので、気をつけよう。

1 （　）に読みがなを書きましょう。

① 学校に ●通う。（　）

② 百メートル ●走る。（　）

③ 今日の 予定。（　）

④ 春の 運動会。（　）

●読み方が新しい字

2 □に漢字を、（　）に漢字と送りがなを書きましょう。

① □□（じゅうしょ）を書く。

② 手紙を（おくる）。

③ □□（まいにち）つづける。

④ 大きな□（こえ）を出す。

⑤ 町の□□（ちず）。

⑥ 六月◆□（ついたち）。

◆とくべつな読み方の言葉

3 ——線のひらがなを漢字に直し、作文を書くときのように、ます目に書きましょう。

日よう日のごご、ははと買い物にいき、いもうとのために、にんぎょうを買った。

4 あんないの手紙では、どんなことをつたえますか。当てはまる言葉を［　］からえらんで書きましょう。

- 行われる行事と、それが行われる（　　）と（　　）。
- 自分が（　　）。
- ぜひ来てほしいという、自分の（　　）。

［ すること　場所　気持ち　日時 ］

5 次はあんないの手紙のれいです。①〜⑤にはどんなことが書かれていますか。［　］からえらんで、記号を書きましょう。

わかばのきれいなきせつになりました。大森先生、お元気でしょうか。（①）

こんど、ぼくが通う小学校で学習発表会がありますので、ごあんないします。
日時　五月三十日（土）
　　午前九時から午後一時十五分
場所　さかのうえ小学校
ぼくは、クラスでメダカのしいくについてグループ発表をします。ぜひ、見に来てください。（②）

五月十一日（③）
　　小林たいち（④）
大森さえこ先生（⑤）

［ ア　つたえること　イ　はじめのあいさつ　ウ　相手の名前　エ　自分の名前　オ　書いた日 ］

①（　　）②（　　）③（　　）④（　　）⑤（　　）

文章を読んで、答えましょう。　思考・判断・表現

こまを回して遊ぶことは、昔から世界中で行われてきました。長い間、広く親しまれるうちに、さまざまなくふうがつみかさねられてきました。こまには、たくさんのこまが生み出されてきました。そうして、世界でいちばんこまのしゅるいが多い国だといわれています。日本は、世界では、どんなこまがあるのでしょう。また、どんな楽しみ方ができるのでしょう。

色がわりごまは、回っているときの色を楽しむこまです。こまの表面には、もようがえがかれています。ひねって回すと、もように使われている色がまざり合い、元の色とちがう色にかわるのがとくちょうです。同じこまでも、回す速さによって、見える色がかわってきます。

鳴りごまは、回っているときの音を楽しむこまです。こまのどうは大きく、中がくうどうになっていて、どう

時間 20分　／100　ごうかく 80点

学習日　月　日

教科書 上53～70ページ

答え 8ページ

1 第一段落（だいいちだんらく）では、こまについて、二つのことが問いかけられています。文章から書きぬきましょう。　一つ10点（20点）

- 日本のこまの（　　　）。
- こまの（　　　）。

できたらスゴイ！

2 次のこまをせつめいしているのは、下のどの文ですか。——でつなぎましょう。　一つ10点（30点）

色がわりごま　・　　・ア 回っているときの音を楽しむこま。

鳴りごま　・　　・イ 回り方がかわることを楽しむこま。

さか立ちごま　・　　・ウ 回っているときの色を楽しむこま。

3 自分で回すのではなく、人が回すのを見て楽しむこまは、何というこまですか。　10点

（　　　）

の横には、細長いあなが空いています。ひもを引っぱって回すと、あなから風が入りこんで、ボーッという音が鳴ります。その音から、うなりごまともよばれています。

さか立ちごまは、とちゅうから回り方がかわり、その動きを楽しむこまです。このこまは、ボールのような丸いどうをしています。指で心ぼうをつまんで、いきおいよく回すと、はじめはふつうに回るのですが、回っていくうちに、だんだんかたむいていきます。そして、さいごは、さかさまにおき上がって回ります。

たたきごまは、たたいて回しつづけることを楽しむこまです。このこまのどうは、細長い形をしています。手やひもを使って回した後、どうの下のぶぶんをむちでたたいて、かいてんをくわえます。止まらないように、上手にたたいて力をつたえることで、長く回して楽しみます。

曲ごまは、曲芸で使われ、おどろくような所で回して、見る人を楽しませるこまです。曲ごまは、心ぼうが鉄でできていて、広く平らなどうをしています。ほかのこまとくらべ、安定したつくりになっているので、あまりゆれることがありません。台の上で手を使って回し、そこから細い糸の上や、ぼうの先のような回しにくい所へうつしかえて回しつづけます。

安藤正樹「こまを楽しむ」より

よく出る

4 こまの「どうの形」を表にまとめました。それぞれに当てはまるこまの名前を書きましょう。 一つ5点(20点)

	こまの名前	どうの形
①		広く平ら。
②		大きくて、中がくうどう。
③		細長い形。
④		ボールのように丸い。

考えを書こう

5 この文章に出てきたこまの中で、あなたがもっとくわしく知りたいこまはどれですか。こまの名前と、何についてくわしく知りたいかを書きましょう。 ①5点、②15点(20点)

① こまの名前（　　　）

② もっとくわしく知りたいこと

ふりかえり ②が分からないときは、19ページの 3分でワンポイント にもどってかくにんしてみよう。

ぴったり3 たしかめのテスト②

［れんしゅう］文様(もんよう)～漢字の広場③

時間 20分

／100

ごうかく 80点

学習日 月 日

教科書 上53～70ページ

答え 9ページ

1 読みがなを書きましょう。 一つ2点(20点)

① 引っこし先の 住所。（ ）
② 安心 してねむる。（ ）
③ スピードが 速 い。（ ）
④ 指 でおす。（ ）
⑤ 鉄 のフライパン。（ ）
⑥ 全体 を見わたす。（ ）
⑦ 手紙を 送 る。（ ）
⑧ 公園で 遊 ぶ。（ ）
⑨ 昔 の祭(まつ)り。（ ）
⑩ 記号で 表 す。（ ）

2 □に漢字を書きましょう。 一つ3点(18点)

① □□(うんどう)会に出る。
② 五十メートル□(そう)
③ 新たな□□(はっけん)。
④ 歌が□□(じょうず)だ。
⑤ 旅行の□□(よてい)。
⑥ 首を□(よこ)にふる。

3 〔 〕に漢字と送りがなを書きましょう。 一つ3点(6点)

① 学校に〔 〕(かよう)。
② 会見を〔 〕(おこなう)。

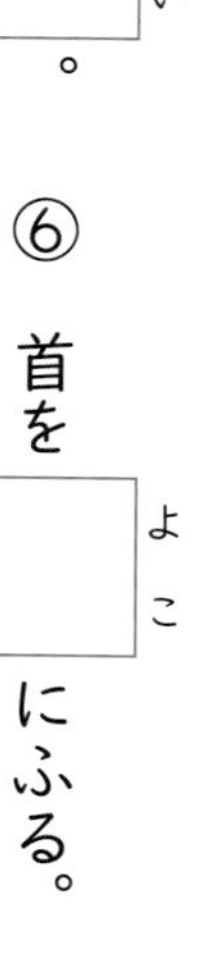

4 □に漢字を書きましょう。

一つ2点(12点)

① □□(こんしゅう)、□(おとうと)はそうじ□□(とうばん)です。

② 日□(よう)日に、□□(とうきょう)から友だちが□(く)るよていです。

5 思考・判断・表現

せつめいする文章の組み立てについて、正しいものすべてに○をつけましょう。

ぜんぶできて14点

ア( )「はじめ」「中」「おわり」などの大きなまとまりに分けられる。

イ( )大きなまとまりは、一つ、またはいくつかの段落(だん)でできている。

ウ( )「問い」と「答え」は、まったくべつのことが書かれている。

エ( )「問い」と「答え」に気をつけると、全体の組み立てが分かる。

6 思考・判断・表現

メモを見て、あんないの手紙の「つたえること」の□に当てはまる文を書きましょう。

一つ10点(30点)

行事　うんどう会
場所　かわのべ小学校
日時　五月二十三日(土)
午前九時から午後四時
出るしゅもく　合同ダンス

今月、①　　　　ので、ごあんないします。
日時　五月二十三日(土)午前九時から午後四時
場所　かわのべ小学校
わたしは、②　　　　。
みんなでいっしょうけんめい、れんしゅうしていますので、③　　　　。

①（　　　　）

②（　　　　）

③（　　　　）

ふりかえり 6が分からないときは、23ページの5にもどってかくにんしてみよう。

ぴったり1 じゅんび

まいごのかぎ

斉藤倫（さいとう りん）

登場人物のへんかに気をつけて読み、すきな場面について話し合おう

めあて
★登場人物の様子を表す言葉を見つけよう。
★登場人物がどのようにへんかしたかを考えよう。

学習日 月 日

教科書 上71〜90ページ

答え 9ページ

かきトリ 新しい漢字

			教科書
具	グ	8画	73ページ
拾	ひろう	9画	74ページ
向	コウ・むく・むける・むかう・むこう	6画	74ページ
坂	さか	7画	74ページ
悲	ヒ・かなしい・かなしむ	12画	76ページ
緑	リョク・みどり	14画	77ページ
開	カイ・ひらく・ひらける・あく・あける	12画	80ページ
岸	ガン・きし	8画	82ページ
路	ロ・じ	13画	86ページ
感	カン	13画	88ページ
対	タイ	7画	89ページ

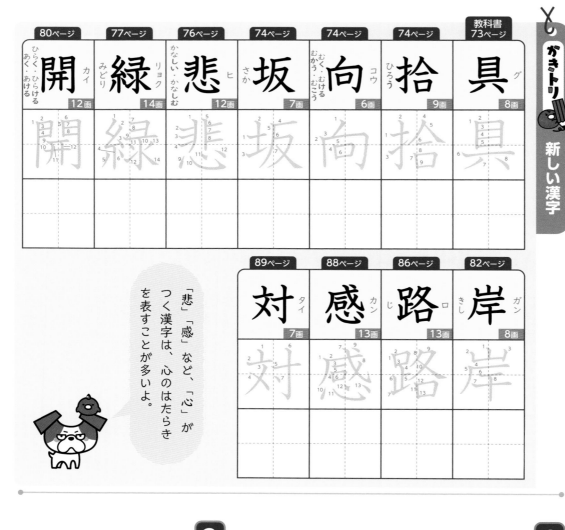

「悲」「感」など、「心」がつく漢字は、心のはたらきを表すことが多いよ。

1 （　）に読みがなを書きましょう。

① 鳥が・羽（　）ばたく。

② 四角い・金具（　）。

③ ・悲鳴（　）を上げる。

④ ・円（　）い一円玉。

⑤ ・歩道（　）を歩く。

⑥ ・海岸（　）の通り。

●読み方が新しい字

2 □に漢字を書きましょう。

① □（ろせん）バスにのる。

② 春を□（かん）じる。

③ ゴミ問題に□（たい）する取（と）り組み。

3 正しい意味に○をつけましょう。

① うつむきがちに歩く。
ア（　）下を向いていることが多い様子。
イ（　）なきそうになっている様子。

② うらめしそうに、とけたアイスクリームを見る。
ア（　）くるしいと思う様子。
イ（　）ざんねんに思う様子。

③ 家の方に後ずさりする。
ア（　）前を向いたまま、後ろに下がる。
イ（　）ゆっくりと後ろ向きになる。

④ 公園の日だまりで休む。
ア（　）日当たりがよく、あたたかい所。
イ（　）太陽（たいよう）の光が集（あつ）まって、まぶしい所。

⑤ 弟の言葉にあっけにとられる。
ア（　）いかりで動きがとれなくなる。
イ（　）思いがけないことに、おどろきあきれる。

3分でワンポイント

りいこの気持ちのへんかを読みとろう。

★①～③の（　）に合う気持ちを［　］の中からえらんで、記号を書きましょう。

場面	気持ち	りいこの行動・出来事
学校の帰り道	落ちこんでいる	図工の時間を思い出して、しょんぼりと歩いている。かぎを拾う。
さくらの木	①（　）	かぎをさすと、木からどんぐりがふってくる。あわててかぎをぬく。
緑色のベンチ	←	かぎをさすと、ベンチが動き出す。びっくりして、かぎをぬく。
魚の開き	②（　）	かぎをさすと、あじの開きが羽ばたいてうかび上がる。あわててかぎをぬく。
バスの時こく表	こわくなる ← ③（　）	かぎをぬいても時こく表が元にもどらず、自分のせいだと立ちすくむ。バスのダンスを見て、みんな、したいことをしていたと気づく。バスの中に、手をふるうさぎを見る。

ア 悲しくなる

イ うれしくなる

ウ おどろく

ぴったり2 練習 ①

まいごのかぎ

登場人物のへんかに気をつけて読み、すきな場面について話し合おう

文章を読んで、答えましょう。

海ぞいの町に、ぱりっとしたシャツのような夏の風がふきぬけます。だけど、学校帰りの道を行くりいこは、うつむきがちなのです。

「またよけいなことをしちゃったな。」

りいこは、しょんぼりと歩きながら、つぶやきました。

三時間目の図工の時間に、みんなで学校のまわりの絵をかきました。りいこは、おとうふみたいなこうしゃが、なんだかさびしかったので、その手前にかわいいうさぎをつけ足しました。そしたら、友だちが、くすくすわらったのです。りいこは、はずかしくなって、あわてて白い絵の具をぬって、うさぎをけしました。そのとき、りいこの頭の中にたしかにいたはずのうさぎまで、どこにもいなくなった

1 「ぱりっとしたシャツのような夏の風」とは、どんな風ですか。一つに○をつけましょう。

ア（　）音がうるさく鳴る、じっとりとした風。

イ（　）しわ一つない、かたい感じの強い風。

ウ（　）気持ちのよい、さわやかなかわいた風。

2 りいこは、学校帰りの道をどんな様子で歩いていましたか。

（　　　　）に、（　　　　）と歩いていた。

3 「友だちが、くすくすわらった」とありますが、友だちがりいこの絵を見てわらったのは、なぜですか。

りいこが、□□□のようだと思った□□□の手前に、かわいい□□□をつけ足していたから。

ヒント 「よけいなこと」をしてわらわれたんだね。

4 うさぎをけしたとき、りいこはどのように思いましたか。

学習日 月 日

教科書 上71〜90ページ

答え 10ページ

気がしたのです。うさぎにわるいことをしたなあ。思い出しているうちに、りいこは、どんどんうつむいていって、さいごは赤いランドセルだけが、歩いているように見えました。

　ふと目に入ったガードレールの下のあたりに、かたむきかけた光がさしこんでいます。もじゃもじゃしたヤブガラシの中で、何かが、ちらっと光りました。

「なんだろう。」

りいこが拾い上げると、それは、夏の日ざしをすいこんだような、こがね色のかぎでした。家のかぎよりは大きくて、手に持つほうが、しっぽみたいにくるんとまいています。

「落とし物かな。」

そう、小さく、声に出しました。すると、かぎは、りいこにまばたきするかのように光りました。

斉藤倫（さいとうりん）「まいごのかぎ」より

りいこの［　　　］にいたはずの［　　　］まで、どこにもいなくなった気がして、うさぎに［　　　］ことをしたと思った。

5 りいこが拾い上げたかぎは、どんなものでしたか。

① 色……夏の［　　　］をすいこんだような、［　　　］色。

② 大きさ……家のかぎよりは［　　　］。

③ 形……［　］に持つほうが、［　　　］みたいにまいている。

6 かぎの様子を、人のように表した部分を十一字で書きぬきましょう。

［　　　　　　　　　　　］

ヒント 人のしぐさにたとえているよ。

まいごのかぎ

登場人物のへんかに気をつけて読み、すきな場面について話し合おう

学習日 月 日
教科書 上71〜90ページ
答え 10ページ

文章を読んで、答えましょう。

通りぞいにある、大きなさくらの木は、青々とした葉ざくらになっていました。その木のねもとを見て、りいこは、びっくりしました。

「あれは、なんだろう。なんだか かぎあなみたい。」

しぜんに空いたあなではなく、ドアのかぎのように四角い金具が、みきについていて、そのまん中に円いあながあるのです。

「もしかして、さくらの木の落としたかぎだったりして。」

まさか、ね、と思いながら、持っていたかぎをさしこんでみます。すると、すいこまれるように入っていき、回すと、ガチャンと、音がしました。

1 「大きなさくらの木は、青々とした葉ざくらになっていました」から、きせつはいつごろだと思いますか。一つに○をつけましょう。

ア（ ）春から夏の間。
イ（ ）夏から秋の間。
ウ（ ）秋から冬の間。

2 「あれ」とは、何のことを指していますか。

大きな［　　　　］のねもとについている、ドアのかぎのような［　　　　］のまん中にある、円い［　　］のこと。

3 「もしかして、……落としたかぎだったりして。」と言ったとき、りいこは、どんな気持ちでしたか。一つに○をつけましょう。

ア（ ）ぜったいにちがうと、みとめない気持ち。
イ（ ）たぶんちがうだろうと、あきらめる気持ち。
ウ（ ）たぶんちがうと思うけれど、きたいする気持ち。

「あっ。」

思わず、さけびました。木が、ぶるっとふるえたのです。そうして、えだの先に、みるみるたくさんのつぼみがついて、ふくらんでいったかと思うと、ばらばらと何かがふってきました。

「どんぐりだ。」

りいこは、悲鳴を上げます。さくらの木に、どんぐりのみがつくなんて。おさげの頭にコンコン当たるどんぐりを、ランドセルでふせぎながら、あわててかぎをぬきました。どんぐりの雨は、ぴたりとやみ、さくらの木は、はじめの葉ざくらにもどっていました。

「びっくりした。」

りいこは、道の方に後ずさりしながら、言いました。

「こんなことになるなんて。さくらの木のかぎじゃなかったんだ。」

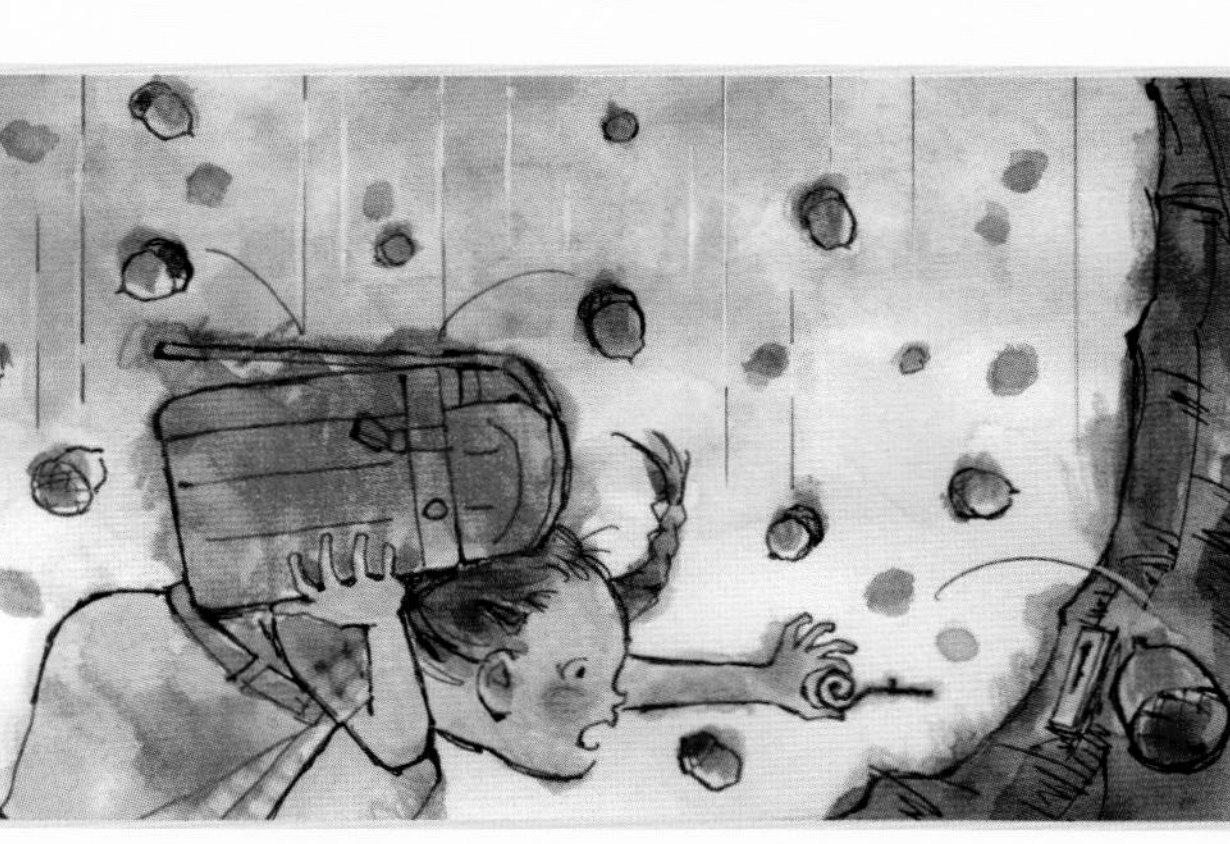

斉藤倫「まいごのかぎ」より

4 「りいこは、悲鳴を上げます。」とありますが、りいこは、なぜ悲鳴を上げたのですか。

ヒント　すぐあとで「まさか、ね」と思っているよ。

[　　　　]のえだの先から、[　　　　]のみが、ばらばらとふってきて、[　　　　]に当たるから。

5 「びっくりした。」と、りいこは言っていますが、このふしぎなさくらの木の出来事から、りいこは、どんな行動をしましたか。

(　　　　)

6 「こんなことになるなんて。」とありますが、りいこは、どんな気持ちからこう言ったのですか。一つに○をつけましょう。

ア(　)かぎをさしたことを、こうかいする気持ち。

イ(　)葉ざくらにもどって、ほっとする気持ち。

ウ(　)どんぐりの雨を、おもしろがる気持ち。

りいこの行動や言葉から考えよう。

ぴったり1 じゅんび

3分でまとめ

俳句(はいく)を楽しもう

かきトリ 新しい漢字

区 ク 4画 (教科書91ページ)	陽 ヨウ 12画 (92ページ)	整 セイ ととのえる・ととのう 16画 (93ページ)	部 ブ 11画 (93ページ)
区	陽	整	部

「陽」の「阝(こざとへん)」は、漢字の左がわにあるよ。三画で書くよ。

「部」の「阝(おおざと)」は、かん字の右がわにあるよ。「陽」と「阝」の形は同じだけれど、場所がちがうね。

1 ( )に読みがなを書きましょう。

① 言葉の調子。(　)

② 歌詞(し)を考える。(　)

③ 東の空。(　)

●読み方が新しい字

2 □に漢字を、( )に漢字と送りがなを書きましょう。

① 二つに □(く ぎ) る。

② □(たいよう) がしずむ。

③ 文章の □(いちぶ) 。

④ へやを (ととのえる) 。

●読み方が新しい字

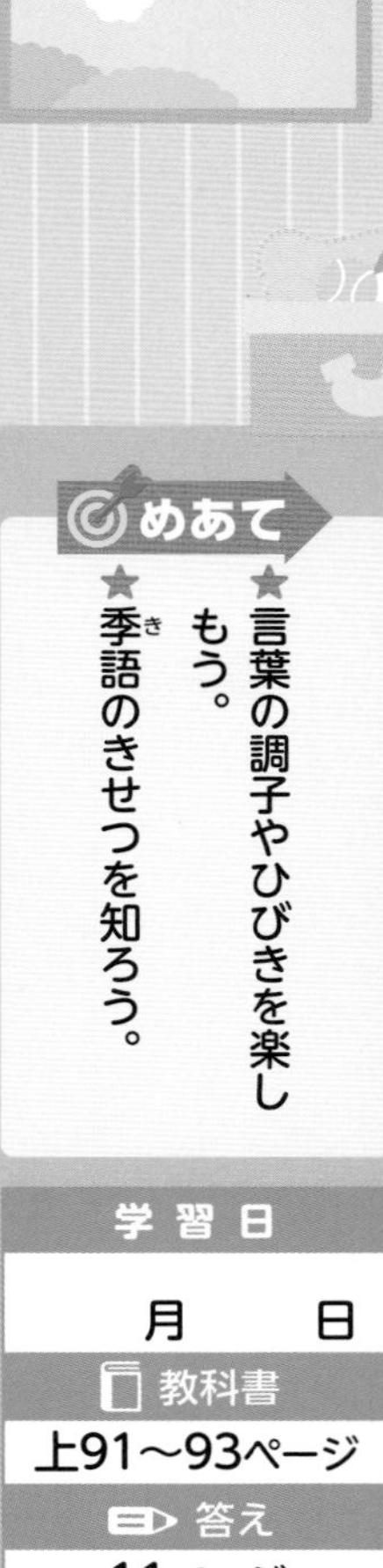

めあて
★言葉の調子やひびきを楽しもう。
★季語(きご)のきせつを知ろう。

学習日
月　日
教科書
上91〜93ページ
答え
11ページ

3 正しい意味に○をつけましょう。

① のたりのたりとうねる。

ア（　）なみが小さくあわただしく動く。
イ（　）なみが大きくゆったりと動く。

② 何やらゆかし。

ア（　）心が引かれる。
イ（　）いやになる。

4 俳句についてせつめいした文の（　）に当てはまる言葉を、［　］からえらんで書きましょう。

① 五・七・五の（　　）音で作られた短い（　　）。

② ふつうは、季語という（　　）を表す言葉が入り、（　　）の様子や、そこから感じられることがうたわれている。

③ 数え方は「（　　）」という言葉を使う。

［ 詩　句　しぜん　きせつ　十七 ］

5 俳句について、答えましょう。

閑かさや岩にしみ入る蟬の声　松尾芭蕉

菜の花や月は東に日は西に　与謝蕪村

雪とけて村いっぱいの子どもかな　小林一茶

「俳句を楽しもう」より

① 「閑かさや…」と「雪とけて…」の句を、それぞれ五・七・五に分けて、ひらがなで書きましょう。

「閑かさや…」（　　）（　　）（　　）

「雪とけて…」（　　）（　　）（　　）

② 「菜の花や…」の句は、一日のいつごろの様子を表したものですか。一つに○をつけましょう。

ア（　）早朝　イ（　）真昼
ウ（　）夕方

こそあど言葉を使いこなそう
引用するとき

3分でまとめ

めあて
★こそあど言葉が指ししめしているものをとらえよう。
★文章での引用のしかたの決まりを知ろう。

学習日 月 日
教科書 上94～97ページ
答え 11ページ

新しい漢字

泳	練	助	童	申
教科書95ページ	95ページ	95ページ	95ページ	95ページ
エイ / およぐ	レン / ねる	ジョ / たすける・たすかる	ドウ	もうす
8画	14画	7画	12画	5画

「助」の左がわは、「目」としないように気をつけよう。

1 （　）に読みがなを書きましょう。

① 文章を ●引用（　）する。
② ●近所（　）のプール。
③ 先生からの ●助言（　）。
④ ●出典（　）を書く。

● 読み方が新しい字

2 □に漢字を、（　）に漢字と送りがなを書きましょう。

① □（どうわ）の本。
② さんかを □（もう）しこむ。

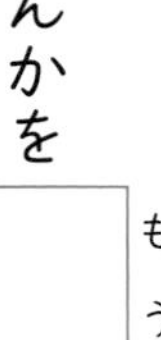

③ 漢字を □（れんしゅう）する。
④ 海で（　およぐ　）。

3 正しい意味に○をつけましょう。

① 兄からシュートの決め方の助言をもらう。

ア（　）自分の考えをおしつける言葉。

イ（　）そばから口ぞえして助ける言葉。

② 本の奥付を見る。

ア（　）本のはじめにあって、その本のないようが見出しで書かれたところ。

イ（　）本のさいごにあって、その本のじょうほうが書かれたところ。

こそあど言葉を使いこなそう

4 こそあど言葉のせつめいとして、正しいものはどれですか。三つに○をつけましょう。

ア（　）「この」「これ」は、指ししめす言葉である。

イ（　）たずねるときには、「その」「それ」を使う。

ウ（　）相手に近いときには、「あの」「あれ」を使う。

エ（　）はっきりしないときには、「どの」「どれ」を使う。

オ（　）こそあど言葉を使って話すときは、自分だけが指しているものを分かっていればよい。

カ（　）こそあど言葉を使うと、文章をみじかくすることができる。

5 絵に合うこそあど言葉を［　］からえらんで書きましょう。

①（　）本、かしてください。

②（　）本ですか。

①（　　）②（　　）

［この　その　あの　どの］

引用するとき

6 文章を引用するときの決まりについて、次の文の［　］に当てはまる言葉を［　］からえらんで書きましょう。

① 引用した文は（　　）をつけ、そのままぬき出す。

② 引用した言葉が書かれていた本やしりょうのことを、（　　）という。

③ ②は文章のさいごに書き、（　　）、本の（　　）、出版社名、（　　）年、書かれていたページをしめす。

［かぎ　発行　出典　書いた人　題名］

ぴったり1 じゅんび

つたえたいことをはっきりさせて、ほうこくする文章を書こう

仕事のくふう、見つけたよ
コラム 符号(ふ)など
きせつの言葉2 夏のくらし

めあて
★つたえるないように合わせて、段落(だん)を分けて書こう。
★だれに、何をつたえたいかを考えて、書くことをえらぼう。

学習日 月 日
教科書 上98〜105ページ
答え 12ページ

がきトリ 新しい漢字

教科書100ページ	100ページ	101ページ	103ページ	103ページ	103ページ
品 ヒン しな 9画	商 ショウ 11画	客 キャク 9画	式 シキ 6画	去 キョ・コ さる 5画	倍 バイ 10画

103ページ	103ページ
筆 ヒツ ふで 12画	銀 ギン 14画

「式」は、右上の「、」を書きわすれないようにしよう。

1 （ ）に読みがなを書きましょう。

① ◆今年のカレンダー。
② ●直線をひく。
③ 二倍のねだん。
④ 大会の◆二日目。
⑤ 仕事をする。
⑥ 総(そう)●合的(てき)な学習。
⑦ 句(く)●読点をうつ。
⑧ ●白玉を食べる。
⑨ ◆大人になる。

●読み方が新しい字 ◆とくべつな読み方の言葉

2 □に漢字を書きましょう。

●読み方が新しい字

① □□（きょねん）の日記。 ② □□（しょうひん）をえらぶ。

③ □□（ぎんこう）に行く。 ④ お□□（きゃくさま）が帰る。

⑤ □□（どうじ）●にゴールする。

⑥ □□（もうひつ）●で書く。

⑦ □□□（にゅうがくしき）●の朝は、□□（せいてん）●だった。

仕事のくふう、見つけたよ

3 あなたのまわりにある仕事をたくさん書きましょう。

（　　　　　　）

4 ほうこくする文章を書くとき、たいせつなこと二つに○をつけましょう。

①（　）だれが読むのかを考えて、書くことをえらぶ。

②（　）調べて分かったことと考えたことは、つづけて一つの段落（だん）に書く。

③（　）読む人に分かりやすいよう、れいをあげて書く。

④（　）絵やしゃしんは使わないで書く。

コラム　符号など

5 次のせつめいに合う符号（ふ）を、□からえらんで記号を書きましょう。

① 文のおわりにつける。（　）

② 文の中の意味の切れ目にうつ。（　）

③ 言葉をならべるときに使う。（　）

④ 会話、書名や題名、思ったことなどをしめすときに使う。（　）

ア 中点（・）　イ 読点（、）
ウ 句点（。）　エ かぎ（「 」）

きせつの言葉2 夏のくらし

6 夏を感じる言葉に○をつけましょう。

ア（　）うちわ　イ（　）かき
ウ（　）マフラー　エ（　）せんぷうき
オ（　）うち上げ花火　カ（　）さくら

まいごのかぎ ～ きせつの言葉2 夏のくらし

時間 20分 ／100 ごうかく 80点

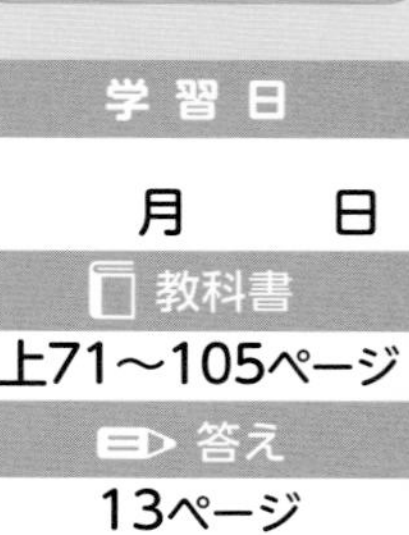
学習日 月 日
教科書 上71～105ページ
答え 13ページ

文章を読んで、答えましょう。 思考・判断・表現

海岸通りをいそぎ始めたとき、ふとバスていのかんばんが目に入りました。「バス」という字の「バ」の点が、なぜか三つあるのです。その一つが、かぎあなに見えました。

「どうしよう。」

りいこはまよいました。よけいなことはやめよう。そう思ったばかりです。そのとき、点の一つが、ぱちっとまたたきました。

「これで、さいごだからね。」

いつしかりいこは、かんばんの前でせのびをしていました。カチンと音がして、かぎが回りました。ところが、何もおこりません。

ほっとしたような、がっかりしたような気持ちで、バスの時こく表を見て、りいこは「あっ。」と言いました。数字が、ありのように、ぞろぞろ動いているのです。五時九十二分とか、四十六時八百七分とか、とんでもないとうちゃく時こくになっています。

よく出る

1 「どうしよう。」と、りいこがまよったのは、なぜですか。一つに○をつけましょう。 10点

ア（ ）よけいなことはやめようと思ったばかりだったから。
イ（ ）海岸通りをいそいで歩いて帰ろうとしていたから。
ウ（ ）かんばんの「バ」の点の一つが、ぱちっとまたたいたから。

2 「ところが、何もおこりません。」について、答えましょう。

① このとき、りいこはどんな気持ちでしたか。それが書かれた部分の、はじめと終わりの三字を書きましょう。 両方できて10点

□□□ ～ □□□

② りいこは、どうして①のような気持ちになったのですか。一つに○をつけましょう。 15点

ア（ ）何もおこらないようにと、強く思っていたから。
イ（ ）何かおこるかなと、少しきたいしていたから。
ウ（ ）何かおこってほしいと、強くねがっていたから。

できたらスゴイ!

3 「りいこは『あっ。』と言いました」とありますが、なぜそう言ったのですか。 20点

「すごい。」

りいこは、目をかがやかせました。でも、すぐに、わくわくした自分がいやになりました。りいこは、かぎをぬきとりました。

「あれ。どうして。」

時こく表の数字は、元には、もどりませんでした。

　りいこはこわくなって、にげるようにかけだしました。交番のある方へすなはまを横切ろうと、石だんを下りかけると、国道のずっと向こうから、車の音が聞こえてきます。ふり向くと、バスが十何台も、おだんごみたいにぎゅうぎゅうになって、やって来るのです。

「わたしが、時こく表をめちゃくちゃにしたせいだ。」

　どうしよう。もう、交番にも行けない。おまわりさんにしかられる。りいこは、かぎをぎゅっとにぎりしめて、立ちすくんでしまいました。

斉藤倫（さいとうりん）「まいごのかぎ」より

よく出る

4 「にげるようにかけだしました」とありますが、なぜりいこはかけだしたのですか。一つに○をつけましょう。 15点

ア（　）時こく表の数字が動きだしたのを見て、わくわくした自分がいやになったから。

イ（　）かぎをぬきとったのに、時こく表の数字が元にもどらなくて、こわくなったから。

ウ（　）国道のずっと向こうから、車の音が聞こえてきたので、かくれようと思ったから。

5 「車の音」とは、何の音ですか。 一つ5点（10点）

［　　］が十何台も、［　　　　］みたいになって、やって来た音。

考えを書こう

6 「かぎをぎゅっとにぎりしめて、立ちすくんでしまいました」とありますが、このときりいこは、どんな気持ちでしたか。つづけて書きましょう。 20点

自分のせいでこんなことになってしまい、

（　　　　　　　　　　　　　　　）

ふりかえり ④が分からないときは、29ページの 3分でワンポイント にもどってかくにんしてみよう。

まいごのかぎ ～ きせつの言葉2 夏のくらし

時間 20 分

／100

ごうかく 80 点

学習日 月 日

教科書 上71～105ページ

答え 14ページ

1 読みがなを書きましょう。 一つ2点(20点)

① 魚の 開 き。（　）

② バスの 路線 図。（　）

③ 晴天 の運動会。（　）

④ 童話 を読む。（　）

⑤ スーパーの 商品。（　）

⑥ プールで 泳 ぐ。（　）

⑦ 今年 の夏。（　）

⑧ 調子を 整 える。（　）

⑨ まぶしい 太陽。（　）

⑩ サッカーの 練習。（　）

2 □に漢字を書きましょう。 一つ2点(20点)

① 青い絵の □(ぐ)。

② □□(みどりいろ) のノート。

③ □□(くぎ) りをつける。

④ □□(にばい) の長さ。

⑤ □□(ひめい) におどろく。

⑥ 駅に □(む) かう。

⑦ なだらかな □(さか)。

⑧ 詩を □□(いんよう) する。

⑨ えんぴつを □(ひろ) う。

⑩ 反(はん) □(たい) する

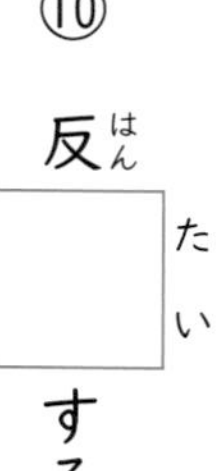

3 次の俳句の季語ときせつを書きましょう。 一つ5点(20点)

山路来て何やらゆかしすみれ草　松尾芭蕉

夏山や一足づつに海見ゆる　小林一茶

「俳句を楽しもう」より

① 「山路来て…」の句

季語（　　　）きせつ（　　　）

② 「夏山や…」の句

季語（　　　）きせつ（　　　）

4 次の文章からこそあど言葉をさがして□でかこみ、それが指しているものを書きましょう。 一つ5点(20点)

① 今、東駅のかいさつ口にいます。明日の朝、ここで待っています。

（　　　）

② 夏休みの自由工作で小物入れを作った。その作り方は図書館で調べた。

（　　　）

③ 遠くに見えるビルがあります。あれは昔の市役所です。

（　　　）

④ へやに赤い花びんをかざりました。これは母がとても大事にしている物です。

（　　　）

5 思考・判断・表現

ほうこくする文章を書くとき、どのような順番で書くとよいですか。（　）に番号を書きましょう。 全部できて10点

（　）調べて分かったこと。

（　）調べたきっかけや理由。

（　）まとめ。

（　）調べ方。

6 次の文には、まちがった符号が使われています。まちがった符号を□でかこみ、右がわに正しい符号を書きましょう。 全部できて一つ5点(10点)

① 母は。スーパーでりんご。バナナを買いました、

② （とてもかわいい犬ですね、）と言った。

ふりかえり **3**が分からないときは、35ページの**4**にもどってかくにんしてみよう。

本は友だち

本で知ったことをクイズにしよう
鳥になったきょうりゅうの話

3分でまとめ

めあて
★はじめて知ることに着目して文章を読もう。
★本の読み方について学ぼう。

学習日 月 日
教科書 上106〜117ページ
答え 14ページ

がきトリ 新しい漢字

教科書108ページ	108ページ	111ページ	115ページ	116ページ
植 ショク うえる・うわる 12画	集 シュウ あつまる・あつめる 12画	化 カ ばける・ばかす 4画	死 シ しぬ 6画	都 ト・ツ みやこ 11画

「集」は、筆順に気をつけて、十二画で書こう。
「化」や「死」の「匕」は、かたかなの「ヒ」ではないよ。右上からはらおう。

1 （　）に読みがなを書きましょう。

① 都合（　）のよい日。
② きょうりゅうの 化石（　）。
③ 地面（　）をほる。
④ 新（　）たにつくる。

●読み方が新しい字

2 □に漢字を、（　）に漢字と送りがなを書きましょう。

① □□（しょくぶつ）図鑑で調べる。
② きょうりゅうが□（し）にたえる。
③ 木に（のぼる）。
④ なかまを（あつめる）。

鳥になったきょうりゅうの話

3 正しい意味に○をつけましょう。

① 町全体が雪におおわれる。

ア（　）上のものが下のもののじゃまをする。
イ（　）ものの上にかぶさって、下が見えなくなる。

② ふさふさの羽毛。

ア（　）生きものの体に生えている毛。
イ（　）鳥の体に生えている毛。

③ 明日の夕方なら都合がいい。

ア（　）具合。段取り。
イ（　）人目にうつる感じ。

④ 問題をとく手がかりになる。

ア（　）助言。手助け。
イ（　）きっかけ。糸口。

⑤ 色あざやかな洋服。

ア（　）色がはっきりとして目立つ。
イ（　）色がうすくてぼんやりしている。

本で知ったことをクイズにしよう

4 本の「さくいん」のせつめいとして、正しいもの二つに○をつけましょう。

①（　）ふつう、本のはじめにある。
②（　）ふつう、本の後ろの方にある。
③（　）本の中の言葉や物事を五十音順に整理して、どのページにあるかしめしている。
④（　）書かれている順に見出しをならべて、はじまりのページをしめしている。

5 本を読むときに当てはまる読み方を、[　]からえらんで、記号を書きましょう。

① 図鑑でかぶと虫のことを調べる。（　）
② 科学の本で、本全体から大事だと思うところを見つけて、読み返す。（　）
③ 物語集の中から、気になる物語だけを読む。（　）
④ 一つの物語を、はじめからおわりまで読む。（　）

ア　ていねいに読む。
イ　おおまかに読む。
ウ　目次からえらんで読む。
エ　さくいんからさがして読む。

ぴったり2 練習

本は友だち

鳥になったきょうりゅうの話

文章を読んで、答えましょう。

鳥ときょうりゅうとでは、ずいぶんちがっているように見えますね。でも、ほねやあしのつき方など体のつくりをよく調べてみると、とてもにているのです。

大きさはどうでしょう。ほとんどの鳥は、きょうりゅうよりずっと小さな体をしています。なぜ、鳥たちは、このように小さくなったのでしょう。

それは、空をとぶには、小さくてかるい体のほうが都合がいいからです。また、小さければ食べ物も少なくてすみます。小さくなった鳥は、花のみつや草のたねなど、ほんの少しのえさを食べて生きていけるようになったのです。

ところで、鳥の中には、とてもうつくしい羽毛(うもう)をもつものもいます。昔のきょうりゅう

1 鳥ときょうりゅうは、どんなところがにているのですか。

［　　］や［　　］のつき方など［　　　　　］がとてもにている。

2 「なぜ、鳥たちは、このように小さくなったのでしょう。」について、答えましょう。

① 「小さくなった」理由は何ですか。二つ書きましょう。

・［　　　］ときに都合がいいから。

・［　　　］が少なくてすむから。

ヒント 次の文の「それ」は、この問いかけのないようを指しているよ。

② 「小さくなった」鳥は、どんなものを食べて生きていけるようになったのですか。

［　　　　　　　　　　］など

学習日　月　日

教科書 上111～117ページ

答え 15ページ

りゅうがどんな色をしていたのかは、長い間、そうぞうするしかありませんでした。しかし、手がかりがのこった羽毛の化石が見つかり、少しずつきょうりゅうの色が分かってきています。もしかしたら、おしどりのように色あざやかなきょうりゅうもいたかもしれませんね。

昔々 大昔の地球を歩き回っていたティラノサウルスやブラキオサウルスなどの大きなきょうりゅうたちは、もういません。けれどもそのかわり、鳥という小さなきょうりゅうのなかまは、今も元気にこの地球で生きているのです。

大島英太郎「鳥になったきょうりゅうの話」より

この本の終わりにある「夏のチャレンジテスト」をやってみよう！

3 「少しずつきょうりゅうの色が分かってきています」について、答えましょう。

① 「きょうりゅうの色が分かって」きたのは、なぜですか。

（　　　　　　　　）

② 「きょうりゅうの色が分かって」きたことから、筆者はどんな考えをのべていますか。それが書かれた一文の、はじめの六字を書きましょう。

□□□□□□

4 「そのかわり」とは、どういうもののかわりですか。

大昔の（　　　　）を歩き回っていた、今はもういない、（　　　　）たちのかわり。

5 「今も元気にこの地球で生きている」のは、どんな生き物ですか。一つに〇をつけましょう。

ア（　）ティラノサウルスやブラキオサウルス。

イ（　）大きなきょうりゅうのなかま。

ウ（　）小さなきょうりゅうのなかま。

ヒント 「鳥」は、どのなかまなのかを読みとろう。

ぴったり1 じゅんび

詩を味わおう

わたしと小鳥とすずと
夕日がせなかをおしてくる

めあて

★様子を思いうかべながら読んで、詩のないようをとらえよう。

学習日

月　日

教科書

上118～121ページ

答え

15ページ

かきトリ 新しい漢字

教科書118ページ

両 リョウ 6画

121ページ

負 フ まける・まかす おう 9画

1 （　）に読みがなを書きましょう。

① 試合に 負（　　）ける。

② 両手（　　）を上げる。

2 詩を読んで、答えましょう。

わたしと小鳥とすずと

金子 みすゞ

わたしが両手をひろげても、
お空はちっともとべないが、
とべる小鳥はわたしのように、
地面をはやくは走れない。

わたしがからだをゆすっても、
きれいな音はでないけど、
あの鳴るすずはわたしのように
たくさんなうたは知らないよ。

すずと、小鳥と、それからわたし、
みんなちがって、みんないい。

(1) この詩は、いくつの連からできていますか。漢数字で答えましょう。

（　　　）つ

(2) 一つ目の連では、何と何とをくらべていますか。

［　　］と［　　］

(3) 二つ目の連では、何と何とをくらべていますか。

［　　］と［　　］

(4) 「すず」と「小鳥」と「わたし」について、作者はどう思っていますか。詩の言葉を書きぬきましょう。

（　　　　　　　　）

3 詩を読んで、答えましょう。

夕日がせなかをおしてくる

阪田寛夫（さかた ひろお）

夕日がせなかをおしてくる
まっかなうででおしてくる
歩くぼくらのうしろから
でっかい声でよびかける
さよなら　さよなら
さよなら　きみたち
ばんごはんがまってるぞ
あしたの朝ねすごすな

夕日がせなかをおしてくる
そんなにおすなあわてるな
ぐるりふりむき太陽に
ぼくらも負けずどなるんだ
さよなら　さよなら
さよなら　太陽
ばんごはんがまってるぞ
あしたの朝ねすごすな

(1) 「まっかなうででおしてくる」とは、どんな様子を表していますか。一つに○をつけましょう。

ア（　）夕日が弱い光をはなっている様子。

イ（　）まっかな夕日の光がてらしている様子。

ウ（　）赤い夕日がしずんでいく様子。

(2) 「さよなら　さよなら」は、だれ（何）が言っていますか。

・一つ目の連（　　　　）
・二つ目の連（　　　　）

(3) この詩にはどんな様子がえがかれていますか。一つに○をつけましょう。

ア（　）遊びをおえて、家に帰る子どもたちの後ろで、太陽がしずんで、くらくなっていく様子。

イ（　）遊びをおえて、家に帰る子どもたちとのわかれを悲しむように、夕日の光が弱くなっていく様子。

ウ（　）遊びをおえて、家に帰る子どもたちのせなかをおすように、まっかな夕日がてらしている様子。

(4) この詩を音読するときには、どんな読み方をすればよいですか。一つに○をつけましょう。

ア（　）明るく元気な感じの読み方。

イ（　）ゆったりと落ち着いた感じの読み方。

ウ（　）しみじみとしたさみしい感じの読み方。

こんな係がクラスにほしい ポスターを読もう

3分でまとめ

めあて
★話し合いのしかたを考えよう。
★ポスターのないようを読みとろう。

学習日
月　日
教科書 上122～127ページ
答え 16ページ

かきトリ 新しい漢字

教科書122ページ	123ページ	125ページ
係 ケイ かかる・かかり 9画	員 イン 10画	祭 サイ まつる・まつり 11画

「祭」の左上の部分は、「夕」で四画（かく）だよ。「夕」と書かないようにね。

1 □に読みがなを書きましょう。

① 本だなの 整理。（　）
② うさぎの 係。（　）
③ 全員 で歌う。（　）
④ 理由 をたずねる。（　）

2 □に漢字を書きましょう。

① 学校の □（ぎょうじ）。
② しあいの □（あいて）。
③ 店の □（しょうひん）。
④ 友だちと □（たいわ）する。
⑤ いなかに □（す）む。
⑥ 漢字の □（れんしゅう）。

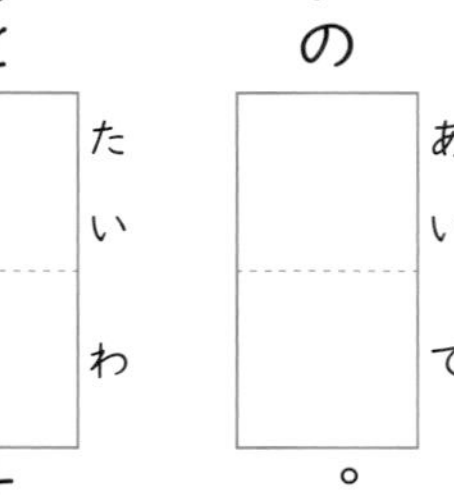

3 □に漢字と送りがなを書きましょう。

① （たのしい）毎日。
② 村の（まつり）。

4 話し合いのしかたをまとめました。（　）に当てはまる言葉を［　］からえらんで書きましょう。（同じ言葉を使ってよい。）

■**クラスの新たな係をつくるための話し合い**

▼ほしい係、その理由や目的（てき）、係の仕事を出し合う。

① グループの（　　）が（　　）を出し、たがいの（　　）をみとめながら話し合う。

② 出された（　　）について、（　　）したり、（　　）を足したりする。

▼話し合ったことを整理してまとめる。

③ 新しい係の名前、つくった（　　）、（　　）のないようをまとめる。

▼係が決まる。

［意見　考え　仕事　しつもん　全員　目的］

5 ポスターを見て、（　）に当てはまる言葉を［　］からえらんで、記号を書きましょう。

①（　　）

第15回
10月21日(水)～10月27日(火)
運動週間

②（　　）

けんこうは
毎日の運動から

③（　　）

［ア　知らせたいないよう　イ　絵やしゃしん　ウ　キャッチコピー］

ポスターを見るときには、絵やしゃしんと言葉とのかかわりに注意して、何をつたえたいのかを読み取ろう。

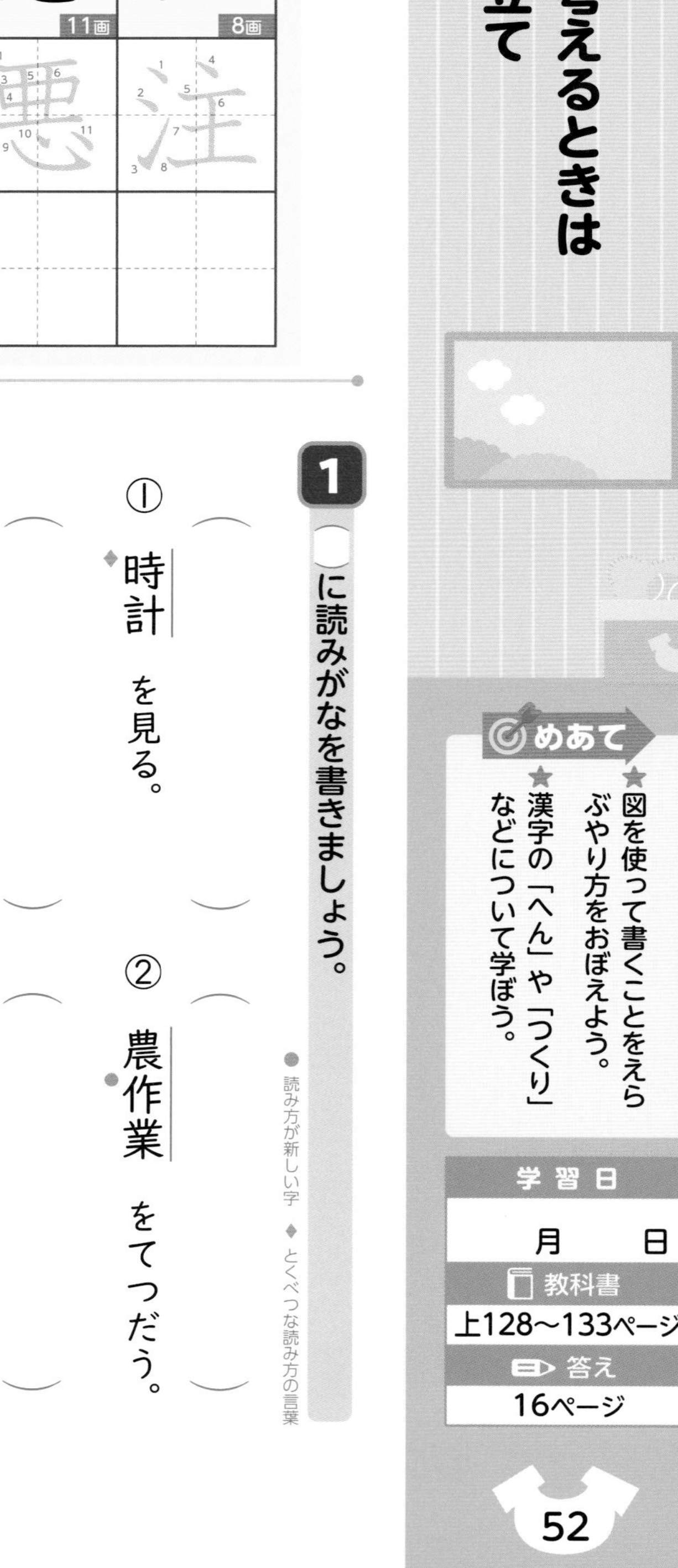

ぴったり1 じゅんび

書くことを考えるときは 漢字の組み立て

3分でまとめ

めあて
★図を使って書くことをえらぶやり方をおぼえよう。
★漢字の「へん」や「つくり」などについて学ぼう。

学習日 月 日
教科書 上128～133ページ
答え 16ページ

かきトリ 新しい漢字

漢字	音読み	訓読み	画数	教科書
業	ギョウ		13画	128ページ
板	ハン・バン	いた	8画	131ページ
柱	チュウ	はしら	9画	131ページ
油	ユ	あぶら	8画	131ページ
港	コウ	みなと	12画	131ページ
薬	ヤク	くすり	16画	132ページ
笛	テキ	ふえ	11画	132ページ
注	チュウ	そそぐ	8画	132ページ
悪	アク	わるい	11画	132ページ
者	シャ	もの	8画	132ページ
勝	ショウ	かつ	12画	132ページ
庫	コ		10画	133ページ

1 （　）に読みがなを書きましょう。

① ◆時計（　）を見る。

② ●農作業（　）をてつだう。

③ ●休日（　）を楽しむ。

④ ●油田（　）を開発する。

●読み方が新しい字　◆とくべつな読み方の言葉

2 □に漢字を書きましょう。

① □□（めぐすり）をさす。

② □□（くさぶえ）をふく。

③ 東京国際（さい）□□（くうこう）

④ □□（しゃこ）に入れる。

⑤ □□（わるもの）をつかまえる。

3

夏休みの思い出について、図を使って書き出しました。［　］のことについて、文章に書きましょう。

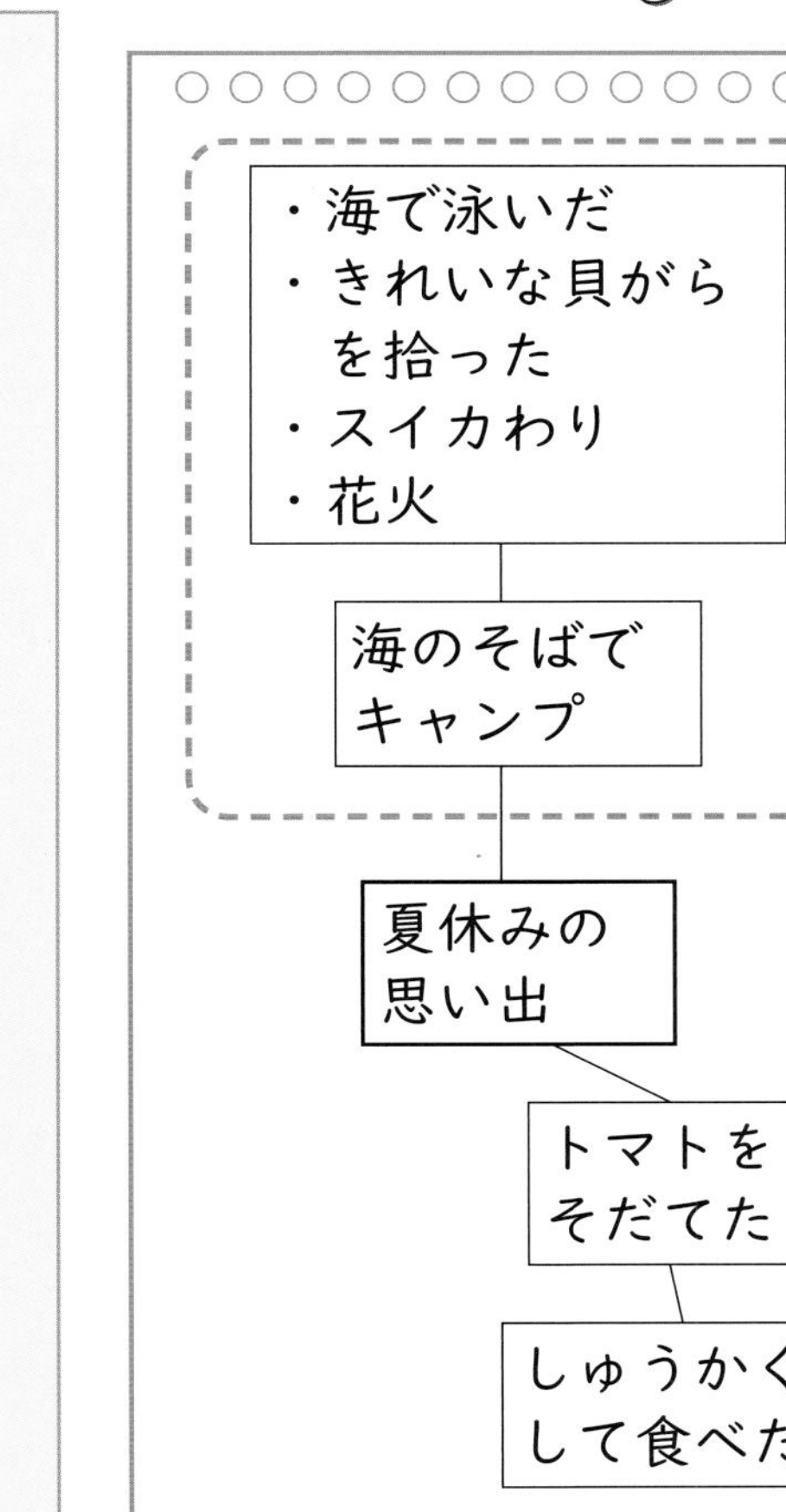

夏休みのいちばんの思い出は、友だちのかぞくと、海のそばで（　　　）をしたことです。

海で泳いだり、きれいな（　　　）を拾ったりしました。

（　　　）をして、みんなで食べたスイカは、とてもおいしかったです。夜は（　　　）をしました。

来年も、いっしょに行きたいです。

4

「へん」「つくり」「かんむり」「あし」に注意して、次の漢字をなかまに分けましょう。

柱　助　茶　雪　海　思　板　顔　電　泳　負　草　頭　感　買　動

へん
- 木（　・　）
- 氵（　・　）

つくり
- 力（　・　）
- 頁（　・　）

かんむり
- 艹（　・　）
- 雨（　・　）

あし
- 心（　・　）
- 貝（　・　）

ローマ字

めあて
★ローマ字の読み書きをおぼえよう。

学習日　月　日
教科書　上138〜134ページ
答え　17ページ

がきトリ　新しい漢字

波	放	勉
教科書134ページ	134ページ	134ページ
ハ　なみ	ホウ　はなす・はなつ・はなれる・ほうる	ベン
8画	8画	10画

1 （　）に読みがなを書きましょう。

●読み方が新しい字

① 文字を入力する。（　　）

② 国語を勉強する。（　　）

③ 外出先から帰社する。（　　）

2 □に漢字を書きましょう。

① 番組を□□（ほうそう）する。

② □□（でんぱ）が弱い。

3 下のだんにローマ字を書きましょう。

あ	い	う	え	お
a	i	u	e	o

さ	し	す	せ	そ
sa	si	su	se	so

な	に	ぬ	ね	の
na	ni	nu	ne	no

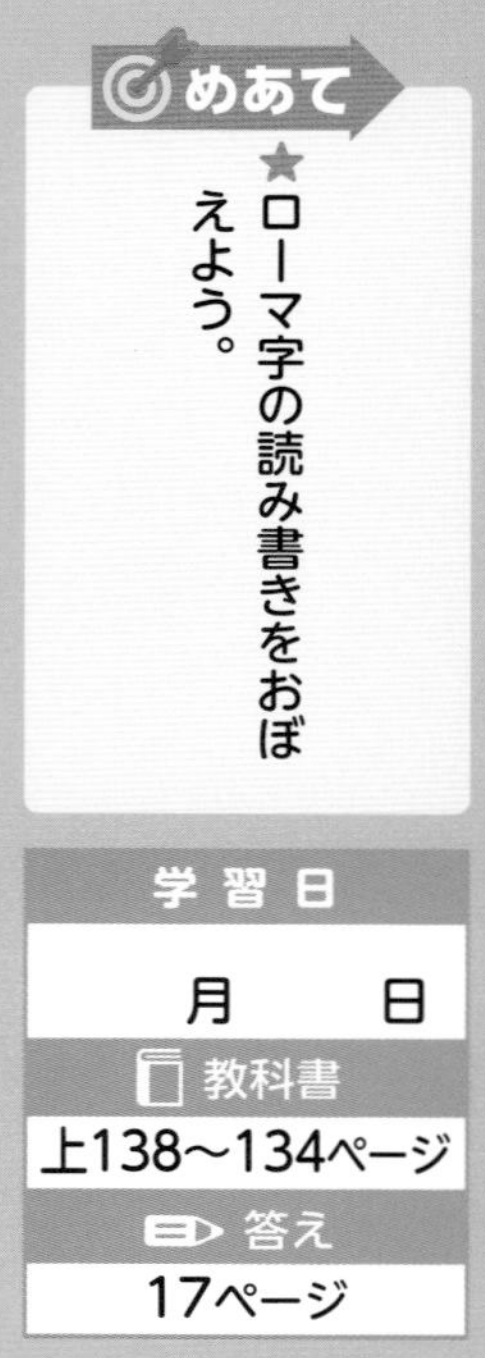

4 書き方が二つあるローマ字を練習しましょう。

し	し
si	shi

つ	つ
tu	tsu

ふ	ふ
hu	fu

5 ローマ字で書かれた言葉をひらがなで書きましょう。

① sankanbi
(　　　　　　　　)

② umigame
(　　　　　　　　)

③ syôgakkô
(　　　　　　　　)

④ huruhon'ya
(　　　　　　　　)

⑤ Tottori-ken
(　　　　　　　　)

人名や地名を書くときは、はじめの文字を大文字で書くよ。

6 下のだんにローマ字を書きましょう。

きゃ	きゅ	きょ
kya	kyu	kyo

ぎゃ	ぎゅ	ぎょ
gya	gyu	gyo

しゃ	しゅ	しょ
sya	syu	syo

7 次のひらがなをローマ字に直しましょう。

① りんご

② おとうさん

③ きって

④ とうきょう

⑤ こんや

ぴったり3 たしかめのテスト

わたしと小鳥とすずと ～ ローマ字

時間 20分
／100
ごうかく 80点
学習日
月　日
教科書 上118～138ページ
答え 17ページ

1 読みがなを書きましょう。　一つ2点(20点)

① 北海道の 港町。（　）
② 祭りのじゅんび。（　）
③ 兄と 勝負 する。（　）
④ 新雪 をふむ。（　）
⑤ 間近 で見る。（　）
⑥ けむりを 感知 する。（　）
⑦ 広大 な野原。（　）
⑧ 金庫 にしまう。（　）
⑨ 雲海 が見える。（　）
⑩ 土地の 売買。（　）

2 □に漢字を書きましょう。　一つ2点(12点)

① 車に 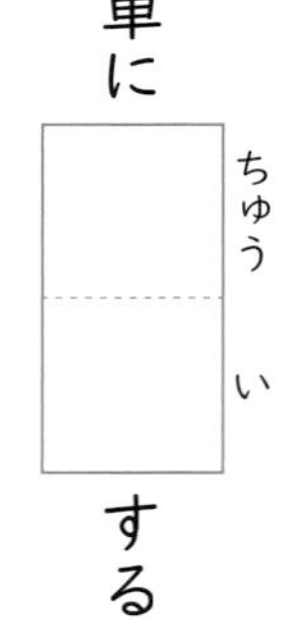（ちゅうい）する。
② 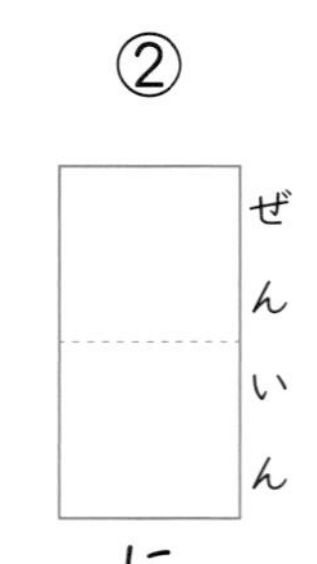（ぜんいん）に話す。
③ （りょうて）で持つ。
④ 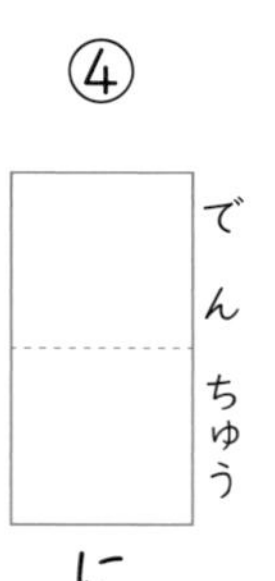（でんちゅう）に上る。
⑤ □（べんきょう）する
⑥ （てっぱん）でやく。

3 〔　〕に漢字と送りがなを書きましょう。　一つ4点(8点)

① しあいに〔　　〕（まける）。
② 〔　　〕（わるい）知らせ。

4 思考・判断・表現

ポスターを見るときに気をつけるのはどんなことですか。（　）に当てはまる言葉を［　］からえらんで書きましょう。　一つ3点（12点）

①（　　）と絵やしゃしんの（　　）に気をつけて、ないようをとらえる。

②ポスターが作られた（　　）を考える。

③知らせたい（　　）はだれかを考える。

［相手　組み合わせ　言葉　目的］

5 次のひらがなをローマ字に直して書きましょう。　一つ3点（15点）

①がっこう

②おにいさん

③さっぽろし

④ほんや

⑤きょうしつ

6 「にょう」「たれ」「かまえ」に注意して、［　］の漢字をなかまに分けましょう。　一つ3点（24点）

［広　開　送　図　通　庫　園　間］

「にょう」①辶（　　）

「たれ」②广（　　）

「かまえ」③囗（　　）④門（　　）

7 次の「へん」は、それぞれ何に関係がありますか。［　］からえらんで、記号を書きましょう。　一つ3点（9点）

①糸（　）　②扌（　）　③言（　）

ア　手でする動作。手のはたらき。
イ　言葉。
ウ　いとやおりものの、しゅるいやじょうたい。

ふりかえり　5が分からないときは、55ページの5にもどってかくにんしてみよう。

ぴったり1 じゅんび

ちいちゃんのかげおくり

あまん きみこ

場面をくらべながら読み、感想を書こう

めあて
★時や場所、登場人物の行動や様子を表す言葉を見つけよう。
★様子や出来事をくらべながら読み、場面のうつりかわりをとらえよう。

学習日　月　日
教科書　下13〜30ページ
答え　18ページ

かきトリ 新しい漢字

想 ソウ 13画 教科書13ページ
写 シャ うつす・うつる 5画 17ページ
真 シン ま 10画 17ページ
列 レツ 6画 17ページ
血 ケツ ち 6画 20ページ
暗 アン くらい 13画 21ページ
橋 キョウ はし 16画 21ページ
暑 ショ あつい 12画 24ページ
寒 カン さむい 12画 24ページ
軽 ケイ かるい 12画 26ページ
命 メイ いのち 8画 27ページ
第 ダイ 11画 28ページ

1 （　）に読みがなを書きましょう。

① お◆父さん（　）
② お◆兄さん（　）
③ ●明らかにする。（　）
④ 橋をわたる。（　）

●読み方が新しい字　◆とくべつな読み方の言葉

2 □に漢字を、（　）に漢字と送りがなを書きましょう。

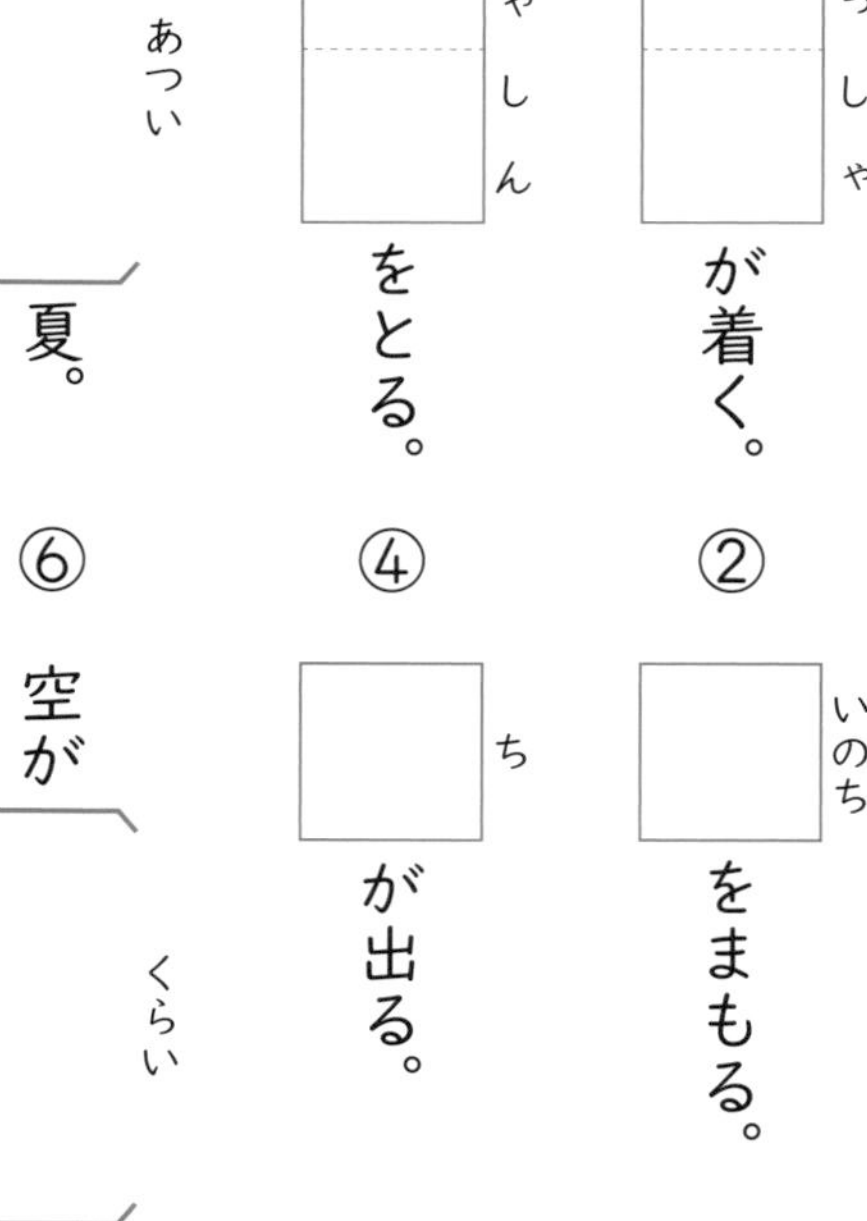

① □□（れっしゃ）が着く。
② □（いのち）をまもる。
③ □□（しゃしん）をとる。
④ □（ち）が出る。
⑤ （あつい）夏。
⑥ 空が（くらい）。

3 正しい意味に○をつけましょう。

① 土地の人に道をたずねる。
ア（　）きく。
イ（　）おとずれる。

② はす向かいのうちのおばさん。
ア（　）ななめ前。
イ（　）まん前。正面。

③ なくのをこらえる。
ア（　）やめる。
イ（　）がまんする。

④ はこの中みをそっくり入れかえる。
ア（　）全部。
イ（　）一部。

⑤ すうっとうかびあがる。
ア（　）つめたい様子。
イ（　）なめらかな様子。

ちいちゃんの様子や行動をとらえよう。

★①〜③の（　）に合う、ちいちゃんの様子や行動を表す言葉を［　］の中から選んで、記号を書きましょう。（一行あきで、五つの場面に分かれています。）

場面	場面の様子
一	ちいちゃんが「かげおくり」を①（　）楽しんだ次の日、お父さんが出征する。
二	くうしゅうの日、お母さんと②（　）、ちいちゃんはひとりぼっちになる。
三	ちいちゃんは、お母さんとお兄ちゃんの帰りをやけ落ちた家でまっている。
四	③（　）かげおくりをするちいちゃんは、空にすいこまれていく。
五	何十年かの後、ちいちゃんがかげおくりをした場所は公園になった。

ア 一人で　イ 家ぞくで　ウ はぐれて

ぴったり2

練習①

場面をくらべながら読み、感想を書こう

ちいちゃんのかげおくり

文章を読んで、答えましょう。

出征する前の日、お父さんは、ちいちゃん、お兄ちゃん、お母さんをつれて、先祖のはかまいりに行きました。その帰り道、青い空を見上げたお父さんが、つぶやきました。

「かげおくりのよくできそうな空だなあ。」

「えっ、かげおくり。」

と、お兄ちゃんがききかえしました。

「かげおくりって、なあに。」

と、ちいちゃんもたずねました。

「十、数える間、かげぼうしをじっと見つめるのさ。十、と言ったら、空を見上げる。すると、かげぼうしがそっくり空にうつって見える。」

と、お父さんがせつめいしました。

「父さんや母さんが子どものと

1 「かげおくり」をしたのは、いつですか。

[　　　　]が出征する[　　　　]。

2 「かげおくり」とは、どんな遊びですか。①〜③に合う言葉を、文章から書きぬきましょう。

①数える間、②をじっと見つめ、①と言ったら、③を見上げる。すると、②がそっくり③にうつって見えるという遊び。

① [　　]　② [　　　　]　③ [　　]

3 「ね。今、みんなでやってみましょうよ。」について、答えましょう。

① 「みんな」とは、だれですか。四人すべて書きましょう。

（　　　）（　　　）
（　　　）（　　　）

② お母さんは、どんな気持ちから、このように言ったのですか。一つに○をつけましょう。

学習日
月　日
教科書 下13〜30ページ
答え 18ページ

きに、よく遊んだものさ。」

「ね。今、みんなでやってみましょうよ。」

と、お母さんが横から言いました。

ちいちゃんとお兄ちゃんを中にして、四人は手をつなぎました。そして、みんなで、かげぼうしに目を落としました。

「まばたきしちゃ、だめよ。」

と、お母さんが注意しました。

「まばたきしないよ。」

ちいちゃんとお兄ちゃんが、やくそくしました。

「ひとうつ、ふたあつ、みいっつ。」

と、お父さんが数えだしました。

「ようっつ、いつうつ、むうっつ。」

と、お母さんの声もかさなりました。

「なあなつ、やあっつ、ここのうつ。」

ちいちゃんとお兄ちゃんも、いっしょに数えだしました。

「とお。」

目の動きといっしょに、白い四つのかげぼうしが、すうっと空に上がりました。

あまん きみこ「ちいちゃんのかげおくり」より

ア（　）子どものときによく遊んだ「かげおくり」を、もういちどやってみたいという気持ち。

イ（　）お父さんが出征する前に、家ぞくみんなの思い出になることをのこしておきたいという気持ち。

ウ（　）今日の天気で、本当に「かげおくり」ができるかどうか、ためしてみたいという気持ち。

この日がどういう日なのかを読みとって考えよう。

4 「ちいちゃんとお兄ちゃんが、やくそくしました。」とありますが、だれと、どんなことをやくそくしたのですか。

［　　　　］と、［　　　　　　　］ことをやくそくした。

ヒント 「かげおくり」を始めたときにやくそくしているよ。

5 「とお。」と言って空を見上げたら、何が見えましたか。

すうっと［　］に上がった、白い［　　　　　　　　］。

ぴったり2

練習②

場面をくらべながら読み、感想を書こう

ちいちゃんのかげおくり

文章を読んで、答えましょう。

夏のはじめのある夜、くうしゅうけいほうのサイレンで、ちいちゃんたちは目がさめました。

「さあ、いそいで。」

お母さんの声。

外に出ると、もう、赤い火が、あちこちに上がっていました。

お母さんは、ちいちゃんとお兄ちゃんを両手につないで、走りました。

風の強い日でした。

「こっちに火が回るぞ。」

「川の方ににげるんだ。」

だれかがさけんでいます。

風があつくなってきました。ほのおのうずがおいかけてきます。お母さんは、ちいちゃんをだき上げて走りました。

「お兄ちゃん、はぐれちゃだめよ。」

1 「目がさめました」とありますが、ちいちゃんたちは、どうして目がさめたのですか。

（　　　　）けいほうの（　　　　）が鳴ったから。

2 「さあ、いそいで。」について、答えましょう。

① 「さあ、いそいで。」とお母さんが子どもたちをいそがせたのは、なぜですか。一つに○をつけましょう。

ア（　）夜になってあたりが暗くなったから。
イ（　）外の風が強く、とんで来た物にぶつかるから。
ウ（　）火が回ってくるかもしれないから。

ヒント 外に出ると、どうなっていたかな。

② 「いそいで」どうするのか、文章から書きぬきましょう。

（　　　　）

ヒント 外に出たちいちゃんたちは、どうして走ったのかな。

学習日　月　日
教科書 下13～30ページ
答え 19ページ

お兄ちゃんがころびました。足から血が出ています。ひどいけがです。お母さんは、お兄ちゃんをおんぶしました。

「さあ、ちいちゃん、母さんとしっかり走るのよ。」

けれど、たくさんの人においぬかれたり、ぶつかったり――、ちいちゃんは、お母さんとはぐれました。

「お母ちゃん、お母ちゃん。」

ちいちゃんはさけびました。

そのとき、知らないおじさんが言いました。

「お母ちゃんは、後から来るよ。」

そのおじさんは、ちいちゃんをだいて走ってくれました。

暗い橋の下に、たくさんの人が集まっていました。ちいちゃんの目に、お母さんらしい人が見えました。

「お母ちゃん。」

と、ちいちゃんがさけぶと、おじさんは、

「見つかったかい。よかった、よかった。」

と下ろしてくれました。

でも、その人は、お母さんではありませんでした。

ちいちゃんは、ひとりぼっちになりました。ちいちゃんは、たくさんの人たちの中でねむりました。

あまん きみこ「ちいちゃんのかげおくり」より

3 くうしゅうによる火が、どんどんせまってくる様子がよく分かる文が二つあります。それぞれはじめの四字を書きぬきましょう。

・□□□□

・□□□□

4 「お母さんは、お兄ちゃんをおんぶしました。」とありますが、なぜおんぶしたのですか。

お兄ちゃんがころんで、足から□が出るほどの□□□□□をしたから。

5 「お母ちゃん、お母ちゃん。」とちいちゃんがさけんだのは、なぜですか。一つに○をつけましょう。

ア（　）たくさん人がいて、びっくりしたから。

イ（　）お母さんにおんぶしてほしかったから。

ウ（　）お母さんとはぐれてしまったから。

6 「おじさん」とわかれた後、ちいちゃんはどうなりましたか。また、どのようにねむりましたか。

・□□□□□□になった。

・暗い□の下で、□□□□□人たちの中でねむった。

ぴったり1 じゅんび

3分でまとめ

修飾語を使って書こう きせつの言葉3 秋のくらし

めあて
★主語と述語についてかくにんしよう。
★くわしくする言葉（修飾語）と、くわしくされる言葉の関係をとらえよう。

学習日 月 日
教科書 下31～35ページ
答え 19ページ

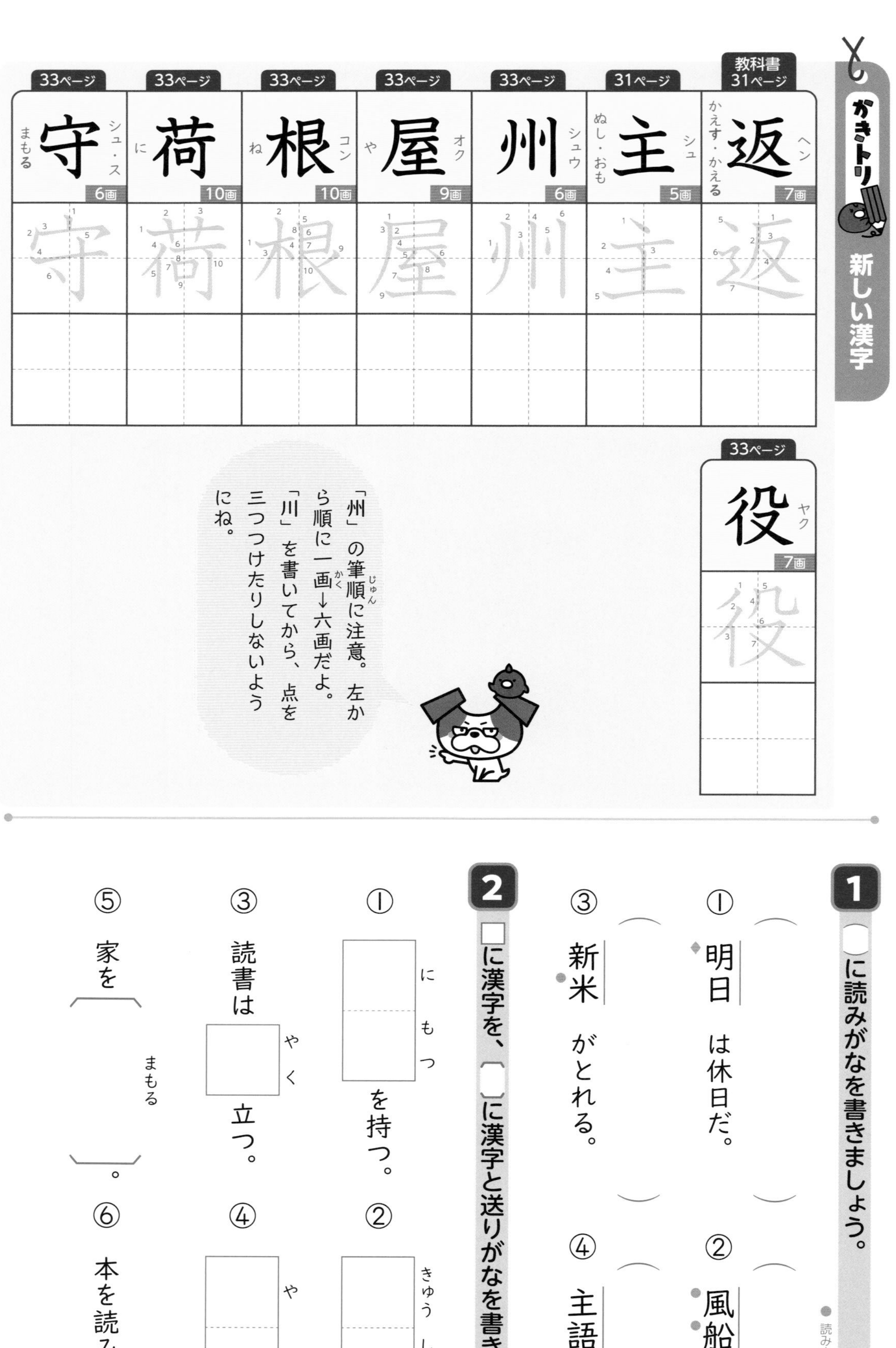

かきトリ
新しい漢字
教科書31ページ 返 ヘン かえす・かえる 7画
31ページ 主 シュ ぬし・おも 5画
33ページ 州 シュウ 6画
33ページ 屋 オク や 9画
33ページ 根 コン ね 10画
33ページ 荷 に 10画
33ページ 守 シュ・ス まもる 6画
33ページ 役 ヤク 7画
「州」の筆順に注意。左から順に一画↓六画だよ。「川」を書いてから、点を三つつけたりしないようにね。

1 （ ）に読みがなを書きましょう。

① ◆明日（ ）は休日だ。
② ●風船（ ）で遊ぶ。
③ ●新米（ ）がとれる。
④ 主語（ ）と述語。

●読み方が新しい字 ◆とくべつな読み方の言葉

2 □に漢字を、（ ）に漢字と送りがなを書きましょう。

① □□（にもつ）を持つ。
② □□（きゅうしゅう）地方
③ 読書は□（やく）立つ。
④ □□（やね）を直す。
⑤ 家を（まもる）。
⑥ 本を読み（かえす）。

3

――線の言葉は、ア主語、イ述語、ウ修飾語のどれですか。（　）に記号を書きましょう。

① かきが（　）　みのりました。（　）

② あまい（　）　かきが　みのりました。

③ あまい　かきが　たくさん（　）　みのりました。

④ ぼくは、（　）　今日、（　）　図書館に（　）　行きます。（　）

⑤ きのう、（　）　妹は（　）　公園の（　）　すな場で（　）　遊びました。（　）

4

次の文で、□の修飾語はどの言葉に係っていますか。一つに○をつけましょう。

① テーブルの　上に（　）　本が（　）　あります。（　）

② 落ち葉が（　）　ひらひらと　風に（　）　まう。（　）

③ 日曜日に、　みんなで（　）　ピクニックに（　）　行きます。（　）

④ 来週、（　）　北海道の　おじさんから（　）　手紙が（　）　とどきます。（　）

きせつの言葉３　秋のくらし

5

「○○の秋」という言い方をすることがあります。知っている言い方を三つ書きましょう。

（　　　　）の秋

（　　　　）の秋

（　　　　）の秋

おすすめの一さつを決めよう

めあて
★話し合いのときに気をつけることをかくにんしよう。

学習日　月　日
教科書 下36～42ページ
答え 20ページ

1 （　）に読みがなを書きましょう。

① 一言つけ足す。（　）
② 元にもどす。（　）
③ 楽しい時間。（　）
④ 係の仕事。（　）

2 □に漢字を、（　）に漢字と送りがなを書きましょう。

① いすを□□（うご）かす。
② □□（ちず）を見る。
③ 漢字の□□（がくしゅう）。
④ 店を（　　）（ひらく）。
⑤ 引き出しの中を□□（せいり）する。

3 正しい意味に〇をつけましょう。

① ルールにそって遊ぶ。
ア（　）そのことにしたがって。
イ（　）そのことにさからって。

② みんなに聞こえるかどうかをいしきする。
ア（　）気にかける。
イ（　）気にしない。

4 話し合いでの役わりと、その仕事を――でつなぎましょう。

① 司会（し） ・　　・ア 話し合いのないようを書きとめる。
② きろく係 ・　　・イ 時間を計り、決めた時間で話し合いが進むようにはたらきかける。
③ 時間係 ・　　・ウ 話し合いを進める。意見をまとめる。

5

一年生にしょうかいする本を決める話し合いのしかたをまとめました。（　）①〜⑤に当てはまる言葉を［　］からえらんで、記号を書きましょう。

▼（①）と（②）をたしかめ、自分の考えをもつ。

（①）　一年生がもっと図書室に行きたくなるような、おもしろい本をしょうかいする。

（②）　しょうかいしたい本とその（③）を、一さつ決める。

▼（④）を決め、進め方をたしかめる。

（④）　司会・きろく係・時間係

進め方
1　（⑤）を出し合う。
2　決め方について話し合う。
（「どんな」おもしろさのある本がよいか。）
3　決め方にそって話し合う。
4　話し合いをまとめる。

▼進行にそって話し合う。

ア　役わり　イ　決めること　ウ　目的（てき）
エ　意見　オ　理由

①（　　）　②（　　）　③（　　）
④（　　）　⑤（　　）

6

話し合いのときに、次の人が注意することを、［　］からそれぞれすべてえらんで、記号を書きましょう。

① 司会（　　　　）
② 時間係（　　　　）
③ 発言する人（　　　　）

ア　話し合いの目的と進め方をたしかめる。
イ　考えとその理由を言う。
ウ　話がそれたときは、元にもどす。
エ　進行にそって、のこりの時間の使い方をみんなに知らせる。
オ　自分と友だちの意見の、同じところとちがうところをはっきりさせる。
カ　出た意見を、にているところやちがうところをもとに整理する。
キ　決まったことをたしかめる。

7

司会をするときの次の言葉は、ア意見を引き出す言葉、イ意見をまとめる言葉のどちらですか。記号を書きましょう。

① くわしくせつめいしてください。（　　）
② 意見の同じところとちがうところを、整理してみましょう。（　　）
③ 話し合ったことをたしかめます。（　　）
④ 理由を教えてください。（　　）

ぴったり3 たしかめのテスト①

ちいちゃんのかげおくり
～おすすめの一さつを決めよう

文章を読んで、答えましょう。　思考・判断・表現

そのとき、

「かげおくりのよくできそうな空だなあ。」

というお父さんの声が、青い空からふってきました。

「ね。今、みんなでやってみましょうよ。」

というお母さんの声も、青い空からふってきました。

ちいちゃんは、ふらふらする足をふみしめて立ち上がると、たった一つのかげぼうしを見つめながら、数えだしました。

「ひとうつ、ふたあつ、みいっつ。」

いつのまにか、お父さんのひくい声が、かさなって聞こえだしました。

「ようっつ、いつうつ、むうっつ。」

お母さんの高い声も、それにかさなって聞こえだしました。

「ななあつ、やあっつ、ここのうつ。」

お兄ちゃんのわらいそうな声も、かさなってきました。

「とお。」

ちいちゃんが空を見上げると、青い空に、くっきりと白

1 「ふらふらする足をふみしめて立ち上がる」から、ちいちゃんのどんな様子が分かりますか。一つに○をつけましょう。　10点

ア（　）お父さんとお母さんの声を聞いて、元気になった様子。

イ（　）弱った体でさいごの力をふりしぼっている様子。

ウ（　）「かげおくり」をするのが、めんどうな様子。

2 「たった一つのかげぼうしを見つめながら、数えだしました」とは、どんなことを表していますか。　一つ10点（20点）

ちいちゃんが［　］人で［　　　　　］を始めたということ。

よく出る

3 「体がすうっとすき通って、空にすいこまれていく」とは、ちいちゃんがどうなったことを表していますか。一つに○をつけましょう。　10点

ア（　）とうめいになったこと。

イ（　）死んでしまったこと。

ウ（　）空気になったこと。

時間 20分　　／100　ごうかく80点

学習日　月　日

教科書　下13～42ページ

答え　21ページ

いかげが四つ。

「お父ちゃん。」

ちいちゃんはよびました。

「お母ちゃん、お兄ちゃん。」

そのとき、体がすうっとすき通って、空にすいこまれていくのが分かりました。

一面の空の色。ちいちゃんは、空色の花ばたけの中に立っていました。見回しても、見回しても、花ばたけ。

「きっと、ここ、空の上よ。」

と、ちいちゃんは思いました。

「ああ、あたし、おなかがすいて軽くなったから、ういたのね。」

そのとき、向こうから、お父さんとお母さんとお兄ちゃんが、わらいながら歩いてくるのが見えました。

「なあんだ。みんな、こんな所にいたから、来なかったのね。」

ちいちゃんは、きらきらわらいだしました。わらいながら、花ばたけの中を走りだしました。

夏のはじめのある朝、こうして、小さな女の子の命が、空にきえました。

あまん きみこ「ちいちゃんのかげおくり」より

できたらスゴイ！

4 「きらきらわらいだしました」とありますが、なぜちいちゃんはわらいだしたのですか。一つに〇をつけましょう。 20点

ア（　）花ばたけがとてもきれいだったから。

イ（　）空の上にかんたんにのぼれたから。

ウ（　）家族のみんなと会えてうれしかったから。

5 「小さな女の子の命が、空にきえました」とありますが、「ちいちゃんの命が」としていないことで、どんなことが表されているのでしょうか。一つに〇をつけましょう。 20点

ア（　）ちいちゃんは小さな女の子なので、命がきえるのはふしぎだということ。

イ（　）ちいちゃんのほかにも、小さな子どもたちの命がきえたということ。

ウ（　）ちいちゃんの命がきえたことを、決してわすれてはならないということ。

考えを書こう

6 空にすいこまれていくちいちゃんに声をかけるとしたら、どんなことを言ってあげたいですか。ちいちゃんによびかける言葉で書きましょう。 20点

ふりかえり ②が分からないときは、59ページの 3分でワンポイント にもどってかくにんしてみよう。

ちいちゃんのかげおくり
～おすすめの一さつを決めよう

時間 20分
／100
ごうかく 80点

学習日
月　日
教科書 下13～42ページ
答え 22ページ

1 読みがなを書きましょう。　一つ2点(20点)

① 列車（　）をまつ。
② 血（　）を止める。
③ 外が暗（　）くなる。
④ 風船（　）をふくらませる。
⑤ 仕事の役（　）に立つ。
⑥ 暑（　）い日がつづく。
⑦ 大切な命（　）。
⑧ 鳥が屋根（　）にとまる。
⑨ 理由を明（　）らかにする。
⑩ 新米（　）はおいしい。

2 □に漢字を書きましょう。　一つ2点(12点)

① 新しい□（はし）がかかる。
② □□（かんそう）を話す。
③ 物語の□（だい）一場面。
④ □□（にもつ）を運ぶ。
⑤ □□（きゅうしゅう）に行く。
⑥ かりた本を□（かえ）す。

3 （　）に漢字と送りがなを書きましょう。　一つ4点(8点)

① （　）（さむい）冬。
② （　）（かるい）石。

4
次の（　）に当てはまる言葉を［　］からえらんで、記号を書きましょう。（同じ記号は二度使えない。）　一つ2点（12点）

① つめたい風が（　）ふきぬける。
② 妹が小さな声で（　）つぶやいた。
③ まどに手形が（　）ついてしまった。
④ ぼくは相手の顔を（　）見つめた。
⑤ 読みおわった本を（　）ゆずってもらう。
⑥ 予定があったことを（　）わすれていた。

ア すうっと　イ じっと　ウ くっきりと
エ そっくり　オ ぽつんと　カ すっかり

5
次の文から修飾語を二つさがし、——線を引きましょう。　一つ3点（24点）

① 明るい　光が　顔に　当たる。
② たくさんの　きれいな　花が　さく。
③ 魚が　すいすいと　水中を　泳ぐ。
④ わたしは、今日、公園で　遊ぶ。

6
次の文の中で、［　］に当たる修飾語を書きましょう。　一つ3点（18点）

① きのう、書店で図かんを買いました。

いつ（　）　どこで（　）　何を（　）

② 兄の紙ひこうきは、ろうかをふわふわととんだ。

だれの（　）　どこを（　）　どのように（　）

7
思考・判断・表現

話し合いのとき、大川さんから次の発言がありました。司会として、①②の場合は、どのような言葉がよいですか。考えて書きましょう。　一つ3点（6点）

大川さん：「ふやしおに」をして遊ぶとよいと思います。

① 大川さんの意見をさらに引き出す。

（　）

② ほかの人の意見も引き出す。

（　）

ふりかえり　7が分からないときは、67ページの7にもどってかくにんしてみよう。

ぴったり1 じゅんび

れいの書かれ方に気をつけて読み、それをいかして書こう

すがたをかえる大豆

食べ物のひみつを教えます

国分牧衛（こくぶん まきえ）

めあて

★文章の組み立てをとらえ、まとまりのないようを整理しよう。

★せつめいのしかたのくふうを見つけよう。

学習日　月　日

教科書　下43～55ページ

答え　22ページ

かきトリ　新しい漢字

教科書43ページ	45ページ	45ページ	46ページ	48ページ	49ページ	50ページ
豆　トウ・ズ　まめ　7画	育　イク　そだつ・そだてる・はぐくむ　8画	消　ショウ　きえる・けす　10画	取　シュ　とる　8画	期　キ　12画	畑　はた・はたけ　9画	終　シュウ　おわる・おえる　11画

「耳」の五画目（かく）はつきぬけるけど、「取」の五画目はつきぬけないよ。

1 （　）に読みがなを書きましょう。

① 大豆（　）をいる。

② 食べ物を消化（　）する。

③ 豆（　）まきをする。

④ 畑（　）をたがやす。

2 □に漢字を、（　）に漢字と送りがなを書きましょう。

① たねをまく□□（じき）。

② 大きく（　　）（そだつ）。

③ はこから□（と）り出す。

④ 物語の（　　）（おわり）。

すがたをかえる大豆

3 正しい意味に○をつけましょう。

① 消化のよい食べ物。
ア（　）食べ物がくさらず長もちすること。
イ（　）食べ物を、体内でえいよう分として取り入れやすいようにかえること。

② ごまをいる。
ア（　）なべなどに入れて、火で熱（ねっ）する。
イ（　）火でやいて、こまかくくだく。

③ 大豆をこなにひく。
ア（　）重（おも）い物をのせて、つぶす。
イ（　）うすなどですりくだく。

食べ物のひみつを教えます

4 米をおいしく食べるくふうや食品のれいを調べました。①〜③に当てはまる言葉を［　］からえらんで、書きましょう。

おいしく食べるくふう	食品
・①	・ごはん
・むす	・②
・③	・白玉

こなにする　その形のままたく　もち　せんべい

すがたをかえる大豆

3分でワンポイント

文章全体の組み立てをとらえよう。

★①〜③の（　）に合う言葉を［　］の中からえらんで、記号を書きましょう。

まとまり	段落（だん）	ないよう
はじめ	1	①（　）を、おおまかにしめす。
	2	大豆についてのせつめい・しょうかい。
中	3	具体的（てき）な②（　）。＝それぞれの段落ごとに、「おいしく食べるためのくふう」が書かれている。
	4	
	5	
	6	
	7	
終わり	8	全体の③（　）。

ア　れい　イ　まとめ　ウ　話題

ぴったり2 練習

すがたをかえる大豆

れいの書かれ方に気をつけて読み、それをいかして書こう

文章を読んで、答えましょう。

大豆は、ダイズという植物のたねです。えだについたさやの中に、二つか三つのたねが入っています。ダイズが十分に育つと、さやの中のたねはかたくなります。これが、わたしたちが知っている大豆です。かたい大豆は、そのままでは食べにくく、消化もよくありません。そのため、昔からいろいろ手をくわえて、おいしく食べるくふうをしてきました。

いちばん分かりやす

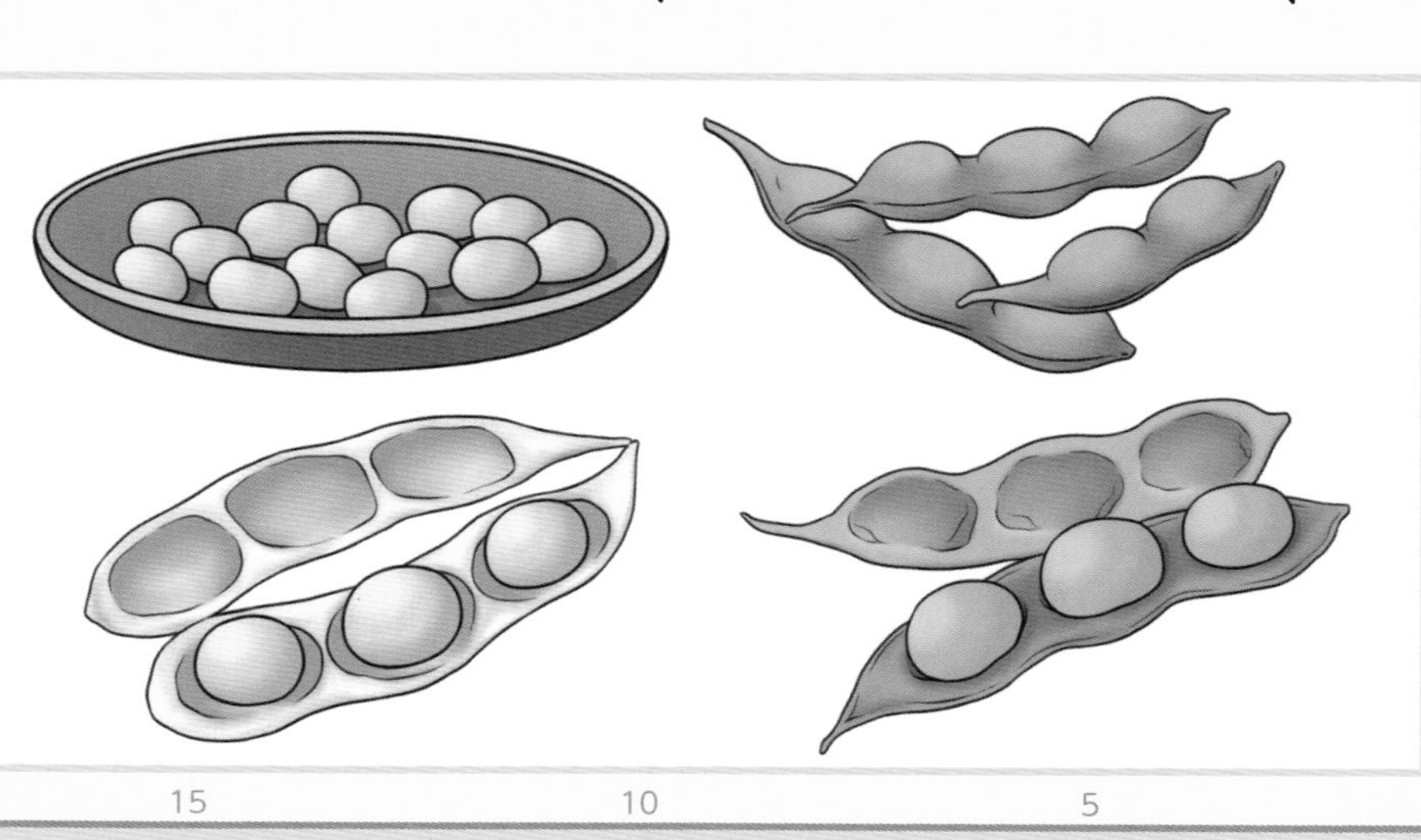

1 「大豆」について、答えましょう。

① 「大豆」とは、何ですか。

[　　　] という植物の [　　]。

② 何の中に、どのくらい入っていますか。

えだについた [　　] の中に、二つか [　] つ入っている。

2 大豆に「昔からいろいろ手をくわえて、おいしく食べるくふうをして」きたのは、なぜですか。

[　　　] 大豆は、[　　　　] では食べにくく、[　　] もよくないから。

ヒント 直前の「そのため」の前に、理由がのべられているよ。

3 第一段落では、これからせつめいする話題をしめしています。それはどんなことですか。一つに○をつけましょう。

学習日
月　日
教科書 下43～51ページ
答え 23ページ

いのは、大豆をその形のままいったり、にたりして、やわらかく、おいしくするくふうです。いると、豆まきに使う豆になります。水につけてやわらかくしてからにると、に豆になります。正月のおせちりょうりに使われる黒豆も、に豆の一つです。に豆には、黒、茶、白など、いろいろな色の大豆が使われます。

国分（こくぶん）牧衛（まきえ）「すがたをかえる大豆」より

ア（　）大豆はどのように育っていくのかということ。

イ（　）大豆が十分に育つとかたくなるのは、なぜかということ。

ウ（　）大豆をおいしく食べるために、どんなくふうをしてきたのかということ。

4 次の食品には、大豆にどんなくふうがされていますか。表をかんせいさせましょう。

食品	くふう	
豆まきに使う豆	その形のままで	①
に豆		②

5 第二段落は、第一段落とどんな関係（かん）にありますか。一つに○をつけましょう。

ア（　）第一段落でしめした話題について、自分の考えをのべている。

イ（　）第一段落でしめした話題について、具体的（てき）なれいをあげてせつめいしている。

ウ（　）第一段落でしめした話題について、その話題を取り上げた理由をせつめいしている。

ヒント　第二段落のせつめいのしかたに着目しよう。

ぴったり1 じゅんび

3分でまとめ

ことわざ・故事成語（こじせいご）
漢字の意味

◎めあて
★ことわざや故事成語の意味をおぼえ、使えるようにしよう。
★同じ発音の言葉でも、意味によって使う漢字がちがうことを知ろう。

学習日
月　日
教科書
下56～61ページ
答え
23ページ

かきトリ 新しい漢字

教科書56ページ	57ページ	57ページ	57ページ	59ページ	59ページ	60ページ
福 フク 13画	急 キュウ いそぐ 9画	起 キ おきる・おこる おこす 10画	苦 ク くるしい・くるしむ・くるしめる にがい・にがる 8画	待 タイ まつ 9画	談 ダン 15画	鼻 はな 14画

60ページ	61ページ	61ページ	61ページ	61ページ	61ページ	61ページ
歯 シ は 12画	央 オウ 5画	階 カイ 12画	委 イ ゆだねる 8画	級 キュウ 9画	昭 ショウ 9画	和 ワ 8画

1 （　）に読みがなを書きましょう。

●読み方が新しい字　◆とくべつな読み方の言葉

① カードを ●交（　）ぜる。

② 算数を ●教（　）わる。

③ ◆部屋（　）に入る。

④ ◆多少（　）の雨。

⑤ ◆今朝（　）は風が強い。

⑥ 昭和（　）生まれ

2 □に漢字を、〔　〕に漢字と送りがなを書きましょう。

① □（く）労（ろう）して作る。

② □（ふく）は内、鬼（おに）は外。

③ □（さら）をあらう。

④ □□（ちゅうおう）に立つ。

⑤ □（は）をみがく。

⑥ □□（にかい）に上がる。

⑦ □（えき）に向かう。

⑧ いもの□（かわ）をむく。

⑨ □□（そうだん）にのる。

⑩ □□□（がっきゅうかい）

⑪ 友だちからの手紙を〔　　〕（まつ）。

⑫ 朝は早く〔　　〕（おきる）。

ことわざ・故事成語

3 次のことわざの〔　〕に当てはまる言葉を□からえらんで、記号を書きましょう。

① （　）にみじかし　たすきに長し

② （　）も木から落ちる

③ 犬も歩けば（　）に当たる

④ （　）の手もかりたい

ア ねこ　イ おび　ウ ぼう　エ さる

4 次の故事成語の意味を下からえらび、——でつなぎましょう。

① 矛盾（むじゅん）・　　・ア つじつまがあわないこと。

② 推敲（すいこう）・　　・イ しなくてよい心配（ぱい）をすること。

③ 杞憂（きゆう）・　　・ウ 詩や文をよりよく直すこと。

漢字の意味

5 意味のちがいに気をつけて、□に漢字を書きましょう。

① 夜が□（あ）けたので、店を□（あ）ける。

② □（はな）のにおいをかごうと□（はな）を近づける。

短歌を楽しもう
漢字の広場④

めあて
★短歌の決まりを知り、言葉の調子やリズムを楽しもう。
★きせつを表す言葉に目を向け、短歌によまれたきせつ感を味わおう。

学習日
月　日

教科書
下62〜64ページ

答え
24ページ

教科書62ページ

短　タン　みじかい　12画

1 （　）に読みがなを書きましょう。

① 調子（　　）がよい。　② 悲（　　）しい物語。

2 □に漢字を、（　）に漢字と送りがなを書きましょう。

① すきな□□（たんか）をノートに書き写す。

② ねこの□（な）き声。　③ 気持ちを（　　あらわす　　）。

短歌を楽しもう

3 正しい意味に○をつけましょう。

① 短歌を音読する。
ア（　）十七音（おん）からなる短い詩。
イ（　）三十一音からなる短い詩。

② 夜ごと同じゆめを見る。
ア（　）夜のなかばごろ。
イ（　）毎夜。まいばん。

③ 奥深（おく）い森にまよいこむ。
ア（　）ずっと奥まで続いている。
イ（　）広くて見通しがよい。

④ ジャングルを踏（ふ）み分けて進む。
ア（　）道に生えた草などを、足で踏みつぶして進む。
イ（　）道のない所の草などを、足でかき分けて進む。

4 次の短歌は、どこで区切ると調子よく読めますか。れいにならって、区切るところに線を引きましょう。

れい　ちはやぶる／神代(かみよ)も聞かず／竜田川(たつたがわ)／からくれなゐ(い)に／水くくるとは　在原業平朝臣(ありわらのなりひらあそん)

① 秋来(き)ぬと目にはさやかに見えねども風の音にぞおどろかれぬる　藤原敏行(ふじわらのとしゆき)

② 秋風の吹(ふ)きにし日より音羽山(おとわやま)峰(みね)のこずゑ(え)も色づきにけり　紀貫之(きのつらゆき)

③ 奥山に紅葉(もみじ)踏み分け鳴く鹿(しか)の声聞く時ぞ秋は悲しき　猿丸大夫(さるまるだゆう)

「短歌を楽しもう」より

俳句(はいく)とちがうところはどこか、考えてみよう。

漢字の広場④

5 ——線のひらがなを漢字に直し、作文を書くときのように、ます目に書きましょう。

① わたしのいえのみなみに、かっきにみちたいちばがあります。こうばんのひがしに、ふるいおてらがあります。

② 駅のきんじょに、こうえんとひろばがあります。その間の通りを、あたらしいじどうしゃが一だい、きたの方角へはしり去りました。

ぴったり3 たしかめのテスト①

すがたをかえる大豆 ～ 漢字の広場④

文章を読んで、答えましょう。　思考・判断・表現

さらに、目に見えない小さな生物の力をかりて、ちがう食品にするくふうもあります。ナットウキンの力をかりたのが、なっとうです。むした大豆にナットウキンをくわえ、あたたかい場所に一日近くおいて作ります。コウジカビの力をかりたものが、みそやしょうゆです。みそを作るには、まず、むした米か麦にコウジカビをまぜたものを用意します。それと、しおを、にてつぶした大豆にくわえて、まぜ合わせます。ふたをして、風通しのよい暗い所に半年から一年の間おいておくと、大豆はみそになります。しょうゆも、よくにた作り方をします。

これらのほかに、とり入れる時期

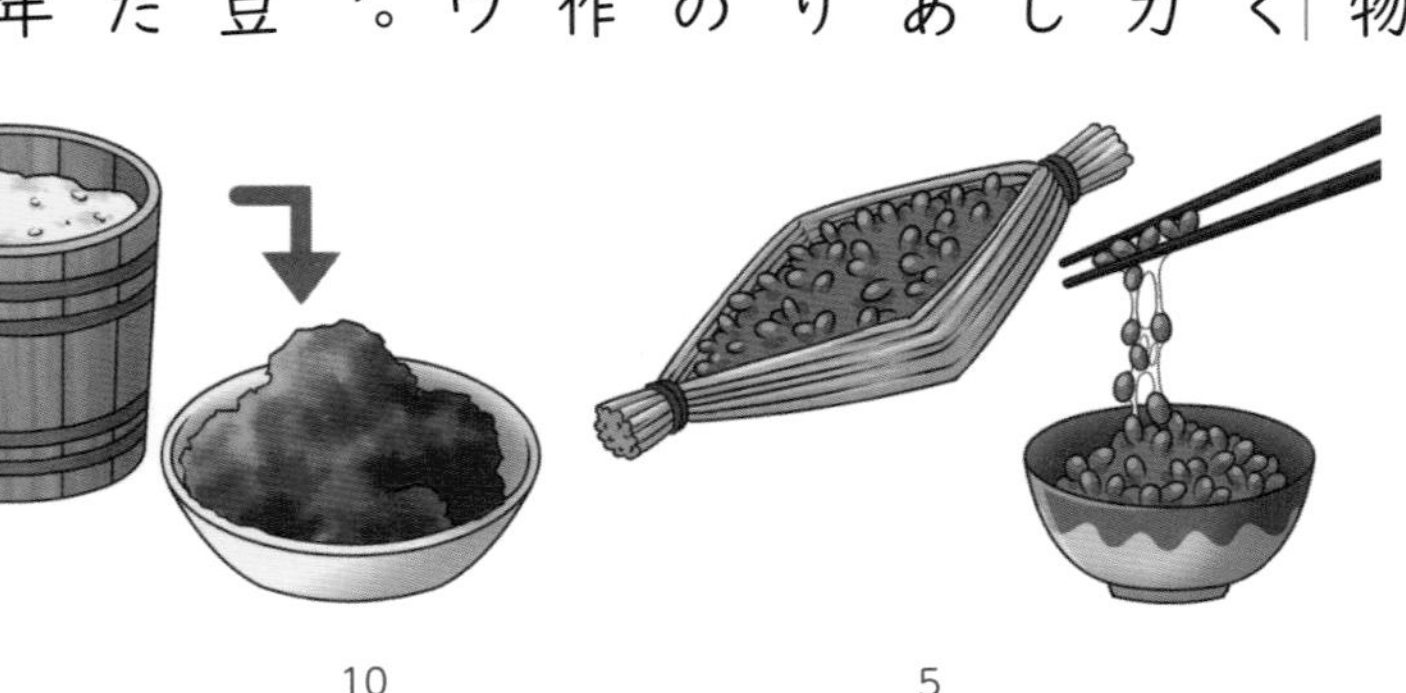

よく出る

1 「目に見えない小さな生物……ちがう食品にするくふう」とありますが、次の食品にするときに力をかしている小さな生物は何ですか。　一つ5点(10点)

① なっとう（　　　）

② みそ・しょうゆ（　　　）

2 みそを作るときについて、答えましょう。　一つ5点(15点)

① 小さな生物は、何にまぜますか。

② ①でまぜたものは、どうしますか。

にてつぶした[　　]に、[　　]といっしょにまぜ合わせる。

3 「えだ豆」や「もやし」は、ダイズの何をくふうした食べ方ですか。　一つ5点(10点)

とり入れる[　　]や[　　]。

や育て方をくふうした食べ方もあります。ダイズを、まだわかくてやわらかいうちにとり入れ、さやごとゆでて食べるのが、えだ豆です。また、ダイズのたねを、日光に当てずに水だけをやって育てると、もやしができます。

　このように、大豆はいろいろなすがたで食べられています。ほかの作物にくらべて、こんなに多くの食べ方がくふうされてきたのは、大豆が味もよく、畑の肉といわれるくらいたくさんのえいようをふくんでいるからです。そのうえ、やせた土地にも強く、育てやすいことから、多くのちいきで植えられたためでもあります。大豆のよいところに気づき、食事に取り入れてきた昔の人々のちえにおどろかされます。

国分（こくぶん）牧衛（まきえ）「すがたをかえる大豆」より

できたらスゴイ！

4 他の作物にくらべて、大豆の食べ方が多くくふうされてきたのはなぜですか。三つ答えましょう。　一つ10点（40点）

・（　　　　）がよいから。

・畑の肉といわれるくらいたくさんの（　　　　）から。

・やせた土地にも（　　　　）、育てやすいことから、（　　　　）ため。

5 さいごの段落（だんらく）では、どんなことが書かれていますか。一つに○をつけましょう。　10点

ア（　）大豆の食べ方のくふうについてのまとめ。

イ（　）大豆とほかの作物とのちがいのせつめい。

ウ（　）大豆のいろいろなすがたのしょうかい。

考えを書こう

6 「大豆のよいところ……おどろかされます。」とありますが、あなたがおどろいたり感心したりしたのは、どの食品の、どんなところですか。文章にそって書きましょう。　15点

ふりかえり　5が分からないときは、73ページの 3分でワンポイント にもどってかくにんしてみよう。

ぴったり3 たしかめのテスト②

すがたをかえる大豆 ～ 漢字の広場④

時間 20分

／100

ごうかく 80点

学習日　月　日

教科書 下43～64ページ

答え 26ページ

1 読みがなを書きましょう。

一つ2点(20点)

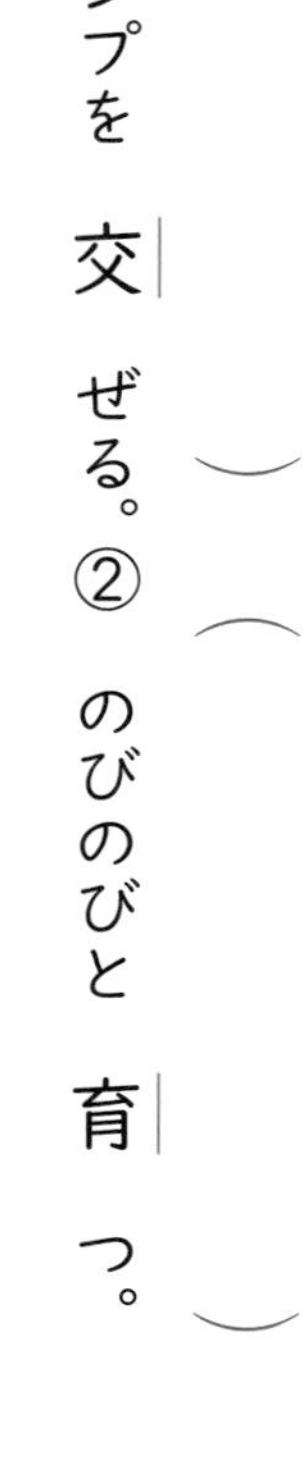

① トランプを交ぜる。（　）

② のびのびと育つ。（　）

③ いねかりの時期。（　）

④ 苦労(ろう)がたえない。（　）

⑤ 作り方を教わる。（　）

⑥ 父に相談する。（　）

⑦ 歯が生えかわる。（　）

⑧ 五階だてのビル。（　）

⑨ 部屋をかたづける。（　）

⑩ 短歌について学ぶ。（　）

2 □に漢字を書きましょう。

一つ2点(12点)

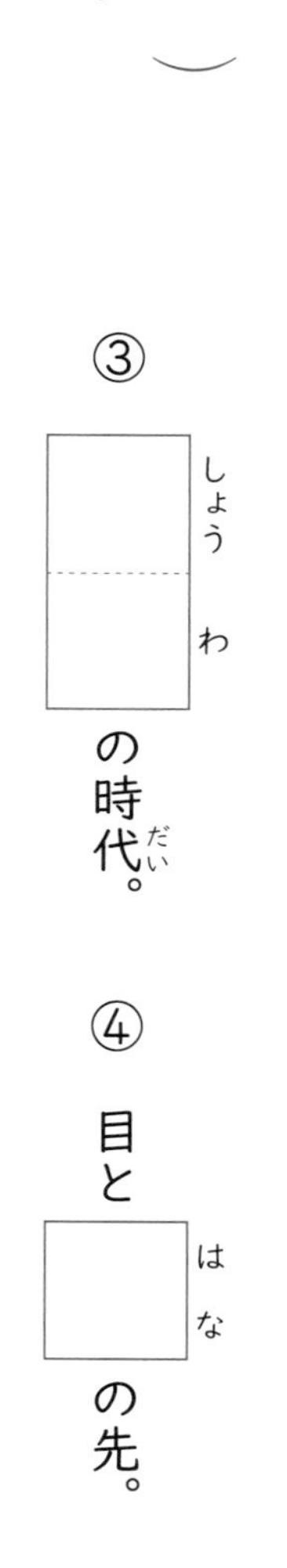

① バスを□(ま)つ。

② □(はたけ)の草を取る。

③ □□(しょうわ)の時代(だい)。

④ 目と□(はな)の先。

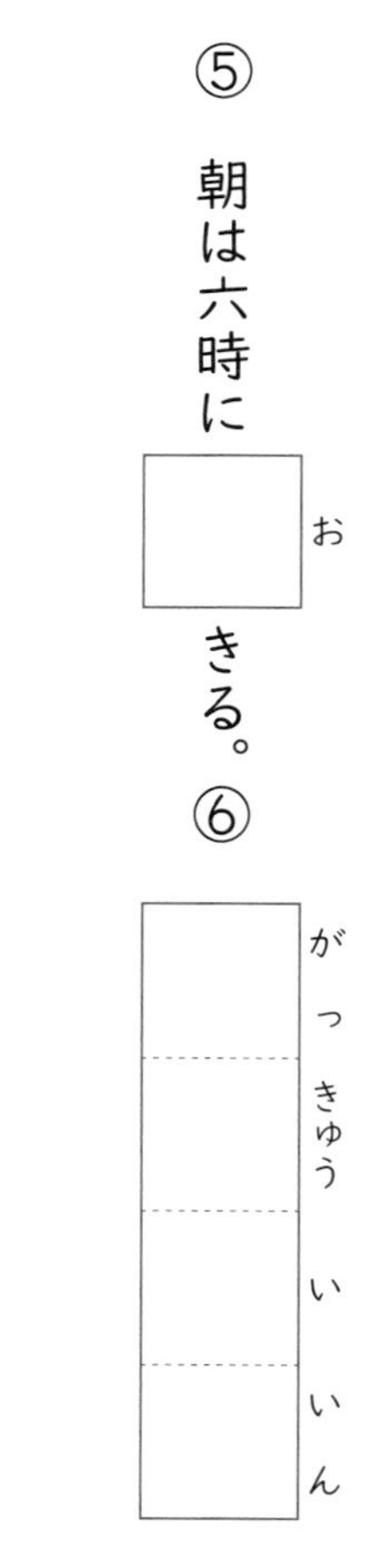

⑤ 朝は六時に□(お)きる。

⑥ □□□□(がっきゅういいん)

3 〔　〕に漢字と送りがなを書きましょう。

一つ4点(8点)

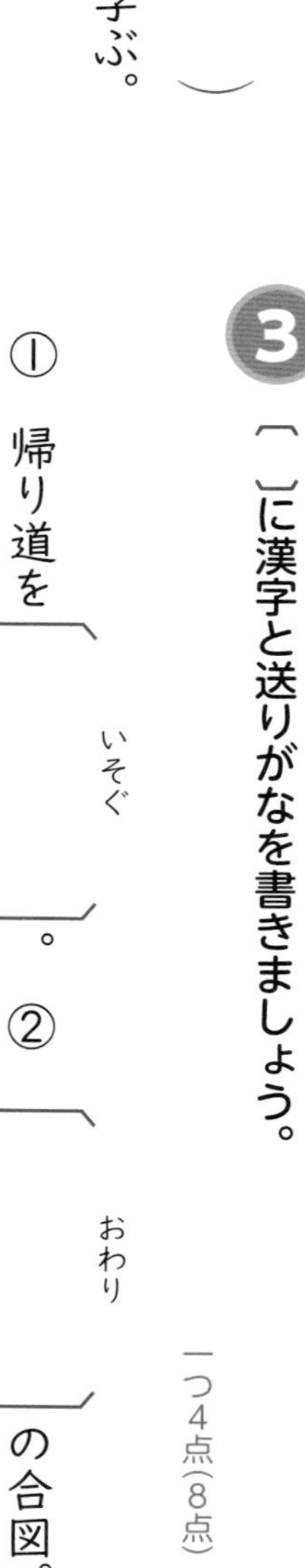

① 帰り道を〔　　(いそぐ)　〕。

② 〔　　(おわり)　〕の合図。

4 次のことわざと故事成語の意味を[　]からえらんで、記号を書きましょう。

一つ4点(16点)

① 親しき仲にもれいぎあり（　　）
② 石橋をたたいてわたる（　　）
③ 所かわれば品かわる（　　）
④ 蛇足（　　）

ア 用心ぶかく物事を行うことのたとえ。
イ なかのよいあいだがらでも、相手への思いやりをわすれてはならない。
ウ よけいなつけ足し。むだなもの。
エ 土地がちがうと、習かんなどもみなちがってくる。

5 ——線のひらがなを漢字に直して、意味の分かりやすい文にしましょう。

一つ4点(16点)

① かいじょうにうかぶ船が、コンサートのかいじょうです。
（　　）（　　）

② 新聞きしゃが、日本ではじめて走ったきしゃについて取材する。
（　　）（　　）

6 ——線に当てはまる漢字を書きましょう。

一つ4点(16点)

①
ア はさみで紙をきる。
イ 外が寒いので、コートをきる。

②
ア しょうかのよいものを食べる。
イ 山火事のしょうかにあたる。

7 思考・判断・表現 せつめいする文章を書くまでの手順の、（　）に当てはまる言葉を[　]からえらんで、記号を書きましょう。

一つ3点(12点)

▼ えらんだざいりょうについて、調べて整理する。

・調べたことを（　　）にして、まとめる。

ざいりょう —— 小麦

おいしく食べるくふう	食品
・（　　）にする	・パン、うどん　など
・いる	・麦茶

▼ 組み立てと、（　　）の書き方を考える。

・「はじめ」「中」「おわり」の組み立て（　　）を作る。

ア れい　イ メモ　ウ こな　エ 図や表

ふりかえり ⑦が分からないときは、73ページの④にもどってかくにんしてみよう。

登場人物の行動や気持ちをとらえて、えらんだ民話(みんわ)をしょうかいしよう

三年とうげ

李錦玉(リクムオギ)

◎めあて
★場面のうつりかわりと、登場人物の気持ちのへんかを読み取ろう。
★行動や様子を表す言葉に着目し、登場人物の気持ちをとらえよう。

学習日 月 日

教科書 下65～80ページ

答え 26ページ

かきトリ 新しい漢字

			教科書
息	ソク・いき	10画	教科書66ページ
美	ビ・うつくしい	9画	66ページ
転	テン・ころがる・ころげる・ころがす・ころぶ	11画	68ページ
病	ビョウ・やまい	10画	70ページ
医	イ	7画	70ページ
飲	イン・のむ	12画	70ページ
重	ジュウ・チョウ・え・おもい・かさねる・かさなる	9画	70ページ
配	ハイ・くばる	10画	70ページ
度	ド	9画	73ページ
幸	コウ・さいわい・しあわせ	8画	76ページ

「幸」の形に注意。
○ 幸（下の部分の横ぼうは、二本。）
× 幸（下の部分の横ぼうが、三本。）

1 （ ）に読みがなを書きましょう。

① 道で転ぶ。（ ）
② ◆真っ青な空。（ ）
③ 医者になる。（ ）
④ もう一度言う。（ ）

◆とくべつな読み方の言葉

2 □に漢字を、（ ）に漢字と送りがなを書きましょう。

① 水を□(の)む。
② □□(びょうき)になる。
③ ため□(いき)をつく。
④ □□(しんぱい)する
⑤ （うつくしい）夕日。
⑥ （しあわせ）にくらす。

3 正しい意味に○をつけましょう。

① とうげをこえる。
ア（　）山の坂道を上りきったところ。
イ（　）山でいちばんきけんなところ。

② なだらかな坂道を下る。
ア（　）道のかたむきが急な。
イ（　）道のかたむきがゆるやかな。

③ ふもとの旅館にとまる。
ア（　）山の下の方。山すそ。
イ（　）山のおく深く。

④ おそるおそる歩き出す。
ア（　）わくわくしながら。
イ（　）びくびくしながら。

⑤ まがり角にさしかかる。
ア（　）ちょうどその場所にくる。
イ（　）その場所を行ったり来たりする。

3分でワンポイント

場面ごとにおじいさんの行動と気持ちをとらえよう。

★①～③の（　）に合う言葉を［　］の中からえらんで、記号を書きましょう。

場面	出来事	おじいさんの行動や様子、気持ち
一	三年とうげのしょうかいと言いつたえ	
二	おじいさんが三年とうげで転ぶ	行動 真っ青になる。おいおいなく。 気持ち 「どうしよう、どうしよう。」＝①（　）
三	トルトリが、三年とうげで何度も転べば長生きできると教える	行動 ふとんから顔を出す。うなずく。 気持ち 「なるほど、なるほど。」＝②（　）
四	おじいさんが元気になる	行動 三年とうげで何度も転ぶ。 気持ち 「長生きができるわい。」＝③（　）

ア こわい　イ うれしい　ウ なっとく

ぴったり2 練習

登場人物の行動や気持ちをとらえて、えらんだ民話をしょうかいしよう

三年とうげ

文章を読んで、答えましょう。

あるところに、三年とうげとよばれるとうげがありました。

あまり高くない、なだらかなとうげでした。

春には、すみれ、たんぽぽ、ふでりんどう。とうげからふもとまでさきみだれました。れんげつつじのさくころは、だれだってため息の出るほど、よいながめでした。

秋には、かえで、がまずみ、ぬるでの葉。とうげからふもとまで美しく色づきました。白いすすきの光るころは、だれだってため息の出るほど、よいながめでした。

三年とうげには、昔から、こんな言いつたえがありました。

「三年とうげで　転ぶでない。
三年とうげで　転んだならば、
三年きりしか　生きられぬ。
長生きしたけりゃ、
転ぶでないぞ。
三年とうげで　転んだならば、

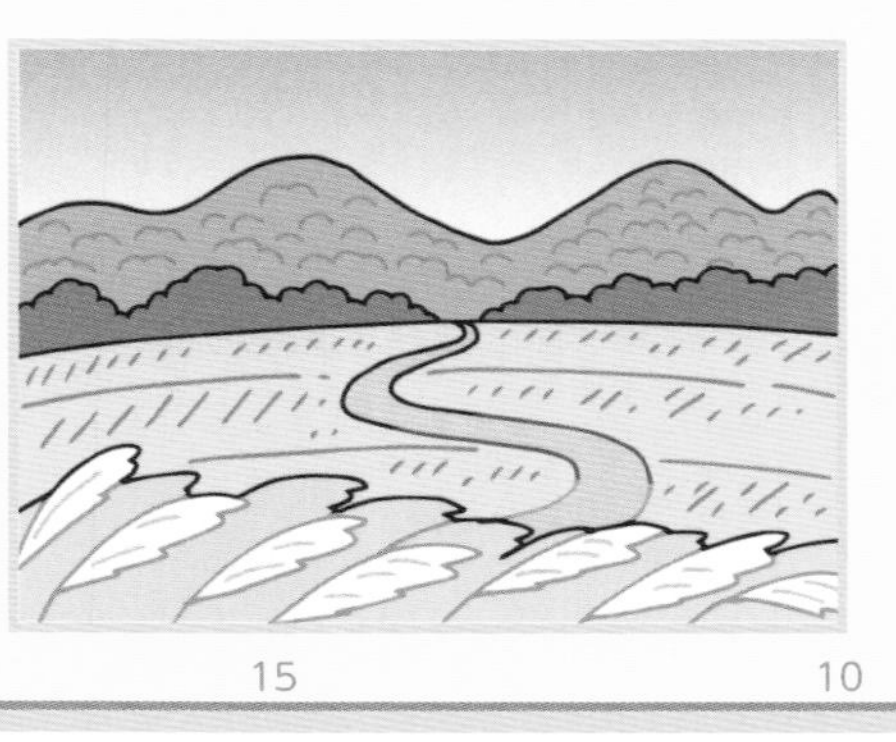

1

① 「三年とうげ」について、答えましょう。「三年とうげ」は、どんなとうげですか。

あまり［　　］ない、［　　　　］なとうげ。

② 春や秋の「三年とうげ」のながめは、どんなながめですか。文章から十九字で書きぬきましょう。

ヒント　「春には、」「秋には、」の段落に、同じ表現があるよ。

③ 「三年とうげ」の言いつたえとは、どんなものですか。

三年とうげで［　　］ならば、［　　　　］生きられない、というもの。

学習日　月　日
教科書　下65〜80ページ
答え　27ページ

長生きしたくも　生きられぬ。」

ですから、三年とうげをこえるときは、みんな、転ばないように、おそるおそる歩きました。

ある秋の日のことでした。一人のおじいさんが、となり村へ、反物（たん）を売りに行きました。そして、帰り道、三年とうげにさしかかりました。白いすすきの光るころでした。おじいさんは、こしを下ろしてひと息入れながら、美しいながめにうっとりしていました。しばらくして、

「こうしちゃおれぬ。日がくれる。」

おじいさんは、あわてて立ち上がると、

「三年とうげで　転ぶでないぞ。
三年とうげで　転んだならば、
三年きりしか　生きられぬ。」

と、足を急がせました。

お日様が西にかたむき、夕やけ空がだんだん暗くなりました。

ところがたいへん。あんなに気をつけて歩いていたのに、おじいさんは、石につまずいて転んでしまいました。おじいさんは真っ青になり、がたがたふるえました。

李錦玉（リクムオギ）「三年とうげ」より

2 「こうしちゃおれぬ。」とありますが、おじいさんはそれまでどうしていたのですか。

とうげに［　　］を［　　　　］てひと息入れながら、美しいながめに［　　　　］していた。

3 「足を急がせました」とありますが、この様子からおじいさんのどんな気持ちが分かりますか。一つに○をつけましょう。

ア（　）あせっている気持ち。
イ（　）はりきっている気持ち。
ウ（　）よろこんでいる気持ち。

ヒント　「日がくれる」や「夕やけ空がだんだん暗くなりました」に注目。

4 おじいさんが、「真っ青になり、がたがたふるえ」たのは、なぜですか。一つに○をつけましょう。

ア（　）急いで歩いたのに、お日様がすっかり西にしずんでしまったから。
イ（　）石につまずいて転んでしまい、足がいたくて歩けそうにないから。
ウ（　）三年とうげで転んでしまったので、あと三年きりしか生きられないと思ったから。

ぴったり1 じゅんび

しょうかいする文章を書き、感想をつたえ合おう

わたしの町のよいところ
きせつの言葉4　冬のくらし

◎めあて
★文章の組み立てを考え、分かりやすくつたえるためのくふうを考えよう。
★つたえたいことに合った理由を書こう。

学習日　月　日
教科書　下81～87ページ
答え　27ページ

かきトリ　新しい漢字

「流」の右下の部分は、「川」にならないように気をつけよう。

1　（　）に読みがなを書きましょう。

① 高校生（　）の兄。

② 会議（ぎ）が開（　）かれる。

③ 写真（　）を整理する。

④ 駅（　）まで歩く。

●読み方が新しい字

2　□に漢字を、〔　〕に漢字と送りがなを書きましょう。

① 地いきの人と□□（こうりゅう）する。

② □□□□（すいぞくかん）

③ □□（せんしゅう）の日曜日。

④ □（さら）を重ねる。

⑤ 妹と〔　　〕（あそぶ）。

わたしの町のよいところ

3　正しい意味に○をつけましょう。

① 友だちの意見をさんこうにする。
ア（　）考えや行動の理由。
イ（　）考えたり決めたりするときの助けになるもの。

② 自分の学校のみりょくをつたえる。
ア（　）人の心を引きつける力。
イ（　）ほかにはないとくべつな力。

4 町のよいところをしょうかいする文章を書くために、組み立てメモを作りました。［　］①～④に当てはまる言葉を［　］からえらんで、記号を書きましょう。

▼組み立てメモ

はじめ

しょうかいするもの
　こども図書館
（①）
　・市立図書館の三階
　・午前９時から午後６時まで

中

しょうかいしたい（②）
　１こどものための本がたくさん
　　・図書だけでなく、ざっしや新聞も
　２人気の行事やイベント　写真
　　・おはなし会
　　・人形げき

終わり

（③）・よびかけ
　こどものための本がほうふなだけでなく、楽しいイベントもあるので、（④）をどんどんりようしてほしい。

ア　理由　イ　せつめい　ウ　やり方
エ　まとめ　オ　市立図書館　カ　こども図書館

①（　　）
②（　　）
③（　　）
④（　　）

5 しょうかいする文章を書くときにしたほうがよいことを、二つえらんで○をつけましょう。

ア（　）読む人に分かりやすくなるように、しょうかいするものとしょうかいしたい理由を分けて書く。

イ（　）たくさんしょうかいするために、思いついたことを全部書く。

ウ（　）つたえたいことに合った写真や絵を入れる。

エ（　）何も書かれていないところは、シールやスタンプなどではなやかにする。

きせつの言葉４　冬のくらし

6 次のしゅるいの中で、冬らしさを感じるものを二つずつ書きましょう。

①　食べ物　（　　）（　　）
②　スポーツ　（　　）（　　）

7 寒い冬をあたたかくすごすために、あなたはどんなくふうをしていますか。一～二文で書きましょう。

（　　　　　）

時間 20分　／100　ごうかく 80点

学習日 月 日　教科書 下65～87ページ　答え 28ページ

文章を読んで、答えましょう。　思考・判断・表現

家にすっとんでいき、おばあさんにしがみつき、おいおいなきました。

「ああ、どうしよう、どうしよう。わしのじゅみょうは、あと三年じゃ。三年しか生きられぬのじゃあ。」

その日から、おじいさんは、ごはんも食べずに、ふとんにもぐりこみ、とうとう病気になってしまいました。お医者をよぶやら、薬を飲ませるやら、おばあさんはつきっきりで看病しました。けれども、おじいさんの病気はどんどん重くなるばかり。村の人たちもみんな心配しました。

そんなある日のこと、水車屋のトルトリが、みまいに来ました。

1 「とうとう病気になってしまいました」とありますが、おじいさんは、なぜ病気になったのですか。一つに○をつけましょう。10点

ア（　）三年しか生きられないと知り、どうにかしてもっと長く生きられるようにしようと考えすぎたから。

イ（　）三年しか生きられないと思いこみ、ふあんのあまりごはんも食べず、ふとんにもぐりこんでいたから。

ウ（　）三年しか生きられないと決まってしまい、生きる気力がなくなってしまったから。

2 「おいらの言うとおりにすれば」とありますが、トルトリは、どこで、どうすればよいと言いましたか。一つ10点(20点)

［　　　　］で［　　　　］とよい。

よく出る

3 「ふとんから顔を出しました」とありますが、このとき、おじいさんはどんな気持ちですか。一つに○をつけましょう。10点

ア（　）病気はなおるとはげましてくれることに、かんしゃする気持ち。

「おいらの言うとおりにすれば、おじいさんの病気はきっとなおるよ。」

「どうすればなおるんじゃや。」

おじいさんは、ふとんから顔を出しました。

「なおるとも。三年とうげで、もう一度転ぶんだよ。」

「ばかな。わしに、もっと早く死ねと言うのか。」

「そうじゃないんだよ。一度転ぶと、三年生きるんだろ。二度転べば六年、三度転べば九年、四度転べば十二年。このように、何度も転べば、ううんと長生きできるはずだよ。」

おじいさんは、しばらく考えていましたが、うなずきました。

「うん、なるほど、なるほど。」

そして、ふとんからはね起きると、三年とうげに行き、わざとひっくり返り、転びました。

李錦玉（リ クムオギ）「三年とうげ」より

イ（　）病気をなおす方法などあるはずがないのにと、はらを立てる気持ち。

ウ（　）病気をなおす方法を教えてもらえるかもしれないと、期待する気持ち。

できたらスゴイ!

4 「わしに、もっと早く死ねと言うのか。」とありますが、おじいさんは、どうしてこのように言ったのですか。 20点

三年とうげでもう一度転んだら、

5 「うなずきました」とありますが、おじいさんは、トルトリのどんな考えにうなずいたのですか。 一つ10点（20点）

一度転ぶと（　）生きるのなら、何度も転べば、（　）という考え。

考えを書こう

6 おじいさんとトルトリは、それぞれ、三年とうげで転んだら、「三年」どうなると考えていますか。そのちがいを考えてまとめましょう。 20点

ふりかえり ③が分からないときは、85ページの 3分でワンポイント にもどってかくにんしてみよう。

ぴったり3

たしかめのテスト②

三年とうげ ～ きせつの言葉4 冬のくらし

時間 20分

／100

ごうかく 80点

学習日 月 日

教科書 下65～87ページ

答え 29ページ

1 読みがなを書きましょう。 一つ2点(20点)

① ひと息つく。（　　）

② 高校生向けの本。（　　）

③ お茶を飲む。（　　）

④ 幸せな気持ち。（　　）

⑤ 心配そうな顔。（　　）

⑥ 病気がなおる。（　　）

⑦ 留学生（りゅう）と交流する。（　　）（　　）

⑧ 水族館がすきだ。（　　）

⑨ 真っ青な服。（　　）

⑩ 美しい歌声。（　　）

2 □に漢字を書きましょう。 一つ3点(18点)

① □□（いしゃ）にかかる。

② □（くすり）がきく。

③ もう□□（いちど）書く。

④ □□（げんき）になる。

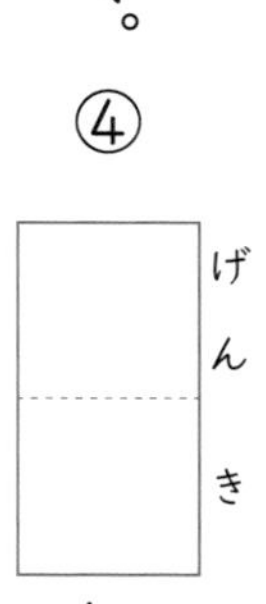

⑤ パン□（や）に立ちよる。

⑥ □（いそ）いで歩く。

3 （　）に漢字と送りがなを書きましょう。 一つ4点(8点)

① 校庭（てい）で（　　）（ころぶ）。

② （　　）（おもい）とびら。

4 上の言葉の意味を下からえらんで、――でつなぎましょう。

一つ4点(12点)

① ため息が出る ・　　・ア おどろきやおそれで、顔色がかわること。

② ひと息入れる ・　　・イ 感動や心配で思わず大きな息をすること。

③ 真っ青になる ・　　・ウ ちょっとひと休みすること。

5 次の（　）に当てはまる言葉を□からえらんで、記号を書きましょう。（同じ記号は二度使えない。）

一つ4点(24点)

①（　　）つり橋をわたる。

② まわりが（　　）明るくなる。

③ おそろしくて（　　）ふるえる。

④ あまりの悲しさに（　　）なく。

⑤ うれしくて（　　）わらう。

⑥ きれいな星空を（　　）ながめる。

ア だんだん　イ おそるおそる　ウ おいおい
エ うっとり　オ にこにこ　カ がたがた

6 思考・判断・表現

しょうかいする文章を書くための組み立てを考えるときに、大切なことをまとめました。

(1)（　）に当てはまる言葉を□からえらんで、記号を書きましょう。

一つ3点(9点)

① 「（　　）」「中」「終わり」のまとまりに分けて、書きたいことを整理する。

② しょうかいしたい理由は、「（　　）」の部分に書く。つたえたいことが [＊] つたわるように、その順序（じゅんじょ）をくふうする。

③ 考えた組み立ては紙に書いて、（　　）を作る。

ア メモ　イ まとめ　ウ 中
エ はじめ　オ ポスター

(2) [＊] に当てはまる言葉を、考えて書きましょう。

5点

（　　　　　　　　）

7 生活の中で、冬らしさを感じるものを二つ書きましょう。

一つ2点(4点)

（　　　　　　　　）
（　　　　　　　　）

この本の終わりにある「冬のチャレンジテスト」をやってみよう！

ふりかえり 6が分からないときは、89ページの4にもどってかくにんしてみよう。

ぴったり1 じゅんび

詩のくふうを楽しもう

めあて
★詩にどのようなくふうがあるのか見つけよう。

学習日
月　日
教科書 下88～91ページ
答え 29ページ

1 正しい意味に〇をつけましょう。

① 山のいただきまでむりして歩く。
ア（　）全力で。
イ（　）おしきって。

② りっぱな家に住む。
ア（　）すぐれていて、よい様子。
イ（　）手をくわえなくてもよい様子。

2 詩を読んで、答えましょう。

和田(わだ) 誠(まこと)

からはおもくて
たくさんあるくと
つかれるけれど
むりしてたてた
りっぱなおうち

(1) 「からはおもくて……」で始まる詩の、行のさいしょの字をつなげて読むと、何がかくれていますか。

(2) 「からはおもくて……」で始まる詩の、「たくさんあるくと／つかれる」から、どのように歩くすがたがそうぞうできますか。一つに〇をつけましょう。
ア（　）ゆっくりのんびり歩くすがた。
イ（　）ずんずん速く歩くすがた。
ウ（　）せかせか急いで歩くすがた。

(3) 「あした」の詩で使われている、「あ」で始まる言葉を四つ書きましょう。
（　）（　）
（　）（　）

あした

あしたのあたしは
あたらしいあたし
あたしらしいあたし

あたしのあしたは
あたらしいあした
あたしらしいあした

石津ちひろ

なみ

へへへへへへへへへへへ
へへへへへへへへへへへ
へへへへへへへへへへへ
へへへへへへへへへへへ
へへへへへへへへへへへ
へへへへへへへへへへへ
へへへへへへへへへへへ
へへへへへへへへへへへ

うみがわらっている

内田麟太郎

(4) 「あした」の詩にはどんなくふうがされていますか。二つに○をつけましょう。

ア（　）「あ」で始まる言葉の前なら、どこで区切って読んでも詩の意味が分かるようになっている。

イ（　）第一連と第二連で、「あたし」と「あした」を入れかえたうえで、意味がとおる詩になっている。

ウ（　）上から読んでも、下から読んでも、同じになる回文のようになっている。

エ（　）「あ」で始まる言葉をくり返して、リズミカルに読めるようになっている。

(5) 「なみ」の詩で、「へ」は何を表していますか。一つに○をつけましょう。

ア（　）海岸にうちよせる、あらあらしい波。

イ（　）こごえるような寒さの中、うちよせる冷たい波。

ウ（　）おだやかな海の、やさしくうちよせる波。

(6) 「なみ」の詩に、「うみがわらっている」とありますが、ここにはどんなくふうがありますか。一つに○をつけましょう。

ア（　）見たままを、そっくりそのまま表している。

イ（　）波の様子を大げさに表している。

ウ（　）人でないものを人にたとえて表している。

四まいの絵を使って
カンジーはかせの音訓かるた
漢字の広場⑤

教科書
下92〜96ページ

がきトリ 新しい漢字

教科書94ページ	94ページ	94ページ	94ページ	94ページ	94ページ	94ページ
チョウ 帳 11画	ダイ・タイ かわる・かえる 代 5画	キョク まがる・まげる 曲 6画	トウ なげる 投 7画	タン すみ 炭 9画	ヨウ ひつじ 羊 6画	シュク やど・やどる やどす 宿 11画

94ページ	94ページ	94ページ	95ページ	95ページ	95ページ	95ページ
チョウ 丁 2画	キュウ みや 宮 10画	イン 院 10画	レイ 礼 5画	トウ ひとしい 等 12画	ハン そる・そらす 反 4画	クン きみ 君 7画

95ページ

ジョウ
のる・のせる
乗
9画

「乗」の筆順を
正しくおぼえよう。

めあて

★物語のきほん的な組み立てをりかいしよう。
★漢字の音と訓に着目して、リズムのよい文を考えてみよう。

学習日
月　日

答え
30ページ

1

□に読みがなを書きましょう。

●読み方が新しい字

① 千代紙 をおる。

② 投手 になる。

③ 昼食 の用意。

④ 父は 宮大工 だ。

⑤ 大きな 寺院。

⑥ とうふ 一丁。

⑦ 石炭 をもやす。

⑧ かん 電池。

2 □に漢字を、（　）に漢字と送りがなを書きましょう。

①（はんたい）□□を向く。

②（やど）□にとまる。

③ 次は（きみ）□の番だ。

④（にっきちょう）□□□

⑤ バスに（のる）（　　）。

⑥ 右に（まがる）（　　）。

四まいの絵を使って

3 物語を書くときの組み立てで、（　）に当てはまるものを□からえらんで、記号を書きましょう。

① 始まり…（　）、時（きせつ・時間）、場所などを書く。

② 出来事（じけん）が起こり、かいけつするまで
…出来事が起こる（　）、どんな出来事か、どう（　）していくか、登場人物の気持ちがどうかわっていくか、などを書く。

③ むすび…その後、どうなったか。

ア へんか　イ 登場人物　ウ きっかけ

カンジーはかせの音訓かるた

4 音訓かるたの、——線の漢字の読みがなを書きましょう。

①（　）寒い朝（　）寒中（　）みまいが　とどいたよ

② 学級園（　）植えた（　）植物（　）元気かな

同じ漢字の音読みを使った言葉、訓読みを使った言葉だね。

漢字の広場⑤

5 ——線のひらがなを漢字に直し、作文を書くときのように、ます目に書きましょう。

こくごの時間に、学級しんぶんについてはなしあった。みんなのはつげんは、にっちょくがこくばんに書いた。

詩のくふうを楽しもう ～ 漢字の広場⑤

時間 20 分　／100　ごうかく 80 点

学習日　月　日
教科書 下88～96ページ
答え 30ページ

1 詩を読んで、答えましょう。　思考・判断・表現

かいだん

関根 栄一（せきね えいいち）

だん
かいだん
かいだんだん
かいだんのぼるよ
かぞえてだんだんだん
とまってうえみてかいだん
かいだんだんだんのぼるよだん
いちばんうえだよたかいなかいだん
あちこちみえるよたのしいかいだん
かいだんだんだんおりるよだん
とまってしたみてかいだん
かぞえてだんだんだん
かいだんおりるよ
かいだんだん
かいだん
だん

よく出る

(1) この詩にはどんなくふうがされていますか。二つに○をつけましょう。　一つ5点(10点)

ア（　）行のさいごの音（おん）が同じで、声に出して読むとリズムがある。
イ（　）行のさいしょの字をつなげて読むと、文になる。
ウ（　）ひらがなばかりの字の列を、かいだんの形にならべている。
エ（　）かいだんと作者が、会話をしているような形になっている。

(2) ①「かいだんのぼるよ」、②「とまってうえみてかいだん」と、くらべあわせている行はそれぞれどこですか。行の数字を書きましょう。　一つ5点(10点)

①（　　）行目　②（　　）行目

できたらスゴイ！

(3) この詩のかいだんは、一番上まで何だんですか。　10点

（　　）だん

考えを書こう

(4) この詩の形やないようについて、思ったことを自由に書きましょう。　20点

2 読みがなを書きましょう。　一つ2点（12点）

①〔　　〕羊毛のもうふ。

②〔　　〕昼食の時間。

③〔　　〕日記帳を買う。

④〔　　〕旅の宿をさがす。

⑤〔　　〕君の本をかりたい。

⑥〔　　〕ひこうきに乗る。

3 □に漢字を書きましょう。　一つ3点（12点）

① りっぱな□□（じいん）。

② □□（じょうとう）の肉。

③ お□（れい）をのべる。

④ お□（みや）にまいる。

4 〔　〕に漢字と送りがなを書きましょう。　一つ4点（8点）

① 球を〔　　（なげる）〕。

② 〔　　（ひとしく）〕分ける。

5 次の音訓（おんくん）かるたの、――線の読みがなを書きましょう。　一つ3点（18点）

① 期待〔　　〕して　おやつの時間　待〔　　〕ちうける

② 美〔　　〕しく　さく花を植え　美化〔　　〕活動

③ 写真〔　　〕とる　ときはかならず　真〔　　〕ん中で

ぴったり1 じゅんび

読んで考えたことをつたえ合おう／言葉について考えよう

ありの行列

大滝（おおたき）哲也（てつや）

つたわる言葉で表そう

めあて

★せつめいのつながりを表す言葉に気をつけよう。

★つたえたいことに合う言葉をえらんでつたえよう。

学習日
月　日
教科書 下97～110ページ
答え 31ページ

がきトリ 新しい漢字

教科書98ページ	101ページ	101ページ	107ページ	108ページ
庭 テイ にわ 10画	研 ケン 9画	究 キュウ 7画	打 ダ うつ 5画	受 ジュ うける・うかる 8画

「研」も「究」も、ものごとの深いところまできわめるという意味の字だね。

「究」の「穴」の部分は「あなかんむり」と言うよ。「宀（うかんむり）」ではないんだね。

1 （　）に読みがなを書きましょう。

① 行列が ●交（　）わる。

② ●行（　）く手をふさぐ。

③ 虫を 研究（　）する。

④ 道から ●外（　）れる。

⑤ ●細（　）かいもよう。

●読み方が新しい字

2 □に漢字を書きましょう。

① ボールを □（う）つ。

② □（にわ）をそうじする。

③ ふしぎな感じを □（う）ける。

ありの行列

3 正しい意味に〇をつけましょう。

① 言葉をさえぎる。
ア（　）じゃまをして動きを止める。
イ（　）力を使っておさえこむ。

② 水がじょうはつする。
ア（　）えき体が気体にかわる。
イ（　）こっそりといなくなる。

つたわる言葉で表そう

4 様子や気持ちをつたえるときに、どのように話せばよいですか。合っているもの二つに〇をつけましょう。

ア（　）表したい様子や、自分の気持ちに合う言葉をえらんで話す。
イ（　）自分がつたえたいことを、思いつくまま自由に話す。
ウ（　）受ける感じがちがうにた意味の言葉でも、自分が分かっていれば使って話す。
エ（　）つたえたいことを、相手がくわしく思いうかべられるような言葉を使って話す。

相手につたわるように話すのが大切だよ。

ありの行列

3分でワンポイント　文章の組み立てをとらえよう。

★①〜③の（　）に合う言葉を［　］の中からえらんで、記号を書きましょう。

問い　なぜ、ありの行列ができるのか。

ウイルソンのじっけん・研究

はじめに　さとうをおいた。
↓見つけたありが帰った①（　）を通って、たくさんのありがさとうの所に行った。

次に　行列の道すじに大きな石をおいた。
↓石の所でみだれたが、道のつづきを見つけてまた行列ができた。同じ道すじで巣に帰った。

考え　ありは、道しるべをつけたのではないか。
↓ありの②（　）を研究。おしりから、においのあるえきを出すことが分かった。

答え　道しるべとしてつけたえきの③（　）にそって行き来するため、行列ができる。

［ア 体の仕組み　イ におい　ウ 道すじ］

ぴったり2 練習

読んで考えたことをつたえ合おう

ありの行列

文章を読んで、答えましょう。

　はじめに、ありの巣から少しはなれた所に、ひとつまみのさとうをおきました。しばらくすると一ぴきのありが、そのさとうを見つけました。これは、えさをさがすために、外に出ていたはたらきありです。ありは、やがて、巣に帰っていきました。すると、巣の中から、たくさんのはたらきありが、次々と出てきました。そして、列を作って、さとうの所まで行きました。ふしぎなことに、その行列は、はじめのありが巣に帰るときに通った道すじから、外れていないのです。

　次に、この道すじに大きな石

1 「ひとつまみのさとう」は、どんな所におかれましたか。

ありの巣から［　　　　　　　　］。

2 はじめにさとうを見つけたありは、どんなありですか。

［　　］をさがすために、外に出ていた［　　　　　　］。

3 巣の中から出てきた、「たくさんのはたらきあり」は、何をしましたか。

（　　　）を作って、（　　　）の所まで行った。

4 はじめのじっけんとかんさつで、ありの行列について、ふしぎに思われたのはどんなことですか。

（　　　　　　　　　　）

ヒント 「ふしぎなことに」という言葉に着目しよう。

学習日 　月　日

教科書 下97～106ページ

答え 31ページ

をおいて、ありの行く手をさえぎってみました。すると、ありの行列は、石の所でみだれて、ちりぢりになってしまいました。ようやく、一ぴきのありが、石の向こうがわに道のつづきを見つけました。そして、さとうに向かって進んでいきました。そのうちに、ほかのありたちも、一ぴき二ひきと道を見つけて歩きだしました。まただんだんに、ありの行列ができていきました。目的地に着くと、ありは、さとうのつぶを持って、巣に帰っていきました。帰るときも、行列の道すじはかわりません。ありの行列は、さとうのかたまりがなくなるまでつづきました。

　これらのかんさつから、ウイルソンは、はたらきありが、地面に何か道しるべになるものをつけておいたのではないか、と考えました。

大滝哲也「ありの行列」より

5 次に、どんなじっけんをしましたか。

ありの通った（　　　）に、（　　　）をおいて、ありの（　　　）を（　　　）じっけん。

6 **5**のじっけんのけっか、ありの行列はどうなりましたか。正しい順番になるように、１～５の番号を書きましょう。

（　）ほかのありたちも、道を見つけて歩きだした。

（　）一ぴきのありが、石の向こうがわに道のつづきを見つけて、さとうに向かって進んでいった。

（　）巣に帰るときも、ありの行列の道すじはかわらなかった。

（　）石の所でみだれて、ちりぢりになった。

（　）ありの行列ができていった。

ヒント　「ようやく」「そして」「また」などの言葉に着目しよう。

7 じっけんとかんさつのけっか、ウイルソンは、はたらきありはどんなことをしたのではないかと考えましたか。二十七字でさがし、はじめと終わりの五字を書きましょう。

□□□□□～□□□□□

ぴったり1 じゅんび

書き表し方をくふうして、物語を書こう／つたえたいことを、理由をあげて話そう

たから島のぼうけん
お気に入りの場所、教えます

めあて
★言葉をえらんで使い、くふうして物語を書こう。
★お気に入りの理由をあげ、話し方をくふうして発表しよう。

学習日 月 日
教科書 下111～120ページ
答え 32ページ

がきトリ 新しい漢字

教科書111ページ
島 トウ しま 10画

「島」は「鳥」と形がにているよ。ちがう部分に気をつけよう。

1 （ ）に読みがなを書きましょう。

① 声の 強弱。（ ）

② 主役が 登場 する。（ ）

③ 二人の 息 が合う。（ ）

④ 校庭 で遊ぶ。（ ）

● 読み方が新しい字

2 □に漢字を、（ ）に漢字と送りがなを書きましょう。

① たから □（じま）

② □（しゃしん）を見る。

③ □（ちず）の記号。

④ □（かんそう）を書く。

⑤ 遠足の □（ようい）。

⑥ □（こうどう）する

⑦ いすから（おちる）。

⑧ 花を（うえる）。

⑨ 朝七時に（おこす）。

⑩ 学校に（かよう）。

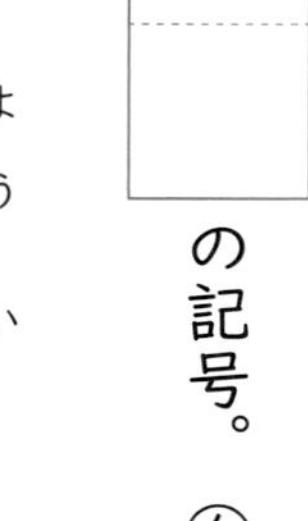
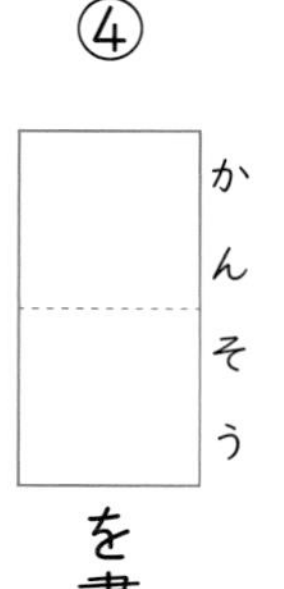
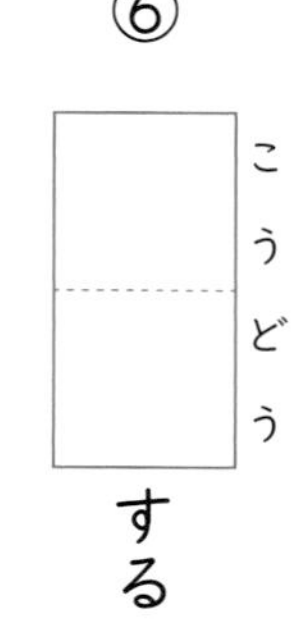

3 そうぞうした物語を書き表すときに、大切なことはどんなことですか。□からえらんで書きましょう。

①（　　　）を言いかえたり、くわえたりして、場面の（　　　）がくわしくつたわるようにくふうする。

②（　　　）や行動などの書き方をくふうし、登場人物の（　　　）や、その人物らしさが分かるようにする。

様子　会話　気持ち　言葉

4 そうぞうした物語を書き表すとき、使うとよい言葉二つに○をつけましょう。

ア（　）作者のその物語に対する思いを表す言葉。
イ（　）いつ、だれが、どこで、何を、どのようにしたかを表す言葉。
ウ（　）見えるものや、聞こえてくる音などを表す言葉。
エ（　）修飾（しゅうしょく）語やたとえを使っていない言葉。

5 つたえたいことを発表するときに、合わないものはどれですか。二つに○をつけましょう。

ア（　）発表メモをつくる。
イ（　）「はじめ」「中」「終わり」の組み立てを考える。
ウ（　）写真や絵などのしりょうを用意する。
エ（　）つたえたい理由はとくに話さない。
オ（　）つたえたいことは「はじめ」と「終わり」でくり返す。
カ（　）つたえたいことは大きな声でいっきに話す。

6 あなたのお気に入りの場所を一つ書きましょう。（学校の外でもよい。）そこがすきな理由を二つ書きましょう。

・お気に入りの場所（　　　）

・すきな理由（二つ）

ぴったり3 たしかめのテスト①

ありの行列 〜お気に入りの場所、教えます

時間 20分　/100　ごうかく80点

学習日　月　日

教科書 下97〜120ページ　答え 33ページ

文章を読んで、答えましょう。　思考・判断・表現

これらのかんさつから、ウイルソンは、はたらきありが、地面に何か道しるべになるものをつけておいたのではないか、と考えました。

そこで、ウイルソンは、はたらきありの体の仕組みを、細かに研究してみました。すると、ありは、おしりのところから、とくべつのえきを出すことが分かりました。それは、においのある、じょうはつしやすいえきです。

この研究から、ウイルソンは、ありの行列のできるわけを知ることができました。

はたらきありは、えさを見つ

1 ウイルソンが、「はたらきありが、……のではないか」という考えのもとに、研究したものは何ですか。　10点

（　　　　　　　　）

2 **1**の研究で、どんなことが分かりましたか。　一つ5点（15点）

ありは、［　　　］から［　　　］のある、［　　　　　　　　］えきを出すということ。

よく出る

3 「ありの行列のできるわけ」について、答えましょう。

① はたらきありが、地面にえきをつけるのは、どんなときですか。　10点

（　　　　　　　　）

② ほかのはたらきありは、どのようにえさの所に行くのですか。　一つ10点（30点）

けると、道しるべとして、地面にこのえきをつけながら帰るのです。ほかのはたらきありたちは、そのにおいをかいで、においにそって歩いていきます。そして、そのはたらきありたちも、えさを持って帰るときに、同じように、えきを地面につけながら歩くのです。そのため、えさが多いほど、においが強くなります。

大滝哲也「ありの行列」より

えさを見つけたはたらきありが、（　　　）としてつけた（　　　）の（　　　）にそって歩いていく。

4 えさを持って帰るときに、はたらきありたちがすることは何ですか。 5点

（　　　　　　　　）

できたらスゴイ!

5 「えさが多いほど、においが強くなります」とありますが、それはなぜですか。一つに○をつけましょう。 10点

ア（　）えさが多いと、えさを運ぶありたちも多くなり、そのありたちがみんなえきをつけながら歩くから。

イ（　）えさが多いと、そのえさのにおいに負けないように、えきをたくさんつけて歩くから。

ウ（　）えさが多いと、なかまのありをたくさんよびよせるために、えきをたくさん出すから。

考えを書こう

6 ウイルソンはかんさつからけっか（答え）まで、どのように研究を進めていると思いますか。 20点

ふりかえり ③が分からないときは、101ページの 3分でワンポイント にもどってかくにんしてみよう。

ぴったり3 たしかめのテスト②

ありの行列 〜お気に入りの場所、教えます

時間 20分

／100

ごうかく 80点

学習日 月 日

教科書 下97〜120ページ

答え 34ページ

1 読みがなを書きましょう。 一つ2点(20点)

① 中庭（　　）の木。

② 行列（　　）にならぶ。

③ ホームランを打（　　）つ。

④ サッカーの練習（　　）。

⑤ 歌を教（　　）える。

⑥ きのうの出来事（　　）。

⑦ 音楽室（　　）のピアノ。

⑧ 話の間（　　）を取る。

⑨ 行（　　）く手に山がある。

⑩ しけんを受（　　）ける。

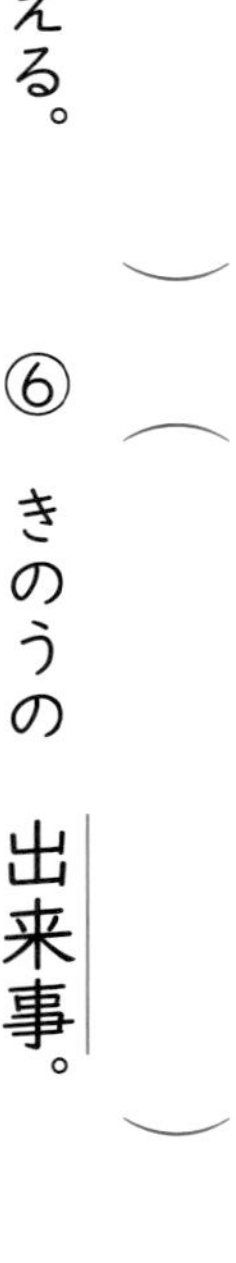

2 □に漢字を書きましょう。 一つ3点(18点)

① 魚の□□(けんきゅう)。

② 兄は足が□(はや)い。

③ 体育(いく)□(かん)に集まる。

④ □□(きょうじゃく)をつける。

⑤ 船で□(しま)に行く。

⑥ 友だちと□(まじ)わる。

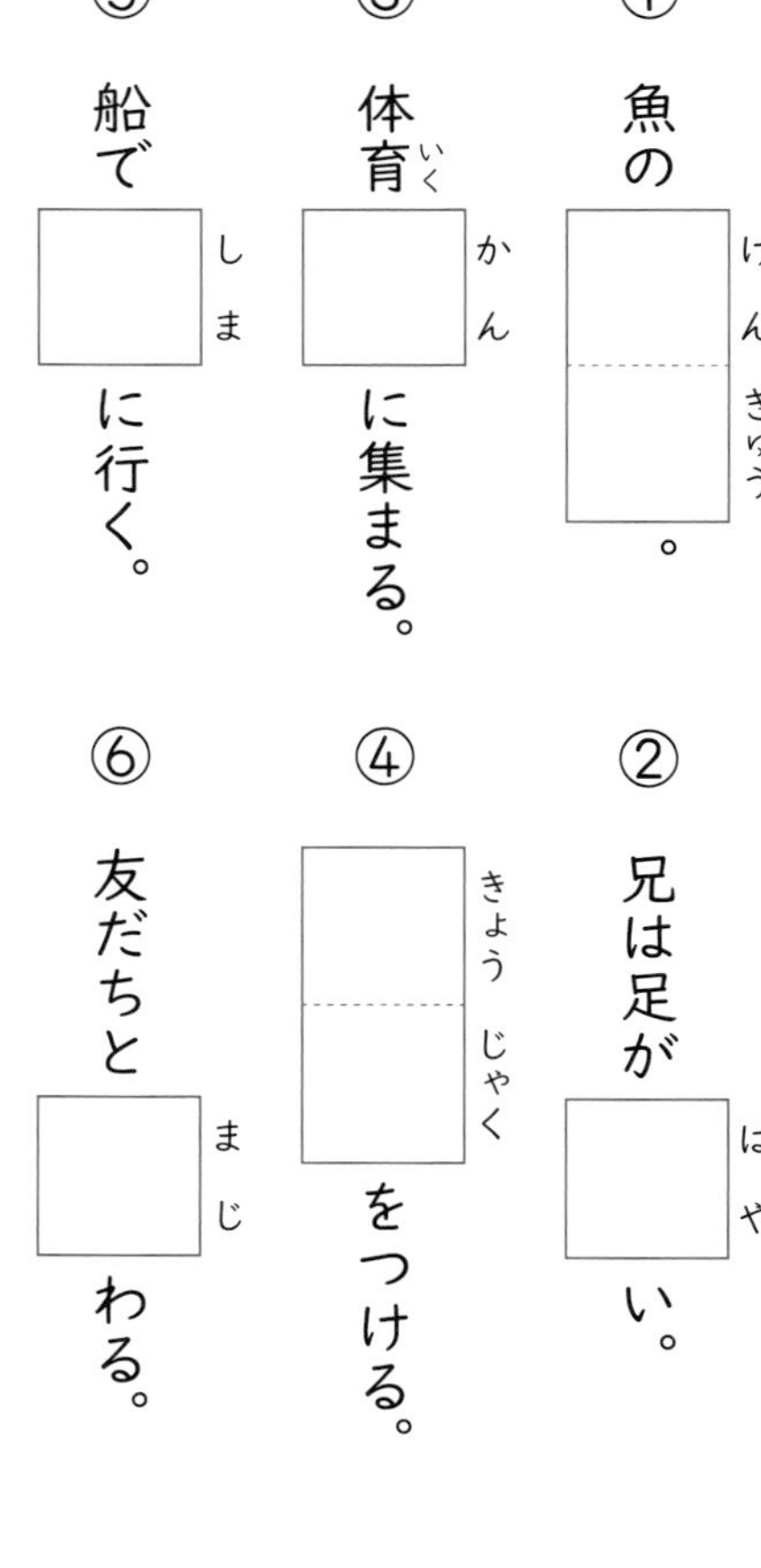

3 〔 〕に漢字と送りがなを書きましょう。 一つ3点(12点)

① 〔　　〕(こまかく)切る。

② まとから〔　　〕(はずれる)。

③ 学期の〔　　〕(おわり)。

④ 道で〔　　〕(ころぶ)。

4 ——線の言葉に注意して、文から受ける感じに〇をつけましょう。　一つ5点(10点)

① 今日は、はだ寒い一日だった。

ア（　）今日はとくに寒かったなあ。

イ（　）はだにつめたさを感じる秋になったなあ。

② 先生から注意されて、はっとした。

ア（　）あらためて言われて、うろたえた。

イ（　）そうかと、急に気づかされた。

5 思考・判断・表現

お気に入りの場所をつたえる発表メモの、（　）に当てはまる言葉を［　］からえらんで、記号を書きましょう。　一つ5点(15点)

（　）大川の土手。

（　）風が気持ちよい。タローとさん歩した思い出がある。

（　）これからも、先月わが家にやってきたしば犬のジローと、元気にさん歩したい。

ア　まとめ　イ　お気に入りの場所　ウ　理由

6 思考・判断・表現

次はそうぞうした物語の文章の一部です。読んで答えましょう。

活発で、おしゃべりな かなと、体が大きく、のんびりしたゆうきは、同じようち園に通っていてなかよしです。

ある日の夕方、いっしょに公園で遊んでいると、しげみから子ねこがとび出してきました。おどろいたかなは、思わずしりもちをついてしまいました。ゆうきは、子ねこをやさしくだきあげ、にっこりしました。

…

(1) この文章に書かれていないこと二つに、〇をつけましょう。　一つ5点(10点)

ア（　）いつ、どこで、だれが、何をしたか。

イ（　）たとえの表現。

ウ（　）公園の様子や聞こえてきた音。

エ（　）登場人物の名前ととくちょう、二人の関係。

(2) ゆうきの人物らしさが分かる行動が書かれたところを、書きぬきましょう。　15点

ふりかえり　6が分からないときは、105ページの4にもどってかくにんしてみよう。

ぴったり1 じゅんび

モチモチの木
漢字の広場⑥

登場人物について考えたことを、つたえ合おう

斎藤 隆介（さいとう りゅうすけ）

めあて
★人物を表す言葉に気をつけよう。
★「豆太（まめた）」について考えたことを友だちとつたえ合おう。

学習日
月　日
教科書
下121～137ページ
答え
34ページ

がきトリ 新しい漢字

教科書123ページ	124ページ	126ページ	129ページ	132ページ	133ページ	135ページ
追 ツイ お-う 9画	実 ジツ み・みのる 8画	神 シン・ジン かみ 9画	箱 はこ 15画	湯 トウ ゆ 12画	他 タ ほか 5画	身 シン み 7画

「神」の「ネ」は、神や祭りにかかわる字につくよ。「神社」の「社」もそうだね。

「湯」と「場」はよくにているね。「湯」の「氵」は、水に関係（かんけい）があって、「場」の「土」は、土地に関係があるよ。

1 （　）に読みがなを書きましょう。

① ●今夜（　）はまん月だ。
② 霜月（しもつき）◆二十日（　）
③ ●明（　）かりがともる。
④ くりの実（　）をひろう。

●読み方が新しい字　◆とくべつな読み方の言葉

2 □に漢字を書きましょう。

① □□（かみさま）にいのる。
② 犬を□（お）いかける。
③ □□（くすりばこ）に入れる。
④ お□（ゆ）をわかす。
⑤ □□□□（じぶんじしん）
⑥ □□（たにん）がおどろく。

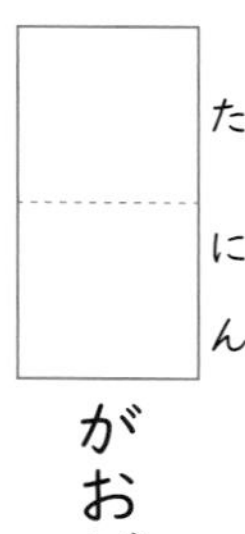

3 正しい意味に○をつけましょう。

① おくびょうな人。
ア（　）気が弱くてこわがりな。
イ（　）気が短くてすぐにおこるような。

② がけから落ちそうになって、きもをひやす。
ア（　）とてもおどろいて、ぞっとする。
イ（　）心にきざみこんで、用心する。

③ 公園に行こうとさいそくする。
ア（　）数人でやくそくする。
イ（　）早くするように急がせる。

④ 小えだをかまどにくべる。
ア（　）火の中に入れてもやす。
イ（　）できるだけつめこむ。

4 □に漢字を書きましょう。

① 大きな□（ふね）が、□（なつ）の□（うみ）に見える。

② □（ふゆ）の□□（よぞら）に□（ほし）がかがやく。

3分でワンポイント

豆太（まめた）のへんかを読み取ろう。

★①～③の（　）に合う豆太の気持ちを□の中からえらんで、記号を書きましょう。

場面	おくびょう豆太	やい、木ぃ	霜月二十日のばん	豆太は見た	弱虫でも、やさしけりゃ
気持ち		①（　）		②（　）←③（　）	うれしい
豆太の様子	五つにもなって、夜中に一人でせっちんにもいけない。	昼間はモチモチの木にいばったりするが、夜は一人ではしょんべんできない。	モチモチの木に灯（ひ）がともるのを見たいが、一人で見に出るのはぶるぶるだ。	真夜中に、じさまが体を丸めてうなっている。外はこわかったけれど、じさまが死んでしまうほうが、もっとこわかったから、ふもとの医者様へなきなき走った。	元気になったじさまが、豆太を「ゆうきのある子どもだったんだ」と言った。

ア ひっし

イ おくびょう

ウ びっくり

登場人物について考えたことを、つたえ合おう

モチモチの木

文章を読んで、答えましょう。

全く、豆太(まめた)ほどおくびょうなやつはない。もう五つにもなったんだから、夜中に、一人でせっちんぐらいに行けたっていい。

ところが、豆太は、せっちんは表にあるし、表には大きなモチモチの木がつっ立っていて、空いっぱいのかみの毛をバサバサとふるって、両手を「わあっ。」とあげるからって、夜中には、じさまについてってもらわないと、一人じゃしょうべんもできないのだ。

じさまは、ぐっすりねむっている真夜中に、豆太が「じさまぁ。」って、どんなに小さい声で言っても、「しょんべんか。」と、すぐ目をさましてくれる。いっしょにねている一まいしかないふとんを、ぬらされちまうよりいいからなぁ。

1 「豆太ほどおくびょうなやつはない。」とありますが、豆太のどこが「おくびょう」なのですか。

もう［　　］にもなったのに、夜中に［　　］でせっちんに行けないところ。

2 「空いっぱいのかみの毛をバサバサとふるって、両手を『わあっ。』とあげる」について、答えましょう。

① 「かみの毛」や「両手」とは、ここでは何のことですか。一つに○をつけましょう。

ア（　）モチモチの木の花や実。
イ（　）モチモチの木の葉やえだ。
ウ（　）モチモチの木やまわりの草。

② この表現(げん)は、モチモチの木のどんな様子を表していますか。

モチモチの木の［　　］が空高くのびて、その葉が風に［　　　　］とゆれる、おそろしげな様子。

学習日　月　日
教科書 下121～136ページ
答え 35ページ

それに、とうげのりょうし小屋に、自分とたった二人でくらしている豆太が、かわいそうで、かわいかったからだろう。

けれど、豆太のおとうだって、くまと組みうちして、頭をぶっさかれて死んだほどのきもすけだったし、じさまだって、六十四の今、まだ青じしを追っかけて、きもをひやすような岩から岩へのとびうつりだって、見事にやってのける。

それなのに、どうして豆太だけが、こんなにおくびょうなんだろうか——。

斎藤隆介「モチモチの木」より

3 じさまが「すぐ目をさましてくれる」のは、なぜですか。理由を二つ書きましょう。

「大きなモチモチの木」の様子をそうぞうしよう。

・一まいしかない［　　　］を、［　　　　　］よりいいから。

・豆太が、［　　　　　］で［　　　　　］から。

4 「どうして豆太だけが、こんなにおくびょうなんだろうか」とありますが、なぜこのように言っているのですか。

ヒント 理由を表す「〜から」という言葉に着目しよう。

豆太のおとうは、くまと（　　　）して死んだほどの（　　　）だったし、じさまだって、（　　　）の今も、きもをひやすような（　　　）をやってのけるから。

モチモチの木

文章を読んで、答えましょう。

そのモチモチの木に、今夜は、灯がともるばんなんだそうだ。じさまが言った。「霜月の二十日のうしみつにゃぁ、モチモチの木に灯がともる。起きてて見てみろ。そりゃぁ、きれいだ。おらも、子どものころに見たことがある。死んだおまえのおとうも見たそうだ。山の神様のお祭りなんだ。それは、一人の子どもしか、見ることはできねえ。それも、ゆうきのある子どもだけだ。」

「――それじゃぁ、おらは、とってもだめだ――。」

豆太は、ちっちゃい声で、なきそうに言った。だって、じさまもおとうも見たんなら、自分も見たかったけど、こんな冬の真夜中に、モチモチの

1 「じさまが言った。」とありますが、だれに言ったのですか。

（　　　　）

2 「モチモチの木に灯がともる」について、答えましょう。

① 「モチモチの木に灯がともる」のは、なぜですか。

［　　　　　　　　］だから。

② 「モチモチの木に灯がともる」のを見ることができるのは、どんな子どもですか。十二字以内にまとめて書きましょう。

［　　　　　　　　　　　　］

ヒント 8行目の「それも」に注意してまとめよう。

3 「――それじゃぁ、おらは、とってもだめだ――。」について、答えましょう。

① 豆太はどうしてこのように言ったのですか。

木を、それも、たった一人で見に出るなんて、とんでもねえ話だ。ぶるぶるだ。

　木のえだえだの細かいところにまで、みんな灯がともって、木が明るくぼうっとかがやいて、まるでそれは、ゆめみてえにきれいなんだそうだが、そして、豆太は、「昼間だったら、見てえなぁ——。」と、そっと思ったんだが、ぶるぶる、夜なんて考えただけでも、おしっこをもらしちまいそうだ——。

　豆太は、はじめっからあきらめて、ふとんにもぐりこむと、じさまのたばこくさいむねん中に鼻をおしつけて、よいの口からねてしまった。

斎藤隆介（さいとうりゅうすけ）「モチモチの木」より

こんな［　　］に、それも、たった［　　］で、［　　］を見に出るなんて、できそうになかったから。

② こう言ったとき、豆太はどんな気持ちでしたか。一つに○をつけましょう。

ア（　）自分にはとてもむりだと思うと、悲しくてなきたい気持ち。

イ（　）そんなもの、べつに見たくないやという、なげやりな気持ち。

ウ（　）ゆうきを出して、見てやろうという気持ち。

4 「昼間だったら、見てえなぁ——。」とありますが、豆太はなぜそう思ったのですか。考えて書きましょう。

（　　　　）

昼間と夜のちがいを考えよう。

5 豆太は、こわいという気持ちをどんな言葉で表していますか。四字で書きぬきましょう。

［　　　　］

モチモチの木 ～ 漢字の広場⑥

時間 20分
／100
ごうかく 80点

学習日 月 日
教科書 下121～137ページ
答え 36ページ

文章を読んで、答えましょう。　思考・判断・表現

豆太は、真夜中に、ひょっと目をさました。頭の上で、くまのうなり声が聞こえたからだ。

「じさまぁっ。」

むちゅうでじさまにしがみつこうとしたが、じさまはいない。

「ま、豆太、心配すんな。じさまは、じさまは、ちょっとはらがいてえだけだ。」

まくら元で、くまみたいに体を丸めてうなっていたのは、じさまだった。

「じさまっ。」

こわくて、びっくらして、豆太はじさまにとびついた。けれども、じさまは、ころりとたたみに転げると、歯を食いしばって、ますますすごくうなるだけだ。

「医者様をよばなくっちゃ。」

豆太は、小犬みたいに体を丸めて、表戸を体でふっとばして走りだした。

1 「こわくて、びっくらして、豆太はじさまにとびついた。」のは、じさまのどんな様子を見たからですか。　10点

2 「医者様をよばなくっちゃ。」とありますが、医者をよびに出た豆太のいきおいを表す一文を文章からさがし、はじめと終わりの六字を書きましょう。　10点

～

できたらスゴイ!

3 「霜が足にかみついた。」とは、どんな様子を表していますか。一つに○をつけましょう。　15点

ア（　）霜で道がこおって、豆太の足がすべりそうになっている様子。

イ（　）とてもつめたい霜で、豆太の足がこおって動かなくなっている様子。

ウ（　）霜がとげのようにこおって、豆太の足にささる様子。

ねまきのまんま。はだしで。半道もあるふもとの村まで――。

外はすごい星で、月も出ていた。とうげの下りの坂道は、一面の真っ白い霜で、雪みたいだった。霜が足にかみついた。足からは血が出た。豆太は、なきなき走った。いたくて、寒くて、こわかったからなぁ。

でも、大すきなじさまの死んじまうほうが、もっとこわかったから、なきなきふもとの医者様へ走った。

これも、年よりじさまの医者様は、豆太からわけを聞くと、

「おう、おう――。」

と言って、ねんねこばんてんに薬箱と豆太をおぶうと、真夜中のとうげ道を、えっちら、おっちら、じさまの小屋へ上ってきた。

とちゅうで、月が出てるのに、雪がふり始めた。この冬はじめての雪だ。豆太は、そいつをねんねこの中から見た。

そして、医者様のこしを、足でドンドンけとばした。じさまが、なんだか死んじまいそうな気がしたからな。

豆太は、小屋へ入るとき、もう一つふしぎなものを見た。

「モチモチの木に、灯がついている。」

斎藤隆介「モチモチの木」より

よく出る

4 「いたくて、寒くて、こわかったからなぁ。」とありますが、それでも豆太が走りつづけたのは、なぜですか。 15点

（　　　　）

5 豆太が、「医者様のこしを、足でドンドンけとばした」のは、なぜですか。 一つ10点(20点)

じさまが（　　　　）な気がして、医者様に、もっと（　　　　）ほしかったから。

6 「小屋へ入るとき、もう一つふしぎなものを見た」とありますが、ふしぎなものとは何ですか。 10点

（　　　　）

考えを書こう

7 この文章を読んで、あなたは豆太についてどんな感想をもちましたか。どんなところからそう思ったのかも分かるように書きましょう。 20点

ふりかえり 4が分からないときは、111ページの 3分でワンポイント にもどってかくにんしてみよう。

ぴったり3 たしかめのテスト②

モチモチの木 ～ 漢字の広場⑥

時間 20分
／100
ごうかく 80点

学習日 月 日
教科書 下121～137ページ
答え 37ページ

1 読みがなを書きましょう。

一つ2点(20点)

① 薬箱（　　）をさがす。
② 自分と 他人（　　）。
③ 鼻（　　）ぢょうちん
④ 温せんの 湯（　　）に入る。
⑤ 兄を 追（　　）いかける。
⑥ わたし 自身（　　）
⑦ たたみに 転（　　）げる。
⑧ 海の 神様（　　）。
⑨ 弱虫（　　）の弟。
⑩ 森に 小屋（　　）を作る。

2 □に漢字を書きましょう。

一つ3点(18点)

① □□（しんぱい）する
② かきの □（み）を取る。
③ □つ□（まっしろ）い雪。
④ 三月 □□（はつか）
⑤ □□（こんや）の番組。
⑥ この冬は □（さむ）い。

3 （　）に漢字と送りがなを書きましょう。

一つ3点(12点)

① （　　）（あかり）を消す。
② さいふを（　　）（おとす）。
③ （　　）（こまかい）あみ目。
④ 夏（　　）（まつり）

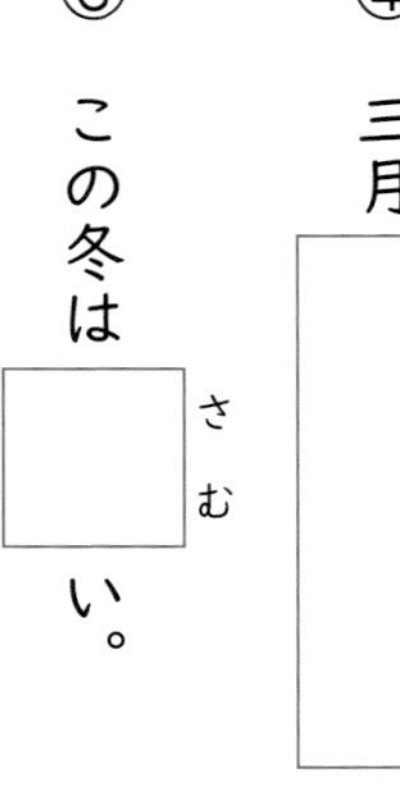

4 （　）に当てはまる言葉を［　］からえらんで、記号を書きましょう。

一つ3点(12点)

① つまずいて（　）転げる。

② （　）、急な坂を上る。

③ 朝まで（　）ねむる。

④ 町の灯（ひ）が（　）うかぶ。

ア ころりと　イ ぼうっと
ウ ぐっすり　エ えっちら、おっちら

5 （　）に当てはまる言葉を［　］からえらんで書きましょう。

一つ5点(10点)

① （　　　）妹は、お化けやしきに入れないでいる。

② 川に入って、おぼれかかった子どもを助けた（　　　）高校生たち。

ゆうきのある　みっともない
ゆかいな　おくびょうな

6 次の言葉が正しく使われている文に、○をつけましょう。

一つ4点(12点)

① きもをひやす

ア（　）自転車とぶつかりそうになって、きもをひやす。

イ（　）車から見えるきれいなけしきに、きもをひやす。

② 歯を食いしばる

ア（　）あまりのおもしろさに歯を食いしばる。

イ（　）あまりのくやしさに歯を食いしばる。

③ ほっぺたがおちる

ア（　）あまくおいしいケーキにほっぺたがおちる。

イ（　）からすぎるカレーにほっぺたがおちる。

7 □に漢字を書きましょう。

一つ2点(16点)

① □（はる）の□□（のはら）で、お□（ひる）ごはんを□（た）べました。

② □□（やまざと）を□（ある）いていると、□（とお）くに□□（きしゃ）が見えました。

ふりかえり ⑥が分からないときは、111ページの③にもどってかくにんしてみよう。

ぴったり1 じゅんび

知ると楽しい「故事成語」

めあて
★故事成語の意味とその由来を知ろう。
★故事成語を使えるようにしよう。

学習日　月　日
教科書 下152〜153ページ
答え 37ページ

1 次の故事成語とその意味を、――で結びましょう。

- 蛇足
- 蛍雪の功
- 杞憂
- 登竜門

- 心配しなくてもよいことを、あれこれと心配すること。取りこし苦労。
- なくてよいものをつけくわえて、全体をだめにしてしまうこと。よけいなつけ足し。
- むずかしいが、そこをこえれば、せいこうして出世につながるという大事な場所。
- 苦労しながら学問にはげむこと。そのせいか。

2 次の文の（　）に当てはまる故事成語を、［　］からえらんで記号を書きましょう。

① ドイツで開かれる国際ピアノコンクールは、ピアニストの（　）と言われる。

② お父さんが早くになくなって苦労したおじさんは、（　）をつんで、りっぱな医者になった。

③ 分かりやすくするためせつめいをついかしたが、より分かりづらくなり、（　）だった。

④ ピッチャーがひじをいためたと聞いて心配したが、し合ではナイスピッチングだった。まったくの（　）だったね。

ア 杞憂
イ 登竜門
ウ 蛇足
エ 蛍雪の功

それぞれの文のないように合う意味の故事成語はどれかな。

この「丸つけラクラクかいとう」は
とりはずしてお使いください。

教科書ぴったりトレーニング

丸つけラクラクかいとう

光村図書版
国語３年

「丸つけラクラクかいとう」では問題と同じ紙面に、赤字で答えを書いています。

①問題がとけたら、まずは答え合わせをしましょう。

②まちがえた問題やわからなかった問題は、てびきを読んだり、教科書を読み返したりしてもう一度見直しましょう。

おうちのかたへ では、次のようなものを示しています。

- 学習のねらいやポイント
- 他の学年や他の単元の学習内容とのつながり
- まちがいやすいことやつまずきやすいところ

お子様への説明や、学習内容の把握などにご活用ください。

見やすい答え

くわしいてびき

じゅんび 50~51ページ
こんな係がクラスにほしい／ポスターを読もう

じゅんび 52~53ページ
書くことを考えるときは／漢字の組み立て

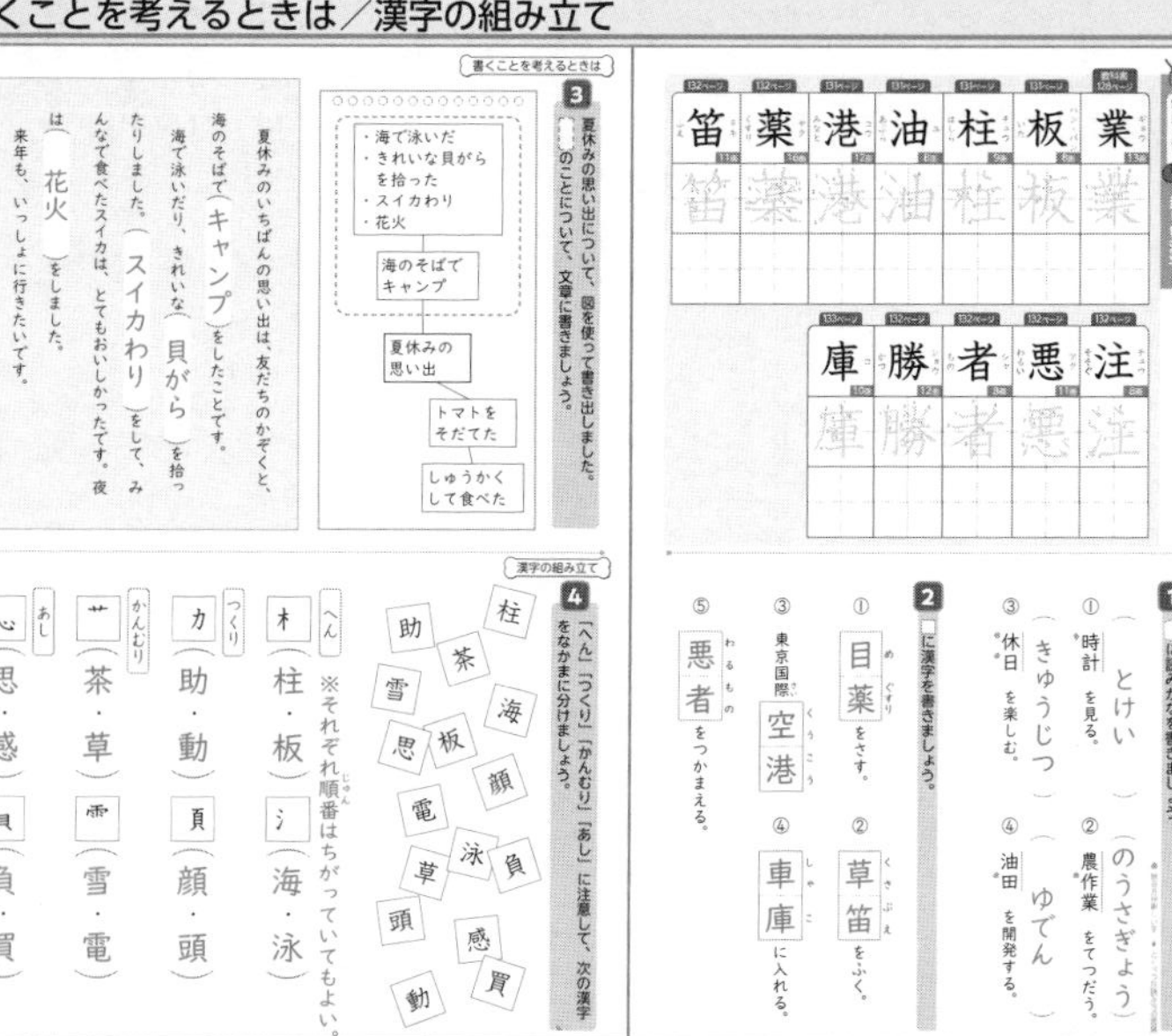

2 ④「対話」は二人の人が向かい合って話すことです。「会話」とはちがいます。

3 ②「まつり」は「祭」一字だけでなく、「祭り」と送りがながつきます。

4 話し合いは、全員が意見を出し、おたがいの考えをみとめ合いながら話し合うことが大切です。出た意見には、しつもんしたり、考えを足したりして、考えを広げましょう。

5 このポスターは、「運動週間」について知らせるポスターです。期間は「10月21日（水）～10月27日（火）」。いろいろな運動をしている人たちの絵を入れて、見る人のきょうみを引いています。「キャッチコピー」は、読む人を引きつけるようにくふうされたみじかい言葉です。けんこうのために毎日運動をしよう、ということをつたえています。

1 ①「時計」はとくべつな読み方の言葉です。②「作」の「サ」という読みは音です。③「休日」は「休む日」です。

2 ③「港」の音には「開港」（新しく港や空港を開くこと）の語もあります。

3 夏休みの思い出をテーマとして、思いついたことを、図を使って書いています。その中のいちばんの思い出として、海のそばでキャンプをしたことを文章にしました。図に書いてあることを文章に当てはめます。
書くことを考えるときは、このように図を使ってくわしく書き出し、その中から友だちにつたえたいことをえらび、文章に書くとよいでしょう。

4 漢字の多くは、いくつかの部分が組み合わさってできています。漢字の左がわにあって、おおまかな意味を表す部分を「へん」、漢字の右がわにおかれる部分を「つくり」といいます。漢字の上や下の方にあって、おおまかな意味を表す部分を、それぞれ「かんむり」「あし」といいます。そのほか、「にょう」「たれ」「かまえ」などもあるので、調べてみましょう。ここにあげた「へん」「つくり」「かんむり」「あし」の名前は、「木（きへん）」「氵（さんずい）」「力（ちから）」「頁（おおがい）」「艹（くさかんむり）」「⻗（あめかんむり）」「心（こころ）」「貝（かい）」です。

※紙面はイメージです。

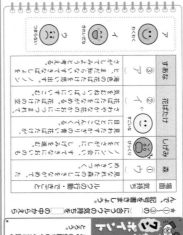

じゅんび　2～3ページ

どきん／わたしのさいこうの一日

かきトリ 新しい漢字

教科書16ページ 詩　16ページ 葉　17ページ 習　17ページ 着

「葉」のように、「艹」がつくかん字は、草花にかんけいするものが多いよ。

1 □に読みがなを書きましょう。

① 言葉（ことば）を話す。　② 本文に着目（ちゃくもく）する。

2 □に漢字を書きましょう。

① 詩（し）を読む。　② 漢字を学習（がくしゅう）する。

3 メモを見て、さいこうの一日の日記の□に当てはまる言葉を書きましょう。

わたしのさいこうの一日

○○○○○
・たんじょう日。
・ハンバーグとケーキを食べる。
・プレゼントは、サッカーボールとシューズ。

きょうは、ぼくの（たんじょう日）でした。おかあさんが、大すきなハンバーグと（ケーキ）を作ってくれました。プレゼントは、サッカーボールと（シューズ）でした。あしたからつかいます。

4 詩を読んで、答えましょう。

どきん　谷川俊太郎

さわってみようかなあ　つるつる
おしてみようかなあ　ゆらゆら
もすこしおそうかなあ　ぐらぐら
もいちどおそうかああ　がらがら
たおれちゃったよなあ　えへへ
いんりょくかんじるねえ　みしみし
ちきゅうはまわってるう　ぐいぐい
かぜもふいてるよお　そよそよ
あるきはじめるかあ　ひたひた
だれかがふりむいた！　どきん

(1) つぎのいみに合う言葉を、□からえらんで書きましょう。
① ゆっくりとゆれているようす。（ゆらゆら）
② 力強く引っぱっているようす。（ぐいぐい）

つるつる　ゆらゆら　がらがら　ぐいぐい

(2) 「さわってみようかなあ」「おしてみようかなあ」「もすこしおそうかなあ」は、どのように読むとよいですか。一つに○をつけましょう。
ア（　）こまったように読む。
イ（　）おこったように読む。
ウ（○）ためすように読む。

(3) 「えへへ」は、どのように読むとよいですか。一つに○をつけましょう。
ア（　）大きな声で、元気よく読む。
イ（○）てれて、わらっているように読む。
ウ（　）小さな声で、ささやくように読む。

(4) びっくりした気もちがあらわれている言葉を、詩から三字で書きぬきましょう。

どきん

じゅんび　4～5ページ

春風をたどって／図書館たんていだん

かきトリ 新しい漢字

1 □に読みがなを書きましょう。

① 白一色（しろいっしょく）の雪山。　② 空気（くうき）を入れる。
③ 物語（ものがたり）を読む。　④ 黄金（おうごん）にかがやく。
⑤ 二人（ふたり）で歩く。　⑥ 番号（ばんごう）をつける。

2 □に漢字を、（　）に漢字とおくりがなを書きましょう。

① 旅（たび）に出る。　② 様子（ようす）を見る。
③ 深い（ふかい）海。　④ 前に進む（すすむ）。

3 正しいいみに○をつけましょう。（春風をたどって）

① さかんに手をふる。
ア（○）いきおいよくなんども。
イ（　）ときどき小さく。

② 話を聞いて首をかしげる。
ア（　）がっかりする。
イ（○）ふしぎに思う。

4 図書館で本をさがすとき、どのたなを見るとよいですか。番号を書きましょう。（図書館たんていだん）

① やきゅう（7）　② のうぎょう（6）
③ うちゅう（4）　④ かぐやひめ（9）

番号	ないよう	番号	ないよう
0	調べるための本	5	ぎじゅつやきかい
1	ものの考え方や心について	6	いろいろなさんぎょう
2	むかしのことや、ちいきのこと	7	げいじゅつやスポーツ
3	社会のしくみ	8	言葉
4	しぜんにかかわること	9	文学

3分でワンポイント　ルウの気持ちのへんかを読みとろう。

★①～③の□に合うルウの気持ちを□の中からえらんで、記号を書きましょう。（春風をたどって）

場面	気持ち	ルウの行動・できごと
森	①ウ	見なれた森のけしきをながめて、ためいきをつく。
しげみ	（びっくり）	ノノンに会い、すてきなにおいのもとをさがしに、しげみを進む。
花ばたけ	②イ	見わたすかぎりの青い花ばたけが、目にとびこんでくる。
花ばたけ	（すごいな）	さわやかな花のかおりにつつまれて、花ばたけをながめる。花ばたけの空気をむねいっぱいにすいこむ。
すあな	③ア	海色の花ばたけを思い出す。ノノンと、まだ知らないすてきなばしょをさがしてみようと考える。

ア わくわく　イ きれいだな　ウ つまらない

---

1 ①「言」は「言う」で「い-う」と読みます。「言葉」では「こと」と読みます。
②「着」は、「着く」で「つ-く」と読み、「着る」で「き-る」と読みます。

2 ②「習」の下の部分は「白」です。「日」と書かないように注意しましょう。

3 メモに書かれている言葉に着目して、一日のできごとを書きましょう。

4 (1)ようすをあらわす言葉をたくさんおぼえましょう。「ゆらゆら」「ぐいぐい」など、詩の行の下の四字の言葉は、すべてようすをあらわす言葉です。どんなようなのかを考えて、音読にいかしましょう。
(2)「～かなあ」という言葉をつかっているので、ためすような読み方がぴったりです。
(3)「えへへ」は、てれたり、その場をうまくととのえようとしたりするときのわらい声です。
(4)「どきん」は、おどろいて心ぞうが高鳴るようすをあらわしています。

1 ⑤「二人」は、とくべつな読み方の言葉として「ふたり」と読みます。ただ「二人三きゃく」のときは「ににん」と読みます。

3 ②「首をかしげる」は、何かをふしぎに思ったり、ぎもんに思ったときにつかいます。体をつかったひょうげんは、いろいろあります。出てきたら、いみをしらべて、おぼえていきましょう。「首」は、ほかにも「首を長くする」（＝今か今かとまつ様子）などがあります。

4 やきゅうは「スポーツ」、のうぎょうは「さんぎょう」、うちゅうは「しぜん」、かぐやひめは「文学」のぶんるいになります。

3分でワンポイント

「春風をたどって」（如月かずさ）では、ルウの様子から、どんな気持ちか読みとりましょう。ためいきをついているのは、見なれた森のけしきがつまらないからです。「すごいや。」という言葉をくりかえしていることから、花ばたけのうつくしさにかんどうしていることがそうぞうできます。そして、知らないすてきなばしょをさがすことを、わくわくしながら考えています。

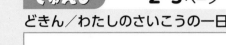

練習 6~7ページ

春風をたどって

◆ 文章を読んで、答えましょう。

「旅に出たいなあ。」

りすのルウは、さいきん、そんなことばかり言っています。

心をうきうきさせるような春風が、高い木のえだにすわったルウのしっぽをくすぐっていきます。それなのに、ルウは、ふさふさしたしっぽをたいくつそうにゆらしながら、たから物のことを思い出していました。

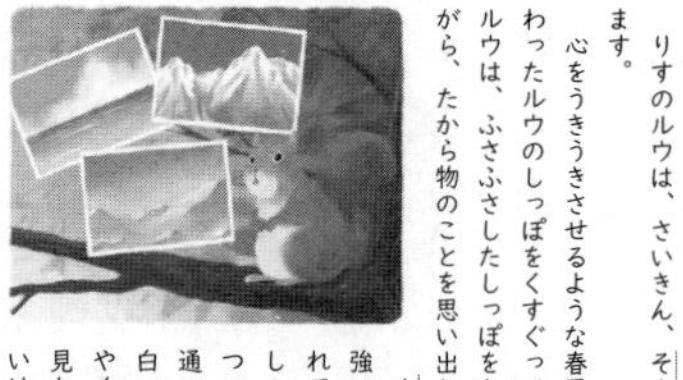

ルウのたから物は、風の強い日にどこからかとばされてきた、たくさんのしゃしんです。しゃしんにうつっていたのは、青くすき通った海に、雪をかぶった白一色の山々、黄金にかがやくさばく。どれもルウが見たことのない、すばらしいけしきばかりでした。

「それにくらべて、この森のけしきってさ、ぜんぜんわくわくしないよね。」

見なれたけしきをながめて、ルウはためいきをつきます。

海や雪山やさばくのことをルウに教えてくれた、森で一番のもの知りりすも、それらがどこにあるのかまでは知りませんでした。ちっぽけなりすにはたどり着くことができない、遠い遠いばしょにあるのだろう、とも言っていました。

「それでもぼくは、いつかぜったい、しゃしんのけしきを見に行くんだ。」

そのとき、クルル、とルウのおなかが鳴りました。そろそろお昼ごはんの時間です。ルウは、みがるに地上に下りて、お昼ごはんに食べる木のみをさがし始めました。

如月かずさ「春風をたどって」より

1 「そんなこと」とは、どんなことですか。

「旅に出たい」ということ。

2 りすのルウは、どんなふうにしていますか。

高い木のえだにすわって、ふさふさしたしっぽをゆらしている。

3 「それなのに」というのは、どういうことですか。一つに○をつけましょう。

ア（ ）春風がたから物をたくさんはこんできてくれたのに、ということ。

イ（ ）たいくつしていたら春風にしっぽをくすぐられたのに、ということ。

ウ（○）心をうきうきさせるような春風がふいてきているのに、ということ。

ヒント 前に、どんなことが書いてあるかな。

4 「ルウのたから物」について、答えましょう。

① どんな物ですか。

どこからかとばされてきた、たくさんのしゃしん。

② ①には何がうつっていましたか。三つ書きましょう。

※順番はちがっていてもよい。

（青くすき通った海）

（雪をかぶった白一色の山々）

（黄金にかがやくさばく）

5 「ルウはためいきをつきます」とありますが、なぜためいきをついたのですか。

・この森は（見なれた）けしきなので、（ぜんぜんわくわくしない）から。

・ちっぽけなりすには、しゃしんのばしょに（たどり着くことができない）から。

ヒント ――線の後に書かれていることも理由の一つだね。

1 「そんな」は「そのような」とも言います。前のないようをさすので、「旅に出たいなあ。」という言葉です。ます目に合うように答えましょう。

2 3 4～7行目から読みとりましょう。「それなのに」は「心をうきうきさせるような春風」がふいてきたのにということです。春風がふいてきて、楽しくなるだろうと思われるのに、「たいくつそう」なのです。

4 ――線のあるだんらくに書いてあります。「たくさんのしゃしん」がとばされてきたのですが、その中から三つのけしきのしゃしんをあげています。

5 しゃしんの「すばらしいけしき」にくらべると、ルウのすむ森は「見なれたけしき」で「ぜんぜんわくわくしない」のです。また、23～27行目にも着目しましょう。「それらがどこにあるのか」は分からない、「ちっぽけなりす」にはたどり着けない「遠い遠いばしょ」だからというのも、ためいきをつく理由に考えられます。

じゅんび 8~9ページ

国語辞典を使おう／漢字の広場①／きせつの言葉1　春のくらし

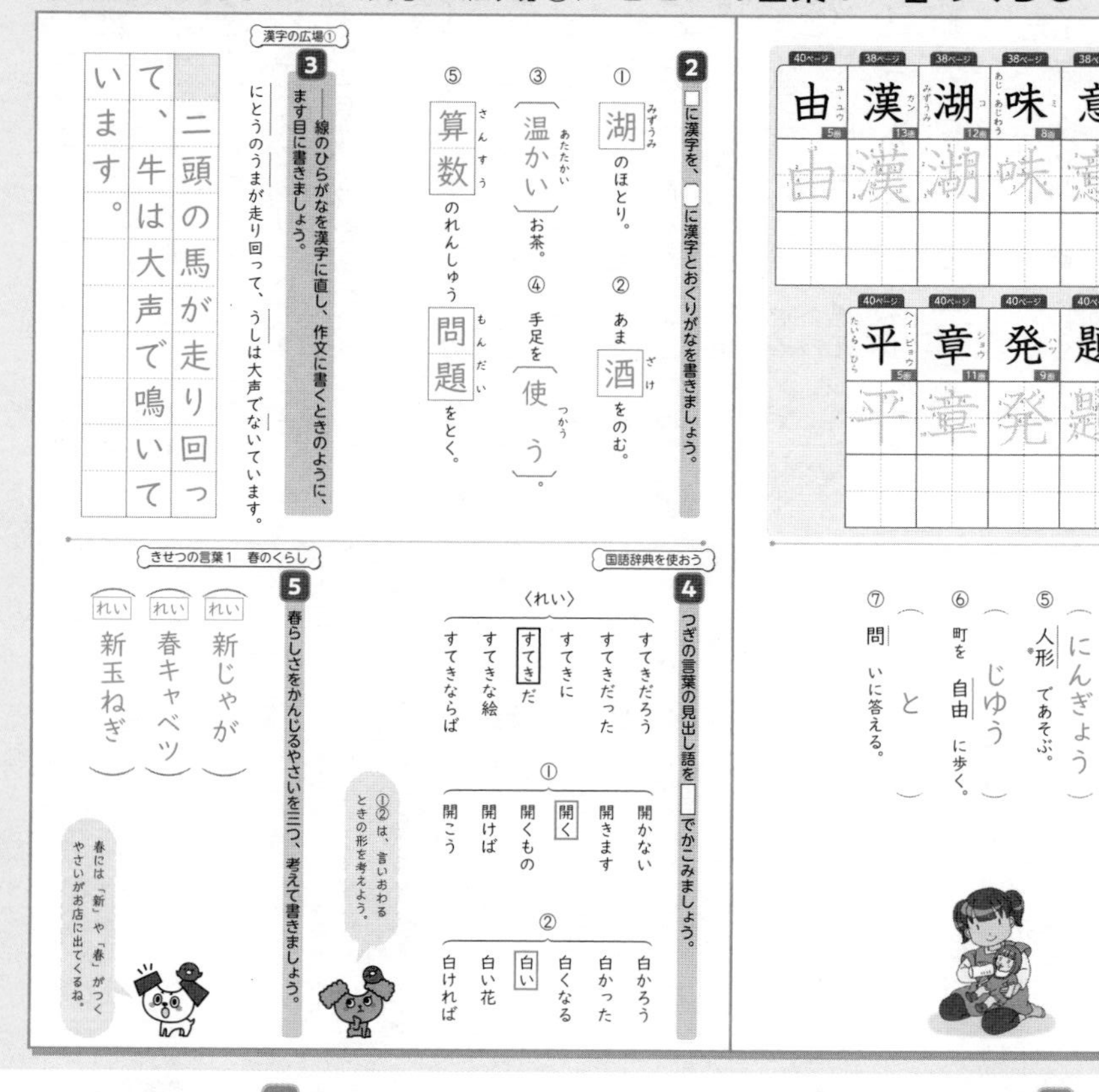

新しい漢字

使　問　意　味　湖　漢　由

温　酒　題　発　章　平

1 □に読みがなを書きましょう。

① 言葉の意味。（いみ）　② 本の発売。（はつばい）　③ 平気な顔をする。（へいき）　④ 文章を書く。（ぶんしょう）　⑤ 人形であそぶ。（にんぎょう）　⑥ 町を自由に歩く。（じゆう）　⑦ 問いに答える。（と）

2 □に漢字を、○に漢字とおくりがなを書きましょう。

① 湖のほとり。　② あま酒をのむ。　③ 温かいお茶。　④ 手足を使う。　⑤ 算数のれんしゅう問題をとく。

3 ――線のひらがなを漢字に直し、作文に書くときのように、ます目に書きましょう。（漢字の広場①）

にとうのうまが走り回って、うしは大声でないています。

二頭の馬が走り回って、牛は大声で鳴いています。

4 つぎの言葉の見出し語を□でかこみましょう。（国語辞典を使おう）

〈れい〉 すてきだろう　すてきだった　すてきに　［すてき］だ　すてきな絵　すてきならば

① 開かない　開きます　［開く］　開くもの　開けば　開こう

② 白かろう　白かった　白くなる　［白い］　白い花　白ければ

①②は、言いおわるときの形を考えよう。

5 春らしさをかんじるやさいを三つ、考えて書きましょう。（きせつの言葉1　春のくらし）

（れい）新じゃが　（れい）春キャベツ　（れい）新玉ねぎ

春には「新」や「春」がつくやさいがお店に出てくるね。

2 ③「温かい」は、「温たかい」「温い」としないよう、おくりがなにちゅういしましょう。

3 一ます目は空けます。「、」と「。」を書くことをわすれないようにしましょう。

4 ①「開く」「走る」のような動作をあらわす言葉は、「開くウ」のようにのばしたときに「ウ」段となる形で、国語辞典にのっています。

②「白い」「さむい」のような、様子やじょうたいをあらわす言葉は、「白い」のようにさいごが「い」でおわる形でのっています。

〈れい〉のように、様子やじょうたいをあらわす言葉のうち、②の形にならない言葉は、言い切りの形の中で、言葉の形がかわる直前までのぶぶんが見出し語になります。「すてき」のぶぶんがかわっていません。

5 「新」や「春」がつくやさいを書けるとよいでしょう。春に出回るやさいには、ほかに「さやえんどう」「そらまめ」「菜の花」などがあります。

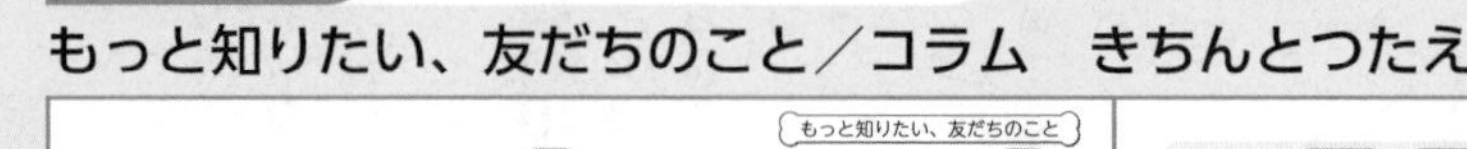

じゅんび 10~11ページ

もっと知りたい、友だちのこと／コラム　きちんとつたえるために

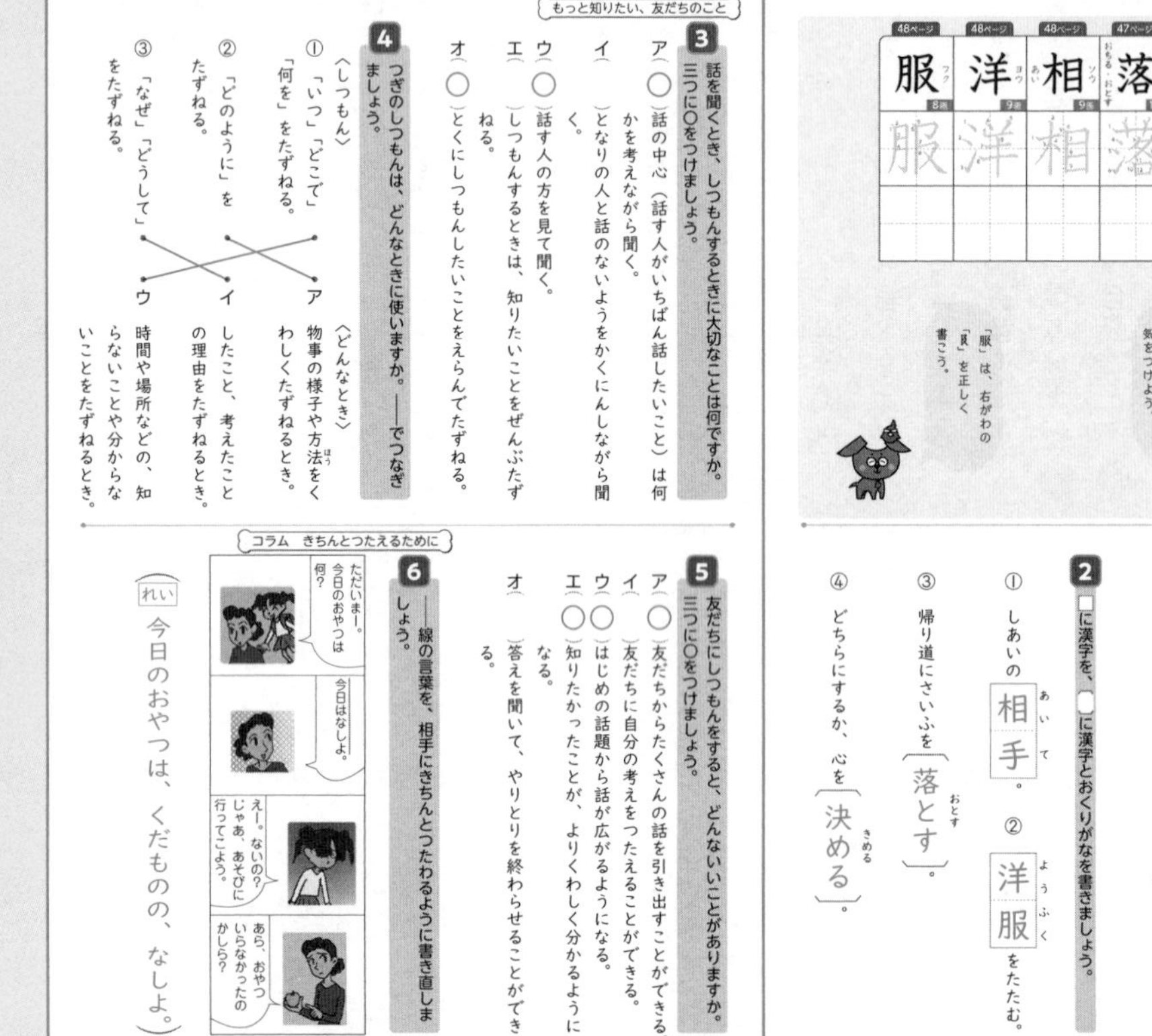

新しい漢字

決	事	落	相	洋	服
7画	8画	12画	9画	9画	8画

「落」は、「⺾」と「各」のいちに気をつけよう。

「服」は、右がわの「𠬝」を正しく書こう。

1 □に読みがなを書きましょう。

① 円の中心。（ちゅうしん）　② 一人ずつ話す。（ひとり）

③ とつぜんの出来事。（できごと）　④ お母さんがわらう。（かあさん）

2 □に漢字を、〔　〕に漢字とおくりがなを書きましょう。

① しあいの相手。　② 洋服をたたむ。

③ 帰り道にさいふを〔落とす〕。　④ どちらにするか、心を〔決める〕。

3 話を聞くとき、しつもんするときに大切なことは何ですか。三つに○をつけましょう。（もっと知りたい、友だちのこと）

ア（○）話の中心（話す人がいちばん話したいこと）は何かを考えながら聞く。

イ（　）となりの人と話のないようをかくにんしながら聞く。

ウ（○）話す人の方を見て聞く。

エ（　）しつもんするときは、知りたいことをぜんぶたずねる。

オ（○）とくにしつもんしたいことをえらんでたずねる。

4 つぎのしつもんは、どんなときに使いますか。——でつなぎましょう。

〈しつもん〉

①「いつ」「どこで」「何を」をたずねる。

②「どのように」をたずねる。

③「なぜ」「どうして」をたずねる。

〈どんなとき〉

ア 物事の様子や方法をくわしくたずねるとき。

イ したこと、考えたことの理由をたずねるとき。

ウ 時間や場所などの、知らないことや分からないことをたずねるとき。

5 友だちにしつもんをすると、どんないいことがありますか。三つに○をつけましょう。

ア（○）友だちからたくさんの話を引き出すことができる。

イ（　）友だちに自分の考えをつたえることができる。

ウ（○）はじめの話題から話が広がることがある。

エ（○）知りたかったことが、よりくわしく分かるようになる。

オ（　）答えを聞いて、やりとりを終わらせることができる。

6 ——線の言葉を、相手にきちんとつたわるように書き直しましょう。（コラム　きちんとつたえるために）

（れい）今日のおやつは、くだものの、なしよ。

じゅんび 12~13ページ

漢字の音と訓／漢字の広場②

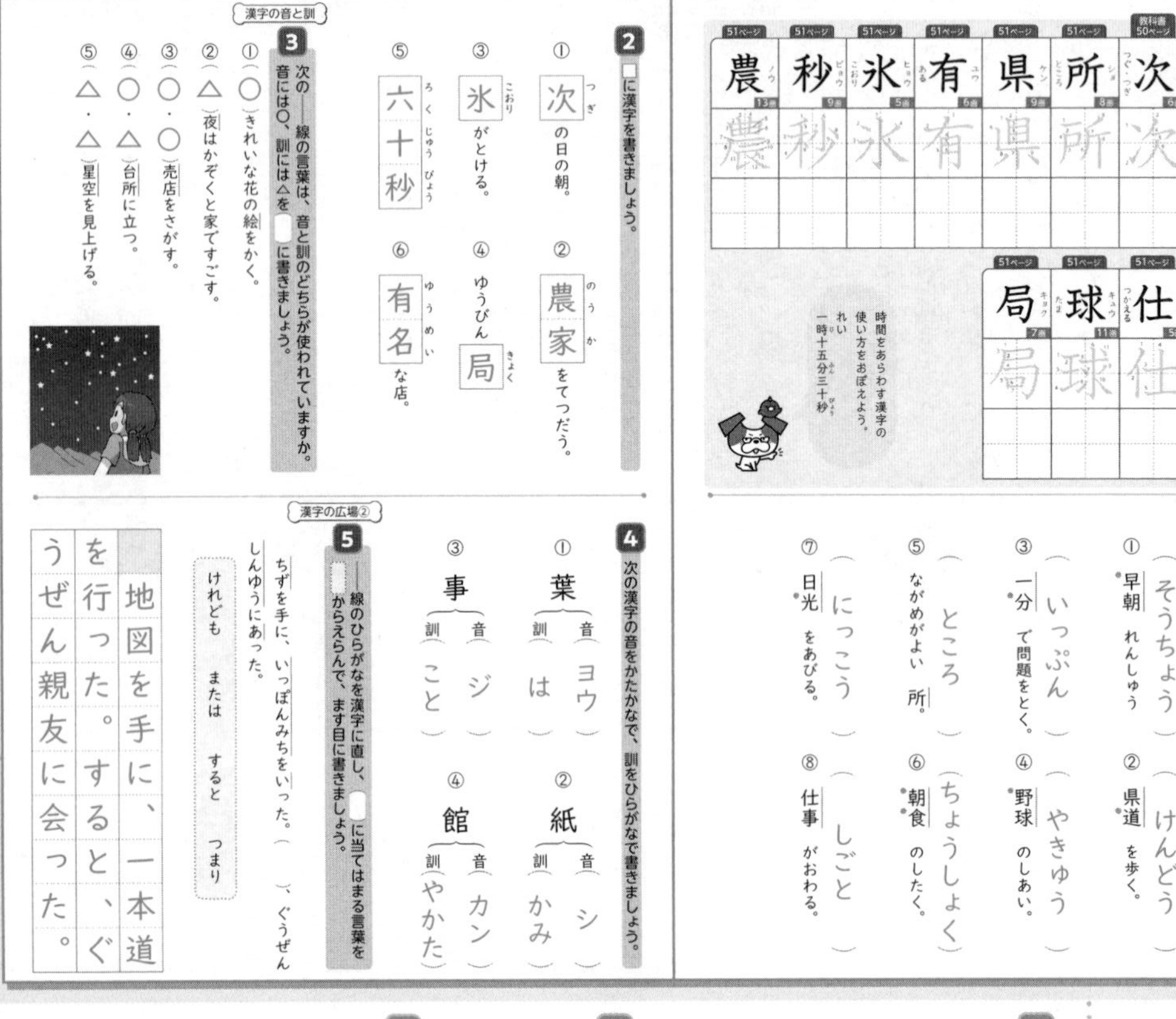

新しい漢字

次	所	県	有	氷	秒	農	局	球	仕
6画	8画	9画	6画	5画	9画	13画	7画	11画	5画

時間をあらわす漢字の使い方をおぼえよう。れい 一時十五分三十秒

1 □に読みがなを書きましょう。

① 早朝れんしゅう（そうちょう）　② 県道を歩く。（けんどう）

③ 一分で問題をとく。（いっぷん）　④ 野球のしあい。（やきゅう）

⑤ ながめがよい所。（ところ）　⑥ 朝食のしたく。（ちょうしょく）

⑦ 日光をあびる。（にっこう）　⑧ 仕事がおわる。（しごと）

2 □に漢字を書きましょう。

① 次の日の朝。　② 農家をてつだう。

③ 氷がとける。　④ ゆうびん局

⑤ 六十秒　⑥ 有名な店。

3 次の——線の言葉は、音と訓のどちらが使われていますか。音には○、訓には△を□に書きましょう。（漢字の音と訓）

① ○ きれいな花の絵をかく。

② △ 夜はかぞくと家ですごす。

③ ○・○ 売店をさがす。

④ ○・△ 台所に立つ。

⑤ △・△ 星空を見上げる。

4 次の漢字の音をかたかなで、訓をひらがなで書きましょう。

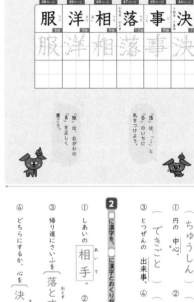

① 葉　音（ヨウ）　訓（は）　② 紙　音（シ）　訓（かみ）

③ 事　音（ジ）　訓（こと）　④ 館　音（カン）　訓（やかた）

5 ——線のひらがなを漢字に直し、□からえらんで、ます目に書きましょう。（漢字の広場②）

ちずを手に、いっぽんみちをいった。（　）、ぐうぜんしんゆうにあった。

けれども　または　すると　つまり

地図を手に、一本道を行った。すると、ぐうぜん親友に会った。

---

1 ②「一人」、④「母さん」は、とくべつな読み方をする言葉です。おぼえましょう。

3 人の話を聞くときには、話す人が何をいちばんつたえたいのかを考えながら聞きましょう。また、話す人の方を見て、ひょうじょうや言葉の強弱にちゅういすることも大切です。しつもんするときも、何でもたずねるのではなく、とくにしつもんしたいことをえらんでたずねるようにしましょう。

4 どんなことを聞きたいかせいりして、どのしゅるいのしつもんをするのかを決めます。しつもんのしゅるいをまちがえたり、大事なことを落としたりすると、聞きたいことにたいしての答えがかえってこないこともあります。

5 しつもんして、答えを聞くことで、知りたいことをもっとくわしく知ることができます。また、そこから話が広がったり、友だちのことがよく分かるようになることもあります。

6 「なし」を、おやつが「ない」といういみではなく、くだものの「なし」であることがつたわるようにします。「くだもの」や「フルーツ」という言葉を入れれば、きちんとつたわるでしょう。

3 ①「絵」の読みの「エ」は音です。訓読みとまちがえやすいので、ちゅういしましょう。

②「夜」の読みの「よる」「よ」は訓です。

③「バイ・テン」と読み、「音・音」です。

④「ダイ・どころ」は、「ダイ」が音、「ところ」が訓です。

⑤「ほし・ぞら」と読み、「訓・訓」です。

4 問題はすべて音と訓が一つずつの漢字ですが、「間」のように、音（カン・ケン）や訓（あいだ・ま）が一つではない漢字もあることを知っておきましょう。

5 「会った」は「合った」と書かないようにしましょう。

（　）には「すると」が当てはまります。「すると」は、前のことにつづいて後のことが起こることをあらわします。「けれども」は、前とははんたいのことがつづきます。「つまり」は、「けっきょく」「言いかえると」ということです。

たしかめのテスト①　14～15ページ

春風をたどって ～ 漢字の広場②

おうちのかたへ

物語を読む場合は、その場面の様子をつかみ、登場人物の言動に注意して、人物の気持ちの変化を捉えることが大切です。場面の様子を表す描写や、登場人物の言動の描写、登場人物の心情を反映する情景描写に着目できるよう、丁寧に読みましょう。

文章を読んで、答えましょう。　思考・判断・表現

それからどれだけ進みつづけたのでしょう。しげみがやっととぎれたかと思うと、あざやかな青い色が、ルウの目にとびこんできました。

しげみのむこうにあったのは、見わたすかぎりの花ばたけでした。そこにさく花の色は、ルウが行きたいとねがっていた、しやしんの海にそっくりな青。そのけしきのうつくしさに、ルウの口から、ほう、とためいきがこぼれました。

「すごいや。この森に、こんな花ばたけがあったんだね。」

ルウはノンノンに言いました。ところがノンノンは、ルウの声が聞こえなかったかのように、うっとりと花ばたけに見とれています。

そんなノンノンの様子をながめながら、ルウは思いました。ぼく一人だったら、この花ばたけを見つけることはできなかっただろうな、と。

「すごいや。」

ルウは、そうくりかえしてにっこりすると、だまって花ばたけの方をむきました。さわやかな花のかおりにつつまれて、ゆったりと時がながれていきました。

しばらくたったころに、ノンノンがのんびり言いました。

「そろそろお昼ごはんをさがしに行こうかなあ。ルウはどうする。」

そういえば、ぼくもごはんがまだだった、とルウは思い出しました。けれど、気づいたら、ルウはこう答えていました。

「ぼくは、もう少しここにいることにするよ。」

「分かった。じゃあ、またね。」

「うん、また話そう。」

ノンノンを見おくった後で、ルウは、また花ばたけをながめました。

やわらかな春風が、花たちとルウの毛を、さわさわとなでていきます。海色の花びらの上で、昼下がりの光が、きらきらかがやいています。ルウのしっぽは、いつのまにか、ゆらゆらとおどるようにゆれています。

如月かずさ「春風をたどって」より

1 「しげみのむこう」には、何がありましたか。　10点

見わたすかぎりの、〔あざやかな青い色〕の、花ばたけ。

2 ルウは、花ばたけにさく花の色は、どんなだと思いましたか。　よく出る　15点

（れい 行きたいとねがっていた、しやしんの海にそっくりな青だと思った。）

3 花ばたけのうつくしさに、ルウはどうなりましたか。　10点

（れい （口から）ほう、とためいきがこぼれた。）

4 「そうくりかえしてにっこりする」とありますが、どんな気持ちからですか。一つに○をつけましょう。　10点

ア（○）一人だったら花ばたけを見つけられなかったので、ノンノンにかんしゃする気持ち。

イ（　）花ばたけに見とれて返事をしないノンノンを、ほほえましく思う気持ち。

ウ（　）ノンノンがうっとりと見とれる花ばたけを見つけて、ほこらしい気持ち。

5 ルウとノンノンが花ばたけを見つめている場面は、どんな様子でしたか。様子が分かる一文の、はじめと終わりの六字を書きましょう。（句点も数える。）　できたらスゴイ！　りょうほうできて15点

〔さわやかな花〕～〔いきました。〕

6 ルウがながめている「花ばたけ」の春風と光の様子を、ひびきで表している言葉を書きぬきましょう。　一つ10点(20点)

① 春風（さわさわ）

② 光（きらきら）

7 「ルウのしっぽは、……ゆれています。」とありますが、このときのルウはどんな気持ちだったと思いますか。ルウの言葉を考えて書きましょう。　考えを書こう　20点

（れい 春風が気持ちいいなあ。このきれいな花ばたけをずっと見ていたいなあ。）

---

1 「見わたすかぎりの花ばたけ」は「あざやかな青い色」（2行目）です。

2 5～7行目に「そこにさく花の色は、……そっくりな青。」とあります。「そこ」とは、しげみのむこうにあった花ばたけです。

3 7～8行目「そのけしきのうつくしさに」の「その」は、花ばたけをさしています。

4 20行目の「すごいや。」の前に着目しましょう。「ぼく一人だったら、……できなかっただろうな」と、ノンノンのおかげだと思っていることが読みとれます。

5 場面の様子をあらわす言葉をとらえましょう。「さわやかな花のかおりにつつまれ」「ゆったりと時がながれ」が、その場の様子をあらわしています。

6 さいごの段落に書かれています。「さわさわ」「きらきら」という「ひびき」から、「春風」と「昼下がりの光」の様子がうかんできます。

7 前の35～37行目に着目しましょう。ルウは「やわらかな春風」の中で、きらきらかがやく花ばたけをながめています。しっぽが「おどるように」ゆれているのは、気持ちがいいからでしょう。「気持ちいいな」「ほんとうにきれいだな」などが考えられます。

れい2 花ばたけは、きらきらかがやいてほんとうにきれいだなあ。春風も気持ちいいし、ここでずっとながめていたいなあ。

たしかめのテスト② 16~17ページ
春風をたどって ～ 漢字の広場②

1 読みがなをかきましょう。（一つ2点〔20点〕）

① 今日（きょう）は休みだ。 ② 有名（ゆうめい）な詩。 ③ 雲が動（うご）く。 ④ うれしい気持（きも）ち。 ⑤ 葉が落（お）ちる。 ⑥ 画面（がめん）がかわる。 ⑦ 問題（もんだい）がある。 ⑧ 体が温（あたた）まる。 ⑨ 漢字（かんじ）を学ぶ。 ⑩ 旅（たび）から帰る。

2 □に漢字をかきましょう。（一つ2点〔12点〕）

① 自由に話す。 ② 登場する ③ 野球を見る。 ④ 図書館へ行く ⑤ 洋服を着る。 ⑥ 五分十秒

3 □に漢字と送りがなをかきましょう。（一つ4点〔8点〕）

① 言葉を調べる。 ② そうじを始める。

4 ——線の漢字の読み方を、音はかたかなで、訓はひらがなでかきましょう。（一つ2点〔10点〕）

① 物　ア 動物（ブツ）　イ 作物（モツ）　ウ 物音（もの）
② 使　ア 水の使用。（シ）　イ 火を使う。（つか）

5 次の——線の言葉を、国語辞典の見出し語の形に直してかきましょう。（一つ5点〔15点〕）

① 石にきざんだ文字。（きざむ）
② なだらかなさか道。（なだらか）
③ うつくしくさいた花。（うつくしい）

6 国語辞典で言葉をさがします。次の言葉が辞典にならんでいる順に、番号をかきましょう。（ぜんぶできて一つ10点〔20点〕）

① （3）いちがん （4）いちぐん （1）いちいち （2）いちがつ （5）いちにち
② （3）じしょ （2）じしゅう （1）じしゃく （5）じしん （4）じしょう

7 思考・判断・表現　次の文を読んで、「いつ」「どのように」「どうして」をたずねるしつもんを考えてかきましょう。（一つ5点〔15点〕）

わたしは、いとこの家へ行きます。

① いつ （れい）いつ、いとこの家へ行きますか。
② どのように （れい）どのようにして、いとこの家まで行くのですか。
③ どうして （れい）どうして、いとこの家へ行くのですか。

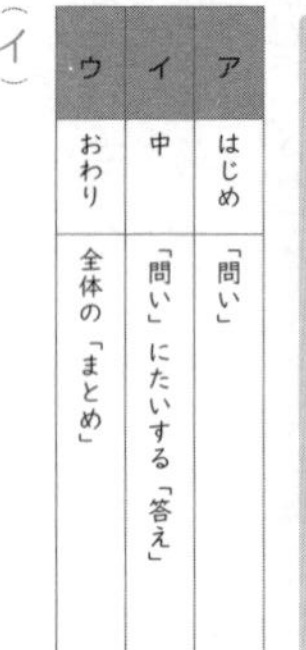

じゅんび 18~19ページ
［れんしゅう］文様／こまを楽しむ／全体と中心

新しい漢字（教科書53ページ）

1 □に読みがなを書きましょう。

① 元（もと）にもどす。 ② 入学式を行（おこな）う。 ③ 上手（じょうず）に話す。 ④ 化石を発見（はっけん）する。

2 □に漢字を、◯に漢字とおくりがなを書きましょう。

① 指をまげる。 ② 世界を旅する。 ③ 昔のこと。 ④ こまで遊ぶ。 ⑤ 鉄のおの。 ⑥ 気持ちを表す。

3 こまを楽しむ　正しい意味に○をつけましょう。

① 音りょうのスイッチをひねる。　ア（○）ねじって回す。　イ（　）おしたり引いたりする。
② 中がくうどうになったぼう。　ア（　）空気がよく通ること。　イ（○）中がからっぽなこと。
③ 心ぼうがかたむく。　ア（○）回転する物の、じくになっているぼう。　イ（　）回転する物が、たおれないようにささえるぼう。

4 全体と中心　次のような組み立ての文章では、文章全体の中心はどこに書かれていますか。ア～ウからえらんで、記号を書きましょう。

ア	はじめ	「問い」
イ	中	「問い」にたいする「答え」
ウ	おわり	全体の「まとめ」

（イ）

3分でワンポイント　こまを楽しむ
こまのしゅるいと楽しみ方をとらえよう。

★①～③の（　）に合うこまを□の中からえらんで、記号を書きましょう。

こま	楽しみ方
①（ウ）	回っているときの色を楽しむ。
②（イ）	回っているときの音を楽しむ。
さか立ちごま	かわる回り方の動きを楽しむ。
③（ア）	たたいて回しつづけることを楽しむ。
曲ごま	曲芸で使われ、見る人を楽しませる。
ずぐり	雪の上で回して楽しむ。

ア たたきごま　イ 鳴りごま　ウ 色がわりごま

---

4 ①「物」は、「ブツ」「モツ」の二つの音があります。前と後ろの言葉で、どちらの読み方かはんだんしましょう。

5 ①動作をあらわす言葉は、「ウ」段となる形で国語辞典にのっています。
②・③様子やじょうたいをあらわす言葉は、③のようにさいごが「い」でおわる形か、その形にならない言葉は、②のように言葉の形がかわる直前までのぶぶんが見出し語になります。

6 国語辞典の見出し語をさがすときは、まず一字目をくらべて、一字目が同じ文字なら二字目を、二字目も同じなら三字目を、というように一字ずつくらべていきます。なお、辞典には、はじめに使い方をせつめいしているページがあるので、使いはじめる前にかくにんしておくとよいでしょう。

1 ③「上手」は、とくべつな読み方では「じょうず」ですが、とくべつな読み方ではない読み方では「うわて」「かみて」とも読みます。「うわて」と読む場合の意味は、「川上や風上など、上のほう」という意味と、「ほかの人よりすぐれている様子」という意味などがあります。「かみて」と読む場合の意味は、「ぶたいの客席から見て右手の方」という意味などがあります。

2 ⑥「表す」は、おくりがなを「表わす」とまちがえやすいので、気をつけましょう。

3 ②「くう」は漢字で「空」と書きますが、「から」という訓があるように、「何もない」「空っぽ」という意味があります。漢字の意味を知ると、言葉の意味も分かるようになります。

4 じっさいに文章を書くときは、どうしたら読む人に「問い」にたいする「答え」が分かりやすくなるか、考えて書きましょう。

3分でワンポイント

「こまを楽しむ」（安藤正樹）は、六しゅるいのこまと、その楽しみ方がせつめいされている文章です。それぞれのとくちょうと、楽しみ方をとらえましょう。

練習 20~21ページ

［れんしゅう］文様

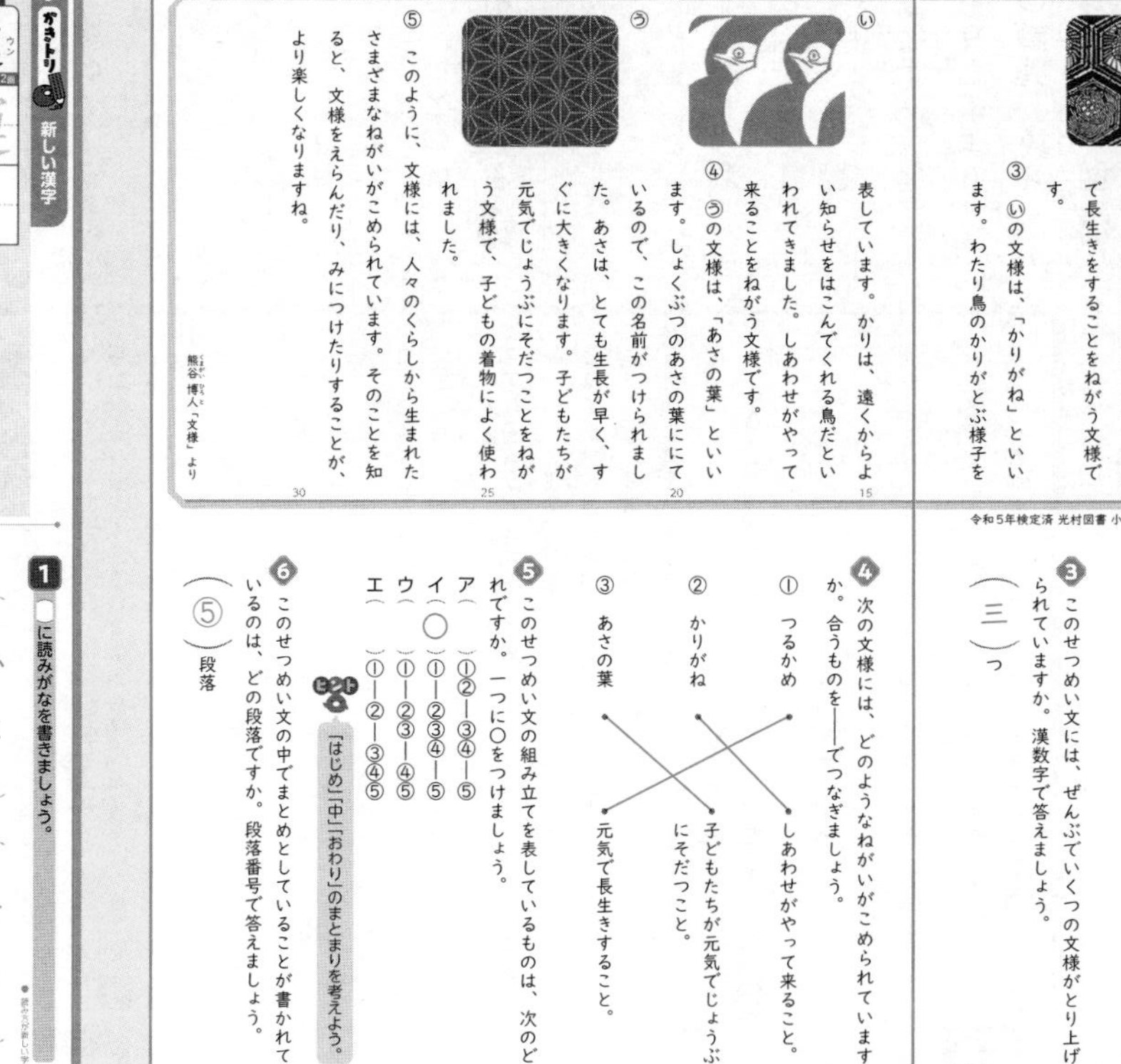

文章を読んで、答えましょう。

① 服やおさらなどには、「文様」とよばれる、いろいろな形の絵や図がついています。文様の多くには、「いいことがありますように。」というねがいがこめられています。どんなことをねがう文様があるのでしょうか。

あ

② あの文様は、「つるかめ」といわれるものの一つです。かめのこうらのような形の中に、つるとかめがいます。つるは千年、かめは万年生きるという言いつたえがあります。元気で長生きをすることをねがう文様です。

③ いの文様は、「かりがね」といいます。わたり鳥のかりがとぶ様子を表しています。かりは、遠くからよい知らせをはこんでくれる鳥だといわれてきました。しあわせがやって来ることをねがう文様です。

い

④ うの文様は、「あさの葉」といいます。しょくぶつのあさの葉ににているので、この名前がつけられました。あさは、とても生長が早く、すぐに大きくなります。子どもたちが元気でじょうぶにそだつことをねがう文様で、子どもの着物によく使われました。

う

⑤ このように、文様には、人々のくらしから生まれたさまざまなねがいがこめられています。そのことを知ると、文様をえらんだり、みにつけたりすることが、より楽しくなりますね。

熊谷 博人「文様」より

令和5年検定済 光村図書 小国3上より

1 このせつめい文で、話題を出して問いかけをしているのは、どの段落ですか。①～⑤の段落番号で答えましょう。

（①）段落

2 このせつめい文は、どんなことを問いかけていますか。問いかけの一文の、はじめとおわりの五字を書きぬきましょう。

どんなこと ～ しょうか。

ヒント 一文のおわりは、「。」だよ。

3 このせつめい文には、ぜんぶでいくつの文様がとり上げられていますか。漢数字で答えましょう。

（三）つ

4 次の文様には、どのようなねがいがこめられていますか。合うものを――でつなぎましょう。

① つるかめ　② かりがね　③ あさの葉

・しあわせがやって来ること。
・子どもたちが元気でじょうぶにそだつこと。
・元気で長生きすること。

5 このせつめい文の組み立てを表しているものは、次のどれですか。一つに○をつけましょう。

ア（ ）①②―③④―⑤
イ（○）①―②③④―⑤
ウ（ ）①―②③―④⑤
エ（ ）①―②―③④⑤

ヒント 「はじめ」「中」「おわり」のまとまりを考えよう。

6 このせつめい文の中でまとめとしていることが書かれているのは、どの段落ですか。段落番号で答えましょう。

（⑤）段落

1 ①段落に、服やおさらなどについている、「いろいろな形の絵や図がら」が「文様」であると書かれています。そして段落の終わりで「どんなことをねがう文様があるのでしょうか。」と問いかけています。

2 「問いかけの一文」を聞かれているので、前の文の「。」の次から、一文のさいごの「。」までを書きぬきます。「。」を入れわすれないようにしましょう。

3 あ・い・うの三つの文様がとり上げられています。

4 ②段落は「つるかめ」、③段落は「かりがね」、④段落は「あさの葉」の文様について書かれています。それぞれどんなことをねがう文様なのか、とらえましょう。

5 多くのせつめい文は、「はじめ」「中」「おわり」の三つのまとまりに分けられます。このせつめい文も、「はじめ」で出された「問い」にたいする答えを、「中」の②・③・④で例をあげてせつめいしています。

6 せつめい文では、「おわり」に考えがまとめられていることが多い、ということをおぼえておくとよいでしょう。

じゅんび 22~23ページ

気持ちをこめて、「来てください」／漢字の広場③

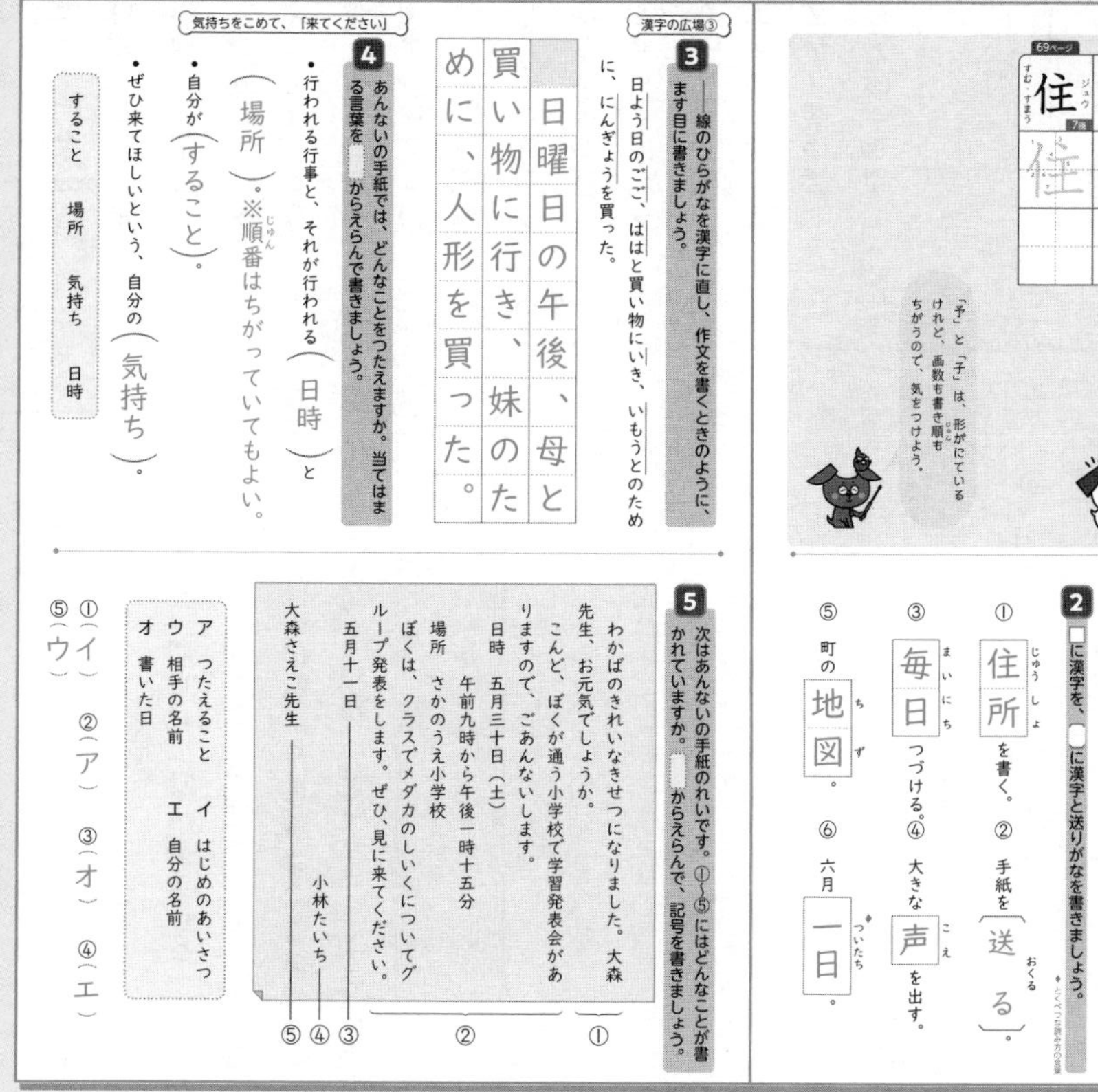

新しい漢字　かきトリ

教科書66ページ	67ページ	69ページ	69ページ
運（ウン・はこぶ）12画	予（ヨ）4画	送（ソウ・おくる）9画	住（ジュウ・すむ・すまう）7画

「運」「送」の「辶」のぶぶんは、「⻌」と三画で書くんだよ。

「予」と「子」は、形がにているけれど、画数も書き順もちがうので、気をつけよう。

1 ＿に読みがなを書きましょう。

① 学校に通う。（かよ）
② 百メートル走（そう）
③ 今日の予定。（よてい）
④ 春の運動会。（うんどうかい）

2 □に漢字を、（ ）に漢字と送りがなを書きましょう。

① 住所（じゅうしょ）を書く。
② 手紙を（送る）（おくる）。
③ 毎日（まいにち）つづける。
④ 大きな声（こえ）を出す。
⑤ 町の地図（ちず）。
⑥ 六月一日（ついたち）。

3 漢字の広場③ ――線のひらがなを漢字に直し、作文を書くときのように、ます目に書きましょう。

日よう日のごご、ははと買い物にいき、いもうとのために、にんぎょうを買った。

日曜日の午後、母と買い物に行き、妹のために、人形を買った。

4 気持ちをこめて、「来てください」 あんないの手紙では、どんなことをつたえますか。当てはまる言葉を□からえらんで書きましょう。

・行われる行事と、それが行われる（日時）と（場所）。※順番はちがっていてもよい。
・自分が（すること）。
・ぜひ来てほしいという、自分の（気持ち）。

すること　場所　気持ち　日時

5 次はあんないの手紙のれいです。①～⑤にはどんなことが書かれていますか。□からえらんで、記号を書きましょう。

わかばのきれいなきせつになりました。大森先生、お元気でしょうか。 ①

こんど、ぼくが通う小学校で学習発表会があります。ごあんないします。
日時　五月三十日（土）
午前九時から午後一時十五分
場所　さかのうえ小学校
ぼくは、クラスでメダカのしいくについてグループ発表をします。ぜひ、見に来てください。 ②

五月十一日 ③
小林たいち ④
大森さえこ先生 ⑤

ア つたえること　イ はじめのあいさつ　ウ 相手の名前　エ 自分の名前　オ 書いた日

①（イ）②（ア）③（オ）④（エ）⑤（ウ）

1 ①「通う」の「通」は、「通学」「交通」では音読みの「ツウ」と読みます。
②「百メートル走」の「走」の訓読みは「はし-る」です。

2 ①「住」は音読みが「ジュウ」、訓読みが「す-む」です。「住所」は、訓読みにすると「住む所」となります。
③「毎」の字は、さいごの六画目の横線を右下がりに書かないよう、ちゅういしましょう。

4 「来てほしい行事（何をするのか）」「日時（いつ）」「場所（どこで）」は行事のこと、「自分がすること」「自分の気持ち」は手紙の書き手（あなた）のことです。これらをきちんと書くことで、相手に気持ちがつたわりやすくなります。

5 4をさんこうにします。②に、行事、日時と場所、すること、気持ちが書いてあるので、②がつたえることだと分かります。①・③・④・⑤は、手紙を書くときのきほんです。しっかりおぼえましょう。

たしかめのテスト① 24～25ページ

［れんしゅう］文様 ～ 漢字の広場③

おうちのかたへ

説明文でよく問われるのは、その文章の組み立て（構成）についてです。この段階では、「はじめ」「中」「終わり」という組み立てと、「はじめ」に「問い」が、「中」に「問いに対する答え」が、「終わり」に「まとめ」がそれぞれ書かれていることを押さえましょう。

文章を読んで、答えましょう。　思考・判断・表現

こまを回して遊ぶことは、昔から世界中で行われてきました。長い間、広く親しまれるうちに、こまには、さまざまなくふうがつみかさねられてきました。そうして、たくさんのこまが生み出されてきました。日本は、世界でいちばんこまのしゅるいが多い国だといわれています。では、どんなこまがあるのでしょう。また、どんな楽しみ方ができるのでしょう。

色がわりごまは、回っているときの色を楽しむこまです。こまの表面には、もようがえがかれています。ひねって回すと、もように使われている色がまざり合い、元の色とちがう色にかわるのがとくちょうです。同じこまでも、回す速さによって、見える色がかわってきます。

鳴りごまは、回っているときの音を楽しむこまです。こまのどうは大きく、中がくうどうになっていて、どうの横には、細長いあなが空いています。ひもを引っぱって回すと、あなから風が入りこんで、ボーッという音が鳴ります。その音から、うなりごまともよばれています。

さか立ちごまは、とちゅうから回り方がかわり、その動きを楽しむこまです。このこまは、ボールのような丸いどうをしています。指で心ぼうをつまんで、いきおいよく回すと、はじめはふつうに回るのですが、回っているうちに、だんだんかたむいていきます。そして、さいごは、さかさまにおき上がって回ります。

たたきごまは、たたいて回しつづけることを楽しむこまです。このこまのどうは、細長い形をしています。手やひもを使って回した後、どうの下のぶぶんをむちでたたいて、かいてんをくわえます。止まらないように、上手にたたいて力をつたえることで、長く回して楽しみます。

曲ごまは、曲芸で使われ、おどろくような所で回して、見る人を楽しませるこまです。曲ごまは、心ぼうが鉄でできていて、広く平らなどうをしています。ほかのこまとくらべ、安定したつくりになっているので、あまりゆれることがありません。台の上で手を使って回し、そこから細い糸の上や、ぼうの先のような回しにくい所へうつしかえて回しつづけます。

安藤正樹「こまを楽しむ」より

1 第一段落では、こまについて、二つのことが問いかけられています。文章から書きぬきましょう。　一つ10点（20点）

- 日本のこまの（しゅるい）。
- こまの（楽しみ方）。

2 次のこまをせつめいしているのは、下のどの文ですか。――でつなぎましょう。　一つ10点（30点）

色がわりごま　　ア　回っているときの音を楽しむこま。
鳴りごま　　イ　回り方がかわることを楽しむこま。
さか立ちごま　　ウ　回っているときの色を楽しむこま。

（色がわりごま―ウ、鳴りごま―ア、さか立ちごま―イ）

3 自分で回すのではなく、人が回すのを見て楽しむこまは、何というこまですか。　10点

（曲ごま）

4 こまの「どうの形」を表にまとめました。それぞれに当てはまるこまの名前を書きましょう。　一つ5点（20点）

こまの名前	どうの形
① 曲ごま	広く平ら。
② 鳴りごま	大きくて、中がくうどう。
③ たたきごま	細長い形。
④ さか立ちごま	ボールのように丸い。

5 この文章に出てきたこまの中で、あなたがもっとくわしく知りたいこまはどれですか。こまの名前と、何についてくわしく知りたいかを書きましょう。　①5点②15点（20点）

① こまの名前（れい たたきごま）

② もっとくわしく知りたいこと

（れい たたいても、こまが回りつづけるしくみについて。）

---

1 問いかけられていることが、話題の中心となります。6行目の「どんなこまがあるのでしょう」は、「こまのしゅるい」を問いかけています。

2 それぞれの段落のはじめの文に、こまの楽しみ方がまとめられています。

3 さいごの段落の「見る人を楽しませるこまです」（34行目）に着目しましょう。曲芸をする人が回して、それを見て楽しむのです。

4 こまの「どうの形」は、こまの楽しみ方の次に書かれています。①35行目に「広く平らなどう」とあります。②17行目に「大きく、中がくうどう」とあります。③28行目に「細長い形」とあります。④22行目に「ボールのような丸いどう」とあります。それぞれ、その前にこまの名前が書いてあります。②は「うなりごま」でも正答です。

5 それぞれのこまのとくちょうから、思いうかぶぎもんを書きましょう。「色がわりごま」なら、色のかわり方、「鳴りごま」なら、音の大きさ、「さか立ちごま」なら、さかさまになるしくみなどについて書かれていれば正答です。

れい2 ①さか立ちごま ②だんだんかたむいて、さかさまにおき上がって回るというしくみについて。

たしかめのテスト② [れんしゅう] 文様 ～ 漢字の広場③ 26～27ページ

1 読みがなを書きましょう。

① 引っこし先の住所。(じゅうしょ) ② 安心してねる。(あんしん) ③ スピードが速い。(はや) ④ 指でおす。(ゆび) ⑤ 鉄のフライパン。(てつ) ⑥ 全体を見わたす。(ぜんたい) ⑦ 手紙を送る。(おく) ⑧ 公園で遊ぶ。(あそ) ⑨ 昔の祭り。(むかし) ⑩ 記号で表す。(あらわ)

2 □に漢字を書きましょう。

① 運動会に出る。 ② 五十メートル走 ③ 新たな発見。 ④ 歌が上手だ。 ⑤ 旅行の予定。 ⑥ 首を横にふる。

3 〔 〕に漢字と送りがなを書きましょう。

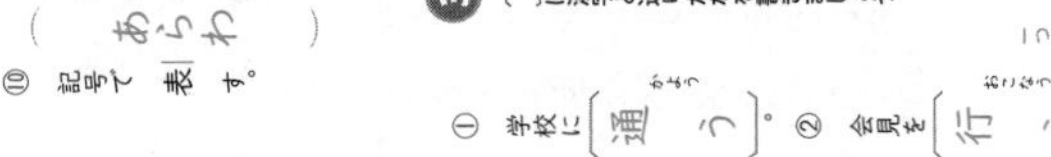

① 学校に〔通う〕。 ② 会見を〔行う〕。

4 □に漢字を書きましょう。

① 今週、弟はそうじ当番です。 ② 日曜日に、東京から友だちが来るよていです。

5 せつめいする文章の組み立てについて、正しいものすべてに○をつけましょう。

ア(○)「はじめ」「中」「おわり」などの大きなまとまりに分けられる。
イ(○)大きなまとまりは、一つ、またはいくつかの段落でできている。
ウ( )「問い」と「答え」は、まったくべつのことが書かれている。
エ(○)「問い」と「答え」に気をつけると、全体の組み立てが分かる。

6 メモを見て、あんないの手紙の「つたえること」の□に当てはまる文を書きましょう。

行事 うんどう会　場所 かわのべ小学校
日時 五月二十三日(土) 午前九時から午後四時
出るしゅもく 合同ダンス

今月、①　ので、ごあんないします。
日時 五月二十三日(土) 午前九時から午後四時
場所 かわのべ小学校
わたしは、②　。みんなでいっしょうけんめい、れんしゅうしていますので、③　。

① (れい) わたしの通う小学校でうんどう会が開かれます
② (れい) 合同ダンスに出ます
③ (れい) ぜひ見に来てください

じゅんび まいごのかぎ 28～29ページ

新しい漢字：具 拾 向 坂 悲 緑 開 岸 路 感 対

1 読みがなを書きましょう。

① 鳥が羽ばたく。(は) ② 四角い金具。(かなぐ) ③ 悲鳴を上げる。(ひめい) ④ 円い一円玉。(まる) ⑤ 歩道を歩く。(ほどう) ⑥ 海岸の通り。(かいがん)

2 □に漢字を書きましょう。

① 路線バスにのる。 ② 春を感じる。 ③ ゴミ問題に対する取り組み。

3 正しい意味に○をつけましょう。

① うつむきがちに歩く。 ア(○)下を向いていることが多い様子。 イ( )なきそうになっている様子。
② うらめしそうに、とけたアイスクリームを見る。 ア( )くるしいと思う様子。 イ(○)ざんねんに思う様子。
③ 家の方に後ずさりする。 ア(○)前を向いたまま、後ろに下がる。 イ( )ゆっくりと後ろ向きになる。
④ 公園の日だまりで休む。 ア(○)日当たりがよく、あたたかい所。 イ( )太陽の光が集まって、まぶしい所。
⑤ 弟の言葉にあっけにとられる。 ア( )いかりで動きがとれなくなる。 イ(○)思いがけないことに、おどろきあきれる。

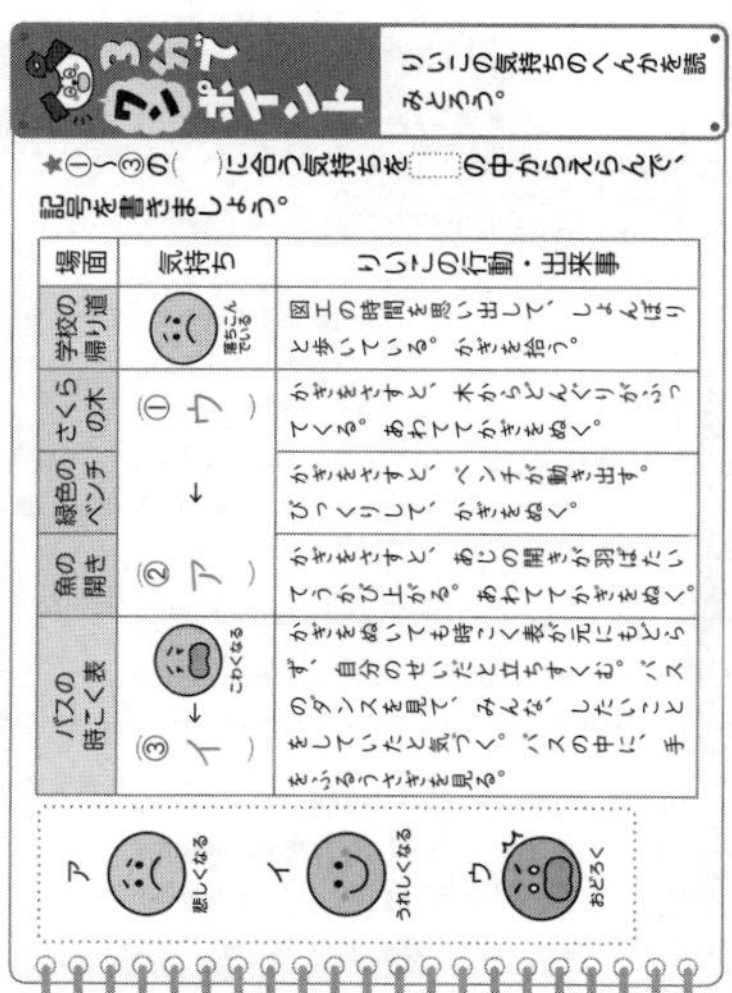

3分でポイント　りいこの気持ちのへんかを読みとろう。

★①～③の( )に合う気持ちを□の中からえらんで、記号を書きましょう。

場面	気持ち	りいこの行動・出来事
学校の帰り道	落ちこんでいる	図工の時間を思い出して、しょんぼりと歩いている。かぎを拾う。
さくらの木	①(ウ)	かぎをさすと、木からどんぐりがふってくる。あわててかぎをぬく。
緑色のベンチ	↓	かぎをさすと、ベンチが動き出す。びっくりして、かぎをぬく。
魚の開き	②(ア)	かぎをさすと、あじの開きが羽ばたいてうかび上がる。あわててかぎをぬく。
バスの時こく表	こわくなる ↓ ③(イ)	かぎをぬいても時こく表が元にもどらず、自分のせいだと立ちすくむ。バスのダンスを見て、みんな、したいことをしていたと気づく。バスの中に、手をふるうさぎを見る。

ア 悲しくなる　イ うれしくなる　ウ おどろく

---

1 ③「はやーい」には、「速い」と「早い」があります。「速い」は速度がはやいときに、「早い」は時間がはやいときに使います。

2 ②「走」は、たて線を全部つなげて書かないようにしましょう。まず上の「土」を書いてから、下のたて画を書きます。
⑥「横」の右の「由」のぶぶんは、「田」としないように気をつけましょう。

3 ①「通」は「とおーる」と「かよーう」の訓があります。
②「行う」は、送りがなをまちがえやすいので、気をつけましょう。

6 あんないの手紙だけでなく、手紙を書くときには、相手に気持ちよく読んでもらうために、「です・ます」のていねいな言葉を使い、読みやすい字で書くようにしましょう。また、「開かれます」は「行われます」でも、「出ます」は「出場します」などでも正答です。

---

1 ④「まるーい」と読む漢字は、ほかに「丸い」があります。「円い」は平面的に円形をしている「円いテーブル」「円いまど」などに使います。「丸い」は、立体的に球形をしている「丸いボール」「丸い地球」などに使います。

2 ①「路」は「みち」という意味の漢字です。「道路」という語もあります。

3 ①「うつむきがち」の「がち」は、「～になることが多い」という意味をつけくわえます。「宿題をわすれがち」は「宿題をわすれることが多い」という意味です。
③「後ずさり」の「ずさり」は、「すさる(＝後ろに下がる。しりぞく)」という言葉がへんかしたものです。
⑤「あっけにとられる」は、昔から使われてきた言い回しで、「思いがけないことに出合って、おどろきあきれる」様子を表します。

3分でワンポイント

「まいごのかぎ」(斉藤倫)では、りいこの気持ちは、りいこの行動やそのときの出来事によって、かわっていきます。はじめは落ちこんでいたりいこが、さいごにはうれしくなったというへんかを読みとりましょう。

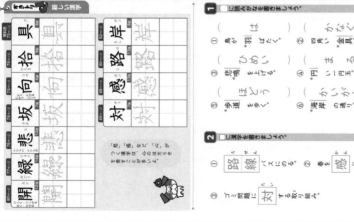

練習① まいごのかぎ　30〜31ページ

◆文章を読んで、答えましょう。

海ぞいの町に、ぱりっとしたシャツのような夏の風がふきぬけます。だけど、学校帰りの道を行くりいこは、うつむきがちなのです。

「またよけいなことをしちゃったな。」

りいこは、しょんぼりと歩きながら、つぶやきました。

三時間目の図工の時間に、みんなで学校のまわりの絵をかきました。りいこは、おとうふみたいなこうしゃが、なんだかさびしかったので、その手前にかわいいうさぎをつけ足しました。そしたら、友だちが、くすくすわらったのです。りいこは、はずかしくなって、あわてて白い絵の具をぬって、うさぎをけしました。そのとき、りいこの頭の中にたしかにいたはずのうさぎまで、どこにもいなくなった気がしたのです。うさぎにわるいことをしたなあ。思い出しているうちに、りいこは、どんどんうつむいていって、さいごは赤いランドセルだけが、歩いているように見えました。

ふと目に入ったガードレールの下のあたりに、かたむきかけた光がさしこんでいます。もじゃもじゃしたヤブガラシの中で、何かが、ちらっと光りました。

「なんだろう。」

りいこが拾い上げると、それは、夏の日ざしをすいこんだような、こがね色のかぎでした。家のかぎよりは大きくて、手に持つほうが、しっぽみたいにくるんとまいています。

「落とし物かな。」

そう、小さく、声に出しました。すると、かぎは、りいこにまばたきするかのように光りました。

斉藤倫「まいごのかぎ」より

❶「ぱりっとしたシャツのような夏の風」とは、どんな風ですか。一つに○をつけましょう。

ア（　）音がうるさく鳴る、じっとりとした風。
イ（　）しわ一つない、かたい感じの強い風。
ウ（○）気持ちのよい、さわやかなかわいた風。

❷りいこは、学校帰りの道をどんな様子で歩いていましたか。

（うつむきがち）に、（しょんぼり）と歩いていた。

❸「友だちが、くすくすわらった」とありますが、友だちがりいこの絵を見てわらったのは、なぜですか。

りいこが、おとうふのようだと思ったこうしやの手前に、かわいいうさぎをつけ足していたから。

ヒント「よけいなこと」をしてわらわれたんだね。

❹うさぎをけしたとき、りいこはどのように思いましたか。

りいこの頭の中にいたはずのうさぎまで、どこにもいなくなった気がして、うさぎにわるいことをしたと思った。

❺りいこが拾い上げたかぎは、どんなものでしたか。

① 色………夏の日ざしをすいこんだような、こがね色。
② 大きさ…家のかぎよりは大きい。
③ 形………手に持つほうが、しっぽみたいにまいている。

❻かぎの様子を、人のように表した部分を十一字で書きぬきましょう。

まばたきするかのように

ヒント 人のしぐさにたとえているよ。

❶「ぱりっとしたシャツ」から、しめり気のない、かわいた風だと分かります。

❷「またよけいなことをしちゃったな。」（4行目）という言葉の前後に、りいこの様子が書かれています。

❸「おとうふみたいなこうしゃ」（7行目）とあります。「〜みたい」「〜ようだ」は、たとえを表すときに使う言葉です。じっさいには、こうしゃの前にうさぎはいません。でも、「なんだかさびしく思っ」たりいこは、うさぎをつけ足しました。友だちはそれを見てわらったのです。

❹りいこは、友だちにわらわれて、はずかしくてあわててけしたものの、頭の中のうさぎまでけしてしまった気がしたのです。「うさぎにわるいことをしたなあ。」（18行目）と、こうかいしています。

❺27〜33行目から読みとりましょう。

❻「まばたきするかのように」（37行目）と、「〜ように（だ）」が使われています。

練習② まいごのかぎ　32〜33ページ

◆文章を読んで、答えましょう。

通りぞいにある、大きなさくらの木は、青々とした葉ざくらになっていました。その木のねもとを見て、りいこは、びっくりしました。

「あれは、なんだろう。なんだか かぎあなみたい。」

しぜんに空いたあなではなく、ドアのかぎのように四角い金具が、みきについていて、そのまん中に円いあながあるのです。

「もしかして、さくらの木の落としたかぎだったりして。」

まさか、ね、と思いながら、持っていたかぎをさしこんでみます。すると、すいこまれるように入っていき、回すと、ガチャンと、音がしました。

「あっ。」

思わず、さけびました。木が、ぶるっとふるえたのです。そうして、えだの先に、みるみるたくさんのつぼみがついて、ふくらんでいったかと思うと、ばらばらと何かがふってきました。

「どんぐりだ。」

りいこは、悲鳴を上げます。さくらの木に、どんぐりのみがつくなんて。おさげの頭にコンコン当たるどんぐりを、ランドセルでふせぎながら、あわててかぎをぬきました。どんぐりの雨は、ぴたりとやみ、さくらの木は、はじめの葉ざくらにもどっていました。

「びっくりした。」

りいこは、道の方に後ずさりしながら、言いました。

「こんなことになるなんて。さくらの木のかぎじゃなかったんだ。」

斉藤倫「まいごのかぎ」より

❶「大きなさくらの木は、青々とした葉ざくらになっていました」から、きせつはいつごろだと思いますか。一つに○をつけましょう。

ア（○）春から夏の間。
イ（　）夏から秋の間。
ウ（　）秋から冬の間。

❷「あれ」とは、何のことを指していますか。

大きなさくらの木のねもとについている、ドアのかぎのような四角い金具のまん中にある、円いあなのこと。

❸「もしかして、……落としたかぎだったりして。」と言ったとき、りいこは、どんな気持ちでしたか。一つに○をつけましょう。

ア（　）ぜったいにちがうと、みとめない気持ち。
イ（　）たぶんちがうだろうと、あきらめる気持ち。
ウ（○）たぶんちがうと思うけれど、きたいする気持ち。

ヒント すぐあとで「まさか、ね」と思っているよ。

❹「りいこは、悲鳴を上げます。」とありますが、りいこは、なぜ悲鳴を上げたのですか。

さくらの木のえだの先から、どんぐりのみが、ばらばらとふってきて、おさげの頭に当たるから。

❺「びっくりした。」と、りいこは言っていますが、このふしぎなさくらの木の出来事から、りいこは、どんな行動をしましたか。

（れい 道の方に後ずさりした。）

❻「こんなことになるなんて。」とありますが、りいこは、どんな気持ちからこう言ったのですか。一つに○をつけましょう。

ア（○）かぎをさしたことを、こうかいする気持ち。
イ（　）葉ざくらにもどって、ほっとする気持ち。
ウ（　）どんぐりの雨を、おもしろがる気持ち。

ヒント りいこの行動や言葉から考えよう。

❶「青々とした葉ざくら」とあります。「葉ざくら」とは、花がちって、わかい葉が出はじめたころのさくらをいいます。

❷りいこは、さくらの木のねもとを見て、「あれは、なんだろう。」と言っています。さくらの木のねもとには何があったのか、後の5〜8行目に書かれていますので、そこから当てはまる言葉をえらんで書き入れましょう。

❸「まさか、ね」と思いながらも、かぎをさしこんでいることから、りいこは、かぎがさくらの木のものであることをきたいしていることが分かります。

❹さくらの木から、どんぐりのみがばらばらとふってきて、頭にコンコン当たったのですから、おどろいて悲鳴を上げたのです。

❺またどんぐりのみがふってくるのではないかと、けいかいして後ずさりしています。

❻「こんなこと」とは、これまでのふしぎな出来事のことです。りいこは「こんなこと」にとまどい、あわててかぎをぬいたことや、後ずさりしていることなどから、「こんなこと」をひきおこしたこと（＝かぎをさしたこと）をこうかいしていることが分かります。

じゅんび　34〜35ページ

俳句を楽しもう

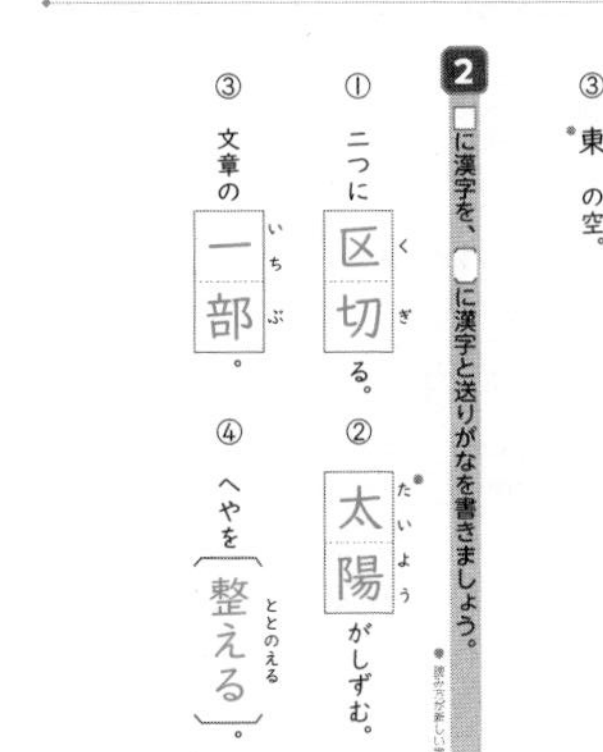

1 □に読みがなを書きましょう。

① 言葉の調子。（ちょうし）　② 歌詞を考える。（か）　③ 東の空。（ひがし）

2 □に漢字を、○に漢字と送りがなを書きましょう。

① 二つに区切る。　② 太陽がしずむ。　③ 文章の一部。　④ へやを整える。

3 正しい意味に○をつけましょう。

① のたりのたりとうねる。
ア（　）なみが小さくあわただしく動く。

イ（○）なみが大きくゆったりと動く。

② 何やらゆかし。
ア（○）心が引かれる。

イ（　）いやになる。

4 俳句についてせつめいした文の□に当てはまる言葉を、□からえらんで書きましょう。

① 五・七・五の（十七）音で作られた短い（詩）。

② ふつうは、季語という（きせつ）を表す言葉が入り、（しぜん）の様子や、そこから感じられることがうたわれている。

③ 数え方は「（句）」という言葉を使う。

詩　句　しぜん　きせつ　十七

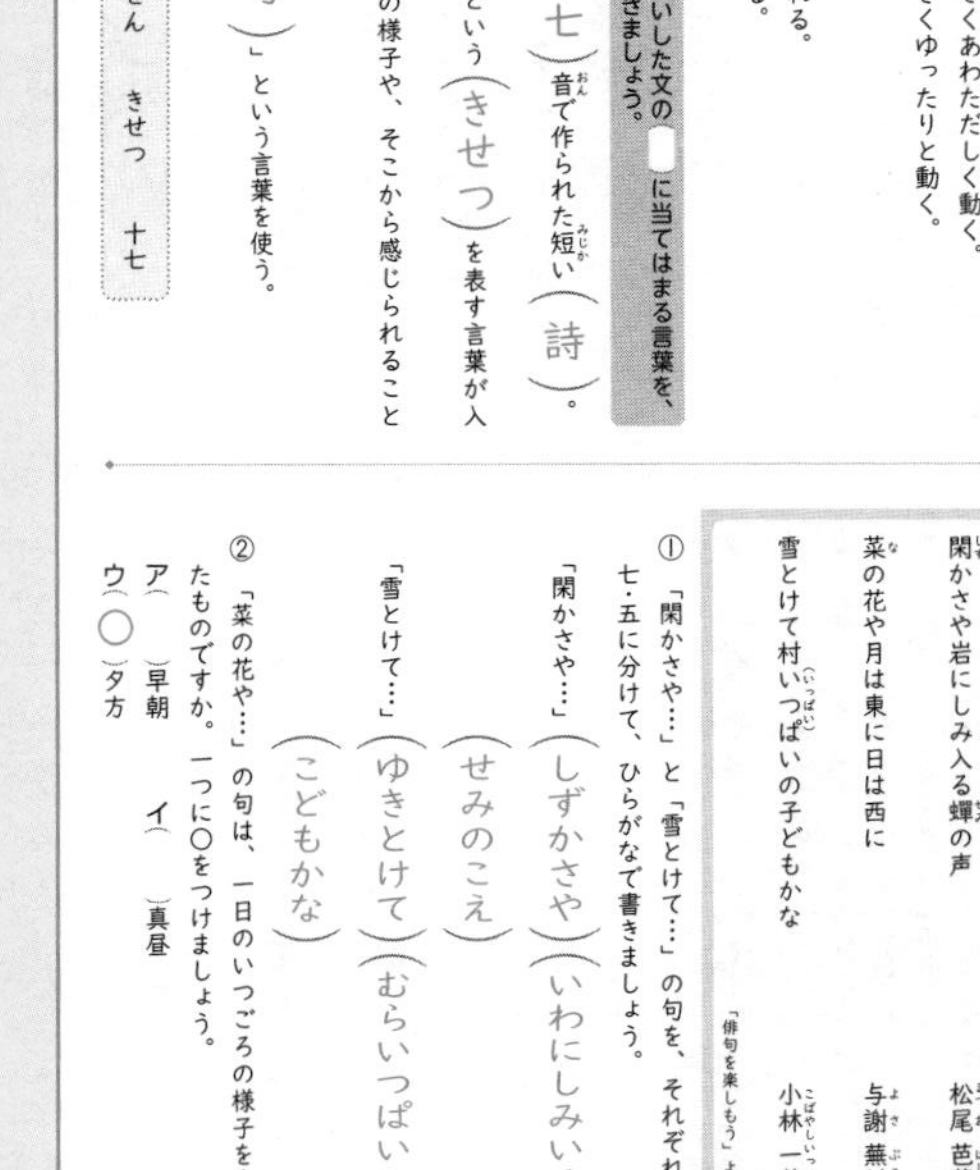

5 俳句について、答えましょう。

閑かさや岩にしみ入る蝉の声　松尾芭蕉
菜の花や月は東に日は西に　与謝蕪村
雪とけて村いっぱいの子どもかな　小林一茶
「俳句を楽しもう」より

① 「閑かさや…」と「雪とけて…」の句を、それぞれ五・七・五に分けて、ひらがなで書きましょう。

「閑かさや…」（しずかさや）（いわにしみいる）（せみのこえ）
「雪とけて…」（ゆきとけて）（むらいっぱいの）（こどもかな）

② 「菜の花や…」の句は、一日のいつごろの様子を表したものですか。一つに○をつけましょう。
ア（　）早朝　イ（　）真昼　ウ（○）夕方

じゅんび　36〜37ページ

こそあど言葉を使いこなそう／引用するとき

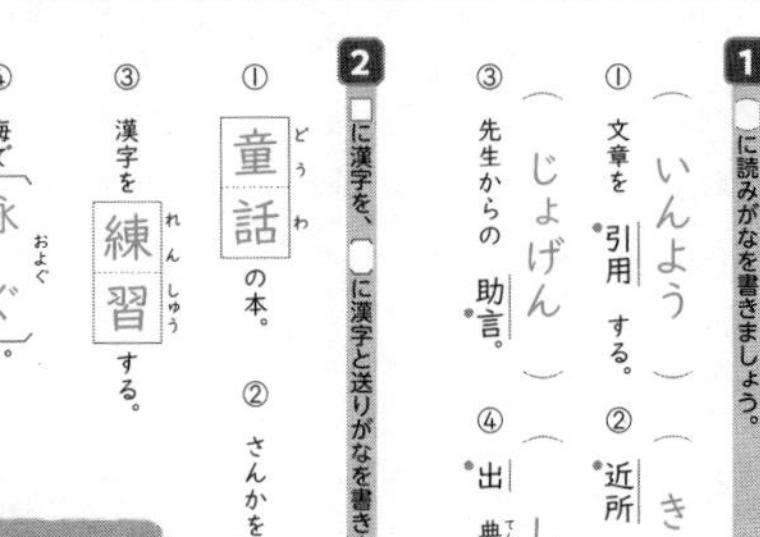

1 □に読みがなを書きましょう。

① 文章を引用する。（いんよう）　② 近所のプール。（きんじょ）　③ 先生からの助言。（じょげん）　④ 出典を書く。（しゅっ）

2 □に漢字を、○に漢字と送りがなを書きましょう。

① 童話の本。　② さんかを申しこむ。　③ 漢字を練習する。　④ 海で泳ぐ。

3 正しい意味に○をつけましょう。

① 兄からシュートの決め方の助言をもらう。
ア（　）自分の考えをおしつける言葉。

イ（○）そばから口ぞえして助ける言葉。

② 本の奥付を見る。
ア（　）本のはじめにあって、その本のないようが見出しで書かれたところ。

イ（○）本のさいごにあって、その本のじょうほうが書かれたところ。

こそあど言葉を使いこなそう

4 こそあど言葉のせつめいとして、正しいものはどれですか。三つに○をつけましょう。

ア（○）「この」「これ」は、指ししめす言葉である。

イ（　）たずねるときには、「その」「それ」を使う。

ウ（　）相手に近いときには、「あの」「あれ」を使う。

エ（○）はっきりしないときには、「どの」「どれ」を使う。

オ（　）こそあど言葉を使って話すときは、自分だけが指しているものを分かっていればよい。

カ（○）こそあど言葉を使うと、文章をみじかくすることができる。

5 絵に合うこそあど言葉を□からえらんで書きましょう。

①「（その）本、かしてください。」　②「（この）本ですか。」

この　その　あの　どの

引用するとき

6 文章を引用するときの決まりについて、次の文の□に当てはまる言葉を□からえらんで書きましょう。

① 引用した文は（かぎ）をつけ、そのままぬき出す。

② 引用した言葉が書かれていた本やしりょうのことを、（出典）という。

③ ②は文章のさいごに書き、本の（題名）、（書いた人）、出版社名、（発行）年、書かれていたページをしめす。

かぎ　発行　出典　書いた人　題名

---

2 ②「太陽」の「太」は、訓読みが「ふと-い（太い）」です。「陽」の「阝（こざとへん）」は左にあります。
③「部」の「阝（おおざと）」は右にあります。いちをまちがえないようにちゅういしましょう。
④「整のえる」「整る」と書かないように、送りがなはしっかりおぼえましょう。

3 ②「ゆかし」は、「心が引かれる」という意味の昔の言葉です。

4 俳句とはどういうものかをかくにんしましょう。「五・七・五」という十七音の形で、きせつを表す「季語」が入ることをおさえます。

5 ①字数でなく、音数で数えます。また、「雪とけて…」の句の「いっぱい」を「いっぱい」と書かないように気をつけましょう。
②「月は東に日は西に」は、「月は東からのぼりはじめ、太陽は西にしずんでいく」という意味です。月がのぼりはじめ、太陽がしずんでいくのですから、夕方の様子を表したものです。

1 ②「近」は、訓読みが「ちか-い（近い）」です。「近所」は「近い所」です。
④「しゅっ」と読む言葉には「出発」があります。

2 ①「童」は「子ども」という意味の漢字です。小学生を「児童」といいますね。
④「泳」のように「氵（さんずい）」がつく字は、水やえきたいにかんけいする意味があります。「海」「池」「湖」など。

3 ②アは「目次」のことです。

4 話し手に近い場合は「こ」、相手に近い場合は「そ」、どちらからも遠い場合は「あ」、はっきりしない場合は「ど」のこそあど言葉を使います。

5 本のある場所に気をつけます。本は男の子の手にあります。本は、①は相手に近いもの、②は話し手に近いものとなります。

6 引用するときは決まりがあります。引用した文や言葉は、自分の言葉ではないので「　」をつけます。さいごに、どこから引用したかが分かるように、出典を書きます。

じゅんび　38~39ページ

仕事のくふう、見つけたよ／コラム　符号など／きせつの言葉２　夏のくらし

新しい漢字

品　商　客　式　去　倍　筆　銀

「式」は、右上の「丶」を書きわすれないようにしよう。

1 □に読みがなを書きましょう。

① 今年のカレンダー。（ことし）　② 直線をひく。（ちょくせん）
③ 二倍のねだん。（にばい）　④ 大会の二日目。（ふつか）
⑤ 仕事をする。（しごと）　⑥ 総合的な学習。（ごう）
⑦ 句読点をうつ。（とうてん）　⑧ 白玉を食べる。（しらたま）
⑨ 大人になる。（おとな）

2 □に漢字を書きましょう。

① 去年の日記。　② 商品をえらぶ。
③ 銀行に行く。　④ お客様が帰る。
⑤ 同時にゴールする。　⑥ 毛筆で書く。
⑦ 入学式の朝は、晴天だった。

3 あなたのまわりにある仕事をたくさん書きましょう。

（れい）しょうぼうし・けいさつかん・いしゃ・学校の先生

4 ほうこくする文章を書くとき、たいせつなこと二つに○をつけましょう。

①（○）だれが読むのかを考えて、書くことをえらぶ。
②（　）調べて分かったことと考えたことは、つづけて一つの段落に書く。
③（○）読む人に分かりやすいよう、れいをあげて書く。
④（　）絵やしゃしんは使わないで書く。

5 次のせつめいに合う符号を、□からえらんで記号を書きましょう。

① 文のおわりにつける。（ア）
② 文の中の意味の切れ目にうつ。（イ）
③ 言葉をならべるときに使う。（ウ）
④ 会話、書名や題名、思ったことなどをしめすときに使う。（エ）

ア 中点（・）　イ 読点（、）　ウ 句点（。）　エ かぎ（「」）

6 夏を感じる言葉に○をつけましょう。

ア（○）うちわ　イ（　）かき
ウ（　）マフラー　エ（○）せんぷうき
オ（○）うち上げ花火　カ（　）さくら

1 ①「今年（ことし）」、④「二日（ふつか）」、⑨「大人（おとな）」は、とくべつな読み方の言葉です。おぼえましょう。

2 ①「去年」の「去」は、「さる。いってしまう」という意味の漢字です。「いってしまった年」ということです。
⑦「晴」は「晴れ」という字ですから、「晴天」は「晴れた空」のことです。

3 みぢかにどんな仕事をしている人たちがいるか思い出しましょう。荷物をはいたつする運送や、車のドライバー、かんごし、ほいくしなど、たくさんあります。

4 調べて分かったことと、自分が考えたことは、段落を分けて書きます。見せたいものがはっきり分かる絵やしゃしんを使うと、読む人が分かりやすいです。

5 「句点（。）」「読点（、）」「中点（・）」の使い方をかくにんしましょう。

6 「かき」は秋のくだもの、「マフラー」は冬につかうもの、「さくら」は春の花ですね。

たしかめのテスト① 40～41ページ

まいごのかぎ ～ きせつの言葉2 夏のくらし

おうちのかたへ

物語を読む場合は、その場面の状況をつかみ、登場人物の言動に注意して、その人物像を捉えることが大切です。ある出来事が起こった場合も、前後の状況や登場人物の言動に注意することで、その理由も理解しやすくなります。

文章を読んで、答えましょう。 思考・判断・表現

海岸通りをいそぎ始めたとき、ふとバスていのかんばんが目に入りました。「バス」という字の「バ」の点が、なぜか三つあるのです。その一つが、かすかに見えました。

「どうしよう。」

りいこはまよいました。よけいなことはやめよう。そう思ったばかりです。そのとき、点の一つが、ぱちっとまたたきました。

「これで、さいごだからね。」

いつしかりいこは、かんばんの前でせのびをしていました。カチンと音がして、かぎが回りました。ところが、何もおこりません。

ほっとしたような、がっかりしたような気持ちで、バスの時こく表を見て、りいこは「あっ。」と言いました。数字が、ありのように、ぞろぞろ動いているのです。五時九十三分とか、四十六時八百七分とか、とんでもないとうちゃく時こくになっています。

「すごい。」

りいこは、目をかがやかせました。でも、すぐに、わくわくした自分がいやになりました。りいこは、かぎをぬきとりました。

「あれ。どうして。」

時こく表の数字は、元にはもどりませんでした。

りいこはこわくなって、にげるようにかけだしました。交番のある方へすなはまを横切ろうと、石だんをかけ下りかけると、国道のずっと向こうから、車の音が聞こえてきます。ふり向くと、バスが十何台も、おだんごみたいにぎゅうぎゅうになって、やって来るのです。

「わたしが、時こく表をめちゃくちゃにしたせいだ。」

どうしよう。もう、交番にも行けない。おまわりさんにしかられる。りいこは、かぎをぎゅっとにぎりしめて、立ちすくんでしまいました。

斉藤倫「まいごのかぎ」より

1 よく出る 「どうしよう。」と、りいこがまよったのは、なぜですか。一つに○をつけましょう。 10点

ア（○）よけいなことはやめようと思ったばかりだったから。

イ（　）海岸通りをいそいで歩いて帰ろうとしていたから。

ウ（　）かんばんの「バ」の点の一つが、ぱちっとまたたいたから。

2 「ところが、何もおこりません。」について、答えましょう。

① このとき、りいこはどんな気持ちでしたか。それが書かれた部分の、はじめと終わりの三字を書きましょう。 両方できて10点

ほっと ～ 気持ち

② りいこは、どうして①のような気持ちになったのですか。一つに○をつけましょう。 15点

ア（　）何もおこらないようにと、強く思っていたから。

イ（○）何かおこるかなと、少しきたいしていたから。

ウ（　）何かおこってほしいと、強くねがっていたから。

3 「りいこは『あっ。』と言いました」とありますが、なぜそう言ったのですか。 20点

れい バスの時こく表の数字が、ありのように、ぞろぞろ動いているから。

4 よく出る 「にげるようにかけだしました」とありますが、なぜりいこはかけだしたのですか。一つに○をつけましょう。 15点

ア（　）時こく表の数字が動きだしたのを見て、わくわくした自分がいやになったから。

イ（○）かぎをぬきとったのに、時こく表の数字が元にもどらなくて、こわくなったから。

ウ（　）国道のずっと向こうから、車の音が聞こえてきたので、かくれようと思ったから。

5 「車の音」とは、何の音ですか。 一つ5点(10点)

バス が十何台も、おだんご みたいになって、やって来た音。

6 「かぎをぎゅっとにぎりしめて、立ちすくんでしまいました」とありますが、このときりいこは、どんな気持ちでしたか。つづけて書きましょう。 20点

自分のせいでこんなことになってしまい、

れい おまわりさんにしかられると思って、こわくてたまらない気持ち。

---

1 「りいこはまよいました。」（6行目）とある後に、りいこが、そのときどんなことを思っていたかが書かれています。

2 ①「気持ち」という言葉に着目しましょう。②何もおこらなくて「ほっとしたような、がっかりしたような」（13行目）気持ちがしたのです。何かおこるのはこまるけれど、何もおこらないのもつまらないといった、ちょっとしたきたいをもっていたのです。

3 次の文に「数字が、……のです。」と理由が書かれています。何の数字なのかが分かるように答えましょう。

4 こわくなってかけだしたのです。なぜこわくなったのかを、22～24行目から読みとりましょう。

5 この後の32～34行目に、バスがつらなってやって来る様子が書かれています。

6 りいこは、「わたしが、時こく表をめちゃくちゃにしたせいだ。」と言っています。そのせいでこんなことになってしまい、「おまわりさんにしかられる」とこわくなっているのです。かぎをさしたことまでもふくめて、自分のしたことをこうかいしている、という答えも正答とします。

れい2 どうしようもなくなってこわくなり、かぎをさしたことをこうかいする気持ち。

たしかめのテスト② 42~43ページ
まいごのかぎ ～ きせつの言葉２　夏のくらし

1 読みがなを書きましょう。　一つ2点（20点）

① 魚の開き。（ひら）　② バスの路線図。（ろせん）
③ 晴天の運動会。（せいてん）　④ 童話を読む。（どうわ）
⑤ スーパーの商品。（しょうひん）　⑥ プールで泳ぐ。（およ）
⑦ 今年の夏。（ことし）　⑧ 調子を整える。（ととの）
⑨ まぶしい太陽。（たいよう）　⑩ サッカーの練習。（れんしゅう）

2 □に漢字を書きましょう。　一つ2点（20点）

① 青い絵の［具］。　② ［緑色］のノート。
③ ［区切］りをつける。　④ ［二倍］の長さ。
⑤ ［悲鳴］におどろく。　⑥ 駅に［向］かう。
⑦ なだらかな［坂］。　⑧ 詩を［引用］する。
⑨ えんぴつを［拾］う。　⑩ 反［対］する

3 次の俳句の季語ときせつを書きましょう。　一つ5点（20点）

山路来て何やらゆかしすみれ草　松尾芭蕉
夏山や一足づつに海見ゆる　小林一茶
「俳句を楽しもう」より

① 「山路来て…」の句　季語（すみれ草）きせつ（春）
② 「夏山や…」の句　季語（夏山）きせつ（夏）

4 次の文章からこそあど言葉をさがして□でかこみ、それが指しているものを書きましょう。　一つ5点（20点）

① 今、東駅のかいさつ口にいます。明日の朝、［ここ］で待っています。
（今いる）東駅のかいさつ口）
② 夏休みの自由工作で小物入れを作った。［その］作り方は図書館で調べた。
（夏休みの自由工作で作った）小物入れ）
③ 遠くに見えるビルがあります。［あれ］は昔の市役所です。
（遠くに見える）ビル）
④ へやに赤い花びんをかざりました。［これ］は母がとても大事にしている物です。
（へやにかざった赤い）花びん）

5 思考・判断・表現　ほうこくする文章を書くとき、どのような順番で書くとよいですか。（　）に番号を書きましょう。　全部できて10点

（3）調べて分かったこと。
（1）調べたきっかけや理由。
（4）まとめ。
（2）調べ方。

6 次の文には、まちがった符号が使われています。まちがった符号を□でかこみ、右がわに正しい符号を書きましょう。　全部できて一つ5点（10点）

① 母は□スーパーでりんご□バナナを買いました□。
② □とてもかわいい犬ですね□□と言った。

じゅんび 44~45ページ
本で知ったことをクイズにしよう／鳥になったきょうりゅうの話

かきトリ！ 新しい漢字

教科書108ページ	108ページ	111ページ	115ページ	116ページ
植 ショク うえる・うわる 12画	集 シュウ あつまる・あつめる 12画	化 カ ばける・ばかす 4画	死 シ しぬ 6画	都 ト・ツ みやこ 11画

「集」は、筆順に気をつけて、十二画で書こう。

「化」や「死」の「匕」は、かたかなの「ヒ」ではないよ。右上からはらおう。

1 （　）に読みがなを書きましょう。

① 都合のよい日。（つごう）　② きょうりゅうの化石。（かせき）
③ 地面をほる。（じめん）　④ 新たにつくる。（あら）

● 読み方が新しい字

2 □に漢字を、（　）に漢字と送りがなを書きましょう。

① ［植物］図鑑で調べる。
② きょうりゅうが［死］にたえる。
③ 木に〔登る〕。
④ なかまを〔集める〕。

鳥になったきょうりゅうの話

3 正しい意味に○をつけましょう。

① 町全体が雪におおわれる。
ア（　）上のものが下のもののじゃまをする。
イ（○）ものの上にかぶさって、下が見えなくなる。
② ふさふさの羽毛。
ア（　）生きものの体に生えている毛。
イ（○）鳥の体に生えている毛。
③ 明日の夕方なら都合がいい。
ア（○）具合。段取り。
イ（　）人目にうつる感じ。
④ 問題をとく手がかりになる。
ア（　）助言。手助け。
イ（○）きっかけ。糸口。
⑤ 色あざやかな洋服。
ア（○）色がはっきりとして目立つ。
イ（　）色がうすくてぼんやりしている。

本で知ったことをクイズにしよう

4 本の「さくいん」のせつめいとして、正しいもの二つに○をつけましょう。

①（　）ふつう、本のはじめにある。
②（○）ふつう、本の後ろの方にある。
③（○）本の中の言葉や物事を五十音順に整理して、どのページにあるかしめしている。
④（　）書かれている順に見出しをならべて、はじまりのページをしめしている。

5 本を読むときに当てはまる読み方を、□からえらんで、記号を書きましょう。

① 図鑑でかぶと虫のことを調べる。（エ）
② 科学の本で、本全体から大事だと思うところを見つけて、読み返す。（イ）
③ 物語集の中から、気になる物語だけを読む。（ウ）
④ 一つの物語を、はじめからおわりまで読む。（ア）

ア　ていねいに読む。
イ　おおまかに読む。
ウ　目次からえらんで読む。
エ　さくいんからさがして読む。

---

1 ⑦「今年」は、二つの漢字で一つのとくべつな読み方をする言葉です。
⑧「ととの-える」と読みます。「整える」は、整理する、調子やリズムなどを合わせるというときに使います。

2 ②「緑」は、右がわの「录」を正しく書きましょう。
⑤「鳴」は、訓が「な-る」、音が「メイ」です。

3 ①「すみれ草」は春の季語です。
②「海」も夏の季語ですが、ここは「夏山」です。「夏山や」と作者の感動の気持ちを表す「や」がつけられているので、「夏山」が季語になります。

4 「こそあど言葉」は、指ししめすものが、話し手や相手とどういうきょりにあるかで使い分けます。

5 文章の組み立てがしっかりしていると、ないようがつたわりやすくなります。また、「調べて分かったこと」の中に、「考えたこと」を書く場合もあることをおさえておきましょう。

6 ①読点（、）は、文の中の切れ目にうって、文を読みやすくするのに使います。また、「りんご」「バナナ」のように、言葉をならべるときには「・」を使いますが、ここでは「、」でも正答とします。

1 ②「化」を使った言葉には「化学」「文化」があります。
③「地」のもう一つの音は「チ」です。「地球」「土地」などの言葉があります。
④「新た」は送りがなに注意しましょう。「新しい」「新た」は送りがなによって読み分けます。

2 ③「のぼる」には「上る」もありますが、木や山にのぼる場合は「登る」を使います。
④「集る」としないようにしましょう。

4 ①と④は、「目次」についてのせつめいです。「さくいん」について、じっさいに図鑑などでたしかめてみましょう。

5 読む本のしゅるいや目的に合わせて、読み方を使い分けるとよいでしょう。目次やさくいんを使うと、目的のページを早く見つけることができます。

練習　46~47ページ

鳥になったきょうりゅうの話

文章を読んで、答えましょう。

鳥ときょうりゅうとでは、ずいぶんちがっているように見えますね。でも、ほねやあしのつき方など体のつくりをよく調べてみると、とてもにているのです。

大きさはどうでしょう。ほとんどの鳥は、きょうりゅうよりずっと小さな体をしています。なぜ、鳥たちは、このように小さくなったのでしょう。

それは、空をとぶには、小さくてかるい体のほうが都合がいいからです。また、小さければ食べ物も少なくてすみます。小さくなった鳥は、花のみつや草のたねなど、ほんの少しのえさを食べて生きていけるようになったのです。

ところで、鳥の中には、とてもうつくしい羽毛をもつものもいます。昔のきょうりゅうがどんな色をしていたのかは、長い間、そうぞうするしかありませんでした。しかし、手がかりがのこった羽毛の化石が見つかり、少しずつきょうりゅうの色が分かってきています。もしかしたら、おしどりのように色あざやかなきょうりゅうもいたかもしれませんね。

昔々大昔の地球を歩き回っていたティラノサウルスやブラキオサウルスなどの大きなきょうりゅうたちは、もういません。けれどもそのかわり、鳥という小さなきょうりゅうのなかまは、今も元気にこの地球で生きているのです。

大島英太郎「鳥になったきょうりゅうの話」より

❶ 鳥ときょうりゅうは、どんなところがにているのですか。

（ほね）や（あし）のつき方など（体のつくり）がとてもにている。

❷「なぜ、鳥たちは、このように小さくなったのでしょう。」について、答えましょう。

① 「小さくなった」理由は何ですか。二つ書きましょう。

・（空をとぶ）ときに都合がいいから。

・（食べ物）が少なくてすむから。

ヒント　次の文の「それ」は、この問いかけのないようを指しているよ。

② 「小さくなった」鳥は、どんなものを食べて生きていけるようになったのですか。

（花のみつや草のたね）など

❸「少しずつきょうりゅうの色が分かってきています」について、答えましょう。

① 「きょうりゅうの色が分かって」きたのは、なぜですか。

（れい）（手がかりがのこった羽毛の化石が見つかったから。）

② 「きょうりゅうの色が分かって」きたことから、筆者はどんな考えをのべていますか。それが書かれた一文の、はじめの六字を書きましょう。

（もしかしたら）

❹「そのかわり」とは、どういうもののかわりですか。

大昔の（地球）を歩き回っていた、今はもういない、（大きなきょうりゅう）たちのかわり。

❺「今も元気にこの地球で生きている」のは、どんな生き物ですか。一つに○をつけましょう。

ア（　）ティラノサウルスやブラキオサウルス。

イ（　）大きなきょうりゅうのなかま。

ウ（○）小さなきょうりゅうのなかま。

ヒント　「鳥」は、どのなかまなのかを読みとろう。

じゅんび　48~49ページ

わたしと小鳥とすずと／夕日がせなかをおしてくる

かきトリ　新しい漢字

両（リョウ）教科書118ページ　6画

負（フ　まける・まかす・おう）121ページ　9画

1 □に読みがなを書きましょう。

① 試合に負ける。（ま）

② 両手を上げる。（りょうて）

2 詩を読んで、答えましょう。

わたしと小鳥とすずと

金子みすゞ

わたしが両手をひろげても、
お空はちっともとべないが、
とべる小鳥はわたしのように、
地面をはやくは走れない。

わたしがからだをゆすっても、
きれいな音はでないけど、
あの鳴るすずはわたしのように
たくさんなうたは知らないよ。

すずと、小鳥と、それからわたし、
みんなちがって、みんないい。

(1) この詩は、いくつの連からできていますか。漢数字で答えましょう。

（三）つ

(2) 一つ目の連では、何と何とをくらべていますか。

（わたし）と（小鳥）

(3) 二つ目の連では、何と何とをくらべていますか。

（わたし）と（すず）

(4) 「すず」と「小鳥」と「わたし」について、作者はどう思っていますか。詩の言葉を書きぬきましょう。

（みんなちがって、みんないい（。））

3 詩を読んで、答えましょう。

夕日がせなかをおしてくる

阪田寛夫

夕日がせなかをおしてくる
まっかなうででおしてくる
歩くぼくらのうしろから
でっかい声でよびかける
さよなら　さよなら
さよなら　きみたち
ばんごはんがまってるぞ
あしたの朝ねすごすな

夕日がせなかをおしてくる
そんなにおすなあわてるな
ぐるりふりむき太陽に
ぼくらも負けずどなるんだ
さよなら　さよなら
さよなら　太陽
ばんごはんがまってるぞ
あしたの朝ねすごすな

(1) 「まっかなうででおしてくる」とは、どんな様子を表していますか。一つに○をつけましょう。

ア（　）夕日が弱い光をはなっている様子。

イ（○）まっかな夕日の光がてらしている様子。

ウ（　）赤い夕日がしずんでいく様子。

(2) 「さよなら　さよなら」は、だれ（何）が言っていますか。

・一つ目の連（夕日）

・二つ目の連（ぼくら）

(3) この詩にはどんな様子がえがかれていますか。一つに○をつけましょう。

ア（　）遊びをおえて、家に帰る子どもたちの後ろで、太陽がしずんで、くらくなっていく様子。

イ（　）遊びをおえて、家に帰る子どもたちとのわかれを悲しむように、夕日の光が弱くなっていく様子。

ウ（○）遊びをおえて、家に帰る子どもたちのせなかをおすように、まっかな夕日がてらしている様子。

(4) この詩を音読するときには、どんな読み方をすればよいですか。一つに○をつけましょう。

ア（○）明るく元気な感じの読み方。

イ（　）ゆったりと落ち着いた感じの読み方。

ウ（　）しみじみとしたさみしい感じの読み方。

---

❶❷ 2～3行目にあります。次の段落に書かれています。段落はじめの「それ」は、「なぜ、……小さくなったのでしょう。」という問いかけのないようを指していて、「鳥たちがこのように小さくなった理由は」と言いかえることができます。

❸ ①すぐ前の部分に書かれています。そうぞうするしかなかったきょうりゅうの色が、手がかりがのこった羽毛の化石の発見によって、分かるようになりました。

②「もしかしたら、……かもしれません（ね）。」とあります。これは事実ではなく、考えをのべるときに使う書き方です。

❹ 前の文に着目します。大昔の地球を歩き回っていた大きなきょうりゅうたちは、今はもういなくなってしまった、そのいなくなった大きなきょうりゅうたちのかわり、ということです。

2 (2)・(3)一つ目の連は、「わたし」は空をとべないが、地面をはやく走れる⇔「小鳥」はとべるが、地面をはやくは走れない。二つ目の連は、「わたし」はきれいな音はでないが、たくさんのうたを知っている⇔「すず」はきれいな音を鳴らせるが、たくさんのうたは知らないと、それぞれ「わたし」と「小鳥」、「わたし」と「すず」をくらべています。

(4)みんなそれぞれにちがうけれど、みんなそれぞれによくて、それぞれにすてきなんだよ、とうたっているのです。

3 (1)何が「うで」にたとえられているのか、「おしてくる」という表現から、それがどんな様子なのかを考えましょう。

(2)「さよなら　さよなら」の次の行に、それぞれ「さよなら　きみたち」「さよなら　太陽」とあります。一つ目の連は「夕日（太陽）」がきみたちに、二つ目の連は「ぼくら」が太陽によびかけているのです。

(3)「ぼくら」はせなかをおされながら、「でっかい声で」よびかけられているように感じています。この様子から、夕日の光が「ぼくら」のせなかを強くてらしていることが分かります。

(4)「でっかい声で」「負けずどなる」という表現から考えましょう。

じゅんび 50~51ページ
こんな係がクラスにほしい／ポスターを読もう

2 ④「対話」は二人の人が向かい合って話すことです。「会話」とはちがいます。

3 ②「まつり」は「祭」一字だけでなく、「祭り」と送りがながつきます。

4 話し合いは、全員が意見を出し、おたがいの考えをみとめ合いながら話し合うことが大切です。出た意見には、しつもんしたり、考えを足したりして、考えを広げましょう。

5 このポスターは、「運動週間」について知らせるポスターです。期間は「10月21日（水）～10月27日（火）」。いろいろな運動をしている人たちの絵を入れて、見る人のきょうみを引いています。「キャッチコピー」は、読む人を引きつけるようにくふうされたみじかい言葉です。けんこうのために毎日運動をしよう、ということをつたえています。

じゅんび 52~53ページ
書くことを考えるときは／漢字の組み立て

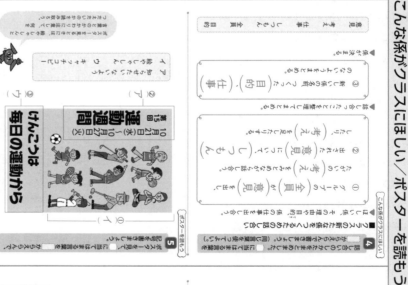

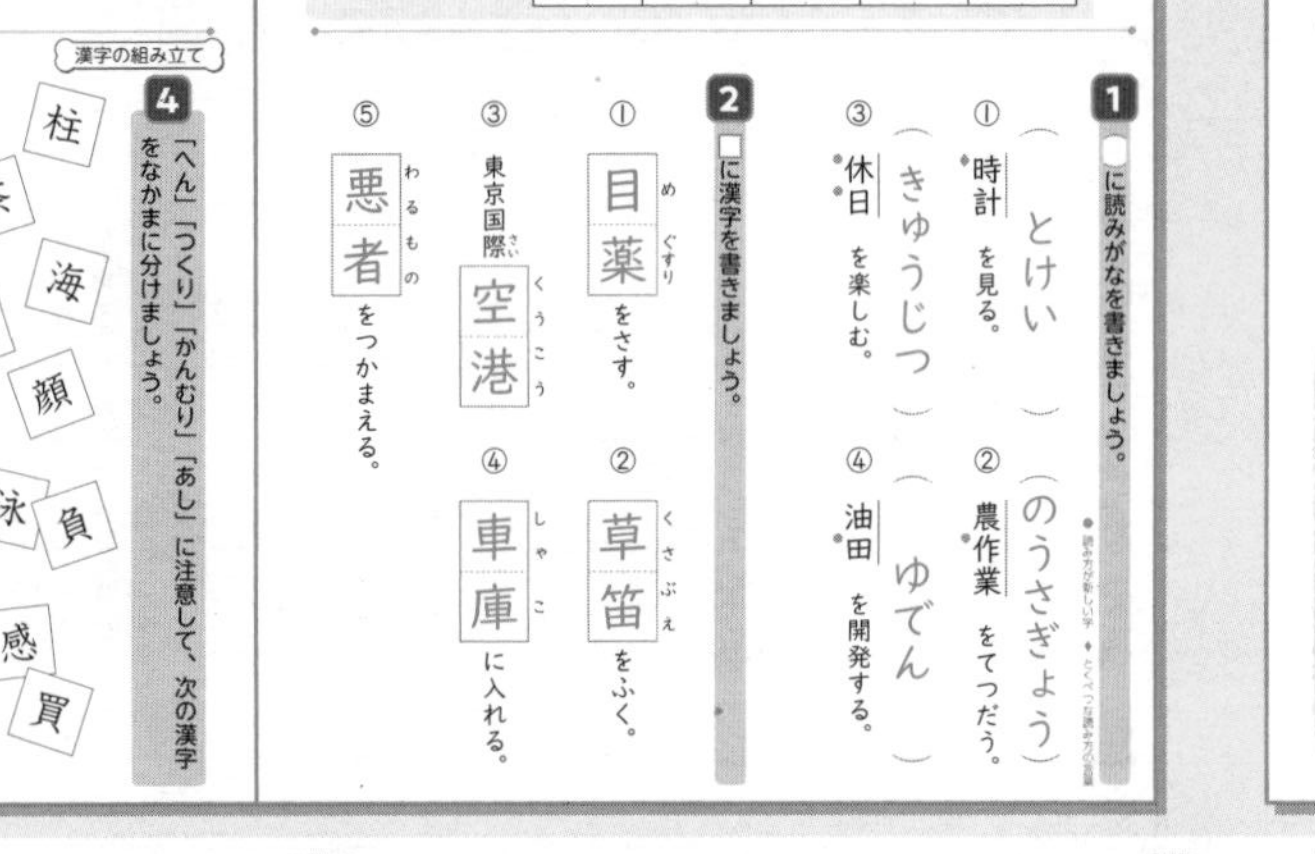

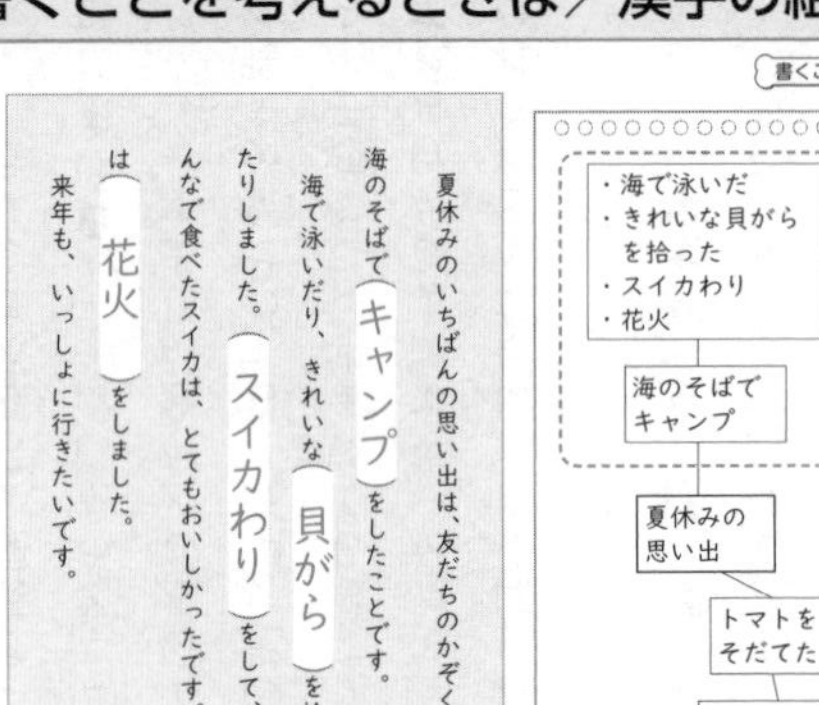

1 ①「時計」はとくべつな読み方の言葉です。
②「作」の「サ」という読みは音です。
③「休日」は「休む日」です。

2 ③「港」の音には「開港」（新しく港や空港を開くこと）の語もあります。

3 夏休みの思い出をテーマとして、思いついたことを、図を使って書いています。その中のいちばんの思い出として、海のそばでキャンプをしたことを文章にしました。図に書いてあることを文章に当てはめます。
書くことを考えるときは、このように図を使ってくわしく書き出し、その中から友だちにつたえたいことをえらび、文章に書くとよいでしょう。

4 漢字の多くは、いくつかの部分が組み合わさってできています。漢字の左がわにあって、おおまかな意味を表す部分を「へん」、漢字の右がわにおかれる部分を「つくり」といいます。漢字の上や下の方にあって、おおまかな意味を表す部分を、それぞれ「かんむり」「あし」といいます。そのほか、「にょう」「たれ」「かまえ」などもあるので、調べてみましょう。ここにあげた「へん」「つくり」「かんむり」「あし」の名前は、「木（きへん）」「氵（さんずい）」「力（ちから）」「頁（おおがい）」「艹（くさかんむり）」「雨（あめかんむり）」「心（こころ）」「貝（かい）」です。

じゅんび 54~55ページ
ローマ字

すらすら 新しい漢字　勉　放　波

1 □に読みがなを書きましょう。
① 文字を入力する。（にゅうりょく）
② 国語を勉強する。（べんきょう）
③ 外出先から帰社する。（きしゃ）

2 □に漢字を書きましょう。
① 番組を放送する。
② 電波が弱い。

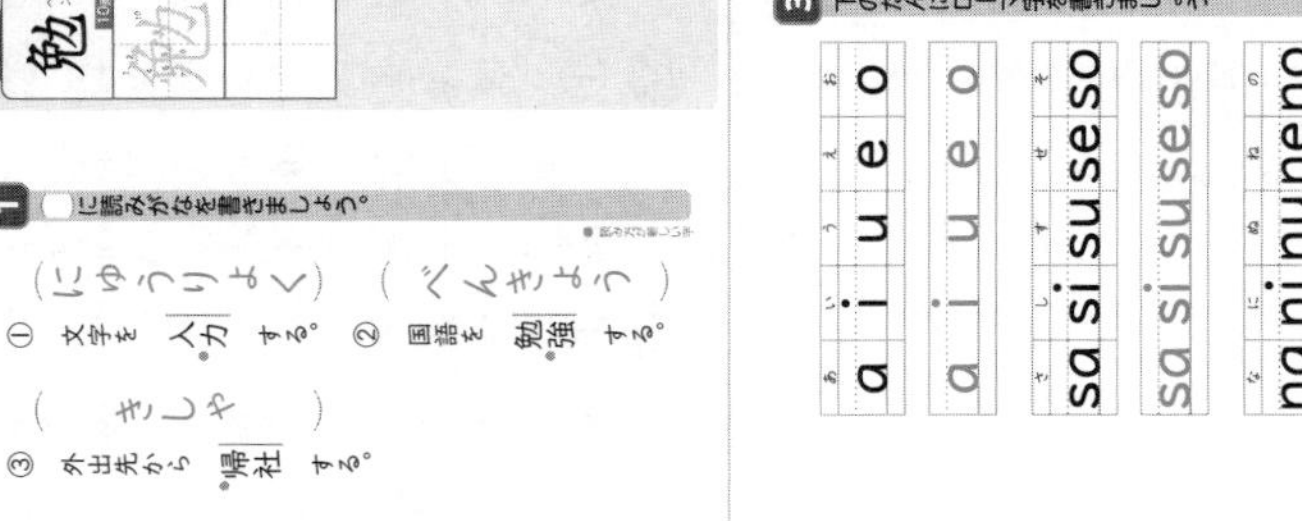

3 下のだんにローマ字を書きましょう。
a i u e o
sa si su se so
na ni nu ne no

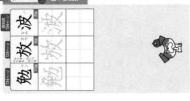

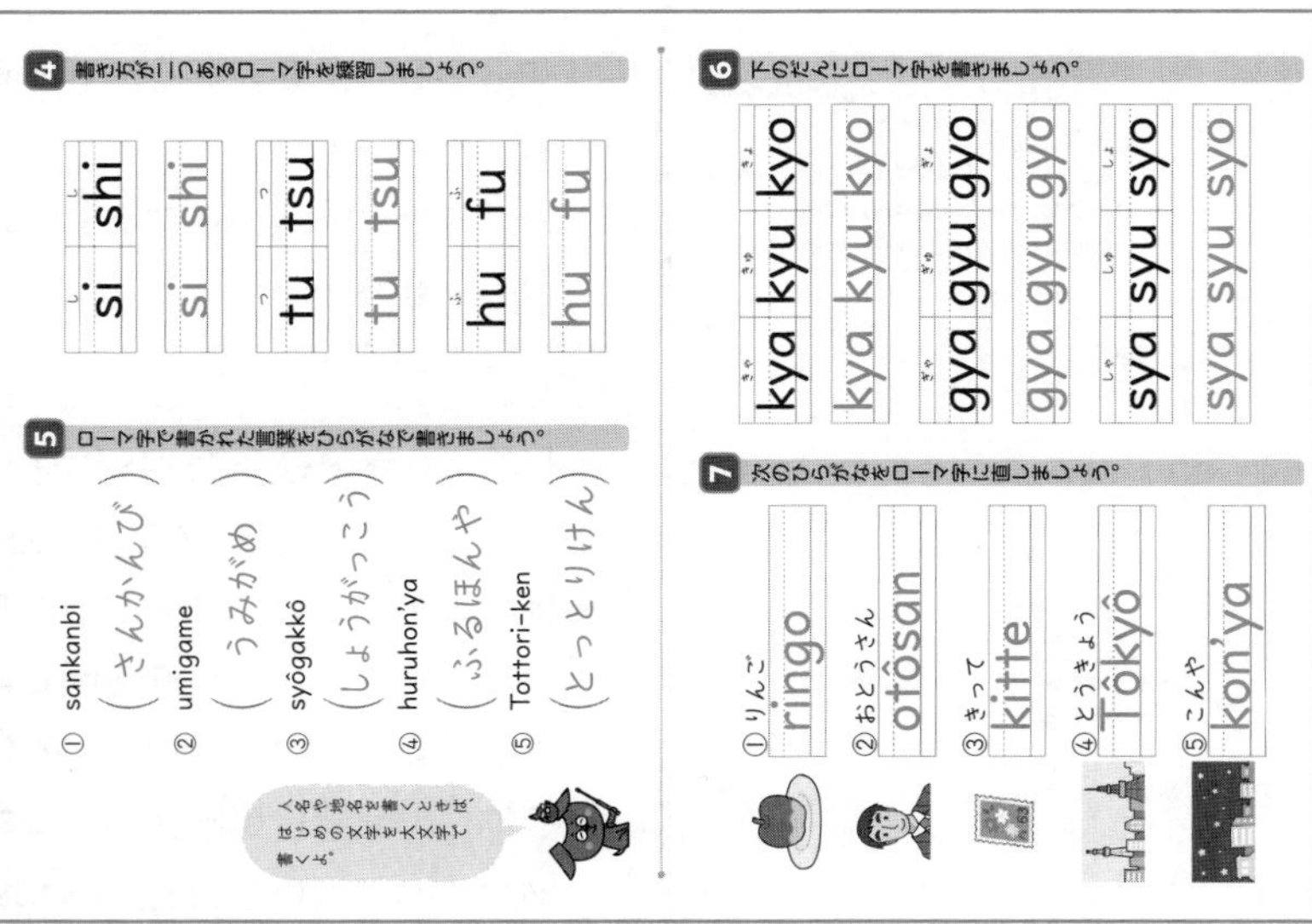

4 書き方が二つあるローマ字を練習しましょう。
si shi　tu tsu　hu fu

5 ローマ字で書かれた言葉をひらがなで書きましょう。
① sankanbi（さんかんび）
② umigame（うみがめ）
③ syôgakkô（しょうがっこう）
④ huruhon'ya（ふるほんや）
⑤ Tottori-ken（とっとりけん）

6 下のだんにローマ字を書きましょう。
kya kyu kyo
gya gyu gyo
sya syu syo

7 次のひらがなをローマ字に直しましょう。
① りんご ringo
② おとうさん otôsan
③ きって kitte
④ とうきょう Tôkyô
⑤ こんや kon'ya

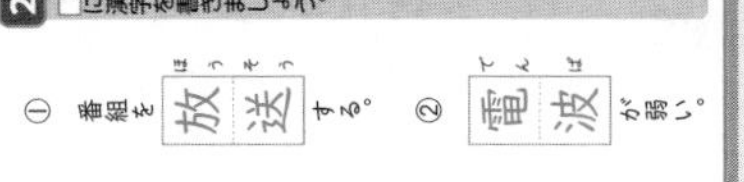

たしかめのテスト 56~57ページ
わたしと小鳥とすずと ～ ローマ字

1 読みがなを書きましょう。
① 北海道の港町。（みなとまち）
② 祭りのじゅんび。（まつり）
③ 兄と勝負する。（しょうぶ）
④ 新雪をふむ。（しんせつ）
⑤ 間近で見る。（まぢか）
⑥ けはいを感知する。（かんち）
⑦ 広大な野原。（こうだい）
⑧ 金庫にしまう。（きんこ）
⑨ 雲海が見える。（うんかい）
⑩ 土地の売買。（ばいばい）

2 □に漢字を書きましょう。
① 車に注意する。② 全員に話す。③ 両手で持つ。④ 電柱に上る。⑤ 勉強する。⑥ 鉄板でやく。

3 （　）に漢字と送りがなを書きましょう。
① しあいに（負ける）。② （悪い）知らせ。

4 思考・判断・表現　ポスターを見るときに気をつけるのはどんなことですか。（　）に当てはまる言葉を□からえらんで書きましょう。
① （言葉）と絵やしゃしんの（組み合わせ）に気をつけて、ないようをとらえる。
② ポスターが作られた（目的）を考える。
③ 知らせたい（相手）はだれかを考える。
相手　組み合わせ　言葉　目的

5 次のひらがなをローマ字に直して書きましょう。
① がっこう gakkô
② おにいさん onîsan
③ さっぽろし Sapporo-si
④ ほんや hon'ya
⑤ きょうしつ kyôsitu

6 「にょう」「たれ」「かまえ」に注意して、□の漢字をなかまに分けましょう。
広　開　送　図　通　庫　園　間
「にょう」① 辶（送　通）
「たれ」② 广（広　庫）
「かまえ」③ 口（図　園）
④ 門（開　間）
※それぞれ順番はちがっていてもよい。

7 次の「へん」は、それぞれ何に関係がありますか。□からえらんで、記号を書きましょう。
① 糸（ウ）② 扌（ア）③ 言（イ）
ア 手でする動作。手のはたらき。
イ 言葉。
ウ いとやおりもの。しゅるいやじょうたい。

---

3 教科書にあるローマ字表を見て、すべて読み書きできるようにしましょう。コンピュータの文字入力を、ローマ字で入力して練習してもよいでしょう。

5 分からないときは、ローマ字表をかくにんしましょう。
③のばす音は、「a」「i」「u」「e」「o」の上に「^」をつけて書き表します。
④はねる音「ん（n）」の次に「a」「i」「u」「e」「o」や「y」が来るときは、読みまちがえないように、「n」の後に「'」をつけます。
⑤人名や地名を書くときは、はじめの文字を大文字で書きます。全部を大文字で書くこともあります。

7 ①「ringo」の「n」の後に、「'」はいりません。「n」の後に何がつづいているか注意しましょう。
②「otosan」と書くと「おとさん」と読んでしまいます。のばす記号「^」をわすれずにつけましょう。
③つまる音は、次に来る音のはじめの文字（ここではt）をかさねて書きます。
④「TÔKYÔ」でも正答です。
⑤ここでは「n」のあとに「y」が来るので、わすれずに「'」をつけます。

2 ④「柱」は「住」と形がにているので、まちがえないように書きましょう。

5 ①つまる音とのばす音に気をつけます。
③地名を書く場合は、はじめの文字、またはすべてを大文字で書きます。また、言葉をつなぐしるしの「-」をつけることもあります。「SAPPORO-SI [SHI]」「SAPPOROSI [SHI]」「Sapporosi [shi]」でも正答です。
④「'」をわすれると「ほにや」と読んでしまいます。書いたローマ字を正しく読めるか、かくにんしましょう。
⑤「し」の書き方には「si」と「shi」、「つ」の書き方には「tu」と「tsu」があります。「kyôshitu」「kyôsitsu」「kyôshitsu」でも正答です。

6 それぞれの名前は、①「しんにょう（しんにゅう）」、②「まだれ」、③「くにがまえ」、④「もんがまえ」です。

じゅんび 58〜59ページ

ちいちゃんのかげおくり

新しい漢字

想 写 真 列 血 暗 橋

暑 寒 軽 命 第

1 □に読みがなを書きましょう。

① お父さん（とうさん） ② お兄さん（にいさん）

③ 明らかにする。（あき） ④ 橋をわたる。（はし）

2 □に漢字を、〇に漢字と送りがなを書きましょう。

① 列車が着く。 ② 命をまもる。

③ 写真をとる。 ④ 血が出る。

⑤ 暑い夏。 ⑥ 空が暗い。

3 正しい意味に〇をつけましょう。

① 土地の人に道をたずねる。
ア（〇）きく。
イ（ ）おとずれる。

② はす向かいのうちのおばさん。
ア（〇）ななめ前。
イ（ ）まん前。正面。

③ なくのをこらえる。
ア（ ）やめる。
イ（〇）がまんする。

④ はこの中みをそっくり入れかえる。
ア（〇）全部。
イ（ ）一部。

⑤ すうっとうかびあがる。
ア（ ）つめたい様子。
イ（〇）なめらかな様子。

3分でワンポイント ちいちゃんの様子や行動をとらえよう。

★①〜③の（ ）に合う、ちいちゃんの様子や行動を表す言葉を□の中から選んで、記号を書きましょう。（二行あきで、五つの場面に分かれています。）

場面	場面の様子
一	ちいちゃんが「かげおくり」を①（イ）楽しんだ次の日、お父さんが出征する。
二	くうしゅうの日、お母さんと②（ウ）、ちいちゃんはひとりぼっちになる。
三	ちいちゃんは、お母さんとお兄ちゃんの帰りをやけ落ちた家でまっている。
四	③（ア）かげおくりをするちいちゃんは、空にすいこまれていく。
五	何十年かの後、ちいちゃんがかげおくりをした場所は公園になった。

ア 一人で　イ 家ぞくで　ウ はぐれて

練習① 60〜61ページ

ちいちゃんのかげおくり

文章を読んで、答えましょう。

出征する前の日、お父さんは、ちいちゃん、お兄ちゃん、お母さんをつれて、先祖のはかまいりに行きました。その帰り道、青い空を見上げたお父さんが、つぶやきました。

「かげおくりのよくできそうな空だなあ。」

「えっ、かげおくり。」

と、お兄ちゃんがききかえしました。

「かげおくりって、なあに。」

と、ちいちゃんもたずねました。

「十、数える間、かげぼうしをじっと見つめるのさ。十、と言ったら、空を見上げる。すると、かげぼうしがそっくり空にうつって見える。」

と、お父さんがせつめいしました。

「父さんや母さんが子どものときに、よく遊んだものさ。」

「ね。今、みんなでやってみましょうよ。」

と、お母さんが横から言いました。

ちいちゃんとお兄ちゃんを中にして、四人は手をつなぎました。そして、みんなで、かげぼうしに目を落としました。

「まばたきしちゃ、だめよ。」

と、お母さんが注意しました。

「まばたきしないよ。」

ちいちゃんとお兄ちゃんが、やくそくしました。

「ひとうつ、ふたあつ、みいっつ。」

と、お父さんが数えだしました。

「ようっつ、いつうつ、むうっつ。」

と、お母さんの声もかさなりました。

「ななあつ、やあっつ、ここのうつ。」

ちいちゃんとお兄ちゃんも、いっしょに数えだしました。

「とお。」

目の動きといっしょに、白い四つのかげぼうしが、すうっと空に上がりました。

あまん きみこ「ちいちゃんのかげおくり」より

1 「かげおくり」をしたのは、いつですか。
お父さんが出征する前の日。

2 「かげおくり」とは、どんな遊びですか。①〜③に合う言葉を、文章から書きぬきましょう。
①数える間、②をじっと見つめ、①と言ったら、③を見上げる。すると、②がそっくり③にうつって見えるという遊び。
① 十 ② かげぼうし ③ 空

3 「ね。今、みんなでやってみましょうよ。」について、答えましょう。
① 「みんな」とは、だれですか。四人すべて書きましょう。
（（お）父さん）（（お）母さん）（お兄ちゃん）（ちいちゃん）
※①順番はちがっていてもよい。
② お母さんは、どんな気持ちから、このように言ったのですか。一つに〇をつけましょう。
ア（ ）子どものときによく遊んだ「かげおくり」を、もういちどやってみたいという気持ち。
イ（〇）お父さんが出征する前に、家ぞくみんなの思い出になることをのこしておきたいという気持ち。
ウ（ ）今日の天気で、本当に「かげおくり」ができるかどうか、ためしてみたいという気持ち。

ヒント この日がどういう日なのかを読みとって考えよう。

4 「ちいちゃんとお兄ちゃんが、やくそくしました。」とありますが、だれと、どんなことをやくそくしたのですか。
お母さんと、まばたきしないことをやくそくした。

ヒント 「かげおくり」を始めたときにやくそくしているよ。

5 「とお。」と言って空を見上げたら、何が見えましたか。
すうっと空に上がった、白い四つのかげぼうし。

---

1 ①・②「父さん」「兄さん」は、「とうさん」「にいさん」と読みます。おぼえましょう。
③「あからか」「あけらか」などと読まないようにしましょう。

2 ①「列」を使った語には、ほかに「行列」「整列」などがあります。
②「命」は、一字で「いのち」と読みます。

3 ①「たずねる」には、イ「おとずれる」の意味もあります。「有名なお寺をたずねる。」などのときは、「おとずれる」の意味を表します。文の中での使われ方のちがいで、意味もちがってくるので、注意しましょう。
②「はす向かい」の「はす」とは、「ななめ」という意味です。

3分でワンポイント

「ちいちゃんのかげおくり」（あまんきみこ）では、家ぞくで「かげおくり」をする場面と、ちいちゃんがたった一人で「かげおくり」をする場面があります。二つの「かげおくり」をくらべ、そのときのちいちゃんの様子をしっかりととらえましょう。二つの「かげおくり」の間におこったことをおさえることも大切です。

1 先祖のはかまいりの帰り道で、青い空を見上げたお父さんが、「かげおくりのよくできそうな空だなあ。」と言ったことがきっかけで、家ぞくで「かげおくり」をしました。それは、お父さんが「出征する前の日」（一行目）のことです。

2 物語の題名にもなっている、「かげおくり」の遊び方を読みとりましょう。

3 ①場面の登場人物をとらえましょう。「みんな」とは、ちいちゃんの家ぞくみんなのことです。
②お父さんが「出征する前の日」であることに、大切な意味がふくまれています。家ぞくですごす幸せな日の思い出として、みんなの心の中にのこしておきたかったのでしょう。

4 「かげおくり」を始めたとき、「まばたきしちゃ、だめよ。」（25行目）と注意したお母さんに対して、ちいちゃんとお兄ちゃんがやくそくしています。

5 さいごの文から読みとることができます。

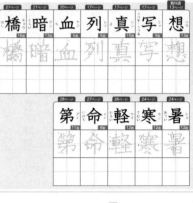

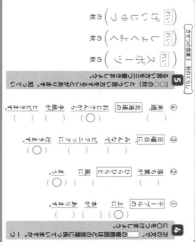

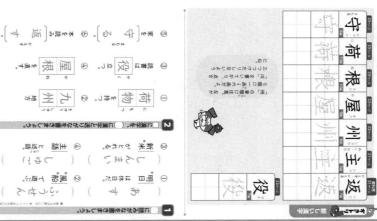

じゅんび 64～65ページ　修飾語を使って書こう／きせつの言葉3　秋のくらし

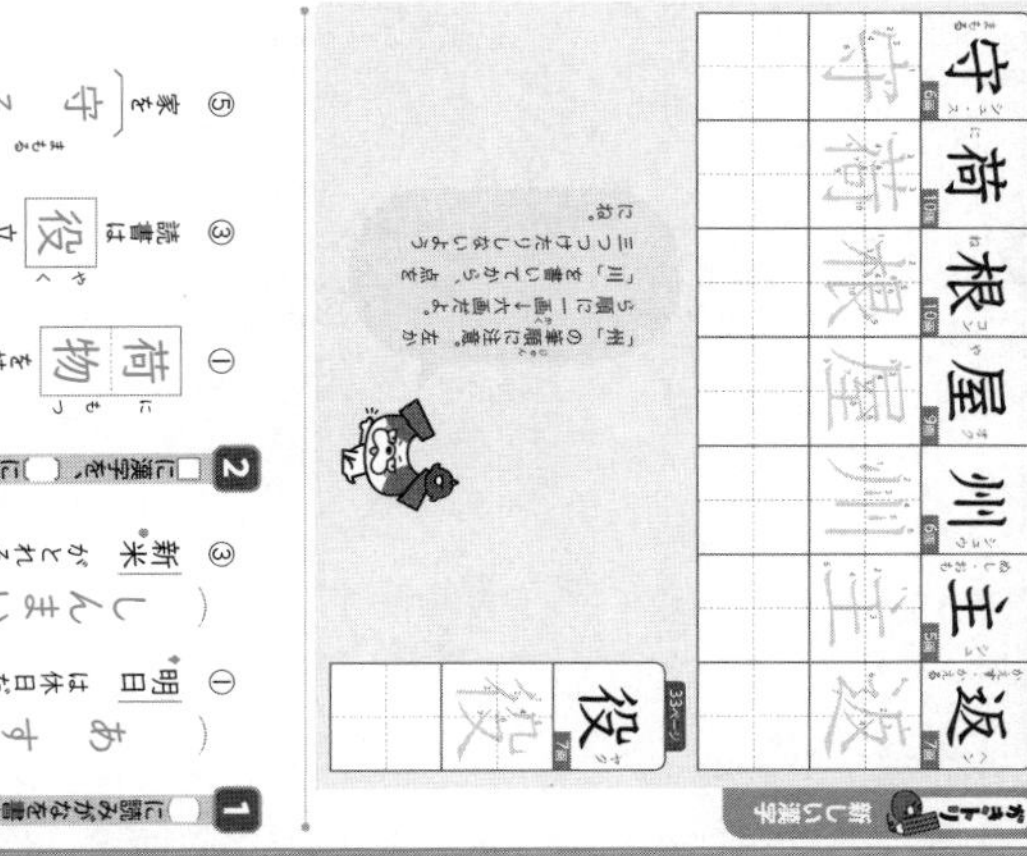

練習② 62～63ページ　ちいちゃんのかげおくり

❶ 前に「くうしゅうけいほうのサイレンで」とあります。この「で」は、げんいんや理由を表しています。夜でも、サイレンは大きな音で鳴りひびき、ちいちゃんたちは目をさましたのです。

❷ ①「さあ、いそいで。」とお母さんが声をかけた後、外に出ると「赤い火が、あちこちに上がって」（5行目）いたことから考えましょう。

②「川の方ににげるんだ。」（11行目）とだれかがさけんでいます。ちいちゃんたちだけでなく、たくさんの人たちが、回ってくる火からにげていることが分かります。

❸「風があつくなってきました。ほのおのうずがおいかけてきます。」（13～15行目）という二つの文です。火のいきおいがましていく様子が、短い文がつづくことによって、まるでその場にいるかのように感じられます。ほのおがせまってくることを、「おいかけてきます」と人にたとえることで、そのおそろしさがさらに強められてつたわってきます。

❹ ――線の前に、おんぶした理由が書かれています。

❺ 前に「ちいちゃんは、お母さんとはぐれました」とあります。ちいちゃんはお母さんをさがしているのです。

❻ ちいちゃんがお母さんだと思った人は、人ちがいでした。さいごの二文から、ちいちゃんの心細い様子や気持ちを読みとりましょう。

---

1 ②「風」は、訓読みは「かぜ・かざ」、音読みは「フウ」、「船」は、訓読みは「ふね」、音読みは「セン」です。

3 「主語」は「だれが（は）」「何が（は）」に当たる言葉、「述語」は「どうした（どうする）」「どんなだ」「何だ」に当たる言葉、修飾語は文の意味をくわしくする言葉です。

4 それぞれ、①「どこの」、②「どのように」、③「いつ」、④「どこの」を表します。ほかにも「だれに」「何（どこ）を」「だれ（何）の」などを表す言葉も修飾語です。

じゅんび 66〜67ページ

おすすめの一さつを決めよう

1 □に読みがなを書きましょう。

① 一言つけ足す。（た）
② 元にもどす。（もと）
③ 楽しい時間。（たの）
④ 係の仕事。（かかり）

2 □に漢字を、〔　〕に漢字と送りがなを書きましょう。

① いすを動かす。
② 地図を見る。
③ 漢字の学習。
④ 店を〔開く〕。
⑤ 引き出しの中を整理する。

3 正しい意味に○をつけましょう。

① ルールにそって遊ぶ。
ア（○）そのことにしたがって。
イ（　）そのことにさからって。

② みんなに聞こえるかどうかをいしきする。
ア（○）気にかける。
イ（　）気にしない。

4 話し合いでの役わりと、その仕事を――でつなぎましょう。

① 司会
② きろく係
③ 時間係

ア 話し合いのないようを書きとめる。
イ 時間を計り、決めた時間で話し合いが進むようにはたらきかける。
ウ 話し合いを進める。意見をまとめる。

5 一年生にしょうかいする本を決める話し合いのしかたをまとめました。①〜⑤に当てはまる言葉を□からえらんで、記号を書きましょう。

▼（①）と（②）をたしかめ、自分の考えをもつ。
（①）一年生がもっと図書室に行きたくなるようなおもしろい本をしょうかいする。
（②）しょうかいしたい本とその（③）を、メモなどに書く。
▼（④）を決め、進め方をたしかめる。
（④）司会・きろく係・時間係
進め方
1 （⑤）を出し合う。
2 決め方について話し合う。
（「どんなおもしろさのある本がよいか」）
3 決め方にそって話し合う。
4 話し合いをまとめる。
▼進行にそって話し合う。

ア 役わり　イ 決めること　ウ 目的
エ 意見　オ 理由

①（ウ）②（イ）③（オ）
④（ア）⑤（エ）

6 話し合いのときに、次の人が注意することを、□からそれぞれすべてえらんで、記号を書きましょう。

① 司会（アウカキ）
② 時間係（エ）
③ 発言する人（イオ）

ア 話し合いの目的と進め方をたしかめる。
イ 考えとその理由を言う。
ウ 話がそれたときは、元にもどす。
エ 進行にそって、のこりの時間の使い方をみんなに知らせる。
オ 自分と友だちの意見の、同じところとちがうところをはっきりさせる。
カ 出た意見を、にているところやちがうところをもとに整理する。
キ 決まったことをたしかめる。

※①③順番はちがっていてもよい。

7 司会をするときの次の言葉は、ア意見を引き出す言葉、イ意見をまとめる言葉のどちらですか。記号を書きましょう。

① くわしくせつめいしてください。（ア）
② 意見の同じところとちがうところを、整理してみましょう。（イ）
③ 話し合ったことをたしかめます。（イ）
④ 理由を教えてください。（ア）

1 ①「足」には、ほかに「たーる」「たーりる」「あし」の訓読みがあります。音読みは「ソク」です。「遠足」などの語があります。

2 ④「ひらく」は、送りがなに注意しましょう。「×開らく」はまちがいです。ただし、「開」は「あく」と読むときも「開く」と書きます。文の中での使われ方で読み方がちがってくるので、正しくおぼえるようにしましょう。〈れい〉「本を開く。」「びんのふたが開く。」

5 話し合いでは、「何のために（目的）」「何を（決めること）」「どうやって（進め方）」決めるかをいしきして話し合うことが、意見や考えをまとめるために大切です。

6 とくに役わりをもたない人も、発言する人として話し合いにふさわしい発言のしかたを考えて、話し合いにさんかしましょう。

7 司会は話し合いの進行に大きな役わりをはたします。話し合いにさんかしている人たちの意見を引き出し、まとめるために、いろいろなパターンの声かけができるように心がけましょう。

たしかめのテスト① 68〜69ページ

ちいちゃんのかげおくり／おすすめの一さつを決めよう

おうちのかたへ

登場人物の心情を読み取るには、作品中の表現やそれを修飾している言葉などにも注意しましょう。「どなる」と「さけぶ」では心情が異なります。「へらへら笑う」と「きらきら笑う」でも違います。言葉の使われ方や独特の表現を手がかりにすると、心情を捉えやすいでしょう。

文章を読んで、答えましょう。　思考・判断・表現

そのとき、

「かげおくりのよくできそうな空だなあ。」

というお父さんの声が、青い空からふってきました。

「ね。今、みんなでやってみましょうよ。」

というお母さんの声も、青い空からふってきました。

ちいちゃんは、ふらふらする足をふみしめて立ち上がると、たった一つのかげぼうしを見つめながら、数えだしました。

「ひとうつ、ふたあつ、みいっつ。」

いつのまにか、お父さんのひくい声が、かさなって聞こえだしました。

「ようっつ、いつうつ、むうっつ。」

お母さんの高い声も、それにかさなって聞こえだしました。

「ななあつ、やあっつ、ここのうつ。」

お兄ちゃんのわらいそうな声も、かさなってきました。

「とお。」

ちいちゃんが空を見上げると、青い空に、くっきりと白いかげが四つ。

「お父ちゃん。」

ちいちゃんはよびました。

「お母ちゃん、お兄ちゃん。」

そのとき、体がすうっとすき通って、空にすいこまれていくのが分かりました。

一面の空の色。ちいちゃんは、空色の花ばたけの中に立っていました。見回しても、見回しても、花ばたけ。

「きっと、ここ、空の上よ。」

と、ちいちゃんは思いました。

「ああ、あたし、おなかがすいて軽くなったから、ういたのね。」

そのとき、向こうから、お父さんとお母さんとお兄ちゃんが、わらいながら歩いてくるのが見えました。

「なあんだ。みんな、こんな所にいたから、来なかったのね。」

ちいちゃんは、きらきらわらいだしました。わらいながら、花ばたけの中を走りだしました。

夏のはじめのある朝、こうして、小さな女の子の命が、空にきえました。


あまんきみこ「ちいちゃんのかげおくり」より

1 「ふらふらする足をふみしめて立ち上がる」から、ちいちゃんのどんな様子が分かりますか。一つに○をつけましょう。　10点

ア（　）お父さんとお母さんの声を聞いて、元気になった様子。

イ（○）弱った体でさいごの力をふりしぼっている様子。

ウ（　）「かげおくり」をするのが、めんどうな様子。

2 「たった一つのかげぼうしを見つめながら、数えだしました」とは、どんなことを表していますか。　一つ10点（20点）

ちいちゃんが［一］人で［かげおくり］を始めたということ。

3 よく出る 「体がすうっとすき通って、空にすいこまれていく」とは、ちいちゃんがどうなったことを表していますか。一つに○をつけましょう。　10点

ア（　）とうめいになったこと。

イ（○）死んでしまったこと。

ウ（　）空気になったこと。

4 「きらきらわらいだしました」とありますが、なぜちいちゃんはわらいだしたのですか。一つに○をつけましょう。　20点

ア（　）花ばたけがとてもきれいだったから。

イ（　）空の上にかんたんにのぼれたから。

ウ（○）家族のみんなと会えてうれしかったから。

5 差がつく 「小さな女の子の命が、空にきえました」とありますが、「ちいちゃんの命が」としていないことで、どんなことが表されているのでしょうか。一つに○をつけましょう。　20点

ア（　）ちいちゃんは小さな女の子なので、命がきえるのはふしぎだということ。

イ（○）ちいちゃんのほかにも、小さな子どもたちの命がきえたということ。

ウ（　）ちいちゃんの命がきえたことを、決してわすれてはならないということ。

6 まとめる 空にすいこまれていくちいちゃんに声をかけるとしたら、どんなことを言ってあげたいですか。ちいちゃんによびかける言葉で書きましょう。　20点

れい 家ぞくのみんなに会えてよかったね。これでもう、さみしくないね。

---

1 「ふらふらする」から、体が弱っていることが、「足をふみしめて」から、力をこめて立ち上がろうとしている様子が分かります。

2 「たった一つのかげぼうし」とは、ちいちゃんのかげぼうしです。ちいちゃんが一人でかげおくりをしようとしているのです。

3 後につづく「一面の空の色。……思いました。」（25〜29行目）から、ちいちゃんが空の上にいることが分かります。これは、ちいちゃんが死んでしまったことを表しています。

4 直前のちいちゃんの言葉に着目しましょう。ここには、みんなに会えてほっとした気持ちが表れています。そして、「きらきらわらいだし」たことから、もうひとりぼっちではないのだという、うれしい気持ちが読みとれます。

5 せんそうによって、ちいちゃんだけでなく、たくさんのおさない命がきえていきました。「ちいちゃんの命が」と書かないことで、そのことを読む人にそうぞうさせるこうかを生んでいます。

6 ちいちゃんの気持ちによりそって考えるか、ちいちゃんが死んでしまうことに対する自分の気持ちで考えるか、どちらでも思ったことが書かれていれば正答とします。ちいちゃんによびかける言葉で書いていなければ、10点。

れい2 ちいちゃんはわらっているけれど、死んでしまうから行ってはだめだよ。

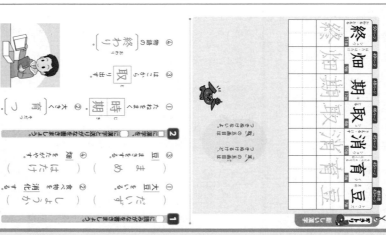

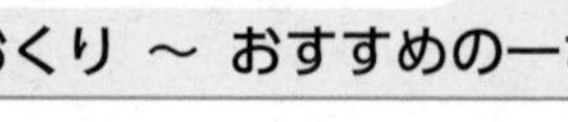

たしかめのテスト② 70～71ページ

ちいちゃんのかげおくり ～ おすすめの一さつを決めよう

1 読みがなを書きましょう。（一つ2点〔20点〕）

①（れっしゃ）列車をまつ。 ②（ち）血を止める。 ③（くら）外が暗くなる。 ④（ふうせん）風船をふくらませる。 ⑤（やく）仕事の役に立つ。 ⑥（あつ）暑い日がつづく。 ⑦（いのち）大切な命。 ⑧（やね）鳥が屋根にとまる。 ⑨（あき）理由を明らかにする。 ⑩（しんまい）新米はおいしい。

2 □に漢字を書きましょう。（一つ2点〔12点〕）

① 新しい［橋］がかかる。 ②［感想］を話す。 ③ 物語の［第］一場面。 ④［荷物］を運ぶ。 ⑤［九州］に行く。 ⑥ かりた本を［返］す。

3 （　）に漢字と送りがなを書きましょう。（一つ4点〔8点〕）

①（寒い）冬。 ②（軽い）石。

4 次の（　）に当てはまる言葉を□からえらんで、記号を書きましょう。（同じ記号は二度使えない。）（一つ2点〔12点〕）

① つめたい風が（ア）ふきぬける。
② 妹が小さな声で（オ）つぶやいた。
③ まどに手形が（ウ）ついてしまった。
④ ぼくは相手の顔を（イ）見つめた。
⑤ 読みおわった本を（エ）ゆずってもらう。
⑥ 予定があったことを（カ）わすれていた。

ア すうっと　イ じっと　ウ くっきりと　エ そっくり　オ ぼつんと　カ すっかり

5 次の文から修飾語を二つさがし、――線を引きましょう。（一つ3点〔24点〕）

① 明るい 光が 顔に 当たる。
② たくさんの きれいな 花が さく。
③ 魚が すいすいと 水中を 泳ぐ。
④ わたしは、今日、公園で 遊ぶ。

6 次の文の中で、□に当たる修飾語を書きましょう。（一つ3点〔18点〕）

① きのう、書店で図かんを買いました。
［いつ］（きのう）［何を］（図かんを）［どこで］（書店で）
② 兄の紙ひこうきは、ろうかをふわふわとんだ。
［だれの］（兄の）［どこを］（ろうかを）［どのように］（ふわふわと）

7 思考・判断・表現　話し合いのとき、大川さんから次の発言がありました。司会として、①②の場合は、どのような言葉がよいですか。考えて書きましょう。（一つ3点〔6点〕）

大川さん：「ふやしおに」をして遊ぶとよいと思います。

① 大川さんの意見をさらに引き出す。
（れい）理由を教えてください。
② ほかの人の意見も引き出す。
（れい）ほかに、意見はありませんか。

1 ⑩「新米」は、「その年新たにしゅうかくした米」という意味のほかに、「仕事など、何かをし始めてからまだ日数が少なく、なれていないこと」という意味もあります。「新米の社員」などのように使われます。

2 ②「感想」は、どちらも漢字に「心」がふくまれています。「かんじること」「おもうこと」を表し、心に関係のある漢字だと分かります。

③「弟」と字の形がにているので、注意しましょう。

4 ①「すうっと」は、なめらかに動いたりへんかしたりする様子を表します。

⑤「そっくり」は、「全部、丸ごと」という意味のほかに、とてもにている様子を表すときにも使われます。

5 「二つさがし」とあることに気をつけましょう。それぞれ、主語と述語以外の語が、すべて修飾語です。

7 ①なぜその意見になるのかという理由が分かれば、他の人も考えやすいと思われます。

じゅんび 72～73ページ

すがたをかえる大豆／食べ物のひみつを教えます

かきトリ！ 新しい漢字

豆（トウ・まめ）　育（イク・そだつ）　消（ショウ・けす）　取（シュ・とる）　期（キ）　畑（はた・はたけ）　終（シュウ・おわる）

「耳」の五画目はつきぬけるけど、「取」の五画目はつきぬけないよ。

1 □に読みがなを書きましょう。

① 大豆（だいず）をいる。 ② 食べ物を消化（しょうか）する。 ③ 豆（まめ）まきをする。 ④ 畑（はたけ）をたがやす。

2 □に漢字を、□に漢字と送りがなを書きましょう。

① たねをまく［時期］。 ② 大きく（育つ）。 ③ はこから［取］り出す。 ④ 物語の（終わり）。

3 正しい意味に○をつけましょう。

① 消化のよい食べ物。
ア（　）食べ物がくさらず長もちすること。
イ（○）食べ物を、体内でえいよう分として取り入れやすいようにかえること。
② ごまをいる。
ア（○）なべなどに入れて、火で熱する。
イ（　）火でやいて、こまかくくだく。
③ 大豆をこなにひく。
ア（　）重い物をのせて、つぶす。
イ（○）うすなどですりくだく。

4 米をおいしく食べるくふうや食品のれいを調べました。①～③に当てはまる言葉を□からえらんで、書きましょう。

おいしく食べるくふう	食品
① その形のまま（たく）	ごはん
② むす	もち
③ こなにする	白玉

こなにする　その形のままたく　もち　せんべい

3分でワンポイント　文章全体の組み立てをとらえよう。

★①～③の（　）に合う言葉を□の中からえらんで、記号を書きましょう。

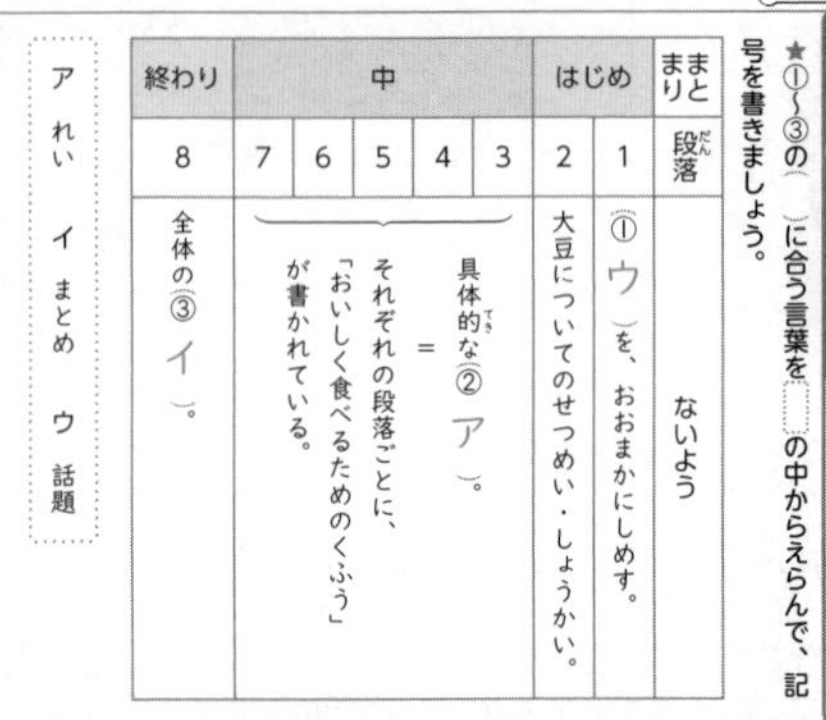

まとまり	はじめ		中						終わり
段落	1	2	3	4	5	6	7	8
ないよう	①ウを、おおまかにしめす。	大豆についてのせつめい・しょうかい。	具体的な②ア。＝それぞれの段落ごとに、「おいしく食べるためのくふう」が書かれている。						全体の③イ。

ア れい　イ まとめ　ウ 話題

2 ④送りがなに気をつけましょう。「×終り」としないようにしましょう。

3 ②「いる」は、なべやフライパンなどに入れて、火で熱することです。「いりたまご」「いりごま」「いり豆」などがあります。

③この「ひく」は、「ひっぱって動かす」という意味の「引く」ではないことをりかいしましょう。

4 調べたことを整理するときには、このように表にしたり、矢じるしや線でかこんで図にしたりしてまとめると、分かりやすくなり、文章を書くときに役立ちます。

3分でワンポイント

「すがたをかえる大豆」（国分牧衛）では、文章が「はじめ」「中」「終わり」のまとまりで組み立てられています。「はじめ」では、これからせつめいする話題のしょうかいをしています。「中」では、くわしいれいが、いくつかあげられていることを読み取りましょう。「終わり」は、全体をまとめ、しめくくるないようになっています。

練習　74~75ページ

すがたをかえる大豆

◆ 文章を読んで、答えましょう。

大豆は、ダイズという植物のたねです。えだについたさやの中に、二つか三つのたねが入っています。ダイズが十分に育つと、さやの中のたねはかたくなります。これが、わたしたちが知っている大豆です。かたい大豆は、そのままでは食べにくく、消化もよくありません。そのため、昔からいろいろ手をくわえて、おいしく食べるくふうをしてきました。

いちばん分かりやすいのは、大豆をその形のままいったり、にたりして、やわらかく、おいしくするくふうです。いると、豆まきに使う豆になります。水につけてやわらかくしてからにると、に豆になります。正月のおせちりょうりに使われる黒豆も、に豆の一つです。に豆には、黒、茶、白など、いろいろな色の大豆が使われます。

国分 牧衛「すがたをかえる大豆」より

❶「大豆」について、答えましょう。
① 「大豆」とは、何ですか。
　ダイズ という植物の たね。
② 何の中に、どのくらい入っていますか。
　えだについた さや の中に、二つか 三 つ入っている。

❷ 大豆に「昔からいろいろ手をくわえて、おいしく食べるくふうをして」きたのは、なぜですか。
　かたい 大豆は、そのまま では食べにくく、消化 もよくないから。

❸ 第一段落では、これからせつめいする話題をしめしています。それはどんなことですか。一つに○をつけましょう。
ヒント　直前の「そのため」の前に、理由がのべられているよ。

ア（　）大豆はどのように育っていくのかということ。

イ（　）大豆が十分に育つとかたくなるのは、なぜかということ。

ウ（○）大豆をおいしく食べるために、どんなくふうをしてきたのかということ。

❹ 次の食品には、大豆にどんなくふうがされていますか。表をかんせいさせましょう。

食品	くふう
豆まきに使う豆	その形のままで ① いる。
に豆	その形のままで ② (水につけてやわらかくしてから)にる。

❺ 第二段落は、第一段落とどんな関係にありますか。一つに○をつけましょう。
ア（　）第一段落でしめした話題について、自分の考えをのべている。

イ（○）第一段落でしめした話題について、具体的なれいをあげてせつめいしている。

ウ（　）第一段落でしめした話題について、その話題を取り上げた理由をせつめいしている。

ヒント　第二段落のせつめいのしかたに着目しよう。

❶ はじめの二文から、当てはまる言葉をさがします。植物名を「ダイズ」、そのダイズのたねを「大豆」と書き分けていることに気づけるとよいでしょう。

❷ 「そのため」の「その」は、前に書かれているないようを指しめしています。ここは、前の一文のないようを指しています。

❸ 第一段落のさいごに、「おいしく食べるくふうをしてきました」とあります。それをうけて、第二段落のはじめが、「いちばん分かりやすいのは、……おいしくするくふうです。」と、おいしく食べるくふうのれいをあげています。

❹ 「くふう」と「食品」のつながりをおさえましょう。

❺ ❸をさんこうにします。第一段落と第二段落の間に、たとえば、「そのくふうとは、どんなものなのでしょうか。」や「そのくふうについて、これからくわしく見ていきましょう。」などの言葉を入れて考えてみると、第一段落と第二段落の関係が分かりやすいでしょう。

じゅんび　76~77ページ

ことわざ・故事成語／漢字の意味

かきトリ 新しい漢字

福 急 起 苦 待 談 鼻
歯 央 階 委 級 昭 和
駅 皮
皿

1 ◯に読みがなを書きましょう。
① カードを交ぜる。（ま）
② 算数を教わる。（おそ）
③ 部屋に入る。（へや）
④ 多少の雨。（たしょう）
⑤ 今朝は風が強い。（けさ）
⑥ 昭和生まれ（しょうわ）

●読み方が新しい字　◆とくべつな読み方の言葉

2 □に漢字を、（　）に漢字と送りがなを書きましょう。
① 苦労して作る。
② 福は内、鬼は外。
③ 皿をあらう。
④ 中央に立つ。
⑤ 歯をみがく。
⑥ 二階に上がる。
⑦ 駅に向かう。
⑧ いもの皮をむく。
⑨ 相談にのる。
⑩ 学級会
⑪ 友だちからの手紙を（待つ）。
⑫ 朝は早く（起きる）。

ことわざ・故事成語

3 次のことわざの◯に当てはまる言葉を□からえらんで、記号を書きましょう。
① （イ）にみじかし たすきに長し
② （エ）も木から落ちる
③ 犬も歩けば（ウ）に当たる
④ （ア）の手もかりたい

ア ねこ　イ おび　ウ ぼう　エ さる

4 次の故事成語の意味を下からえらび、――でつなぎましょう。
① 矛盾 ― ア つじつまがあわないこと。
② 推敲 ― ウ 詩や文をよりよく直すこと。
③ 杞憂 ― イ しなくてよい心配をすること。

漢字の意味

5 意味のちがいに気をつけて、□に漢字を書きましょう。
① 夜が明けたので、店を開ける。
② 花のにおいをかごうと鼻を近づける。

1 ②「教」は、これまでに「キョウ」「おし-える」の読み方を習っています。「おそ-わる」は、「おしえてもらう」という意味で使うときは、「おそ-わる」の読み方になります。

2 ⑫「起」は、送りがなに気をつけたい漢字のひとつです。「起きる」「起こる」「起こす」などの読み方があります。

3 「ことわざ」は、生きていくうえでのちえや教えなどを、みじかい言葉で表したものです。同じ意味を表すものや、反対の意味を表すものもあります。本などで調べてみるとよいでしょう。

4 「故事成語」は、中国に古くからつたわる出来事や物語が元になっているので、漢字で書かれた言葉が多いのがとくちょうです。

5 同じ読み方で意味のちがう漢字は、音にも訓にもあります。ほかにも、「会う」と「合う」、「味方」と「見方」、「会場」と「海上」と「開場」、「辞典」と「事典」と「時点」と「自転」などがあります。意味に合った漢字を使えるようにしましょう。

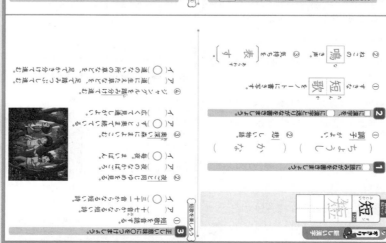

じゅんび　78〜79ページ

短歌を楽しもう／漢字の広場④

新しい漢字　教科書62ページ　短（タン・みじかい）12画

1 □に読みがなを書きましょう。

① 調子がよい。（ちょうし）
② 悲しい物語。（かな）

2 □に漢字を、〔　〕に漢字と送りがなを書きましょう。

① すきな短歌をノートに書き写す。
② ねこの鳴き声。
③ 気持ちを〔表す〕。

3 正しい意味に○をつけましょう。（短歌を楽しもう）

① 短歌を音読する。
ア（　）十七音からなる短い詩。
イ（○）三十一音からなる短い詩。

② 夜ごと同じゆめを見る。
ア（　）夜のなかばごろ。
イ（○）毎夜。まいばん。

③ 奥深い森にまよいこむ。
ア（○）ずっと奥まで続いている。
イ（　）広くて見通しがよい。

④ ジャングルを踏み分けて進む。
ア（　）道に生えた草などを、足で踏みつぶして進む。
イ（○）道のない所の草などを、足でかき分けて進む。

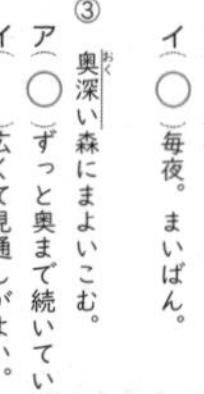
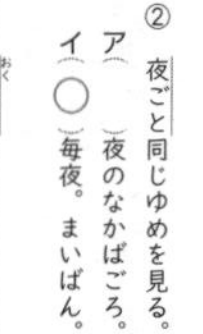

4 次の短歌は、どこで区切ると調子よく読めますか。れいにならって、区切るところに線を引きましょう。

れい　ちはやぶる｜神代も聞かず｜竜田川｜からくれなゐに｜水くくるとは　在原業平朝臣

① 秋来ぬと｜目にはさやかに｜見えねども｜風の音にぞ｜おどろかれぬる　藤原敏行

② 秋風の｜吹きにし日より｜音羽山｜峰のこずゑも｜色づきにけり　紀貫之

③ 奥山に｜紅葉踏み分け｜鳴く鹿の｜声聞く時ぞ｜秋は悲しき　猿丸大夫

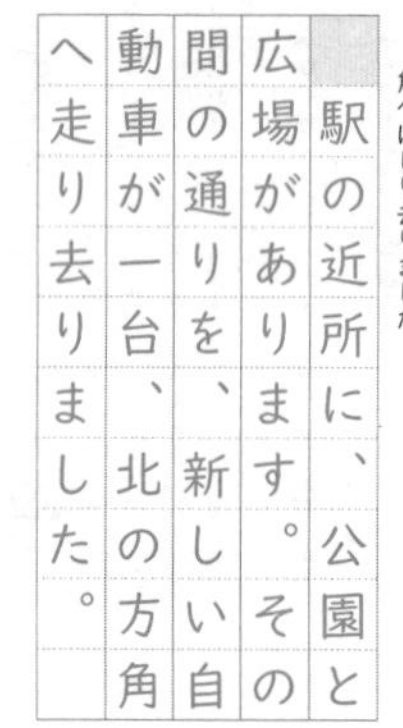
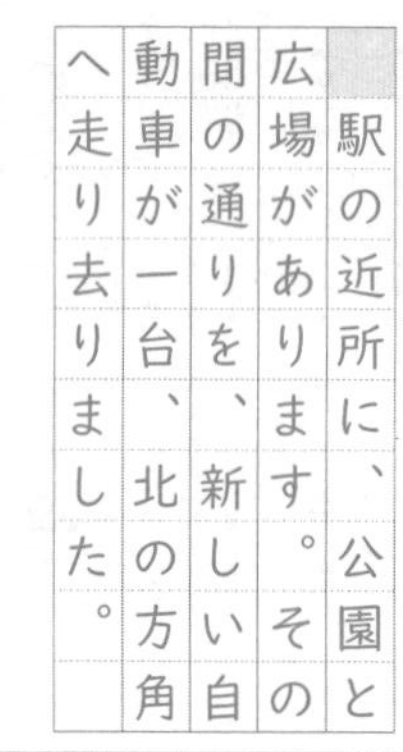

俳句とちがうところはどこか、考えてみよう。

「短歌を楽しもう」より

5 ――線のひらがなを漢字に直し、作文を書くときのように、ます目に書きましょう。（漢字の広場④）

① わたしのいえのみなみに、かっきにみちたいちばがあります。こうばんのひがしに、ふるいおてらがあります。

わ	た	し	の	家	の	南	に	、
活	気	に	み	ち	た	市	場	が	あ
り	ま	す	。	交	番	の	東	に	、
古	い	お	寺	が	あ	り	ま	す	。

② 駅のきんじょに、こうえんとひろばがあります。その間の通りを、あたらしいじどうしゃが一だい、きたの方角へはしり去りました。

駅	の	近	所	に	、	公	園	と
広	場	が	あ	り	ま	す	。	そ	の
間	の	通	り	を	、	新	し	い	自
動	車	が	一	台	、	北	の	方	角
へ	走	り	去	り	ま	し	た	。

1 ①「子」には「シ」「ス」「こ」の読み方があります。「シ」と読む語はほかに、「男子」「女子」「王子（おうじ）」などがあります。「ス」と読む語には、「様子」があります。

2 ③送りがなに気をつけましょう。
×表らわす
×表わす
○表す

3 ②は「よごと」と読み、「夜になるたびに」や「夜が来るたびに」という意味を表します。同じ意味を表す言葉に、「夜な夜な」があります。これも「夜」は「よる」ではなく「よ」と読み、「よなよな」となります。「交たいで夜な夜なパトロールに出る。」などと使われます。

4 短歌は、「五・七・五・七・七」に区切られます。俳句と同じように、字数ではなく、音数を数えて区切りましょう。

5 二年生で習った漢字は、作文や日記を書くときに文の中でしっかり使えるように、身につけましょう。

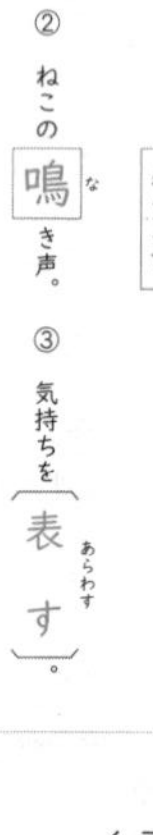
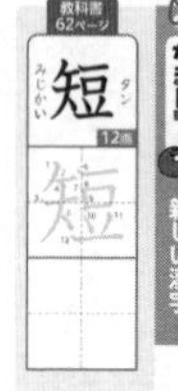

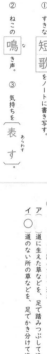

たしかめのテスト① 80〜81ページ

すがたをかえる大豆 〜 漢字の広場④

おうちのかたへ

説明文では、説明の仕方にどのような工夫がされているかを捉えることも大切です。読者に分かりやすいように、伝えたいことがよく伝わるようにと工夫された技法を理解することが、実際に文章を書くときの下地となって生かされることにつながります。「さらに」「これらのほかに」「このように」などの言葉に注目して読むようにしましょう。

文章を読んで、答えましょう。 思考・判断・表現

さらに、目に見えない小さな生物の力をかりて、ちがう食品にするくふうもあります。ナットウキンの力をかりたのが、なっとうです。むした大豆にナットウキンをくわえ、あたたかい場所に一日近くおいて作ります。コウジカビの力をかりたものが、みそやしょうゆです。みそを作るには、まず、むした米か麦にコウジカビをまぜたものを用意します。それと、しおを、にてつぶした大豆にくわえて、まぜ合わせます。ふたをして、風通しのよい暗い所に半年から一年の間おいておくと、大豆はみそになります。しょうゆも、よくにた作り方をします。

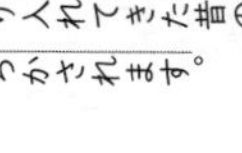

これらのほかに、とり入れる時期や育て方をくふうした食べ方もあります。ダイズを、まだわかくてやわらかいうちにとり入れ、さやごとゆでて食べるのが、えだ豆です。また、ダイズのたねを、日光に当てずに水だけをやって育てると、もやしができます。

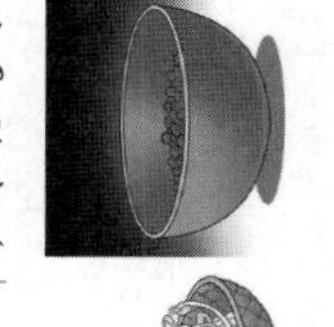

このように、大豆はいろいろなすがたで食べられています。ほかの作物にくらべて、こんなに多くの食べ方がくふうされてきたのは、大豆が味もよく、畑の肉といわれるくらいたくさんのえいようをふくんでいるからです。そのうえ、やせた土地にも強く、育てやすいことから、多くのちいきで植えられたためでもあります。大豆のよいところに気づき、食事に取り入れてきた昔の人々のちえにおどろかされます。

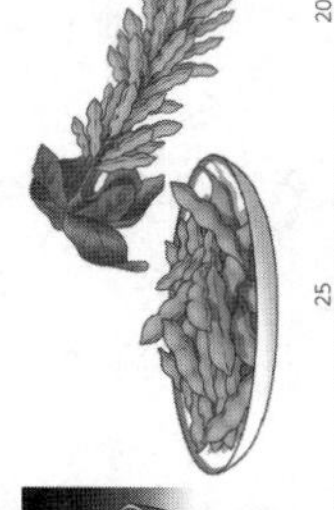

国分牧衛「すがたをかえる大豆」より

1 「目に見えない小さな生物……ちがう食品にするくふう」とありますが、次の食品にするときに力をかしている小さな生物は何ですか。 一つ5点(10点)

① なっとう（ナットウキン）

② みそ・しょうゆ（コウジカビ）

2 みそを作るときについて、答えましょう。 一つ5点(15点)

① 小さな生物は、何にまぜますか。

むした米か麦

② ①でまぜたものは、どうしますか。

にてつぶした 大豆 に、しお といっしょにまぜ合わせる。

3 よく出る 「えだ豆」や「もやし」は、ダイズの何をくふうした食べ方ですか。 一つ5点(10点)

とり入れる 時期 や 育て方。

4 てきたらスゴイ！ 他の作物にくらべて、大豆の食べ方が多くくふうされてきたのはなぜですか。三つ答えましょう。 一つ10点(40点)

・（味）がよいから。

・畑の肉といわれるくらいたくさんの（えいようをふくんでいる）から。

・やせた土地にも（強く）、育てやすいことから、（多くのちいきで植えられた）ため。

5 さいごの段落では、どんなことが書かれていますか。一つに○をつけましょう。 10点

ア（○）大豆の食べ方のくふうについてのまとめ。
イ（　）大豆とほかの作物とのちがいのせつめい。
ウ（　）大豆のいろいろなすがたのしょうかい。

6 考える力をつけよう 「大豆のよいところ……おどろかされます。」とありますが、あなたがおどろいたり感心したりしたのは、どの食品の、どんなところですか。文章にそって書きましょう。 15点

〔れい〕毎日食べているみそやしょうゆが、カビのなかまの力でできているというところ。

---

1 「ナットウキンの力をかりたのが、なっとうです。」（3〜4行目）、「コウジカビの力をかりたものが、みそやしょうゆです。」（7〜8行目）に着目します。短い文で分かりやすくせつめいしています。

2 「みそを作るには、……まぜ合わせます。」（8〜12行目）から読み取りましょう。「小さな生物」とはコウジカビのことです。

3 「えだ豆」や「もやし」のことが書かれているのは第二段落です。はじめに、「とり入れる時期や育て方をくふうした食べ方」とあります。その後に、くわしいくふうのないようが書かれています。

4 「こんなに多くの食べ方がくふうされてきたのは」（27〜28行目）に着目しましょう。つづけて理由がせつめいされています。「〜から」や「〜ため」などの言葉に気づくとよいでしょう。

5 さいごの段落で使われている「このように」は、文章全体をまとめるときに使われる言葉です。

6 文章に取り上げられている「なっとう」「みそ」「しょうゆ」「えだ豆」「もやし」のどれかについて、文章のないようにそって、おどろいたことが書かれていれば正答です。

〔れい2〕「もやし」が、ダイズのたねの育て方をくふうして作られた、大豆のすがたをかえた食品だということ。

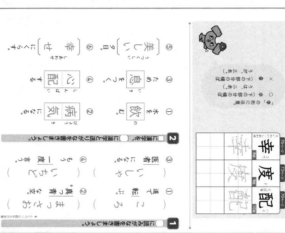

たしかめのテスト② 82～83ページ
すがたをかえる大豆 ～ 漢字の広場④

1 読みがなを書きましょう。（1つ2点〔20点〕）
①トランプを交ぜる。（ま） ②のびのびと育つ。（そだ）
③いねかりの時期。（じき） ④苦労がたえない。（く）
⑤作り方を教わる。（おそ） ⑥父に相談する。（そうだん）
⑦歯が生えかわる。（は） ⑧五階だてのビル。（ごかい）
⑨部屋をかたづける。（へや） ⑩短歌について学ぶ。（たんか）

2 □に漢字を書きましょう。（1つ2点〔12点〕）
①バスを待つ。 ②畑の草を取る。 ③昭和の時代。 ④目と鼻の先。 ⑤朝は六時に起きる。 ⑥学級委員

3 〔 〕に漢字と送りがなを書きましょう。（1つ4点〔8点〕）
①帰り道を〔急ぐ〕。 ②〔終わり〕の合図。

4 次のことわざと故事成語の意味を□からえらんで、記号を書きましょう。（1つ4点〔16点〕）
①親しき仲にもれいぎあり（イ） ②石橋をたたいてわたる（ア） ③所かわれば品かわる（エ） ④蛇足（ウ）
ア 用心ぶかく物事を行うことのたとえ。
イ なかのよいあいだがらでも、相手への思いやりをわすれてはならない。
ウ よけいなつけ足し。むだなもの。
エ 土地がちがうと、習かんなどもみなちがってくる。

5 ――線のひらがなを漢字に直して、意味の分かりやすい文にしましょう。（1つ4点〔16点〕）
①かいじょうにうかぶ船が、コンサートのかいじょうです。（海上）（会場）
②新聞きしゃが、日本ではじめて走ったきしゃについて取材する。（記者）（汽車）

6 ――線に当てはまる漢字を書きましょう。（1つ4点〔16点〕）
① ア はさみで紙をきる。（切） イ 外が寒いので、コートをきる。（着）
② ア しょうかのよいものを食べる。（消化） イ 山火事のしょうかにあたる。（消火）

7 思考・判断・表現 せつめいする文章を書くまでの手順の（ ）に当てはまる言葉を□からえらんで、記号を書きましょう。（1つ3点〔12点〕）
▼えらんだざいりょうについて、調べて整理する。
・調べたことを（エ）にして、まとめる。

ざいりょう	おいしく食べるくふう	食品
小麦	・（ウ）にする	・パン、うどん など
	・いる	・麦茶

▼組み立てと、（ア）の書き方を考える。
・「はじめ」「中」「おわり」の組み立て（イ）を作る。
ア れい イ メモ ウ こな エ 図や表

じゅんび 84～85ページ
三年とうげ

かきトリ 新しい漢字
息 美 転 病 医 飲 重 幸 度 配
「幸」の形に注意。○幸（下の部分の横ぼうは、二本） ×幸（下の部分の横ぼうが、三本）

1 に読みがなを書きましょう。
①道で転ぶ。（ころ） ②真っ青な空。（まっさお） ③医者になる。（いしゃ） ④もう一度言う。（いちど）

2 □に漢字を、〔 〕に漢字と送りがなを書きましょう。
①水を飲む。 ②病気になる。 ③ため息をつく。 ④心配する ⑤〔美しい〕夕日。 ⑥〔幸せ〕にくらす。

3 正しい意味に○をつけましょう。
①とうげをこえる。 ア（○）山の坂道を上りきったところ。 イ（ ）山でいちばんきけんなところ。
②なだらかな坂道を下る。 ア（ ）道のかたむきが急な。 イ（○）道のかたむきがゆるやかな。
③ふもとの旅館にとまる。 ア（○）山の下の方。山すそ。 イ（ ）山のおく深く。
④おそるおそる歩き出す。 ア（ ）わくわくしながら。 イ（○）びくびくしながら。
⑤まがり角にさしかかる。 ア（○）ちょうどその場所にくる。 イ（ ）その場所を行ったり来たりする。

3分でワンポイント 場面ごとにおじいさんの行動と気持ちをとらえよう。
★①～③の（ ）に合う言葉を□の中からえらんで、記号を書きましょう。

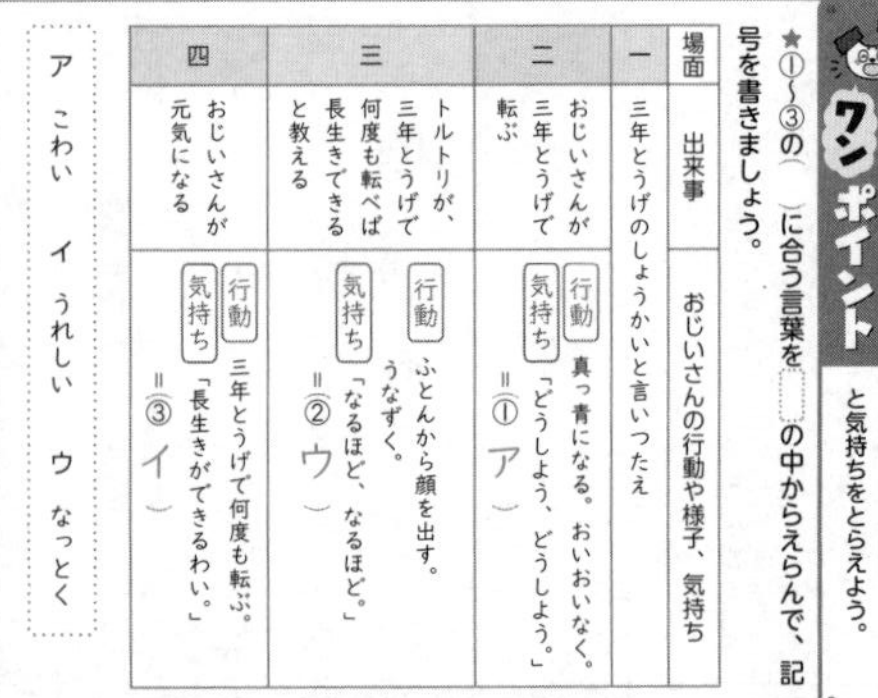

場面	出来事	おじいさんの行動や様子、気持ち
一	三年とうげのしょうかいと言いつたえ	
二	おじいさんが三年とうげで転ぶ	行動 真っ青になる。おいおいなく。 気持ち「どうしよう、どうしよう。」＝①（ア）
三	トルトリが、三年とうげで何度も転べば長生きできると教える	行動 ふとんから顔を出す。うなずく。 気持ち「なるほど、なるほど。」＝②（ウ）
四	おじいさんが元気になる	行動 三年とうげで何度も転ぶ。 気持ち「長生きできるわい。」＝③（イ）

ア こわい イ うれしい ウ なっとく

---

1 ①「交」は、音は「コウ」、訓は「ま-ぜる」と「まじ-わる」があります。

2 ④「鼻」の「自」を「白」と書かないようにしましょう。

4 ①～③はことわざ、④は故事成語です。②がんじょうな石橋を、こわれないかと用心してたたいてみて、だいじょうぶと安心してからわたるのです。④「蛇足」の「蛇」は、へびのことです。「へびにあるはずのない足」ということで、「よけいなつけ足し。むだなもの。」を表します。

5 文は、漢字とかなを交ぜて書くことで、意味が分かりやすくなり、読みやすくなることをりかいしましょう。②「汽車」とは蒸気機関車のことで、日本では昭和50年をすぎたころに運行が終わっています。

7 ないように合ったれいをあげると、分かりやすくなります。れいの書き方を考えるときには、組み立てメモを作ると、考えがまとまりやすくなります。れいは「中」でせつめいするのがよいでしょう。

1 ②「真っ青」は、とくべつな読み方をする言葉です。にた言葉の「真っ赤（まっか）」も、とくべつな読み方の言葉です。

2 ①「飲」の左がわの「しょくへん」は、「食」とは少し形がちがいます。正しい字形で書きましょう。
⑤・⑥送りがなに注意が必要な語です。

3 ②「なだらかな」と反対の意味を表す言葉は、「けわしい」（かたむきが急で、上るのがこんなんな様子）です。
④「おそるおそる」の「おそる」は、「おそれる」と同じ意味の語で、物事に対してこわがっている様子を表します。

3分でワンポイント
「三年とうげ」（李錦玉）では、おじいさんの気持ちのへんかを、場面のうつりかわりとむすびつけてとらえることで、民話のおもしろさを味わうことができます。ふあんな気持ちから病気にまでなってしまったおじいさんが、トルトリの助言でけろっと元気になったことや、トルトリの思いもよらなかった考え方などをとらえましょう。

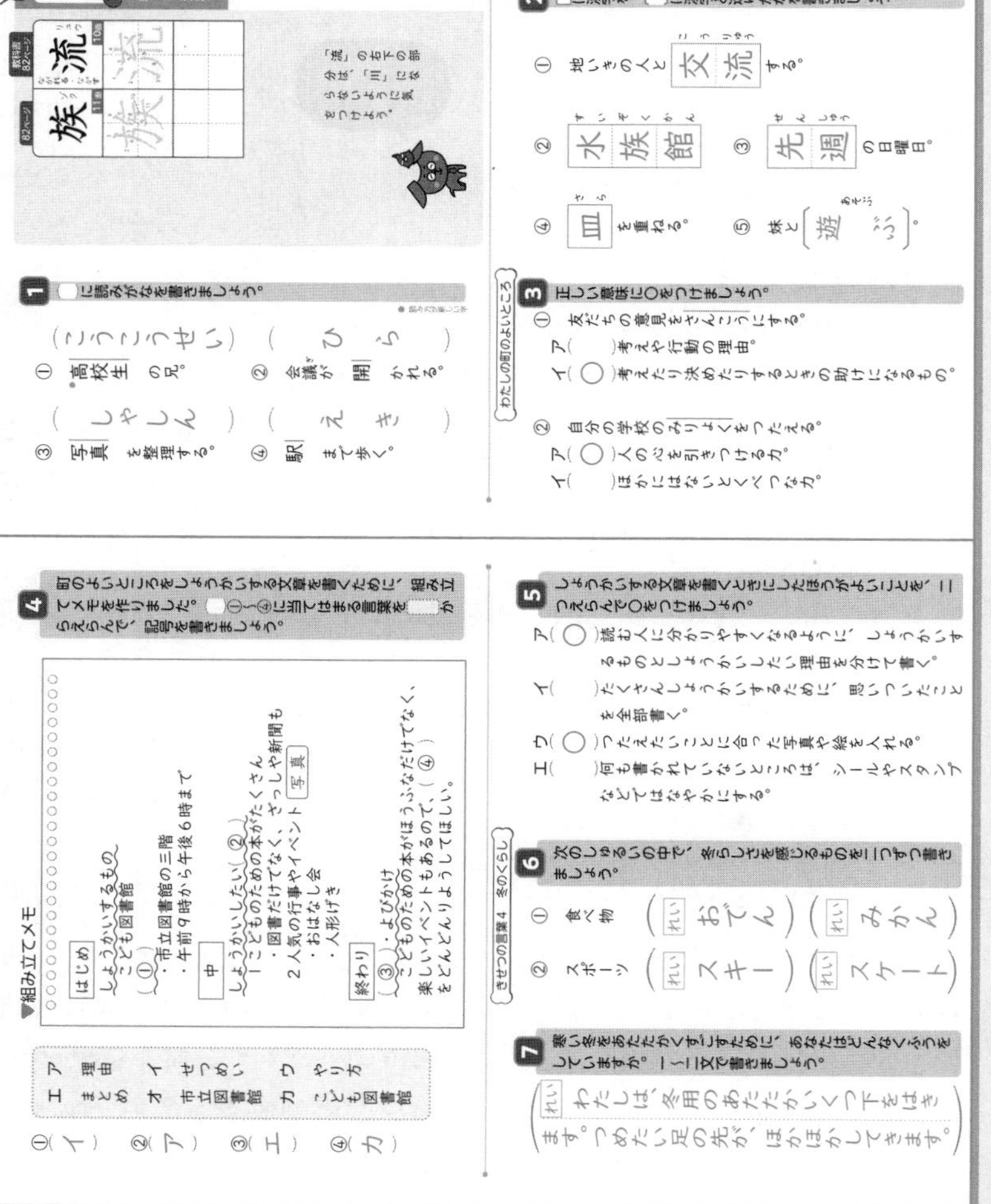

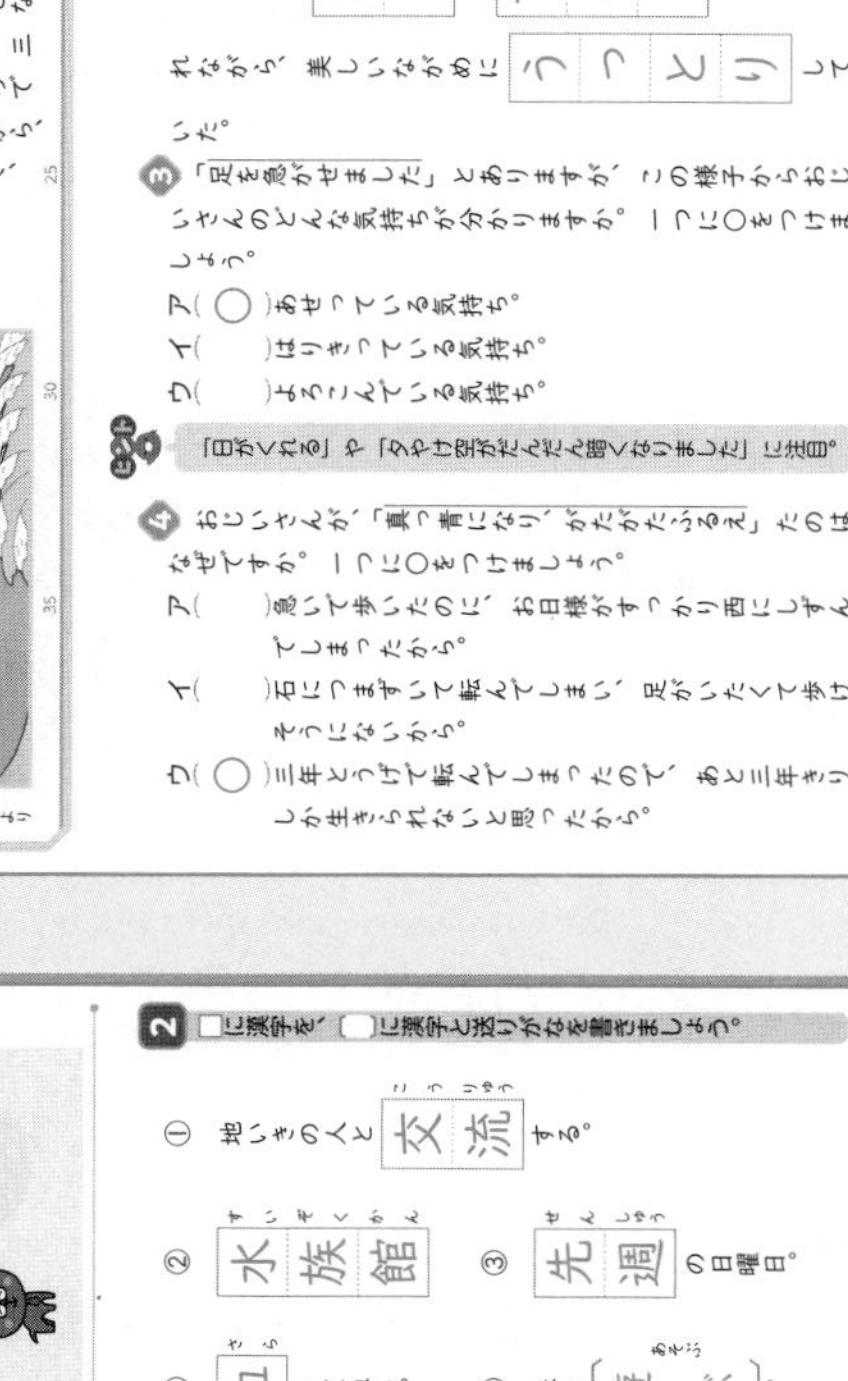

❶ ②「春には、」（4行目）と「秋には、」（7行目）の段落でそれぞれ、春と秋のとうげの美しさについて、組になる表し方で書かれています。その終わりの部分では、「だれだって……よいながめでした」と同じ言葉でながめのよさをほめたたえています。「十九字で」という指定に合うように書きぬきます。

③美しいとうげなのに、そこに昔からある言いつたえはおそろしいものであることを読み取りましょう。

❷「こうしちゃおれぬ。」の「こう」が指しめすないようです。前に着目しましょう。

❸「足を急がせました」とは、急いで歩いていることを表しています。その前におじいさんは、「こうしちゃおれぬ。日がくれる。」と言っています。両方をあわせて考えると、おじいさんのあせっている気持ちを読み取ることができます。

❹三年とうげにまつわる言いつたえを口ずさみながら、気をつけて歩いていたにもかかわらず、おじいさんは転んでしまいました。そのため、言いつたえのとおり、三年きりしか生きられないと思ったのです。おじいさんは、ふあんやおそれから真っ青になってふるえているのです。

---

1 ①「高」を「コウ」と読む語はほかに、「高原」や「高速」などがあります。

2 ①「交流」とは、「人や物事がたがいに行き来すること。」という意味です。

4 しょうかいする文章は、次のような組み立てにすると、分かりやすいでしょう。

はじめ…しょうかいするものと、それについてのせつめい

中　…なぜそれをしょうかいしようと思ったかという理由（くわしく、具体的に）

終わり…全体のまとめや、読む人へのよびかけ

④「どんどんりようしてほしい」のは、「しょうかいするもの」です。ここでは、「こども図書館」のことです。

6 食べ物ではほかに、なべりょうり、シチューなど、スポーツでは、スノーボード、カーリングなどが思いうかびます。

7 主語と述語をととのえて書きましょう。

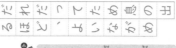

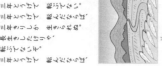

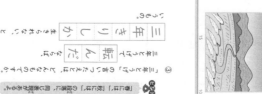

おうちのかたへ

民話や昔話には、不思議さや滑稽さ、とんちや機転が利いたところなど、独特の魅力のあるものがたくさんあります。この場面では、知恵者のトルトリの助言で状況が好転するきざしが見えてきました。こともなげにもう一度転べと言うトルトリと、憤るおじいさんとの態度の温度差が、トルトリの逆転の発想のおもしろさを際立たせています。

文章を読んで、答えましょう。　思考・判断・表現

家にすっとんでいき、おばあさんにしがみつき、おいおいなきました。

「ああ、どうしよう。どうしよう。わしのじゅみょうは、あと三年じゃ。三年しか生きられぬのじゃあ。」

その日から、おじいさんは、ごはんも食べずに、ふとんにもぐりこみ、とうとう病気になってしまいました。お医者をよぶやら、薬を飲ませるやら、おばあさんはつきっきりで看病しました。けれども、おじいさんの病気はどんどん重くなるばかり。村の人たちもみんな心配しました。

そんなある日のこと、水車屋のトルトリが、みまいに来ました。

「おいらの言うとおりにすれば、おじいさんの病気はきっとなおるよ。」

「どうすればなおるんじゃ。」

おじいさんは、ふとんから顔を出しました。

「なおるとも。三年とうげで、もう一度転ぶんだよ。」

「ばかな。わしに、もっと早く死ねと言うのか。」

「そうじゃないんだよ。一度転ぶと、三年生きるんだろ。二度転べば六年、三度転べば九年、四度転べば十二年。このように、何度も転べば、うんと長生きできるはずだよ。」

おじいさんは、しばらく考えていましたが、うなずきました。

「うん、なるほど、なるほど。」

そして、ふとんからはね起きると、三年とうげに行き、わざとひっくり返り、転びました。

（李 錦玉「三年とうげ」より）

1　「とうとう病気になってしまいました」とありますが、おじいさんは、なぜ病気になったのですか。一つに○をつけましょう。　10点

ア（　）三年しか生きられないと知り、どうにかしてもっと長く生きられるようにしようと考えすぎたから。

イ（○）三年しか生きられないと思いこみ、ふあんのあまりごはんも食べず、ふとんにもぐりこんでいたから。

ウ（　）三年しか生きられないと決まってしまい、生きる気力がなくなってしまったから。

2　「おいらの言うとおりにすれば」とありますが、トルトリは、どこで、どうすればよいと言いましたか。　一つ10点（20点）

三年とうげ で もう一度転ぶ とよい。

3　よく出る　「ふとんから顔を出しました」とありますが、このとき、おじいさんはどんな気持ちですか。一つに○をつけましょう。　10点

ア（　）病気はなおるとはげましてくれることに、かんしゃする気持ち。

イ（　）病気をなおす方法などあるはずがないのに、とはらを立てる気持ち。

ウ（○）病気をなおす方法を教えてもらえるかもしれないと、期待する気持ち。

4　できたらスゴイ！　「わしに、もっと早く死ねと言うのか。」とありますが、おじいさんは、どうしてこのように言ったのですか。　20点

三年とうげでもう一度転んだら、

（れい）じゅみょうがますますちぢんでしまうと思ったから。

5　「うなずきました」とありますが、おじいさんは、トルトリのどんな考えにうなずいたのですか。　一つ10点（20点）

一度転ぶと（三年）生きるのなら、何度も転べば、（うんと長生きできる（はずだ））という考え。

6　おじいさんとトルトリは、それぞれ、三年とうげで転んだら、「三年」がどうなると考えていますか。そのちがいを考えてまとめましょう。　20点

（れい）おじいさんは、三年しか生きられないと考えているが、トルトリは、三年生きられると考えている。

1　「ああ、どうしよう。どうしよう。……生きられぬのじゃあ。」という言葉から、おじいさんのふあんな気持ちを読み取りましょう。

2　この後でトルトリは、「三年とうげで、もう一度転ぶんだよ。」（23～24行目）と言っています。

3　おじいさんは、ふとんから顔を出したときに、「どうすればなおるんじゃ。」（20行目）と、なおす方法をたずねています。

4　おじいさんは、三年とうげで転んでじゅみょうがちぢまったと思っています。もう一度転んだら、ますますじゅみょうがちぢまってしまうと思い、こう言ったのです。

5　27行目「そうじゃないんだよ。」から始まる、トルトリが自分の考えをせつめいしている言葉のないようを読み取りましょう。

6　おじいさんは「三年しか生きられぬのじゃあ。」と悲しみなげいていますが、トルトリは「三年　生きるんだろ。」と言っています。そのちがいが分かるように書かれていれば正答です。

（れい2）おじいさんは、転んだら生きられるのは三年と考えているが、トルトリは、三年は生きられると考えている。

たしかめのテスト② 92~93ページ

三年とうげ ～ きせつの言葉4　冬のくらし

1 読みがなを書きましょう。（一つ2点〔20点〕）

① ひと息つく。（いき）　② 高校生向けの本。（こうこうせい）
③ お茶を飲む。（の）　④ 幸せな気持ち。（しあわ）
⑤ 心配そうな顔。（しんぱい）　⑥ 病気がなおる。（びょうき）
⑦ 留学生と交流する。（こうりゅう）　⑧ 水族館がすきだ。（すいぞくかん）
⑨ 真っ青な服。（まっさお）　⑩ 美しい歌声。（うつく）

2 □に漢字を書きましょう。（一つ3点〔18点〕）

① 医者（いしゃ）にかかる。　② 薬（くすり）がきく。
③ もう一度（いちど）書く。　④ 元気（げんき）になる。
⑤ パン屋（や）に立ちよる。　⑥ 急（いそ）いで歩く。

3 〔　〕に漢字と送りがなを書きましょう。（一つ4点〔8点〕）

① 校庭で〔転ぶ〕（ころぶ）。　② 〔重い〕（おもい）とびら。

4 上の言葉の意味を下からえらんで、――でつなぎましょう。（一つ4点〔12点〕）

① ため息が出る ―― イ
② ひと息入れる ―― ウ
③ 真っ青になる ―― ア

ア　おどろきやおそれで、顔色がかわること。
イ　感動や心配で思わず大きな息をすること。
ウ　ちょっとひと休みすること。

5 次の（　）に当てはまる言葉を　からえらんで、記号を書きましょう。（同じ記号は二度使えない。）（一つ4点〔24点〕）

① （イ）つり橋をわたる。
② まわりが（ア）明るくなる。
③ おそろしくて（カ）ふるえる。
④ あまりの悲しさに（ウ）なく。
⑤ うれしくて（オ）わらう。
⑥ きれいな星空を（エ）ながめる。

ア　だんだん　イ　おそるおそる　ウ　おいおい
エ　うっとり　オ　にこにこ　カ　がたがた

6 思考・判断・表現　しょうかいする文章を書くための組み立てを考えるときに、大切なことをまとめました。

(1) （　）に当てはまる言葉を　からえらんで、記号を書きましょう。（一つ3点〔9点〕）

① 「（エ）」「中」「終わり」のまとまりに分けて、書きたいことを整理する。
② しょうかいしたい理由は、「（ウ）」の部分に書く。つたえたいことが［＊］つたわるように、その順序（じゅんじょ）をくふうする。
③ 考えた組み立ては紙に書いて、（ア）を作る。

ア　メモ　イ　まとめ　ウ　中
エ　はじめ　オ　ポスター

(2) ［＊］に当てはまる言葉を、考えて書きましょう。（5点）

（れい　分かりやすく）

7 生活の中で、冬らしさを感じるものを二つ書きましょう。（一つ2点〔4点〕）

（れい　こたつ）（れい　手ぶくろ）

じゅんび 94~95ページ

詩のくふうを楽しもう

1 正しい意味に○をつけましょう。

① 山のいただきまでむりして歩く。
ア（　）全力で。

イ（○）おしきって。

② りっぱな家に住む。
ア（○）すぐれていて、よい様子。

イ（　）手をくわえなくてもよい様子。

2 詩を読んで、答えましょう。

和田（わだ）誠（まこと）

からはおもくて
たくさんあるくと
つかれるけれど
むりしてたてた
りっぱなおうち

あした

石津（いしづ）ちひろ

あしたのあたしは
あたらしいあたし
あたしらしいあたし
あたしのあしたは
あたらしいあした
あたしらしいあした

なみ

内田（うちだ）麟太郎（りんたろう）

へへへへへへへへへへへ
へへへへへへへへへへへ
へへへへへへへへへへへ
へへへへへへへへへへへ
へへへへへへへへへへへ
へへへへへへへへへへへ
へへへへへへへへへへへ
へへへへへへへへへへへ

うみがわらっている

(1) 「からはおもくて……」で始まる詩の、行のさいしょの字をつなげて読むと、何がかくれていますか。

（かたつむり）

(2) 「からはおもくて……」で始まる詩の、「たくさんあるくと／つかれる」から、どのように歩くすがたがそうぞうできますか。一つに○をつけましょう。

ア（○）ゆっくりのんびり歩くすがた。

イ（　）ずんずん速く歩くすがた。

ウ（　）せかせか急いで歩くすがた。

(3) 「あした」の詩で使われている、「あ」で始まる言葉を四つ書きましょう。

（あした）（あたし）（あたらしい）（あたしらしい）
※順番（じゅんばん）はちがっていてもよい。

(4) 「あした」の詩にはどんなくふうがされていますか。二つに○をつけましょう。

ア（　）「あ」で始まる言葉の前なら、どこで区切って読んでも詩の意味が分かるようになっている。

イ（○）第一連（れん）と第二連で、「あたし」と「あした」を入れかえたうえで、意味がとおる詩になっている。

ウ（　）上から読んでも、下から読んでも、同じになる回文のようになっている。

エ（○）「あ」で始まる言葉をくり返して、リズミカルに読めるようになっている。

(5) 「なみ」の詩で、「へ」は何を表していますか。一つに○をつけましょう。

ア（　）海岸にうちよせる、あらあらしい波。

イ（　）こごえるような寒さの中、うちよせる冷（つめ）たい波。

ウ（○）おだやかな海の、やさしくうちよせる波。

(6) 「なみ」の詩に、「うみがわらっている」とありますが、ここにはどんなくふうがありますか。一つに○をつけましょう。

ア（　）見たままを、そっくりそのまま表している。

イ（　）波の様子を大げさに表している。

ウ（○）人でないものを人にたとえて表している。

---

1 ⑤「配」の音読（おん）みは「ハイ」です。「心配（しんぱい）」「分配（ぶんぱい）」「軍配（ぐんばい）」などのように、言葉によっては「パイ」「バイ」になります。

3 ②「重」は、読み方がたくさんある漢字です。音読みは「ジュウ」「チョウ」、訓（くん）読みは「おも-い」のほかに「え」「かさ-ねる」「かさ-なる」があります。送りがなにも気をつけましょう。

5 ④「おいおい」は、ここでは声を上げてなく様子を表す言葉ですが、「だんだん、じょじょに」の意味を持ったべつの言葉（「追（お）い追い」と書きます）もあります。

6 (2) ［＊］に当てはまる言葉は、「はっきりと」なども考えられます。

2 (1) 1行目から順（じゅん）に5行目までの、さいしょの字をつなげて読むと、「かたつむり」になります。この詩が「かたつむり」のことだと分かると、「からはおもくて」「たくさんあるくと／つかれる」「りっぱなおうち」の様子が目にうかんできます。

(2) 重いからをもった「かたつむり」が歩く様子をそうぞうしましょう。

(3) 答えとして四つ見つけるのは、『あ』で始まる言葉」だけです。「あしたの」や「あたしは」のように、「の」「は」をふくめて書かないようにしましょう。

(4) 第一連（れん）と第二連を見くらべてみると、第一連で「あした」だったところが、第二連では「あたし」に、「あたし」だったところが「あした」になっています。3行目の「あたしらしい」はそのままくり返して強調し、「あたし」と「あした」という、音の感じがにた言葉を入れかえた、楽しい詩です。また、「あした」「あたし」「あたらしい」「あたしらしい」という「あ」で始まる言葉をくり返すことによって、リズムが生み出されています。

(5) 「へ」は、題名にある「なみ」の形を表しています。きちんとならんでいる「へ」からは、おだやかな海のけしきを思いうかべることができます。

(6) 「わらう」というのは、人の動作です。人でない「うみ」を人にたとえています。「へへへへへへへへへへ」を声に出してみると、人のわらい声にもきこえます。

じゅんび 96~97ページ
四まいの絵を使って／カンジーはかせの音訓かるた／漢字の広場⑤

新しい漢字

帳 代 曲 投 炭 羊 宿

丁 宮 院 礼 等 反 君

乗

「乗」の筆順を正しくおぼえよう。

1 □に読みがなを書きましょう。

① 千代紙（ちよがみ）をおる。 ② 投手（とうしゅ）になる。 ③ 昼食（ちゅうしょく）の用意。 ④ 父は宮大工（みやだいく）だ。 ⑤ 大きな寺院（じいん）。 ⑥ とうふ一丁（いっちょう）。 ⑦ 石炭（せきたん）をもやす。 ⑧ かん電池（でんち）。

2 □に漢字を、□に漢字と送りがなを書きましょう。

① 反対を向く。 ② 宿にとまる。 ③ 次は君の番だ。 ④ 日記帳 ⑤ バスに乗る。 ⑥ 右に曲がる。

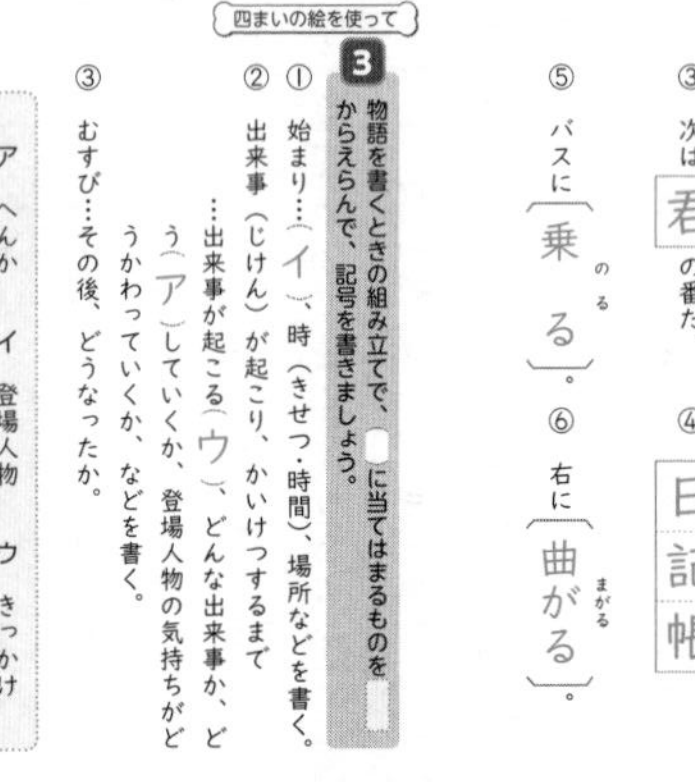

3（四まいの絵を使って） 物語を書くときの組み立てで、□に当てはまるものを からえらんで、記号を書きましょう。

① 始まり…（イ）、時（きせつ・時間）、場所などを書く。
② 出来事（じけん）が起こり、かいけつするまで …出来事が起こる（ウ）、どんな出来事か、どう（ア）していくか、登場人物の気持ちがどうかわっていくか。
③ むすび…その後、どうなったか、などを書く。

ア へんか　イ 登場人物　ウ きっかけ

4（カンジーはかせの音訓かるた） 音訓かるたの、――線の漢字の読みがなを書きましょう。

① 寒い朝 寒中 みまいが とどいたよ（さむ）（かんちゅう）
② 学級園 植えた 植物 元気かな（う）（しょくぶつ）

5（漢字の広場⑤） ――線のひらがなを漢字に直し、作文を書くときのように、ます目に書きましょう。

こくごの時間に、学級しんぶんについてはなしあった。みんなのはつげんは、にっちょくがこくばんに書いた。

国語の時間に、学級新聞について話し合った。みんなの発言は、日直が黒板に書いた。

同じ漢字の音読みを使った言葉、訓読みを使った言葉だね。

たしかめのテスト 98~99ページ
詩のくふうを楽しもう ～ 漢字の広場⑤

1 詩を読んで、答えましょう。（思考・判断・表現）

かいだん　関根栄一

だん
かいだん
かいだんだん
かいだんのぼるよ
かぞえてだんだんだん
とまってうえみてかいだん
かいだんだんだんのぼるよだん
いちばんうえだよたかいなかいだん
あちこちみえるよたのしいかいだん
かいだんだんだんおりるよだん
とまってしたみてかいだん
かぞえてだんだんだん
かいだんおりるよ
かいだんだん
かいだん
だん

よく出る (1) この詩にはどんなくふうがされていますか。二つに○をつけましょう。（一つ5点（10点））

ア（○）行のさいごの音が同じで、声に出して読むとリズムがある。
イ（　）行のさいしょの字をつなげて読むと、文になる。
ウ（○）ひらがなばかりの字の列を、かいだんの形にならべている。
エ（　）かいだんと作者が、会話をしているような形になっている。

(2) ①「かいだんのぼるよ」、②「とまってうえみてかいだん」と、くらべあわせている行はそれぞれどこですか。行の数字を書きましょう。（一つ5点（10点））

①（13）行目 ②（11）行目

できたらスゴイ！ (3) この詩のかいだんは、一番上まで何だんですか。（10点）

（八[8]）だん

考えを書こう (4) この詩の形やないようについて、思ったことを自由に書きましょう。（20点）

れい 全体の形が、かいだんの形に書かれているのがおもしろい。かいだんを上り下りする人の楽しい気持ちがつたわってくると思った。

2 読みがなを書きましょう。（一つ2点（12点））

① 羊毛（ようもう）のもうふ。 ② 昼食（ちゅうしょく）の時間。 ③ 日記帳（にっきちょう）を買う。 ④ 旅の宿（やど）をさがす。 ⑤ 君（きみ）の本をかりたい。 ⑥ ひこうきに乗（の）る。

3 □に漢字を書きましょう。（一つ3点（12点））

① りっぱな寺院。 ② 上等の肉。 ③ お礼をのべる。 ④ お宮にまいる。

4 〔 〕に漢字と送りがなを書きましょう。（一つ4点（8点））

① 球を〔投げる〕。 ② 〔等しく〕分ける。

5 次の音訓かるたの、――線の読みがなを書きましょう。（一つ3点（18点））

① 期待（きたい）して おやつの時間 待（ま）ちうける
② 美（うつく）しく さく花を植え 美化（び）活動
③ 写真（しゃしん）とる ときはかならず 真（ま）ん中で

---

1 ①「千」は、音読みが「セン」、訓読みが「ち」です。③「昼」は、音読みが「チュウ」、訓読みが「ひる」です。

2 ③「君」は、「〇〇君」のように人名につくと「クン」と読む字です。⑥「曲る」と送りがなをまちがえないように注意しましょう。

3 物語を書きたいと思ったときは、まず「はじめ」「中」「終わり」の組み立てを考えます。「はじめ」は物語の始まりなので、人物や時、場所などを書きます。「中」には、出来事（じけん）が起こる、そしてかいけつするというないようを書きましょう。

4 漢字には、いくつもの音があったり訓があったりします。その漢字だけでおぼえるのはたいへんなので、じゅく語や、この音訓かるたのように短い文でおぼえるとよいでしょう。

5 漢字を正しく書きましょう。

1 (1)行のさいごは、4行目と13行目をのぞいて、すべて「だん」という音で終わっています。このくふうによって、声に出すと調子のよいリズムが生まれています。また、詩全体で、題名の「かいだん」の形になっていることに気づくでしょう。1～7行目が上り、8・9行目が「いちばんうえ」、10～16行目が下りになっています。

(2)①「のぼる」と「おりる」、②「うえみて」と「したみて」が、それぞれ反対の意味の言葉で、たいおうしています。

(3)「いちばんうえ」まで八だんです。

(4)(1)にもありましたが、詩がかいだんの形になっているおもしろさなどが、書かれていればよいでしょう。ないようについては、「たのしいかいだん」という言葉もさんこうにできます。

れい2 文字がかいだんの絵になっているのがおもしろかった。かいだんが楽しそうで、自分も上ってみたくなった。

5 ①「待」は音は「タイ」、訓は「ま-つ」、②「美」は音は「ビ」、訓は「うつく-しい」、③「真」は音は「シン」、訓は「ま」です。

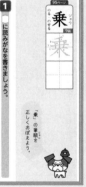

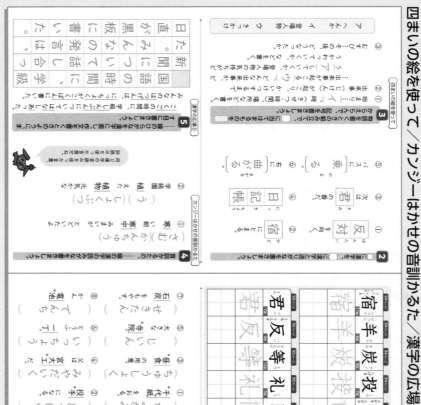

じゅんび　100~101ページ

ありの行列／つたわる言葉で表そう

かきトリ　新しい漢字

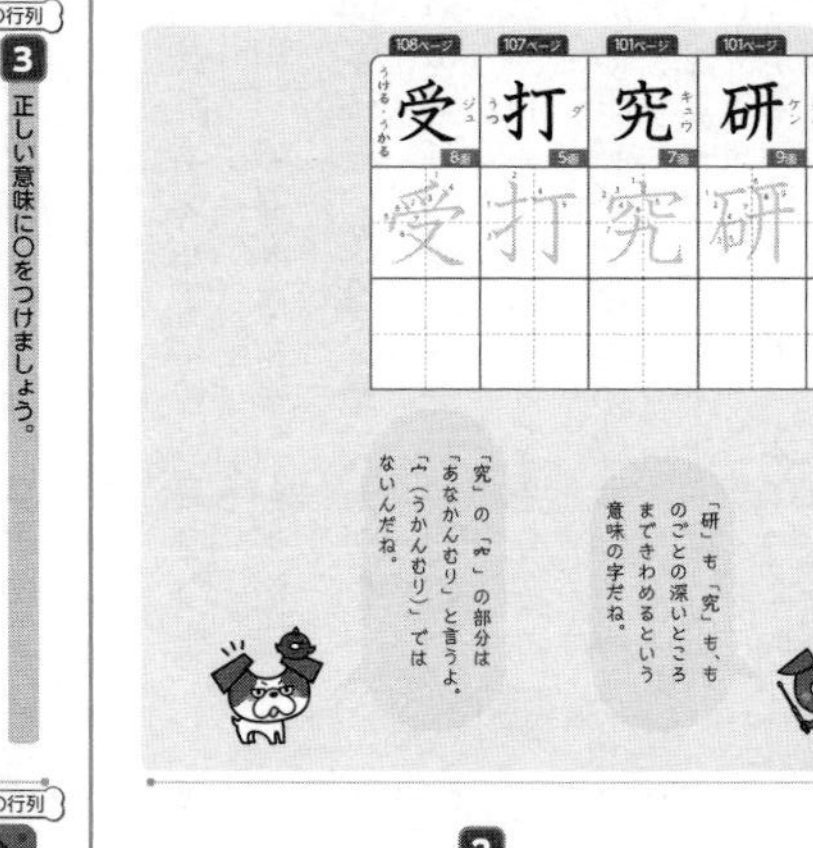

教科書98ページ　庭　テイ　にわ　10画
101ページ　研　ケン　9画
101ページ　究　キュウ　7画
107ページ　打　ダ　うつ　5画
108ページ　受　ジュ　うける・うかる　8画
「研」も「究」も、ものごとの深いところまできわめるという意味の字だね。
「究」の「穴」の部分は「あなかんむり」と言うよ。「宀（うかんむり）」ではないんだね。

1 □に読みがなを書きましょう。　●読みかたが新しい字

① 行列が交（まじ）わる。　② 行（ゆ）く手をふさぐ。

③ 虫を研究（けんきゅう）する。　④ 道から外（はず）れる。

⑤ 細（こま）かいもよう。

2 □に漢字を書きましょう。

① ボールを打（う）つ。　② 庭（にわ）をそうじする。

③ ふしぎな感じを受（う）ける。

ありの行列

3 正しい意味に○をつけましょう。

① 言葉をさえぎる。

ア（○）じゃまをして動きを止める。
イ（　）力を使っておさえこむ。

② 水がじょうはつする。

ア（○）えき体が気体にかわる。
イ（　）こっそりといなくなる。

つたわる言葉で表そう

4 様子や気持ちをつたえるときに、どのように話せばよいですか。合っているもの二つに○をつけましょう。

ア（○）表したい様子や、自分の気持ちに合う言葉をえらんで話す。
イ（　）自分がつたえたいことを、思いつくまま自由に話す。
ウ（　）受ける感じがちがうにた意味の言葉でも、自分が分かっていれば使って話す。
エ（○）つたえたいことを、相手がくわしく思いうかべられるような言葉を使って話す。

相手につたわるように話すのが大切だよ。

ありの行列

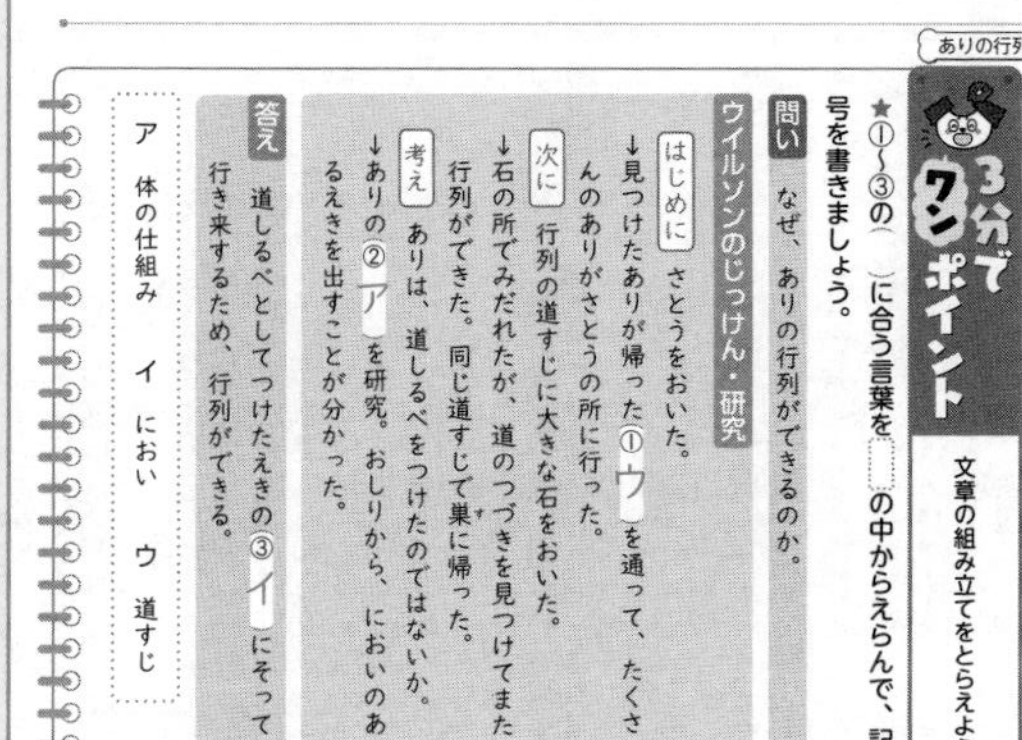

3分でワンポイント　文章の組み立てをとらえよう。

★①～③の（　）に合う言葉を□の中からえらんで、記号を書きましょう。

問い　なぜ、ありの行列ができるのか。

ウイルソンのじっけん・研究

はじめに　さとうをおいた。
↓見つけたありが帰った①（ウ）を通って、たくさんのありがさとうの所に行った。
次に　↓石の所でみだれたが、道のつづきを見つけてまた行列ができた。同じ道すじで巣に帰った。
考え　↓ありは、道しるべをつけたのではないか。
↓ありの②（ア）を研究。おしりから、においのあるえきを出すことが分かった。

答え　道しるべとしてつけたえきの③（イ）にそって行き来するため、行列ができる。

ア　体の仕組み　イ　におい　ウ　道すじ

練習　102~103ページ

ありの行列

文章を読んで、答えましょう。

　はじめに、ありの巣から少しはなれた所に、ひとつまみのさとうをおきました。しばらくすると一ぴきのありが、そのさとうを見つけました。これは、えさをさがすために、外に出ていたはたらきありです。ありは、やがて、巣に帰っていきました。すると、巣の中から、たくさんのはたらきありが、次々と出てきました。そして、列を作って、さとうの所まで行きました。ふしぎなことに、その行列は、はじめのありが巣に帰るときに通った道すじから、外れていないのです。

　次に、この道すじに大きな石をおいて、ありの行く手をさえぎってみました。すると、ありの行列は、石の所でみだれて、ちりぢりになってしまいました。ようやく、一ぴきのありが、石の向こうがわに道のつづきを見つけました。そして、さとうに向かって進んでいきました。そのうちに、ほかのありたちも、一ぴき二ひきと道を見つけて歩きだしました。まただんだんに、ありの行列ができていきました。目的地に着くと、ありは、さとうのつぶを持って、巣に帰っていきました。帰るときも、行列の道すじはかわりません。ありの行列は、さとうのかたまりがなくなるまでつづきました。

　これらのかんさつから、ウイルソンは、はたらきありが、地面に何か道しるべになるものをつけておいたのではないか、と考えました。

大滝　哲也「ありの行列」より

❶ 「ひとつまみのさとう」は、どんな所におかれましたか。

ありの巣から 少しはなれた所。

❷ はじめにさとうを見つけたありは、どんなありですか。

えさ をさがすために、外に出ていた はたらきあり。

❸ 巣の中から出てきた、「たくさんのはたらきあり」は、何をしましたか。

（行）列 を作って、（さとう）の所まで行った。

❹ はじめのじっけんとかんさつで、ありの行列について、ふしぎに思われたのはどんなことですか。

れい　はじめのありが巣に帰るときに通った道すじから、外れていないこと。

ヒント　「ふしぎなことに」という言葉に着目しよう。

❺ 次に、どんなじっけんをしましたか。

ありの通った（道すじ）に、（大きな石）をおいて、ありの（行く手）を（さえぎる）じっけん。

❻ ❺のじっけんのけっか、ありの行列はどうなりましたか。正しい順番になるように、1～5の番号を書きましょう。

（3）ほかのありたちも、道を見つけて歩きだした。
（2）一ぴきのありが、石の向こうがわに道のつづきを見つけて、さとうに向かって進んでいった。
（5）巣に帰るときも、ありの行列の道すじはかわらなかった。
（1）石の所でみだれて、ちりぢりになった。
（4）ありの行列ができていった。

ヒント　「ようやく」「そして」「また」などの言葉に着目しよう。

❼ じっけんとかんさつのけっか、ウイルソンは、はたらきありはどんなことをしたのではないかと考えましたか。二十七字でさがし、はじめと終わりの五字を書きましょう。

地面に何か ～ ではないか

---

1 ①「交わる」は、送りがなにも気をつけましょう。「交ぜる（ま-ぜる）」「交じる（ま-じる）」という訓読みもあります。

②「行く」を「ゆ-く」と読む言葉は、ほかに「行く先」「行く年」などがあります。

⑤送りがなが「い」だけの「細い」は、「ほそ-い」と読みます。送りがなによって読み方がちがうので、注意しましょう。

2 ②「庭」の音は「テイ」で、「校庭」「家庭」「庭園」などの語があります。

4 よりよくつたえるためには、自分の自由に話すのではなく、相手のことを考えて話すことが大切です。にた意味の言葉では、相手はちがう意味でとってしまうこともあります。

3分でワンポイント

「ありの行列」（大滝哲也）では、「なぜ、ありの行列ができるのか」という問い（ぎもん）から、ウイルソンは二つのじっけんをしました。そのけっかを受けて、「道しるべをつけたのではないか」とすいそくし、研究します。そして答え（けつろん）をみちびくという流れの、論理的な文章です。

❶ ――線のある文を読みましょう。はじめに、巣からはなれた所にさとうをおいて、ありがどうするか、かんさつしています。

❷ 「これは、えさをさがすために、外に出ていたはたらきありです。」（5～7行目）の「これ」は、はじめにさとうを見つけたありのことです。

❹ 第一段落のさいごの文に、「ふしぎなことに」とあります。この言葉は、ウイルソンがじっけんをして感じた気持ちを表し、このぎもんが、次のじっけんとかんさつにつながっていきます。

❻ せつめい文では、順番を表す言葉がよく使われます。このせつめい文でも、「はじめに」「すると」「そして」「次に」「そのうちに」「また」などの言葉が使われています。

❼ さいごの段落に、ウイルソンが考えたことが書かれています。このせつめい文では、じっけん・かんさつ1→じっけん・かんさつ2→ウイルソンの考えたこと、の順番で書かれています。

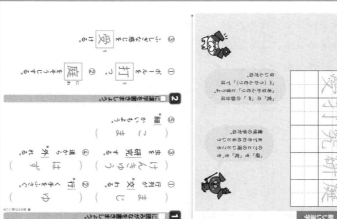

じゅんび　104~105ページ

たから島のぼうけん／お気に入りの場所、教えます

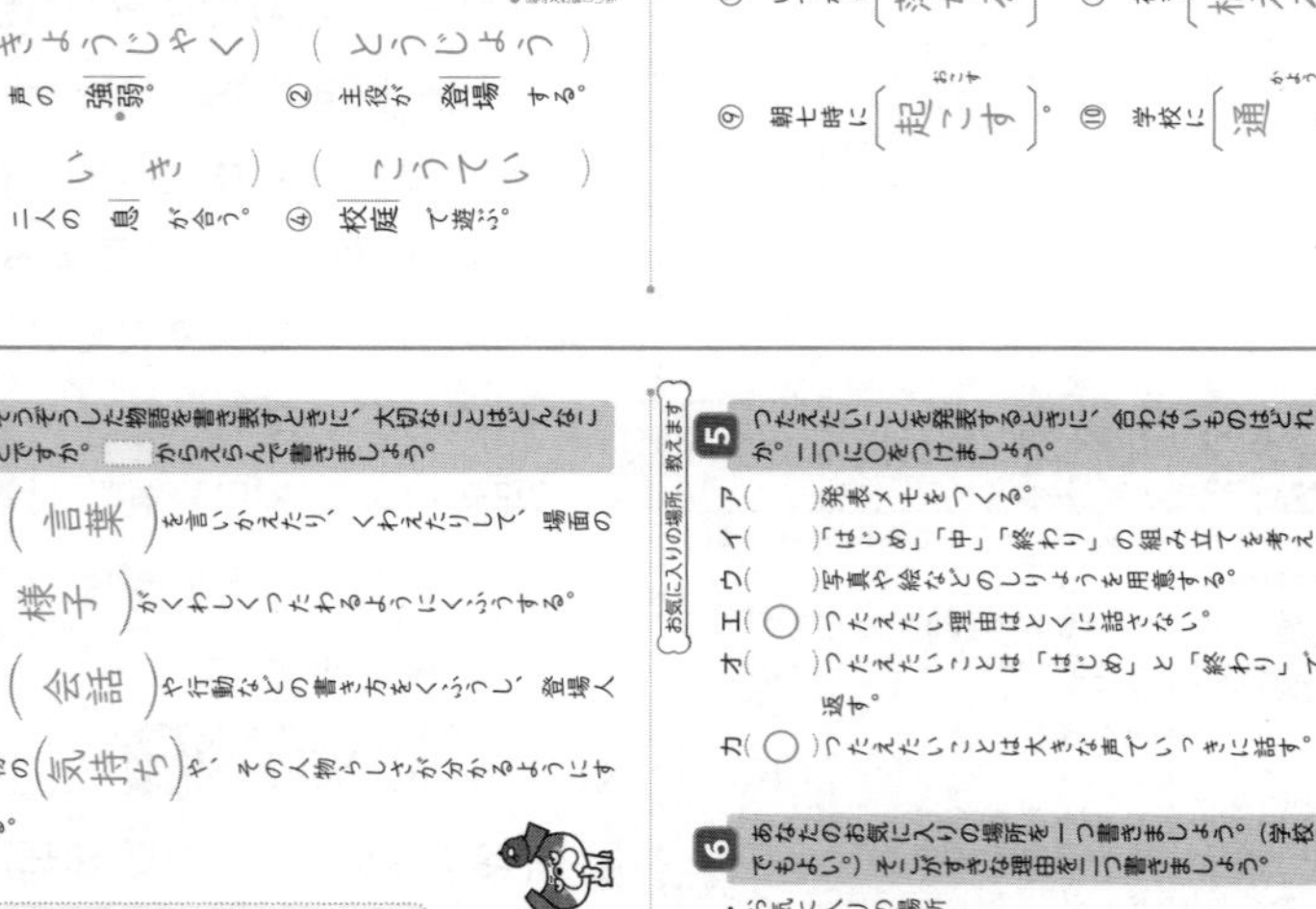

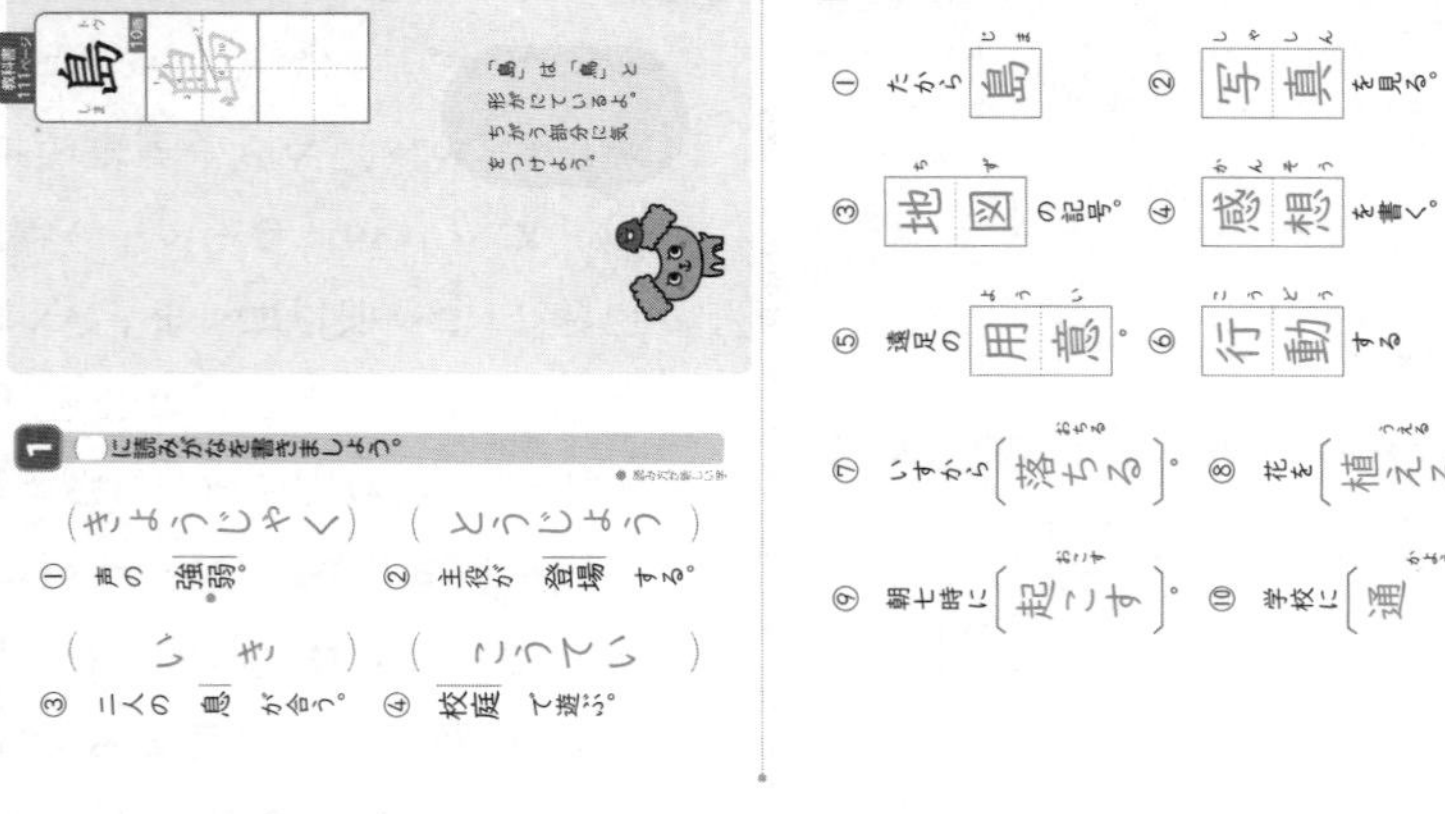

新しい漢字　島

1 □に読みがなを書きましょう。

① 声の強弱（きょうじゃく）　② 主役が登場（とうじょう）する。　③ 二人の息（いき）が合う。　④ 校庭（こうてい）で遊ぶ。

2 □に漢字を、□に漢字と送りがなを書きましょう。

① たから島（しま）　② 写真（しゃしん）を見る。　③ 地図（ちず）の記号。　④ 感想（かんそう）を書く。　⑤ 遠足の用意（ようい）。　⑥ 行動（こうどう）する　⑦ いすから落ちる。　⑧ 花を植える。　⑨ 朝七時に起こす。　⑩ 学校に通う。

3 そうぞうした物語を書き表すときに、大切なことはどんなことですか。□からえらんで書きましょう。

① （言葉）を言いかえたり、くわえたりして、場面の（様子）がくわしくつたわるようにくふうする。

② （会話）や行動などの書き方をくふうし、登場人物の（気持ち）や、その人物らしさが分かるようにする。

様子　会話　気持ち　言葉

4 そうぞうした物語を書き表すとき、使うとよい言葉二つに○をつけましょう。

ア（　）作者のその物語に対する思いを表す言葉。

イ（○）いつ、だれが、どこで、何を、どのようにしたかを表す言葉。

ウ（○）見えるものや、聞こえてくる音などを表す言葉。

エ（　）修飾語やたとえを使っていない言葉。

5 つたえたいことを発表するときに、合わないものはどれですか。二つに○をつけましょう。

ア（　）発表メモをつくる。

イ（　）「はじめ」「中」「終わり」の組み立てを考える。

ウ（　）写真や絵などのしりょうを用意する。

エ（○）つたえたい理由はとくに話さない。

オ（　）つたえたいことは「はじめ」と「終わり」でくり返す。

カ（○）つたえたいことは大きな声でいっきに話す。

6 あなたのお気に入りの場所を一つ書きましょう。（学校の外でもよい。）そこがすきな理由を二つ書きましょう。

・お気に入りの場所

（れい 近所の大川の土手）

・すきな理由（二つ）

れい ・春や夏は、土手を歩くと風が気持ちよい。

・去年死んでしまった犬のタローと、毎日さんぽした思い出がある。

1 ①「強弱」は「強い」と「弱い」です。

2 ⑦「落ちる」、⑨「起こす」と書きまちがえやすいので、正しくおぼえましょう。

⑩「通う」と「通る」「通す」を、送りがなのちがいで読み分けます。

3 「そうぞうした物語」では、そうぞうした場面の様子や、登場人物の様子がつたわるように書き表すことが大切です。

4 3のように書き表すためには、具体的に書くことがひつようです。登場人物については「いつ、だれが、どこで、何を、どのようにしたか」、場面については「見えるものや、聞こえてくる音」などを書くとよいでしょう。

5 つたえたいことの発表では、つたえたい理由も話すと、聞く人が分かりやすいでしょう。発表は、声の大きさ、強弱、話す速さや間の取り方などをくふうします。

6 お気に入りの場所と、そこがなぜお気に入りなのかという理由を、二つ書きましょう。

たしかめのテスト①　106〜107ページ

ありの行列〜お気に入りの場所、教えます

おうちのかたへ

説明文では、指示語の指し示す内容が問われることが多くあります。指示語の指し示す内容は、「その前にある」というのが大前提です。答えに指示語が含まれる場合は、その内容を明らかにして答えなければ不正解となります。問題に慣れて、正しい答え方を習得しましょう。

文章を読んで、答えましょう。　思考・判断・表現

これらのかんさつから、ウイルソンは、はたらきありが、地面に何か道しるべになるものをつけておいたのではないか、と考えました。

そこで、ウイルソンは、はたらきありの体の仕組みを、細かに研究してみました。すると、ありは、おしりのところから、とくべつのえきを出すことが分かりました。それは、においのある、じょうはつしやすいえきです。

この研究から、ウイルソンは、ありの行列のできるわけを知ることができました。

はたらきありは、えさを見つけると、道しるべとして、地面にこのえきをつけながら帰るのです。ほかのはたらきありたちは、そのにおいをかいで、においにそって歩いていきます。そして、そのはたらきありたちも、えさを持って帰るときに、同じように、えきを地面につけながら歩くのです。そのため、えさが多いほど、においが強くなります。

大滝哲也「ありの行列」より

1 ウイルソンが、「はたらきありが、……のではないか」という考えのもとに、研究したものは何ですか。　10点

（はたらきありの体の仕組み。）

2 1の研究で、どんなことが分かりましたか。　一つ5点（15点）

ありは、おしりから、においのある、じょうはつしやすいえきを出すということ。

3 よく出る 「ありの行列のできるわけ」について、答えましょう。

① はたらきありが、地面にえきをつけるのは、どんなときですか。　10点

（れい えさを見つけて、巣に帰るとき。）

② ほかのはたらきありは、どのようにえさの所に行くのですか。　一つ10点（30点）

えさを見つけたはたらきありが、（道しるべ）としてつけた（えき）の（におい）にそって歩いていく。

4 えさを持って帰るときに、はたらきありたちがすることは何ですか。　5点

（れい えさを地面につけながら歩くこと。）

5 「えさが多いほど、においが強くなります」とありますが、それはなぜですか。一つに○をつけましょう。　10点

ア（○）えさが多いと、えさを運ぶありたちも多くなり、そのありたちがみんなえきをつけながら歩くから。

イ（　）えさが多いと、そのえさのにおいに負けないように、えきをたくさんつけて歩くから。

ウ（　）えさが多いと、なかまのありをたくさんよびよせるために、えきをたくさん出すから。

6 ウイルソンはかんさつからけつろん（答え）まで、どのように研究を進めていると思いますか。　20点

（れい かんさつしてぎもんを持ち、それをかい決するために研究して、答えを見つけている。）

---

1 次の段落のはじめに「そこで、……研究してみました。」とあります。

2 第二段落の「すると」の後に着目します。10・11行目の「それ」は、行目の「とくべつのえき」を指していて、具体的に「においのある、じょうはつしやすいえき」とせつめいしています。

3 つづく第四段落に、「ありの行列のできるわけ」がくわしく書かれています。①まず、えさを見つけたはたらきありが、巣に帰るときに、道しるべとして、地面に「とくべつのえき」をつけながら帰ります。②ほかのはたらきありが、道しるべのえきのにおいにそって、えさまで歩いていきます。

4 えさを見つけたはたらきありだけでなく、えさを持って帰るはたらきありたちも、えきを地面につけながら歩くことをおさえます。

5 はたらきありたちは、みんな、えさを持って、においのあるえきを地面につけながら歩いていきます。ありたちが多くなれば、においも強くなります。

6 ウイルソンは、かんさつしたことから、ある考え（ぎもん）をみちびき、細かに研究して「ありの行列のできるわけ」をときあかしています。このようなウイルソンの研究の流れについて書かれていれば、正答とします。

れい2 かんさつしたことから考えを持ち、研究を行ってその考えをしょうめいするけっかを出している。

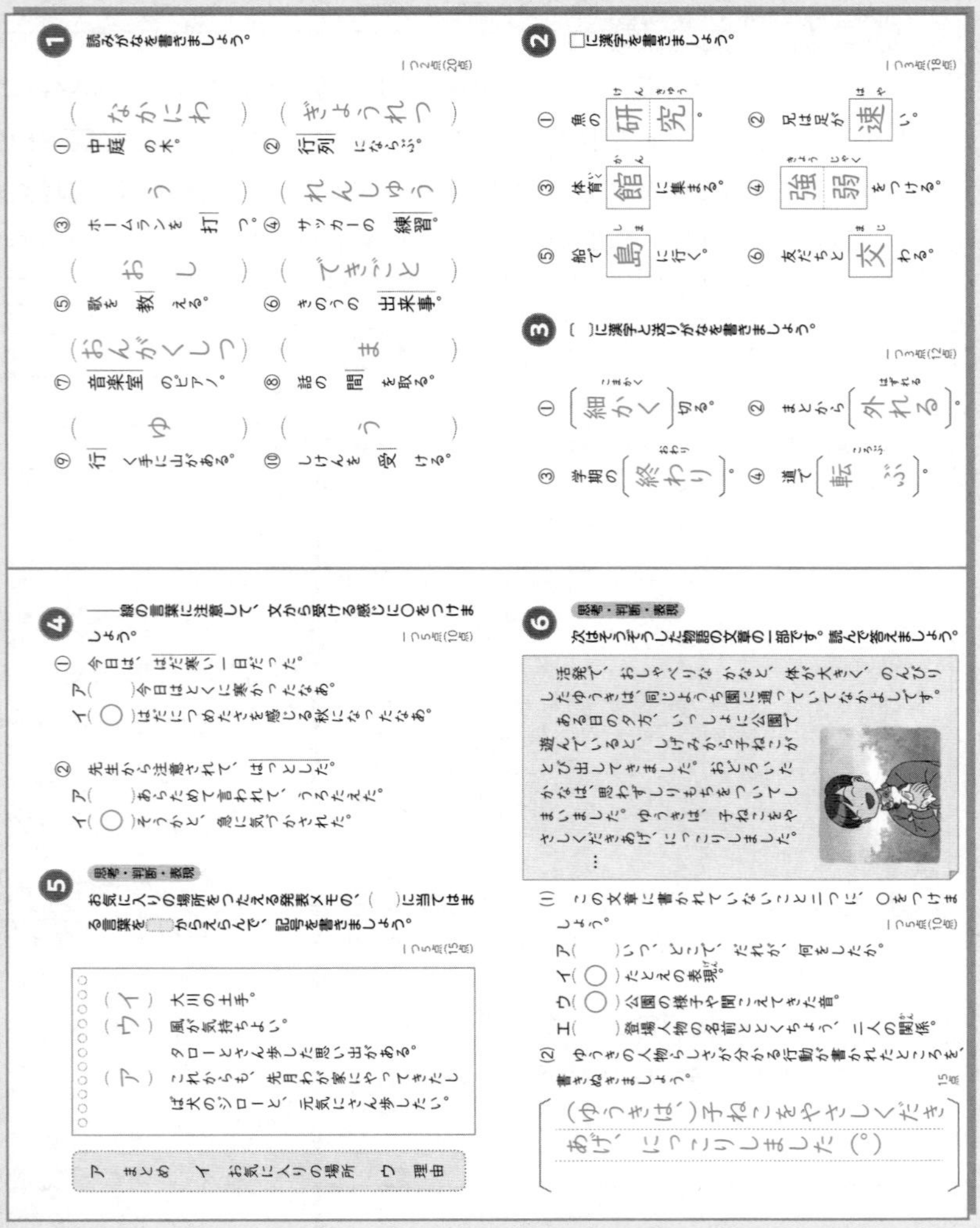

たしかめのテスト② 108~109ページ

ありの行列 ～ お気に入りの場所、教えます

1 読みがなを書きましょう。 一つ2点〔20点〕

① 中庭の木。（なかにわ）
② 行列にならぶ。（ぎょうれつ）
③ ホームランを打つ。（う）
④ サッカーの練習。（れんしゅう）
⑤ 歌を教える。（おし）
⑥ きのうの出来事。（できごと）
⑦ 音楽室のピアノ。（おんがくしつ）
⑧ 話の間を取る。（ま）
⑨ 行く手に山がある。（ゆ）
⑩ しけんを受ける。（う）

2 □に漢字を書きましょう。 一つ3点〔18点〕

① 魚の研究。
② 兄は足が速い。
③ 体育館に集まる。
④ 強弱をつける。
⑤ 船で島に行く。
⑥ 友だちと交わる。

3 〔 〕に漢字と送りがなを書きましょう。 一つ3点〔12点〕

① 細かく切る。
② まとから外れる。
③ 学期の終わり。
④ 道で転ぶ。

4 ―線の言葉に注意して、文から受ける感じに○をつけましょう。 一つ5点〔10点〕

① 今日は、はだ寒い一日だった。
ア（ ）今日はとくに寒かったなあ。
イ（○）はだにつめたさを感じる秋になったなあ。

② 先生から注意されて、はっとした。
ア（ ）あらためて言われて、うろたえた。
イ（○）そうかと、急に気づかされた。

5 思考・判断・表現　お気に入りの場所をつたえる発表メモの（ ）に当てはまる言葉を□からえらんで、記号を書きましょう。 一つ5点〔15点〕

（イ）大川の土手。
（ウ）風が気持ちよい。
タローとさんぽした思い出がある。
（ア）これからも、先月わが家にやってきたしば犬のジローと、元気にさん歩したい。

ア まとめ　イ お気に入りの場所　ウ 理由

6 思考・判断・表現　次はそうこうした物語の文章の一部です。読んで答えましょう。

活発で、おしゃべりなかなと、体が大きく、のんびりしたゆうきは、同じようち園に通っていてなかよしです。ある日の夕方、いっしょに公園で遊んでいると、しげみから子ねこがとび出してきました。おどろいたかなは、思わずしりもちをついてしまいました。ゆうきは、子ねこをやさしくだきあげ、にっこりしました。

……

(1) この文章に書かれていないこと二つに、○をつけましょう。 一つ5点〔10点〕
ア（ ）いつ、どこで、だれが、何をしたか。
イ（○）たとえの表現。
ウ（○）公園の様子や聞こえてきた音。
エ（ ）登場人物の名前ととくちょう、二人の関係。

(2) ゆうきの人物らしさが分かる行動が書かれたところを、書きぬきましょう。 15点
（ゆうきは、）子ねこをやさしくだきあげ、にっこりしました（。）

じゅんび 110~111ページ

モチモチの木／漢字の広場⑥

かきトリ 新しい漢字

追（ツイ・お-う）　実（ジツ・み・みの-る）　神（シン・ジン・かみ）　箱（はこ）　湯（トウ・ゆ）　他（タ・ほか）　身（シン・み）

「神」の「ネ」は、神や祭りにかかわる字につくよ。「神社」の「社」もそうだね。
「湯」と「場」はよくにているね。「湯」の「氵」は、水に関係があって、「場」の「土」は、土地に関係があるよ。

1 読みがなを書きましょう。

① 今夜はまん月だ。（こんや）
② 霜月二十日（はつか）
③ 明かりがともる。（あ）
④ くりの実をひろう。（み）

2 □に漢字を書きましょう。

① 神様にいのる。
② 犬を追いかける。
③ 薬箱に入れる。
④ お湯をわかす。
⑤ 自分自身
⑥ 他人がおどろく。

3 正しい意味に○をつけましょう。

① おくびょうな人。
ア（○）気が弱くてこわがりな。
イ（ ）気が短くてすぐにおこるような。

② がけから落ちそうになって、きもをひやす。
ア（○）とてもおどろいて、ぞっとする。
イ（ ）心にきざみこんで、用心する。

③ 公園に行こうとさいそくする。
ア（ ）数人でやくそくする。
イ（○）早くするように急がせる。

④ 小さいだをかまどにくべる。
ア（○）火の中に入れてもやす。
イ（ ）できるだけつめこむ。

4 □に漢字を書きましょう。

① 大きな船が、夏の海に見える。
② 冬の夜空に星がかがやく。

3分でワンポイント 豆太のへんかを読み取ろう。

★①～③の□に合う豆太の気持ちを□の中からえらんで、記号を書きましょう。

場面	おくびょう豆太	やい、木ぃ	霜月二十日のばん	豆太は見た	弱虫でも、やさしけりゃ
気持ち		① イ		② ウ　③ ア ←	
豆太の様子	五つにもなって、夜中に一人でせっちんにもいけない。	昼間はモチモチの木にいばったりするが、夜は一人ではしょんべんできない。	モチモチの木に灯がともるのを見たいが、一人で見にいけるのはかんがえてただけでぶるぶるだ。	真夜中に、じさまが体を丸めてうなっていた。外はこわかったけれど、じさまが死んでしまうほうが、もっとこわかったから、ふもとの医者様へなきなき走った。	元気になったじさまが、豆太を「ゆうきのある子どもだったんだ」と言った。

ア うれしい　イ おくびょう　ウ びっくり

---

1 ②・⑨「行」は読みが多い漢字です。音で「コウ」「ギョウ」、訓で「い－く」「ゆ－く」「おこな－う」と読みます。

⑧「間」の訓読みは「あいだ」「ま」です。

2 ②「はや－い」は、「早い」と「速い」を使い分けましょう。

3 ③「終り」と書かないように注意します。

④「転」の音読みは「テン」で、「回転」「転校」などの語があります。

4 ①「はだ寒い」は、暑い夏が終わって、はだにつめたい空気を感じるようになったという、秋に使われる言葉です。

②今まで気づかなかったことに気づかされた、という感じを表します。

5 「お気に入りの場所」「理由」「まとめ」の順番になります。この順で発表します。

6 (1)「いつ、どこで、だれが、何をしたか」については、「ある日の夕方、公園で、かなとゆうきが、とび出してきた子ねこにおどろいた」と書かれています。たとえの表現や、公園の様子、音などは書かれていません。

(2)ゆうきのやさしさが感じられる行動です。

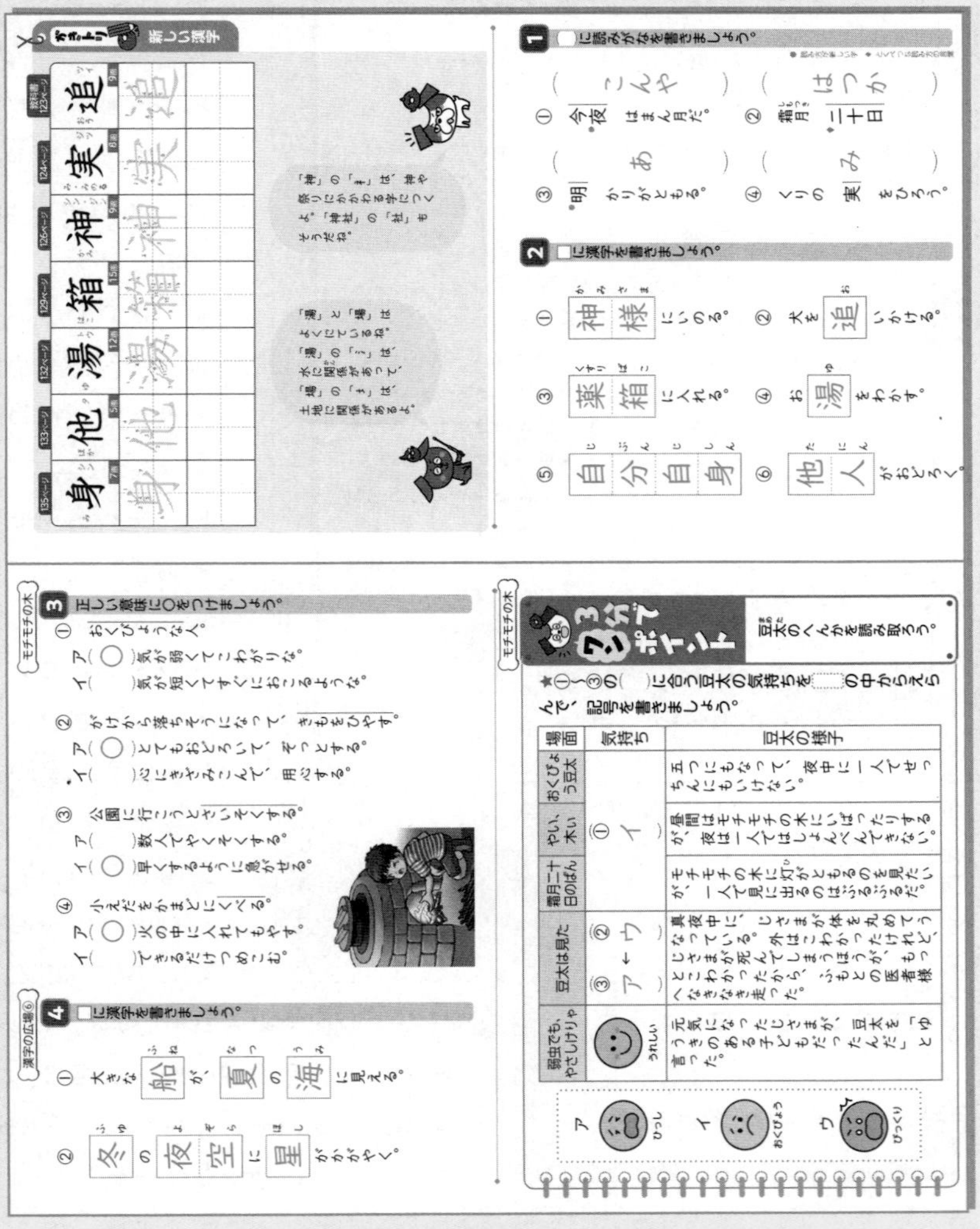

1 ①「夜」の「ヤ」は、音読みです。訓読みは「よる」「よ」です。

②「二十日」は「はつか」と読みます。漢字三つのじゅく語に訓読みを当てた、とくべつな読み方です。

2 ④「湯」は「場」と形がにています。「氵（さんずい）」の字は水に関係があり、「土（つちへん）」の字は土に関係があります。

3 ②「きも」は、体のじゅうようなないぞうの一つ、肝ぞうのことです。「きもをひやす」は決まった言い方で、おどろいて、思わずひやりとする意味です。

3分でワンポイント

「モチモチの木」（斎藤隆介）は、五つの場面に分かれています。「おくびょう豆太」「やい、木ぃ」「霜月二十日のばん」では、豆太のおくびょうなようすがえがかれています。「豆太は見た」で、そんなおくびょうな豆太が、じさまのために、ゆうきを出して医者様をよびに行くすがたがえがかれています。

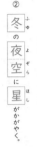

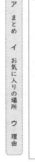

練習① 112~113ページ

モチモチの木

文章を読んで、答えましょう。

全く、豆太ほどおくびょうなやつはない。もう五つにもなったんだから、夜中に、一人でせっちんぐらいに行けたっていい。

ところが、豆太は、せっちんは表にあるし、表には大きなモチモチの木がつっ立っていて、空いっぱいのかみの毛をバサバサとふるって、両手を「わあっ。」とあげるからって、夜中には、じさまについてってもらわないと、一人じゃしょうべんもできないのだ。

じさまは、ぐっすりねむっている真夜中に、豆太が「じさまぁ。」って、どんなに小さい声で言っても、「しょんべんか。」と、すぐ目をさましてくれる。いっしょにねている一まいしかないふとんを、ぬらされちまうよりいいからなぁ。

それに、とうげのりょうし小屋に、自分とたった二人でくらしている豆太が、かわいそうで、かわいかったからだろう。

けれど、豆太のおとうだって、くまと組みうちして、頭をぶっさかれて死んだほどのきもすけだったし、じさまだって、六十四の今、まだ青じしを追っかけて、きもをひやすような岩から岩へのとびうつりだって、見事にやってのける。

それなのに、どうして豆太だけが、こんなにおくびょうなんだろうか——。

斎藤 隆介「モチモチの木」より

❶ 「豆太ほどおくびょうなやつはない。」とありますが、豆太のどこが「おくびょう」なのですか。

もう［五つ］にもなったのに、夜中に［一人］でせっちんに行けないところ。

❷ 「空いっぱいのかみの毛をバサバサとふるって、両手を『わあっ。』とあげる」について、答えましょう。

① 「かみの毛」や「両手」とは、ここでは何のことですか。一つに○をつけましょう。

ア（　）モチモチの木の花や実。
イ（○）モチモチの木の葉やえだ。
ウ（　）モチモチの木やまわりの草。

② この表現は、モチモチの木のどんな様子を表していますか。

モチモチの木の［えだ］が空高くのびて、その葉が風に［バサバサ］とゆれる、おそろしげな様子。

ヒント 「大きなモチモチの木」の様子をそうぞうしよう。

❸ じさまが「すぐ目をさましてくれる」のは、なぜですか。理由を二つ書きましょう。

・一まいしかない［ふとん］を、［ぬらされる］よりいいから。
・豆太が、［かわいそう］で［かわいかった］から。

ヒント 理由を表す「～から」という言葉に着目しよう。

❹ 「どうして豆太だけが、こんなにおくびょうなんだろうか」とありますが、なぜこのように言っているのですか。

豆太のおとうは、くまと（組みうち）して死んだほどの（きもすけ）だったし、じさまだって、（六十四）の今も、きもをひやすような（とびうつり）をやってのけるから。

練習② 114~115ページ

モチモチの木

文章を読んで、答えましょう。

そのモチモチの木に、今夜は、灯がともるばんなんだそうだ。じさまが言った。

「霜月の二十日のうしみつにゃぁ、モチモチの木に灯がともる。起きてて見てみろ。そりゃぁ、きれいだ。おらも、子どものころに見たことがある。死んだおまえのおとうも見たそうだ。山の神様のお祭りなんだ。それは、一人の子どもしか、見ることはできねえ。それも、ゆうきのある子どもだけだ。」

「——それじゃぁ、おらは、とってもだめだ——。」

豆太は、ちっちゃい声で、なきそうに言った。だって、じさまもおとうも見たんなら、自分も見たかったけど、こんな冬の真夜中に、モチモチの木を、それも、たった一人で見に出るなんて、とんでもねえ話だ。ぶるぶるだ。

木のえだえだの細かいところにまで、みんな灯がともって、木が明るくぼうっとかがやいて、まるでそれは、ゆめみてえにきれいなんだそうだが、そして、豆太は、「昼間だったら、見てえなぁ——。」と、そっと思ったんだが、ぶるぶる、夜なんて考えただけでも、おしっこをもらしちまいそうだ——。

豆太は、はじめっからあきらめて、ふとんにもぐりこむと、じさまのたばこくさいむねん中に鼻をおしつけて、よいの口からねてしまった。

斎藤 隆介「モチモチの木」より

❶ 「じさまが言った。」とありますが、だれに言ったのですか。

（豆太）

❷ 「モチモチの木に灯がともる」について、答えましょう。

① 「モチモチの木に灯がともる」のは、なぜですか。

［山の神様のお祭り］だから。

② 「モチモチの木に灯がともる」のを見ることができるのは、どんな子どもですか。十二字以内にまとめて書きましょう。

れい ［ゆうきのある一人の子ども］

ヒント 8行目の「それも」に注意してまとめよう。

❸ 「——それじゃぁ、おらは、とってもだめだ——。」について、答えましょう。

① 豆太はどうしてこのように言ったのですか。

こんな［真夜中］に、それも、たった［一人］で、［モチモチの木］を見に出るなんて、できそうになかったから。

② こう言ったとき、豆太はどんな気持ちでしたか。一つに○をつけましょう。

ア（○）自分にはとてもむりだと思うと、悲しくてなきたい気持ち。
イ（　）そんなもの、べつに見たくないやという、なげやりな気持ち。
ウ（　）ゆうきを出して、見てやろうという気持ち。

❹ 「昼間だったら、見てえなぁ——。」とありますが、豆太はなぜそう思ったのですか。考えて書きましょう。

れい （夜は暗くてこわいけれど、昼間は明るくて平気だから。）

ヒント 昼間と夜のちがいを考えよう。

❺ 豆太は、こわいという気持ちをどんな言葉で表していますか。四字で書きぬきましょう。

［ぶるぶる］

練習①

❶ 第一段落の二文目「もう五つにも……行けたっていい。」に、「おくびょう」と言われるわけが書かれています。

❷ 豆太から見たモチモチの木の様子を表しています。豆太には、モチモチの木がおこっておどかしているように見え、木の葉やえだがお化けの手やかみの毛のように、おそろしげに見えるのでしょう。

❸ 一つ目は、「いっしょにねている……いいからなぁ。」（14～17行目）にあります。二つ目は18行目の「それに、」から後に書かれています。「……からだろう」という言い方に注意しましょう。

❹ 豆太のおとうについては、「くまと組みうちして……きもすけだった」（21～22行目）とあり、じさまについては、「六十四の今、……やってのける」（23～25行目）とあります。つまり二人とも「きもすけ」（＝どきょうのある人）なのです。それなのに、豆太だけが「おくびょう」なので、そのことをふしぎがって、強調しているのです。

練習②

❶ 会話文を読むときは、「だれが」「だれに」「何と言ったか」をおさえます。

❷ ①じさまが「山の神様のお祭りなんだ。」（6行目）と言っています。

② 7～10行目に書かれている「一人の子どもしか、見ることはできねえ」、「それもゆうきのある子どもだけ」という二つのことを、一文にまとめましょう。

❸ 14行目の「だって、」の後に、豆太の言葉が書かれています。「だって、……、こんな冬の真夜中に……とんでもねえ話だ。ぶるぶるだ。」とあります。豆太は、自分にはとてもむりだと思っているのです。

❹ ❸の①をヒントに考えましょう。豆太は、「こんな冬の真夜中に、……たった一人で……とんでもねえ話だ」と思っています。また「昼間だったら」とあるように、豆太は暗い夜をこわがり、明るい昼間だったら平気だと思っているのです。

❺ 「ぶるぶる」という言葉を二回（19行目と24行目）使っています。「ぶるぶる」は、体がふるえる様子を表しますが、この言葉で豆太のこわいという気持ちがよく分かります。

たしかめのテスト① 116〜117ページ

モチモチの木 〜 漢字の広場⑥

おうちのかたへ

発展的な記述問題に取り組む場合は、作品全体を通して強く心に残った出来事や心理描写を選び出し、それに対する自分の考えを深めたり、感想をまとめたりする練習が効果的です。そのように整理することによって、発展的な記述問題にも対応できるようになります。

文章を読んで、答えましょう。　思考・判断・表現

豆太は、真夜中に、ひょっと目をさました。頭の上で、くまのうなり声が聞こえたからだ。

「じさまあっ。」

むちゅうでじさまにしがみつこうとしたが、じさまはいない。

「ま、豆太、心配すんな。じさまは、じさまは、ちょっとはらがいてえだけだ。」

まくら元で、くまみたいに体を丸めてうなっていたのは、じさまだった。

「じさまっ。」

こわくて、びっくらして、豆太はじさまにとびついた。けれども、じさまは、ころりとたたみに転げると、歯を食いしばって、ますますすごくうなるだけだ。

「医者様をよばなくっちゃ。」

豆太は、小犬みたいに体を丸めて、表戸を体でふっとばして走りだした。

ねまきのまんま。はだしで。半道もあるふもとの村まで――。

外はすごい星で、月も出ていた。とうげの下りの坂道は、一面の真っ白い霜で、雪みたいだった。霜が足にかみついた。足からは血が出た。豆太は、なきなき走った。いたくて、寒くて、こわかったからなあ。

でも、大すきなじさまの死んじまうほうが、もっとこわかったから、なきなきふもとの医者様へ走った。

これも、年よりじさまの医者様は、豆太からわけを聞くと、

「おう、おう――。」

と言って、ねんねこばんてんに薬箱と豆太をおぶうと、真夜中のとうげ道を、えっちら、おっちら、じさまの小屋へ上ってきた。

とちゅうで、月が出てるのに、雪がふり始めた。この冬はじめての雪だ。豆太は、そいつをねんねこの中から見た。

そして、医者様のこしを、足でドンドンけとばした。じさまが、なんだか死んじまいそうな気がしたからな。

豆太は、小屋へ入るとき、もう一つふしぎなものを見た。

「モチモチの木に、灯がついている。」

斎藤 隆介「モチモチの木」より

1 「こわくて、びっくらして、豆太はじさまにとびついた。」のは、じさまのどんな様子を見たからですか。　10点

（れい（まくら元で、）くまみたいに体を丸めてうなっていた様子。）

2 「医者様をよばなくっちゃ。」とありますが、医者をよびに出た豆太のいきおいを表す一文を文章からさがし、はじめと終わりの六字を書きましょう。　10点

豆太は、小犬　〜　走りだした。

3 できたらスゴイ！ 「霜が足にかみついた。」とは、どんな様子を表していますか。一つに○をつけましょう。　15点

ア（　）霜で道がこおって、豆太の足がすべりそうになっている様子。

イ（　）とてもつめたい霜で、豆太の足がこおって動かなくなっている様子。

ウ（○）霜がとげのようにこおって、豆太の足にささる様子。

4 よく出る 「いたくて、寒くて、こわかったからなあ。」とありますが、それでも豆太が走りつづけたのは、なぜですか。　15点

（れい 大すきなじさまが死んでしまうほうが、もっとこわかったから。）

5 豆太が、「医者様のこしを、足でドンドンけとばした」のは、なぜですか。　一つ10点（20点）

じさまが（れい 死んでしまいそう）な気がして、医者様に、もっと（れい 急いで）ほしかったから。

6 「小屋へ入るとき、もう一つふしぎなものを見た」とありますが、ふしぎなものとは何ですか。　10点

（れい 灯がついたモチモチの木。）

7 考えを書こう この文章を読んで、あなたは豆太についてどんな感想をもちましたか。どんなところからそう思ったのかも分かるように書きましょう。　20点

（れい おくびょうな豆太が、大すきなじさまのためにゆうきを出して、医者様をよびに行くところがすごいと思った。）

1 いつもはたよりになるじさまが、体を丸めてうなっていたのです。

2 「小犬みたいに体を丸めて、表戸を体でふっとばして」に、いきおいよくとび出した様子がよく表れています。句点（。）も入ります。

3 つづく文の「足からは血が出た。」「いたくて、寒くて」から考えます。霜は、足から血が出るほどかたくこおっていたのでしょう。それを「かみついた」と表現しているのです。

4 次の文の「〜から」に着目しましょう。

5 次の文に「じさまが、なんだか死んじまいそうな気がした」とあります。豆太はじさまのことが心配で、もっと速く速くと医者様をせかしているのです。

6 一つ目のふしぎなものは、月が出ているのに（＝空が晴れているのに）ふり始めた雪、もう一つは、小屋に入るときに見た、灯がついたモチモチの木です。

7 この文章では、おくびょうな豆太が、じさまのために、ゆうきを出して医者様をよびに行くすがたがえがかれています。そのことについて、「えらいと思う」「ゆうきがあると思う」「おくびょうなんかじゃない」などといった感想が書かれていれば正答とします。

れい2 豆太は、おくびょうなのに、大すきなじさまのために、足から血が出ても医者様をよびに走って、とてもえらいと思う。

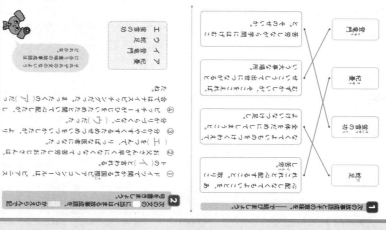

たしかめのテスト② 118～119ページ
モチモチの木 ～ 漢字の広場⑥

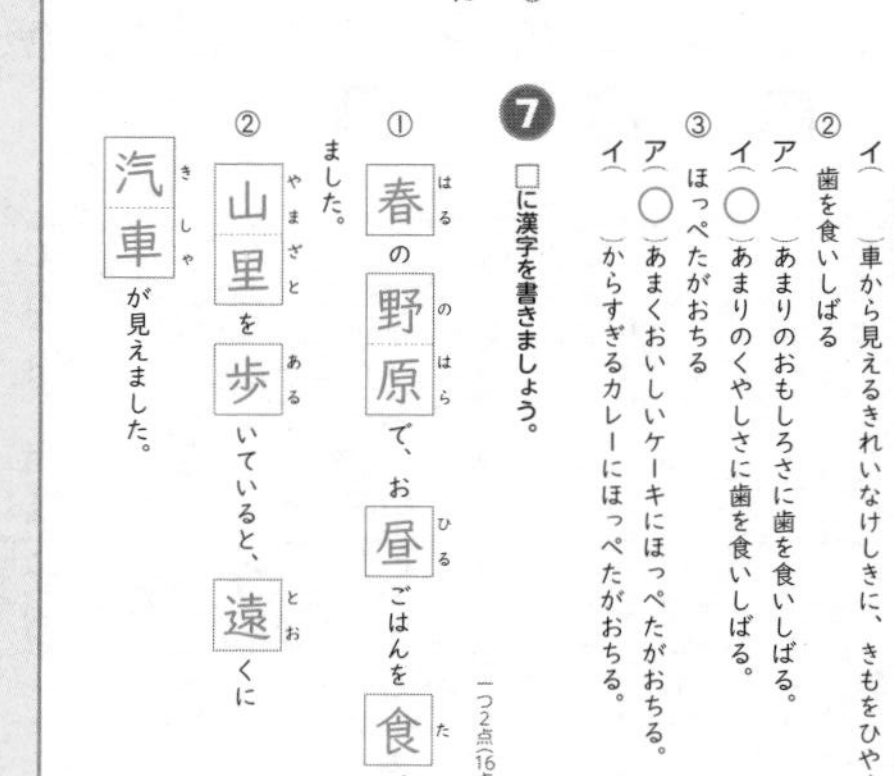

1 読みがなを書きましょう。（一つ2点〔20点〕）
① 薬箱（くすりばこ）をさがす。 ② 自分と他人（たにん）。
③ 鼻（はな）ぢょうちん ④ 温せんの湯（ゆ）に入る。
⑤ 兄を追（お）いかける。 ⑥ わたし自身（じしん）
⑦ たたみに転（ころ）げる。 ⑧ 海の神様（かみさま）。
⑨ 弱虫（よわむし）の弟。 ⑩ 森に小屋（こや）を作る。

2 □に漢字を書きましょう。（一つ3点〔18点〕）
① 心配（しんぱい）する ② かきの実（み）を取る。
③ 真っ白（まっしろ）い雪。 ④ 三月二十日（はつか）
⑤ 今夜（こんや）の番組。 ⑥ この冬は寒（さむ）い。

3 〔　〕に漢字と送りがなを書きましょう。（一つ3点〔12点〕）
① 明かり（あかり）を消す。 ② さいふを落とす（おとす）。
③ 細かい（こまかい）あみ目。 ④ 夏祭り（まつり）

4 （　）に当てはまる言葉を□からえらんで、記号を書きましょう。（一つ3点〔12点〕）
① つまずいて（ア）転げる。
② （エ）、急な坂を上る。
③ 朝まで（ウ）ねむる。
④ 町の灯が（イ）うかぶ。

ア ころりと　イ ぼうっと
ウ ぐっすり　エ えっちら、おっちら

5 （　）に当てはまる言葉を□からえらんで書きましょう。（一つ5点〔10点〕）
① （おくびょうな）妹は、お化けやしきに入れないでいる。
② 川に入って、おぼれかかった子どもを助けた（ゆうきのある）高校生たち。

ゆうきのある　みっともない
ゆかいな　おくびょうな

6 次の言葉が正しく使われている文に、○をつけましょう。（一つ4点〔12点〕）
① きもをひやす
ア（○）自転車とぶつかりそうになって、きもをひやす。

イ（　）車から見えるきれいなけしきに、きもをひやす。
② 歯を食いしばる
ア（　）あまりのおもしろさに歯を食いしばる。

イ（○）あまりのくやしさに歯を食いしばる。
③ ほっぺたがおちる
ア（○）あまくおいしいケーキにほっぺたがおちる。

イ（　）からすぎるカレーにほっぺたがおちる。

7 □に漢字を書きましょう。（一つ2点〔16点〕）
① 春（はる）の野原（のはら）で、お昼（ひる）ごはんを食（た）べました。
② 山里（やまざと）を歩（ある）いていると、遠（とお）くに汽車（きしゃ）が見えました。

じゅんび 120ページ
知ると楽しい「故事成語」

1 次の故事成語とその意味を、――で結びましょう。

蛇足（だそく） ― 心配しなくてもよいことを、あれこれと心配すること。取りこし苦労。

蛍雪の功（けいせつのこう） ― なくてよいものをつけくわえて、全体をだめにしてしまうこと。よけいなつけ足し。

杞憂（きゆう） ― むずかしいが、そこをこえれば、せいこうして出世につながるという大事な場所。

登竜門（とうりゅうもん） ― 苦労しながら学問にはげむこと。そのせいか。

2 次の文の□に当てはまる故事成語を、□からえらんで記号を書きましょう。
① ドイツで開かれる国際ピアノコンクールは、ピアニストの（イ）と言われる。
② お父さんが早くになくなって苦労したおじさんは、（エ）をつんで、りっぱな医者になった。
③ 分かりやすくするためせつめいをついかしたが、より分かりづらくなり、（ウ）だった。
④ ピッチャーがひじをいためたと聞いて心配したが、しあいではナイスピッチングだった。まったくの（ア）だったね。

ア 杞憂　イ 登竜門
ウ 蛇足　エ 蛍雪の功

それぞれの文のないように合う意味の故事成語はどれかな。

---

1 ②「他人」の読み「タニン」は、「音読（おん）み＋音読み」です。
⑩「小屋」の読み「こや」は、「訓読（くん）み＋訓読み」です。

2 ④「二十日（はつか）」は、とくべつな読み方の言葉です。

3 ①は「明り」、②は「落す」と書きまちがえやすいので、気をつけましょう。
③「細かい」「細い」を、送りがなで見分けましょう。

4 ②「えっちら、おっちら」は、「つかれたり重い物をかついだりして、苦しそうにやっとのことで歩く様子」を表します。

5 文に合う、人物を表す言葉をえらびます。
①お化けやしきに入れないでいる妹を表すのに合うのは「おくびょうな」です。
「みっともない」は、「見苦しい」という意味の言葉です。

6 ①「きもをひやす」は「おどろいてひやっとする様子」を言います。
②「歯をくいしばる」は「いっしょうけんめいがまんする様子」を言います。
③「ほっぺたが落ちる」は、「すごくおいしい」ということです。

1 故事成語（こじせいご）は、その言葉がどのようにしてできたかという由来を知ると、意味をおぼえやすいです。教科書の「言葉の由来」も読みましょう。ふだんの生活の中で使ってみましょう。

2 ①「国際（さい）ピアノコンクール」で入賞（しょう）すれば、ピアニストとしてのせいこうに近づくことができるでしょう。ピアニストにとっては、大事な場所です。
②しけん合かくなどの目ひょうをたっせいするために、苦労（くろう）して勉強することを、「蛍雪（けいせつ）の功（こう）をつむ」と言います。
③ついかしたせつめいのために、より分かりづらくなったのですから、よけいなつけ足しだったのです。
④ひじをいためたピッチャーを心配したけれど、かれはしあいではすばらしいピッチングだったのです。取りこし苦労だったということです。

1 ①「筆」の読みは「ヒツ」「ふで」ですが、この場合は、「ピツ」と読みます。

②「酒」の読みは「シュ」「さけ」「さか」ですが、「ざけ」とにごるものもあります。

2 ④「緑」は、右下の部分を「氺」としないように気をつけます。

4 ひらがなに直すと分かりやすくなります。

①二文字目が「う」の「高（こう）れい者」がはじめに、二文字目が同じ「こおる」と「ゴール（ごおる）」は、清音の「こおる」が前になります。

5 ①「道」の読みは「ドウ」「みち」、②「野」の読みは「ヤ」「の」、③「通」の読みは「ツウ」「とお－る」「かよ－う」です。

6 俳句は「五七五」の十七音でできています。きせつを表す季語が入っています。

7 文のおわりには句点（。）を、文の中の意味の切れ目には読点（、）を、会話にはかぎ（「　」）をつけましょう。

8 (1)「夕日が、地平線に……見るのがすきです。」とあります。

(3)「あら、ま。」の後に、なぜそうなったかが書かれています。

(4)すぐ後の、とかげの言った言葉から読みとります。いつもの夕日より、「とくべつ上等」だったので、びっくりしたのです。

(5)つづく文に、人でないものの様子を人の動作のようにたとえて、「りっぱさ」を表している部分があります。二十六字という字数にちゅういして答えましょう。

(6)それぞれ、「ぞうは、……夕日を見ます。」「とかげは、……夕日を見ます。」という文に着目しましょう。

(7)——線のすぐ前の「そのとき」は、夕日が「しずかにすがたを消していく」ときのことです。「もう、しずんじゃうね、……もう、おしまいだね。」という言葉から、とかげの気持ちを考えましょう。「悲しい」「ざんねん」「さびしい」など、同じような意味が書かれていれば正答です。

れい2 とくべつ上等な夕日がしずんでしまうのが、ざんねんでさびしい気持ち。

おうちのかたへ

夕日が好きなとかげが、友だちのぞうと、夕日を見ている場面です。とかげが、「とくべつ上等」な「今日の夕日」が沈んでしまうのを、残念に思う気持ちを想像してみましょう。

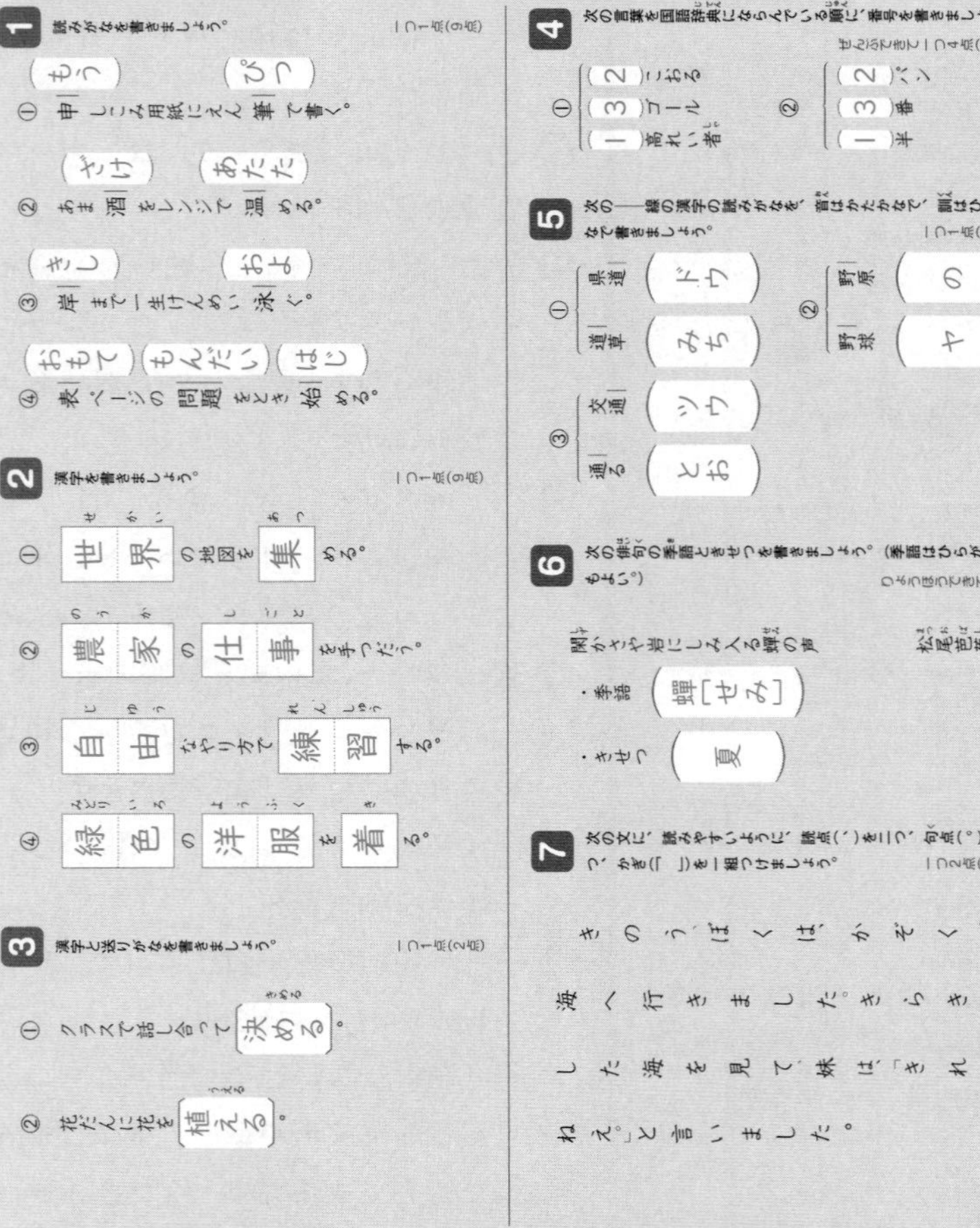

夏のチャレンジテスト

名前　　月　日

時間 40分

/50　/100

1 読みがなを書きましょう。
① 申しこみ用紙にえん筆で書く。（もう）（ぴつ）
② あま酒をレンジで温める。（ざけ）（あたた）
③ 岸まで一生けんめい泳ぐ。（きし）（およ）
④ 表ページの問題をとき始める。（おもて）（もんだい）（はじ）

2 漢字を書きましょう。
① 世界の地図を集める。
② 農家の仕事をてつだう。
③ 自由なやり方で練習する。
④ 緑色の洋服を着る。

3 漢字と送りがなを書きましょう。
① クラスで話し合って決める。
② 花だんに花を植える。

4 次の言葉を国語辞典にならんでいる順に、番号を書きましょう。
① 2 こおる　3 ゴール　1 高れい者
② 2 パン　3 番　1 半

5 次の――線の漢字の読みがなを書きましょう。
① 県道（ドウ）　道草（みち）
② 野原（の）　野球（ヤ）
③ 交通（ツウ）　通る（とお）

6 次の俳句の季語ときせつを書きましょう。
閑かさや岩にしみ入る蟬の声　松尾芭蕉
・季語　蟬［せみ］
・きせつ　夏

7 次の文に、読みやすいように、読点（、）を三つ、句点（。）を二つ、かぎ（「　」）を一組つけましょう。

きのう、ぼくは、かぞくで海へ行きました。きらきらした海を見て、妹は「きれいねえ。」と言いました。

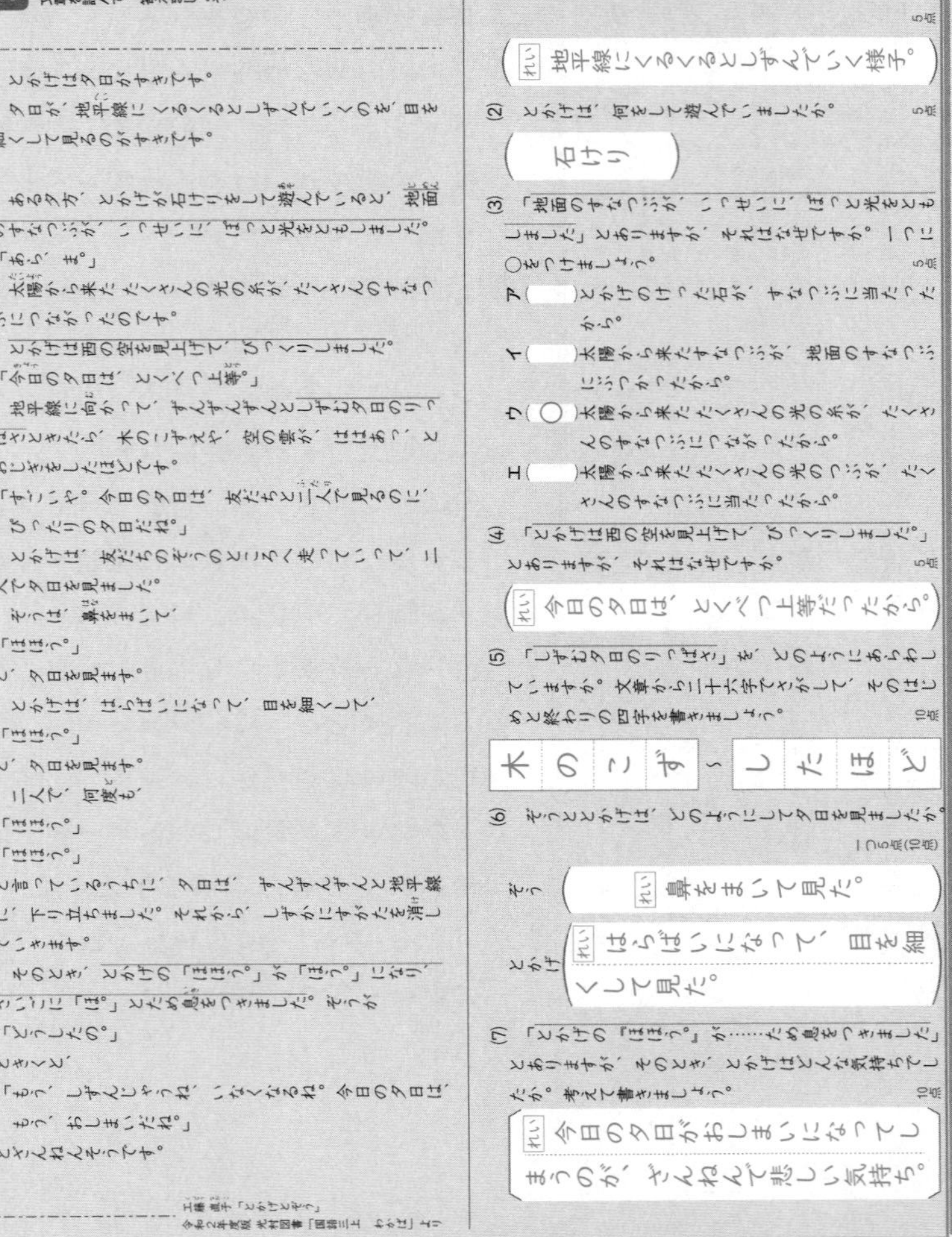

8 文章を読んで、答えましょう。

(1) とかげは、夕日のどんな様子を見るのがすきですか。
れい 地平線にくるくるとしずんでいく様子。

(2) とかげは、何をして遊んでいましたか。
石けり

(3)「地面のすなつぶが、いっせいに、ぱっと光をともしました」とありますが、それはなぜですか。一つに○をつけましょう。
ウ ○

(4)「とかげは西の空を見上げて、びっくりしました」とありますが、それはなぜですか。
れい 今日の夕日は、とくべつ上等だったから。

(5)「しずむ夕日のりっぱさ」を、どのようにあらわしていますか。文章から二十六字でさがして、そのはじめと終わりの四字を書きましょう。
木のこず ～ したほど

(6) ぞうとかげは、どのようにして夕日を見ましたか。
ぞう れい 鼻をまいて見た。
とかげ れい はらばいになって、目を細くして見た。

(7)「とかげの『ほほう。』が……ため息をつきました」とありますが、そのとき、とかげはどんな気持ちでしたか。
れい 今日の夕日がおしまいになってしまうのが、ざんねんで悲しい気持ち。

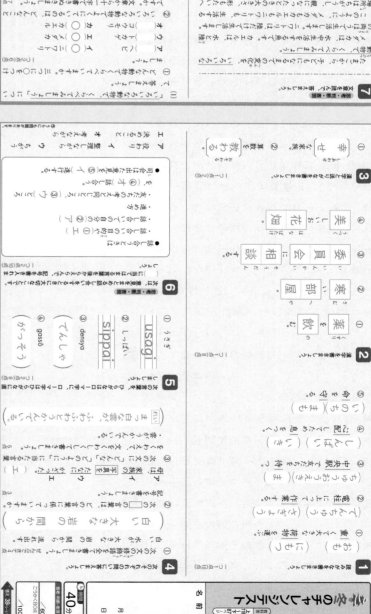

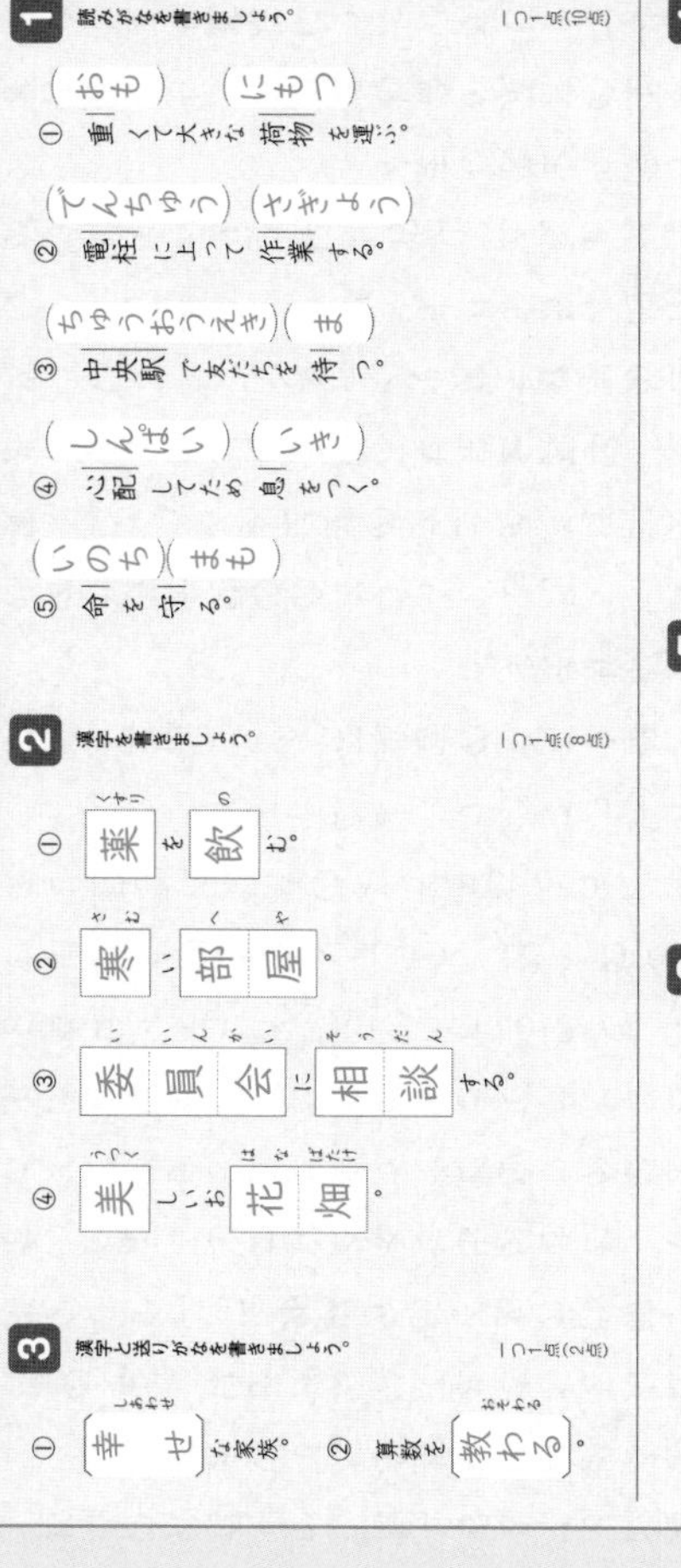

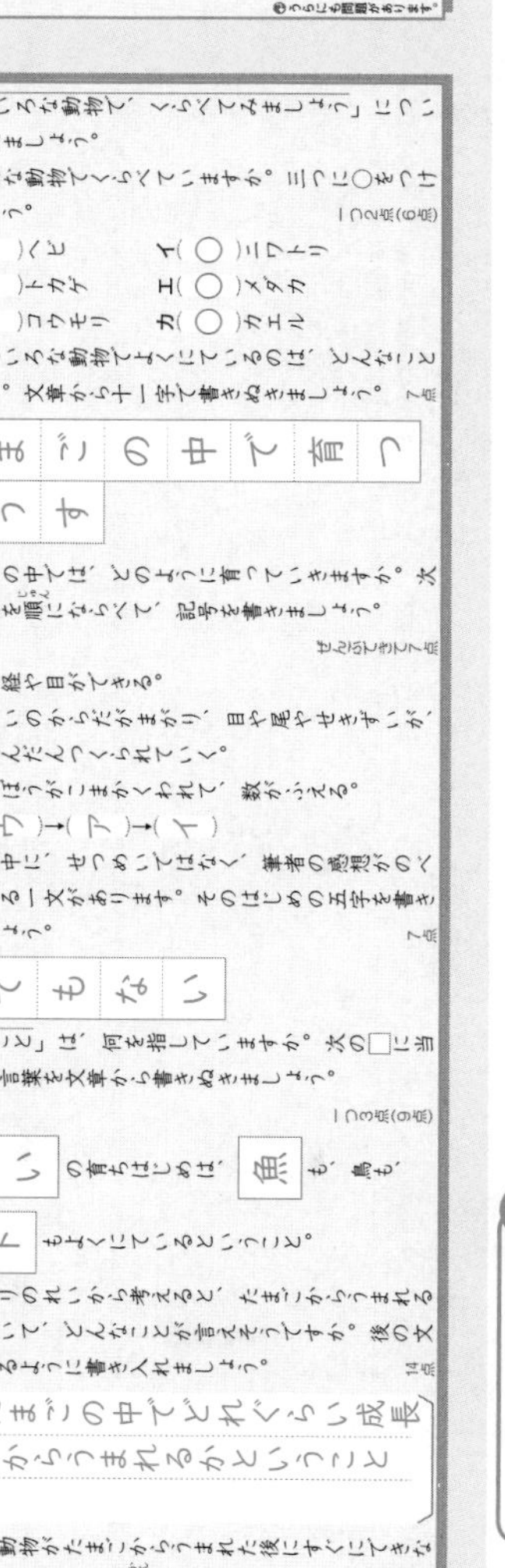

1 ①「物」は「ブツ」ではなく「モツ」と読みます。

2 ①「飲」の左がわの部分は「食」です。「食」と書かないようにしましょう。

3 ①「幸わせ」としないようにしましょう。訓読みの送りがながよく問われる漢字です。

4 ①修飾語は主語や述語に係って意味をくわしくする言葉です。まず文の主語と述語をおさえましょう。それ以外が修飾語です。この文の主語は「水が」、述語は「流れ出す」です。

③「どんな」は、主語の「雲が」に係る修飾語に、「どのように」は、述語の「うかんでいる」に係る修飾語になります。

5 ②つまる音は、次にくる音の文字（ここでは「p」）を重ねて書きます。「si」は「shi」でも正答です。

④「sô」はのばす音ですが、「そお」ではなく「そう」と書きます。

6 話し合いの目的・決めること、自分の役わり、進め方、人の意見と同じところとちがうところを考えながら話し合うことが大切です。

7 (1)②第四段落に、「ところが、……よくにたところがある」と書かれています。

(2)第五段落と第六段落のはじめに、順番を表す言葉の「まずはじめは」「つづいて」が使われていることに着目しましょう。

(3)思いを表す言葉をさがします。第八段落に「魚でもない鳥やヒトが、どうしてえらなどあるのかふしぎですね。」という筆者の感想があります。感想は「〜と思う」「〜なのだろう」といった形で書かれることも多いです。

(4)前の文の、「このようにして、……区別しにくいくらいです。」を指しています。

(5)「ニワトリのれい」とは、たまごの中で羽毛のはえたひなにまで成長してうまれるのは、ニワトリがうまれてすぐ歩きだすからだ、ということです。このことから、後の文にある「動物がたまごからうまれた後にすぐにできなければならないこと」と関係があるのは、どんなことかを考えます。

れい 2 どんな形までたまごの中で成長してうまれるのかということ

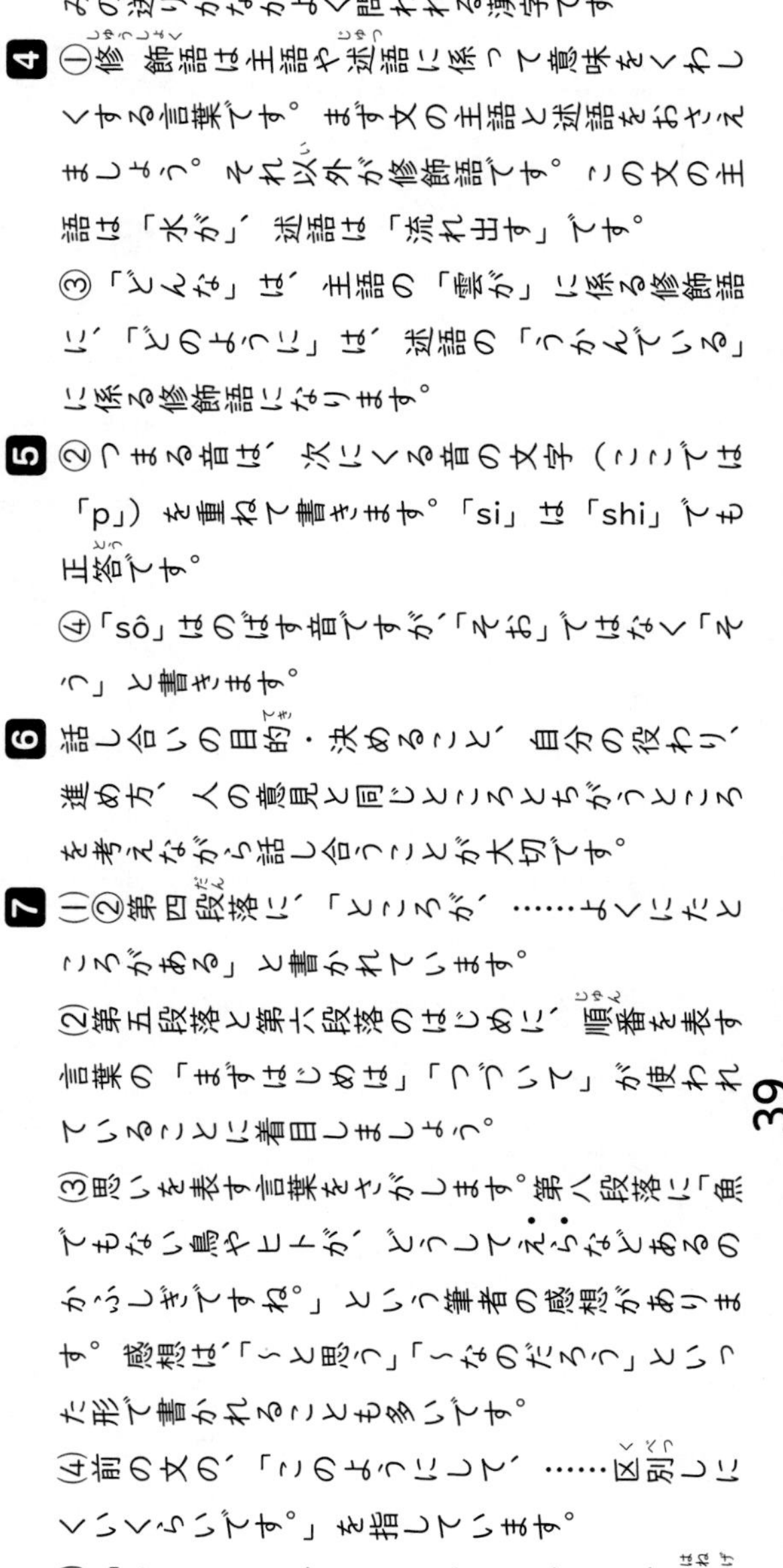

おうちのかたへ

いろいろな動物の、たまごから子どもになるまでの変化を説明している文章です。何について説明されているのか、そこからどんなことが考えられるかをとらえましょう。

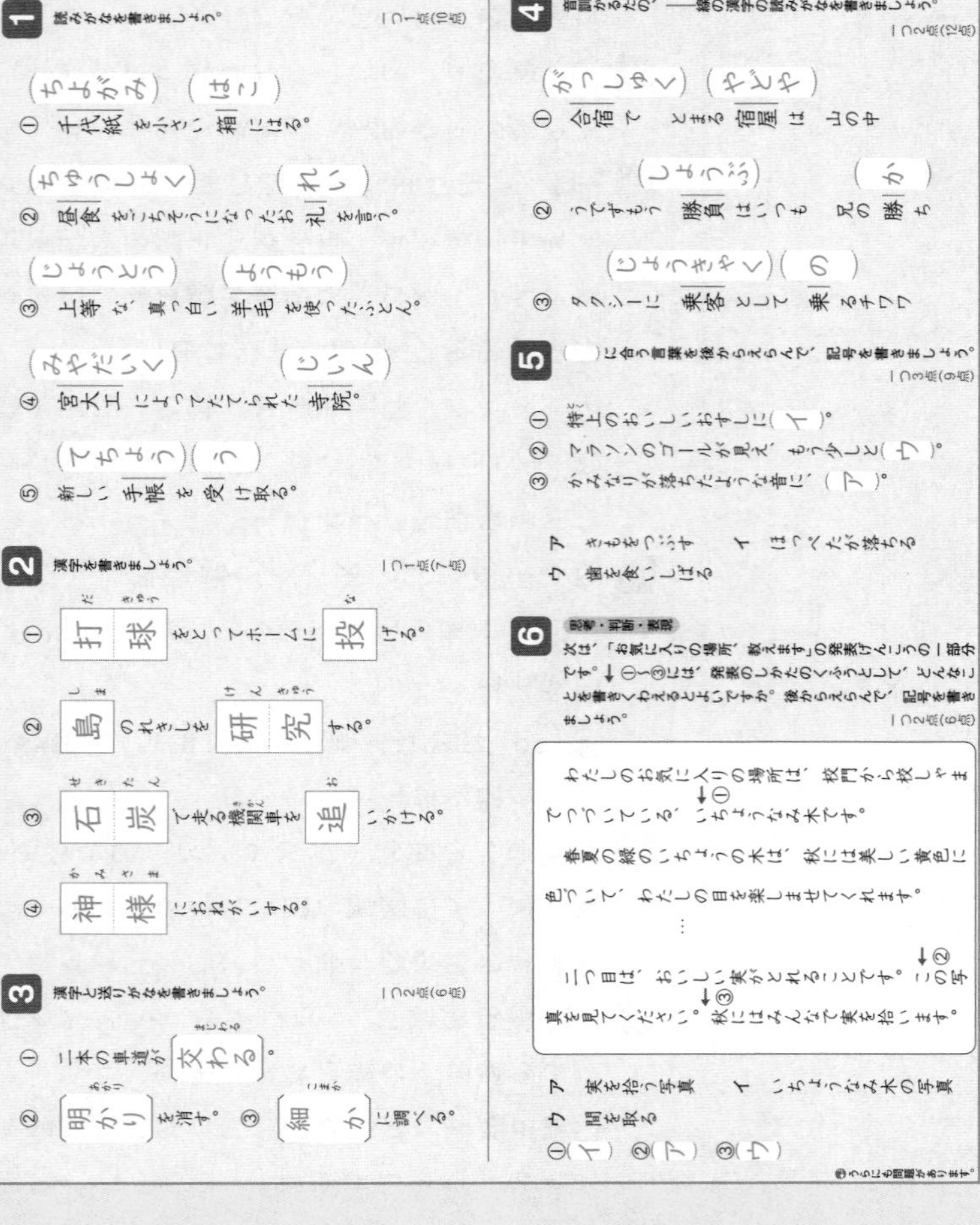

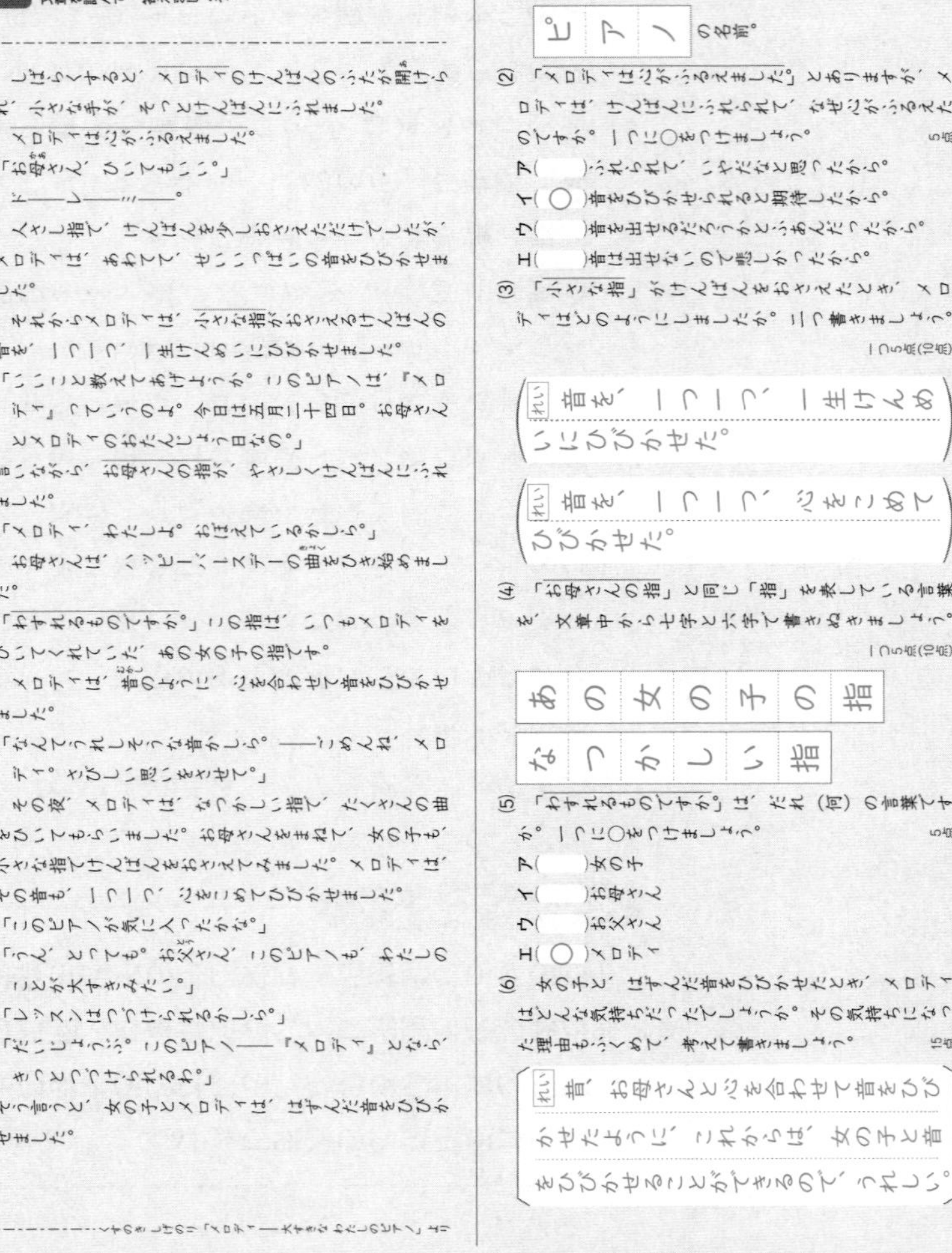

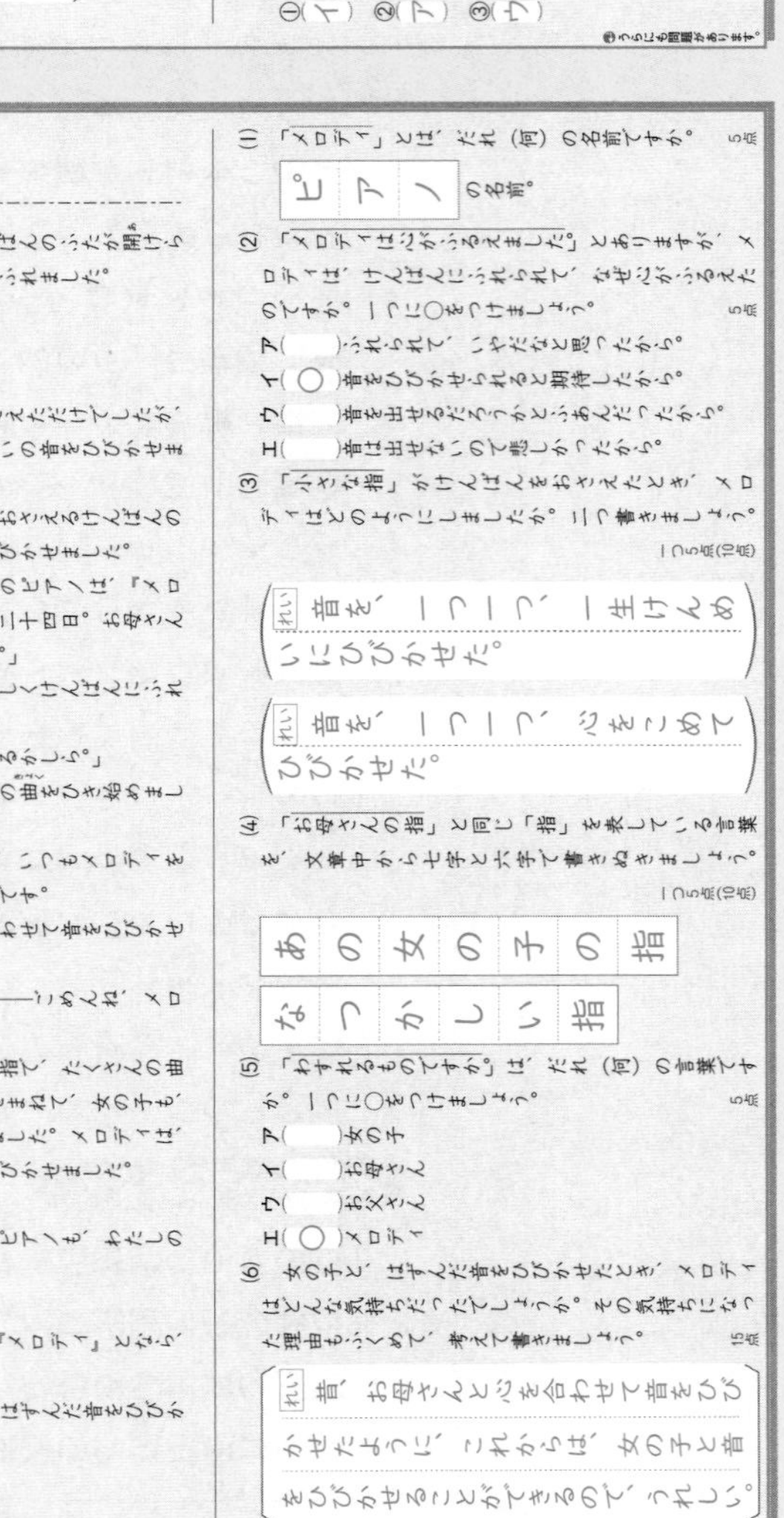

3 ①「交わる」と「わる」を送ります。「交じる」（まーじる）と区別しましょう。

②「明り」としないように注意しましょう。

5 二つ以上の言葉が合わさって、もとの言葉とはちがう意味を表します。

6 ①写真があれば、「お気に入りの場所」がどこか具体的に分かります。

②「この写真を見てください。」という文があるので、写真を見せていることが分かります。

③の矢印はこの二文の間にあるので、「実を拾う写真」を見てもらうための間を取っていることが分かります。

7 (1)「お母さん」の言葉に、「このピアノは、『メロディ』っていうのよ。」とあります。

(2)後のほうのお母さんの言葉に着目しましょう。「ごめんね、メロディ。さびしい思いをさせて。」とあることから、メロディは音をひびかせることができなかった、けんばんにふれてもらえなかったとそうぞうできます。メロディは、やっと音が出せると心がふるえたのです。

(3)――線部のある部分以外に、「小さな指」がけんばんをおさえている様子は、「その夜、」から始まる段落にも書かれています。

(4)文章に出てくる「指」が、だれの「指」なのかをしっかりとらえましょう。「小さな指」は「小さな手」の「女の子」の指です。

(5)この文章は、ピアノが人間と同じようにえがかれています。声に出したものではありませんが、これはメロディの心の中の言葉です。

(6)メロディは、「昔のように」お母さんと「心を合わせて音をひびかせ」、女の子のひく音も、心をこめてひびかせています。女の子が、メロディとならピアノをつづけられると言っていることから、これからもメロディは女の子と音をひびかせることができるのです。それはメロディにとって、とてもうれしいことでしょう。うれしいと思う理由も書きましょう。

れい2 昔ひいてくれた女の子の子どもの女の子と、また音をひびかせることができるようになったので、とてもうれしい。

おうちのかたへ

ピアノが擬人化されている文章です。状況を理解して、メロディの気持ちを推し量ることが大切です。想像力をはたらかせましょう。

3年 国語のまとめ

学力しんだんテスト

名前　　月　日

時間 40分　ごうかく70点　/100

答え 41ページ

1 読みがなを書きましょう。　一つ2点(14点)

① みんなの 都合（つごう） にあわせる。

② 自転車で 坂道（さかみち） を上るのは 苦（くる）しい。

③ 仕事（しごと） が早く 終（お）わる。

④ 新緑（しんりょく） の美しい山で 遊（あそ）ぶ。

2 漢字を書きましょう。　一つ2点(16点)

① 落（お）としものを 拾（ひろ）う。

② 大きな 荷物（にもつ）。

③ 軽（かる）い食事をとる。

④ 地球（ちきゅう）のかんきょうを 守（まも）る。

⑤ 医学（いがく）を 勉強（べんきょう）をする。

3 次の漢字の▓部の名前を書きましょう。　一つ2点(4点)

① 池（さんずい）

② 橋（きへん）

4 次のひらがなをローマ字で書きましょう。　一つ2点(6点)

① いしゃ　② そうこ　③ らっぱ

5 次は、山村さんが書いた、自分の住む町のよいところをしょうかいする文章です。読んで、問題に答えましょう。

わたしがしょうかいしたいのは、秋祭りです。…ア
秋祭りは、お米がたくさんとれたことをいわって、毎年十月のはじめに行われます。…イ
しょうかいしたい理由は、二つあります。一つは、ししまいがおもしろいからです。笛の音にあわせて、近所をじゅんにまわります。生まれたばかりの子どもは、じょうぶに育つようにと、ししに頭をかんでもらいます。…エ
もう一つは、ししまいを見に来る人と交流できて、楽しいからです。…オ

① 次は、山村さんの文章の組み立てメモの一部です。このないようが書かれているのは、どの部分ですか。記号を書きましょう。　5点

秋祭りのせつめい　（イ）

② この文章の分かりやすい点は、どんなところですか。二つに○をつけましょう。　両方できて5点

ア（　）とくちょうが分かるよう、他の町の祭りとくらべている。
イ（○）しょうかいする理由が二つあることが、はじめに書かれている。
ウ（　）自分のたいけんしたことが書かれている。
エ（○）ししまいのないようが、具体的に書かれている。

うらにも問題があります。

思考・判断・表現

6 文章を読んで、答えましょう。

大づなを作るときには、おおぜいの力がひつようです。ふりしきる雪の中で、大人も子どもも、かけ声に合わせて力をふりしぼります。できあがった大づなの直径は約八十センチ、長さは、上町の「おづな」が六十四メートル、下町の「めづな」が五十メートルもあります。

つな引きの日がやってきました。夕ぐれの通りに、町の人たちがぞくぞくと集まってきます。道にのばされた「おづな」と「めづな」がむすび合わされ、むすび合わされた大づなの上から建元さんがとび下りました。これを合図に、「ワーッ」という声がひびきわたります。いよいよ三千人と三千人のつな引きが始まりました。

「ジョーヤサノー、ジョーヤサノー」のかけ声に合わせ、大づなから出ているえだづなを、声をはり上げながらけんめいに引きます。引かれた方の人たちは、雪にしゃがみこみ、少しでも体を重くして引きずられないようにがんばります。子どもたちも、ひっしになって足をふんばっています。

引かれた方もばん回をはかります。「ジョヤサー、ジョヤサー」。二メートル、三メートル、じりじりと引きもどします。そばでおうえんしていたおばさんもたまらず、とびこんでつなを引き始めました。

こうしてつな引きは数十分もつづき、ようやく勝負がつきました。勝った方からはかん声が上がります。負けた方には、くやしなきをしている子どもがいます。「今年勝ってしまったら、楽しみがないもんな。」と、負けおしみを言う人もいます。町の人たちのこうふんは、なかなかおさまりません。

刈和野のつな引きは、五百年以上もつづいています。昔は、どちらの町で市場を開くかをこのつな引きで決めたといいます。今は、「上町が勝てば米のねだんが上がり、下町が勝てば米がよくとれる。」といわれていて、その年がどちらであるかをうらなうのです。どちらが勝っても農家には都合のよいことですが、負けては一年のはずみがつきません。それで、上町も下町も、しんけんにつなを引き合います。

＊おづな…上町の人が作ったつな。　＊めづな…下町の人が作ったつな。
＊建元さん…つな引きの世話をする人。

北村 皆雄「つな引きのお祭り」平成14年度版 東京書籍「新しい国語 三下」より

(1) 「つな引きの日」の様子が書かれているのは、この後からどこまでですか。終わりの五字を書きぬきましょう。（句読点をふくむ。）　6点

りません。

(2) 町の人たちがつな引きに集まってくるのはいつですか。二つに○をつけましょう。　一つ3点(6点)

ア（　）春　イ（　）夏
ウ（　）秋　エ（○）冬
オ（　）朝　カ（　）昼
キ（○）夕方　ク（　）夜

(3) 「そばでおうえんしていたおばさんもたまらず、とびこんでつなを引き始めました。」とありますが、ここからどんなことが分かりますか。一つに○をつけましょう。　6点

ア（　）まわりでおうえんしている人が多いこと。
イ（○）町の人みんながこうふんしていること。
ウ（　）つな引きが、町と町の勝負であること。
エ（　）つな引きが、女の人に人気が高いこと。

(4) 「くやしなきをしている子どもがいます」とありますが、それほどしんけんにつな引きをするのはなぜですか。次の□に当てはまる言葉を文章から書きぬきましょう。　6点

負けると一年の はずみ がつかないから。

(5) 「刈和野のつな引き」が大がかりなものであることは、どんなことから分かりますか。次の□に当てはまる言葉を文章から書きぬきましょう。　一つ6点(12点)

それぞれ 三千人 もの大人数で引き合い、勝負がつくまでに 数十分 もかかること。

(6) この文章を読んで、感じたこと、考えたことを書きましょう。　14点

（れい）こんなに長いでんとうのあるつな引きがあることをはじめて知って、とてもおどろいた。

2 ③「軽」は、形のにている「転」とまちがえないようにしましょう。

3 ①「さんずい」は、水に関係のある意味を、②「きへん」は、木に関係のある意味を表します。

4 ①「しゃ」はひとまとまりで書き方が決まっていて、「sya」は「sha」でも正答です。

②のばす音は、「＾」をつけて表します。

③つまる音は、次に来る音のはじめの文字（ここでは「p」）を重ねて書きます。

5 ①組み立てメモに、「秋祭りのせつめい」をメモしたということです。このないよう、つまりどんな秋祭りなのかをせつめいしているのは、イです。アはしょうかいしたいもの、ウ～オはしょうかいしたい理由についてです。

②つたえたいことを分かりやすく書くのが大切です。ししまいについては、「笛の音にあわせて、……頭をかんでもらいます。」と、具体的に書かれていて、分かりやすいです。

6 (1)この文章は、つな引きの様子をえがいた部分と、つな引きのせつめいをしている部分に分けられます。話題の変わり目をさがしましょう。

(2)「夕ぐれの通り」に、人々がつな引きをしに集まったこと、引かれた方の人たちが「雪にしゃがみこ」んだことから分かります。

(3)おうえんしているだけではがまんできなくなって、つな引きにくわわったというのです。

(4)さいごの文に「それで、……しんけんにつなを引き合います。」とあります。「それで」は、「そのために。だから」という意味なので、その前に理由が書かれていることが分かります。つな引きをしんけんにするのは、勝って自分の一年に「はずみ」をつけるためなのです。

(5)問題の文から、「大人数」であること、「（時間が）かかる」ことがそうぞうできます。じっさいのつな引きの様子をえがいている部分からさがしましょう。

(6)文章を読んで感じたこと、考えたことを書く問題なので、文章から分かったことと、自分の気持ちを入れて書きましょう。

（れい2）三千人対三千人のつな引きがあることにおどろいたが、一度見てみたいと思った。

おうちのかたへ

五百年以上も続く刈和野（秋田県）の大綱引きについての文章です。日本最大級の大綱を引き合う、町の人たちの真剣さを読み取りましょう。

メモ

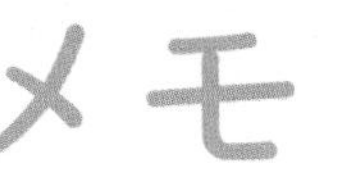

ふろく とりはずしておつかいください。

漢字せんもんドリル

3年生で習う漢字

テストによく出る問題をといてレベルアップしよう！

もくじ

3年　　組

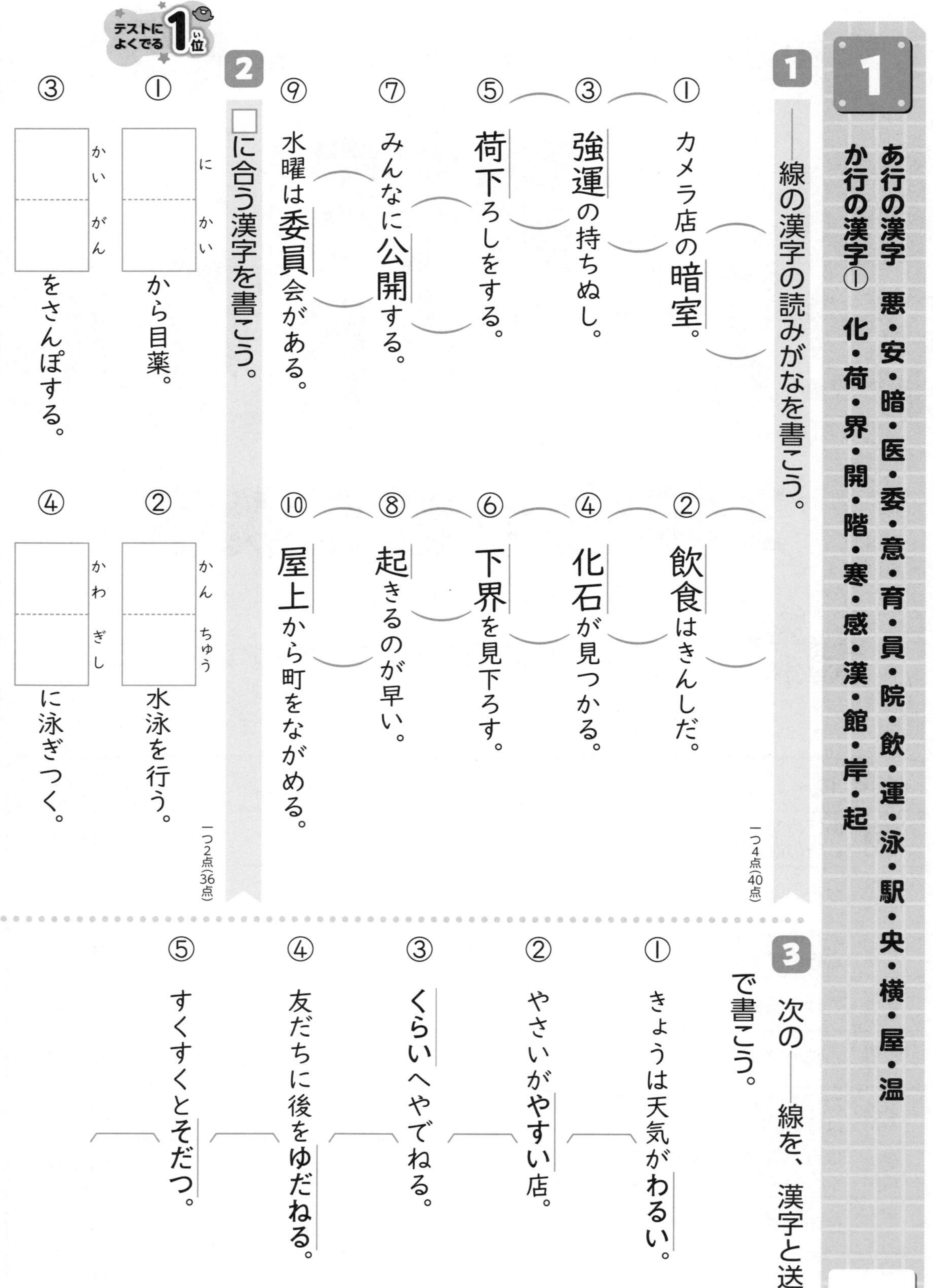

1 あ行の漢字 か行の漢字①

悪・安・暗・医・委・意・育・員・院・飲・運・泳・駅・央・横・屋・温
化・荷・界・開・階・寒・感・漢・館・岸・起

/100

テストによくでる1位

1 ――線の漢字の読みがなを書こう。 一つ4点(40点)

① カメラ店の暗室。（　）
② 飲食はきんしだ。（　）
③ 強運の持ちぬし。（　）
④ 化石が見つかる。（　）
⑤ 荷下ろしをする。（　）
⑥ 下界を見下ろす。（　）
⑦ みんなに公開する。（　）
⑧ 起きるのが早い。（　）
⑨ 水曜は委員会がある。（　）
⑩ 屋上から町をながめる。（　）

2 □に合う漢字を書こう。 一つ2点(36点)

① □□（に かい）から目薬。
② □□（かん ちゅう）水泳を行う。
③ □□（かい がん）をさんぽする。
④ □□（かわ ぎし）に泳ぎつく。

3 次の――線を、漢字と送りがなで書こう。 一つ2点(24点)

① きょうは天気がわるい。（　）
② やさいがやすい店。（　）
③ くらいへやでねる。（　）
④ 友だちに後をゆだねる。（　）
⑤ すくすくとそだつ。（　）

テストによくでる2位

⑤ □□（いんちょう）に話を聞く。

⑥ □□（すいえい）はとくいだ。

⑦ □□（あくにん）とたたかう。

⑧ □□（いがく）の道をこころざす。

⑨ □□（いけん）をどんどん出す。

⑩ □□（はなや）でバラを買う。

⑪ □□（きょういく）によい本。

⑫ □□（えきまえ）でまちあわせる。

テストによくでる3位

⑬ □□□（としょかん）をおとずれる。

⑭ □□（よこみち）にそれる。

⑮ □□（あんしん）して取り組む。

⑯ グラウンドの□□（ちゅうおう）。

⑰ よい行いに□□（かんしん）する。

⑱ □□（かんじ）の練習。

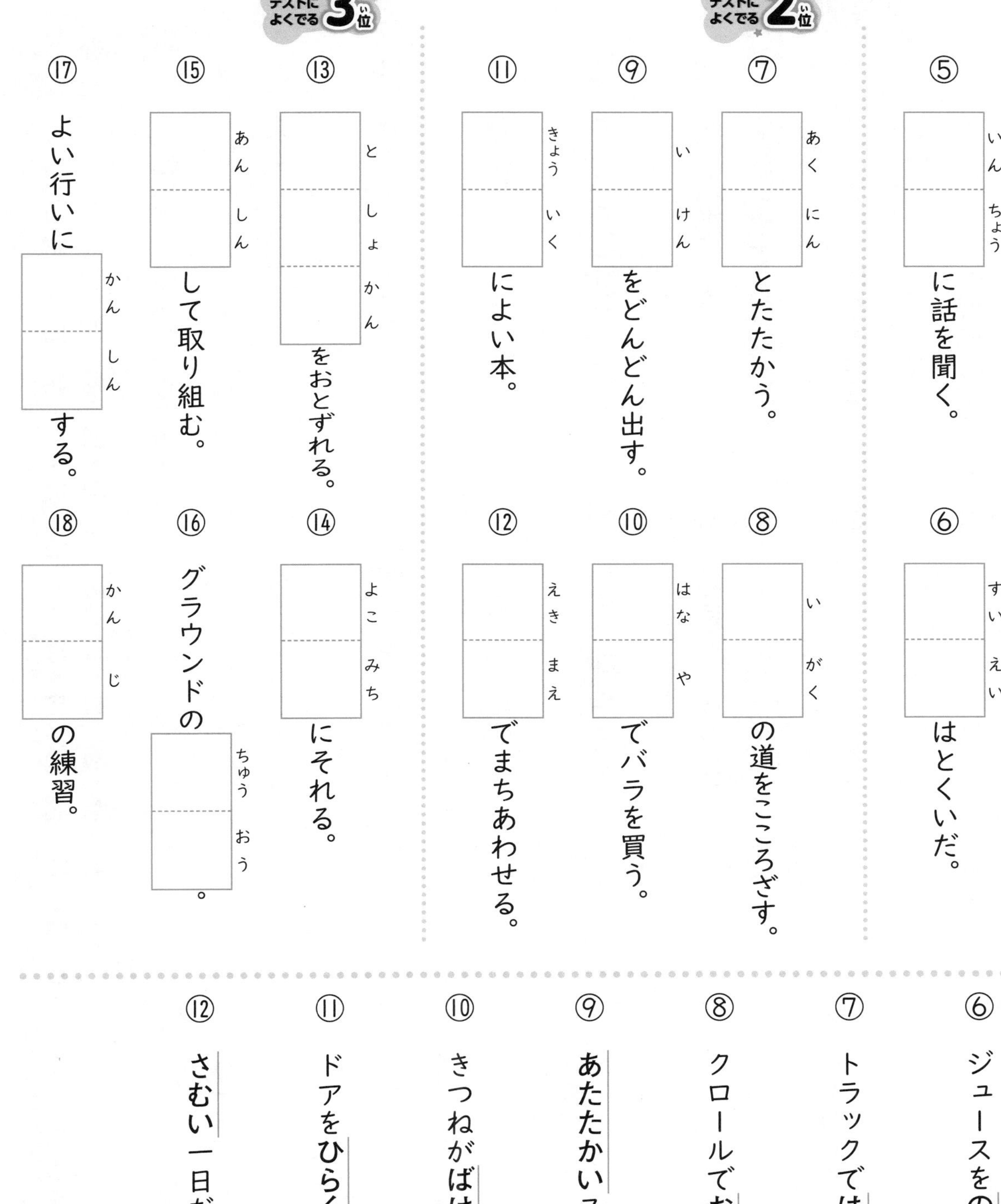

⑥ ジュースをのむ。（　　）（　　）

⑦ トラックではこぶ。（　　）（　　）

⑧ クロールでおよぐ。（　　）（　　）

⑨ あたたかいスープをのむ。（　　）（　　）

⑩ きつねがばけた人。（　　）（　　）

⑪ ドアをひらく。（　　）（　　）

⑫ さむい一日だった。（　　）（　　）

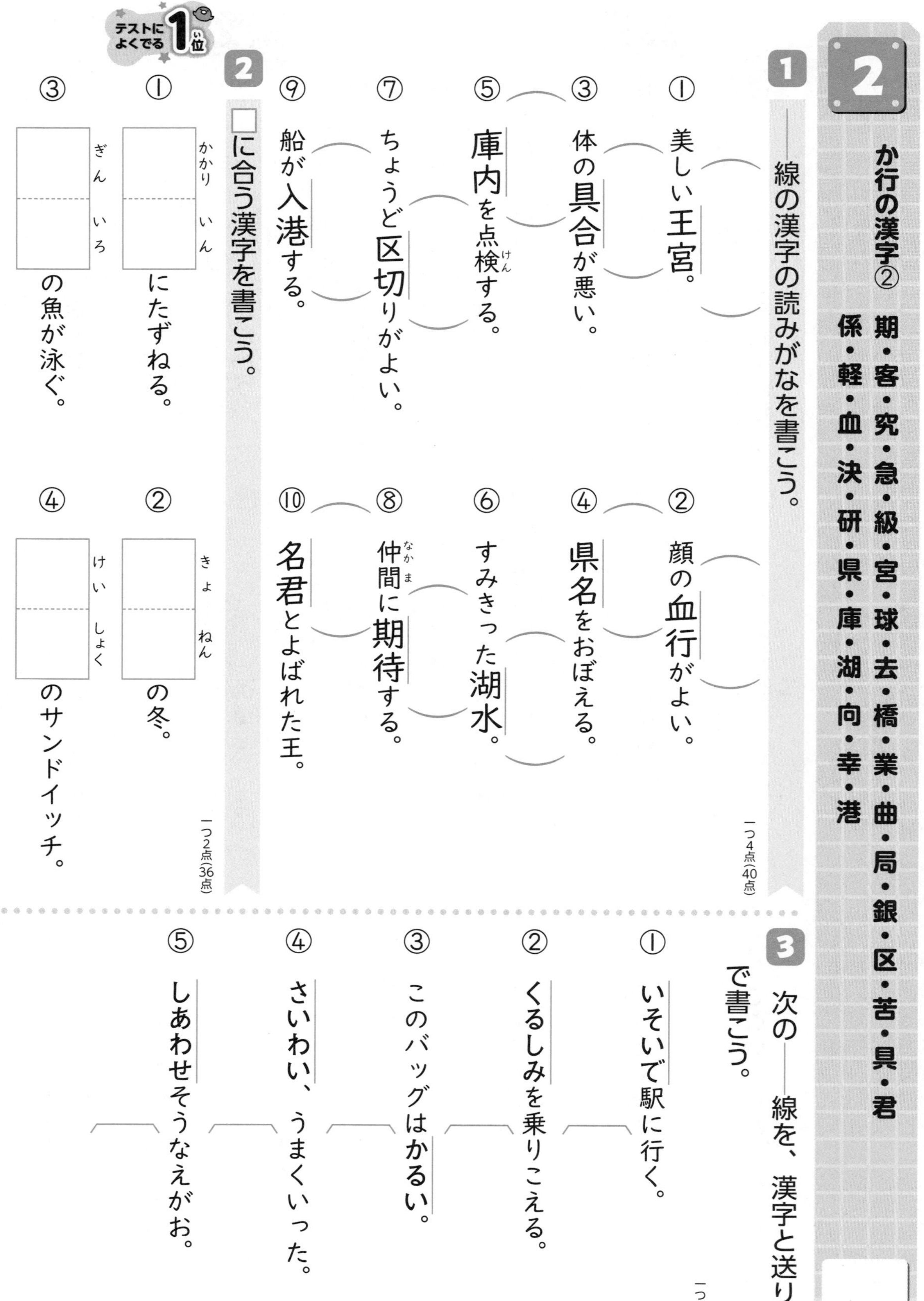

2 か行の漢字②

期・客・究・急・級・宮・球・去・橋・業・曲・局・銀・区・苦・具・君
係・軽・血・決・研・県・庫・湖・向・幸・港

／100

1 ――線の漢字の読みがなを書こう。 一つ4点(40点)

① 美しい王宮。（　　）
② 顔の血行がよい。（　　）
③ 体の具合が悪い。（　　）
④ 県名をおぼえる。（　　）
⑤ 庫内を点検（けん）する。（　　）
⑥ すみきった湖水。（　　）
⑦ ちょうど区切りがよい。（　　）
⑧ 仲間（なかま）に期待する。（　　）
⑨ 船が入港する。（　　）
⑩ 名君とよばれた王。（　　）

2 □に合う漢字を書こう。 一つ2点(36点)

テストによくでる1位（い）

① □□（かかり いん）にたずねる。
② □□（きょ ねん）の冬。
③ □□（ぎん いろ）の魚が泳ぐ。
④ □□（けい しょく）のサンドイッチ。

3 次の――線を、漢字と送りがなで書こう。 一つ2点(24点)

① いそいで駅に行く。（　　）
② くるしみを乗りこえる。（　　）
③ このバッグはかるい。（　　）
④ さいわい、うまくいった。（　　）
⑤ しあわせそうなえがお。（　　）

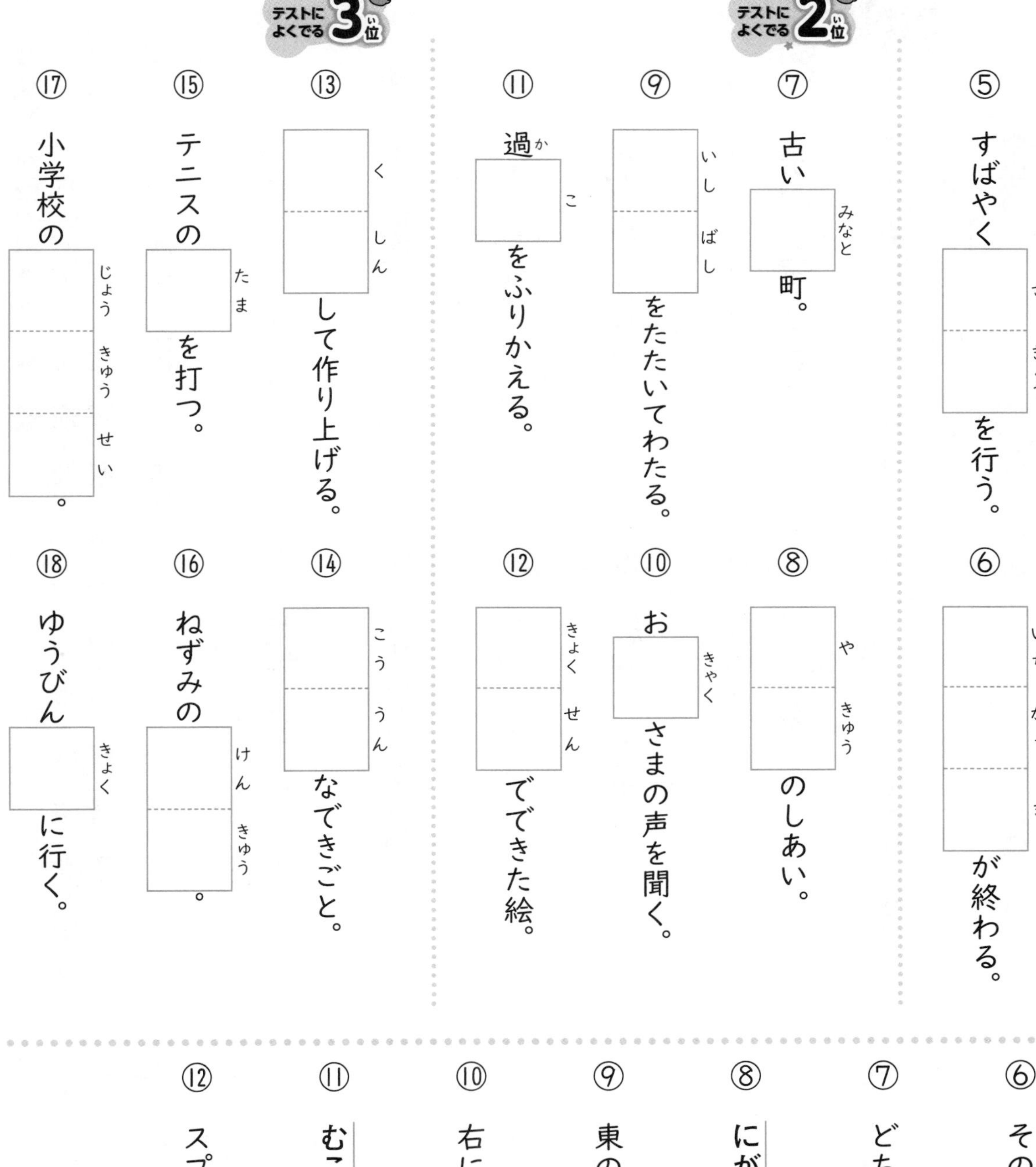

⑥ その場所をさる。

⑦ どちらの道かをきめる。

⑧ にがい薬を飲む。

⑨ 東の方角をむく。

⑩ 右にまがると学校だ。

⑪ むこうから歩いてくる。

⑫ スプーンをまげる。

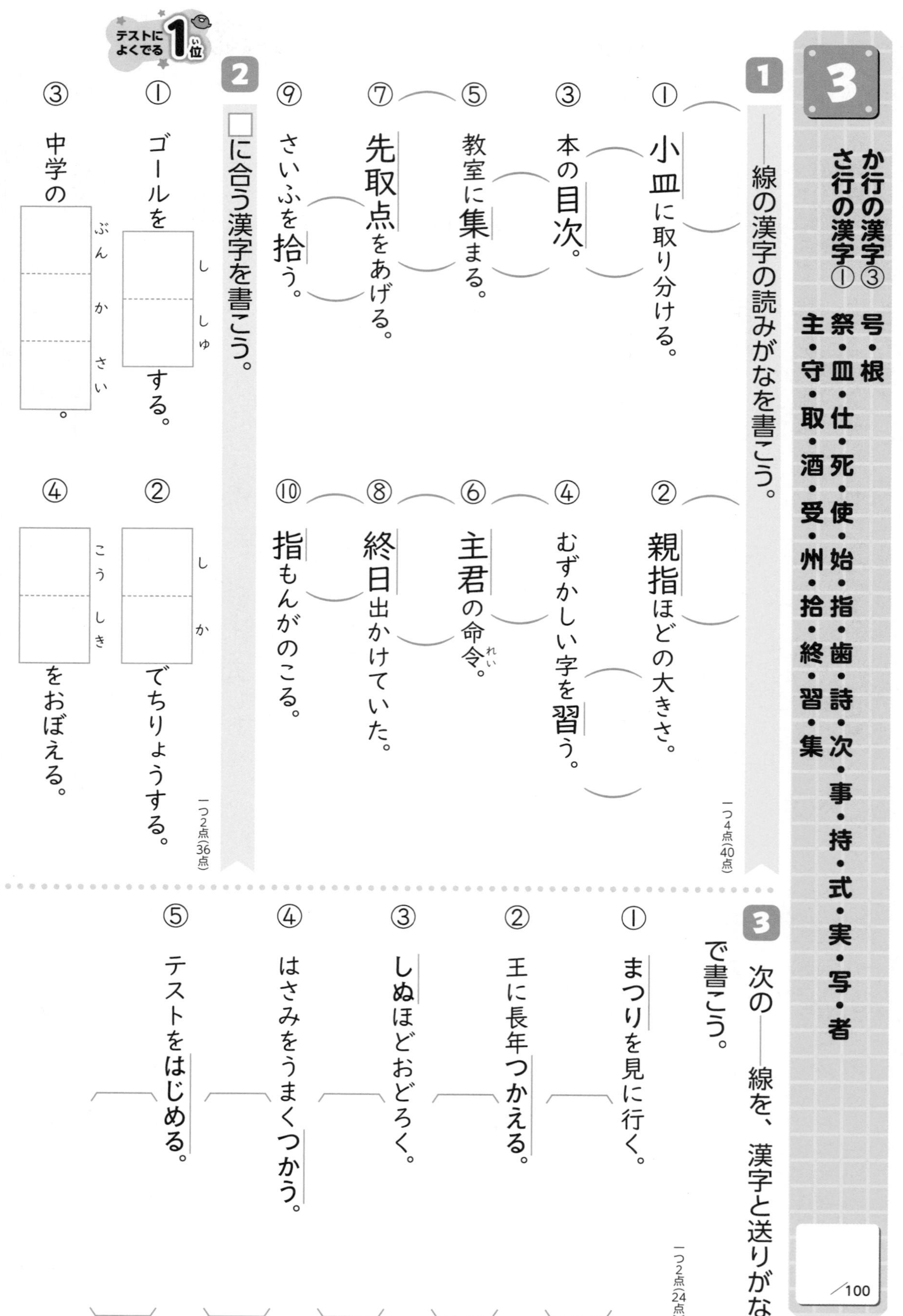

3 か行の漢字③ さ行の漢字①

号・根
祭・皿・仕・死・使・始・指・歯・詩・次・事・持・式・実・写・者
主・守・取・酒・受・州・拾・終・習・集

/100

テストによくでる1位

1 ――線の漢字の読みがなを書こう。 一つ4点(40点)

① 小皿に取り分ける。（　）
② 親指ほどの大きさ。（　）
③ 本の目次。（　）
④ むずかしい字を習う。（　）
⑤ 教室に集まる。（　）
⑥ 主君の命令。（　）
⑦ 先取点をあげる。（　）
⑧ 終日出かけていた。（　）
⑨ さいふを拾う。（　）
⑩ 指もんがのこる。（　）

2 □に合う漢字を書こう。 一つ2点(36点)

① ゴールを□□（ししゅ）する。
② □□（しか）でちりょうする。
③ 中学の□□□（ぶんかさい）。
④ □□（こうしき）をおぼえる。

3 次の――線を、漢字と送りがなで書こう。 一つ2点(24点)

① まつりを見に行く。（　）
② 王に長年つかえる。（　）
③ しぬほどおどろく。（　）
④ はさみをうまくつかう。（　）
⑤ テストをはじめる。（　）

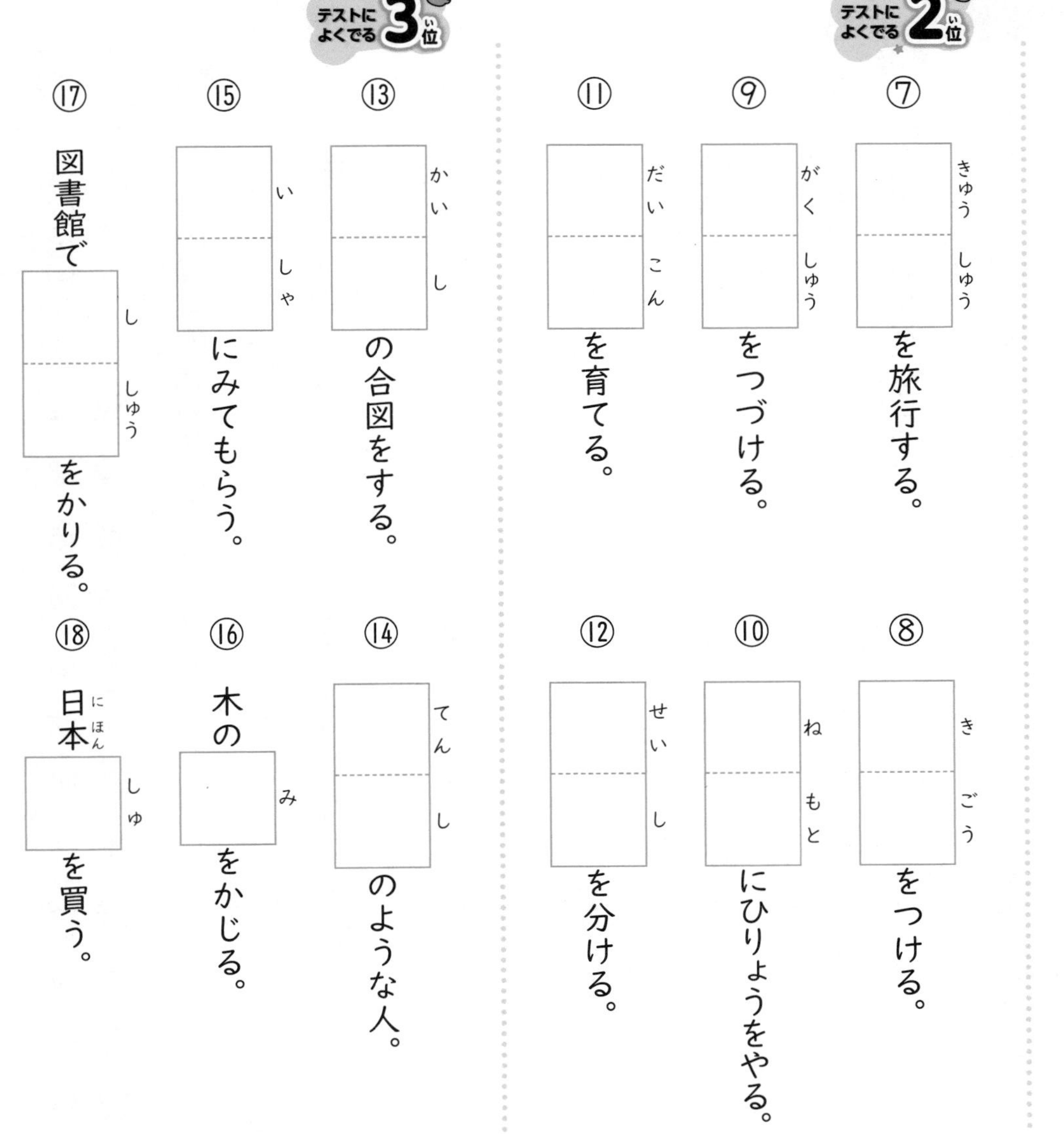

⑤ かんごしの［しごと］。

⑥ ［じゅわ］器（き）をとる。

⑦ ［きゅうしゅう］を旅行する。

⑧ ［きごう］をつける。

⑨ ［がくしゅう］をつづける。

⑩ ［ねもと］にひりょうをやる。

⑪ ［だいこん］を育てる。

⑫ ［せいし］を分ける。

⑬ ［かいし］の合図をする。

⑭ ［てんし］のような人。

⑮ ［いしゃ］にみてもらう。

⑯ 木の［み］をかじる。

⑰ 図書館で［ししゅう］をかりる。

⑱ 日本（にほん）［しゅ］を買う。

⑥ しょうぎを一局さす。

⑦ 名人につぐうで前。

⑧ 手にしっかりもつ。

⑨ リンゴがみのる。

⑩ ノートに文をうつす。

⑪ 言いつけをまもる。

⑫ えんぴつを手にとる。

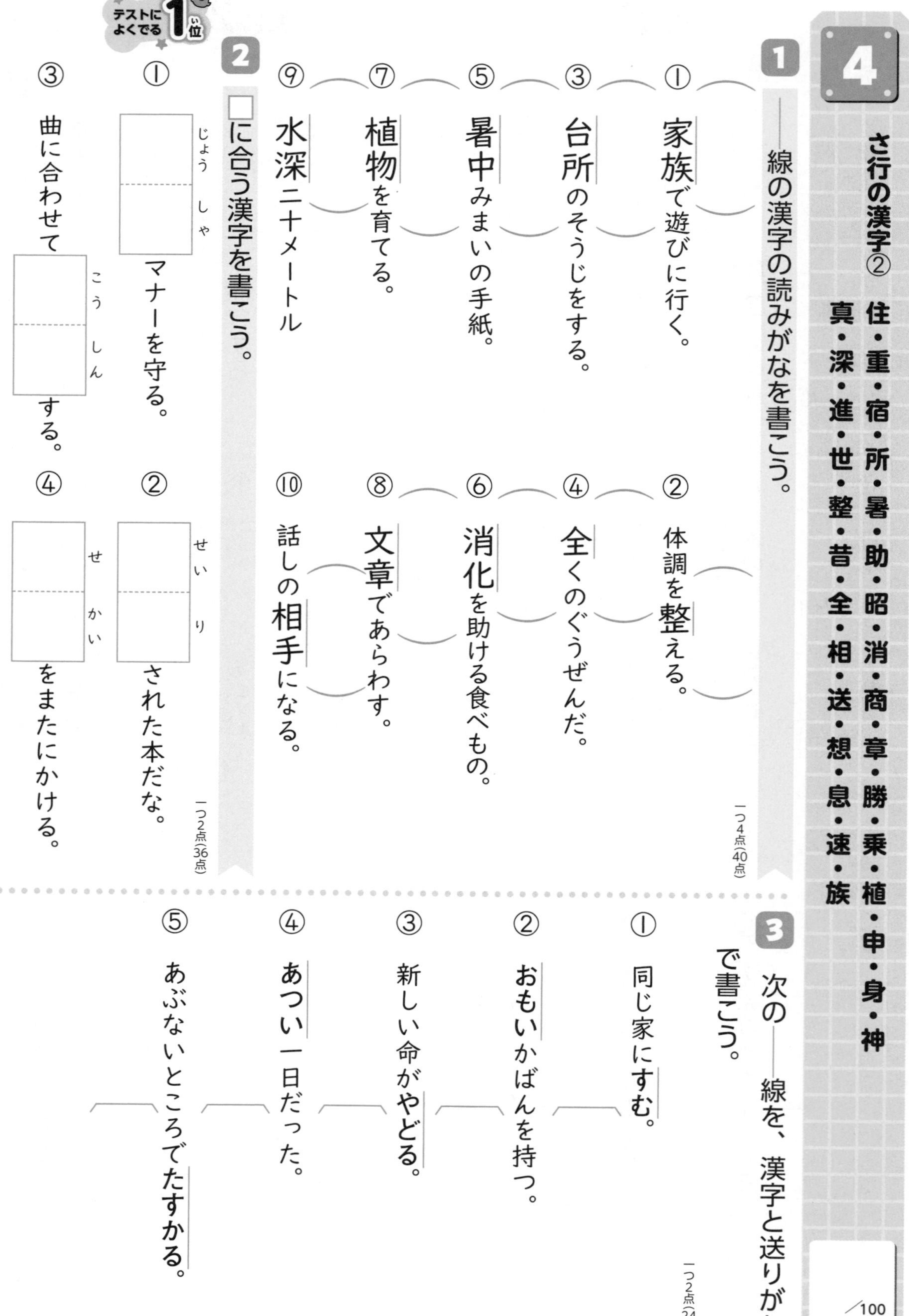

4 さ行の漢字②

住・重・宿・所・暑・助・昭・消・商・章・勝・乗・植・申・身・神
真・深・進・世・整・昔・全・相・送・想・息・速・族

1 ——線の漢字の読みがなを書こう。

一つ4点(40点)

① 家族で遊びに行く。（　）
② 体調を整える。（　）
③ 台所のそうじをする。（　）
④ 全くのぐうぜんだ。（　）
⑤ 暑中みまいの手紙。（　）
⑥ 消化を助ける食べもの。（　）
⑦ 植物を育てる。（　）
⑧ 文章であらわす。（　）
⑨ 水深二十メートル（　）
⑩ 話しの相手になる。（　）

2 □に合う漢字を書こう。

テストによくでる1位

一つ2点(36点)

① □□(じょうしゃ)マナーを守る。
② □□(せいり)された本だな。
③ 曲に合わせて□□(こうしん)する。
④ □□(せかい)をまたにかける。

3 次の——線を、漢字と送りがなで書こう。

一つ2点(24点)

① 同じ家にすむ。（　）
② おもいかばんを持つ。（　）
③ 新しい命がやどる。（　）
④ あつい一日だった。（　）
⑤ あぶないところでたすかる。（　）

／100

⑤ □□（みぢか）な人にきく。

⑥ □□（じんじゃ）におまいりする。

⑦ □□（じゅうしょ）をたずねる。

⑧ 木の□□（まよこ）に立つ。

⑨ □□（じゅうだい）な仕事をまかされる。

⑩ □□（うんそう）用のトラック。

⑪ □□（じょしゅ）と研究をする。

⑫ 本の□□（かんそう）を話し合う。

⑬ □□（しょうばい）がうまくいく。

⑭ 車の□□（じそく）をはかる。

⑮ □（しょう）和うまれの父。

⑯ おばあちゃんの□□（むかしばなし）。

⑰ □（かみ）だのみをする。

⑱ 大きなため□（いき）をつく。

⑥ 遠くの明かりが**きえる**。

⑦ どうにか**かつ**ことができた。

⑧ タクシーに**のる**。

⑨ どんぐりの木を**うえる**。

⑩ おわびを**もうし**あげる。

⑪ **ふかい**海にもぐる。

⑫ じゅんちょうに**すすむ**。

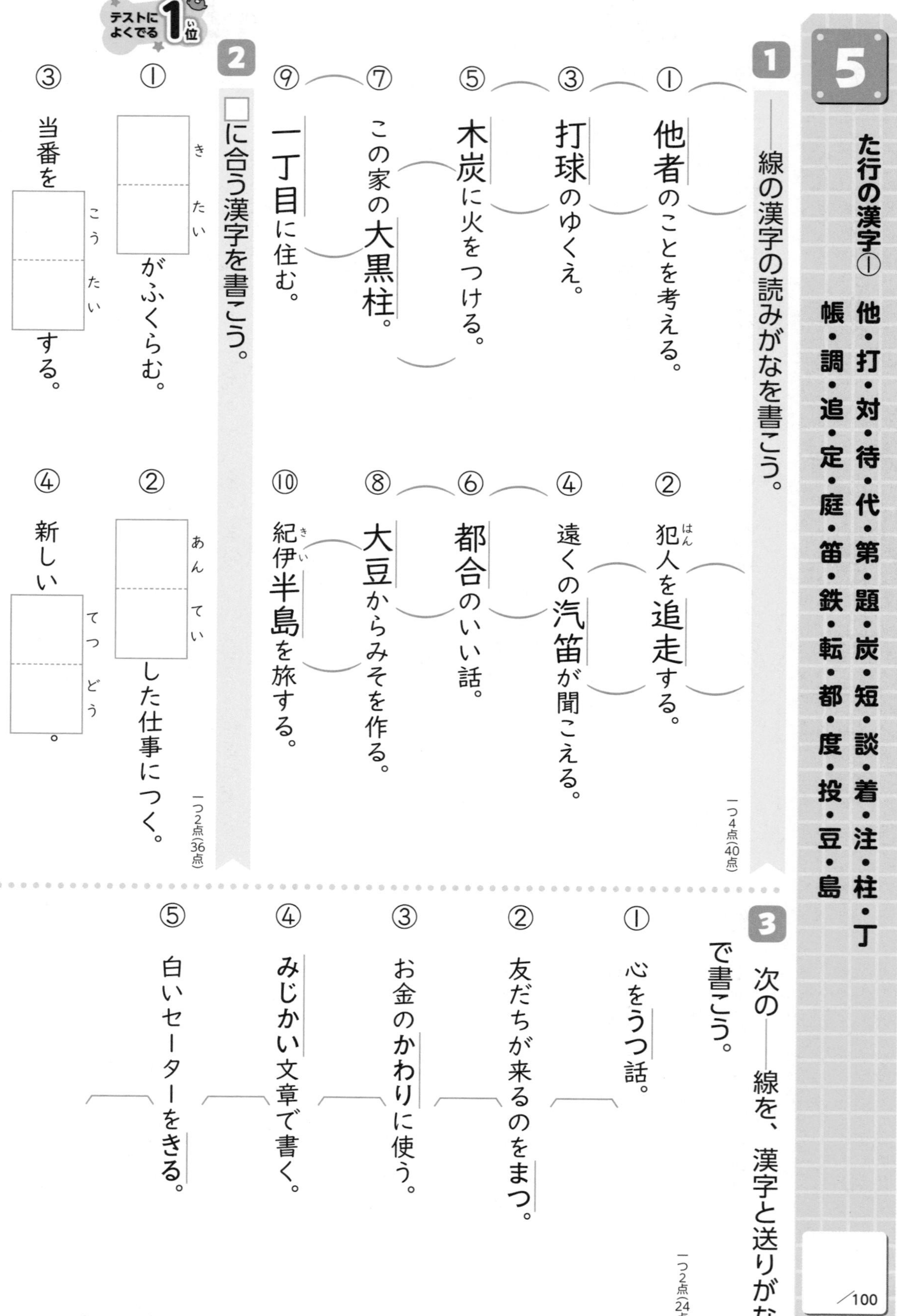

5 た行の漢字①

他・打・対・待・代・第・題・炭・短・談・着・注・柱・丁
帳・調・追・定・庭・笛・鉄・転・都・度・投・豆・島

/100

1 ――線の漢字の読みがなを書こう。 一つ4点(40点)

① 他者のことを考える。（　）
② 犯人(はん)を追走する。（　）
③ 打球のゆくえ。（　）
④ 遠くの汽笛が聞こえる。（　）
⑤ 木炭に火をつける。（　）
⑥ 都合のいい話。（　）
⑦ この家の大黒柱。（　）
⑧ 大豆からみそを作る。（　）
⑨ 一丁目に住む。（　）
⑩ 紀伊(きい)半島を旅する。（　）

2 □に合う漢字を書こう。 一つ2点(36点)

テストによくでる1位

① □□(きたい)がふくらむ。
② □□(あんてい)した仕事につく。
③ 当番を□□(こうたい)する。
④ 新しい□□(てつどう)。

3 次の――線を、漢字と送りがなで書こう。 一つ2点(24点)

① 心をうつ話。（　）
② 友だちが来るのをまつ。（　）
③ お金のかわりに使う。（　）
④ みじかい文章で書く。（　）
⑤ 白いセーターをきる。（　）

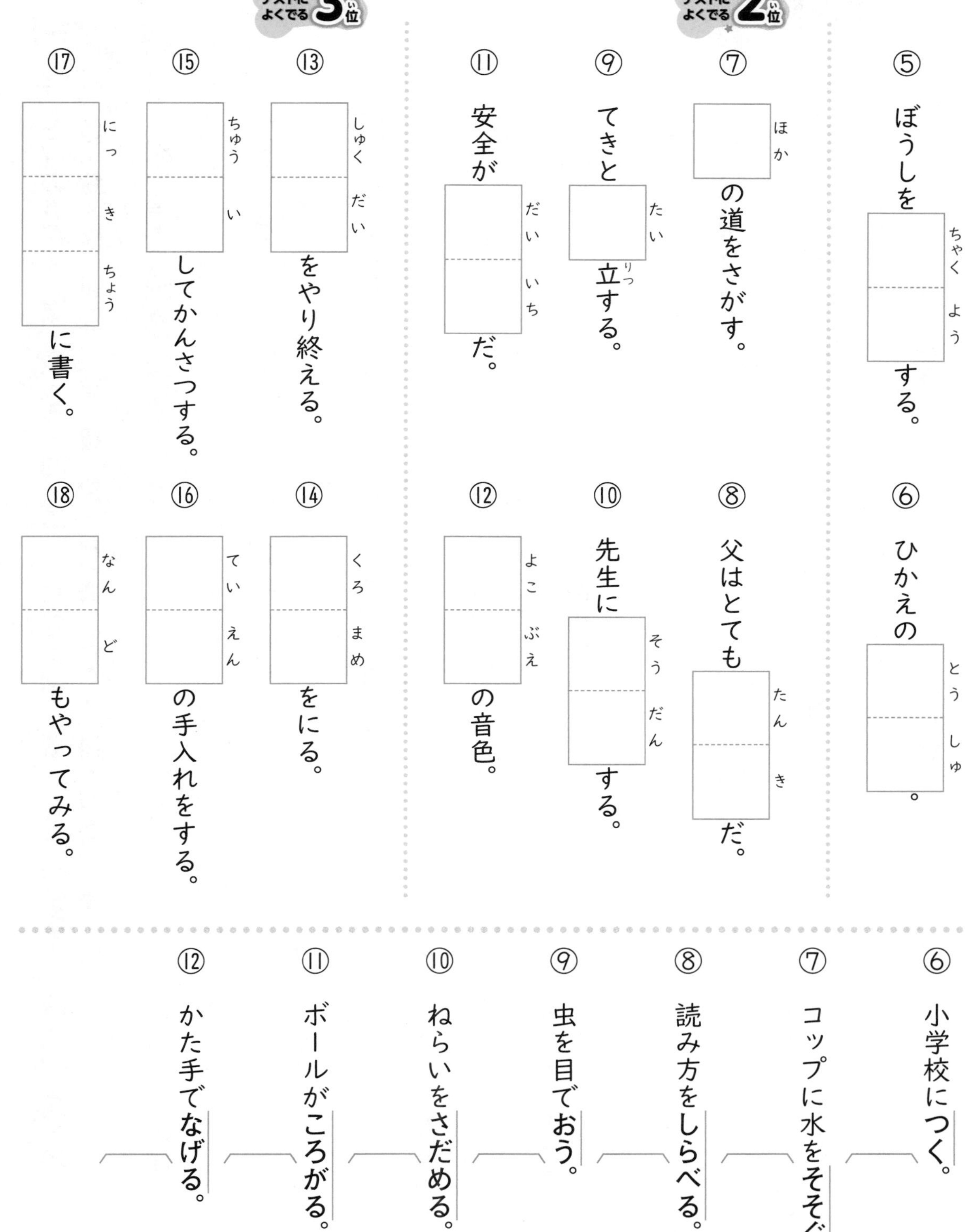

⑤ ぼうしを［ちゃくよう］する。

⑥ ひかえの［とうしゅ］。

テストによくでる2位

⑦ ［ほか］の道をさがす。

⑧ 父はとても［たんき］だ。

⑨ てきと［たい］立する。

⑩ 先生に［そうだん］する。

⑪ 安全が［だいいち］だ。

⑫ ［よこぶえ］の音色。

テストによくでる3位

⑬ ［しゅくだい］をやり終える。

⑭ ［くろまめ］をにる。

⑮ ［ちゅうい］してかんさつする。

⑯ ［ていえん］の手入れをする。

⑰ ［にっきちょう］に書く。

⑱ ［なんど］もやってみる。

⑥ 小学校につく。

⑦ コップに水をそそぐ。

⑧ 読み方をしらべる。

⑨ 虫を目でおう。

⑩ ねらいをさだめる。

⑪ ボールがころがる。

⑫ かた手でなげる。

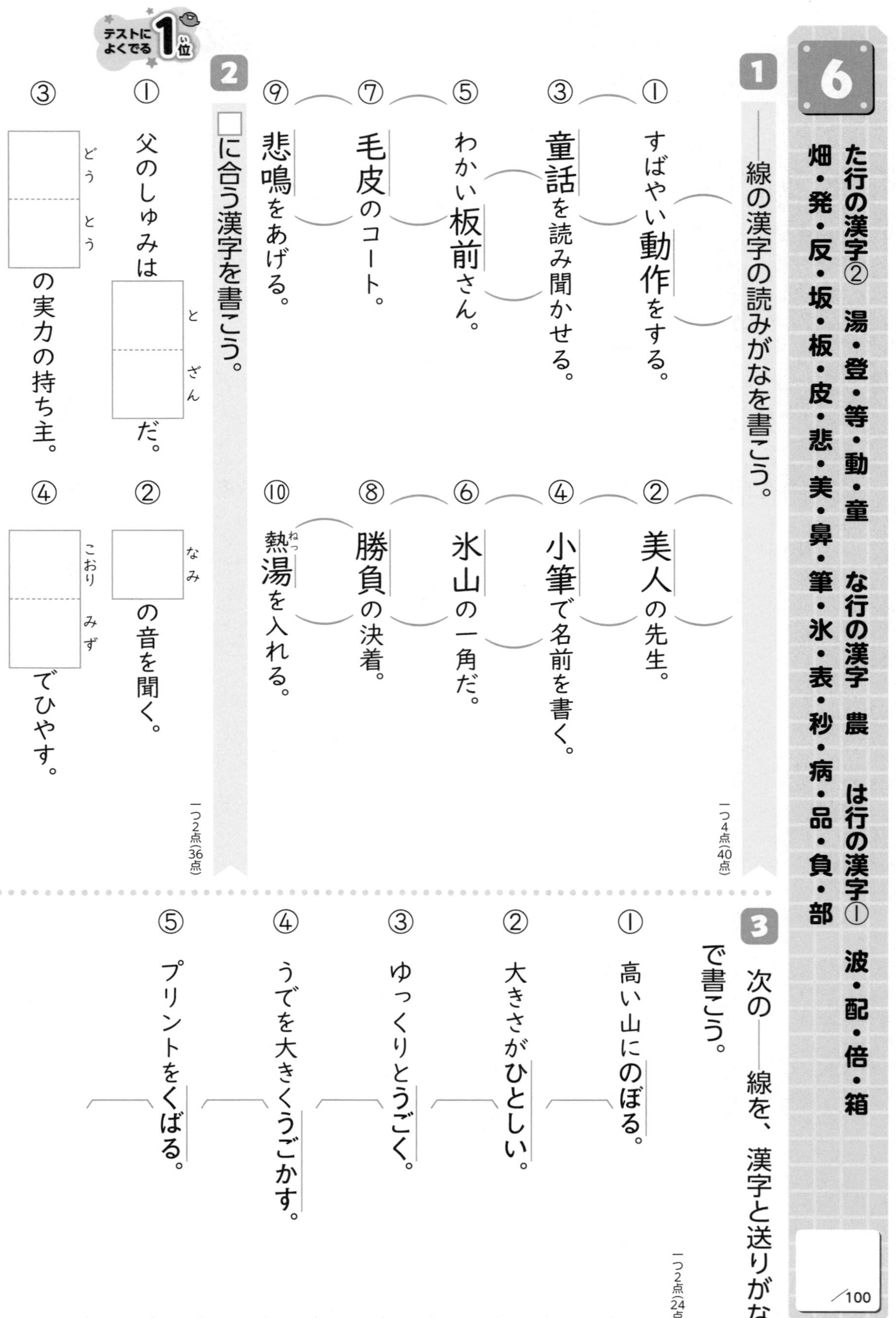

6 た行の漢字② 湯・登・等・動・童 な行の漢字 農 は行の漢字① 波・配・倍・箱・畑・発・反・坂・板・皮・悲・美・鼻・筆・氷・表・秒・病・品・負・部

／100

テストによくでる1位

1 ——線の漢字の読みがなを書こう。 一つ4点(40点)

① すばやい動作をする。（　　）
② 美人の先生。（　　）
③ 童話を読み聞かせる。（　　）
④ 小筆で名前を書く。（　　）
⑤ わかい板前さん。（　　）
⑥ 氷山の一角だ。（　　）
⑦ 毛皮のコート。（　　）
⑧ 勝負の決着。（　　）
⑨ 悲鳴をあげる。（　　）
⑩ 熱(ねっ)湯を入れる。（　　）

2 □に合う漢字を書こう。 一つ2点(36点)

① 父のしゅみは［と］［ざん］だ。
② ［なみ］の音を聞く。
③ ［どう］［とう］の実力の持ち主。
④ ［こおり］［みず］でひやす。

3 次の——線を、漢字と送りがなで書こう。 一つ2点(24点)

① 高い山にのぼる。（　　）
② 大きさがひとしい。（　　）
③ ゆっくりとうごく。（　　）
④ うでを大きくうごかす。（　　）
⑤ プリントをくばる。（　　）

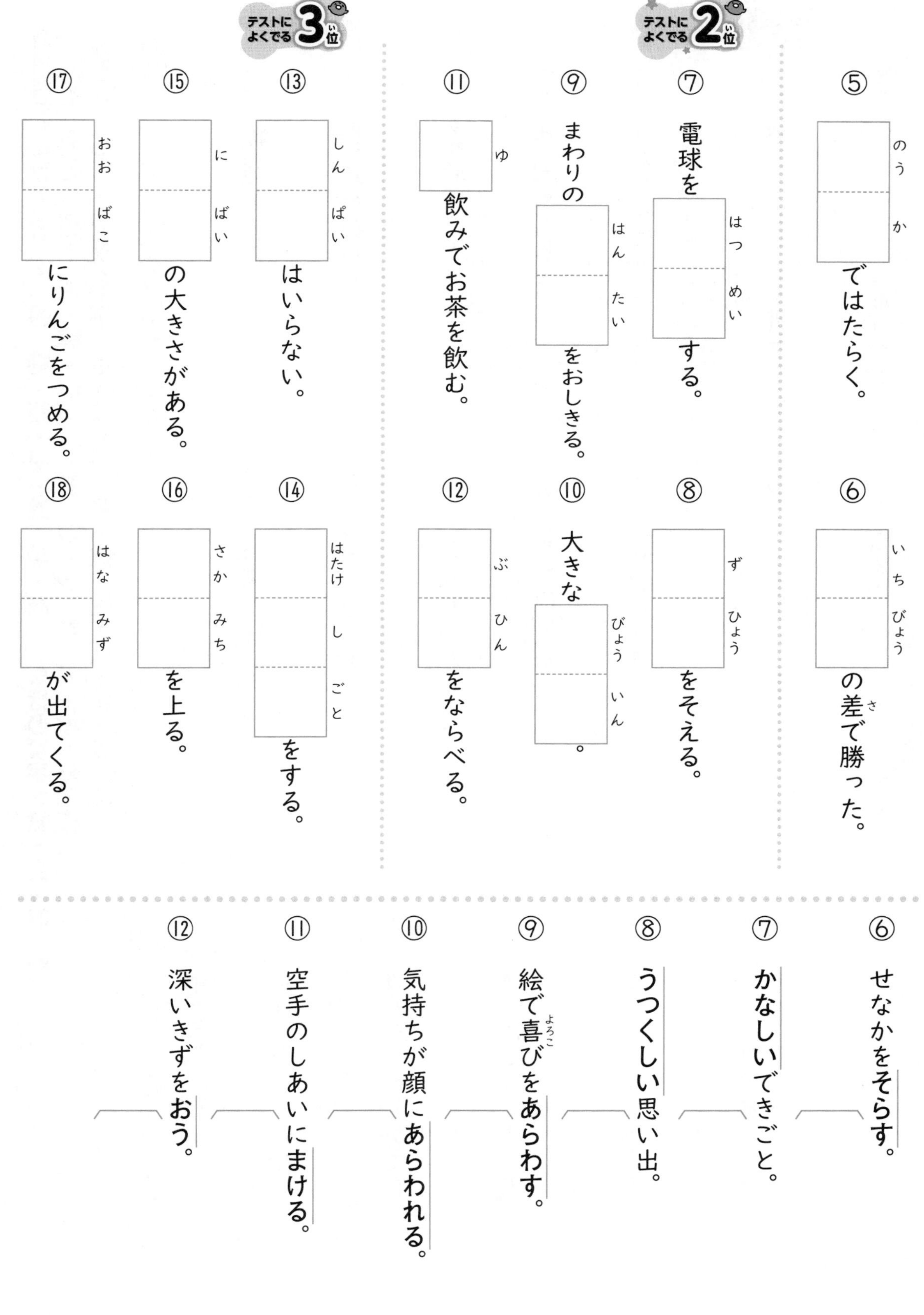
テストによくでる2位
⑤ （のうか）ではたらく。
⑥ （いちびょう）の差で勝った。
⑦ 電球を（はつめい）する。
⑧ （ずひょう）をそえる。
⑨ まわりの（はんたい）をおしきる。
⑩ 大きな（びょういん）。
⑪ （ゆ）飲みでお茶を飲む。
⑫ （ぶひん）をならべる。
テストによくでる3位
⑬ （しんぱい）はいらない。
⑭ （はたけしごと）をする。
⑮ （にばい）の大きさがある。
⑯ （さかみち）を上る。
⑰ （おおばこ）にりんごをつめる。
⑱ （はなみず）が出てくる。
⑥ せなかをそらす。
⑦ かなしいできごと。
⑧ うつくしい思い出。
⑨ 絵で喜びをあらわす。
⑩ 気持ちが顔にあらわれる。
⑪ 空手のしあいにまける。
⑫ 深いきずをおう。

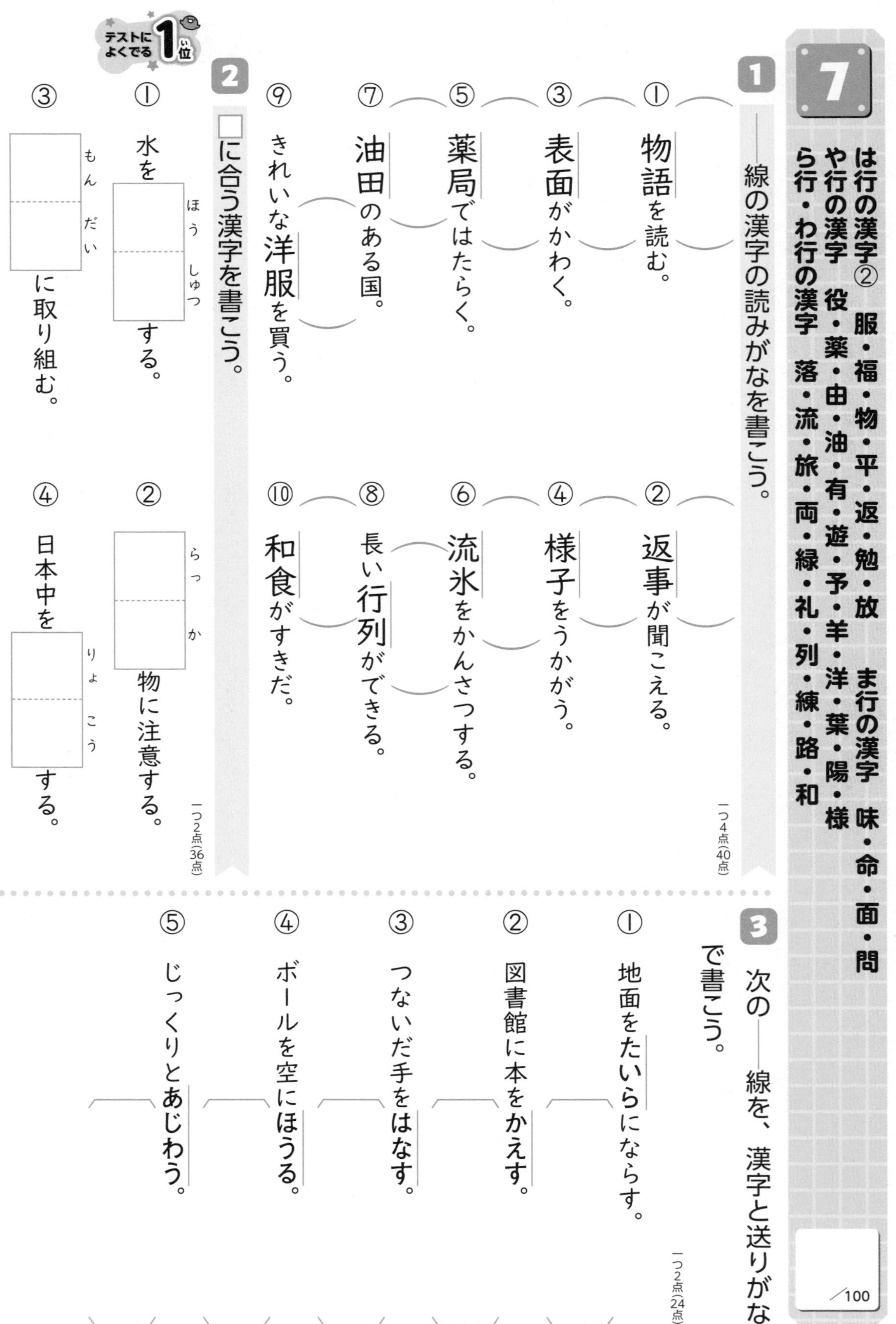

7 は行の漢字② 服・福・物・平・返・勉・放 ま行の漢字 味・命・面・問 や行の漢字 役・薬・由・油・有・遊・予・羊・洋・葉・陽・様 ら行・わ行の漢字 落・流・旅・両・緑・礼・列・練・路・和

/100

テストによくでる1位

1 ——線の漢字の読みがなを書こう。

一つ4点(40点)

① 物語を読む。（　）
② 返事が聞こえる。（　）
③ 表面がかわく。（　）
④ 様子をうかがう。（　）
⑤ 薬局ではたらく。（　）
⑥ 流氷をかんさつする。（　）
⑦ 油田のある国。（　）
⑧ 長い行列ができる。（　）
⑨ きれいな洋服を買う。（　）
⑩ 和食がすきだ。（　）

2 □に合う漢字を書こう。

一つ2点(36点)

① 水を□□(ほうしゅつ)する。
② □□(らっか)物に注意する。
③ □□(もんだい)に取り組む。
④ 日本中を□□(りょこう)する。

3 次の——線を、漢字と送りがなで書こう。

一つ2点(24点)

① 地面をたいらにならす。（　）
② 図書館に本をかえす。（　）
③ つないだ手をはなす。（　）
④ ボールを空にほうる。（　）
⑤ じっくりとあじわう。（　）

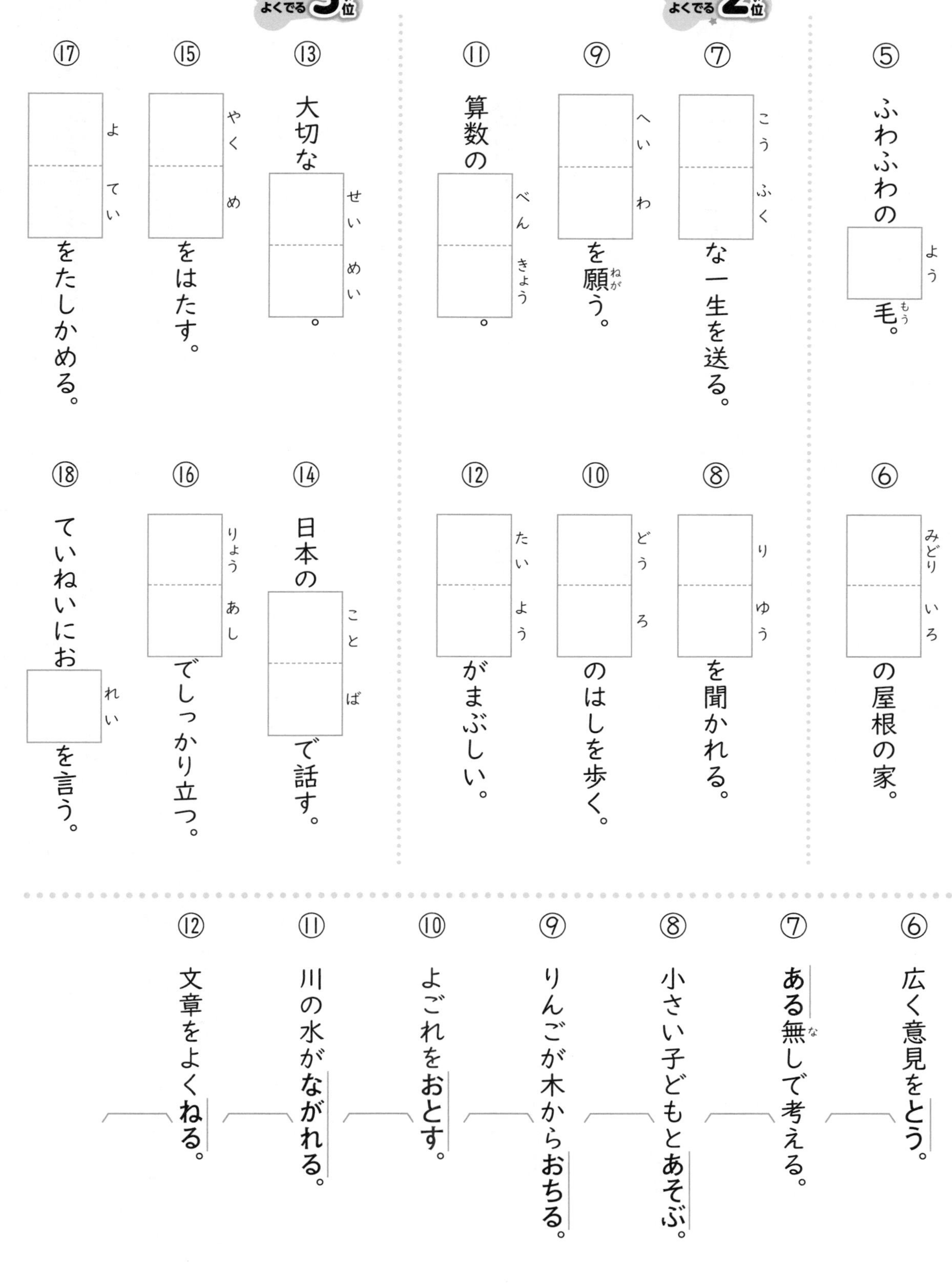

⑤ ふわふわの［よう］毛（もう）。
⑥ ［みどりいろ］の屋根の家。
テストによくでる2位
⑦ ［こうふく］な一生を送る。
⑧ ［りゆう］を聞かれる。
⑨ ［へいわ］を願（ねが）う。
⑩ ［どうろ］のはしを歩く。
⑪ 算数の［べんきょう］。
⑫ ［たいよう］がまぶしい。
テストによくでる3位
⑬ 大切な［せいめい］。
⑭ 日本の［ことば］で話す。
⑮ ［やくめ］をはたす。
⑯ ［りょうあし］でしっかり立つ。
⑰ ［よてい］をたしかめる。
⑱ ていねいにお［れい］を言う。
⑥ 広く意見をとう。
⑦ ある無（な）しで考える。
⑧ 小さい子どもとあそぶ。
⑨ りんごが木からおちる。
⑩ よごれをおとす。
⑪ 川の水がながれる。
⑫ 文章をよくねる。

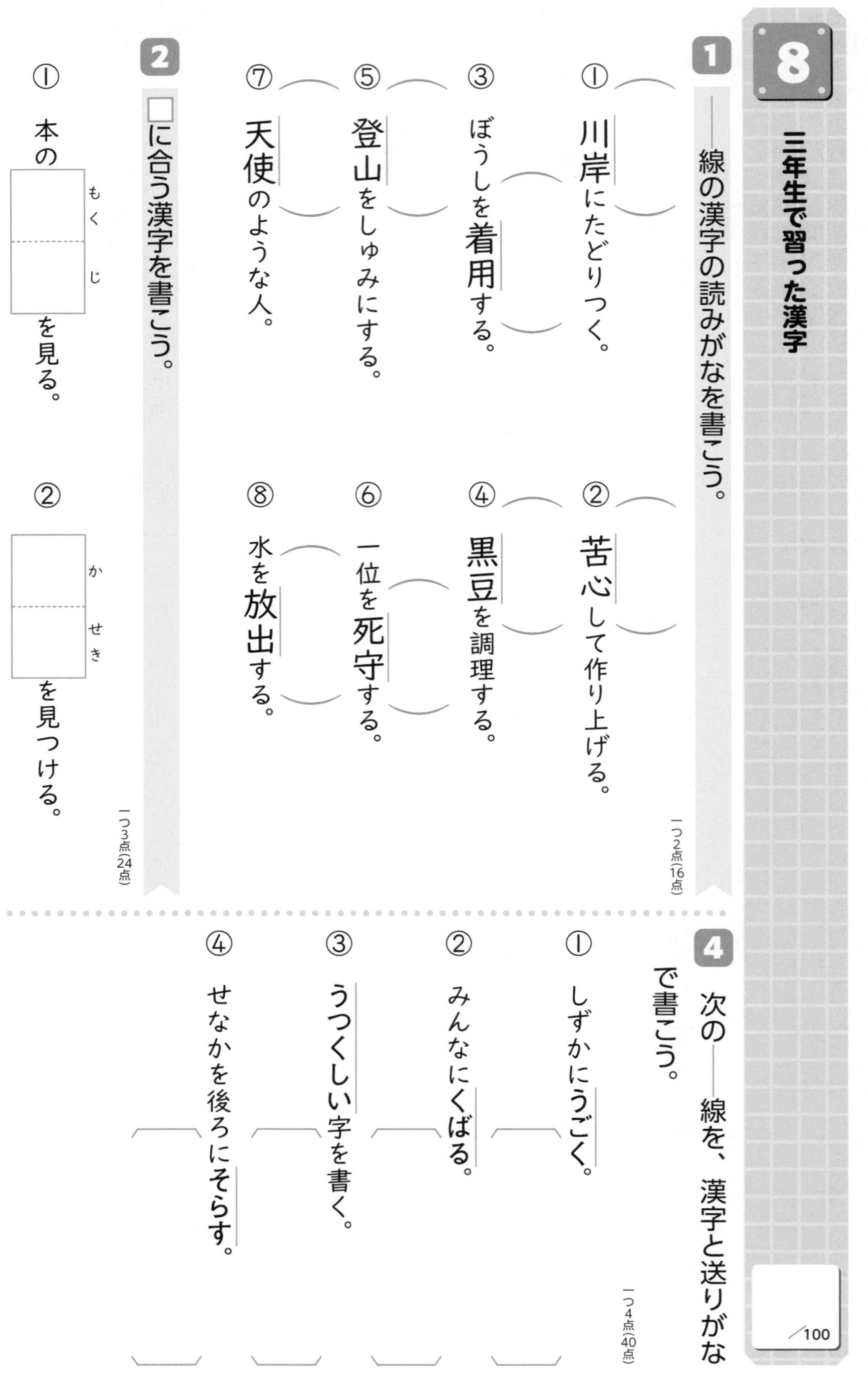

8 三年生で習った漢字

／100

1 ——線の漢字の読みがなを書こう。 一つ2点（16点）

① 川岸にたどりつく。（　　）

② 苦心して作り上げる。（　　）

③ ぼうしを着用する。（　　）

④ 黒豆を調理する。（　　）

⑤ 登山をしゅみにする。（　　）

⑥ 一位を死守する。（　　）

⑦ 天使のような人。（　　）

⑧ 水を放出する。（　　）

2 □に合う漢字を書こう。 一つ3点（24点）

① 本の□□（もくじ）を見る。

② □□（かせき）を見つける。

4 次の——線を、漢字と送りがなで書こう。 一つ4点（40点）

① しずかにうごく。（　　）

② みんなにくばる。（　　）

③ うつくしい字を書く。（　　）

④ せなかを後ろにそらす。（　　）

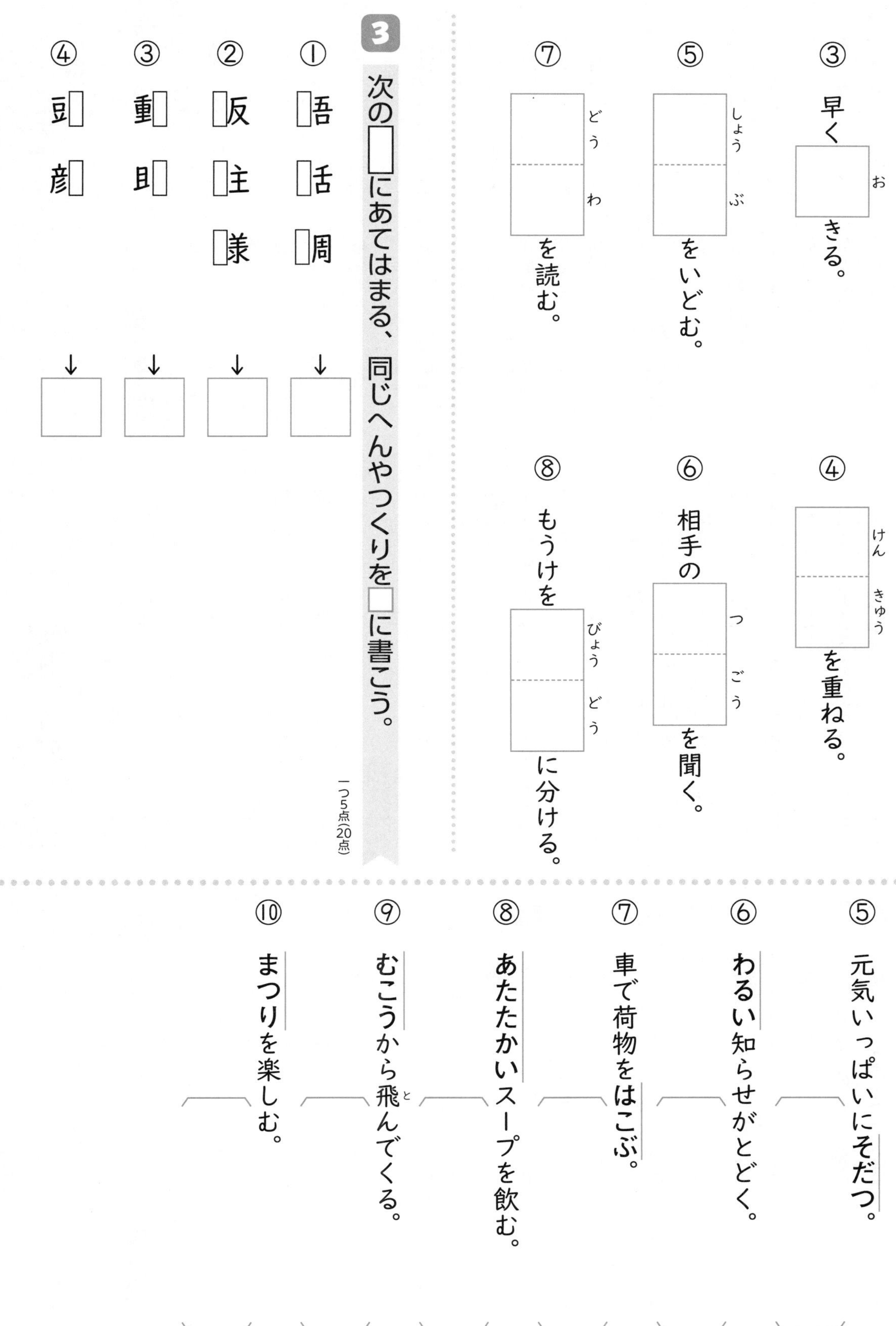

③ 早く□(お)きる。

④ □□(けんきゅう)を重ねる。

⑤ □□(しょうぶ)をいどむ。

⑥ 相手の□□(つごう)を聞く。

⑦ □□(どうわ)を読む。

⑧ もうけを□□(びょうどう)に分ける。

3 次の□にあてはまる、同じへんやつくりを□に書こう。（一つ5点〔20点〕）

① □吾　□舌　□周　↓ □

② □反　□主　□兼　↓ □

③ 重□　且□　↓ □

④ 豆□　彦□　↓ □

⑤ 元気いっぱいにそだつ。（　）

⑥ わるい知らせがとどく。（　）

⑦ 車で荷物をはこぶ。（　）

⑧ あたたかいスープを飲む。（　）

⑨ むこうから飛(と)んでくる。（　）

⑩ まつりを楽しむ。（　）

答え

1 （2・3ページ）

1
①あんしつ　②いんしょく
③きょううん　④かせき
⑤にお　⑥げかい
⑦こうかい　⑧お
⑨いいん　⑩おくじょう

2
①二階　②寒中　③海岸　④川岸
⑤院長　⑥水泳　⑦悪人　⑧医学
⑨意見　⑩花屋　⑪教育　⑫駅前
⑬図書館　⑭横道　⑮安心　⑯中央
⑰感心　⑱漢字

3
①悪い　②安い　③暗い　④委ねる
⑤育つ　⑥飲む　⑦運ぶ　⑧泳ぐ
⑨温かい　⑩化けた　⑪開く　⑫寒い

2 （4・5ページ）

1
①おうきゅう　②けっこう
③ぐあい　④けんめい
⑤こない　⑥こすい
⑦くぎ　⑧きたい
⑨にゅうこう　⑩めいくん

2
①係員　②去年　③銀色　④軽食
⑤作業　⑥一学期　⑦港　⑧野球
⑨石橋　⑩客　⑪去　⑫曲線
⑬苦心　⑭幸運　⑮球　⑯研究
⑰上級生　⑱局

3
①急いで　②苦しみ　③軽い　④幸い
⑤幸せ　⑥去る　⑦決める　⑧苦い
⑨向く　⑩曲がる　⑪向こう　⑫曲げる

3 （6・7ページ）

1
①こざら　②おやゆび
③もくじ　④なら
⑤あつ　⑥しゅくん
⑦せんしゅてん　⑧しゅうじつ
⑨ひろ　⑩し

2
①死守　②歯科　③文化祭　④公式
⑤仕事　⑥受話　⑦九州　⑧記号
⑨学習　⑩根元(本)　⑪大根　⑫生死
⑬開始　⑭天使　⑮医者　⑯実
⑰詩集　⑱酒

3
①祭り　②仕える　③死ぬ　④使う
⑤始める　⑥指す　⑦次ぐ　⑧持つ
⑨実る　⑩写す　⑪守る　⑫取る

4 （8・9ページ）

1
①かぞく　②ととの
③だいどころ　④まった
⑤しょちゅう　⑥しょうか
⑦しょくぶつ　⑧ぶんしょう
⑨すいしん　⑩あいて

2
①乗車　②整理　③行進　④世界
⑤身近　⑥神社　⑦住所　⑧真横
⑨重大　⑩運送　⑪助手　⑫感想
⑬商売　⑭時速　⑮昭　⑯昔話
⑰神　⑱息

3
①住む　②重い　③宿る　④暑い
⑤助かる　⑥消える　⑦勝つ　⑧乗る
⑨植える　⑩申し　⑪深い　⑫進む

5 （10・11ページ）

1
①たしゃ　②ついそう
③だきゅう　④きてき
⑤もくたん　⑥つごう
⑦だいこくばしら　⑧だいず
⑨いっちょうめ　⑩はんとう

2
①期待　②安定　③交代　④鉄道

⑤着用　⑥投手　⑦他　⑧短気
⑨対　⑩相談　⑪第一　⑫横笛
⑬宿題　⑭黒豆　⑮注意　⑯庭園
⑰日記帳　⑱何度

3
①打つ　②待つ　③代わり　④短い
⑤着る　⑥着く　⑦注ぐ　⑧調べる
⑨追う　⑩定める　⑪転がる　⑫投げる

6 （12・13ページ）

1
①どうさ　②びじん
③どうわ　④こふで
⑤いたまえ　⑥ひょうざん
⑦けがわ　⑧しょうぶ
⑨ひめい　⑩とう

2
①登山　②波　③同等　④氷水
⑤農家　⑥一秒　⑦発明　⑧図表
⑨反対　⑩病院　⑪湯　⑫部品
⑬心配　⑭畑仕事　⑮二倍　⑯坂道
⑰大箱　⑱鼻水

3
①登る　②等しい　③動く　④動かす
⑤配る　⑥反らす　⑦悲しい　⑧美しい
⑨表す　⑩表れる　⑪負ける　⑫負う

7 （14・15ページ）

1
①ものがたり　②へんじ
③ひょうめん　④ようす
⑤やっきょく　⑥りゅうひょう
⑦ゆでん　⑧ぎょうれつ
⑨ようふく　⑩わしょく

2
①放出　②落下　③問題　④旅行
⑤羊　⑥緑色　⑦幸福　⑧理由
⑨平和　⑩道路　⑪勉強　⑫太陽
⑬生命　⑭言葉　⑮役目　⑯両足
⑰予定　⑱礼

3
①平ら　②返す　③放す　④放る
⑤味わう　⑥問う　⑦有る　⑧遊ぶ
⑨落ちる　⑩落とす　⑪流れる　⑫練る

8 （16・17ページ）

1
①かわぎし　②くしん
③ちゃくよう　④くろまめ
⑤とざん　⑥ししゅ
⑦てんし　⑧ほうしゅつ

2
①目次　②化石　③起　④研究
⑤勝負　⑥都合　⑦童話　⑧平等

3
①言　②木　③力　④貝

4
①動く　②配る　③美しい　④反らす
⑤育つ　⑥悪い　⑦運ぶ　⑧温かい
⑨向こう　⑩祭り